La CICOS et l'intégration des États de l'Afrique centrale

Hérissonne PAYIMA LOMBOBO

La CICOS et l'intégration des États de l'Afrique centrale

L'Harmattan
Congo-Brazzaville

5-7, rue de l'École-Polytechnique ; 75005 Paris

www.editions-harmattan.fr

ISBN : 978-2-343-24697-0
EAN : 9782343246970

DEDICACE :

A ma fille PAYIMA Noble Henriette

REMERCIEMENTS

Je tiens tout d'abord à exprimer ma profonde gratitude à mon directeur de thèse, monsieur le Professeur Alioune SALL, pour avoir accepté de diriger mes travaux de recherches qui font l'objet de cet ouvrage.

Merci également aux membres du jury de soutenance de ma thèse, notamment les Professeurs Demba SY, Ibrahima LY, Moussa ZAKI et Moustapha NGAIDE.

Je n'oublie pas le Professeur Godefroy MOYEN pour son encadrement en master II et sa précieuse contribution à mes travaux de recherche en thèse ; le Doyen de la Faculté des Sciences de l'Université Marien-Ngouabi, le Professeur Basile Guy-Richard BOSSOTO ; le Secrétaire général du Rectorat de l'Université Marien-Ngouabi, Monsieur ANGOKA Pascal ; la Professeure EMMANUEL née Delphine Edith ADOUKI, la Professeure Laurence BOISSON DE CHAZOURNES et monsieur le Professeur Placide MOUDOUDOU pour les enseignements et les précieux conseils.

A ma famille et à tous mes confidents, je vous suis reconnaissant.

LISTE DES SIGLES ET ABREVIATIONS

ABN: Autorité du Bassin du Niger

ACP: Afrique caraïbes pacifiques

AEF: Afrique équatoriale française

AFD: Agence française de développement

ATC: Agence de transport et des communications

Bassin COS: Bassin Congo-Oubangui-Sangha

C.M: Comité des Ministres

CBLT: Commission du bassin du lac Tchad

CDI: Commission du droit international

CE : Communauté économique

CEA: Commission économique des Nations-Unies pour l'Afrique

CECA: Communauté européenne de l'énergie atomique

CEDEAO: Communauté économique des Etats d'Afrique de l'Ouest

CEEAC: Communauté économique des Etats d'Afrique centrale

CEPGL: Communauté économique des pays des grands lacs

CEMAC: Communauté économique et monétaire de l'Afrique centrale

CER: Communauté économique régionale

CICOS: Commission international du bassin Congo-Oubangui-Sangha

CNY: Convention de New York

COMIFAC: Commission internationale des forêts d'Afrique centrale

COP21: Conférence de Paris de 2015 sur le climat

COP22 : Conférence de Marrakech de 2016 sur le Climat

COPAX : Conseil de paix et de sécurité de l'Afrique centrale

CPJI : Cour permanente de justice internationale

FFEM: Fond Français pour l'Environnement mondial

GIRE: Gestion intégrée des ressources en eau

IDI : Institut de droit international

ADI : Association de droit international

OHADA: Organisation pour l'harmonisation du droit des affaires en Afrique

O.I : Organisation internationale

OIEAU : Office internationale de l'eau

OMM: Organisation météorologique mondiale

OMP: Opérations de maintien de la paix

OMVS: Organisation pour la mise en valeur du fleuve Sénégal

OR: Organisation régionale

OSR : Organisation sous-régionale

OTP : Office des Transports et Ports

PAL: Plan d'action de Lagos

PAS: Plan d'action stratégique

PAS-GIRE : Plan d'action stratégique de gestion intégrée des ressources en eau

PNT: Programme national de transport

RVF : Régie des voies fluviales

SADEC : Communauté économique de l'Afrique australe

SCEVN : Service commun d'entretien des voies navigables

SDAGE : Schéma directeur d'aménagement et de gestion des ressources en eau

SIBCO : Système d'information du bassin du fleuve Congo

TCI : Taxe communautaire d'intégration

UA : Union africaine

UDE : Union douanière équatoriale

UDEAC : Union douanière des Etats de l'Afrique centrale

UEMOA : Union économique et monétaire de l'Afrique de l'Ouest

UNATRA : Union nationale des transports

UNEP : Programme des Nations Unies pour l'environnement

URAC : Union des Républiques d'Afrique Centrale

« L'aménagement communautaire des bassins hydrographiques aura une répercussion favorable sur le processus d'intégration régionale des pays africains, à condition toutefois de dépasser le cadre bilatéral en adoptant les formules pluri-étatiques. Le caractère technique des problèmes en présence pourrait susciter certains abandons de souveraineté en matière décisionnelle.»

YAKEMTSHOUK Romain « Le régime international des voies d'eau africaines », in RBDI, 1969, pp. 481-515, (disponible en ligne sur rbdi.brylant.be, consulté le 22 avril 2016 à 11 heure)

PREFACE

Le processus de l'intégration régionale commencé en Europe a fini par s'étendre à tous les continents. L'Afrique n'échappe pas à cette réalité, en témoigne la constitution des ensembles régionaux et sous-régionaux par les Etats du continent, en vue de la gestion en commun de tel ou tel autre aspect de leur coexistence. L'interdépendance des Etats est aujourd'hui une réalité de tous les secteurs de la vie des peuples. Cette interdépendance est d'autant plus visible lorsqu'il s'agit de la gestion des voies d'eaux internationales. En effet, la gestion des bassins fluviaux pose aux Etats qui en ont en partage d'importants problèmes notamment au plan juridique au point où le manque de réglementation consensuelle ainsi que d'une littérature spécifique peut paraître tel un handicap au regard des défis liés à la conservation des écosystèmes fluviaux.

Cette question s'est posée pour le bassin Congo-Oubangui-Sangha et a suscité chez le docteur PAYIMA les appétits d'une recherche approfondie sur la Commission internationale du bassin Congo-Oubangui-Sangha. Son ouvrage consacré à la question arrive à point nommé tant il constitue une indéniable et puissante contribution au droit fluvial régional. Mais au commencement était sa thèse de doctorat soutenue devant un jury constitué au sein de l'Université Cheick Anta DIOP de Dakar et sous la direction du Professeur ALIOUN SALL.

Si des recherches importantes ont déjà été consacrées à l'intégration africaine de manière générale, des études sectorielles de ce phénomène se font encore rares. C'est pourquoi il est honnête de saluer le courage et l'audace du docteur Payima qui n'a pas voulu faire comme le font les esprits faibles et a voulu s'attaquer à un domaine très technique non encore défriché.

Sur l'étude précise de la gestion des bassins fluviaux dans l'intégration des Etats d'Afrique centrale : cas de la Commission internationale du Bassin Congo-Oubangui- Sangha (CICOS), l'auteur en déduit une problématique claire ; à savoir comment concilier la gestion en commun du bassin fluvial en cause avec les exigences de la souveraineté. La question ainsi posée n'est pas fortuite en raison d'une part de la fragilité des souverainetés étatiques dans la zone étudiée et de ce que « *la souveraineté, cœur de la question, évoque inévitablement le recours à l'unilatéralisme dans la gestion des ressources relevant à proprement parler d'un attribut territorial de l'Etat* », d'autre part. Comment, en réalité concilier les risque d'une réglementation individuelle des espaces du bassin Congo-Oubangui-Sangha, avec la nécessité d'une réglementation commune en vue de la gestion en commun du bassin pour le bien des générations présente et futures.

Pour répondre à cette question l'auteur s'est conformé à une démarche propre à la science juridique, avec deux mouvements d'égale importance.

Dans le premier, il présente la contribution de la commission du bassin Congo-Oubangu- Sangha à l'intégration dans la sous-région d'Afrique centrale. Il y met une dose importante non sans utilité de l'histoire ; avec l'institutionnalisation progressive d'un cadre normatif uniforme. L'effort de théorisation à ce niveau soutient la nécessaire pérennisation chère au doyen Maurice Hauriou, condition souhaitée pour la sécurité juridique d'une telle démarche. Puis l'auteur montre comment l'intégration sectorielle dans le domaine de la gestion du bassin fluvial peut être au service de l'intégration politique. La démonstration montre la constance du droit de l'intégration en Afrique depuis le plan d'action de Lagos.

Le deuxième mouvement montre les faiblesses d'une intégration, de sorte qu'il s'agit selon l'auteur d'une contribution inefficace dans l'intégration des Etats. Il ne s'agit pas pour l'auteur d'adopter une clause de style, mais plutôt de démontrer qu'il existe des limites au plan juridique, de sorte que l'institution créée est elle aussi limitée. Par ailleurs, l'auteur indique l'appropriation insuffisante du droit secrété dans le cadre de l'intégration en cause au plan national. Le plus important est qu'au-delà du constat, l'auteur fait des propositions en vue de l'amélioration de ce processus. Pour l'essentiel, ces propositions en appellent à une plus forte volonté politique. Ce qui suppose à certains égards quelques inflexions à la rigidité de la souveraineté.

Cœur de l'auteur, ces idées dégagent un panafricanisme indéniable.

Souhaitons que ces propositions servent aux décideurs. Pour sa part, il a accompli sa première mission, celle de la conformité aux exigences de notre discipline juridique, car il a mené ce travail avec méthode et élégance.

Ce premier ouvrage lui ouvre les portes d'une merveilleuse carrière universitaire qu'il a commencée au sein de la Faculté de droit de l'Université Marien NGOUABI. C'est avec bonheur que je suis ses premiers pas. Il est certain qu'il arrivera à bon port.

Bon vent au docteur Hérissonne PAYIMA LOMBOBO !

Brazzaville, le 3 mars 2021

Godefroy MOYEN
Professeur de Droit public et de science politique
Doyen honoraire de la Faculté de Droit
Université Marien NGOUABI.

INTRODUCTION GENERALE

Dans les relations entre les Etats, l'eau peut être un facteur de guerre, de coopération[1] ou d'intégration. La présente réflexion consiste à redonner une place au bassin fluvial à l'œuvre par le biais de la Commission Internationale du bassin Congo-Oubangui-Sangha (CICOS). Après que nous aurons présenté le sujet (I), nous passerons ensuite à la définition des notions clés (II) avant de terminer cette introduction par l'annonce du plan.

I : Présentation du sujet

Le bassin du fleuve Congo est situé au cœur de l'Afrique centrale. Il s'étend sur une superficie de 3. 800. 000 km^2 dont 22 600 km^2 de voies navigables. Ses Etats riverains sont : la RDC, la RC, la RCA, le Cameroun, l'Angola, la Zambie, le Burundi, la Tanzanie et le Rwanda. Ce bassin est subdivisé en biefs supérieur, moyen et inférieur[2]. Le bief supérieur est constitué de la partie du fleuve située en RDC jusqu'à sa source d'où il est appelé le Lualaba, des lacs Kivu et Tanganyika[3]. Le bief moyen quant à lui est formé du fleuve Congo et ses principaux affluents la Sangha et l'Oubangui dont les Etats riverains sont la RDC, la RC, la RCA et le Cameroun. Son épine dorsale est le fleuve Congo, long de 4700 km avec un débit de 42 000 m^3/s en haute saison et 38 000 m^3/s en saison sèche[4]. Il

[1]TIGNINO Mara, « Les eaux douces transfrontalières comme source possible de conflit » cours de formation à distance dispensé à l'Université de Genève (disponible en ligne sur http// :coursera.org/learn/droit-international-eau-douce/home). Selon cet auteur, deux groupes de penseurs se sont opposés : « D'un côté on a eu le groupe de recherche de Peter Gleick qui a énuméré plus de 300 exemples de conflits sur l'eau dans une chronologie faite sur ce sujet, et de l'autre côté on a le groupe de recherche d'Oregon University du professeur Aaron Wolf qui a au contraire énuméré tous les cas d'instruments juridiques qui ont été conclus sur les ressources en eaux transfrontalières. Et selon lui, il n'y a jamais eu de guerre sur l'eau sinon il y a 3000 ans avant Christ.»

[2] NGO MBOGBA-MIKANO Paulette, « Le droit africain de la navigation intérieure : un droit en devenir ou l'impossible harmonisation ? », 12 pages, p. 2 « disponible sur https://www.ccr-zkr.org/files/documents/.../12_Ngo_mbogba_fr.pdf... ; consulté le 19 mars 2018).

[3] Il s'agit des lacs internationaux dont les Etats riverains sont : la RDC, le Rwanda, le Burundi, la Tanzanie et la Zambie. Ils ne nous intéressent pas ici, car cette étude porte sur le bassin fluvial donc les biefs moyen et inférieur.

[4] NGO MBOGBA-MIKANO Paulette, *Le droit de la navigation intérieure en Afrique centrale : vers la communautarisation*, L'Harmattan, Paris, 2016, 272 pages, p. 41

prend sa source au sud du Katanga où il est appelé Lualaba jusqu'à Kisangani en RDC. De là, il devient un fleuve contiguë entre la RDC et la RC. Sa navigabilité s'arrête au sud de Kinshasa et Brazzaville où son lit est obstrué par les chutes de Livingstone. Ses principaux affluents navigables sont entre autres l'Oubangui[5], la Sangha[6] (à la rive droite) et le Kasaï[7] (à la rive gauche). Le bief inférieur quant à lui se situe entre l'Angola et la RDC formé de la partie inférieure et navigable du fleuve Congo depuis son embouchure à l'océan Atlantique jusqu'au nord de la ville de Matadi (RDC) où le fleuve n'est plus navigable jusqu'au sud de Kinshasa et Brazzaville. Cette étude concerne principalement le bief moyen ou le bassin international Congo-Oubangui-Sangha (COS) qui constitue « *l'ossature maîtresse* » ou « *le centre de gravité* » des normes internationales sur la navigation intérieure[8], en l'occurrence l'Accord du 06 novembre 1999 portant régime uniforme des voies navigables et créant la CICOS ainsi que le Code de navigation intérieure CEMAC-RDC.

Le bassin du fleuve constitue un levier de l'intégration des Etats de l'Afrique centrale. Dans cette zone, si le concept d'intégration est une idée plus ou moins ancienne, il faut avouer qu'il s'est et se « *construit dans la douleur*»[9]. L'intégration de l'Afrique centrale est un legs du colonisateur. Bien avant leur accession à l'indépendance, certains Etats de la sous-région (anciennes colonies françaises notamment) se regroupaient au sein de l'Afrique Equatoriale Française (AEF)[10]. Après l'éclatement de cette

[5] L'Oubangui forme une frontière naturelle entre la RC et la RCA, sa longueur est de 1110 km avec un bassin versant de 500 000 km^2.

[6] La Sangha prend sa source au Cameroun, traverse la RCA et la RC, elle est longue de 1700 km avec un bassin versant de 165500 km^2.

[7] Son débit moyen est de 12 000 m^3/s avec une longueur de 2000 km, il forme un bassin versant de 904 000 km^2. Il sépare la RDC et l'Angola.

[8] NGO MBOGBA-MIKANO Paulette, *Le droit de la navigation intérieure en Afrique centrale...*, op cit, p. 40.

[9] GNIMPIEBA TONNANG Edouard, *L'ordre juridique communautaire de la CEMAC,* op cit. p. 24.

[10] Comme l'explique Joachim De DREUX-BREZE, *L'accession à l'indépendance de l'Afrique Equatoriale Française : union ou éclatement*, L'Harmattan, Paris, 2010, 212 pages, l'AEF fut née par un décret du 15 janvier 1910 qui créa le « Gouverneur Général de l'Afrique Equatoriale Française constitué par le groupement des colonies du Gabon, du Moyen-Congo et de l'Oubangui Chari-Tchad, y compris le territoire militaire du Tchad.», p. 17. L'objectif de la création de l'AEF fut, selon Joachim De DREUX-BREZE, de « résoudre le problème complexe d'une implantation administrative cohérente en Afrique Equatoriale. », car en raison de « la formation d'une pluralité des micro-Etats », le colonisateur avait du mal à contrôler et/ou à coordonner les activités de ses colonies. p. 9.

dernière, un instrument d'encadrement des activités économiques, l'Union douanière équatoriale (UDE)[11], fut créé. Les hommes politiques, croyant fermement aux vertus de la fédération des nouveaux Etats, en vue d'échapper aux méfaits de l'accession à l'indépendance de manière éclatée[12], cherchèrent (sans succès) à convaincre leurs pairs à créer un Etat fédéral en Afrique centrale, réunissant non seulement les anciennes colonies françaises mais aussi celles de la Belgique. Barthélémy BOGANDA est le moteur de ce mouvement avec son projet de création de l'Union des républiques centrafricaines (URAC)[13]. Les négociations n'aboutirent pas et c'est en *« éclatement »* que les anciennes colonies françaises accédèrent à l'indépendance[14].

Au moment où se constituaient les OSR dans les années 1960, et surtout pendant les décennies 1980 et 1990, suivant les recommandations de l'Organisation de l'Unité Africaine (OUA)[15], l'Afrique centrale oubliait la

---

[11] L'UDE fut créée le 23 juin 1959 par une convention signée entre les dirigeants des anciens territoires de l'AEF. Ladite convention reprend les dispositions de la Convention fiscale et douanière des 14 et 15 octobre 1957 conclue entre les dirigeants des Territoires de l'AEF, si bien que Joachim de DREUX-BREZE, op cit, dit que l'UDE est la conséquence logique de la convention de 1957, p. 101.

[12] De DREUX BREZE, op cit, p. 101.

[13] L'homme politique centrafricain mena sa compagne au plan national et au sein de l'AEF en diffusant aussi des tracts dans les autres territoires. Cependant, les mêmes idées étaient reprises bien après pour la création de l'URAC. Selon De DREUX-BREZE, op cit, p. 121 : « L'URAC n'eut jamais d'existence effective, car les trois républiques qui la composaient ne lui déléguèrent pas les compétences de la communauté dont elles héritèrent ».

[14] Voir l'ouvrage de monsieur De DREUX BREZE, op cit.

[15] Avant le Plan d'action de Lagos, les chefs d'Etats de l'OUA furent engagés à prendre en main les problèmes de développement de l'Afrique. C'est ainsi qu'ils élaborèrent des plans et stratégie à suivre en vue de l'intégration du continent et par conséquent son développement économique rapide. Le livre de GHERARI Habib et BELAOUANE-GHERARI Sylvie, *Les organisations régionales africaines. Recueil de textes et documents,* La documentation française, Paris, 1988, 470 pages, pp. 18-31, nous renseigne beaucoup sur la vision des chefs d'Etats et les politiques mises en place. Dans la *Résolution sur la stratégie de Monrovia pour le développement économique de l'Afrique (CM/Res.722 (XXXIII)*, ils se déclarèrent « déterminés à parvenir à un développement et à une croissance économique, dans le cadre des ressources propres et des capacités innées de la région, qui soient conformes à ses propres valeurs culturelles, ses systèmes sociaux et sa dignité.» Pour ce faire, ils affirmèrent « la création d'une Communauté économique comme partie intégrante de la Stratégie africaine pour le développement et la croissance économique ». La *Déclaration Monrovia d'engagement des chefs d'Etat et de Gouvernement de l'Organisation de l'Unité africaine* affirme l'engagement individuel et collectif des chefs d'Etat «... à créer des institutions nationales, sous-régionales et régionales qui faciliteront la réalisation de l'objectif d'autosuffisance dans le cadre d'un

possibilité d'intégration par la gestion commune de ses ressources naturelles partagées, dont les eaux du bassin du fleuve Congo. La colonisation avait pourtant légué un cadre juridique important : l'Acte général de Berlin du 26 février 1885, qui fit de cet espace une zone de libre échange par l'internationalisation du fleuve Congo et de tous ses affluents[16]. Ce legs colonial pourrait servir aux nouveaux Etats indépendants à construire un cadre juridique intégré, tel n'était pas le cas. Dans les régions voisines, les organismes de gestion collective des bassins fluviaux virent le jour dès les premières heures des indépendances[17], en s'inspirant de l'héritage colonial. La gestion commune du bassin du fleuve Sénégal est pour un auteur un levier de l'intégration des Etats de l'Afrique de l'Ouest à l'image de la Communauté européenne du charbon et de l'acier (CECA)[18].

Le chemin de l'intégration était conçu suivant le modèle des communautés européennes[19] basé sur l'établissement des marchés communs. Il était prévu une politique d'intégration continentale en passant par le

---

développement endogène.» Cette même Déclaration affirme « l'engagement des Etats à coopérer dans le domaine de contrôle, de la prospection, de l'exploitation et de l'utilisation des ressources naturelles en vue du développement de nos économies et pour le bien-être de nos peuples, et à mettre en place les institutions appropriées pour atteindre ces objectifs ». Mais, c'est l'Acte final de Lagos qui viendra préciser les directives à suivre pour le renforcement effectif de l'intégration sectorielle au niveau continental dans « les domaines de l'agriculture, de l'alimentation, des transports et des communications, de l'industrie et de l'énergie ». Ces objectifs devraient être atteints dans la décennie 1980. A l'heure actuelle, l'UA, ayant remplacé l'OUA, a repris les objectifs de cette dernière. Toutefois, l'UA s'est engagée à rationaliser les organismes chargés de la gestion des ressources en eau transfrontalières dans le continent. Elle a élaboré le Projet de fédération des organismes de bassin. Attendons voir la suite.

[16] Le but des auteurs de ce traité était de faciliter l'exercice du commerce et le transport dans le bassin. Les voies fluviales navigables étant à l'époque les seuls moyens de communication, leurs usages au profit de tous étaient tout à fait la meilleure décision.

[17] Il s'agit par exemple du fleuve Niger 1963, fleuve Sénégal 1964

[18] BOINET Edouard, *Hydro politique du fleuve Sénégal. Limites et perspectives d'un modèle de coopération,* éd. L'Harmattan, Paris, 2013, 107 pages, p. 85.

[19] KABAMBA KAZADI Bob, dans sa thèse de doctorat *Interregionalité des pays des grands lacs africains. Elaboration d'un modèle d'intégration régionale en Afrique et son application à la région des grands lacs (Burundi, République démocratique du Congo, Kenya, Ouganda, Rwanda et Tanzanie*, Thèse de doctorat soutenue à la Faculté de droit, Département de Sciences politiques, Université de Liège, année 2000, analysant l'intégration des pays de la région des Grands Lacs, affirme que la CEPGL, qui a comme référent théorique le modèle de la construction européenne, est inadéquate à la construction de la région des Grands Lacs (p. 79). D'où il propose « un modèle d'intégration adapté aux contextes africains (p. 81 et suiv.).

regroupement des Etats au plan sous-régional : c'est le Plan d'Action de Lagos[20] et le traité d'Abuja qui dessinèrent la philosophie du nouveau chemin vers la construction d'une communauté économique continentale en 2000[21]. La méthode consiste à renforcer les organisations sous-régionales (OSR) déjà existantes et à en créer de nouvelles là où elles n'existent pas[22]. C'est ainsi que «... *les regroupements économique sous-régionaux, pourtant décriés à cause de leur inefficience et incapacité à provoquer le renouveau du continent, émergent et reviennent en force à la mode* »[23]. Ainsi, l'Afrique centrale, comme d'autres sous-régions, va devenir une zone de profusion des institutions internationales[24]. En 1964, fut créée l'Union douanière des Etats de l'Afrique centrale (UDEAC) par les anciennes colonies françaises. En 1976 fut créée la Communauté économique des pays des Grands Lacs (CEGPL) par les anciennes colonies belges[25]. Le 18 avril 1983 fut créée la Communauté économique des Etats de l'Afrique centrale (CEEAC). Bien d'autres OSR verront le jour pendant les années 1990 : en 1994 était créée la Communauté économique et monétaire de l'Afrique centrale (CEMAC) sur les cendres de l'UDEAC[26]. En dépit du foisonnement institutionnel, ces différentes communautés se caractérisent par des balbutiements et léthargies singuliers. Les OSR qui essaient de résister, comme la CEMAC, ne parviennent pas à jouer pleinement leur rôle, elles peinent à s'étendre sur la toute sous-région. Il existe toujours un fort besoin d'intégrer les politiques nationales dans plusieurs secteurs comme celui des eaux partagées.

La CICOS constitue l'une des réponses à ce besoin lorsqu'elle voit le jour le 06 novembre 1999. Elle est fondée sur les recommandations de l'OUA et les traités internationaux, comme la Convention de New-York du 21 mai 1997 portant sur le droit relatif aux utilisations des cours d'eau internationaux à des fins autres que la navigation[27]. Son cadre juridique repose sur deux piliers : le premier porte essentiellement sur la gestion de la navigation fluviale, alors que le second pilier concerne la gestion intégrée des ressources en eau (GIRE), objet de l'Additif du 22 février 2007. Toutefois, la définition de certaines notions clés est indispensable pour meilleure compréhension.

---

[20] Le plan d'Action de Lagos a été signé le 29 avril 1980 lors d'une session extraordinaire de l'OUA tenu à Lagos les 28 et 29 avril.

[21] GHERARI Habib et BELAOUANE-GHERARI Sylvie, op cit, p.15

[22] Idem

[23] GNIMPIEBA TONNANG Edouard, op cit, p. 12

[24] LIBONG BADJAN Patrice, op cit, p. 17

[25] La Convention portant création de la CEGPL a été signée le 20 septembre 1976 à Gisenyi (Rwanda).

[26] Le Traité instituant la CEMAC date du 16 mars 1994

[27] Voir le Préambule de l'Accord du 06 novembre 1999

II : Définition des notions essentielles

Après la définition de « la gestion internationale des bassins fluviaux » suivra celle « d'intégration de l'Afrique centrale ». Signalons qu'il est inutile de définir la CICOS ici, l'un des titres de la première partie de cette étude lui est entièrement consacré.

A- « Gestion internationale des bassins fluviaux »

La gestion internationale, qui s'applique ici à la gestion des bassins fluviaux, recouvre divers sens et modes de réalisation.

1- Les différentes définitions proposées

La gestion internationale des bassins fluviaux est apparue comme la réponse aux divergences d'intérêts sur l'eau. « Gérer » consiste à *administrer des intérêts, une entreprise pour son propre compte ou pour le compte d'autrui*[28]. Il s'agit d'une administration conciliatrice et équilibrée des intérêts de tous les usagers (Etats), afin de prévenir les conflits et de protéger l'eau. Elle peut être institutionnalisée ou non. Selon la définition de la Convention de New York (CNY) du 21 mai 1997:

> *« 1. Sur la demande de l'un quelconque d'entre eux, les Etats du cours d'eau engagent des consultations sur la gestion d'un cours d'eau international, y compris éventuellement la création d'un mécanisme mixte de gestion.*
>
> *2. Aux fins du présent article, on entend par « gestion », en particulier :*
>
> *a) Le fait de planifier la mise en valeur durable d'un cours d'eau international et d'assurer l'exécution des plans qui auront pu être adoptés ; et*
>
> *b) Le fait de promouvoir de toute autre manière l'utilisation, la protection et le contrôle du cours d'eau dans des conditions rationnelles et optimales. »*[29]

La Commission du droit international (CDI)[30] affirme que cette disposition a pour but de *« ...faciliter aux Etats du cours d'eau l'examen des modalités de gestion qui conviennent aux divers Etats et au cours d'eau en question »*[31]. L'article 24 éperonne les Etats d'un cours d'eau à coopérer et à créer des instruments mixtes de gestion. Il décrit les différentes étapes de la gestion collective des cours d'eau internationaux : des consultations, la

---

[28] Le Petit Larousse, illustré 2011.

[29] Article 24.

[30] Rapport de la Commission du Droit International (CDI) sur les travaux de sa quarante-sixième session, 142 pages, pp. 132-133, (disponible en ligne sur http://legal.un.org/ilc/documentation/french/a_cn4_274.pdf)

[31] Rapport de la CDI, op cit, p. 132.

création d'un mécanisme mixte de gestion ou d'une institution internationale et *« les éléments les plus communs des programmes de gestion des cours d'eau internationaux »*[32], notamment *« la mise en valeur et l'utilisation dans des conditions rationnelles et optimales. »*[33] La gestion commune du bassin fluvial vise : *« le développement et la gestion des ressources en eau en tant qu'unité sans considération des frontières, à travers un mécanisme institutionnel transnational »* ; le partage des bénéfices de ce développement et de cette gestion commune et *« l'établissement d'une procédure d'enquête constructive et de règlement pacifique des différends. »*[34] La maximisation des avantages économiques nécessite une véritable intégration, car elle représente l'objectif majeur[35].

La consultation et la création des mécanismes mixtes sont des aspects politiques et juridiques de la gestion d'un cours d'eau international. Ces éléments sont l'objet du paragraphe 1 de l'article 24 de la CNY. La CDI affirme que le paragraphe 1 ne comporte pas l'obligation pour les Etats *«de gérer » le cours d'eau, ni à créer une organisation commune telle une commission ou tout autre organe mixte.»* Les Etats sont libres à l'issue des consultations de choisir un mode de gestion qui leur convient : des *« réunions périodiques entre organismes compétents ou autres représentants des Etats intéressés»,* l'établissement d'un organisme permanent, etc. Cette définition montre la souplesse de la Convention qui est loin d'être un texte juridique contraignant, mais plutôt une convention-cadre.

En ce qui concerne les programmes de gestion des cours d'eau internationaux, la CDI explique qu'il s'agit de la planification pour la mise en valeur durable qui a une *« importance essentielle »,* car elle permet de préserver « *l'intérêt des générations présentes et futures.»*[36] Elle se fait de manière concertée entre les Etats intéressés, *« et non de façon désordonnée ou ponctuelle.»* Les mesures de planification impliquent aussi des *« plans à titre individuel »* que peuvent appliquer les Etats intéressés. Ici, implicitement, les Etats intéressés sont tenus de prendre en compte des intérêts des autres lorsqu'ils planifient au plan national la mise en valeur des eaux situées sur leur territoire, dans le but d'éviter des dommages transfrontaliers[37].

Cette notion n'a pas laissé indifférente la doctrine. Samuel LUZI, dit que *«La gestion de l'eau (...) regroupe des approches physiques et socio-*

---

[32] Idem, pp. 132-133.
[33] Idem, p. 133.
[34] PAQUEROT Sylvie, *Eau douce. La nécessaire refondation du droit international*, Presses Universitaires du Québec, Québec, 2005, 247 pages, p. 43.
[35] PAQUEROT Sylvie, op cit, p. 43.
[36] CDI, Rapport, op cit, p. 133.
[37] Idem

économiques, dont l'objectif est de réconcilier l'approvisionnement en eau de qualité avec les demandes des usagers et des opérateurs, tout en préservant l'environnement.»[38] L'auteur montre à suffisance les différents paramètres à prendre en compte afin de garantir l'utilisation et la jouissance durable de la ressource. Il montre aussi l'évolution des approches de gestion des ressources en eau transfrontalière grâce à la technologie. M. Fréderic LASSERE et Luc DESCROIX affirment à ce sujet que *« d'une gestion purement technique on est passé à une gestion de plus en plus intégrée qui tient compte des multiples facettes de l'eau, incluant des dimensions sociales et politiques.»*[39] La gestion internationale est un terme générique qui recouvre diverses stratégies en vue de trouver des solutions aux problèmes que soulèvent les eaux transfrontalières entre les Etats concernés. On parle de la « *gestion par bassin* », la « *gestion intégrée des ressources en eau* », « *l'approche éco systémique* » et la « *gestion intégrée par bassin.»*[40] Ces notions ne sont pas éloignées les unes des autres car elles visent toutes une gestion globale des différents paramètres impliqués. En droit des cours d'eau internationaux, le concept de « *gestion internationale* » évoque l'idée d'une concertation entre les Etats riverains d'un même cours d'eau en vue de sa mise en valeur ou de la coordination de leurs politiques, l'eau qui coule n'obéit pas aux frontières artificielles des hommes. Si *« l'eau ignore les frontières* [41]*»* des Etats, nul ne peut s'en approprier parce que la nature est à la disposition de tous. Pour assurer la satisfaction des intérêts de chaque usager, l'administration de ceux-ci trouve une traduction juridique à travers les régimes internationaux des bassins hydrologiques transfrontaliers. Ces derniers devraient s'identifier comme *« la gestion de l'eau à l'échelle du Bassin »*[42] dont les modèles sont divers.

2- Les différents modèles de gestion d'un bassin fluvial

De l'avis de certains auteurs, il existe deux modèles de gestion des ressources en eau : *« le modèle souverainiste et le modèle coopératif et intégratif.»*[43] Le professeur Charles ROUSSEAU en distingue trois, mais qui

---

[38] LUZI Samuel, « Les bassins hydrographiques internationaux : conflits et gestion des ressources hydriques », in les Cahiers de la sécurité, 63, 4e trimestre, 2006, pp. 35-59, p. 37.

[39] LASSERE Frédéric et DESCROIX Luc, *Eau et territoire : tensions, coopération et géopolitique de l'eau,* L'Harmattan, Paris, 2003, 280pages, p. 221.

[40] Idem, pp. 221-225.

[41] Idem

[42] LUZI (S.), op cit, p. 37.

[43] NTUDA EBODE Joseph Vincent (Dir.), *La gestion coopérative des ressources naturelles en Afrique centrale : quelques leçons pour l'intégration des Etats,* éditions CLé, Yaoundé, 2011, 181 pages, (disponible en ligne sur Site : http://www.feskamerun.org, publication du 18/01/2012 11:21:29 par la fondation Friedrich Ebert Stiftung, Yaoundé (Cameroun), 2011. tél. 00 237 22 21 29 96 / 00

ne se différencient pas fondamentalement des premiers. Pour lui, il y a trois formules concevables : *« la gestion individualiste par chaque riverain »*, *« la gestion régionale par la communauté des riverains »* et *« la gestion internationale par une Commission fluviale composée de riverains et de non riverains »*[44]. D'autres recherches ont montré qu'il existe trois modèles d'organismes de bassin : la plateforme, la commission de bassin et l'autorité de bassin. L'intérêt de l'exposé de ces théories réside dans le fait qu'elles permettent de comprendre le modèle choisi par les Etats du bassin du fleuve Congo. Le choix de l'un ou de l'autre modèle caractérise le degré d'efficacité de la gestion du bassin du fleuve Congo et donc de l'importance des pouvoirs transférés par les Etats à la CICOS.

En ce qui concerne *« le modèle souverainiste »* qui correspond à *« la gestion individualiste »* du Professeur Charles ROUSSEAU, il est une approche respectueuse de la souveraineté des Etats. Ces derniers utilisent l'eau sans tenir compte des intérêts d'autres Etats riverains. La frontière joue le rôle d'un mur qui sépare les territoires des Etats, même si l'eau ignore les frontières et qu'elle constitue un bien commun. L'Etat est, selon cette approche, seul maître de l'eau qui coule sur son territoire. Guy MEUBLAT affirme que l'Etat fut maître de l'eau *« d'abord en s'imposant par la loi, c'est-à-dire par une combinaison de légitimité et de force. Dans beaucoup de pays l'eau courante devint ainsi une propriété « nationale » ou « publique »*[45]. *« Dans ces conditions, l'État peut même accroître son rôle et se faire acteur lui-même de la domestication du fleuve à l'échelle du bassin (barrages, endiguements, production d'électricité, etc.), soit par l'action de son administration soit par la délégation de certaines prérogatives à d'autres institutions, publiques ou privées»*[46]. Dans ce modèle les Etats demeurent attachés à leur souveraineté. L'édification d'un cadre juridique intégré devient difficile. Ce modèle de gestion des eaux est proche de celui qu'on appelle généralement la doctrine Harmon, née aux Etats-Unis d'Amérique au XIXe siècle lors d'un différend opposant cet Etat au Mexique à propos des eaux du Colorado. Elle est aussi appelée *« théorie de la souveraineté territoriale absolue.* » Au cours de ce différend, le juge Judson Harmon qui fut chargé de concevoir la position des Etats-Unis avança l'argument selon lequel : *« ... la juridiction de l'Etat sur son propre territoire est nécessairement exclusive et absolue. L'Etat est donc libre d'employer l'eau qui coule sur son territoire comme bon lui semble... »*[47] Combattue,

---

237 22 21 52 92 B.P. 11 939 Yaoundé / Fax : 00 237 22 21 52 74 E-mail : info@fes-kamerun.or), p. 15

[44] ROUSSEAU Charles, *Droit international public*, 11e édition, Dalloz, Paris, 1987, 495 pages, p. 207

[45] Idem

[46] MEUBLAT Guy, op cit, p. 429

[47] LASSERE Frédéric et DESCROIX Luc, op cit, p. 142.

cette théorie a été abandonnée. La jurisprudence internationale a été d'un grand rôle dans ce combat[48].

En plus, les « *modèles coopératif et intégratif* » sont proches de « *la gestion régionale* » et de « *la gestion internationale* » de Charles ROUSSEAU. Ils sont favorisés par l'avènement d'un monde sans frontière grâce à la mondialisation. C'est surtout pendant les années 1990 que ce mouvement touchait davantage le continent africain en général et l'Afrique centrale en particulier. L'incitation à la coopération, au renforcement de l'intégration par l'OUA fut à l'origine de la naissance des modèles de gestion plus intégratifs par l'établissement des organisations ou commissions permanentes de gestion de l'eau transfrontalière. Cette coopération est née du *« jeu spontané des États soucieux de leurs intérêts propres : elle nécessite*

---

[48] La jurisprudence de la CPJI, puis de la CIJ ont largement contribué au développement du droit des cours d'eau internationaux. En matière de navigation fluviale, dans son célèbre arrêt rendu dans l'affaire de la juridiction de la Commission internationale de l'Oder, Arrêt du 10 septembre 1929, série A, n° 23, la CPJI était appelée à répondre à la question de savoir si « la juridiction de la Commission n'est pas limitée au fleuve principal, [l'Oder], mais s'étend également aux affluents », la Warthe et la Netze. Devant cette question qui du reste laissait apparaître une position souverainiste défendue par la Pologne consistant à limiter la juridiction de la Commission internationale de l'Oder au fleuve principal et non aux sections navigables des affluents situés sur son territoire, la Cour, se basant sur la tendance générale « d'internationalisation intégrale » des voies navigables et de l'application de la liberté de navigation dans les voies navigables transfrontalières, tira la conclusion selon laquelle « la juridiction de cette Commission s'étend aux sections de la Warthe et de la Netze situées sur le territoire polonais.» (p. 29 de l'Arrêt). L'avancée fut capitale, car la CPJI voyait dans la gestion de l'Oder et ses affluents « une communauté de droit » dont l'un des Etats riverains ne pouvait limiter la portée. Pour plus de commentaires sur l'affaire de la Commission de l'Oder, voir GADKOWSKI Andrzej, « À propos de la liberté de navigation sur les fleuves internationaux. L'Affaire de l'Oder devant la Cour permanente de Justice internationale.», in Revue de droit de l'Université Adam Mickiewicz, 2013 (vol. 2, pp. 247-265 disponible en ligne sur http://archive-ouverte.unige.ch/unige:30535, consulté le 20 avril 2017). En matière d'utilisation des cours internationaux à des fins autres que la navigation, dans son arrêt du 25 septembre 1997 rendu dans l'affaire du projet Gabcikovo-Nagymaros, la Cour rappela les nouvelles dispositions de la Convention de New York du 21 mai 1997 quant au droit des Etats riverains d'accéder à la ressource lorsqu'elle condamne la dérivation des eaux du Danube par la Slovaquie au détriment de la Hongrie. La Cour évoquait aussi à l'endroit des parties l'obligation de coopération et de négociation afin de mettre en œuvre équitablement les dispositions du traité de 1977 relatif au projet Gabcikovo-Nagymaros. La CIJ a ainsi contribué à renverser la tendance souverainiste qui a longtemps prévalu dans les relations entre les Etats riverains des cours d'eau transfrontaliers.

une institution spécifique, capable de renforcer cette coopération.»[49] A la différence du modèle précédent, le modèle coopératif et intégratif est celui dans lequel la planification de la mise en valeur concertée des ressources en eau et la règlementation y relative se font par le biais des institutions permanentes établies à cet effet par les Etats intéressés. Ce choix pourrait témoigner que la contribution de la CICOS à la construction de l'intégration des Etats du bassin fluvial est réelle.

3- La notion de « bassin fluvial »

Il est important de rappeler que la notion de fleuve international a dominé le droit des cours d'eau internationaux à l'époque où la navigation fluviale était la seule utilisation des eaux des fleuves, avant que l'approche de bassin n'apparaisse. Le fleuve international est celui qui traverse (fleuve successif) ou sépare (fleuve contigu) le territoire de plusieurs Etats. Le Congrès de Vienne de 1815 consacra cette conception[50] tout en ajoutant à ce premier critère de « *nature politique* » un autre critère de « *nature économique* »[51] qui est celui de la navigabilité[52]. La Convention de Barcelone de 1921 remplaça ensuite le concept de fleuve international par celui de « *voie navigable d'intérêt international* »[53].

---

[49] MEUBLAT Guy, op cit, p. 433.

[50] L'article 108 de l'Acte final du Congrès de Vienne dispose: « Les puissances dont les Etats sont séparés ou traversés par une même rivière navigable, s'engagent à régler d'un commun accord tout ce qui a rapport à la navigation de cette rivière... » C'est au cours de ce Congrès que fut adopté l'Acte général du Congrès de Vienne qui fixe le régime juridique du Rhin. Régime qui sera ensuite transposé dans les actes régissant les fleuves internationaux africains comme le Congo et le Niger en 1885 par la Conférence de Berlin.

[51] DAILLIER Patrick, PELLET Alain, et autres, *Droit international public,* L.G.D.J, Paris, 2009, 1709 pages, p. 1369.

[52] Idem

[53] L'article premier du Statut de Barcelone définit cette notion comme suit : « Seront considérées comme voies navigables d'intérêt international :
«1 : Toute partie naturellement navigable vers et depuis la mer, d'une voie d'eau qui, dans son cours naturellement navigable vers et depuis la mer, sépare ou traverse différents Etats, ainsi que toute partie d'une voie d'eau naturellement navigable qui sépare ou traverse différents Etats ». La lettre (b) de cet alinéa, dispose : « Est dite naturellement navigable toute voie d'eau naturelle ou partie de voie d'eau naturelle faisant actuellement l'objet d'une navigation commerciale ordinaire ou susceptible, par ses conditions naturelles, de faire l'objet d'une telle navigation ; par navigation commerciale ordinaire, il faut entendre une navigation qui, étant donné les conditions économiques des pays riverains, est commercialement et couramment praticable.» L'alinéa 2 de l'article 1er ajoute que les voies navigables d'intérêt international peuvent être aussi « les voies d'eau ou parties de voies d'eau naturelles ou artificielles, désignées expressément comme devant être soumises au régime de la convention générale concernant les voies navigables, soit dans les actes unilatéraux

En raison de la multiplication des utilisations des eaux douces, l'approche traditionnelle ne suffisait plus à définir le régime juridique des eaux transfrontalières, il avait fallu trouver « *un concept plus large* »[54]. Les concepts de fleuve international ou de « *voie d'eau internationale* » ont alors été « *progressivement marginalisés* »[55] et « substitués par celui de « *bassins fluviaux* » dans de *« nombreux accords de coopération économiques»*[56]. Celui-ci est multidimensionnel et dynamique. Le Professeur Maurice KAMTO en définissant le bassin fluvial dégage deux conceptions dont nous reprenons ici la substance : « *la conception géographique* » et « la conception économique[57]. »

a- L'approche géographique

Le bassin fluvial est défini par le Professeur Maurice KAMTO comme *« une région drainée par un fleuve et ses affluents »*[58]. Mutoy MUBIALA quant à lui pense que « *du point de vue physique, le bassin est constitué par un ensemble d'éléments hydrologiques ayant un lien direct entre eux et convergeant, en ce qui concerne les eaux fluviales, vers une même*

des Etats sous la souveraineté desquels se trouvent lesdites voies d'eau ou parties de voies d'eau, soit dans les accords comportant notamment le consentement desdits Etats.»

54 DAILLIER Patrick, PELLET Alain et autres, op cit, p. 1370

55 CASSELLA Sarah, « Rééquilibrer les effets inéquitables d'une délimitation territoriale : l'Arrêt de la Cour internationale de justice du 13 juillet 2009 dans l'Affaire du différend relatif à des droits de navigation et des droits connexes (Costa Rica c. Nicaragua) », in AFDI, LV, CNRS, Paris, 2009, pp. 253-277, p. 258.

56 Idem ; voir aussi KAMTO Maurice,« Le droit international des ressources en eau continentales africaines. In : Annuaire français de droit international », volume 36, 1990, (pp. 843-911, disponible en ligne sur http://www.persee.frweb/revues/home/prescript/article/afdi_0066-3085_1990_num_36_1_2995, consulté le 23 juin 2015 à 14 heure) (pp. 856-857), qui constate que plusieurs accords africains de coopération pour la mise en valeur des ressources en eau transfrontalières adopte la notion de bassin intégré : l'article 1 de la Convention du 26 novembre 1963 relative au fleuve Niger prévoit que « l'exploitation judicieuse des ressources du bassin du fleuve Niger » ; la Convention du 11 mars 1972 portant création de l'OMVS donne à celle-ci la mission de mettre en valeur les ressources du Bassin du fleuve Sénégal. Récemment, en Afrique centrale, dans le cas notre étude, l'Accord du 06 novembre 1999 crée une Commission internationale du bassin Congo-Oubangui-Sangha. L'alinéa 3 de l'article 1er de l'Additif du 22 février 2007 définit l'expression « bassin hydrographique du fleuve » comme étant « le fleuve Congo, ses affluents, ses défluents et les dépressions associées ».

57 KAMTO Maurice, *op cit,* p. 855.

58 Idem

embouchure[59]. » Cette définition a l'avantage d'être plus englobante. Elle évoque «… *la réalité de l'unité physique des eaux* » c'est-à-dire, une relation étroite entre les eaux situées dans la région.

Cette notion n'a pas été prise en compte par la CDI[60]. Elle a l'inconvénient de se limiter uniquement aux eaux de surface des fleuves, sans tenir compte des eaux lacustres et des eaux souterraines[61]. C'est ainsi qu'ont été employés les termes de « *bassin de drainage* » ou « *hydrographique* »[62], « *le bassin de drainage international* »[63], « *le système de cours d'eau* » ou celui accepté aujourd'hui de « *cours d'eau international* »[64]. Cette dynamique conceptuelle est non seulement l'œuvre de l'Association du Droit International (ADI), mais aussi celle de la CDI des NU[65]. Le concept de bassin de drainage international a été défini par l'Institut de droit international (IDI) dans ses Règles d'Helsinki de 1966. Il est entendu comme étant *« une zone géographique s'étendant sur deux ou plusieurs Etats et délimitée par les limites de l'aire d'alimentation du réseau hydrographique, y compris les eaux de surface et les eaux souterraines, aboutissant à un point commun.»*[66] Cette définition a bien évidemment marqué un pas de plus dans la dynamique conceptuelle du droit des cours d'eau internationaux. Elle confirme le caractère unitaire du bassin en incluant toutes les eaux de l'espace géographique, situées dans le territoire

---

[59] MUBIALA Mutoy, *L'évolution du droit des cours d'eau internationaux à la lumière de l'expérience africaine, notamment dans le bassin du Congo/Zaïre*, L'Harmattan, Paris, 1995, 176 pages, p. 5

[60] KAMTO Maurice, op. cit. (p. 855) ; CAFLISCH Lucius, « La convention du 21 mai 1997 sur l'utilisation des cours d'eau internationaux à des fins autres que la navigation », in AFDI, XLIII, CNRS Editions, Paris, 1997, pp. 751-797, p. 753 ; MUBIALA Mutoy, op. cit, p. 5

[61] Le bassin fluvial est une appellation appropriée à une catégorie de cours d'eau constitués de fleuve comme celui du Congo. Il ne peut donc pas être pris comme un concept général pouvant couvrir la réalité de tous les cours d'eau internationaux qui sont d'ailleurs divers.

[62] CAFLISCH Lucius, *op. cit.*, p. 753.

[63] KAMTO Maurice, *op cit*, p. 855.

[64] Article 2 (b) de la Convention des Nations Unies portant sur le droit relatif à l'utilisation des cours d'eau internationaux à des fins autres que la navigation, votée par l'Assemblée générale de l'ONU le 21 mai 1997 à New York ; pour plus de commentaires voir CAFLISCH Lucius, *op. cit.*, p. 754.

[65] Toutefois, avant l'ADI et la CDI, d'autres groupements doctrinaux ont joué un rôle important dans l'évolution du droit international fluvial. Il s'agit notamment de l'Institut du Droit International (IDI) qui fut l'initiateur du projet d'internationalisation du fleuve Congo en la personne de monsieur Gustave Moynier à Paris depuis 1878.

[66]Cité par CAFLISCH Lucius, *op. cit.*, p. 753.

de plusieurs Etats[67]. Pour le Professeur Lucius CAFLISCH, ce concept inclut également *« tous les éléments aquatiques localisés à l'intérieur d'un système de ligne de partage des eaux (...) ainsi que le territoire terrestre qui le renferme »*[68]. En effet, une relation étroite existe entre l'eau et les autres éléments de la nature qui en dépendent. L'auteur précité ajoute que *« la notion en question transcende la dimension aquatique pour acquérir une connotation territoriale, voire une dimension d'intégration régionale ou sous-régionale »*[69]. La caractéristique physique fait que la gestion des eaux transfrontalières ne se limite pas qu'à l'eau, elle dépasse l'eau pour considérer d'autres éléments en relation avec elle ainsi que les relations interétatiques. La gestion de l'eau par bassin versant est alors une unité de référence la plus pertinente. La notion de bassin de drainage international a toutefois été l'objet des critiques. Tout d'abord, le concept de bassin de drainage tel que défini se limite uniquement au caractère géographique de l'eau c'est-à-dire à l'eau visible. La définition ne prend pas en compte les réalités humaines et sociales qui caractérisent l'état actuel de la gestion des bassins fluviaux[70], la possibilité d'exportation de l'eau à des zones très éloignées et les particularités de chaque cours d'eau[71].

Eu égard aux insuffisances des approches classiques, la CDI avait élaboré une nouvelle terminologie, en s'inspirant des travaux précédents, notamment ceux de l'International Law Association[72]. En 1980, l'expression « *système d'eau international* » apparaissait dans le Rapport de la CDI lors de sa trente-septième (37eme) session relative à ses travaux préparatoires sur « *Le droit relatif aux utilisations de cours d'eau internationaux à des fins autres que la navigation »*[73]. Ce terme est défini comme *« un système de cours d'eau dont les éléments sont situés dans deux ou plusieurs Etats ».* L'approche systémique ajoute l'avantage de tenir compte des relations physiques entre les eaux situées dans différents Etats, y compris les aquifères. Mais, ce terme n'a pas connu de succès, il était abandonné par la CDI au motif qu'il se limitait au caractère politique du cours d'eau, du fait qu'il est situé sur le territoire de plusieurs Etats. Suite à «... *l'hostilité*

---

[67] KINDIER Adéel, *op. cit.*, p. 24.

[68] CAFLISCH Lucius, *op cit*, p. 753.

[69] Idem

[70] KINDIER Adéel, op cit, p. 25.

[71] Idem

[72] Il s'agit des Règles d'Helsinki de 1966 ; voir à ce sujet KINDIER Adéel, op cit, p. 33.

[73] KAMTO Maurice, op cit, (p. 855, V. Nations Unies, Rapport de la Commission du droit international sur les travaux de sa trente-septième session, 6 mai-juillet 1985. As. G., Doc. Officiels, quarantième session, supplément n° 10 (A/40/10) New York, 1985, p. 172). Voir aussi DAILIER Patrick et autres, *Droit international public,* op. cit., p. 1370.

manifestée par certains Etats »[74], en 1994, la CDI opère un nouveau changement par l'abandon de l'expression *« système de cours d'eau international »* au profit de celui de *« cours d'eau international* »[75] ; il sera maintenu dans la Convention des Nations Unies sur le droit relatif aux utilisations des cours d'eau internationaux à des fins autres que la navigation, précisément à son article 2. Ce dernier définit avant tout la notion de « *cours d'eau* » à l'alinéa (a) : *« L'expression « cours d'eau » s'entend d'un système d'eaux de surface et d'eaux souterraines constituant, du fait de leurs relations physiques, un ensemble unitaire et aboutissant normalement à un point d'arrivée commun ».* La présente définition est le résultat de l'observation des caractéristiques naturelles de l'eau telles que présentées par SCHEBEL dans son rapport de 1979 pour définir « *la nature juridique de l'eau.*»[76] Trois caractéristiques avaient été retenues : *« le cycle de l'eau, le pouvoir auto-épurateur et la diversité des systèmes hydrauliques en quantité et en drainage*[77]. *»* Ces différentes caractéristiques ont permis de définir le cours d'eau comme *« un système d'eaux* » au motif que les eaux sont reliées, sont indivisibles et interdépendantes. Cette définition est un travail de génie, si bien qu'elle a été acceptée par la doctrine. Lucius CAFLISCH dit à ce sujet que la notion de cours d'eau *« se distingue ainsi de celle de bassin de drainage, car contrairement à cette dernière, elle ne comprend que les eaux, à l'exclusion du territoire qui les entoure, et, parmi les eaux souterraines, uniquement celles directement ou indirectement reliées à des eaux de surface*[78]. *»* Retenons que les cours d'eau définis par l'alinéa (a) de l'article 2 de la CNY *« peuvent être situés sur le territoire d'un seul Etat* »[79] ; dans ces conditions, les dispositions de la CNY ne s'appliquent pas[80]. L'objet de la CNY est de réglementer les usages des eaux situées sur le territoire de plusieurs Etats[81]. La notion de « *cours d'eau*

---

74 DAILIER Patrick et autres, *Droit international public,* op. cit., p. 1370.

75 Projet d'article de la CDI adopté par la Commission à sa quarante-sixième session, en 1994, et soumis à l'Assemblée générale dans le cadre de son rapport sur les travaux de ladite session. Le rapport, qui contient également des commentaires sur le projet d'articles, est reproduit dans l'*Annuaire de la Commission du droit international, 1994,* vol. II (2).

76 KINDIER Adéel, *Le droit relatif aux utilisations des cours d'eau internationaux à des fins autres que la navigation. Etude à propos des cours d'eau internationaux dans le monde arabe,* Thèse de doctorat présentée et soutenue publiquement à l'Université Strasbourg III-Robert Schuman, 485 pages, sous la direction du Professeur Syméon KARAGIANNIS, le 3 novembre 2008, p. 31.

77 Idem

78 CAFLISCH Lucius, op. cit., p. 754

79 Idem

80 Idem

81 Ce principe remonte depuis l'époque de la doctrine classique, c'est-à-dire celle qui faisait du fleuve international l'élément essentiel du droit des cours d'eau

international » est définie à l'alinéa (b) de l'article 2 de la CNY comme étant *« un cours d'eau dont les parties se trouvent dans des Etats différents. »* La CNY s'applique uniquement aux fleuves, lacs et aquifères transfrontaliers. Cependant, *« le critère géographique est aujourd'hui dépassé »*[82] au profit de l'approche économique.

b- L'approche économique

L'approche économique renvoie à *« l'aménagement optimum du bassin »*[83]. Il s'agit non plus de la conception du bassin comme un ensemble des eaux qui baignent une région donnée mais de la conception du bassin entant que bien commun pouvant générer des avantages économiques aux Etats impliqués ainsi qu'à la satisfaction des besoins sociaux des populations. L'eau est donc une ressource économique. C'est justement ça l'objet de la Convention de Genève du 09 décembre 1923 relative à l'aménagement des forces hydrauliques intéressant plusieurs Etats. Cette convention marquait un progrès dans la mesure où elle fut*« la première convention générale qui porte sur des utilisations autres que la seule navigation. »*[84] Sa philosophie dominante était que les eaux douces d'un bassin international doivent être exploitées d'un commun accord entre les Etats intéressés, dans la mesure où elles sont inséparables et constituent une ressource commune. Ou tout au moins, l'utilisation ne devrait pas se faire sans que les autres riverains ne soient informés. Son article 2 disposait que *« Dans le cas où la mise en valeur rationnelle de forces hydrauliques comporte une étude internationale, les Etats concernés se prêteront à une étude internationale. Il y sera procédé en commun, sur la demande de l'un d'eux, afin de rechercher la solution la plus favorable à leurs intérêt, et compte tenu des ouvrages existants,*

---

internationaux. Voilà pourquoi, PLANCHAR Robert, « Le droit international fluvial conventionnel particulier dans les eaux intermédiaires Escaut-Meuse-Rhin », pp. 83-87, in Mélanges Fernand DEHOUSSE, Vol. 1, Les progrès du droit des gens, éd. Fernand NATHAN, Paris, 1979, 231 pages, affirme que « Tous les fleuves ne sont pas affectés par les règles du droit des gens. Celles-ci ne concernent que les fleuves dits « internationaux c'est-à-dire les fleuves à pluralité d'Etats co-riverains, soit qu'ils séparent (fleuves contigus) soit qu'ils traversent (fleuves successifs) le territoire de deux ou plusieurs Etats. Les autres fleuves, non visés par cette définition, sont soumis à la compétence exclusive de l'Etat sur le territoire duquel ils sont situés.» p. 83. Cet article est disponible en ligne sur le site : https://www.peacepalacelibrary.nl/schelde/163222606.pdf, consulté le 21 février 2017 à 12 heures.

[82] QUOC DINH Nguyen, « L'internationalisation du Mékong », in AFDI, Volume 8, 1962. pp. 91- 115. doi : 10.3406/afdi.1962.959, (disponible en ligne sur http://www.persee.fr/doc/afdi_0066_3085_1962_num_8_1_959, document généré le 15/10/2015), p. 93.

[83] KAMTO Maurice, op cit, p. 856.

[84] MONDANGE Adrien, op cit, p. 21.

entrepris ou projetés, d'arrêter si possible un programme d'aménagement.»[85] Cette disposition condamne les utilisations unilatérales et irrationnelles des ressources en eau d'un bassin fluvial international. Elle incite les Etats à coopérer ou à agir collectivement dans l'intérêt de tous. C'est pour éviter les conflits qui pourraient naître entre les Etats au sujet des fleuves internationaux qu'il fallait nécessairement trouver une solution internationale définitive[86]. La Convention de Genève est un acte précurseur du droit des cours d'eau internationaux à des fins autres que la navigation[87]. D'ailleurs, l'esprit et la lettre de son article 2 sont très proches de l'article 24 de la CNY sur la définition de la notion de « Gestion.» Dans cette réflexion, nous avons préféré le concept « *bassin fluvial* » dans la mesure où il correspond le mieux à notre cas d'étude qui est le bassin du fleuve Congo. Il permet aussi d'appréhender la place de la gestion des eaux du bassin du fleuve Congo dans le processus « *d'intégration des Etats* » de « *l'Afrique centrale* ».

B- La notion d'intégration des Etats

Avant de définir la notion d'intégration des Etats, il est important de rappeler d'abord ce que c'est que l'Etat. En droit constitutionnel et en droit international, l'Etat est, au point de vue sociologique, une *« espèce particulière de société politique résultant de la fixation sur un territoire déterminé d'une collectivité humaine relativement homogène régie par un pouvoir institutionnalisé comportant le monopole de la contrainte organisée.* »[88] Du point de vue juridique, l'Etat est une *« personne morale titulaire de la souveraineté.* » Cette dernière signifie l'indépendance, « *c'est-à-dire, le droit d'exercer sur une partie du globe, à l'exclusion de tout autre Etat, les fonctions étatiques*[89]. » Ces dernières s'exercent dans les limites du territoire

---

[85] L'intégralité de la Convention de Genève du 09 décembre 1923 relative à l'aménagement des forces hydrauliques intéressant plusieurs Etats (ce document est disponible en ligne sur le site : http://biblio-archive.unog.ch/Dateien/CouncilMSD/C-688-M-248-1924-VIII_BI.pdf. Document consulté le 19 février 1017 à 13 heure).

[86] A titre de rappel, les fleuves internationaux, pendant et à l'issus de la première guerre mondiale étaient des sujets de discorde entre les puissances internationales. Cette Convention s'inscrivait alors dans une logique de règlement définitif des conflits au sujet des fleuves intéressant plusieurs Etats.

[87] Si elle n'eut pas de succès, c'est à cause du petit nombre des Etats l'ayant ratifiée et de sa portée trop ambitieuse dans la codification du droit de l'eau à des fins autres que la navigation. Peut-être aussi que les puissances internationales n'étaient pas encore prêtes à accepter un instrument juridique international régissant les utilisations des eaux situées sur leur territoire.

[88] Lexique des termes juridiques, 20e édition, Paris, Dalloz, 2013.

[89] Sentence Rendu Par M. Max Huber dans l'Affaire de l'Île de Palmas (ou Miangas), 4 avril 1928.

qui séparent l'Etat avec ses voisins. C'est ainsi qu'en raison de la difficulté de respecter strictement l'exercice des fonctions étatiques dans leurs frontières, les Etats sont obligés de coopérer ou de s'intégrer. D'où on parle de l'intégration des Etats.

Simple en apparence, l'intégration des Etats est un concept qui n'est pas facile à définir, affirme le docteur Moustapha DIOUF, car *« non seulement qu'elle est multidimensionnelle, mais qu'elle est tout aussi pluridisciplinaire. »*[90] Il ajoute que *« même dans une discipline isolée, elle fait encore l'objet de multiples définitions. »*[91] De même, le Professeur Boniface BOUNOUNG FOUDA affirme que *« le concept d'intégration régionale est protéiforme*[92]*. »* Un autre auteur écrit, c'est un *« concept flou »*[93]. Notre étude étant un travail de droit, nous retiendrons l'approche juridique de la définition du concept d'intégration. Toutefois, pour mieux saisir ses contours, le sens économique évoqué dans les développements sur la controverse autour du concept d'intégration des Etats.

Selon la conception juridique, le concept « *d'intégration des Etats* » recouvre deux significations. Dans un sens large, l'intégration «… *désigne (...) le fait pour un ensemble d'Etats de s'appuyer sur leur proximité géographique, leurs solidarités historique et anthropologique, pour créer entre eux, sur la base d'accords diversement dénommés, une organisation dotée ou non de la personnalité juridique, en vue de satisfaire en commun l'amélioration du bien-être de leur population.*»[94] Telle que définie, l'intégration est alors synonyme de regroupement des Etats au sein d'une institution commune créée sur la base d'un traité signé entre eux et dotée des organes permanents et d'une personnalité juridique en vue de poursuivre un certain nombre d'objectifs. Le critère « *tout Etat* » de la région ou sous-région revient souvent dans les dispositions relatives aux conditions d'adhésion à l'organisation[95]. Cette définition paraît tellement simpliste à telle enseigne qu'elle fait courir le risque de confusion entre les organisations de coopération et les organisations d'intégration proprement dites. Toute organisation constituée par les Etats d'une région donnée, partageant une histoire et des valeurs anthropologiques communes ne peut

---

[90] DIOUF Moustapha, *La CEDEAO entre inter-étatisme et supranationalité*, éd. CREDIDI, Dakar, 2016, 466 pages, p. 24.

[91] Idem

[92] BOUNOUNG FOUDA Boniface, « Dynamique d'intégration régionale en Afrique centrale et dynamique spatiale du capital productif » (pp. 85-98), in EWANGUE Jean-Lucien (dir.), *Géopolitique mondiale. Enjeux géopolitiques en Afrique centrale,* L'Harmattan, Paris, 2009, 426 pages, p. 87.

[93] KABAMBA KAZADI Bob, « Inter-régionalité des pays des Grands Lacs africains…», Thèse de doctorat, op. cit., p. 26

[94] DIOUF Moustapha, op cit, pp. 24-25.

[95] Idem

pas être automatiquement une organisation d'intégration. Il y a une différence importante entre les deux types d'organisation.

Le concept d'intégration évoque en d'autres termes *« la construction communautaire,»*[96] c'est-à-dire *«... un processus de construction d'un espace collectif, entrepris de façon consciente, négociée et irréversible, par des partenaires ayant choisi de partager un même destin, dans un cadre politico-institutionnel préalablement établi et choisi par eux, sur une base négociée, en se fondant sur une vision stratégique de leur avenir en commun.*[97] *»* Les organisations sous-régionales comme la CEPGL, la CEEAC et la CEMAC sont donc des organisations d'intégration des Etats de l'Afrique centrale au motif qu'elles sont fondées sur les solidarités sus-évoquées dans le but de satisfaire les intérêts communs. Elles sont en même temps les instruments de la réalisation de ce processus. Toutefois, le regroupement doit s'opérer par un transfert de parcelles de souverainetés nationales au niveau supranational. L'intégration, selon le Professeur Saïdou Nourou TALL, *« suppose qu'une entité non étatique créée par un traité de base assure, concurremment ou parallèlement aux Etats membres, des activités dont ces derniers avaient traditionnellement le monopole »*[98]. Le transfert de compétences nationales à l'entité non étatique est ici l'élément central de l'intégration. Il s'agit en d'autres termes du *« recul de la souveraineté étatique»*[99] au profit d'une souveraineté commune exercée par les organes intégrés de l'organisation internationale.

En raison des confusions pouvant naître de la conception large du concept d'intégration, les juristes se sont employés à fournir une autre conception dite « restrictive.»[100] La conception restrictive *« s'intéresse à la méthode par laquelle des Etats, regroupés en une organisation à vocation unificatrice, entendent réaliser l'unité envisagée au rythme le plus rapide et le plus efficace possible, (...), en utilisant très largement les mécanismes peu usités dans les relations internationales classiques »*[101]. L'auteur évoque la

---

[96] BOURENANE Naceur, « Des fondements théoriques et stratégiques de la construction communautaire », op. cit. infra, p. 65.

[97] BOURENANE Naceur, « Des fondements théoriques et stratégiques de la construction communautaire » (pp. 63-80), in LAVERGNE Real (dir.), *Intégration et coopération régionales en Afrique de l'ouest*, éditions Karthala, Paris, 1996, 406 pages, (p. 65, disponible en ligne sur le site : https://idl bnc.idrc.ca/dspace/bitstream/10625/15221/1/IDL-15221.pdf, consulté le 22 février 2017 à 15 heure)

[98] TALL Saïdou Nourou, « La CEDEAO et l'UEMOA: concurrence ou complémentarité? » (pp. 41-48), in Nouvelles annales africaines, Revue de la Faculté des sciences juridiques et politiques, n° 1-2007, p. 42.

[99] KAMTO Maurice, op cit, p. 856.

[100] DIOUF Moustapha, op cit, p. 25.

[101] Idem

question de la distinction entre l'intégration et la coopération qu'il convient de définir présentement afin de saisir la différence entre ces deux notions. Signalons que les méthodes dont il est question sont les techniques de prises de décision comme l'unanimité, la majorité simple, qualifiée ou absolue, l'applicabilité directe et la primauté des normes supranationales.

Selon M. BOURENANE Naceur, *« La coopération peut être définie comme une entreprise concertée entre deux ou plusieurs partenaires dont les intérêts convergent sur une question donnée.»*[102] Elle peut ne concerner qu'un dossier et être limitée temporellement[103]. Cette opinion ne rencontre pas celle de Jean-Jacques Roche qui est persuadé que *« Le domaine de compétences des organisations de coopération est plus étendu (...). A l'inverse, les organisations d'intégration (...) ont un objet initial beaucoup plus restreint.»*[104] A notre humble avis, il n'y a aucune règle qui établit définitivement l'étendue des compétences d'une organisation de coopération ou celle d'intégration. Tout dépend de la volonté des partenaires, les Etats notamment, de s'arrêter ou d'aller plus loin. Le champ d'intervention de l'organisation peut évoluer dans le temps. Le Vocabulaire juridique définit la coopération internationale comme une *« Action conjointe et coordonnée de deux ou de plusieurs Etats (...) dans un domaine déterminé, (...) en vue de parvenir à des résultats communs dans une ou plusieurs questions de la vie internationale ; cette coopération peut se réaliser soit dans le cadre de l'exécution d'un traité ou d'une organisation internationale, soit en dehors de tout cadre contractuel ou institutionnel »*[105]. La coopération est une action de moindre intensité, elle est respectueuse de la souveraineté des Etats. L'intégration, quant à elle, entraîne un transfert de parcelles de souverainetés au profit de l'organisation supranationale créée. Elle attribue plus de pouvoirs aux organes supranationaux. Dans les organisations de coopération, les Etats demeurent les maîtres des actions entreprises en vertu du respect de leur souveraineté qui s'impose. La prépondérance des Etats se traduit par la première place occupée par leurs représentants (chefs d'Etats ou ministres), la prédominance de l'unanimité ou du consensus comme mode de décision[106] et le caractère souvent non obligatoire des actes adoptés. Dans les organisations d'intégration, il est prôné la valorisation des organes

---

[102] BOURANANE Naceur, op cit, p. 65.

[103] Idem

[104] ROCHE Jean-Jacques, *Relations internationales*, 2e éd. L.G.D.J, Paris, 2001, 382 pages, p. 164.

[105] Vocabulaire juridique, Gérard Cornu, Puf, Paris, 2011.

[106] Les organes composés des représentants des Etats sont généralement des organes de décision. Cela constitue un risque de politisation susceptible de d'alourdir le fonctionnement de l'organisation.

intégrés[107] par le pouvoir d'initiative, la prédominance du principe de la majorité comme mode de décision, la primauté, l'effet direct et immédiat des actes de l'organisation[108].

Au-delà de cet effort de séparation entre l'intégration et la coopération ou entre les organisations appartenant à l'une ou à l'autre concept, il faut reconnaître que la distinction stricte est difficile[109]. Les deux types d'organisations se partagent les critères de définition : les éléments de la coopération se retrouvent dans les organisations d'intégration, tout comme ceux d'intégration dans la coopération[110]. Il existe une combinaison des caractéristiques de l'intégration et de la coopération en Afrique. De l'avis d'un auteur *«... ces institutions dites d'intégration se caractérisent plus en Afrique par une forte dose de prépondérance [des organes étatiques]* »[111].

---

107 SALL Alioune, *Les mutations de l'intégration des Etats en Afrique de l'Ouest : une approche institutionnelle*, L'Harmattan, Paris, 2013, 194 pages, p. 79.

108 Les principes de l'effet direct et de primauté du droit communautaire sont d'origine européenne. Le principe de l'effet direct du droit communautaire fut inventé par la CJCE dans son arrêt Van Gend en Loos du 3 février 1963. La CJCE, s'appuyant sur les buts du Traité, affirme que « *l'objectif du Traité C.E.E., qui est d'instituer un marché commun dont le fonctionnement concerne directement les justiciables de la Communauté, implique que ce traité constitue plus qu'un accord qui ne créerait que de obligations mutuelles entre Etats contractants ; que cette conception se trouve confirmée par le préambule du traité qui, au-delà des gouvernements, vise les peuples et, de façon plus concrète, par la création d'organes qui institutionnalisent des droits souverains dont l'exercice affecte aussi bien les Etats membres que leurs citoyens...* » Le principe de primauté du droit communautaire sera quant à lui affirmé par la CJCE dans son Arrêt Costa c. ENEL du 15 juillet 1964. La Cour affirme en effet que «... *la prééminence du droit communautaire est confirmée par l'article 189 aux termes duquel les règlements ont valeur « obligatoire » et sont « directement applicables dans tout Etat membre » ; que « cette disposition qui n'est ressortie d'aucune réserve, serait sans portée si un Etat pouvait unilatéralement en annihiler les effets par un acte législatif opposable aux textes communautaires.*» Voir BOULOUIS Jean et CHEVALLIER R-M., *Grands arrêts de la Cour de justice des communautés européennes*, Tome 1, 6e éd. Dalloz, Paris, 1994, 434 pages.

109 NDOGOMBE Florent, « La redynamisation des organisations régionales en Afrique » (pp. 29-50), in FAU-NOUGARET Mathieu, *La concurrence des organisations régionales en Afrique*, L'Harmattan, Paris, 2014, 450 pages, p. 33.

110 COMBACAU Jean et SUR Serge, *Droit international public*, 4e éd. Montchrestien, Paris, 1999, 801 pages, p. 698.

111 LAVERGNE Real , « Champ d'action pour l'intégration et la coopération régionales en Afrique de l'Ouest » (pp. 11-38), in LAVERGNE Real (dir.), *intégration et coopération régionales en Afrique de l'ouest*, éditions Karthala, Paris, 1996 (406 pages, disponible en ligne sur le site : https://idl-bnc.idrc.ca/dspace/bitstream/10625/15221/1/IDL-15221.pdf, consulté le 22 février 2017), p. 12.

Pour ne citer que notre cas d'étude, la CICOS se caractérise aussi par la combinaison des différents critères évoqués et par une prépondérance de l'organe interétatique.

Le concept « *d'intégration des Etats* » doit être aussi compris au sens normatif, c'est-à-dire qu'il est un mécanisme de fusion et/ou d'élimination des législations disparates des Etats au profit d'une législation unique, ce qu'on appelle par le droit communautaire[112]. L'institution supranationale créée est alors chargée d'instituer, conformément au traité de base et dans le respect du principe de spécialité, un droit dérivé applicable à l'ensemble des Etats membres et à leurs citoyens. L'harmonisation, l'unification et l'uniformisation sont des méthodes usitées pour réaliser la communautarisation du droit.

En plus de ces différents contours, l'intégration des Etats se présente en même temps comme un « *processus* », un moyen ou une « *méthode* »[113] permettant d'atteindre le développement ou bien encore une « *situation* », « *un état* », « *un résultat* » ou un « *objectif* »[114] donné. A en croire les Professeurs Jean COMBACAU et Serge SUR : « *L'intégration est un processus dynamique qui développe progressivement l'exercice en commun des compétences des Etats, voire leur substitue les compétences propres de l'organisation elle-même. Ce processus transforme l'organisation autant que les Etats membres eux-mêmes.* »[115] Les Organisations internationales sont des instruments mis au service de ce processus[116]. Analysant l'objectif du Traité constitutif de l'OHADA, M. Benjamin BOUMAKANI affirme que « *l'unification du droit des affaires est davantage un moyen plutôt qu'un objectif.* »[117] Partageant également la thèse de l'intégration comme moyen, le

---

[112] Comme le disent DAILLIER Patrick, Pellet Alain et FORTEAU Mathias : ce sont les communautés européennes qui ont « popularisé la notion de « droit communautaire » et « ses caractères inédits, qui contrastent avec les aspects classiques du droit international. Les principaux arguments invoqués en ce sens sont tirés de la procédure d'élaboration des décisions des organisations, du fait que les individus en sont souvent les destinataires et que, parfois, ces actes sont directement applicables dans le territoire des Etats membres » (p. 641).

[113] DIOUF Moustapha, op cit, p. 26.

[114] Idem ; Voir aussi COMBACAU Jean et SUR Serge, op cit, p. 698.

[115] COMBACAU Jean et SUR Serge, op cit, p. 698

[116] Le Professeur YAKEHTCHOUK Romain, *L'Afrique en droit international*, L.G.D.J, Paris, 1971, 319 pages, distinguait 4 phases du processus d'intégration : La phase socioculturelle (qui correspond à l'affrontement des idées pour ou contre l'intégration), la phase diplomatique (qui est celle des consultations), la phase fonctionnelle (intégration sectorielle) et la phase constitutionnelle (l'intégration proprement dite de larges secteurs et la création des organes supranationaux), p. 272.

[117] BOUMAKANI Benjamin, « La coexistence de la Cour commune de justice de l'OHADA et de la Cour de justice de la CEMAC. Bilan et perspectives »(pp. 131-

Professeur Florent DONGOMBE considère les organisations internationales comme une « *stratégie* », entendue comme « *l'art de diriger un ensemble de dispositions pour atteindre un but*[118]. » Il affirme que « *les Etats pour réaliser les fins communes qu'ils s'assignent, adoptent des stratégies dans la création des organisations qui ont des interactions avec leurs souverainetés*[119]. » L'organisation d'intégration est un instrument, une invention des Etats servant à atteindre un résultat donné. Cette conception est bien fondée dans la mesure où elle traduit nettement la raison d'être des OIA. Le souci fondamental des auteurs des traités constitutifs des OIA est le développement des Etats et la résolution d'autres problèmes communs comme la paix et la sécurité. C'est « *le caractère transversal des problèmes [qui] appelle une mutualisation des ressources et justifie ainsi l'approche communautaire dont les organisations régionales sont les principaux instruments*[120]. » De l'avis de ces auteurs, l'intégration demeure le moyen, la méthode qui permet de résoudre progressivement les problèmes communs. Certains traités des CER, à l'instar de celui de la CEMAC, sont clairs à ce sujet[121]. Appliquée à notre cas d'étude, on peut dire que cette conception permet de voir les organismes de gestion des bassins fluviaux, notamment la CICOS, comme des instruments créés par les Etats riverains pour mettre en œuvre les politiques communes de la gestion des ressources en eau transfrontalières.

A cette conception instrumentale s'ajoute la conception finaliste qui consiste à affirmer que l'intégration est un objectif ou un résultat. Si l'intégration est un résultat, le moyen utilisé est donc la coopération.

Eu égard à ces différentes approches, l'intégration des Etats dont il est question ici consiste à la construction d'une politique commune de gestion intégrée de l'eau par bassin versant, l'uniformisation ou l'unification des politiques nationales de gestion de l'eau pour forger un cadre juridique

---

143), in *Sensibilisation au droit communautaire et à l'intégration dans la zone CEMAC,* Actes du Séminaire sous-régional, Libreville-Gabon, 02-06 novembre 2004, éd. GIRAF, 2005, 214 pages, p. 137. Cette observation est une critique à l'égard du Traité constitutif de l'OHADA qui a pour objet l'harmonisation du droit des affaires.

118 DONGOMBE Florent, op. cit., p. 31

119 Idem

120 AÏVO Frédéric Joël, « La Communauté des Etats Sahélo-Sahariens (CEN-SAD). Acteur complémentaire ou concurrentiel de l'Union Africaine ? »(pp. 71-102), in FAU-NOUGARET Mathieu, *La concurrence des organisations régionales en Afrique*, L'Harmattan, Paris, 2014, 450 pages, p. 71.

121 L'article 1er du Traité instituant la CEMAC stipule : « La mission essentielle de la communauté est de promouvoir un développement harmonieux des Etats membres dans le cadre de l'institution de deux unions : une union économique et une union monétaire.»

unique, une réglementation commune sur les usages et la protection de la ressource à travers une administration supranationale commune.

III : Problématique

La gestion d'un bassin fluvial international pose le problème de sa compatibilité avec la souveraineté des Etats riverains[122], la coordination de la pluralité des usages, des acteurs et des cadres réglementaires. Les fleuves internationaux sont soumis à la souveraineté territoriale des Etats dont le cours d'eau borde ou traverse leurs territoires[123]. Ils sont soumis au principe de la souveraineté permanente des Etats sur leurs richesses et ressources naturelles[124]. Madame le Professeur Laurence BOISSON DE CHAZOURNES écrit que *« La souveraineté, cœur de la question, évoque inévitablement le recours à l'unilatéralisme dans la gestion des ressources relevant à proprement parler d'un attribut territorial de l'Etat »*[125]. Cette souveraineté est caractérisée par sa généralité et l'exclusivité des compétences de l'Etat. La généralité permet à l'Etat souverain d'exercer « *l'ensemble des pouvoirs qui s'attachent à sa qualité d'autorité publique. Il assume ainsi toutes les fonctions nécessaires à l'organisation de la vie propre à la collectivité assise sur ce territoire* (…)[126]. » L'exclusivité quant à elle permet à l'Etat souverain « *d'exclure tout exercice de sa puissance sur le territoire et la population d'un autre Etat*[127]. » Les Etats du bassin fluvial ont ainsi le droit de règlementer individuellement l'usage des ressources en eau, la navigation sur les portions des fleuves et lacs internationaux se trouvant sur leur territoire[128]. C'est ainsi qu'un auteur affirme par ailleurs

---

[122] TCHOUE Gustave, « Le modèle de l'autorité du Bassin du Niger (ABN) » (pp. 193-208), in NIASSE Madiodio, IZA Alejandro et autres, *La gouvernance de l'eau en Afrique de l'Ouest*, UICN, *Droit et politique d'environnement*, N°50, 2004, 247 pages, p. 206.

[123] COMBACAU Jean et SUR Serges, op. cit., p. 462.

[124] Ce principe fut posé par l'AG des NU dans sa Résolution 1803 du 14 décembre 1962.

[125] BOISSON DE CHAZOURNES Laurence, « Eaux internationales et droit international », op. cit., p. 7.

[126] DUPUY (P.M.) et KERBRAT (Yann), *Droit international public*, 11e Dalloz, Paris, 2012, 929 pages, p. 91.

[127] Idem

[128] Ce droit a été affirmé par la Déclaration 1803 (XVII) de l'Assemblée générale des NU, Souveraineté permanente sur les ressources naturelles, du 14 décembre 1962 : « 1. Le droit de souveraineté permanente des peuples et des nations sur leurs richesses et leurs ressources naturelles doit s'exercer dans l'intérêt du développement national et du bien-être de la population de l'Etat intéressé ». Cette Déclaration n'interdit pas la coopération entre les Etats intéressés pour la mise en valeur des ressources naturelles. Voir § 2.

que « *Compte tenu de l'importance de l'eau pour le développement national, chaque pays peut avoir son propre programme national sur l'utilisation d'un cours d'eau international...*»[129] Un cours d'eau international subit alors un compartimentage, une multiplicité des usages, des usagers et des risques énormes de pollution et des tensions entre acteurs. Par exemple, il n'existe pas, dans le domaine de la navigation notamment, *« un principe général de liberté de navigation au profit de tous* [...] *il ne s'affirme que dans le cadre d'un traité signé entre les Etats riverains»*[130], car «... *un Etat souverain ne peut être forcé de partager ses richesses avec un Etat moins favorisé.*»[131] Ce problème est crucial entre les Etats de la CICOS, notamment la RDC (pays le plus arrosé) et les autres. Tout l'enjeu de la gestion d'un fleuve international est celui de la coordination des politiques publiques diverses.

Aussi, en dépit de l'obligation pour les Etats de respecter les droits des voisins[132], dans la mesure où *« le caractère international du cours d'eau fait ainsi intervenir les notions de partage et de répartition entre Etats riverains »*[133], la diversité d'acteurs et d'usages génère des conflits. L'eau ignorant les frontières politiques, son utilisation par un Etat riverain peut engendrer des effets néfastes dans un autre Etat riverain, d'où *« il se pose un problème de rivalités, la perception de l'intérêt national continuera de peser lourd dans la balance »*[134] des intérêts parce que *« ... les Etats ont été et restent allergiques à tout ce qui touche leurs compétences souveraines »* et *« un contrôle de leur bassin hydrographique*[135]. Face à la souveraineté des Etats, qui se veut individualiste, la gestion du bassin pose alors un problème d'intégration des politiques nationales. L'intégration de politique de régulation des usages de l'eau du bassin du fleuve Congo pose aussi le problème de la coexistence et de la coordination des activités des organisations internationales auxquelles les Etats appartiennent simultanément et qui ont également pour mission la mise en valeur des

---

[129] NGONDI Etanislas, « La gestion concertée des eaux transfrontalières du fleuve Congo », op. cit., infra. p. 49.

[130] COMBACAU Jean et SUR Serges, op. cit., p. 462.

[131] BALLENEGER Jacques, *La pollution en droit international*, éd. Droz, Genéve, Paris, 1975, 268 pages, p. 14.

[132] Dans l'affaire relative à la dérivation des eaux du Lac Lanoux ayant opposé la France à l'Espagne, le tribunal arbitral affirma dans sa sentence arbitrale du 16 novembre 1957 que « La souveraineté territoriale joue à la manière d'une présomption. Elle doit fléchir devant toutes les obligations internationales, quelle qu'en soit la source, mais elle ne fléchit que devant elles ».

[133] BOISSON DE CHAZOURNES Laurence, « Eaux internationales et droit international », op. cit., p. 7.

[134] NGONDI Etanislas, « La gestion concertée des eaux transfrontalières du fleuve Congo », op cit, infra. p. 49.

[135] LAVEILLE Jean-Marc, *Droit international de l'environnement*, 3eme éd. Ellipses, Paris, 2004, 368 pages, p. 228.

ressources naturelles pour le développement économique[136]. Or pour établir la politique commune de gestion du bassin, la CEMAC a impulsé la création de la CICOS avec la participation de la RDC. La question qui se pose est la suivante : au regard de l'immensité du bassin, de la coexistence des souverainetés des Etats riverains et des diverses organisations internationales, la CICOS peut-elle contribuer efficacement à la construction l'intégration des Etats de l'Afrique centrale dans la gestion du bassin ?

Suite aux efforts de recherche et d'analyse, le résultat est que la CICOS contribue à l'évolution de l'intégration des Etats de l'Afrique centrale (première partie) mais cette contribution est sensiblement limitée (deuxième partie).

[136] Les différents traités des organisations d'intégration de l'Afrique centrale font allusion à l'utilisation, la mise en valeur ou encore à la gestion et à la protection des ressources naturelles. A titre illustratif, le chapitre XI du traité fondateur de la CEEAC du 18 octobre 1983 est consacré à « la coopération en matière d'énergie et des ressources naturelles.» ; l'article 41 (c) du traité de la CEMAC du 25 juin 2008 prévoit « l'exploitation rationnelle (…) des ressources en eau ».

PREMIÈRE PARTIE
LA CONTRIBUTION DE LA CICOS À L'INTÉGRATION DES ETATS

De l'avis des auteurs, les politiques communautaires de l'environnement en Afrique centrale sont « embryonnaires »[137] ; *« il n'existe pas de véritable droit communautaire de l'environnement dans la plupart des organisations communautaires africaines.»*[138] *« On trouve çà et là des documents de politiques environnementales communautaires qui s'en tiennent à des généralités et à des formulations souvent vagues, et qui, en tout état de cause, ont rarement une force contraignante »*[139]. Cette défaillance du droit communautaire de l'environnement a été également dénoncée par le Professeur Ibrahima LY en ces termes,*« Les relations entre le droit communautaire et la protection de l'environnement sont encore en phase de maturation et de développement, malgré les consécrations respectives du droit de l'environnement et du droit communautaire »*[140]. Si en Afrique de l'Ouest le droit communautaire de l'environnement est en phase de maturation, la situation est pire en Afrique centrale au niveau de la CEMAC et de la CEEAC[141]. Les organismes de gestion des bassins fluviaux permettent de compenser la défaillance ou « l'*absence d'un droit communautaire autonome »*[142] en matière d'environnement. Cette première partie consiste à étudier l'apport de la CICOS dans le processus d'intégration

---

137 KAMTO Maurice, « La mise en œuvre du droit de l'environnement: forces et faiblesses des cadres institutionnels »(pp.29-35), in Revue Africaine de Droit de l'environnement (RADE), *Le droit de l'environnement en Afrique*, Actes du premier Colloque international, Abidjan, 29-30 octobre 2013, Polykrome, Dakar, N°1, 2014, 161 pages, p. 34.

138 Idem

139 KAMTO Maurice, « La mise en œuvre du droit de l'environnement… », op cit, p. 34.

140 LY Ibrahima, « Droit communautaire et protection de l'environnement » (pp. 149-159), in *Nouvelles annales africaines, N°1, CRDIDI*, Dakar, 2007, 255 pages, p. 149.

141 KAMTO Maurice, « La mise en œuvre du droit de l'environnement… », op. cit., p. 34. En ce qui concerne la CEEAC, le propos doit être aujourd'hui nuancé. Cette Communauté économique dispose déjà d'un organe chargé des questions de gestion des eaux transfrontalières. Elle a élaboré un Projet de Convention pour la prévention et la résolution pacifique des conflits liés à la gestion des ressources en eau partagées en Afrique centrale.

142 Idem

des Etats dans le domaine de l'eau. Deux éléments essentiels caractérisent la contribution de la CICOS dans l'évolution de l'intégration des Etats de l'Afrique centrale : un cadre normatif uniforme des voies d'eau du bassin (Titre I) et un cadre structurel international (Titre II).

TITRE I : L'INSTITUTION PROGRESSIVE D'UN CADRE NORMATIF UNIFORME

Le droit de la CICOS comprend deux piliers qui constituent la trajectoire d'intégration du régime du bassin[143]: le premier est la règlementation uniforme de la navigation intérieure (Chapitre I) à laquelle est venue s'ajouter la gestion intégrée des ressources en eau (GIRE) (Chapitre II), pour une meilleure protection de l'environnement[144].

143 Les textes internationaux encouragent les Etats à ériger les règles communes de gestion des eaux partagées. C'est le cas de la Déclaration de Dublin du 31 janvier 1992, voir Programme d'action : « *pour être efficaces, la mise en valeur et la planification intégrées de bassins hydrographiques transfrontaliers nécessiteraient théoriquement les mêmes dispositions institutionnelles que dans le cas d'un bassin non partagé.* »

144 Ce volet environnemental ressort des articles 11 et 12 de l'Accord du 06 novembre 1999. Voir document annexé.

Chapitre I. L'uniformisation du droit de la navigation intérieure

Il est question de revoir le passé et les tumultes qui ont caractérisé la gestion du bassin du fleuve Congo (Section I) avant d'étudier l'approfondissement de la règlementation de la navigation intérieure (Section II).

Section I : Des tumultes historiques à l'accord du 6 novembre 1999

L'objectif d'uniformiser le droit de la navigation fluviale, tel que fixé dans l'Accord du 06 novembre 1999, tire ses origines dans les profondeurs de l'histoire coloniale du bassin du fleuve Congo. En effet, dès les années 1800, se posait le problème du contrôle des voies navigables entre les puissances coloniales. Chacune d'entre elles voulait imposer le monopole de la navigation au détriment des autres. Pour éviter les affrontements et le blocage des activités économiques du fleuve, il avait fallu trouver une solution définitive par la signature des conventions internationales imposant la liberté de navigation et l'égalité de traitement des bateaux pour toutes les nations. Cette solution existait déjà en Europe dès 1815 pour la navigation sur le Rhin. Après les indépendances, l'exhumation du legs colonial fut marquée par de nombreux tumultes (Paragraphe I) qui seront tempérés par la signature de l'Accord du 06 novembre 1999 (Paragraphe II).

Paragraphe I : Des tumultes antérieurs à l'Accord du 06 novembre 1999

Pour comprendre les problèmes qui se sont posés entre les Etats de l'Afrique centrale au sujet d'une politique commune de transport fluvial, après les indépendances, et le retard pris pour la création d'un cadre juridique unique, il est important de remonter l'histoire du bassin en étudiant les difficultés rencontrées par les puissances coloniales pour l'internationalisation des voies navigables. Cet héritage a profondément influencé le processus d'intégration des Etats de l'Afrique centrale notamment en matière de gestion internationale du fleuve Congo. L'avenir de l'héritage colonial se révélera incertain non seulement au regard de l'instabilité du droit fluvial international (A) mais aussi de son rejet implicite par les Etats riverains après les indépendances (B).

A : L'instabilité du droit fluvial international

Pour comprendre l'instabilité du legs colonial, il est nécessaire de rappeler, d'une part, que les conventions internationales censées apporter des solutions juridiques ont souffert d'une instabilité spectaculaire **(1)** et, d'autre part, que l'intervention du juge international a été peu satisfaisante **(2).**

1 : Les conventions internationales instables

Au regard des problèmes qui se sont posés entre les puissances coloniales, notamment l'impossibilité de l'utilisation isolée et l'absence d'une politique commune de gestion des voies navigables du bassin du fleuve Congo, des réflexions ont été fournies dans les milieux de juristes internationalistes en vue d'encourager les puissances coloniales à établir un régime international dans le bassin du fleuve Congo. A l'instar de Romain YAKEMTCHOUK: *« L'élaboration du statut international du fleuve à la fin du XIXe siècle se déroula dans un climat de vive compétition politique et fut dominée par des considérations de l'équilibre des puissances. La contribution des jurisconsultes à la formule adoptée par la conférence de Berlin (1885) fut également appréciable... »*[145] Le rôle des jurisconsultes avait consisté à encourager les hommes politiques à ériger un cadre institutionnel de gestion de la navigation au profit de toutes les nations. La formule de l'Acte de Berlin devait permettre le développement du trafic fluvial au profit de toutes les puissances coloniales. Parmi les initiateurs de ce projet, l'Institut de Droit International (IDI) avait adopté une Résolution lors de sa 9e session de Munich tenue du 4 au 8 septembre 1883, dans laquelle il *« exprime le vœu que le principe de la liberté de navigation pour toutes les nations soit appliqué au fleuve du Congo et ses affluents, et que toutes les puissances s'entendent à prévenir les conflits entre les nations civilisées dans l'Afrique équatoriale.»*[146] Cette résolution faisait suite à la proposition d'un des membres de l'IDI, feu Gustave MOYNIER, lors de sa session du 4 septembre 1883 à Munich. L'auteur de cette proposition exhorta longuement l'IDI à adopter une résolution relative à l'internationalisation du fleuve Congo et ses affluents. Pour convaincre ses pairs, il présenta l'ensemble des problèmes qui se posaient entre les puissances coloniales d'une part et entre les indigènes d'autre part, avant de conclure sur la nature

---

[145] YAKEMTCHOUK Romain, « Le régime international des voies d'eau africaines », pp. 481-515, in RBDI, (disponible sur http://www.rbdi.bruylant.be/.../RBDI%201969.2%20-%20pp.%20481%20à%20515%20-%20Ro..., consulté le 27 septembre 2016)

[146] MOYNIER Gustave, « Mémoire lu à l'Institut de Droit International à Munich, 4 septembre 1883», in La question du Congo devant l'Institut de Droit International, 1883, pp. 272-293, (http// :retro.seals.ch, consulté le 15 mars 2016), p. 293

du régime juridique international du fleuve Congo et de ses affluents, un régime indispensable pour le maintien des relations pacifiques dans le bassin[147]. Cet exposé, rend bien compte de la situation difficile qui régnait entre les puissances coloniales en matière d'utilisation d'un espace commun qui est le bassin du fleuve Congo[148]. Chaque puissance coloniale fut animée d'un fort sentiment de s'accaparer l'exercice de la navigation dans le bassin alors que les voies fluviales étaient les seuls moyens de circulation dans la sous-région. L'exhortation de MOYNIER avait une visée préventive afin d'éviter tout risque de conflit armé entre les colonisateurs.

Pour mettre fin à cette crise, l'auteur proposa de faire du Congo ce qui a été fait pour le Danube. Il affirma que *« les conventions existantes fourniront de précieuses indications »*[149] ; allusion étant faite au régime danubien. C'est ainsi qu'il ajouta : « *Il serait indispensable encore d'établir, comme pour le Danube, une commission internationale composée de représentants des États intéressés, et qui serait chargée soit de remplir, pour le compte de la communauté, certaines fonctions administratives ou techniques, soit de*

---

147 Idem, monsieur Gustave MOYENIER expliquait la situation dans le bassin en disant ce qui suit : « *Tant d'intérêts divers poursuivis avec ardeur sur une même piste, devaient faire entrevoir la possibilité de conflits plus ou moins prochains. (...) L'installation des nouveau-venus sur les rives du fleuve et sur ses eaux se développe avec une extrême rapidité, et la politique commence à s'en mêler, ainsi que Stanley l'avait prédit lors de sa découverte; aussi est-il devenu nécessaire d'aviser à une déclaration de principes, propre à prévenir des incidents regrettables. Il en est temps encore, niais le danger est réel, s'il est vrai, comme on l'affirme, que les explorateurs de cette région ne sont pas tous animés d'une égale bienveillance les uns envers les autres. Je sais bien qu'en haut lieu les sentiments de mesquine jalousie ne sauraient avoir accès, et qu'en particulier les instructions données à Stanley et à ses agents, par le comité pour le compte duquel ils travaillent, leur interdisent tout acte d'hostilité envers les voyageurs étrangers ; elles leur imposent même le devoir d'entretenir avec ceux-ci de bonnes relations, et de leur prêter assistance au besoin. Je sais aussi que les armements qui se font n'ont pour but que la défense des territoires occupés, à l'exclusion de toute idée de conquête par la force. Néanmoins, il ne faut pas s'aveugler au point de se figurer que, pour avoir été pacifiques jusqu'à présent, les rivalités n'existent pas, et que la présence de soldats aux ordres des concurrents ne constitue pas un véritable péril. Déjà les rapports avec les Africains, faciles au début, commencent à être fort tendus ; les gens de Stanley ont échangé des coups de fusil avec les indigènes, et la route frayée à grands frais entre Manyanga et Léopoldville est devenue si peu sûre, que les missionnaires n'osent plus s'y hasarder.*»

148 YAKEMTSHOUK Romain, op cit, p. 485

149 MOYNIER Gustave, op cit, p. 284

veiller en permanence à l'observation du traité, ce qui contribuerait probablement à prévenir bien des conflits[150].» Au regard de la situation inquiétante qui régnait dans le bassin entre les colonisateurs, il fut clair que l'usage et la gestion séparés des voies navigables du bassin fut un danger. Un danger pour les relations entre les parties impliquées et un danger pour le bon développement des activités économiques.

A la suite de la résolution de l'IDI de 1883, fut convoqué le Congrès de Berlin de novembre 1884 –février 1885 dont l'Allemagne, l'Autriche-Hongrie, la Belgique, le Danemark, l'Espagne, la France, la Grande-Bretagne, l'Italie, la Norvège, les Pays-Bas, le Portugal, la Russie et la Suède furent les participants et les signataires de l'Acte de Berlin. A l'issue de ce Congrès fut adopté l'Acte de Berlin du 5 février 1885. Cet Acte fut riche par son contenu et les changements qu'il apportait dans le régime du bassin du fleuve Congo. Il délimita le bassin, posa les principes fondamentaux de la navigation et créa une Commission chargée de veiller au respect du droit dans les voies navigables, notamment les principes de liberté de navigation et de commerce de l'article 13 de la Déclaration sur le bassin du Congo[151]. La Commission serait composée des représentants de chaque puissance signataire. L'Acte de Berlin attribua à la Commission des compétences normatives, consistant en l'élaboration des règlements de navigation, de police fluviale, de pilotage et de quarantaine, applicables après approbation des puissances membres de la Commission, des compétences administratives consistant en la désignation des travaux propres à assurer la navigation du Congo, la fixation des tarifs de pilotage et des tarifs généraux des droits de navigation, l'administration des revenus, la surveillance de l'établissement quarantenaire[152].

Ces différentes attributions montraient l'importance des pouvoirs que la Commission devrait exercer dans le bassin du fleuve Congo. Malheureusement, ladite Commission n'a jamais été créée, en dépit de l'enthousiasme des auteurs de l'Acte de Berlin. Peut-être que les parties dédaignaient les pouvoirs attribués à la Commission et surtout le transfert des parcelles de souveraineté à celle-ci. Cela est assurément vrai dans la mesure où dans d'autres bassins fluviaux africains, l'établissement d'une commission internationale chargée de veiller à l'application du droit de la

---

[150] Idem, p. 286

[151] Le premier alinéa de cet article disposait que : « la navigation du Congo, sans exception d'aucun des embranchements ni issues de ce fleuve, est et demeurera entièrement libre pour les navires marchands [...] de toutes les nations, tant pour le transport des marchandises que pour le celui des voyageurs. Elle devra se conformer aux dispositions du présent Acte de navigation et aux règlements à établir en exécution du même Acte. », Voir à ce sujet MUBIALA Mutoy, *op cit,* p. 78.

[152] MUBIALA Mutoy, *op cit,* p. 79.

navigation, fut catégoriquement rejeté par les puissances coloniales lors de la Conférence de Berlin. Il fut ainsi de l'opposition de l'Angleterre contre la proposition de création de la Commission du bassin du fleuve Niger[153] et de la France en ce qui concerne l'internationalisation du fleuve Sénégal[154].

A la fin de la première guerre mondiale, l'Acte de Berlin fut abrogé le 10 septembre 1919 par la Convention de Saint-Germain-en-Laye. Cette dernière conserva les principes essentiels du droit fluvial, mais son champ d'application fut réduit aux seules puissances signataires et aux seules puissances membres de la SDN, parties aux instruments antérieurs qui désiraient adhérer à cette Convention[155]. En outre, ses articles 8 et 9 attribuaient désormais aux parties signataires la compétence d'établir les règlements de navigation et d'assurer le maintien de l'ordre public et de la

---

153 YAKEMTCHOUK Romain, op cit, dit à ce sujet « [qu'à] A la conférence de Berlin, la Grande-Bretagne marqua son opposition catégorique à l'établissement d'une telle Commission pour le Niger; elle l'estimait « impraticable ». Le délégué français ajouta que « l'autorité attribuée à la Commission internationale en vue de surveiller l'application des principes de la liberté commerciale n'aurait à s'exercer que dans les territoires où n'existerait aucune autorité souveraine régulièrement établie » (p.35). Les deux gouvernements s'engagèrent séparément à édicter des règlements fluviaux qui « consacreront la liberté de navigation et faciliteront autant que possible la circulation des navires », le fleuve entrant ainsi dans le domaine réservé de la France et de la Grande-Bretagne.», p. 495. Les oppositions entre les puissances riveraines eurent des conséquences pratiques préjudiciables à l'exercice des activités économiques fluviales dans le bassin du Niger. Car, certaines compagnies imposèrent des restrictions au bénéfice de la liberté de navigation et de l'égalité de traitement aux autres. Ainsi, comme le note YAKEMTCHOUK R., op cit, il fut constaté dans la pratique « [qu'à] plus d'une reprise, la compagnie à charte britannique, la *Royal Niger Company,* a unilatéralement limité la liberté de navigation sur le fleuve, les navires français ayant été soumis à un traitement vexatoire, en contradiction avec l'Acte de Berlin. A la suite des protestations de Paris, les deux gouvernements sont parvenus à un accord (9 juin 1898) réglementant la navigation sur tout le cours du Niger, ses affluents, embranchements et issues.», p. 495.

154 Au sujet de l'internationalisation du fleuve Sénégal, YAKEMTCHOUK Romain, op cit, écrit ce qui suit : « La *conférence de Berlin* s'est abstenue de régler le statut du Sénégal : la France y étant formellement opposée. Dans ses instructions du 8 novembre 1884 adressées au plénipotentiaire français, le président du Conseil, Jules Ferry, disait : « Il est donc entendu que les délibérations porteront uniquement sur les régions du Niger et du Congo. Vous auriez soin notamment d'en exclure, s'il y avait lieu, l'examen des questions relatives au Sénégal et à l'Ogooué, en faisant observer que ces cours d'eau traversent des territoires relevant exclusivement de la France, et qu'ils ne sauraient dès lors être considérés comme des fleuves *internationaux,* auxquels les principes du Congrès de Vienne fussent applicables.»

155 NGO MBOGBA-MIKANO Paulette, *Le droit de la navigation intérieure en Afrique centrale…*, op cit, p. 54

sécurité de la navigation[156]. Eu égard à ces changements, les compétences que l'Acte de Berlin attribuait à la Commission furent supprimées par les puissances coloniales dans la Convention de Saint-Germain-en-Laye. Ce recul[157] montre que les puissances ne furent pas prêtes à abandonner leurs parcelles de souveraineté au profit d'une institution supranationale. Ainsi, la Commission du Bassin du Congo était venue trop tôt comme institution de gestion de la navigation intérieure sur les voies navigables séparant ou traversant les territoires de plusieurs puissances coloniales.

En 1921, deux conférences eurent lieu à Barcelone le 19 puis le 21 avril dans le but d'établir un régime universel des voies d'eau navigables. Elles aboutirent à la signature d'une convention sur le transit et d'une autre sur le Statut relatif au régime des voies d'eau navigables d'intérêt international. La Convention de Barcelone sur le Statut des voies d'eau navigables d'intérêt international n'eut pas assez de succès en raison du nombre limité des Etats signataires et du rejet exprimé par les Etats indépendants dans les années 1960.

L'application du régime établi depuis l'Acte de Berlin a été difficile car il fut à l'origine d'une jurisprudence contestée suite aux difficultés d'interprétation des dispositions des conventions successives.

2 : L'intervention de la CPJI: l'affaire Oscar Chinn

L'affaire Oscar Chinn est l'une des illustrations des différends nés des réglementations contraires au régime international du bassin. Etant donné que le régime actuel du bassin est inspiré de l'Acte de Berlin et que cette affaire occupe une place importante dans l'histoire du droit international de la navigation fluvial, il est important d'en donner un aperçu.

L'application de la règle de droit entraine parfois des confrontations entre ses destinataires. L'Affaire Oscar Chinn dont la CPJI avait eu l'occasion de trancher le 12 décembre 1934 illustre les difficultés

---

[156] L'article de la Convention dispose que « Chacune des Parties signataires demeurent libre d'établir les règlements qu'elle jugera utile pour assurer la sécurité et le contrôle de la navigation, étant entendu que ces règlements devront tendre à faciliter autant que possible la circulation des navires de commerce.» Quant à lire 9 : « Dans les sections des fleuves et de leurs affluents ainsi que sur les lacs, les Gouvernements exerçant l'autorité resteront libres, pour le maintien de la sécurité et de l'ordre publics et pour les autres nécessités de l'œuvre civilisatrice et coloniale, d'établir tel régime que de besoin ; mais la réglementation ne pourra comporter aucun traitement différentiel entre les navires ou entre les ressortissants des Puissances signataires et des Etats membres de la Société des Nations, adhéreront à la présente Convention.»

[157] YAKEMTSHOUK Romain, op cit, p. 489

d'appliquer le régime de Berlin de 1885 et même la Convention de Saint-Germain-en-Laye du 10 septembre 1919 par les anciennes puissances coloniales.

Le différend opposa l'Angleterre à la Belgique. Cette affaire concerne la réparation des pertes et dommages qu'aurait subis le sujet britannique Oscar Chinn.

Les faits de ce différend remontent au mois de juin 1931 lorsque le gouvernement de la Belgique prit des mesures qui, selon l'Angleterre, eu pour effet la création d'un monopole en matière de navigation et de commerce dans le bassin du fleuve Congo en faveur de la Société belge à responsabilité limitée, Union Nationale des Transports Fluviaux (dite « UNATRA »). Ces mesures consistèrent à réduire les tarifs de transport des passagers et des marchandises par l'UNATRA. En cas de perte, le gouvernement de la Belgique devrait procéder à leur compensation. S'estimant lésé par ces mesures et les compensations accordées par la Belgique à l'UNATRA, monsieur Oscar Chinn saisit alors le Tribunal de Léopoldville puis le gouvernement de la Belgique auprès desquels il n'eut pas gain de cause. C'est ainsi que par un compromis du 13 avril 1934 la Belgique et l'Angleterre[158] se mirent d'accord pour soumettre le différend à la CPJI.

La Cour fut alors invitée à répondre à deux questions. La première était celle de savoir si les mesures prises par le gouvernement belge et les compensations accordées par lui à l'UNATRA constituaient, compte tenu des circonstances, une violation de ses engagements internationaux vis-à-vis du gouvernement du Royaume-Uni. La seconde question fut quant à elle de savoir, si dans l'affirmative, par rapport à la première question, quel serait alors la réparation à payer par le gouvernement belge au gouvernement du Royaume-Uni ?

La CPJI par six (6) voix contre cinq (5) rendu l'arrêt le 12 décembre 1934 dans lequel elle donna une réponse négative aux questions qui lui ont été posées.

L'Affaire Oscar Chinn soulevait beaucoup d'autres questions auxquelles la Cour n'avait pas pris le soin de répondre dans son raisonnement, si bien qu'elle avait suscité des critiques de la part des juges Anzilotti, Van Eysinga, Altamira et Schùcking. Tels sont les cas de la question sur l'abrogation de l'Acte de Berlin de 1885 par la Convention de Saint-Germain-en-Laye et celle de savoir si la liberté de navigation implique la liberté de commerce.

---

158 L'Angleterre agissait ainsi en vertu du principe de la protection diplomatique au profit de son ressortissant Oscar Chinn.

Dans leurs opinions individuelles[159], les juges Jonkheer Van Eysinga et M. Schuking étaient convaincus que la CPJI avait mal fondé sa décision. Ils soutenaient tous deux la thèse de la survivance de l'Acte de Berlin. Selon eux, l'Acte de Berlin lui-même interdisait toute possibilité de modification ou d'abrogation par un nombre restreint d'Etats[160]. Selon ces juges, sept (7) puissances internationales (France, USA, Royaume-Uni, Italie, Portugal, Belgique, Japon) auteurs de la Convention de Saint-Germain-en-Laye n'étaient pas en mesure d'abroger l'Acte de Berlin dont treize (13) puissances internationales[161] faisaient partie. L'Acte de Berlin ne pouvait être modifié qu'à l'unanimité de toutes les parties. Le juge Schùcking insistait sur ce point en ajoutant que *« les précédents de la Conférence de Berlin [voulaient] écarter tous les traités conclus entre quelques Puissances seulement concernant leurs intérêts dans le bassin du Congo : en effet, deux Etats (le Royaume-Uni de Grande-Bretagne et le Portugal) ont dû renoncer à un traité de commerce conclu avant l'Acte de Berlin (le 26 févr. 1884), et ce traité spécial fut la cause immédiate de l'Acte de Berlin.»*[162] Les Etats parties à la Convention de Saint-Germain-en-Laye du 10 septembre 1919 n'étaient pas en mesure de déclarer abrogé l'Acte de Berlin qui comptait un nombre plus élevé des Etats partie. Suivant ces juges, la Cour devait appliquer les dispositions de l'Acte de Berlin et non celles de la Convention de Saint-Germain-en-Laye.

D'autres considérations de fond laissent croire que cet arrêt n'était pas d'un grand apport dans l'édification du droit international de la navigation fluvial, notamment dans le régime du bassin du Congo. Selon l'opinion dissidente du juge ALTAMIRA[163], la CPJI avait mal interprété les dispositions de la Convention de Saint-Germain-en-Laye du 10 septembre 1919. Pour lui, la liberté de navigation implique celle du commerce. La Belgique, ayant imposé la réduction des tarifs de transports et compensé les pertes de l'UNATRA, avait effectivement violé ses obligations internationales vis-à-vis de l'Angleterre.

Retenons que le raisonnement de la CPJI était de nature à restreindre la liberté de navigation. Comparativement à d'autres arrêts[164], l'approche

---

[159] www.icj-cij.org-pcji-serie_AB-05_0...
[160] Idem
[161] En plus des sept (7) puissances déjà citées, faisaient partie de l'Acte de Berlin la Turquie, la Bulgarie, la Hongrie, l'Autriche, l'Allemagne et l'Espagne.
[162] Opinion individuelle de M. Schocking contre l'Arrêt du 12 décembre 1934 rendu par la CPJI dans l'affaire Oscar Chinn, p. 87 (www.icj.cij.org)
[163] www.icj-cij.org-pcji-serie_AB-06_0...
[164] L'approche très libérale de l'interprétation des conventions relatives aux statuts des fleuves internationaux est présente par exemple dans l'Affaire de la compétence territoriale de la Commission internationale de l'Oder, la CPJI jugea la liberté de navigation ne se limitait pas qu'au fleuve mais aussi à ces affluents. De même, dans

libérale de la navigation dans les voies fluviales n'a pas été bien suivie dans l'affaire Oscar Chinn. C'est ainsi qu'il y aura le refus de la coopération multilatérale, l'érection des politiques de gestion nationale et des accords partiels entre les nouveaux Etats, ce qui marque une époque de désintégration des Etats du bassin.

B : Le rejet du legs colonial : la désintégration du bassin

Elle est marquée par les différends entre les Etats riverains après la colonisation (1) et la défaillance des organisations sous-régionales existantes d'ériger une politique commune efficace de gestion des voies navigables (2).

1: Les différends entre les Etats riverains

L'héritage colonial, le régime de Berlin, en matière de gestion des bassins fluviaux en Afrique centrale a été implicitement remis en cause après les indépendances.

En effet, pendant les premières années des indépendances, le choix entre la gestion souverainiste et la gestion coopérative des ressources en eau du bassin était un dilemme, les Etats optaient pour le modèle souverainiste. Un auteur a su le démontrer en ces termes : *« Au cours de cette période (...), les Etats de l'Afrique centrale procèdent à la fortification de leurs frontières (...), ils se posent comme les seuls garants et gérants des ressources issues de leur patrimoine national et périphérique.»*[165] Cela engendrait des querelles, puis des rapports difficiles entre les Etats riverains. Les relations entre la RDC et la RC à cette époque n'étaient plus au beau fixe au sujet du fleuve Congo mais aussi pour des raisons politiques[166]. La RDC considérant le fleuve Congo comme « une voie d'eau intérieure » (parce que celui-ci est en grande partie situé sur son territoire), la RC invoquant quant à elle

---

l'Arrêt sur les droits de navigation de 2009 ayant opposé le Costa Rica et le Nicaragua, la CIJ s'est efforcé à rééquilibrer la situation inégale entre les deux parties sur la base l'égalité des droits des riverains tel prôné aujourd'hui. Pour plus de commentaire voir CASSELLA Sarah, « Rééquilibrer les effets inéquitables, d'une délimitation territoriale :l'arrêt de la cour internationale de justice du 13 juillet 2009dans l'affaire du *différend relatif à des droits de navigation et des droits connexes(Costa Rica c. Nicaragua) », in* AFDI, LV CNRS éditions, Paris, 2009, pp. 253-277

[165]NTUDA EBODE Joseph Vincent, (Dir.), Introduction in *La gestion coopérative des ressources transfrontalières en Afrique centrale :Quelques leçons pour l'intégration régionale,* éditions Clé, Yaoundé, 2011, 181 pages, p. 15.

[166] Il s'agit en particulier de la protestation des autorités de Brazzaville contre l'assassinat des proches de Patrice LUMUMBA dont Pierre MULELE qui avait trouvé refuge à Brazzaville.

l'argument selon lequel le fleuve Congo comporterait des « eaux territoriales », notion qui n'existe pas en droit fluvial[167]. La République du Congo et la RDC, deux principaux Etats riverains du fleuve, ne se sont jamais accordés sur le statut international du fleuve Congo[168] jusqu'à la création de la CICOS. La gestion commune du bassin est demeurée otage des conceptions nationalistes qui ont eu pour conséquence le blocage des politiques communautaires en matière de transport par voies d'eau. Un Manifeste de conciliation fut signé le 16 juin 1970 grâce à la médiation des chefs d'Etat du Gabon, de la RCA et du Cameroun pour apaiser la tension galopante entre les deux voisins.

La remise en cause du régime établi par l'Acte de Berlin serait fondée sur une thèse selon laquelle *«... le droit conventionnel, du fait qu'il n'a pas été élaboré avec la participation et le consentement des pays devenus indépendants, puisqu'ils n'avaient pas ou ne pouvaient pas exercer le pouvoir de traiter, reflète beaucoup plus les intérêts des puissances coloniales que ceux des Etats africains[169]. »* C'est pour cette raison que certains riverains du fleuve Congo n'avaient pas hésité à dénoncer l'Acte de Berlin, et ce dans une posture nationaliste. La RDC se lança dans une démarche visant à nationaliser le fleuve en affirmant qu'il est un fleuve intérieur. L'ancienne République du Zaïre (RDC) rebaptisa unilatéralement le fleuve Congo : « fleuve Zaïre » en soutenant ce qui :

« Zaïre est la transposition euphonique du vocable nzadi qui signifie fleuve. Sur son parcours de plus de 4000 kilomètres, le Zaïre, qui est l'artère vitale de son pays, ne fait frontière avec un terrain étranger que sur un trajet négligeable de près de 200 kilomètres. C'est juridiquement un fleuve intérieur. Les dispositions archaïques de l'Acte de Berlin de 1885, qui faisait de cette voie d'eau un fleuve international, ont cessé d'avoir effet en 1908, lorsque la Belgique a annexé le fictif Etat du Congo, et le fleuve est entré dans le domaine public de l'Etat. La Convention et le Statut sur le régime des voies navigables d'intérêt international, ainsi que le Protocole additionnel, adoptés à la Conférence de Barcelone de 1921, auxquels n'ont adhéré qu'un petit nombre d'Etats, ont simplement substitué à la notion juridique et géographique de fleuve international celle économique de voie

---

[167] Cette notion des « eaux territoriales » est selon MUBIALA Mutoy (op. cit.), « étrangère au droit international fluvial », p. 85.

[168] KAMTO Maurice, « Droit des ressources en eaux continentales africaines » (op. cit.), p. 853.

[169] GONIDEC P.F. « Note sur le droit des conventions internationales en Afrique », in Annuaire *français de droit international*, volume 11, 1965. pp. 866-885. doi : 10.3406/afdi.1965.1852 http://www.persee.fr/web/revues/home/prescript/article/afdi_00663085_1965_num_11_1_1852, p. 880.

d'eau d'intérêt international. Néanmoins, le Zaïre échappe à cette réglementation ; il conserve son statut de fleuve intérieur, c'est-à-dire national[170]*.* »

Dès le début des années 1960, commence l'érection des législations en matière de navigation, symbolisant ainsi une volonté de remplacer le droit colonial par des nouvelles législations nationales. Il faut citer à ce sujet l'Ordonnance-loi N°66-96 du 14 mars 1966 portant Code de la navigation fluviale et lacustre de la RDC. Comme son nom l'indique, ce Code s'applique sur l'ensemble des cours d'eau navigables dans le bief inférieur, moyen et supérieur du bassin du fleuve Congo[171]. La règlementation nationale de la navigation intérieure peut être vue comme une sorte de protectionnisme vis-à-vis des autres Etats riverains.

Les mésententes au sujet du fleuve Congo ont perduré jusqu'aux années1980 et 1990. L'échec du Projet de Convention sur le statut du fleuve Congo/Zaïre de 1987 est une bonne illustration. D'ailleurs, l'appellation « fleuve Congo/Zaïre » dans ce projet de convention montre comment la RC et le Zaïre n'avaient pas pu s'accorder sur le nom et le statut du fleuve Congo. Pour la RC, malgré le sentiment nationaliste de la RDC à l'égard des ressources en eau du bassin, le fleuve s'appelle toujours « Congo » alors que l'autre Etat riverain l'appelait « Zaïre.»

En plus, il est important de remarquer que ces querelles ont été favorisées par le mauvais tracé des frontières léguées par les « grands dévorateurs d'espaces »[172] notamment les puissances coloniales européennes[173]. Celles-ci se sont servies des éléments de la nature comme les fleuves, les montagnes pour en faire des frontières entre les territoires colonisés, tandis que la détermination de ces frontières restait encore un problème à résoudre[174]. La précision et la stabilité, écrit le Professeur Paul

---

[170] Discours tenue devant l'Assemblée générale de l'ONU le 2 novembre 1971, à la 26eme session. Cf, MUTOY Mubiala, op cit, p. 5.

[171] Chapitre II du Code de la navigation fluvial et lacustre de la RDC du 14 mars 1966.

[172] ABLINE Gaël, *Sur un nouveau principe général du droit international : l'uti possidetis,* Thèse de Doctorat spécialité : droit public, n° d'ordre 774, présentée et soutenue publiquement, le 30 novembre 2006 à Angers, Université d'Angers 2006, École doctorale d'Angers, Directeur de thèse : M. Rahim KHERAD, Professeur à la Faculté de droit de Poitiers, (en ligne sur https://tel.archives- ouvertes.fr/tel-00339755, publiée le 18 novembre 2008, consulté le 10 septembre 2016 à 22 heure), p. 30.

[173] BANGOURA Dominique, « Frontières et espaces frontaliers en Afrique centrale » (pp. 225-229), in EWANGUE Jean-Lucien, (Dir.), *Enjeux géopolitique en Afrique centrale*, L'Harmattan, Paris, 2009, 426 pages, p. 225

[174] Selon les Professeurs DUPUY Pierre-Marie et KERBRAT Yann (op.cit.), la détermination d'une frontière consiste tout d'abord à la délimiter et ensuite à la

Tavernier, sont deux qualités majeures d'une bonne frontière[175] ; *« les limites artificielles sont plus stables alors que les limites naturelles sont mouvantes… »*[176] Au lieu d'en faire des frontières qui séparent les hommes, il était possible de se servir des éléments de la nature, les fleuves notamment, comme des interfaces entre les peuples, c'est-à-dire des voies de communication entre les populations riveraines, situation qui a existé avant l'arrivée du colonisateur. Cela aurait pu éviter les problèmes que nous vivons aujourd'hui. Pour résoudre ce type de querelles à l'époque, l'OUA eut recours au principe de *l'uti possidetis*[177] ; principe dont *« La fonction principale (...) est d'éviter que des différends territoriaux prolongés viennent perturber les Etats nouvellement indépendants. Sa fonction est plus particulièrement d'offrir une solution nette, rapide et incontestable, plutôt qu'une solution juste et nuancée qui ne verrait le jour qu'au prix de conflits prolongés, voire sanglants »*[178]. L'OUA n'avait pas tort, car les frontières coloniales ont été déjà intériorisées par les peuples des différents Etats nouvellement indépendants. Dans l'affaire du différend frontalier ayant opposé le Burkina-Faso au Mali, la CIJ avait rappelé que l'application du principe de l'*uti possidetis juris « a précisément pour conséquence le respect des frontières héritées »* afin « *d'éviter que l'indépendance et la stabilité des nouveaux Etats ne soient pas mises en danger par des luttes fratricides nées de la contestation des frontières à la suite du retrait de la puissance*

---

démarquer. La délimitation « consiste à choisir l'emplacement de la frontière et à préciser l'étendue spatiale du pouvoir étatique », tandis que la démarcation est une opération matérielle et technique de vérification et de concrétisation sur le terrain de la limite préalablement fixée ».

175 TARVENIER Paul, « Les différends frontaliers terrestres dans la jurisprudence de la CIJ »(pp. 137-148),
in ADFI, 2001, Vol. 47, N° 1, p. 140, (disponible sur www.persee.fr/doc/afdi_0066-3085_2001_num_47_1_3656, consulté le 13 septembre 2016 à 24 heure)

176 N. Girard d'Albissin, "Propos sur la frontière", *Revue historique du droit français et étranger*, 1969, p. 407, cité par Gaël Abline, *Sur un nouveau principe général du droit international : l'uti possidetis,* Thèse de Doctorat spécialité : droit public, n° d'ordre 774,Présentée et soutenue publiquement, le 30 novembre 2006 à Angers, Université d'Angers 2006, École doctorale d'Angers, Directeur de thèse : M. Rahim KHERAD, Professeur à la Faculté de Droit de Poitiers, (en ligne sur https://tel.archives- ouvertes.fr/tel- 00339755, publiée le 18 novembre 2008, consulté le 10 septembre 2016 à 22 heure), p. 26.

177 La Conférence des chefs d'Etat et de gouvernement de l'OUA dans sa Résolution AHG/Res.16 (I) de juillet 1964 déclare solennellement que « tous les Etats membres s'engagent à respecter les frontières existantes au moment où ils ont accédé à l'indépendance.»

178ANGELET Nicolas « Quelques observations sur le principe de *l'uti possidetis*à l'aune du cas hypothétique de la Belgique » (pp. 51-69), in Revue belge de droit international, n°31, Éditions BRUYLANT, Bruxelles, 1998, p. 55, (disponible sur rbdi.bruylant.be, consulté le 9 septembre 2016 à 1 heure).

administrative[179]. » Mais, l'imprécision des frontières fluviales héritées de la colonisation et le caractère mouvant des eaux rendent le respect de ce principe difficile et les relations internationales instables.

Aujourd'hui, le sentiment nationaliste des Etats riverains, à l'égard des ressources en eau du bassin du fleuve Congo-Oubangui-Sangha situées sur leurs territoires, n'a pas entièrement disparu ; bien qu'ayant établi un régime international à travers l'Accord du 06 novembre 1999. En effet, le retard accumulé par certains Etats pour la ratification de l'Accord du 06 novembre 1999 et l'Additif du 22 février 2007 sur la GIRE[180], le refus de payement des contributions financières au budget de fonctionnement de la CICOS, la réclamation du poste de secrétaire général adjoint sont autant d'éléments qui symbolisent le malaise de certains Etats riverains sur la question de l'internationalisation des voies navigables du bassin du fleuve Congo. Le développement des politiques de gestion des eaux douces au plan national a contribué à renforcer la défaillance des politiques communautaires.

2: La défaillance des organisations sous-régionales existantes

Les CER n'ont pas pu ériger une vraie politique commune en matière de gestion des eaux douces partagées. En Afrique centrale, le droit communautaire de l'environnement laisse à désirer. Le développement des échanges commerciaux est le souci principal des organisations de la sous-région, notamment des principales organisations d'intégration existantes la CEMAC et la CEEAC. La gestion des eaux transfrontalières n'a pas fait l'objet d'une véritable politique commune dans les premières conventions des organisations citées au regard du contenu de leurs dispositions qui se limitait plus aux échanges économiques qu'à la mise en valeur des ressources naturelles, alors que l'entretien des voies navigables est essentiel pour les échanges économiques dans une région qui baigne dans l'eau.

Pour marteler notre propos, citons la Convention de la CEPGL, signé le 20 septembre 1976, qui montre dans son Préambule comme dans ses dispositions que l'objectif principal est *« d'assurer d'abord et avant tout la sécurité des Etats et de leurs populations de sorte qu'aucun élément ne vienne troubler l'ordre et la tranquillité dans leurs frontières respectives »*.[181] Les Etats-parties affirment qu'ils sont *« décidés à consolider et intensifier la coopération et les échanges commerciaux et poursuivre en*

---

[179] CIJ, affaire du différend frontalier Burkina-Faso contre Mali, arrêt du 22 décembre 1986, Réc. p. 554, § 20.

[180] Communiqué final du Comité des Ministres de la CICOS, 13eme session ordinaire, tenue le vendredi 1er juillet 2016 à Yaoundé (Cameroun), p. 6

[181] Article 2, alinéa 2 de la Convention du 20 septembre 1976

commun leurs efforts de développement économique, culturel et social ».[182] Au gré des circonstances troublantes, la CEPGL n'a pas connu des heures de gloire. Les ambitions commerciales et d'autres[183] affirmées n'ont pas été effectives à cause des conflits armés qui ont profondément bouleversé la stabilité de la région des Grands Lacs. La CEGPL a sombré en période d'inactivité jusqu'au début des années 2000.

De même, le Traité instituant la CEMAC prévoit que la mission de celle-ci est de promouvoir le développement harmonieux des Etats membres dans le cadre de l'Union économique et de l'Union monétaire. Ces deux Unions traduisent déjà l'objet majeur de la CEMAC qui est le développement des échanges économiques. Ce traité renvoie également la gestion des eaux transfrontalières au second plan. L'Union économique vise la liberté des activités commerciales, mais qui ne peuvent être faciles que grâce à une monnaie commune qu'est le Franc CFA. Cette dernière permet quant à elle « *de créer en commun les conditions d'un développement économique et social harmonieux, dans le cadre d'un marché ouvert et d'un environnement juridique approprié* ».[184] A la lumière des dispositions de ces textes, pour les Etats, échanges commerciaux et union monétaire sont deux éléments indispensables au développement. La CEMAC qui a été créée dans le but de poursuivre l'œuvre d'intégration amorcée dans l'UDEAC s'inscrit elle aussi dans cette logique commerciale d'autant plus que son objectif est d'établir un marché commun[185] entre ses Etats membres. C'est ainsi qu'elle a besoin d'assurer la liberté de circulation des personnes, des marchandises, des services et des capitaux.

L'ambition d'établir une politique communautaire de gestion des ressources partagées, en l'occurrence celles du bassin du fleuve Congo, a été affirmée timidement dans le traité instituant la Communauté économique des Etats de l'Afrique centrale (CEEAC). Ici, en dépit de l'évocation « *des ressources naturelles* »[186], la priorité était également accordée au

---

[182] Idem, voir préambule.

[183] La Convention de la CEPGL avait aussi pour objectif la coopération de façon étroite dans les domaines social, économique, commercial, scientifique, culturel, politique, militaire, financier, technique et touristique, plus spécialement en matière judiciaire, douanière, sanitaire, énergétique, de transports et de télécommunications. On peut déjà ici faire une similitude de programmes entre la défunte UDEAC et l'actuelle CEMAC.

[184] Article 1 de la Convention de l'Union monétaire de l'Afrique centrale du 28 juin 2008, telle qu'adoptée à Yaoundé au Cameroun.

[185] Le marché commun est une zone économique dans laquelle les biens, les personnes, les capitaux et les services circulent librement et où les Etats disposent d'un tarif extérieur commun vis-à-vis des produits étrangers.

[186] Article 4, alinéa 1 du Traité créant la Communauté économique des Etats de l'Afrique centrale (CEEAC) signé à Libreville le 18 octobre 1983.

développement des échanges commerciaux, comme dans les traités d'autres organisations citées. En effet, l'alinéa 2 de l'article 4 envisage l'élimination des droits de douane et toutes autres taxes d'effet équivalent, à l'importation et à l'exportation des marchandises ; l'abolition des restrictions quantitatives et autres entraves au commerce ; l'établissement d'une politique commerciale à l'égard des Etats tiers ; la suppression progressive des obstacles à la libre circulation des personnes, des biens, des services, des capitaux et au droit d'établissement ; l'harmonisation des politiques nationales en vue de la promotion des activités communautaires, notamment dans les domaines de l'industrie, des transports et communications, de l'énergie, des ressources naturelles, du commerce, de la monnaie et des finances, des ressources humaines, du tourisme, de l'enseignement et de la culture, la science et de la technique.

Les Etats de la sous-région n'étaient pas encore prêts à mettre en place une politique spéciale de gestion des ressources naturelles partagées en l'occurrence l'eau. Mais, à la différence d'autres organisations, à partir du Traité instituant la CEEAC, les ressources naturelles commencent à être prises en compte, car le chapitre XI du Traité est consacré à la coopération en matière d'énergie et des ressources naturelles.

Aujourd'hui, la CEEAC s'intéresse à la gestion des eaux transfrontalières, si bien qu'elle dispose d'un organe spécialisé en la matière. La CEEAC a élaboré un projet de Convention sur la prévention et la résolution pacifique des conflits liés à la gestion des ressources en eau partagées en Afrique centrale.

La lecture des objectifs de ces trois entités montre que la politique communautaire de gestion et de protection des ressources naturelles partagées en général et l'eau du bassin du fleuve Congo en particulier, n'était pas un souci fort dans les organisations d'intégration de la sous-région dès leur création. C'est avec le développement du droit de l'environnement au niveau international et régional que les organisations d'intégration se sont intéressées, plus tard, à la gestion des ressources naturelles. A cause des difficultés engendrées par les considérations nationalistes, les CER n'ont pas pu ériger de véritables politiques communautaires en matière de navigation ou de transport par voies d'eau. En dépit de l'ambition affichée dans les traités communautaires des années 1990 et 2000, la politique communautaire de transport par voies d'eau dans le cadre de la CEMAC a été bloquée à cause de l'absence de la RDC. Sans cette dernière, la CEMAC ne pouvait pas ériger un droit communautaire de transport par voies d'eau[187] en raison du caractère fortement international du bassin du fleuve et de ses affluents

---

[187] NGO MBOGBA-MIKANO Paulette, *Le droit de la navigation intérieure en Afrique centrale…*, op cit, p. 63

ainsi que de la situation en grande partie de celui-ci sur le territoire de cet Etat. Ainsi, la création de la CICOS est une compensation de la défaillance des CER dans le processus de regroupement des Etats de la sous-région, en matière de gestion des eaux transfrontalières et du transport fluvial. A cet effet, l'Accord du 06 novembre 1999 portant régime uniforme des voies navigables et créant la CICOS marque un pas de plus dans le processus d'intégration des Etats à travers des principes fondamentaux en matière de navigation intérieure au profit de toutes les nations.

Paragraphe II : L'Accord du 6 novembre 1999 : une césure avec un passé tumultueux

La signature de l'Accord du 6 novembre 1999 constitue une rupture avec un passé tumultueux du bassin du fleuve Congo et de ses affluents. Il serait possible d'étudier à ce stade les normes et l'organe institué mais, nous nous limiterons d'abord à l'étude des principes fondamentaux, l'organe sera étudié plus loin. C'est ainsi qu'il faut d'abord nous intéresser aux principes octroyant des droits (A) avant de voir ceux imposant des obligations (B).

A : Une intégration par des principes profitant à tous

Pour faciliter l'utilisation optimale des voies navigables, il est nécessaire d'instituer une réglementation internationale. Nous étudions ici deux principes essentiels qui contribuent à l'approfondissement de l'intégration : le principe de la liberté de navigation (1) et celui de l'égalité de traitement des usagers (2).

1 : La liberté de navigation pour toutes les nations

Cette règle existe dans la quasi-totalité des traités internationaux portant sur le régime des voies d'eau internationales[188]. Elle *«... constitue par ailleurs une limitation substantielle au principe de la souveraineté territoriale de l'Etat riverain vis-à-vis duquel elle est invoquée ».*[189] En d'autres termes, l'abandon des parcelles de souveraineté par les Etats riverains cède la place à une souveraineté commune sur le bassin. L'étude du principe de la liberté de navigation nous amène à analyser ses bénéficiaires (a) avant de circonscrire sa portée géographique (b).

---

[188] On peut citer la convention du statut du fleuve Sénégal du 11mars 1972, titre III ; Code international de navigation et des transports sur le fleuve Sénégal, article 3.

[189] MUBIALA Mutoy, *op. cit.*, p. 31.

a : Le principe de la liberté de navigation : les bénéficiaires

L'Accord du 06 novembre 1999 adopte une *approche extensive*[190] des bénéficiaires de la liberté de navigation. Le principe est posé par l'article 4, alinéa 1er de l'Accord qui dispose que « *La navigation sur les voies navigables visées à l'article 3 est entièrement libre et ouverte aux bateaux de toutes les nations pour le transport de marchandises et de personnes, directement ou avec transbordement à condition de se conformer aux dispositions contenues dans le présent Accord, notamment les règlements communs édictés en vue d'assurer la sécurité de la navigation sur le Bassin Congo-Oubangui-Sangha.* » Cette disposition consacre une conception libérale de l'utilisation des voies d'eau comme moyen de communication. Elle est un apport indéniable du droit des cours d'eau transfrontaliers dans l'intégration parce que la liberté de circulation est l'une des conditions *sine qua non* du développement des activités économiques fluviales. Qui dit intégration dit zone géographique unique où les personnes, les marchandises et les biens peuvent circuler librement grâce à l'existence d'un même cadre juridique.

La conception libérale de la navigation sur les voies fluviales ne s'est faite *qu'après bien de vicissitudes*[191]. Elle traduit le triomphe de la conception libérale sur l'utilisation des voies de navigation pendant la Révolution française. Le principe de la liberté de navigation est un vieux principe du droit fluvial international[192]. La consécration de ce principe dans le régime actuel du bassin Congo-Oubangui-Sangha est une exhumation de l'héritage de l'Acte de Berlin de 1885 qui fut lui-même une imitation du Régime juridique du Rhin. C'est ainsi que le régime actuel du bassin du

[190] Selon MUBIALA MUTOY, *op.cit.*, « *il existe deux conceptions en matière de liberté de navigation. D'une part, une approche extensive, consistant à accorder la liberté de navigation à tous les pavillons et, d'autre part, une approche restrictive comportant trois variantes. La première reconnaît la liberté de navigation pour les pavillons des riverains et reflète le droit coutumier en vigueur ; la seconde accorde la liberté de navigation aux pavillons des Etats-Parties à un traité ; et, pour les Amériques seulement - la troisième variante – la liberté de navigation est octroyée unilatéralement ou conventionnellement* », p. 32.

[191] Idem, p. 203

[192] Les origines de son application concrète dans les fleuves remontent depuis la révolution française par un arrêté du Conseil exécutif du 20 novembre 1792 qui donna l'ordre aux armées françaises en Belgique d'assurer la liberté de navigation et des transports sur tout le cours de l'Escot et de la Meuse. Voir PELLET Alain et autres, *op. cit.*, p. 1371.

fleuve Congo est pour certains « *une exportation du régime rhénan en Afrique.*[193] »

En droit fluvial international, la liberté de navigation consiste à conférer aux navires de toutes les nations le droit de circuler librement sur les voies navigables.

Rappelons que du point de vue doctrinal, la liberté de navigation au bénéfice de tous fut l'œuvre du droit romain, cultivée ensuite par les juristes théologiens du XVIe siècle, puis celle de l'école du droit naturel de Hugo Grotius[194]. Mais, cette conception ne représente au Moyen-âge « *qu'une anticipation théorique sans portée effective* »[195], selon l'expression du Professeur Charles ROUSSEAU.

L'IDI de son côté, lors de sa session de Paris, définit de manière extensive la liberté de navigation à l'article 2 de sa Résolution du 14 octobre 1934 comme « *Le droit pour tous les navires, bateaux, trains de bois et autres moyens de transport par l'eau, de circuler librement sur toute l'étendue navigable de la voie, à charge de se conformer aux stipulations du présent règlement, et, le cas échéant, aux prescriptions supplémentaires ou d'exécution qui seront établies par les Etats riverains* ».

Si les termes peuvent changer d'un groupe de penseurs à un autre, la conception de la liberté de navigation reste la même. La preuve en est que la définition proposée par l'ADI est bien proche de celle de l'IDI. Pour l'ADI, la liberté de navigation suppose « *La liberté de mouvement sur toute la partie navigable du fleuve ou du lac ; liberté d'entrer dans les ports et d'utiliser les installations et bassins qui s'y trouvent ; liberté de transporter des marchandises et des passagers, directement ou avec transbordement entre le territoire d'un Etat riverain et le territoire d'un autre Etat riverain et la pleine mer* ». Cette définition a beaucoup inspiré les rédacteurs de l'Accord du 06 novembre 1999. La seule différence se situe au niveau du critère de la navigabilité du fleuve jusqu'à la mer que l'ADI considère

---

193 BOUR Albert, « Le régime rhénan, un modèle exporté en Afrique », 13 pages, (disponible sur docplayer.fr/65718145-Le-regime-renhan-un-modele-exporte-en-Afrique-html, consulté le mardi 19 décembre 2017 à 13 heure).

194 DUPUY (P.M.) et KERBRAT (Yann), *Droit international public*, 11e Dalloz, Paris, 2012, 929 pages, p. 819. Hugo GROTIUS, dans son célèbre ouvrage *Le droit de la guerre et de la paix*, 2e édition Puf, Paris, 2012, 868 pages, soutient l'idée que les fleuves doivent être ouverts au passage de tous pour des causes légitimes (p. 188). Le droit de passage n'est pas dû seulement aux individus mais aussi aux marchandises. (p. 190).

195 ROUSSEAU Charles, *op.cit.*, p. 204

comme condition indispensable au motif que les fleuves sont les prolongements des mers[196].

L'approche extensive de la liberté de navigation, sur les voies navigables du Bassin COS, est une exhumation de l'héritage colonial en dépit du refus des principaux Etats riverains d'appliquer les dispositions des anciennes conventions après l'acquisition de l'indépendance[197]. Elle était consacrée par l'Acte de Berlin du 26 février 1885, puis par la Convention de Saint-Germain du 10 décembre 1919. L'article 2 de l'Acte de Berlin stipulait à juste titre que *« Tous les pavillons, sans distinction de nationalité, auront libre accès à tout le littoral des territoires énumérés ci-dessus, aux rivières qui s'y déversent dans la mer, à toutes les eaux du Congo et de ses affluents, y compris les lacs, à tous les ports situés sur les bords de ces eaux, ainsi qu'à tous les canaux qui pourraient être creusés à l'avenir dans le but de relier entre eux les cours d'eau ou les lacs compris dans toute l'étendue des territoires décrits à l'article premier. Ils pourront entreprendre toute espèce de transports et exercer le cabotage maritime et fluvial, ainsi que la batellerie sur le même pied d'égalité que les nationaux. »*

La liberté de navigation fut également réaffirmée par la Convention et le Statut de Barcelone sous l'égide de la SDN en date du 20 avril 1921 et entrée en vigueur le 31 octobre 1922. Ces textes portant sur l'exercice de la navigation internationale[198] sur « les voies d'eau d'intérêt international »[199] marquaient une tentative de codification du droit international fluvial en vue de régler définitivement les problèmes posés par l'utilisation des voies d'eau d'intérêt international.

La réticence de certains Etats vis-à-vis de la règle de la liberté de navigation, a donné lieu à un contentieux international intéressant. La CPJI a

---

[196] Cette pratique est venue des théories d'Hugo Grotius sur la liberté des mers. Voir à ce sujet le Professeur Hélène Ruiz Fabri, « Règles coutumières générales et droit international fluvial », In: AFDI, volume 36, 1990. pp. 818-842.

[197] KAMTO Maurice, « Le droit international des ressources en eau continentales africain », in : AFDI, Volume 36, 1990, pp. 843-911, p. 853.

[198] Rapport du Groupe d'experts spécialisés dans les aspects juridiques et institutionnels de la mise en valeur des ressources en eau internationales, « Gestion des ressources en eau internationales : aspects juridiques et institutionnels, Département des affaires économiques et sociales, « Ressources naturelles/ Série n° 1, Nations Unies, 1976, p. 25.

[199] Cette notion remplace celle de « fleuves internationaux ». Voir Romain YAKEMTCHOUK, op cit, p. 483. La Convention de Barcelone opta pour la notion de « voies d'eau d'intérêt international » afin « d'englober les affluents navigables » à en croire Patrick DAILLIER, Alain PELLET et Mathias Forteau, op.cit., 8e édition, p. 1369.

eu les occasions d'intervenir plusieurs fois pour définir ce principe[200] et dégager ses implications. Dans son Avis consultatif du 08 décembre 1927, elle définit la navigation comme étant « ... *tout mouvement des navires qui fait partie de leur voyage* ».[201] Pour la Cour, « *La liberté de navigation est incomplète si les navires ne peuvent, effectivement et dans les mêmes conditions, atteindre les ports* »[202].

En Afrique et à propos des voies navigables du bassin du fleuve Congo, la CPJI dans l'Affaire *Oscar Chinn* opposant la Belgique à la Grande-Bretagne[203] a eu l'occasion de définir la notion de liberté de navigation en ces termes : « *La liberté de navigation consacrée par la Convention comporte, d'après la notion communément admise, la liberté de mouvement pour les bateaux, la liberté d'approcher des ports, de profiter des ouvrages et docks, de charger et décharger les marchandises, ainsi que la liberté de transporter des marchandises et des voyageurs.* »

En Europe, la CPJI était intervenue le 17 août 1923, dans son célèbre arrêt relatif à l'Affaire du Wimbledon[204]. Dans cette affaire, la Cour avait rappelé le bénéfice de la liberté de navigation aux bateaux de toutes les nations dans le canal de Kiel pour les Etats non-ennemis de l'Allemagne, en dépit du fait que celui-ci fut construit par l'Allemagne, conformément aux articles 321 à 327 du traité de Versailles de 1919.

---

[200] DUPUY Pierre-Marie et KERBRAT Yann, *Droit international public*, *op.cit.*, p. 822.

[201] CPJI, affaire de la juridiction de la Commission européenne du Danube, Avis consultatif n°14 du 08 décembre 1927, p. 65.

[202] CPJI, affaire de la juridiction de la Commission européenne du Danube, Avis consultatif n°14 du 08 décembre 1927, p. 65.

[203] CPJI, XXXIIIe session, affaire N°75, Oscar Chinn, Série C, Arrêt du 12 décembre 1934 (série A/B, fascicule n°63), (en ligne sur http://www.icj-cij.org/pcij/serie_C/C_75/C75_01_Oscar_Chinn_Citation_officielle.pdf, consulté le 03 mars 2016) ; Voir MUBIALA MUTOY, *op. cit.*, « Les faits à l'origine de ce litige étaient les suivants : la Belgique avait pris des mesures se rapportant au trafic fluvial sur les voies d'eau du Congo belge, notamment en accordant à la société ONATRA le monopole des transports des fonctionnaires et des marchandises du Congo belge et en prescrivant un abaissement des tarifs pratiqués par cette société. Ces décisions visaient à atténuer les difficultés de l'entreprise, consécutives à la récession économique des années 1929-30. Elles étaient apparues à Oscar Chinn, transporteur britannique desservant le fleuve internationalisé, comme favorisant les compagnies congolaises, en l'occurrence l'ONATRA, en violation des dispositions de la Convention de Saint-Germain de 1919 relatives à l'égalité de traitement. La Grande-Bretagne, qui prit fait et cause pour Oscar Chinn, et la Belgique soumirent le litige à la Cour », p. 35.

[204] Cette affaire opposa l'Angleterre, la France, l'Italie, la Pologne contre l'Allemagne. Arrêt disponible en ligne sur www.icj-cij.org/pcij/série.../03_Wimbledon_arrêt_08_1923.pdf

Cependant, l'application de ce principe ne s'est pas faite sans difficulté. Le principe de la liberté de navigation au bénéfice de tous a fait l'objet de rejets et critiques. Il parut aux yeux de certains auteurs comme une règle diffuse[205] et *« un dictat imposé par les grandes puissances »*[206]. Elle est considérée comme un principe incompatible avec la souveraineté des Etats[207].

Dans le cas de la CICOS, la liberté de navigation au bénéfice de tous est un moyen d'attirer les opérateurs économiques et de développer le trafic fluvial. Il est vrai que tous les Etats de la CICOS ne sont pas parfaitement d'accord sur ce régime. Toutefois, si le traité de la CICOS octroie le bénéfice de la liberté de navigation aux bateaux de toutes les nations, les conditions à remplir pour la pratique du transport des marchandises et des personnes ne sont pas les mêmes selon qu'il s'agit des bateaux des Etats-parties à l'Accord ou de ceux des Etats tiers. Autrement dit, le principe de liberté de navigation n'est pas absolu[208], il donne lieu à certaines restrictions et au devoir d'observer des règles de sécurité.

S'agissant des bateaux des Etats-parties à l'Accord, la condition générale est le respect des règles de sécurité de la navigation selon les règlements communs de la CICOS. Ces bateaux sont *« ... considérés comme appartenant aux voies navigables définies à l'article 3. Ils doivent par contre avoir le droit de battre pavillon d'un des Etats contractants et pouvant justifier ce droit au moyen d'un document délivré par l'autorité compétente de cet Etat. Ce document n'est délivré par l'Autorité compétente de l'Etat concerné que pour un bateau pour lequel existe avec cet Etat un lien réel. »*[209] Lorsqu'il s'agit du transport de marchandises ou de personnes entre deux points situés sur le territoire d'un même Etat par les bateaux d'un autre Etat contractant, les conditions de transport sont déterminées par les accords à conclure entre les deux Etats concernés (art. 4, alinéa 2). Le risque, à ce niveau, est celui du blocage du principe de la liberté de navigation par l'introduction des règles contraires à l'Accord.

---

205 FABRI Ruiz Helene, « Règles coutumières générales et droit international fluvial », in AFDI, Vol. 36, 1990, pp. 818-842, p. 842.
206 GADKOWSKI Andrzej, « A propos de la liberté de navigation sur les fleuves internationaux : l'affaire de l'Oder devant la Cour permanente de justice internationale », (disponible en ligne sur https://archive-ouverte.unige.ch/unige:30535/ATTACHMENT01, consulté le 23 mai 2016 à 14 heure).
207 FABRI Hélène Ruiz, op cit, p. 821.
208 PAPINUTTI Jean-Marc et DALAISE Jean-François, *ABC du marinier,* publication de l'Institut Fluvia, 2011, 180 pages, p. 106.
209 Article 5 de l'Accord du 06 novembre 1999.

En ce qui concerne les bateaux des Etats tiers, en matière de transports de marchandises et de personnes, le 4e alinéa de l'article 5 stipule que « *Les bâtiments des pays tiers ne sont autorisés à effectuer de tels transports que dans les conditions déterminées par la commission* ». La compétence d'autorisation du transport des marchandises des Etats tiers et des personnes échappe désormais à la compétence des Etats-parties au profit de la CICOS. Cependant, cette liberté n'est pas absolue, elle n'est admise que pour des bateaux civils, les navires de guerre n'étant pas autorisés à y naviguer. La portée personnelle du bénéfice de la liberté de navigation étant définie, analysons à présent sa portée géographique.

b : La liberté de navigation : portée géographique

Par portée géographique, il faut entendre, selon l'article 1er et l'article 3 de l'Accord, « *l'ensemble des voies d'eau situées sur le territoire des Etats contractants* ». En d'autres termes, c'est le champ géographique d'application des dispositions de l'Accord. Il est constitué des voies d'eau ouvertes à la navigation internationale.

La portée géographique reste source de problème. Les Etats craignent une sorte de réduction de leur souveraineté territoriale. C'est ainsi que la CPJI a su intervenir en faveur de la règle de l'internationalisation afin de garantir la liberté de navigation. Dans son arrêt sur l'affaire de la juridiction territoriale de la Commission de l'Oder, la CPJI eut recours à « *une interprétation systémique et a décidé que si le traité internationalise une voie d'eau, et en même temps, instaure une commission internationale particulière, même sans limiter son étendue territoriale de compétences, il faut admettre que cette dernière a été créée dans le but d'établir un régime international pour toute la voie d'eau concernée. Par conséquent, les limites territoriales du régime international et l'administration internationale sont les mêmes et concernent toutes les parties internationalisées du fleuve et du réseau fluvial* »[210]. De même dans son avis consultatif sur la Commission européenne du Danube, la Cour a également opté pour une interprétation extensive de l'étendue géographique des compétences de la Commission du Danube : « *La liberté de navigation, en tant que mouvement des navires, doit être assurée par la Commission européenne sur le fleuve dans son ensemble, y compris les parties du fleuve situées à proximité d'un port ou constituant un port* »[211].

---

[210] GADKOWSKI Andrzej, *op cit*, p. 260, Voir aussi CPJI, Arrêt du 10 septembre 1929, Affaire de la juridiction territoriale de l'Oder, Série A. n° 23, p. 23.

[211] CPJI, Affaire de la Commission européenne du Danube, Avis consultatif du 08 décembre 1927, Série B, N° 14, p. 65. Pour plus de développement sur le Danube,

Dans le cadre de la CICOS, les stipulations de l'article 3 au sujet de la détermination de l'étendue géographique de sa compétence est le témoignage d'un esprit de prudence des Etats-parties. Les Etats ont voulu aller progressivement puisque l'article 3 de l'Accord prévoit que *« Le présent Accord s'applique aux voies de navigation du Bassin Congo-Oubangui-Sangha situées sur le territoire des Etats contractants.*

Toutefois, pendant une période s'achevant à une date qui sera déterminée par la Commission internationale du Bassin Congo-Oubangui-Sangha, les dispositions du présent Accord ne seront applicables qu'aux voies navigables des Etats contractants énumérés à l'annexe.

A l'issue de cette date, le présent Accord s'appliquera à l'ensemble des voies d'eau intérieures déclarées ouvertes à la navigation internationale par la Commission au fur et à mesure des besoins d'intégration.»

Pour mieux comprendre l'article 3, il est indispensable de le comparer à l'article 17 de l'Accord. Le champ d'application de l'Accord du 06 novembre est constitué d'une part du « *tronçon de base du réseau Inter-Etats du Bassin Congo-Oubangui-Sangha* et *des réseaux dits de desserte et d'intégration sous-régionale »*[212]. Autrement dit, l'Accord s'applique au bief moyen du bassin du fleuve Congo, c'est-à-dire au tronçon de base qui est constitué du fleuve Congo, de l'Oubangui et de la Sangha. Outre ce *tronçon de base du réseau inter-Etats*, il faut ajouter *des réseaux dits de desserte et d'intégration (article 17, alinéa b).* Selon le dernier alinéa de l'article 17 de l'Accord, la CICOS a pour mission à long terme d'engager les négociations nécessaires à l'élargissement du réseau Inter-Etats afin d'y inclure les deux tronçons de la RDC devant le compléter, à savoir : *le tronçon allant de Kisangani au confluent du fleuve Congo avec l'Oubangui ; le tronçon de la rivière Kassaï partant d'Ilebo jusqu'au confluent du fleuve Congo et le réseau lacustre de la RDC.*

Au-delà de cette prudence des auteurs de l'Accord qui consiste à élargir progressivement le champ d'application du principe de la liberté de navigation, il est quand même regrettable que l'Accord n'ait pas précisé les délais dans lesquels la CICOS doit engager des négociations avec les Etats aux fins d'élargir le champ d'application de l'Accord. L'absence de précision des délais peut entraîner une lourdeur dans la mise en œuvre des dispositions de l'Accord et entraver le développement des activités économiques fluviales. A ce principe de liberté de navigation, s'ajoute celui de l'égalité de traitement.

---

voir aussi Georg Lubenoff, « La question du Danube », in : Politique étrangère n° 05, 1938, 3e année, pp. 468-488, p. 485, (en ligne sur www.persee.fr)

[212] Article 17, al. b de l'Accord du 06 novembre 1999.

2 : Le principe de l'égalité de traitement de tous les usagers

L'égalité de traitement interdit toutes sortes de discriminations fondées sur la nationalité des transporteurs, des voyageurs et des marchandises en provenance d'autres Etats. Il prohibe des monopoles ou privilèges au profit d'une nation quelconque, elle vise la mise en place d'un régime tarifaire uniforme. Ce dernier « *présente le grand intérêt d'éviter une trop grande diversité des règles applicables aux transports effectués par voies navigables.*[213] » Il est conforme à « *l'éthique du bien commun en Afrique.*[214] » Il est un principe cardinal, non seulement du droit des cours d'eau internationaux, mais aussi du droit international économique et du droit communautaire. Dans l'une ou l'autre discipline, il concourt au développement des activités économiques entre les Etats et participe à l'avancée de l'intégration dans la sous-région.

En droit international fluvial, ce principe, comme celui de la liberté de navigation, a fondé ce droit et a guidé l'action des Etats riverains des voies navigables. Au XIXe siècle, les concepteurs de l'Acte général de Berlin virent dans ce principe une solution pour trancher les divergences entre les puissances coloniales et un moyen de favoriser les activités commerciales[215]. Les objectifs poursuivis étaient « ... *d'assurer la possibilité du passage (...), puis de permettre à tout transporteur... qui pouvait naviguer de bout en bout du fleuve d'être admis dans les ports, de se servir des engins de chargement, de ne pas se voir appliquer un traitement fiscal discriminatoire.*[216] » Ce principe fut jugé « *trop étroit* et *peu protecteur* »[217]. Selon un auteur, les traités du XIXe siècle, en l'occurrence la Convention de Vienne du 09 juin 1815, l'Acte de Berlin du 26 février 1885 « *n'assuraient pas complètement l'égalité entre transporteurs et à plus forte raison entre les usagers* »[218]. Aujourd'hui principe fondamental du droit de la CICOS, son esprit d'ouverture au profit de tous est un élément important de développement des échanges internationaux et d'approfondissement de l'intégration. C'est ainsi que l'Accord de Brazzaville à son article 14 intitulé « non-discrimination (recours) », dispose que « *Un Etat contractant ne fait pas de discrimination fondée sur la nationalité, le lieu de résidence ou le lieu où le préjudice a été subi dans l'octroi aux victimes, conformément à son droit interne, de l'accès*

---

[213] PEYREFITTE Léopold, *op cit*, p. 5

[214] Voir DIJON Xavier et NDONGMO Marcus (dir.), *L'éthique du bien commun en Afrique. Regards croisés*, L'Harmattan, Paris, 2011, 212 pages.

[215] Lire à ce sujet MOYIER Gustave, *op. cit.*

[216] VIGNES Daniel-Henri, « L'égalité de traitement des usagers dans les transports internationaux », p. 1, in AFDI, volume 4, 1958. pp. 144-156; doi : 10.3406/afdi.1958.1371 http://www.persee.fr/doc/afdi_0066-3085_1958_num_4_1_1371, consulté le 11/03/2016.

[217] Idem, p.145

[218] Idem

aux procédures juridictionnelles et autres ou bien d'un droit à indemnisation ou autre forme de réparation au titre d'un dommage causé par de telles activités menées sur son territoire ». L'interdiction des discriminations s'impose également en matière des droits et taxes de navigation lorsqu'ils sont imposés dans le but de décourager les opérateurs fluviaux provenant d'autres Etats[219]. La prohibition de ce type de barrière non-physique est imposée par l'article 6 de l'Accord du 06 nombre 1999 : « *La navigation sur les voies du Bassin ne peut, du fait de son exercice, être soumise à restriction, impôt ou taxe fiscale, quelle qu'en soit la dénomination ou l'assiette.*

Nonobstant les dispositions du paragraphe 1er ci-dessus, la navigation donne lieu au payement des frais rémunératoires pour prestations fournies aux usagers, notamment des droits, taxes et redevances destinés à couvrir d'une manière équitable et raisonnable les dépenses de construction, de maintien et d'amélioration de la voie navigable et de ses accès, ainsi que de la construction d'ouvrages faits dans l'intérêt de la navigation.

Les frais relatifs aux travaux de dragage, de balisage, de construction, d'entretien et le fonctionnement des routes, chemin de fer, canaux latéraux et ouvrages de jonction sont assimilés à de telles dépenses.

Les droits, taxes et redevances visés au précédent paragraphe seront fixés et rendus publics de manière à ne pas entraver l'exploitation.

L'affectation des droits, taxes et redevances évoqués ci-dessus est commandée par le principe de spécialité de sorte que leurs produits ne puissent être détournés de leur destination pour alimenter les ressources publiques, en particulier. »

A la lumière de cette disposition, trois idées essentielles se dégagent : le principe de la prohibition des droits et taxes, les exceptions au principe et le principe de spécialité qui commande la destination des fonds.

La prohibition des droits et taxes de navigation est un vieux principe du droit fluvial international, favorable à l'avancée de l'intégration aujourd'hui. Il fut énoncé depuis les siècles par les conventions internationales qui ont régi la navigation sur les fleuves européens[220] et africains[221]. L'article 3 de la Convention de Saint-Germain en Laye du 10 septembre 1919 stipulait :

---

[219] Tel fut le cas des mesures dégressives des tarifs de transport des passagers et des marchandises, à l'origine de l'Affaire Oscar Chinn en 1934, imposées par le gouvernement de la Belgique à l'endroit de la société ONATRA en 1931.
[220] Il en est ainsi de l'Acte du Congrès de Vienne de 1815 qui internationalisa le Rhin et créa la CCNR.
[221] Il s'agit notamment de l'Acte de Berlin de 1885 et de la Convention de Saint-Germain en Laye du 10 septembre 1919.

« Les marchandises de toute provenance importées dans ces territoires, sous quelque pavillon que ce soit, par la voie maritime ou fluviale ou par celle de terre, n'auront à acquitter d'autres taxes que celles qui pourraient être perçues comme une équitable compensation de dépenses utiles pour le commerce et qui, à ce titre, devront être également supportées par les nationaux et par les étrangers de toute nationalité. Tout traitement différentiel est interdit à l'égard des navires comme des marchandises ». Ainsi, le principe de l'interdiction des droits et taxes de navigation impose un traitement égal des bateaux et des marchandises nationaux et étrangers. Cependant, l'application absolue de ce principe entraînerait une perte financière pour les Etats riverains et sur les activités économiques fluviales. C'est ainsi que les assouplissements sont admis. Les opérateurs économiques des voies navigables doivent payer les droits, taxes et redevances destinés à couvrir d'une manière équitable et raisonnable les dépenses de construction, de maintien et d'amélioration de la voie navigable et de ses accès, ainsi que de la construction d'ouvrages dans l'intérêt de la navigation. Il est demandé aux Etats de ne pas instituer des taxes susceptibles de décourager les acteurs fluviaux. Telle est la cause du différend ayant opposé l'Angleterre à la Belgique dans l'affaire Oscar Chinn en 1934[222].

Afin d'éviter le détournement de ces frais, les dispositions de l'Accord du 06 novembre 1999 précise qu'ils sont destinés à couvrir les dépenses relatives aux travaux de dragage, de balisage, de construction, d'entretien et au fonctionnement des routes, chemin de fer, canaux latéraux et ouvrages de jonction. En plus, il est fait obligation aux Etats de rendre public lesdits droits, taxes et redevances.

Toutefois, l'uniformisation des redevances fluviales reste encore imparfaite. L'article 6 laisse un grand silence préjudiciable à l'efficacité du système. L'Accord ne précise pas l'autorité qui fixe le seuil des droits, taxes et redevances, les barèmes de ceux-ci, l'autorité chargée de contrôler l'application de ces mesures. Dans le silence des textes, la compétence de fixer les droits, taxes et redevances revient à chacun des Etats. Le risque est d'assister à l'institution des taxes et redevances disparates et répétées entre les différents ports des Etats au préjudice de la fluidité du trafic fluvial. Pour prévenir cette insécurité juridique, il serait important que la CICOS ait la compétence de réglementer les taxes et redevances, selon les bateaux et les marchandises transportées de manière plus uniforme, entre les différents Etats. Elle pourrait établir une nomenclature des droits, taxes et redevances que les administrations nationales seront chargées d'appliquer. Dire que les droits, taxes et redevances doivent être prélevés de manière équitable et raisonnable ne garantit pas le respect du principe et l'uniformisation du régime du bassin. De même, la CICOS devrait être investie du pouvoir de

---

[222] L'affaire Oscar Chinn, op.cit.

contrôler les redevances prélevées au niveau des Etats. Ce mécanisme permettrait de faire en sorte que les administrations qui en sont chargées n'abusent pas de leur pouvoir et ne favorisent pas les opérateurs économiques nationaux au détriment des usagers étrangers. Toutes ces mesures renforceraient l'égalité de traitement et favoriseraient le développement des échanges commerciaux.

B : L'intégration par des principes imposant des obligations à tous

Au nombre de ces obligations, il faut citer : l'obligation d'entretien et d'amélioration des voies navigables, les travaux et ouvrages, la facilitation de la navigation fluviale, la régulation du débit des eaux, les cas d'urgence, la mise en œuvre des mesures, le respect du statut des voies navigables en période de conflits armés et la non-discrimination. Elles peuvent être séparées en deux groupes : les obligations procédurales (2) et les obligations substantielles (1).

1 : Les obligations substantielles

Les obligations substantielles ont pour but le maintien des voies navigables en bon état et la protection des ressources qui dépendent de l'eau. Elles se recoupent en raison de l'interdépendance des activités liées à l'eau.

L'ensemble des principes substantiels concourent, bien entendu, à l'avancée de l'intégration dans la mesure où ils permettent d'éviter toute forme d'obstacle susceptible de nuire aux droits de chaque riverain et usager. L'obligation d'entretien et d'amélioration des voies navigables est prévue à l'article 7 de l'Accord qui stipule : *« Les Etats contractants s'engagent à entretenir et améliorer les voies navigables situées dans les limites du bassin Congo-Oubangui-Sangha suivant les conditions fixées par la Commission internationale.*

A cet égard, elle peut notamment se référer aux conventions, accords et protocoles conclus entre deux ou plusieurs Etats contractants entant qu'ils sont en vigueur et ne sont pas abrogés par le présent accord.

La Commission internationale définit et fixe les conditions générales d'entretien, d'exploitation et de contrôle des travaux des voies navigables.» L'obligation d'entretien et d'amélioration des voies navigables vise à maintenir celles-ci en bon état en raison des entraves qui peuvent se produire naturellement ou par le fait des activités humaines. Les voies fluviales drainent des matériaux qui empêchent la circulation aisée des bateaux : bancs de sable, troncs d'arbres… En plus, les travaux et ouvrages peuvent concourir à l'obstruction des voies navigables ou à la diminution de la quantité d'eau nécessaire à la navigabilité. C'est pour cela que l'article 8 (travaux et ouvrages) de l'Accord préconise ce type d'entraves lorsqu'il affirme que *« Les Etats contractants veilleront à ce que la navigation ne soit pas entravée par des ouvrages d'art hydrauliques, des établissements flottants, des bacs, des câbles immergés ou aériens.»* Chaque Etat est tenu de prendre soin des portions des voies navigables situées dans les limites de son territoire. Les Etats sont également tenus de ne pas entraver la navigation du fait de leurs activités sur une voie d'eau. Par ailleurs, l'article 8 interdit aux Etats de mener les activités rendant la navigation impossible. Mais, lorsqu'une activité menée sur son territoire est susceptible d'avoir un impact sur la navigation, l'Etat auteur de cette activité est tenu d'informer les autres Etats riverains contractants et le Secrétariat général de la CICOS par les moyens les plus rapides. Le souci de faciliter le trafic fluvial par l'élimination de toute sorte d'obstacles transparaît aussi à l'article 9 (facilitation de la navigation fluviale) de l'Accord de Brazzaville de 1999. Selon cet article, *« Les Etats s'engagent à éliminer les barrières physiques et non physiques susceptibles d'entraver la fluidité du trafic fluvial ».*

La répétition de cette obligation aux articles 7, 8 et 9 se justifie par le fait que les voies navigables sont souvent exposées aux entraves naturelles et non naturelles. En outre, elles jouent un rôle nécessaire au développement économique des Etats riverains. Elles facilitent l'accès à la mer pour les pays enclavés, comme la RCA, la circulation des marchandises, des biens et des personnes et même des cultures[223]. En Afrique centrale, l'intégration physique est favorisée par les voies navigables parce que *« ...bon nombre de ces Etats ont en commun d'être traversés ou séparés entre eux soit par le fleuve Congo, soit par un de ses affluents ou un lac frontalier. (...) l'utilisation du fleuve Congo, de ses affluents et des lacs partagés au titre de la navigation serait à coup sûr une solution idoine au phénomène naturel d'enclavement que connaît l'Afrique centrale...»*[224] Les voies navigables sont un soulagement pour les pays totalement enclavés (Tchad, RCA, Burundi, Rwanda), un avantage de plus pour les pays partiellement enclavés (RDC, RC) et ceux ayant plusieurs accès à la mer comme le Cameroun[225].

Il est important d'ajouter, enfin, l'obligation pour les Etats d'assurer la liberté de navigation en période de conflit armé. Les voies navigables et leurs dépendances ne doivent pas être utilisées comme instrument de guerre[226]. Les Etats riverains sont tenus de ne pas entraver la navigation par les barrières physiques et non physiques en période de conflit armé dans le

---

223 NGO MBOGBA-MIKANO Paulette, *Le droit de la navigation intérieure en Afrique centrale...*, op. cit., p. 155.

224 Idem, p. 154

225 Idem

226 Article 13 (le fleuve et ses dépendances en période de conflit armé) de l'Accord de Brazzaville.

but de fragiliser leurs ennemis. Au contraire, les démarches internationales s'imposent aux Etats contractants en vue d'assurer une bonne mise en œuvre des règles sus-évoquées.

2 : Les obligations procédurales

Par obligations procédurales, il faut entendre l'ensemble des formalités, des démarches à accomplir pour une bonne gestion de la navigation fluviale. Les résultats attendus ici sont le maintien en bon état des voies navigables, le maintien de la paix entre les Etats riverains et surtout le développement du trafic fluvial. Il s'agit de l'obligation de coopérer qui est imposée par l'Accord de Brazzaville, mais aussi par les conventions internationales universelles régissant la gestion des cours d'eau internationaux, nous y reviendrons.

Dans l'Accord de Brazzaville du 06 novembre 1999, l'article 8 (travaux et ouvrages) impose en même temps une obligation de coopérer entre les Etats en raison de leurs activités sur une voie navigable. L'obligation de coopérer tire ses origines de l'article 8 de la Convention de New York du 21 mai 1997. Ce principe, tel que fixé par l'article 8 de l'Accord de Brazzaville, consiste pour les Etats à échanger les informations et à engager les négociations aux fins de préserver la navigabilité des voies d'eau, à garantir la fluidité du trafic fluvial et à préserver les ressources en eau contre toute atteinte.

L'obligation de coopérer s'étend également en matière de régulation du débit des eaux. Cette dernière est définie comme étant *«... l'utilisation d'ouvrages hydrauliques ou de toute autre mesure employée de façon continue pour modifier, faire varier ou contrôler, d'une manière ou d'une autre, le débit des eaux des voies navigables.»*[227] L'objectif visé ici est le maintien de l'écoulement d'une quantité d'eau suffisante pour la navigabilité d'un cours d'eau. Pour une action internationale efficace, l'article 10 de l'Accord de Brazzaville prévoit à ce sujet que *« Les Etats contractants coopèrent, selon que de besoin, pour répondre à la nécessité ou pour exploiter les possibilités de réguler le débit des eaux des voies navigables communes définies à l'article 3 »*. L'alinéa 2 de l'article 10 renforce cette action lorsqu'il impose que les Etats contractants participent sur une base équitable à la construction et à l'entretien ou au financement des ouvrages de régulation qu'ils ont convenu d'entreprendre, à moins qu'il soit convenu autrement.

Le principe de coopération consiste également à prévenir des dommages transfrontaliers et à protéger les ressources halieutiques. Ici, il faut citer

[227] Article 10, alinéa 3 de l'Accord du 06 novembre 1999.

l'article 11 (cas d'urgence) de l'Accord de Brazzaville qui prévoit ce qui suit : *« Tout Etat contractant informe sans retard et par les moyens les plus rapides disponibles, les autres Etats qui risquent d'être touchés ainsi que la Commission et toutes organisations internationales concernées de toute situation d'urgence survenant sur les voies navigables définies à l'article 3.*

Tout Etat contractant sur le territoire duquel survient une situation d'urgence prend immédiatement, en coopération avec la Commission et les Etats qui risquent d'être touchés ainsi que, le cas échéant, les organisations internationales concernées, toutes les mesures pratiques possibles que dictent les circonstances pour prévenir, atténuer et éliminer les conséquences dommageables de la situation d'urgence.

En cas de nécessité, la Commission élabore, conjointement avec les Etats concernés, des plans d'urgence pour faire face aux situations d'urgence ».

L'obligation de notification préalable de la situation d'urgence et des mesures prises peut intervenir bien après lorsque les intérêts vitaux sont extrêmement menacés : santé et sécurité publiques notamment. Dans ce contexte, l'Etat sur le territoire duquel se produit la situation d'urgence est tenu de prendre des mesures d'urgence et les mettre en œuvre immédiatement. Il (l'Etat) est par la suite tenu de communiquer à la CICOS les mesures prises et justifier leur caractère d'urgence[228]. Par ailleurs, en vertu des dommages causés aux personnes du fait des activités menées sur son territoire, il est interdit à cet Etat de faire une discrimination entre les victimes en fonction de la nationalité, du lieu de résidence ou de la survenance du dommage[229]. Il s'agit alors de l'obligation pour l'Etat d'offrir un traitement égal aux victimes pour l'accès à la justice et à l'indemnisation[230].

Dans cette coopération, la CICOS joue un rôle central signifiant l'avancée de l'intégration par un abandon de souveraineté au profit de l'organisme supranational. Les Etats contractants ont dévolu des compétences à la CICOS en matière d'entretien des voies navigables. Autrement dit, l'évolution de l'intégration est aussi marquée ici par des pouvoirs transférés à la CICOS, en vertu des articles 7 et 8 de l'Accord de Brazzaville. La CICOS fixe les conditions d'entretien et d'amélioration des voies navigables ; les Etats sont tenus de fournir des informations relatives aux activités menées sur leur territoire par le biais de la CICOS pour communication aux autres Etats contractants[231].

---

[228] Article 12 (mise en œuvre des mesures) de l'Accord de Brazzaville de 1999.

[229] Article 14 (non-discrimination) de l'Accord de Brazzaville

[230] Idem

[231] Afin de mettre en œuvre cette disposition, le Secrétariat général de la CICOS a élaboré le Manuel de notification préalable des mesures projetées dans le bassin du

Cela dit, ces développements ont consisté à saisir le contenu des principes fondamentaux de l'Accord de 1999. Ils marquent une rupture avec un passé tumultueux dans lequel les politiques internationales de gestion commune des voies navigables étaient absentes. Toutefois, ces principes ne suffisent pas à justifier la contribution de la CICOS à l'avancée de l'intégration. Il faut y ajouter la sécrétion par la CICOS d'un droit dérivé traduisant la communautarisation des normes techniques de la navigation intérieure. Ce droit dérivé sert à mettre en œuvre les principes généraux énoncés par le traité de base qui est l'Accord de 1999. Ce mécanisme permet d'approfondir la règlementation relative à la navigation intérieure.

Section II : L'approfondissement de la règlementation commune

Nous avons précédemment soutenu que l'Accord du 06 novembre 1999 définit les principes fondamentaux relatifs au régime des voies navigables du Bassin COS. Pour assurer la mise en œuvre de ces principes, la CICOS adopte des actes juridiques dérivés. Ceux-ci apportent les détails que le traité de base n'a pas prévus. Par ailleurs, étant entendu que d'autres instruments juridiques nationaux et internationaux avaient précédé l'Accord de 1999, le problème de la conformité entre les textes antérieurs et l'Accord se posait avec acuité à la CICOS. La solution se trouvait dans la révision des conventions antérieures. Avant d'étudier le droit dérivé de la CICOS (paragraphe II), il est important de nous attarder un peu sur l'harmonisation des textes conventionnels (paragraphe I).

Paragraphe I: L'harmonisation des textes conventionnels

L'Accord du 06 novembre 1999 avait suscité le besoin de l'harmonisation de ses rapports avec les textes bilatéraux antérieurs et le renforcement des cadres juridiques nationaux. Après l'étude de la révision des accords antérieurs par rapport à l'Accord de 1999 (A), nous aborderons ensuite la question du contrôle de l'application du Code CEMAC-RDC relatif à la navigation intérieure (B).

Congo de la CICOS, juillet 2016. Un atelier de sensibilisation des Etats sur l'existence de ce projet avait eu lieu du 23 au 24 juillet 2019 au siège de la Banque de Développement des Etats d'Afrique centrale (BDEAC).

A : La révision des textes conventionnels antérieurs

Dans le bassin du fleuve Congo, surtout dans le bassin moyen, il existe, bien avant la création de la CICOS, des conventions bilatérales ou trilatérales régissant soit l'entretien des voies navigables, soit le transport des personnes et des marchandises. Voyons d'abord les conditions de la révision des conventions existantes (1) avant de nous intéresser à leur contenu (2).

1 : Les conditions de révision des conventions antérieures

La question de l'harmonisation des textes juridiques antérieurs avec l'Accord de 1999 concerne les accords partiels d'entretien des voies de navigation et de réglementation du transport des marchandises et des personnes. Les Etats en concluant des accords bilatéraux ou trilatéraux se doivent de ne pas contredire les dispositions de l'Accord instituant un régime fluvial uniforme et créant la CICOS. Dans l'objectif de l'intégration des Etats du Bassin, *« Les accords particuliers doivent (...) respecter les dispositions du traité collectif qui joue en l'occurrence le rôle de traité-cadre dont la pierre d'angle est le principe d'une utilisation non préjudiciable aux intérêts de l'une ou l'autre partie »*[232], affirme le Professeur Maurice KAMTO.

Deux accords antérieurs ont fait l'objet de révision par la CICOS : le Protocole tripartite Congo-RCA-RDC du 21 juillet 1978 relatif à l'entretien des voies navigables et la Convention sur la réglementation de l'exploitation du Pool Malébo du 09 septembre 1995.

En ce qui concerne le premier, il faut signaler que la révision de ce texte permet d'harmoniser les rapports entre la CICOS et les institutions chargées de l'entretien des voies d'eau. L'Accord du 06 novembre 1999 attribue à la CICOS la responsabilité de définir et de fixer les conditions générales d'entretien, d'exploitation et de contrôle des travaux des voies navigables.[233] Ce rôle supranational est encore renforcé par l'alinéa (e) de l'article 27 de l'Accord qui stipule que le Secrétaire général a pour mission de « *coordonner les travaux d'aménagement et d'entretien* ».

Ainsi, la CICOS est revêtue de la mission *« d'examiner la révision du Protocole tripartite Congo-RCA-RDC relatif à l'entretien par le Service Commun d'Entretien des Voies Navigables (SCVN) et la Régie des Voies Fluviales (RVF) du tronçon de base du réseau Inter-Etats »*. Il est important de signaler que ledit Protocole tripartite régit l'entretien des voies de navigation du bassin du fleuve Congo.

---

[232] KAMTO Maurice, « Le droit international des ressources en eau... », *op cit*, p. 867.

[233] Article 2 (b) de l'Accord du 6 novembre 1999.

La révision de ce texte a été faite par une commission technique des experts de la RC, de la RCA et de la RDC instituée à cet effet. Les travaux de la commission technique des experts chargés de la révision de l'Accord tripartite sur les modalités d'entretien des voies navigables d'intérêt commun avaient eu lieu à Brazzaville sur invitation du Secrétariat général de la CICOS du 26 au 27 mai 2008.

Outre la révision du Protocole tripartite du 21 juillet 1978 relatif à l'entretien des voies navigables, en vue de l'adapter aux dispositions de l'Accord du 06 novembre 1999, la CICOS a également procédé à la révision de la Convention sur la règlementation de l'exploitation du Pool Malebo signée le 09 septembre 1995 entre l'ATC (de la RC) et l'Office des Transports et des Ports (OTP) de la RDC[234]. La nouvelle Convention a été adoptée à Kinshasa le 22 novembre 2005 entre les deux Congo.

L'Article 36 de la nouvelle Convention d'exploitation du Pool Malebo attribue à la CICOS l'initiative de sa révision trois ans après son entrée en vigueur. Elle notifie la demande à toutes les parties et convoque une commission de révision dans un délai de quatre mois à dater de la notification adressée par elle à chaque Etat-partie. En outre, les différends relatifs à l'interprétation de la Convention d'exploitation du Pool Malebo peuvent être tranchés par la CICOS en cas d'échec de règlement amiable entre les deux parties concernées[235].

En dépit de l'enthousiasme des Etats et de l'appui du Secrétariat général de la CICOS, la révision de la Convention du Pool Malebo est vue par certains auteurs comme une politique de la RDC visant à contourner la mise en application du Code de navigation intérieure CEMAC-RDC[236], dans la mesure où ce pays peine à mettre en œuvre ce texte au plan national. Cet argument ne tient pas totalement, parce que la RDC est aujourd'hui impliquée dans la règlementation de la navigation intérieure dans le cadre de la CICOS.

Ces révisions et adaptations harmonisent les différents textes régissant les activités quelconques touchant aux voies navigables du bassin. Cet effort

---

[234] CEMAC, Rapport d'activité du secrétariat exécutif, exercice 2005, adopté à la 14eme session du Conseil des ministres.

[235] Article 34 de la Convention d'exploitation du Pool Malebo entre la République du Congo et la République démocratique du Congo du 22 novembre 2005.

[236]NGOMA KHUABI Camille «Le régime juridique de navigation dans le bassin du fleuve Congo: entre centralisation, application et rejet d'un cadre conventionnel régional mal négocié en République démocratique du Congo », in KAS (African Law Study Library – Librairie africaine d'études juridiques), pp. 350-382, 2014, (article disponible en ligne sur http://dx.doi.org/10.5771/2363-6262_2014_2_350, am 29.01.2015, 14:16:08 Open Access Nutzungsbedingungen unter http://www.nomos-elibrary.de/index.php?v=agb), p. 375.

s'inscrit dans la droite ligne de doter les voies navigables d'un régime juridique uniforme ou d'éviter le compartimentage du régime juridique du bassin ainsi que la superposition des textes sans coordination. Le contenu de ces textes permettra alors de saisir la substance des engagements des Etats.

2 : Le contenu des conventions révisées et la suprématie du droit de la CICOS

Il est question ici d'étudier d'abord le contenu du Protocole d'accord tripartite relatif aux modalités d'entretien des voies navigables d'intérêt commun avant d'aborder l'étude du contenu de la Convention d'exploitation du Pool Malebo[237].

En ce qui concerne le Protocole tripartite relatif aux modalités d'entretien des voies navigables d'intérêt commun, quelques observations de forme doivent être faites avant de passer à l'analyse substantielle.

En effet, ce texte contient certaines références qui surchargent inutilement son préambule, ainsi que des erreurs à corriger. Le renvoi aux Actes du Congrès de Vienne du 9 juin 1815 n'a pas son importance ici, d'autant plus que ce texte, bien qu'il ait marqué l'histoire du droit international fluvial, n'est pas un traité de portée universelle. C'est un traité européen qui a pour but la réglementation de la navigation internationale sur le Rhin. En plus, le renvoi à la Convention de Barcelone de 1921 est là aussi sans importance dans la mesure où il n'est plus en vigueur aujourd'hui, surtout que les voies navigables du bassin du fleuve Congo sont régies à l'heure actuelle par l'Accord de Brazzaville du 06 novembre 1999. Sur le plan universel, c'est la Convention des Nations Unies du 21 mai 1997 qui régit la matière aujourd'hui.

En outre, une confusion de date doit être signalée. En ce qui concerne la Convention des Nations Unies portant droit relatif à l'utilisation des cours d'eau internationaux à des fins autres que la navigation, elle ne date pas du 13 mars 1997 mais plutôt du 21 mai 1997. Pour terminer sur ces observations préliminaires, il est judicieux que les rédacteurs des textes de la CICOS fassent davantage preuve de rigueur afin d'éviter ce genre de coquilles dans les textes aussi importants.

L'on doit quand même se réjouir du référencement aux textes de base de la CICOS dans le Protocole d'accord tripartite. Juridiquement, il est une expression d'affiliation normative traduisant ainsi la réalisation de l'objectif d'instituer un régime uniforme des voies navigables, ce qui traduit un

[237] Le Pool Malebo est l'espace où termine la navigabilité du fleuve Congo entre Brazzaville et Kinshasa.

progrès de la "communautarisation du droit de la navigation intérieure". Sur le plan politique, il montre la volonté des Etats de promouvoir l'intégration régionale et le renforcement de la coopération entre les Etats membres de la CICOS[238].

Cela dit, une analyse substantielle des dispositions de ce Protocole d'accord laisse penser que les Etats contractants ont pu atteindre l'objectif de renforcement de la coopération et de la promotion de l'intégration sous-régionale. Dans le premier cas, le texte opère une répartition des sections des voies navigables à entretenir (article 1er)[239], la nature des travaux (articles 2 et 3), le contrôle des travaux et compensation (articles 4 et 5), l'échange des données, le financement des travaux.

La promotion de l'intégration sous-régionale quant à elle est marquée par les pouvoirs transférés à la CICOS. Cette dernière joue le rôle de coordonnatrice dans la mesure où elle reçoit un rapport trimestriel des constatations faites et des mesures préconisées de la part de la Commission technique chargée du contrôle des travaux effectués par les Etats[240]. En plus, deux représentants du Secrétariat général de la CICOS participent à la composition de ladite Commission technique. Par ailleurs, le Comité des ministres de la CICOS s'est vu attribuer la compétence du règlement de tout différend relatif à l'interprétation et à l'application du Protocole d'Accord tripartite, en cas d'échec d'un règlement à l'amiable devant la Commission technique chargée du contrôle des travaux effectués par les Etats[241].

La supranationalité de la CICOS est également renforcée ici par le pouvoir d'initier la révision du Protocole d'Accord tripartite de 2008, de la même manière qu'un Etat contractant, cinq ans après son entrée en vigueur, peut le faire. La primauté du droit de la CICOS n'est pas seulement reconnue par le Protocole d'Accord tripartite de 2008 mais aussi par la Convention d'exploitation du Pool Malebo du 22 novembre 2005.

---

[238] Préambule du Protocole d'Accord tripartite relatif aux modalités d'entretien des voies navigables entre la RCA, RC et la RDC du 27 mai 2008 (Brazzaville).

[239] L'article premier du Protocole d'Accord dispose ce qui suit : « L'entretien et le balisage de la route du Pool Malebo (PK 10 au PK 50) à Maluku et la section comprise entre le PK 50 sur le fleuve Congo et Mobenzele (PK 173 sur l'Oubangui) seront assurés par la RDC.

Toutefois, du PK 339 du fleuve Congo soit à 10 km en amant de Bolobo jusqu'à Liranga, l'entretien et le balisage sur la rive droite seront assurés par la République du Congo et la République centrafricaine.

L'entretien et le balisage de la section comprise entre Mobenzele et Bangui seront assurés par la République du Congo et la République centrafricaine. »

[240] Article 4 du Protocole d'Accord tripartite relatif aux modalités d'entretien des voies navigables d'intérêt commun.

[241] Article 8 du Protocole d'Accord tripartite.

L'étude du contenu de la Convention d'exploitation du Pool Malebo montre également une poussée de l'intégration des Etats par la suprématie reconnue au droit de la CICOS sur les conventions sectorielles existantes à la suite de leur révision. L'alinéa 5 de l'article 15 de ladite Convention stipule que les autorités compétentes des Etats contractants transmettent sans délai une copie de rapport d'inspection justifiant les mesures prises à l'encontre de l'unité fluviale au Secrétariat général de la CICOS. Il est regrettable que l'article 15 de la Convention bilatérale et le reste des stipulations ne précisent pas le rôle que doit jouer le Secrétariat général de la CICOS après réception du rapport d'inspection sur les mesures prises à l'encontre d'une unité fluviale. Dans le mutisme du traité, le risque est grand de faire du Secrétariat général de la CICOS une simple chambre d'enregistrement des rapports d'inspection. La convention aurait pu stipuler que le Secrétariat général de la CICOS vérifie la conformité des mesures prises dans le rapport au droit de la CICOS et aux stipulations de la Conventions d'exploitation du Pool Malebo. En cas de non-conformité, celui-ci ordonne à l'administration auteure du rapport de remettre en liberté de circulation l'unité fluviale en cause. Aussi, la Convention aurait-elle pu reconnaître aux capitaines de l'unité fluviale le droit de faire constater la validité des mesures prises devant le Secrétariat général de la CICOS. Cela étant, la primauté du droit de la CICOS sur la Convention d'exploitation du Pool Malebo est reconnue également à son article 29. Il stipule que *« La visite de l'autorité sanitaire à bord des unités fluviales doit s'effectuer conformément aux articles 118, 119, 120, 121, 122 du Code de la navigation intérieure CEMAC-RDC »*. Or, la CICOS est chargée du contrôle de l'application des stipulations de ce Code. De même qu'en matière d'entretien des voies navigables, la CICOS est compétente pour régler tout différend relatif à l'interprétation et à l'application de la Convention d'exploitation du Pool Malebo lorsqu'elle est saisie par l'une des parties. Elle a également le pouvoir de révision de ladite Convention trois ans après son entrée en vigueur.

Une remarque mérite d'être faite avant de terminer l'étude de ces deux textes. La révision des conventions suscitées a fait basculer le régime ancien marqué par une absence de coordination des actes conventionnels vers une nouvelle situation d'affiliation juridique entre les différents textes et le transfert des compétences importantes à la CICOS. Les Etats riverains ont voulu abandonner le cloisonnement du régime des voies navigables entraîné par le bilatéralisme ou le trilatéralisme d'avant. Cette harmonisation a permis d'assurer la primauté implicite de l'Accord du 06 novembre 1999 sur les autres textes conventionnels et institutions relatifs aux voies navigables. Il en est ainsi du Code CEMAC-RDC relatif à la navigation intérieure dont la CICOS est chargée de contrôler l'application.

B : Le Code CEMAC-RDC : une règlementation technique de la navigation fluviale

Le Code de navigation intérieure CEMAC-RDC est un texte très important en matière de navigation dans les voies fluviales du Bassin Congo-Oubangui-Sangha. A travers ce texte, les Etats ont voulu harmoniser les normes jadis disparates ou inexistantes entre les Etats-parties[242] afin d'en donner un même contenu.

Nous nous intéressons à ce texte dans la mesure où la CICOS est chargée « *de contrôler la mise en application des dispositions du Code de la navigation intérieure CEMAC-RDC sur l'immatriculation, le jaugeage, la signalisation et la délivrance des certificats de navigabilité ainsi que des permis de navigation.* » Ces matières sont réglementées par les différents règlements communs adoptés par la CICOS.

Afin de saisir la place qu'occupe le Code de navigation intérieure CEMAC-RDC dans le régime actuel du bassin Congo-Oubangui-Sangha, il va falloir connaître son origine et son contenu.

Pour ce qui est de son origine, le Code de navigation intérieure est un texte né de l'initiative des Etats membres de la CEMAC. Il a été adopté le 17 décembre 1999 à Brazzaville par un Règlement du Conseil des Ministres de la CEMAC et du Ministre des transports de la RDC le même jour sur la proposition des Ministres chargés de la navigation intérieure réunis en Comité ad hoc.

L'adoption de ce texte marque l'aboutissement de « *la préoccupation majeure de l'Union douanière des Etats d'Afrique centrale (UDEAC), lorsqu'elle s'engageait dans un projet d'harmonisation des législations de ses États membres en matière de transport fluvial* »[243], en vue de rendre le trafic fluvial plus facile dans la sous-région. L'article 55 de la Convention de l'UDEAC du 8 décembre 1964 énonçait, en matière de transport, que les Etats membres se proposent d'harmoniser leurs politiques et leurs réglementations; normaliser et uniformiser les infrastructures et le matériel; promouvoir une politique de coordination et de développement des transports entre Etats membres, éventuellement en liaison avec les Etats tiers; mettre en œuvre une politique commune de transports maritimes extérieurs.

En raison de l'interconnexion des eaux, il n'était pas possible pour l'UDEAC de réaliser ce projet sans l'association de la RDC. Pour y parvenir, l'UDEAC s'est appuyée sur les accords signés par la Commission tripartite

---

242 Il en est ainsi du Code de la navigation fluvial de la RDC de 1966.

243 NGOMA KHUABI Camille, *op.cit.*, pp. 373-374.

de 1978 relatifs à l'entretien des voies de navigation intérieure du bassin du fleuve Congo pour inviter la RDC à s'associer à l'élaboration du Code.

Après la transformation en 1994 de l'UDEAC en Communauté économique et monétaire des Etats d'Afrique centrale (CEMAC), ce projet était ensuite repris et achevé par cette dernière en 1999. La RDC était associée à ce projet entant qu'Etat abritant la plus grande partie des ressources en eau et des voies navigables du bassin[244]. Cette même année, le Code CEMAC-RDC de la navigation**Erreur ! Signet non défini.** intérieure fut adopté. Cependant, celui-ci a été sujet à discordes entre les Etats qui, pour certains d'entre eux, comme la RDC qui affichait une attitude de rejet, le considéraient comme un instrument de la CEMAC imposé à la RDC[245].

Après la création de la CICOS, la CEMAC et la RDC lui ont confié la tâche du contrôle de la mise en œuvre de ce texte, étant entendu qu'elle est une institution spécialisée dans la gestion des voies navigables du bassin.

S'agissant de son contenu, ce texte contribue bien entendu à l'avancée de l'intégration des normes au regard des matières codifiées pour donner lieu à un droit uniforme. Le Code comprend onze (11) titres et neuf annexes qui les complètent. Il détermine les normes sur les voies de navigation, le transport des marchandises, les bâtiments de navigation intérieure, le personnel navigant, les règles de route et de stationnement, l'environnement des voies navigables, l'inspection de la navigation intérieure et les droits et taxes.

A la différence de l'Accord créant la CICOS, le Code CEMAC-RDC constitue un texte de spécification technique dans le domaine de navigation intérieure, du moins en ce qui concerne les matières qui ont fait l'objet de codification. Il apporte tous les détails que l'Accord de 1999 n'a pas pu contenir et sert donc à mettre en œuvre les principes généraux de l'Accord.

Le Titre II du Code est consacré aux voies de navigation intérieure. Si l'Accord créant la CICOS se borne à fixer en termes généraux les principes relatifs à la navigation intérieure sur les fleuves Congo, Oubangui et Sangha, le Code quant à lui va plus loin. En des termes détaillés, le titre II classifie les voies de navigation, détermine leurs conditions d'utilisation, les chenaux d'accès aux ports, les règles de protection des voies navigables, leur balisage, l'assistance, le sauvetage et l'obligation de veille.

La classification des voies de navigation, selon les termes techniques du Code, comprend trois catégorie en fonction de la variation de leur profondeur pendant les périodes saisonnières. La première catégorie et celles pour laquelle les services compétents offrent pour la navigation ont une profondeur de 2 m 30 en hautes eaux et 1m 30 en basses eaux. La deuxième

---

244 Idem, p. 374.
245 Idem

catégorie est constituée des voies de navigation pour lesquelles les services compétents offrent pour la navigation une profondeur d'1m 30 en hautes eaux et 1 m en basses eaux. La troisième et la dernière catégorie concerne celles d'une profondeur d'1m en hautes eaux et 0,50 m en basses eaux[246]. Au regard de cette classification, ne peuvent naviguer sur les voies de navigation que des matériels flottants, des bâtiments ou des convois dont la longueur, la largeur, le tirant d'air, le tirant d'eau et la vitesse sont compatibles aux caractéristiques des voies navigables et des ouvrages d'art[247].

Par ailleurs, en vue de sécuriser la navigation, la vie des personnes et les marchandises transportées, le Code met en place des règles communes de protection des voies de navigation intérieure, de balisage ainsi que d'assistance, le sauvetage et l'obligation de veille. Sachant que l'eau peut être source de maladies mortelles, les articles 10, 11 et 12 du Code mettent en avant le principe de précaution et fixent une conduite à tenir aux usagers pour éviter la pollution de l'eau. Il est interdit de jeter, de verser ou de laisser tomber ou s'écouler des objets ou substances de nature à faire naître une entrave ou un danger pour la navigation ou pour les autres usages de l'eau. Il incombe alors au capitaine de prendre toutes les mesures nécessaires pour libérer la voie au cas où un bâtiment constituerait un obstacle à la navigation. De même, le capitaine doit user de tous les moyens à sa disposition pour sauver les personnes à bord en cas d'accident.

L'œuvre d'uniformisation des normes et spécifications techniques relatives à la navigation a également couvert le régime juridique des bâtiments opérant dans le bassin (Titre III). Il détermine les règles communes portant sur l'immatriculation et l'identification des bâtiments, le jaugeage, marques et échelles de tirant d'eau et les documents de bord, l'assurance des bâtiments, la signalisation, les droits réels, privilèges et hypothèques, les règles relatives à la saisie et ordre et celles portant sur la propriété des bâtiments.

D'autres stipulations spéciales sont consacrées sur le personnel navigant au Titre IV. Ce dernier détermine la catégorie du personnel navigant[248], le statut du capitaine et le contrat d'engagement fluvial. Le commandement du bâtiment est assuré par le capitaine. L'équipage du bâtiment est placé sous son autorité[249]. Plusieurs obligations pèsent sur celui-ci. Au cours du voyage, il porte à la connaissance des autorités de la localité la plus proche, par les

---

[246] Article 4 du Code CEMAC-RDC de navigation intérieure.

[247] Article 5 du Code CEMAC-RDC.

[248] Le personnel navigant est constitué du capitaine et des membres de l'équipage. Les membres de l'équipage sont : les barreurs, les mécaniciens, les électriciens, les graisseurs, les bateliers et les matelots (articles 76, 77 et 78 du Code CEMAC-RDC de navigation intérieure.)

[249] Article 77 alinéa 2 du Code CEMAC-RDC de navigation intérieure.

moyens de communications les plus rapides disponibles, tout événement malheureux ou d'allégresse survenant dans le bâtiment[250]. Le capitaine assure la sécurité des personnes et des marchandises à bord du bâtiment. A ces règles s'ajoutent celles de route et de stationnement, de police sanitaire, de l'environnement, de l'inspection de la navigation intérieure et du régime disciplinaire et enfin celles concernant les droits et taxes.

L'œuvre d'intégration du droit de navigation intérieure en Afrique centrale constitue l'un des « *signaux indélébiles d'une mutation du droit africain* »[251] des cours d'eau internationaux en droit communautaire. Les Etats membres du bassin du Congo ont pris conscience de l'interdépendance des eaux et se sont engagés à développer un cadre juridique uniforme de navigation à l'exemple des autres organismes de gestion de bassin fluviaux africains[252]. Toutefois, ce Code demeure non exhaustif, il ne règle pas certaines questions importantes parmi lesquelles on peut citer, avec Paulette NGO MBOGBA MIKANO, celui de la « *sûreté fluvial et lacustre.* »[253] D'autres matières non codifiées ont été confiées à la CICOS qui devrait poursuivre l'œuvre d'unification par la sécrétion du droit dérivé, notamment des Règlements communs de navigation intérieure.

Pour finir, il faut retenir que contrairement à la situation antérieure, le régime du bassin du fleuve Congo a suffisamment évolué. Les règles sur la navigation sont posées et détaillées, les conventions partielles antérieures ont été rendues conformes à l'Accord de 1999 pour forger un régime homogène des voies navigables. Toutefois, lesdites révisions ne suffisent pas à réguler tous les secteurs de la navigation intérieure. Pour combler les limites de leur étendue, la CICOS adopte des actes juridiques unilatéraux que nous étudierons dans les lignes qui suivent.

Paragraphe II : Les actes juridiques unilatéraux de la CICOS

Les actes unilatéraux, aussi appelés« droit dérivé », *« recouvre l'ensemble des actes unilatéraux adoptés par les institutions en exécution des traités... »*[254] Par exemple, l'une des fonctions des actes dérivés de la CICOS selon l'Accord du 06 novembre 1999 porte sur *« l'harmonisation des*

---

250 Il s'agit par exemple des cas de décès, de naissance, d'accident.

251 NGO MBOGBA MIKANO, « Le droit africain de navigation intérieure : un droit en devenir ou l'impossible harmonisation » (p. 5), (www.cccr-zkr.org, consulté le 6 mars 2016 à 11 h), 13 pages.

252 Il en est ainsi de l'OMVS qui dispose d'un Code international de navigation et de transport sur le fleuve Sénégal datant du 13 mars 2006 (www.portail-omvs.org).

253 NGO MBOGBA MIKANO, *op. cit.*, p. 5.

254 RAEPENBUSCH Sean Van, *Droit institutionnel de l'Union européenne*, 4e édition, Larcier, Bruxelles, 2005, 757 pages, p. 367.

normes et spécifications techniques en matière de construction et réparation navales »[255]. La CICOS a fait l'effort de remplir cette tâche en adoptant des Règlements communs en la matière. Après l'étude de la procédure de production du droit dérivé (A), nous passerons à celle du contenu des Règlements communs (B).

A : La procédure d'adoption des actes dérivés

Nous étudions ici les organes compétents dans la prise de décisions et les modes de prise de décisions.

La compétence d'adoption des règlements communs est répartie entre les principaux organes de la CICOS qui sont le Secrétariat Général, le Comité de Direction et le Comité des Ministres. La compétence d'initiative normative est attribuée au Secrétaire général. Elle a la compétence d'initier l'élaboration des Règlements communs de navigation intérieure. Une fois ces actes élaborés, ils sont soumis au Comité de direction pour avis. Ce dernier donne ses avis sur les questions inscrites à l'ordre du jour du Comité des Ministres. Généralement, les avis techniques des « commissions d'experts » «… *apportent de la compétence scientifique et expriment l'opinion extérieure devant favoriser la prise de décisions…*»[256]. Les textes de la CICOS ne disent mot sur le caractère des avis du Comité de direction. On sait, cependant, que naturellement un avis est un acte non obligatoire. Par un avis, l'organe consulté donne son point de vue sur l'affaire qui lui a été soumise. C'est une simple opinion exprimée avant ou pendant la réunion d'un organe qui a le pouvoir de décision. C'est ainsi que les membres du Comité de direction peuvent être appelés à prendre part aux délibérations du Comité des ministres[257] en tant que de besoin.

Le Comité des Ministres est l'organe de décision de la CICOS. D'une manière générale, ses compétences normatives se déduisent à la lumière des alinéas (d) à (g) de l'article 19 de l'Accord. Elles consistent à « adopter le budget et à approuver les comptes de la Commission », « approuver le règlement financier de la Commission », « adopter le règlement intérieur de la Commission », « nommer le Secrétaire général », « examiner et approuver les propositions de révision du présent Accord »[258]. C'est au cours de ses réunions que le Comité des ministres adopte les actes susmentionnés. Les

---

[255] Article 17 de l'Accord du 6 novembre 1999.

[256] DAUDET Yves, « Les membres des commissions d'experts »(p. 96), in *Les agents internationaux*, Actes du Colloque, d'Aix-en-Provence, du 24-26 mai 1985, 435 pages, éd. A. Pedone, Paris, 1985.

[257] Article 2 alinéa 2 de la Décision n° 02/CICOS-CM-01 portant organisation et fonctionnement du Comité des ministres.

[258] Article 21, alinéa 2 de l'Accord du 06 novembre 1999.

règles relatives aux réunions et délibérations sont prévues aux articles 20 à 24 de l'Accord du 06 novembre 1999 et complétées par les dispositions du statut du Comité des Ministres, tel qu'adopté par Décision n° 02/CICOS-CM-01 du 27 novembre 2003. Le Comité des Ministres se réunit une fois par an. Toutefois, les sessions extraordinaires peuvent être convoquées par le Président à la demande d'un Etat[259]. Cette périodicité permet « *d'éviter les extrêmes ; il ne faut pas en effet que l'organe de décision tienne des sessions ordinaires si fréquentes qu'elles en viennent à constituer une gêne pour les membres, ou au contraire si rares que les questions à régler s'accumulent à l'excès.*»[260] Les sessions extraordinaires permettent de combler les retards des sessions annuelles. Elles permettent également de régler des problèmes urgents qui concernent les ressources en eau du Bassin. Les sessions du Comité des Ministres sont préparées par le Secrétaire général sur instructions du Président[261]. Le Comité se réunit à huis clos. Cela s'explique par le souci de faciliter le consensus. Quant aux délibérations, elles se font par le moyen d'un processus prolongé de consultations, de négociations et de propositions qui se déroulent entre les délégués des Etats membres au sein de l'organe délibérant sur les points d'un ordre du jour préalablement adopté[262]. Les délibérations du Comité des Ministres sont régies par les articles 21 à 24 de la Décision du 27 novembre 2003. D'après ces dispositions, le Comité des Ministres délibère valablement quand trois (3) au moins des Etats membres sont représentés. Au cours de ses délibérations, l'organe intergouvernemental adopte des décisions. Celles-ci doivent être motivées. Elles sont revêtues de la signature du Président et publiées au Bulletin Officiel de la CICOS[263]. La répartition des compétences étant étudiée, intéressons-nous maintenant aux modes de prise de décisions.

JOLIET R. dit : « *La façon dont une organisation internationale forme sa volonté en vue de prendre des décisions est un des éléments révélateurs de sa nature juridique.*»[264] Les modes de prise de décisions permettent de

---

[259] Article 20 de l'Accord instituant un régime fluvial uniforme et créant la CICOS signé le 06 novembre 1999.

[260] KAMTO (Maurice), *op cit*, p. 903.

[261] Article 8 de la Décision N°02/CIOS-CM-01.

[262] LEWIN André, « Les principes communs aux organisations internationales : compétences, financement », p. 4, in Juris-classeur, fascicule 112-2, 2002.

[263] Le Comité des ministres a déjà adopté un certain nombre de textes fondamentaux relatifs à l'organisation et au fonctionnement des organes de la CICOS. On peut citer par exemple : La Décision N°02/CICOS-CM-01 portant organisation et fonctionnement du Comité des ministres du 27 novembre 2003, La Décision n° 05/CICOS-CM-01 portant organisation et fonctionnement du secrétariat général de la CICOS du 27 novembre 2003.

[264] JOLIET René, *Le droit international des communautés européennes*, cours à la faculté de droit, d'économie et de sciences sociales à Liège, 1983(p. 51), cité par

distinguer une organisation de coopération d'une organisation d'intégration[265]. Elles sont aussi révélatrices des malentendus et des difficultés auxquelles l'organisation serait confrontée lors de l'adoption des décisions. L'Accord du 06 novembre 1999 a prévu deux modes de prises de décisions : « *Les décisions du Comité des Ministres sont prises par consensus. En cas de désaccord persistant, elles sont prises à la majorité simple* »[266]. Ici, le consensus est la procédure de principe alors que la majorité simple est la procédure d'exception. L'Accord prévoit des *« modalités classiques »* et des *« modalités supranationales »* de prise de décisions[267]. Afin de comprendre les raisons fondamentales qui ont pu justifier le choix de ces deux procédures, une analyse s'impose.

En ce qui concerne le consensus, ce mot est d'origine latine et signifie « *accord* ». Dans les époques romaines anciennes, le consensus a commencé avec Hippocrate pour qui le mot désignait *« l'accord, l'harmonie entre les différents organes et parties du corps »*[268]. Il a traversé différents domaines scientifiques. Il fut tout d'abord utilisé dans le domaine médical et physiologique. Le mot est ensuite utilisé en philosophie avec Auguste COMTE, en sociologie avec E. DURKHEIM, et en médecine expérimentale avec Claude Bernard[269]. Plus tard le *consensus* fera son entrée dans les O.I. notamment à travers l'ONU[270] au début des années 1960. Depuis, le consensus a pris place dans les O.I. comme procédure de décision[271].

Sean VAN RAEPENBUSCH, *Droit institutionnel de l'Union européenne,* 4e éd. Larcier, Bruxelles, 2005, 757 pages, p. 206.

265 TALL Saïdou Nourou, *op cit*, p. 241.

266 Article 22 de l'Accord du 6 novembre 1999.

267 TALL Saïdou Nourou, *op cit* (p. 242). L'auteur fait la distinction entre « les modalités classiques » et «les modalités supranationales » de prise de décision. Selon lui, « les modalités classiques » sont « l'unanimité » et le « consensus ». Il s'agit de règles privilégiant les sacrosaints principes d'égalité et de souveraineté prisés par les acteurs étatiques ». Cependant, « les modalités supranationales» sont les plus utilisés dans les organisations d'intégration ; elles se caractérisent par la possibilité pour une majorité d'Etats d'imposer leur volonté à une minorité. pp. 242-243.

268 DAKER (R.), « Quelques aspects politiques et juridiques du « consensus » dans le monde arabe et dans l'Islam » (pp. 163-174), in *Le consensus et la paix,* ouvrage publié sous la direction du Professeur Amadou Mathar M'BOW, UNESCO, Paris, 1980, 238 pages.

269 Idem, p. 163.

270 M'BOW Amhadou Mactar, « Le consensus dans les organisations internationales », in *Consensus et Paix, op cit*, pp. 11-30.

271 VIRALLY Michel, « Les actes unilatéraux des organisations internationales », in *Droit international : bilan et perspectives,* Tome I, Pedone, Paris, 199 (630 pages), Mohammed BEDJAOUI (rédacteur général, p. 263), Le début de la pratique du consensus à l'ONU reste toutefois contradictoire, car d'après le Professeur Michel

Cependant, la doctrine est contradictoire en ce qui concerne les débuts de la pratique de cette procédure au sein des organes de l'ONU[272].

VIRALLY, « Ce mécanisme est apparu notamment au Conseil de sécurité dans des hypothèses où une prise de position du Conseil, vivement souhaitée par certains membres, ne se heurtait à aucune opposition décidée de la part des autres, sans que certains d'entre eux, cependant, soient disposés à faire enregistrer leurs abstentions, ou même, parfois, à en discuter en séance publique. La solution a été trouvée dans ce cas d'une déclaration du Président du Conseil affirmant être en mesure de s'exprimer au nom du Conseil (et, par conséquent, sans qu'aucun membres y fasse objection), ou faisant même état d'un consensus, c'est-à-dire d'un accord général, entre les membres du Conseil.» Par ailleurs, le Professeur VIRALLY affirmait qu'«apparemment » le Comité des utilisations pacifiques de l'espace extra-atmosphérique a été le premier organe des Nations Unies à avoir fait usage du consensus à propos d'un accord conclu entre les Etats Unis et l'URSS. Son opinion rejoint celle de Guy de Lacharrière qui, dans son article, « Consensus et Nations Unies », In: *AFDI*, volume 14, 1968 (pp. 9-14), http://www.persee.fr/doc/afdi, affirmait déjà que « cette règle n'a été admise qu'à une date récente par divers organes subsidiaires de l'ONU. Il en a été ainsi d'abord pour le Comité de l'espace extra-atmosphérique. Celui-ci a décidé qu'à sa session de mars 1962 son Président déclarerait que les délibérations du Comité seraient conduites « d'une manière telle que le Comité puisse se mettre d'accord dans ses travaux sans avoir besoin de voter ». C'était donc accepter le principe sans lui donner le nom sous lequel il allait être connu. Un peu plus tard, la règle désormais appelée « du consensus » était adoptée par le Comité des opérations de maintien de la paix (dit des 33), par le Comité des relations amicales entre les Etats et par le Comité des fonds marins.»(p. 10). Dans le même ordre d'idées, Hervé CASSAN affirme lui aussi que c'est « … le Comité de l'espace extra-atmosphérique qui a le premier adopté, en 1962, mais sans la nommer, la pratique du consensus », in « Le consensus dans la pratique des Nations Unies », In *AFDI*, volume 20, 1974 (pp. 456-485) doi : 10.3406/afdi.1974.2283, http://www.persee.fr/doc/afdi_0066-3085_1974_num_20_1_2283. Cependant, pour le Professeur M'BOW (A.M.), « Le consensus dans les organisations internationales », op. cit., Le consensus a fait son entrée aux NU en 1964. En effet, cela fait suite aux divergences qui ont eu lieu au cours de la XIXe Assemblée générale des NU entre les Etats-Unis contre la France et l'URSS à propos du financement des opérations de maintien de la paix au Congo (Kinshasa) et en Suez en 1964. Le Secrétaire général, U Thant, afin de dénouer la crise, évitera le vote et proposera aux Etats membres les négociations qui avaient abouti au « consensus ». De même, Gérald ANTOINE, « Les aspects linguistiques du consensus », in *Consensus et paix, op cit (pp.41-62),* affirme dans le même sens que « c'est pour éviter de difficiles confrontations que les Nations Unies, en 1964, à l'occasion des débats concernant le financement des opérations de maintien de la paix (Congo et Suez), ont suivi les suggestions du Secrétaire général tendant à accepter un certain nombre de décisions « pouvant être réglées sans opposition.»(p. 51).

[272] Pour approfondir, voir aussi les articles suivants : MARIO AMADEO, « Le consensus dans les relations internationales », in *Le consensus et la Paix*, op cit,

Le consensus revêt deux sens : il désigne la procédure de décision et le résultat de cette procédure elle-même[273]. Notre propos prend en compte uniquement le premier sens. Entant que procédure, le consensus est défini par le Professeur Nguyen Quoc DINH comme étant « *Un système de décisions sans vote où le silence général témoigne de l'absence d'objection dirimante de la part des Etats membres et autorise l'adoption du texte dont une autorité convenue, porte-parole d'un groupe ou Président d'un organe, a indiqué le contenu.* »[274] A l'instar du Professeur Michel BELANGER, « *Le consensus est une technique d'adoption de textes dans les organisations internationales.*[275] » C'est un mécanisme basé sur le dialogue et le compromis entre les représentants des Etats membres. En effet, « ... *le Président de l'organe concerné, ou le porte-parole d'un groupe d'Etats membres, négocie un projet de texte avec les différentes délégations ou groupes d'Etats ; lorsqu'il constate que ce projet ne soulève aucune objection importante de la part d'aucun d'eux, il déclare que la décision peut être adoptée par consensus*[276]. » Donc, ici, le rôle du Président du Comité des Ministres est primordial, car il apparaît comme le moteur de la procédure.

La doctrine évoque plusieurs raisons qui justifient l'essor considérable du consensus dans les OI[277] en général et celles de l'Afrique en particulier[278]. Le

---

(pp.127-138), Gérald ANTOINE, « Les aspects linguistiques du consensus »(pp. 41-61), in *Le consensus et la Paix, op. cit.*

273 CASSAN Hervé, op cit, p. 1 (de l'article) ; Guy de Lacharrière, « Consensus et Nations Unies », In: Annuaire français de droit international, volume 14, 1968, p.9, pp. 9-14, http://www.persee.fr/doc/afdi_0066-30851968, Document généré le 09/09/2015

274 PELLET Alain et autres et autres, op cit, page 694.

275 BELANGER Michel, *Droit international public. Corrigés d'examens*, 5e édition, LGDJ, Paris, 2000, 210 pages, p. 47.

276 DIEZ DE VALLASCO VALLEJO (M.), *Les organisations internationales,* Economica, Paris, 1999, 919 pages, p. 85.

277 TALL (S.N), op cit, p. 100.

278 L'adoption des décisions par consensus est prévue à la CEEAC. Le Professeur Maurice KAMTO, « La Communauté économique des Etats de l'Afrique centrale : une communauté de plus ? », op cit, analysant les raisons qui ont entraîné l'institution du consensus à la CEEAC pense que: « Les Etats créateurs de la CEEAC. ont donc succombé au « charme discret » (75) de ce processus décisionnel de plus en plus usité dans les organisations internationales. Mais pourquoi ? Il est très probable que les initiateurs de la Communauté ont voulu éviter les extrêmes, c'est-à-dire d'un côté la règle de la majorité qui sacrifie les intérêts parfois vitaux de la minorité et s'affirme comme un principe de supranationalité, et de l'autre, la règle de l'unanimité qui, en conférant un droit de veto à chaque membre, réduit la Communauté à un simple cadre de juxtaposition des souverainetés, à une organisation internationale de la forme la plus classique (76). Or, dans la mesure où

Professeur Maurice KAMTO pense que cette technique est «...*proche du mode de prise de décisions dans les sociétés négro-africaines.*[279] » Sans vouloir entrer dans des considérations sociologiques, nous pouvons évoquer des raisons politiques et juridiques justifiant le choix du consensus. Politiquement, d'aucuns pensent que c'est parce qu'il est respectueux de la souveraineté des Etats[280] que le consensus est institutionnalisé dans les OI Pour d'autres, à l'instar d'Hervé CASSAN, le choix du consensus « ... *traduit, d'une certaine manière, la nature des rapports existants entre les Etats membres de ces organisations à un moment particulier de leur histoire.*»[281] Ce propos est vrai dans le cas de la CICOS. Les principaux Etats riverains du fleuve Congo (RDC et Congo-Brazzaville) n'ont jamais eu de bons rapports depuis les années 1960 à propos de ce fleuve[282]. Le choix du consensus, aujourd'hui, traduit une volonté insuffisante des Etats de se mettre ensemble. Il exprime en même temps l'envie de laisser loin d'eux tout risque de *blocages*[283] de la nouvelle institution. Si la CICOS, comme toute autre OI, « *est partagée entre le bon vouloir des Etats et l'autonomie à leur égard* »[284], le consensus permet alors à la CICOS de *« jouer un rôle de socialisation de ses membres.»*[285] Ainsi, il évite *«... un phénomène*

---

le consensus se définit comme une procédure concertée ou négociée d'élaboration d'un texte visant à lever toute objection présentée par un représentant et à adopter le texte sans vote (77), il se situe à mi-chemin entre la majorité et l'unanimité. Il permet à chaque Etat membre de marquer son opposition quand ses intérêts sont en jeu, sur les questions essentielles, et d'obliger ainsi les autres Etats, fussent-ils majoritaires, à la poursuite des négociations jusqu'à ce qu'ils trouvent un terrain d'entente minimum. De la sorte, le consensus ne bloque pas le processus décisionnel, pas plus qu'il ne compromet vraiment l'intérêt communautaire. Il faut dire que par les éléments de consultation et de concertation, de négociation et de « parlementarisme » qui le caractérisent, le consensus correspond plutôt bien à la tradition africaine de la « palabre » et de démocratie directe. Les cadres de la Conférence des Chefs d'Etat et de gouvernement et du Conseil des Ministres constituent autant de fora propices à sa mise en œuvre.», pp. 855-856.

279 KAMTO Maurice., « Le droit international des ressources en eau continentales africaines », op cit, p. 905.

280 NOVAK Saint, « L'opacité du consensus. La prise de décision au Conseil de l'Union européenne », Publié dans laviedesidees.fr, le 25 juin 2009, p. 3.

281 CASSAN Hervé, « Le consensus dans la pratique des Nations Unies », In: Annuaire français de droit international, volume 20, 1974, p. 457, pp. 456-485.doi : 10.3406/afdi.1974.2283, http://www.persee.fr/doc/afdi_0066-3085_1974_num_20_1_2283,

282 KAMTO (M.), *op cit*, p. 853.

283 BELANGER Michel, *op cit*. Selon cet auteur, le consensus est « une procédure destinée à éviter le blocage des organisations internationales », p. 48.

284 GAZANO Antoine, *Les relations internationales*, Gualino éditeur, Paris, 2001, 228 pages, p. 82.

285 GAZANO Antoine, *op cit*, p. 82.

d'hégémonie d'un groupe d'Etats majoritaire sur les autres membres »[286] de l'institution internationale. En effet, le consensus éviterait l'influence du bloc de la CEMAC sur les autres Etats non membres de cette communauté[287]. Il favorise la recherche des formules acceptables pour toutes les parties à la négociation. Il a l'avantage de faciliter l'adoption des décisions. Il «*... témoigne l'absence d'objections fondamentales de la part de la minorité* »[288]. Il évite les blocages souvent constatés dans les systèmes de vote.

Au plan juridique, la consécration du consensus dans les traités internationaux *« paraît liée à l'existence du difficile choix qui se pose toujours dans la Société internationale entre la règle majoritaire, source de dynamisme et d'innovation, et l'unanimité, protectrice de la souveraineté des Etats.»*[289]Le consensus devient dans ce cas une sorte d'atténuation[290] des procédures classiques (la règle de l'unanimité) connues des organisations de coopération et de celles plus rigides des Communautés européennes (la règle de la majorité qualifiée). En outre, le choix du consensus se justifie par des difficultés de conciliation de l'égalité juridique des Etats au regard des relations internationales[291] et des inégalités de répartition des quantités d'eau entre les Etats riverains. Normalement, la prise de décision par le Comité des Ministres serait faite sur la base des systèmes égalitaires[292] (unanimité) ou bien d'autres plus complexes comme la pondération des voies.

En dépit de ces avantages, le consensus, présente aussi des inconvénients. A ce propos, le Professeur Nguyen Quoc DINH pense que le consensus «...

---

[286] Idem

[287] Parmi les six Etats membres de la CICOS, quatre (4) sont membres de la CEMAC (République du Congo, la RCA, le Gabon et le Cameroun) et deux (2) n'appartiennent pas à la CEMAC (RDC et l'Angola).

[288] CADOUX (Ch.), RANJEVA (R.), *Droit international public.* Vanves, EDICEF/AUPELF, p. 272 ; cité par le Professeur Seydou Nourou TALL, op cit, pp. 99-100.

[289] CASSAN Hervé, *op cit*, p. 458.

[290] COMBACAU (J.), et SUR (S.), *Droit international public,* 2e éd. Montchretien, Paris, 1995, p. 750, 827 pages.

[291] MOROZOV (G.), « La conception socialiste des organisations internationales », p. 33, in RISS, PUF, Paris, 1977, pp. 27-45.

[292] L'unanimité est selon *Le Vocabulaire juridique* Gérard Cornu, « l'accord de tous les membres de l'assemblée délibérante, de l'organe de décision, de la juridiction sur la question à valider ; réunion de la totalité des voix ou des suffrages, de l'ensemble des opinions, sur l'objet de la délibération.» Telle que définie, l'unanimité présente, comme le consensus des qualités et des défauts. Du point de vue des qualités, les professeurs Pellet Alain, FORTEAU Mathias et DAILLIER, op cit, pensent que le système de l'unanimité « préserve la liberté d'action des Etats », contribue à une « application spontanée des résolutions adoptées » et « facilite une large participation à l'organisation dans la mesure où il rassure les Etats. »

présente l'inconvénient de traduire en général un compromis sur un désaccord. L'unanimité de façade qu'il préserve cache, le plus souvent, une coalition d'insatisfaits, fait courir le risque de laisser les textes adoptés lettres mortes »[293]. Dans le même sens, Manuel D. D. VALLEJO affirme de son côté qu'il « *conduit parfois à des textes vagues et ambigus susceptibles d'être interprétés de différentes manières »*[294]. Si telle est la face cachée du consensus, on doit craindre qu'au lieu de favoriser l'intégration réelle, il la transforme en un leurre. Pour éviter ces insuffisances, les rédacteurs de l'Accord du 06 novembre 1999 ont jugé bon de prévoir un autre mode d'adoption des décisions : *« la majorité simple »*. Mais, pour recourir à cette dernière, il faut que le consensus échoue par un désaccord persistant entre les ministres.

La règle de la « majorité simple » est dérivée du principe de la « majorité ». Ce dernier, du latin *major (plus grand),* désigne la plus grande partie d'un ensemble.[295] Elle désigne dans les organes collégiaux *« le nombre* [maximum] *de voies exigées pour qu'une décision soit valablement prise »*[296]. Cette procédure supranationale est une transposition par analogie des techniques en vigueur dans les Assemblées parlementaires nationales[297]. C'est une procédure qui facilite la tâche à l'organisation pour atteindre ses objectifs. Alors que les modes de l'unanimité et de consensus sont caractérisés par l'inconvénient de la lenteur, la majorité, quant à elle, définie comme le « *total des voix qui l'emporte par son nombre lors d'une élection ou du vote d'une décision»*[298], permet de surmonter les refus des Etats membres minoritaires. Considérant la possibilité d'adopter les décisions grâce à l'adhésion du plus grand nombre, « *la règle de la majorité est un principe de démocratie internationale* »[299]. Elle ne remet pourtant pas en cause l'égalité souveraine des Etats membres d'une organisation internationale, d'autant plus que les Etats minoritaires ont préalablement consenti à la règle lors de la création de l'organisation internationale ou de l'adhésion à celle-ci.

Malgré la pertinence du choix des procédures de prise de décision, l'Accord du 06 novembre 1999 pose certains problèmes de procédure qui méritent d'être soulignés. L'article 21 de la Décision N° 02/CICOS-CM-01 stipule: *« Le Comité des Ministres délibère valablement quand trois (3) au*

---

[293] DINH (Ng. Q.), op cit, p. 695.
[294] DIEZ DE VALLASCO VALLEJO (M.), op cit, p. 85.
[295] *Petit Larousse*, 2014.
[296] *Lexique des termes juridiques*, Dalloz, 2010
[297] MVELLE (G.), *L'Union africaine : fondements, organes, programmes et actions*, L'Harmattan, 2007, p. 129, 467 pages.
[298] *Vocabulaire des termes juridiques, op cit.*
[299] MVELLE (G.), op cit, p. 129.

moins des Etats membres sont représentés »[300]. Dans une circonstance (où trois Etats membres sont représentés) la majorité simple signifie que si deux Etats donnent leur consentement, la décision est adoptée. Ces dispositions de l'Accord de 1999 et de la Décision N°02/CICOS-CM-01 du 27 novembre 2003 sont devenues caduques suite à l'élargissement de la CICOS opéré ces dernières années par l'adhésion de l'Angola et du Gabon. La CICOS compte aujourd'hui six (6) Etats membres. Ces changements impactent la validité des délibérations de la CICOS et la majorité exigée pour l'adoption des décisions. Ce qui exige la révision des textes de base de la CICOS. En ce qui concerne la validité des délibérations, on a vu précédemment que le Comité des ministres ne délibère valablement que si trois (3) des Etats membres au moins sont représentés. Comptant aujourd'hui six (6) Etats membres, la condition de validité prévue par la Décision du 27 novembre 2003 n'est plus valable. Une nouvelle disposition pourrait stipuler que « le Comité des ministres délibère valablement quand cinq (5) au moins des Etats membres sont représentés ». Le problème est également le même en ce qui concerne la règle de la majorité simple. Elle n'est plus aujourd'hui conforme à la réalité. La majorité simple, dans la situation actuelle de la CICOS, suppose l'accord de cinq (5) Etats membres et non trois (3) comme le dit l'article 21 de la Décision du 27 novembre 2003.

B : Les actes unilatéraux adoptés

Dans le processus d'uniformisation du droit de la navigation intérieure, la CICOS a adopté d'importants actes juridiques unilatéraux sur le transport des marchandises par voies d'eau intérieure (1) et les actes juridiques sur la condition des bateaux (2).

1 : Les actes relatifs au transport des marchandises

Devant la nécessité d'instituer des règles uniformes en matière de contrat de transport des marchandises par voie d'eau intérieure et d'assurer ainsi la sécurité juridique dans ce domaine dans l'espace CICOS[301], l'organe suprême de celle-ci a décidé d'édicter des normes communes aux contrats de transport des marchandises. Cela montre que l'uniformisation des règles dans ce domaine est devenue impérative, car *« l'industrie des transports*

[300] Décision portant sur l'organisation et le fonctionnement du Comité des Ministres du 27 novembre 2003.

[301] Préambule du Règlement Commun sur le contrat de transport des marchandises par voie d'eau intérieure dans l'espace CICOS (disponible en ligne sur www.sadieau.org, consulté le 26 avril 2016 à 14 heure).

joue un rôle essentiel dans l'activité économique des pays »[302] et « *contribue à l'accélération des relations commerciales*[303]. » Conscient de ces avantages qu'offre la navigation fluviale, le Comité des Ministres avait chargé en 2008 le Secrétaire général de la CICOS d'appuyer les Etats membres dans l'harmonisation des textes d'application du Code de navigation intérieure CEMAC-RDC.

Le Règlement commun sur le contrat de transport des marchandises par voies d'eau intérieure a été adopté par le Comité des ministres de la CICOS lors de sa session du 07 mars 2011 à Brazzaville[304]. Il a fait l'objet d'un amendement, notamment à son article 32, le 22 août 2011 par décision du Comité des Ministres adoptée à Yaoundé au Cameroun[305]. Ledit Règlement a pour objet de fixer les dispositions communes relatives au contrat de transport des marchandises par voies d'eau intérieures au départ ou à destination d'un port de l'espace CICOS.

Avant d'étudier le champ d'application et le contenu des normes du Règlement commun, élucidons d'abord la notion de contrat de transport des marchandises.

D'une façon générale, le contrat de transport de marchandises est une « *convention par laquelle un professionnel s'engage à assurer le déplacement de la marchandise selon un mode de locomotion déterminé et moyennant un prix spécifié* »[306]. Il « *oblige un transporteur à acheminer et à livrer à destination, les marchandises dans l'état où elles ont été prises en charge* »[307]. En effet, l'accord entre les parties, « *l'une pour confier ses marchandises et payer les frais fixés, l'autre pour effectuer le transport jusqu'à la destination stipulée* », fait exister juridiquement le contrat de transport[308].

La sécurité juridique qu'apporte ce Règlement commun au trafic fluvial dans la sous-région se mesure d'abord par rapport à son champ d'application et ensuite par rapport à son contenu.

Les dispositions du Règlement s'appliquent à tout contrat de transport des marchandises depuis le lieu de prise en charge jusqu'au lieu de livraison;

---

[302] BELOTTI Jean, *Le transport international des marchandises*, édition Vuibert, Paris, 1992, 247 pages, p. 1.
[303] Idem
[304] Décision N° 07-CICOS-CM-08, in Journal Officiel de la CICOS, N°3, année 2010-2013, pp. 78-79.
[305] Décision N°08-CICOS-CM-09, in Journal Officiel de la CICOS, N°3, année 2010-2013, p. 89.
[306] BELOTTI Jean, *op cit*, p. 34.
[307] Idem, p. 41.
[308] Idem

entre le transporteur et le chargeur, en l'absence d'un connaissement, d'un contrat d'affrètement ou d'une charte-partie; dans les rapports du transporteur et des tiers porteurs du connaissement émis en exécution d'un contrat d'affrètement ; quels que soient la nationalité, le lieu d'immatriculation, le port d'attache ou l'appartenance du bâtiment à la navigation intérieure et quels que soient la nationalité, le domicile, le siège ou le lieu de séjour du transporteur, de l'expéditeur ou du destinataire[309].

Le contenu de cet acte est diversifié. Il réglemente en premier lieu les conditions de prise en charge de la marchandise (Titre III). Les chapitres I et II du Titre III portent respectivement sur le connaissement et la prise en charge de la marchandise. Rappelons que le connaissement est le « *document faisant preuve d'un contrat de transport par voies d'eau intérieures et constatant la prise en charge ou la mise à bord des marchandises par le transporteur ainsi que l'engagement de celui-ci de délivrer les marchandises contre remise de ce document* »[310]. Il est un document indispensable pour le transport des marchandises ; il matérialise l'échange de consentement entre les parties intéressées. C'est pourquoi, l'article 5 du Règlement dispose que « *les marchandises transportées par les bâtiments de navigation intérieure font l'objet d'un connaissement négociable* ». Le connaissement est une déclaration contenant l'état des marchandises chargées dans le bateau. Il contient toutes les mentions relatives à l'identité des parties, les caractéristiques de la marchandise transportée, le lieu de chargement, le nom du bâtiment et le lieu de déchargement. Il est établi en trois exemplaires originaux, datés et signés par l'expéditeur et le transporteur ou leurs préposés. Le premier exemplaire est remis à l'expéditeur ou à son préposé, le deuxième accompagne la marchandise et le troisième est retenu par le transporteur[311]. Il peut être établi aussitôt après le chargement ou dans les vingt-quatre heures qui suivent le chargement[312]. Les règles relatives à la prise en charge de la marchandise indiquent, quant à elles, qu'elle s'effectue par l'échange du bon de réception et la liste de colisage entre le transporteur et le chargeur, la manutention de la marchandise par l'acconier, le retrait de la marchandise par le destinataire le même jour de l'arrivée du bâtiment ou le jour suivant[313].

---

309 Article 3 du Règlement commun sur le contrat de transport des marchandises par voie d'eau intérieure dans l'espace CICOS.

310 *Dictionnaire encyclopédique Larousse.*

311 Idem, article 6.

312 Règlement commun sur le contrat de transport des marchandises, *op cit*, article 7.

313 L'alinéa 2 de l'article 11 dispose que « si le destinataire refuse la marchandise ou s'il ne s'est pas fait connaître jusqu'à l'expiration du délai de planche, le transporteur peut faire procéder d'office et sans formalité pour le compte et aux risques et périls du destinataire, au déchargement de la marchandise sur le quai, ou

En outre, le Règlement commun consacre d'importantes dispositions relatives aux obligations et à la responsabilité du transporteur (Titre IV) et du chargeur (Titre V). Il en est ainsi des articles 12 à 17 qui obligent le transporteur à livrer la marchandise au destinataire sur remise du connaissement et du paiement de frais en cas de port dû[314] dans les délais de livraison[315].

D'autres dispositions portent sur la protection de l'environnement et la sécurité des marchandises. Ainsi, le transporteur doit maintenir le bâtiment en bon état de navigabilité afin d'éviter tout risque de perte des marchandises transportées. En vue de protéger l'environnement de la voie navigable et la vie des personnes, le transporteur doit observer les règles régissant le transport des marchandises dangereuses telles que fixées par l'Annexe 6 du Code de navigation intérieure CEMAC-RDC[316]. Toutefois, celles-ci peuvent faire l'objet de refus de chargement, de déchargement ou de destruction lorsqu'elles présentent un danger réel pour les personnes, les biens ou l'environnement pendant la durée du transport. La responsabilité du transporteur est engagée en cas de préjudice résultant de la perte, de dommage ou de retard de livraison pendant que la marchandise était sous sa garde. Toutefois, il peut être déchargé totalement ou partiellement de sa responsabilité en prouvant qu'il a pris toutes les mesures raisonnables pour éviter l'événement et ses conséquences. Il est exonéré en cas de force majeure[317].

Pour ce qui est du chargeur, il est aussi tenu de respecter des obligations qui lui sont imposées. Il doit remettre la marchandise au transporteur en bonne condition de transport et lui fournir les informations nécessaires pour faciliter la manutention et le respect de la loi. En cas de manquement à ses obligations, l'article 29 permet d'engager sa responsabilité à l'égard du transporteur, en cas de dommages causés aux bâtiments et aux marchandises transportées.

---

en magasin ou en demander la vente par autorité de justice, jusqu'à concurrence du montant du fret, des surestaries et des autres frais.

[314] Le port dû est la rémunération due à un transporteur de la marchandise à la livraison par le destinataire ou son représentant. Article premier alinéa 20 du Règlement commun sur le contrat de transport des marchandises.

[315] BELOTTI jean, *op cit*, p. 30, affirme que « Le respect des délais de livraison est un élément important à prendre en compte [par le transporteur] sous peine de perdre rapidement sa crédibilité auprès de la clientèle.»

[316] Code de la navigation intérieure CEMAC-RDC, voir Annexe 6 sur les prescriptions relatives au transport des marchandises dangereuses par voie d'eau intérieure.

[317] Article 23 du Règlement commun sur le contrat de transport des marchandises, *op cit.*

Le Règlement prévoit, enfin, un système singulier de règlement des différends (Titre VI) relatif au contrat de transport des marchandises par voie d'eau intérieure. Les parties au différend peuvent choisir librement de régler celui-ci à l'amiable, par voie arbitrale ou par une juridiction étatique. Lorsqu'elles ne se sont pas convenues ainsi, le demandeur peut soumettre l'affaire aux juridictions du pays sur le territoire duquel le défendeur a sa résidence habituelle, son siège principal, la succursale ou l'agence par l'intermédiaire de laquelle le contrat de transport a été conclu, celles du pays de la prise en charge de la marchandise ou du pays sur le territoire duquel la livraison a été prévue. Par contre, lorsque l'affaire est pendante devant une juridiction, ou lorsqu'un jugement est déjà rendu, elle ne peut plus être portée devant une autre juridiction pour la même cause et par les mêmes parties, à moins que le jugement rendu ne soit susceptible d'être exécuté dans le pays où la nouvelle action est intentée. Le jugement devient exécutoire dans tous les pays de la CICOS dès l'accomplissement des formalités y afférentes dans le pays de la juridiction qui l'a rendu. Il reste que la sécurité des marchandises doit être également garantie par le bon état des bâtiments. C'est ainsi que la CICOS a eu à adopter des règles communes sur la condition des bateaux.

2 : Des règles sur les bateaux

Il s'agit du Règlement commun sur la construction, l'équipement et la maintenance des bateaux et du Règlement commun sur le modèle unique du certificat de navigabilité.

L'adoption du Règlement commun sur la construction, l'équipement et la maintenance des bateaux de navigation intérieure dans l'espace CICOS répond au grand défi de lutte contre les problèmes de l'insécurité de la navigation dans les voies fluviales de l'espace CICOS.

Ce Règlement commun est le résultat de la mission attribuée à la CICOS *« d'exécuter l'étude demandée par la deuxième réunion des experts en transport CEMAC-RDC tenue à Kinshasa relative à l'harmonisation des normes et spécification techniques en matière de construction et réparation navale »*[318]. Le rôle joué par la CICOS a abouti à la mise en place d'un texte dont l'analyse du contenu permet de saisir l'importance dans la réglementation de la construction des bateaux de navigation intérieure utilisant les voies navigables du Bassin COS.

L'étendue du champ d'application du Règlement marque une volonté commune des Etats de soumettre, sans exception, l'ensemble des bateaux navigant dans les voies fluviales aux mêmes normes. D'abord, de manière

[318] Dernier alinéa de l'article 17 de l'Accord du 06 novembre 1999.

globale, son article 4 prévoit que les dispositions du présent Règlement s'appliquent aux « bateaux neufs » et aux « bateaux en service »[319]. Ensuite, l'article 6 spécifie que les dispositions du Règlement s'appliquent aux bateaux destinés au transport des passagers, aux bateaux destinés au transport des cargaisons solides, aux bateaux destinés au transport des cargaisons liquides et gazeuses, aux remorqueurs et pousseurs, aux bateaux de pêche et autres engins flottants.

Eu égard au fait que les bateaux ont plusieurs caractéristiques, le Règlement est établi en une structure ternaire, c'est-à-dire en trois volumes qui contiennent chacun les normes relatives à une catégorie de bateaux précise: le Volume I est dit Règlement général ; Volume II, Règlement pour la construction, l'équipement et la maintenance des balnéaires en bois en zone 3 de longueur inférieure ou égale à 30 m ; Volume III, Règlement pour la construction, l'équipement et la maintenance des bateaux en acier de longueur inférieure à 40 m.

D'autres dispositions portent sur le modèle unique du certificat de navigabilité (chapitre II). Les articles 7 à 11 prévoient notamment l'obligation pour tout bâtiment de se munir d'un certificat de navigabilité conforme au modèle unique prévu par le Règlement. Ledit certificat est délivré aux bateaux neufs et aux bateaux en service pour une durée de 2 ans pour les bateaux en acier et une durée de 6 mois pour les bateaux en bois ; il est renouvelable dès l'expiration de la période de validité. Lorsque le bateau ne répond plus aux prescriptions techniques fixées par le Règlement, le certificat doit être retiré par l'autorité compétente. Le modèle unique du certificat de navigabilité a été adopté par le Comité des Ministres le 14 janvier 2010 à Kinshasa[320]. Le certificat de navigabilité permet d'identifier le bâtiment[321], d'en déterminer les caractéristiques[322] et spécifications[323].

---

[319] Le bateau neuf est le bateau construit à la date d'entrée en vigueur du présent Règlement, alors que le bateau en service est une unité fluviale munie d'un certificat de navigabilité en cours de validité ou d'une autorisation de naviguer la veille du jour de l'adoption du présent Règlement.

[320] Journal officiel de la CICOS, année 2010-2013, N° 3, Décision N° 007/CICOS-CM.07 portant adoption des modèles uniques des certificats d'immatriculation, de jaugeage et de navigabilité, p. 53.

[321] L'identification du bâtiment, selon le certificat de navigabilité, contient les informations suivantes : le numéro d'identification unique, le nom du bâtiment, le type du bâtiment, le nom et l'adresse du propriétaire, le numéro d'immatriculation, et le port d'attache.

[322] Les caractéristiques du bâtiment, selon le certificat de navigabilité contiennent les informations suivantes : le numéro du certificat de jaugeage, le tonnage brut, le tonnage net, la longueur perpendiculaire, la longueur hors-tout, la largeur hors-tout, le tirant d'eau maximum, le tirant d'air, le creux du bâtiment.

L'ensemble des informations contenues dans le certificat de navigabilité facilite le contrôle de l'état du bâtiment par les autorités compétentes de chaque Etat membre.

Outre les textes susmentionnés, il faudrait également noter d'autres textes régissant la condition des bateaux dans l'espace CICOS. A ce titre, on peut citer le Modèle unique des certificats d'immatriculation et de jaugeage qui a été adopté à la même date que le Certificat de navigabilité, le 14 janvier 2010, par le Comité des Ministres de la CICOS. Ces deux certificats (de jaugeage et d'immatriculation) permettent d'identifier le bâtiment[324] et d'en donner les caractéristiques[325], d'en connaître le propriétaire et les spécifications connexes.

Enfin, le Règlement prévoit les dispositions concernant son application. Elles imposent aux Etats de prendre des mesures législatives et réglementaires, contenant des sanctions en cas de violation de ses dispositions, pour transposer ledit Règlement dans l'ordre juridique interne dans le délai de douze mois. Ces dispositions soulèvent la question de la portée du droit dérivé de la CICOS que nous analyserons plus tard. La production de ces normes communes inédites dans le bassin du fleuve Congo, contribue à l'avancée de l'intégration des Etats de l'Afrique centrale. La CICOS apporte un pas de plus dans le processus d'intégration à travers des règles communes de navigation fluviale. Il faut ajouter dans cette trajectoire intégrative la mutation des compétences de la CICOS à la GIRE grâce à l'Additif du 22 février 2007.

---

[323] Les spécifications renseignent sur l'enfoncement à moyen vide, le niveau du plus grand enfoncement, la date de la première mise à flot, la date de construction, le Chantier de construction et la puissance de propulsion.

[324] L'identification contient le numéro d'identification unique, son nom, le type du bâtiment, nom et adresse du propriétaire, numéro d'immatriculation, et le port d'attache.

[325] Les caractéristiques du bâtiment concernent les éléments suivants : le numéro du certificat de jaugeage, jaugeage brute, jaugeage nette, la longueur hors-tout, la largeur hors-tout, le creux, tirant d'eau maximum, le tirant d'air maximum et le franc-bord.

Chapitre II : La mutation du droit de la CICOS à la GIRE à travers l'Additif du 22 février 2007

Le présent chapitre a pour but de montrer l'évolution du régime du bassin vers la gestion globale des ressources en eau selon l'Additif du 22 février 2007 sur la GIRE. Cette dernière *« suppose (...) l'exécution coordonnée et harmonieuse des différents travaux, compte tenu de toutes les possibilités que le bassin peut raisonnablement offrir »*[326]. La GIRE est encore définie comme *« un processus qui encourage »*[327] *« la mise en valeur et la gestion coordonnée de l'eau, des terres, et des ressources associées (à l'échelle du bassin) en vue de maximiser le bien-être économique et social qui en résulte d'une manière équitable, sans compromettre la durabilité d'écosystèmes vitaux »*[328]. La question est de savoir dans quelle mesure la GIRE contribue à la construction de l'intégration des Etats-parties. Pour le savoir, une attention particulière doit être accordée aux principes consacrés par l'Additif du 22 février 2007 (Section I) et aux techniques de mise en œuvre de la GIRE (Section II).

Section I : Les principes de la GIRE

L'article 4 de l'Additif énumère l'ensemble des principes de la GIRE[329]. Ceux-ci peuvent être divisés en deux grandes catégories : les principes procéduraux (Paragraphe I) et les principes substantiels (Paragraphe II) qui vont être étudiés tour à tour.

---

[326] SALIFOU (Sylla), *op cit,* p. 116.

[327] BOINET Edouard, op cit, p. 17.

[328] Définition donnée par le Partenariat mondial de l'eau, cité par BOINET Edouard, op cit, p. 17.

[329] Il s'agit de l'obligation de garantir la gestion équilibrée et durable des ressources en eau ; l'utilisation équitable et rationnelle des eaux du fleuve et de ses affluents, ainsi que des ressources naturelles qui en dépendent ; le traitement équitable des usagers ; l'obligation d'impliquer toutes les parties concernées dans la gestion des ressources en eau et la prise des décisions ; la nécessité de prévenir les conflits entre les Etats et l'obligation de négocier en cas de conflit ; l'obligation de préserver l'environnement ainsi que d'assurer la pérennité des équilibres écologiques et des processus hydrologiques naturels ; l'obligation pour chaque Etat contractant d'informer les autres Etats avant d'entreprendre toute action ou tout projet qui pourrait avoir un impact significatif sur la disponibilité de l'eau et/ou la possibilité de mettre en œuvre des projets futurs ; le principe pollueur-payeur et enfin, le principe utilisateur-payeur limité aux utilisations de l'eau à des fins économiques.

Paragraphe I: Les principes procéduraux

Les principes procéduraux sont ceux qui mettent en relation les différents acteurs impliqués dans l'utilisation et la gestion de l'eau du bassin. Ils sont nés à la faveur du développement du droit international de l'environnement et du droit des cours d'eau internationaux. Le principe de participation du public **(A)** et le principe de coopération entre les Etats (B) méritent d'être étudiés ici afin de comprendre dans quelle mesure ils sont porteurs de l'intégration des Etats.

A : Le principe de participation du public

Ce principe tire ses origines du droit international de l'environnement. Il fut énoncé par la Déclaration de Rio de 1992[330] et la Convention d'Aarhus du 25 juin 1998[331]. Il se retrouve aujourd'hui dans les différents accords de gestion des cours d'eau internationaux en Afrique[332] comme ailleurs[333]. L'Article 2 de l'Additif de la CICOS sur la GIRE stipule qu'il a pour objet de promouvoir la gestion intégrée des ressources en eau sur le territoire de compétence de la Commission en définissant *« le cadre et les modalités de*

---

[330] Le principe 10 de la Déclaration de Rio de 1992 énonce que « *La meilleure façon de traiter les questions d'environnement est d'assurer la participation de tous les citoyens concernés, au niveau qui convient. Au niveau national, chaque individu doit avoir dûment accès aux informations relatives à l'environnement que détiennent les autorités publiques, y compris aux informations relatives aux substances et activités dangereuses dans leurs collectivités, et avoir la possibilité de participer aux processus de prise de décision. Les Etats doivent faciliter et encourager la sensibilisation et la participation du public en mettant les informations à la disposition de celui-ci. Un accès effectif à des actions judiciaires et administratives, notamment des réparations et des recours, doit être assuré* ».

[331] La Convention sur l'accès à l'information, la participation du public au processus décisionnel et l'accès à la justice en matière d'environnement a été signée le 25 juin 1998 à Aarhus (Danemark). Cette Convention européenne est un instrument de référence en matière de participation du public à la protection de l'environnement. Elle peut inspirer d'autres Etats dans le domaine de l'environnement, comme ceux de l'Afrique centrale en matière de gestion du bassin fluvial.

[332] Il s'agit par exemple de la Charte des eaux du fleuve Sénégal de 2002, article 13. « *Les Etats riverains veillent à ce que les informations relatives à l'état des eaux du fleuve, aux mesures prévues ou prises pour assurer la régularité du débit du fleuve, ainsi qu'à la qualité des eaux soient accessibles au public. Les Etats et le Haut-commissariat doivent veiller parallèlement à l'éducation des populations riveraines en encourageant des programmes de sensibilisation pour une utilisation écologiquement rationnelle des eaux du fleuve.* »

[333] SANGBANA Komlan, *op cit*, p. 130. L'auteur nous renseigne sur la participation du public dans la gestion des eaux douces transfrontalières en Amérique, en Asie et en Europe.

participation des utilisateurs de l'eau dans la prise des décisions de gestion des ressources en eau du bassin du fleuve et de ses affluents.» Il convient d'étudier d'abord sa signification (1) avant de montrer son utilité dans l'intégration des Etats (2).

1 : La signification du principe de participation du public

La notion de public n'est pas définie dans l'Additif du 22 février 2007. Une incursion dans les instruments juridiques d'autres bassins permet d'appréhender les dimensions de cette notion. Certains textes conventionnels définissent le public au sens large, alors que d'autres l'envisagent sous une approche restreinte.

Au sens large, le public désigne « *une ou plusieurs personnes physiques ou morales et conformément à la législation ou à la coutume du pays, les associations, organisations ou groupes constitués par ces personnes* »[334].

Au sens restreint, le public comprend uniquement une catégorie de personnes jouant un rôle important dans les questions d'environnement ou de gestion de l'eau. Cette approche restrictive est celle qui est mise en exergue dans l'Accord relatif à la qualité de l'eau dans les Grands Lacs entre les Etats-Unis et le Canada. Selon ce texte, la participation ne concerne que le « *grand public* » qui désigne *« les personnes et les organisations, telles que les groupes d'intérêt public, les chercheurs et les établissements de recherche, ainsi que les entreprises et autres entités non gouvernementales.*[335] » D'autres textes conventionnels optant pour la restriction préfèrent la notion de « société civile »[336].

Le droit de la CICOS ouvre le bénéfice de la participation à tout le public au sens large, c'est-à-dire tous les citoyens, toutes personnes physiques ou morales.

---

334 Convention d'Aarhus du 25 juin 1998, article 2 (4). Cette définition est également reprise à l'article 2, alinéa 1 du Protocole sur l'eau et la santé à la Convention du 17 mars 1992 sur la protection et l'utilisation des cours d'eau transfrontaliers et des lacs internationaux (Londres, 1999).

335 SANGBANA Komlan, *La protection des eaux douces transfrontalières contre la pollution : dimensions normatives et institutionnelles*, éd. L.G.D.J, Paris, 2017, 333 pages.

336 C'est à l'ABN que la notion de société civile est préférée. Elle renvoie à « l'ensemble des acteurs collectifs "usagers des ressources naturelles" dans le bassin du fleuve Niger et qui agissent au niveau local, national et régional du bassin selon des modes d'organisation formels ou informels propres à eux et dont l'action ou l'activité a un impact direct et/ou indirect sur le milieu naturel, sociopolitique et économique du bassin.», SANGBANA Komlan, *op cit*, pp. 182-183.

Tel qu'il est énoncé par l'article 2 de l'Additif et par les instruments internationaux de droit de l'environnement et des cours d'eau internationaux, la participation du public dans son approche classique comprend trois aspects qui sont l'information du public, la participation du public à la prise de décision et l'accès du public aux instances judiciaires[337].

L'information du public est le droit pour toute personne d'avoir accès à toutes les informations relatives à l'environnement détenues par les autorités publiques. Il s'agit par conséquent d'une obligation qui s'impose aux Etats-parties de faciliter et d'encourager l'accès du public à l'information. Ce principe implique le devoir de transparence administrative par l'interdiction qu'il fait aux autorités publiques de ne pas tenir secrètes les informations relatives à l'environnement et aux usages de l'eau notamment. L'article 6 de l'Additif du 22 février 2007 dispose que les modalités d'utilisation des eaux doivent tenir compte en priorité du *« partage de l'information sur le régime du fleuve et de ses affluents ».* L'article 13 du même Additif quant à lui dispose ce qui suit :

« Les Etats contractants et la Commission veillent à ce que les informations relatives à l'état des eaux du fleuve et de ses affluents soient rendues accessibles au public.

A cette fin, la Commission prépare et édite périodiquement un rapport sur l'état des ressources en eau dans son territoire de compétence. »

L'accès du public à l'information est organisé tant au niveau national qu'au niveau supranational, c'est-à-dire avec le concours de la CICOS. Au niveau national, les Etats sont tenus d'encourager et de faciliter l'accès du public aux informations relatives aux autorisations délivrées et aux déclarations reçues sur tout projet pouvant avoir un impact sur les eaux du bassin. Il faut dire que «… *cet accès à l'information constitue un moyen de pression à la disposition des citoyens, leur permettant de s'assurer de la mise en œuvre effective des engagements souscrits par l'Etat*[338]. » Le public pourrait jouer un rôle de gardien du droit de la CICOS en imposant à l'Etat le respect de ses engagements internationaux.

Ensuite, ces informations doivent être transmises au Secrétariat général de la CICOS. Au niveau supranational, le secrétaire général de la CICOS est chargé *« d'assurer la diffusion de toutes informations relatives à la gestion et l'exploitation du bassin.»*[339] Même si le droit de la CICOS ne le prévoit pas, la forme de « *l'information doit être entendue au sens le plus large possible* », c'est-à-dire « *toute information disponible sous la forme écrite, visuelle, orale ou électronique ou sous toute autre forme*

---

[337] SANGBANA Komlan, *op cit*, p. 129.

[338] DAILLIER Patrick, FORTEAU Mathias et PELLET Alain, *op cit*, p. 1434.

[339] Article 27 (k) de l'Accord du 6 novembre 1999.

matérielle[340]. » L'information au sens large permet à toute catégorie de personnes d'accéder aux informations sur l'état des ressources en eau du bassin.

Toutefois, en règle générale, le principe d'accès du public à l'information n'est pas absolu, il comprend des exceptions. Les autorités publiques de l'Etat-partie à l'Accord ne sont pas tenues de diffuser toutes les informations relatives à l'environnement en général ou à l'eau en particulier lorsqu'elles sont de nature confidentielle ou touchent à la sécurité et la défense nationale[341].

Outre l'accès à l'information, le public bénéficie également du droit de participer au processus décisionnel. La participation au processus décisionnel comporte plusieurs modalités qui ne sont pas toutes expressément énumérées dans les textes de la CICOS. Il peut consister soit à l'octroi au public le statut d'observateur[342] dans les organes de l'organisme de bassin, soit à la consultation du public dans les Etats membres avant de prendre une décision importante ou d'entreprendre une exploitation quelconque des ressources en eau. Le statut d'observateur au profit du public n'a pas été expressément prévu dans les textes fondateurs de la CICOS. L'article 18 (3) de l'Additif sur la GIRE dispose que « *Le statut d'observateur auprès du Comité de directions est accordé aux entités des Etats membres et aux Organisations internationales et/ou régionales en charge de l'intégration régionale et de la gestion des ressources en eau.* »

Enfin, la participation du public implique le droit d'accès à la justice. A titre de rappel, l'Accord du 6 novembre 1999 dispose à son article 14 (non-discrimination, recours) que : *« Un Etat contractant ne fait pas de discrimination fondée sur la nationalité, le lieu de résidence ou le lieu où le préjudice a été subi dans l'octroi aux victimes, conformément à son droit interne, de l'accès aux procédures juridictionnelles et autres ou bien d'un droit à indemnisation ou autre forme de réparation au titre d'un dommage causé par de telles activités menées sur son territoire. »* Cette disposition n'est pas reprise dans l'Additif du 22 février 2007 sur la GIRE. Elle a l'avantage de couvrir les situations résultant de la navigation et des activités

---

340 Article 2.3 de la Convention d'Aarhus du 25 juin 1998 sur l'accès à l'information, la participation du public au processus décisionnel et l'accès à la justice en matière d'environnement. Pour plus de commentaires, voir NAIM-GESBERT Eric, *Droit général de l'environnement*, 2e éd. Lexis Nexis, Paris, 2014, 269 pages, pp. 124-125.

341 NAIM-GESBERT Eric, *op cit,* p. 125; pour plus de détails voir l'article 4 alinéa 4 (b) et suivants de la Convention d'Aarhus du 25 juin 1998 op. Cit.

342 Les observateurs peuvent avoir droit à la parole, ils peuvent faire des propositions à l'organisme et ils ont le droit d'être informés d'avance sur les activités de l'organisation.

autres que la navigation. Cependant, elle paraît limiter l'accès du public en justice uniquement pour la réparation d'un préjudice, c'est-à-dire que seules les victimes peuvent ester en justice. Le droit de la CICOS aurait gagné davantage en accordant au public l'accès en justice pour la prévention des dommages et la contestation des décisions illégales des autorités publiques en matière de l'environnement, de l'eau en particulier. En dépit des mutismes du droit primaire de la CICOS, le principe de participation du public présente un intérêt certain pour l'intégration des Etats de l'Afrique-centrale.

2 : L'intérêt du principe de participation dans l'intégration

Le principe de participation a tout son intérêt dans l'intégration des Etats. On a dit que l'intégration n'est pas une affaire des seuls dirigeants des Etats, mais plutôt celle des citoyens, la gestion internationale du bassin COS concorde avec cette logique et en apporte.

Le principe de participation du public est comme un déguisement de l'applicabilité directe du droit de la CICOS. En conférant aux citoyens le droit d'accès à l'information, de participer à la prise de décisions et surtout d'accès à la justice, ce principe fait en sorte que la portée du droit de la CICOS ne demeure pas limitée aux seuls Etats mais qu'elle atteigne aussi les particuliers. Ce principe accorde à ces derniers le droit d'invoquer les textes de la CICOS devant les tribunaux comme en fait le droit des CER. Une institution internationale qui ne bénéficie pas de la participation des citoyens des Etats membres n'a pas de légitimité. Comme pour le droit de l'environnement en général, l'intégration de ce principe au droit de la CICOS lui confère une « légitimité »[343], le renforce et lui donne une visibilité. Cette légitimité démocratique est fondée sur la volonté des citoyens. Le principe de participation du public légitime l'organisme chargé de la gestion du cours d'eau international[344] dans son existence comme dans ses activités.

L'intégration des Etats doit être une œuvre des citoyens, la gestion des eaux douces transfrontalières permet d'atteindre cet objectif d'autant plus qu'elle priorise les besoins des populations des Etats intéressés. On a vu que l'Accord du 6 novembre 1999 impose la liberté de navigation, l'égalité de traitement et l'interdiction de la discrimination entre les citoyens des Etats victimes d'un dommage. L'Additif quant à lui priorise l'utilisation de l'eau pour les besoins domestiques. Il est à ce niveau clair que la gestion du bassin COS est belle et bien un support de l'intégration.

---

[343] NAIM-GESBERT Eric, *op cit*, p. 130.

[344] Idem

Ce principe apporte un nouveau type de rapports « Etat-public » non seulement sur le plan national, mais aussi et surtout au plan international. On découvre, dès lors, un mouvement général, « une sorte de cogestion » ou un partage de pouvoir entre les Etats et les citoyens[345].

Il est aussi important d'ajouter que le principe de participation du public a un intérêt pédagogique[346] dans le processus de l'intégration. Il vise non seulement à faire la promotion de l'organisation chargée de la gestion du cours d'eau international auprès des citoyens, mais aussi à les tenir au courant des utilisations de l'eau et de son état dans la sous-région. C'est dans ce sens qu'un auteur affirme :

« L'information et la participation (...) constituent une éthique nouvelle des sociétés modernes, laquelle forme la matière de l'acceptabilité des risques environnementaux. Le citoyen, au cœur de ce système démocratique, doit pouvoir comprendre pour regarder en face de manière éclairée. »[347]

Avec le principe de participation du public, le bassin fluvial international devient un bien commun qui génère des intérêts communs. C'est ainsi que les Etats ont intérêt à coopérer.

B : Le principe de coopération

La coopération est l'action de participer à une œuvre commune. C'est une politique d'entente et d'échanges entre les Etats ayant des intérêts communs ; elle constitue un mécanisme international d'administration desdits intérêts. Le principe de coopération est le moteur de la gestion internationale des eaux douces transfrontalières. Après avoir étudié la consistance de ce principe (1), nous passerons ensuite à l'étude de son intérêt dans le processus de l'intégration (2).

1 : La consistance du principe de coopération

Ce principe fut d'abord énoncé par l'alinéa premier de l'article 10 de l'Accord du 06 novembre 1999 portant sur le régime fluvial uniforme des

---

345 NAIM-GESBERT Eric, *op cit*, p. 130.

346 Certains textes conventionnels sont explicites sur l'intérêt pédagogique de la participation du public et de son droit à l'information. Hors de l'Afrique centrale, on peut citer l'article 13 de la Charte des eaux de l'OMVS qui impose au Haut-commissariat de l'OMVS et aux Etats membres de « veiller à l'éducation des populations riveraines ».

347 NAIM-GESBERT Eric, *op cit*, p. 130.

voies navigables du bassin[348] avant d'être repris par son Additif du 22 février 2007 sur la GIRE. La coopération liée à l'eau se caractérise par une collaboration indirecte, c'est-à-dire une centralisation du mécanisme au niveau de la CICOS, mais aussi par une collaboration directe entre les Etats membres.

La coopération indirecte consiste pour les Etats de passer par les organes de la CICOS afin de discuter des problèmes relatifs aux utilisations de l'eau ; il s'agit de l'échange d'informations ou de données ou même du règlement des conflits. Nous reviendrons sur le rôle des organes de la CICOS dans la coopération. Pour l'instant, l'analyse se limite à la coopération directe.

L'obligation de coopérer est un moyen de faciliter les rapports entre les Etats dans *« tous les domaines du développement durable par l'utilisation, la gestion et la conservation de l'eau et des ressources du fleuve et de ses affluents, par l'optimisation des différents usages de l'eau et des avantages réciproques qu'en tirent les Etats contractants afin de réduire au minimum les effets négatifs qui pourraient résulter de la concurrence désordonnée entre les Etats.*[349] » Les Etats sont tenus par l'obligation de coopérer afin de parvenir à la satisfaction équilibrée des besoins de tous et la protection des ressources en eau. La coopération est le moyen qui permet de parvenir à des résultats diversifiés par le contrôle des activités entreprises dans le bassin. Elle favorise, par ailleurs, l'harmonisation des politiques nationales afin d'éliminer des antinomies. Elle est non seulement une politique d'entente et d'échanges entre les Etats, mais aussi une méthode d'action par laquelle les parties ayant des intérêts communs constituent une entreprise commune où les droits de tous sont égaux et où les avantages générés sont répartis entre elles[350]. A ce titre, la CDI a pu affirmer que *« la coopération entre les Etats d'un cours d'eau international au sujet de leur utilisation du cours d'eau est fondamentale si ces Etats veulent parvenir à une répartition équitable des utilisations et des avantages du cours d'eau, la maintenir et assurer par ailleurs une bonne application des règles de procédure… »*[351]

Cette méthode permet d'impulser l'intégration des Etats étant donné qu'elle les incite à agir collectivement. C'est ainsi que les Etats-parties ont entendu, par l'adoption de l'Additif, *« renforcer la coopération entre eux et les peuples de la sous-région dans un esprit de bon voisinage présidant à*

---

[348] L'alinéa premier de l'article 10 de l'Accord (Régulation du débit des eaux) dispose que « Les Etats contractants coopèrent, selon que de besoin, pour répondre à la nécessité ou pour exploiter les possibilités de réguler le débit des eaux des voies navigables communes définies à l'article 3. »

[349] Article 2 paragraphe 6 de l'Additif du 22 février 2007

[350] Ceci est le rappel du préambule de l'Additif du 22 février 2007

[351] CDI, commentaire des dispositions du projet de la convention-cadre du 21 mai 1997, *op cit*, p. 111.

leurs relations.[352] » Dans le sillage de la coopération internationale, l'Additif du 22 février 2007 met à la charge de l'Etat qui entend entreprendre une activité susceptible d'avoir un impact significatif sur d'autres Etats, un certain nombre d'obligations qui se résument principalement aux obligations d'information et d'approbation préalable de nouveaux projets par les autres Etats.[353]

L'obligation d'information précède celle de consultation et de négociation qui donne un sens à la coopération[354]. Il est une condition nécessaire aux bonnes relations entre les Etats voisins. Après instruction des dossiers ou des demandes d'autorisation préalable, les autorités nationales exerçant les pouvoirs de police et d'administration de l'eau au sein de chaque Etat contractant ont l'obligation de transmettre les autorisations et les déclarations à la Commission[355]. Les Etats sont tenus de les transmettre au Secrétariat général[356] et aux Etats susceptibles de subir les impacts significatifs pour observation et approbation. Pour mettre en œuvre cette disposition, le Secrétariat général de la CICOS a élaboré le Manuel de notification préalable des mesures projetées dans le Bassin du Congo. On entend par « notification préalable » des mesures projetées un « *acte officiel par lequel un Etat de la CICOS porte à la connaissance des autres Etats, à travers le Secrétariat général de la CICOS, sa volonté d'entreprendre une mesure projetée susceptible d'avoir des impacts transfrontaliers significatifs en vue d'obtenir leur consentement pour sa mise en œuvre.*[357] » Le Manuel crée un organe d'instruction des mesures projetées appelé Groupe d'Experts Techniques et Scientifiques (GETS)[358]. Il est notamment chargé en matière d'instruction des notifications d'émettre un avis consultatif à l'attention de la CICOS ; de faciliter le dialogue, la concertation, la négociation et la médiation au sujet des dossiers soumis à son examen[359].

Le devoir d'information est nécessaire au motif que l'utilisation des eaux transfrontalières par un Etat du bassin doit être connue des autres Etats afin de prévenir les impacts significatifs. Les informations permettent aux Etats susceptibles de subir les dommages d'apprécier l'activité en cause et d'aviser l'Etat d'origine sur les risques éventuels. A cet effet, les Professeurs Pierre-Marie DUPUY et Yann KERBRAT affirment à juste titre ce qui suit :

---

[352] Préambule de l'Additif du 22 février 2007, alinéa premier.

[353] Voir le septième tiret de l'article 4 de l'Additif.

[354] MERCURE Pierre François, *op cit*, p. 407.

[355] Article 10 alinéa 4 de l'Additif du 22 février 2007.

[356] Article 11, alinéa 5 de l'Additif du 22 février 2007.

[357] Article 1er du Manuel de notification préalable des mesures projetées dans le bassin du Congo.

[358] Idem, article 1er ; article 13, alinéa 1.

[359] Idem, article 13, alinéa 2.

« Un dialogue constructif doit être établi entre l'Etat désireux d'entreprendre une activité susceptible d'avoir des conséquences transfrontalières et celui ou ceux qui pourraient être victimes de cette activité. L'Etat d'origine de l'activité en cause doit prendre en compte les préoccupations et le respect des droits de l'Etat ou des Etats susceptibles d'être affectés par son initiative. L'information est, en effet, la condition du déclenchement de la coopération entre les Etats concernés, laquelle est nécessaire, [...], pour la mise en œuvre du principe de prévention. »[360] Les Etats susceptibles de subir les effets négatifs de l'activité envisagée peuvent engager la procédure de consultation. *« Le devoir d'entrer en consultation signifie que l'Etat potentiellement pollueur doit accepter la discussion au sujet des informations qu'il a transmises et que l'autre Etat, la victime potentielle, doit pouvoir faire des observations concernant le projet. »*[361] Ce dialogue vital se fait dans les délais précis. Le projet du Manuel de notification préalable des mesures projetées prévoit que « *l'Etat auteur de la notification accorde aux autres Etats membres, un délai de trois mois pour étudier et évaluer les effets éventuels des mesures projetées sur leur territoire et pour communiquer leurs conclusions au Secrétariat général.* » (Article 9) Cet article est incomplet parce qu'il ne dit pas que dépasser ce délai, dans le silence des autres Etats, l'Etat auteur de la notification peut exécuter son projet[362]. Cette collaboration entre utilisateurs et non utilisateurs montre déjà l'intérêt de ce principe dans le regroupement des Etats riverains.

2 : Le principe de coopération comme facteur d'intégration des Etats

Certains auteurs affirment que la coopération est au service de l'intégration des Etats. Les organismes de gestion des bassins fluviaux sont des organisations de coopération mises au service de l'intégration. Pour ceux qui se placent dans « *la perspective de l'analyse systémique, la fonction de l'organisation internationale est toujours une fonction d'intégration.* »[363] Les

---

[360] DUPUY P.M. et Y. KERBRAT, *op cit*, p. 123.

[361] KISS Alexandre, *Droit international de l'environnement*, éd. A. Pedone, Paris, 1989, 349 pages, p. 88.

[362] Les experts de la CICOS pouvaient se référer à la Convention de New York du 21 mai 1997 pour trouver la matière nécessaire à la rédaction du Manuel de notification préalable.

[363] VIRALLY Michel, « Définition et classification des O.I. : approches juridiques.», pp. 60-75, in Revue internationale des sciences sociales, *Approches de l'étude des organisations internationales*, Revue Trimestrielle, Vol. XXIX, N°1977, UNESCO, éd. Puf, Paris, 1977, 232 pages, p. 65 ; E.B. Haas est le défenseur de cette conception qu'il développe dans son article intitulé « International intégration : the

Professeurs Jean COMBACAU et SUR Serge ont affirmé que, dans la pratique, les organisations de coopération peuvent évoluer vers l'intégration tout comme les organisations d'intégration vers la coopération[364], vice-versa. Mais, de l'avis de M. BOURENANE Naceur, la notion de coopération, souvent utilisée en complément à celle d'intégration, est considérée comme l'instrument de cette dernière. « *Or, la coopération ne conduit pas forcément à l'intégration. La logique qui l'anime peut en diverger fondamentalement.*»[365] A notre avis, il est possible qu'une organisation de coopération sous-régionale évolue vers l'intégration ou contribue à l'intégration des Etats. Tel est le cas de la contribution de la CICOS à l'intégration des Etats.

La coopération peut se limiter à une question donnée sur laquelle convergent les intérêts des parties diverses qui ne sont pas forcément liées par une proximité géographique. L'intégration s'inscrit, par contre, dans une logique communautaire en vue de garantir un destin commun des Etats géographiquement proches. Le Professeur Michel VIRALLY rebondit dans le même sens que M. Naceur BOURENANE en réfutant catégoriquement l'affirmation selon laquelle la coopération est au service de l'intégration. Pour lui, *«... une telle conception manque de rigueur ; elle est trop vague et trop équivoque pour être acceptable.*[366] » Les organisations de coopération et d'intégration ont des *« fonctions radicalement différentes.»* Les premières ont pour fonctions « *l'harmonisation et la coordination du comportement des Etats membres* », tandis que les secondes rapprochent les Etats membres *« en reprenant à leur compte certaines de leurs fonctions jusqu'à les fondre en unité englobante »*[367]. La coopération est respectueuse de la souveraineté des Etats, tandis que l'intégration la remet en cause, bien entendu avec le consentement préalable des Etats à travers un traité.

Cela dit, le principe de coopération concourt à l'avancée de l'intégration pour plusieurs raisons : il oblige les Etats à collaborer, il permet aux Etats de réaliser les objectifs communs comme les ouvrages intégrateurs, il permet de pacifier les relations entre les Etats riverains ou de la sous-région et d'harmoniser leurs politiques nationales de gestion de l'eau.

Du point de vue de la collaboration, les Etats membres de la CICOS sont tenus à ne pas être indifférents les uns vis-à-vis des autres dans la mise en valeur des ressources en eau. Ce principe brise le cloisonnement des souverainetés tel que connu de la doctrine Harmon. On peut ici se référer à

Europe and universal processus », International Organisation, Vol. 15, N°4 (automne, 1961).

[364] COMBACAU Jean et SUR Serge, op cit, p. 698.

[365] BOURENANE Naceur, op cit, p. 65.

[366] VIRALLY Michel, op cit, p. 64.

[367] Idem, p. 65.

l'article 9 de la CNY qui porte sur « l'échange régulier de données et d'informations »[368], l'article 12 quant à lui invite les Etats à notifier aux autres les « mesures projetées pouvant avoir des effets négatifs.»[369]

La centralisation de la collaboration au niveau de la CICOS constitue le garant d'un pas vers plus d'intégration, si l'on tient compte du fait que la Commission joue un rôle supranational dans ce processus. Comme nous allons le voir, le Secrétaire général de la CICOS centralise les données et informations sur l'état des eaux du bassin ainsi que les demandes et autorisations d'utilisation des eaux transmises par les Etats membres[370]. La coopération est aussi un instrument de l'intégration en ce sens qu'elle permet d'atteindre divers objectifs communs. L'alinéa 1er de l'article 5 de l'Additif sur la GIRE dispose que la coopération sous-régionale s'attache entre autres à la sécurité et à l'amélioration des revenus des populations ; à la préservation et à l'utilisation durable des zones humides et des ressources naturelles qui en dépendent ; à la lutte contre l'exode rural ; à la réduction de la pauvreté et à la sécurité alimentaire ; au développement quantitatif et qualitatif de la production énergétique ; au maintien et à l'amélioration de la

---

[368] L'article 9 dit que « 1- En application de l'article 8, les Etats du cours d'eau échangent régulièrement les données et les informations aisément disponibles sur l'état du cours d'eau, en particulier celles d'ordre hydrologique, météorologique, hydrogéologique, écologique et concernant la qualité de l'eau, ainsi que les prévisions s'y rapportant.

2- Si un Etat du cours d'eau demande à un autre Etat du cours d'eau de fournir des données ou des informations qui ne sont pas aisément disponibles, cet Etat s'emploie au mieux de ses moyens à accéder à cette demande, mais il peut subordonner son acquiescement au payement, par l'Etat auteur de la demande, du coût normal de la collecte et, le cas échéant, de l'élaboration de ces données ou informations.

3- Les Etats du cours d'eau s'emploient au mieux de leurs moyens à collecter et, le cas échéant, à élaborer les données et informations d'une manière propre à en faciliter l'utilisation par les autres Etats du cours d'eau auxquels elles sont communiquées ».

[369] Article 12 : « Avant qu'un Etat du cours d'eau mette en œuvre ou permette qu'il soit mis en œuvre des mesures projetées susceptibles d'avoir des effets négatifs significatifs pour les autres Etats du cours d'eau, il en donne notification à ces derniers en temps utile. La notification est accompagnée des données techniques et des informations disponibles, y compris, le cas échéant, les résultats de l'étude d'impact sur l'environnement, afin de mettre les Etats auxquels elle est adressée à même d'évaluer les effets éventuels des mesures projetées. »

[370] Voir le Titre VI (modalités d'examen et d'approbation des grands projets) de l'Additif du 22 févier 2007 sur la GIRE, article 19.

navigabilité ; au développement intégré grâce aux infrastructures réalisées en commun[371].

Au regard du développement des usages des eaux des fleuves, les usages multiples sans coordination sont un risque énorme qui peut conduire à des guerres de l'eau. Or, en cas de conflit lié à l'eau, le processus d'intégration peut subir une sérieuse perturbation.

Le principe de coopération vient renforcer les relations entre les usagers. Il est un gage de l'intégration parce qu'il prévient les conflits et maintient les relations pacifiques entre les Etats. Les principes de participation du public et de coopération facilitent la mise en œuvre des principes substantiels de la GIRE.

Paragraphe II : Les principes substantiels de la GIRE

Nous allons d'abord parler des principes de l'utilisation durable, équitable et rationnelle (**A**) avant de passer à l'étude de la protection de l'environnement du bassin (B).

A : Les principes de l'utilisation durable, équitable et rationnelle

Il y a deux principes fondamentaux qui s'imposent aux Etats dans l'exercice de leurs compétences souveraines d'utilisation des eaux du bassin : le principe de l'utilisation équitable et rationnelle (1) et le principe de l'utilisation équitable et durable (2).7

1 : L'utilisation équitable et rationnelle des ressources en eau

Le préambule de l'Additif du 22 février 2007 laisse entendre que les Etats sont désireux de garantir l'utilisation des eaux, conformément aux principes régissant le droit des eaux partagées, en particulier l'utilisation équitable et raisonnable. Le deuxième tiret de l'alinéa premier de l'article 4 de l'Additif pose le principe de *« l'utilisation équitable et rationnelle des eaux du fleuve et de ses affluents, ainsi que des ressources naturelles qui en dépendent. »* Le rappel de ce principe dans les différentes parties de l'Additif traduit son importance dans l'usage de l'eau.

---

371 Sur ce dernier point, il faut prendre en exemple les barrages de Diama et de Manantali cỏmme fruits de la coopération entre les Etats de l'OMVS. Grâce à ces ouvrages, l'OMVS est aujourd'hui le modèle d'une intégration réussie des Etats riverains d'un bassin fluvial en Afrique.

Le principe d'utilisation équitable et raisonnable est inspiré des conventions internationales régissant les utilisations des eaux à des fins autres que la navigation. Il s'agit notamment des principes issus de la Déclaration de Stockholm de 1972[372], de la Déclaration de Rio de 1992[373], de la Convention des Nations Unies du 21 mai 1997 sur le droit relatif aux utilisations des cours d'eau internationaux à des fins autres que la navigation. Le principe de l'utilisation et de participation équitables et raisonnables est posé par l'article 5 de la CNY[374]. Il est considéré comme la *« pierre angulaire »*[375] de la Convention du 21 mai 1997. Il « *signifie que chaque Etat riverain a le droit d'utiliser au maximum les eaux arrosant son territoire, ce droit étant toutefois limité par celui des autres Etats riverains d'utiliser également ces mêmes eaux.*[376] » A l'opposé de la doctrine de la souveraineté territoriale absolue, le principe de l'utilisation équitable oblige l'Etat qui fait usage de l'eau de tenir compte des intérêts des autres Etats qui dépendent également de la même eau. La CDI précise que « *cette règle est formulée comme une obligation, mais elle énonce aussi le droit correspondant, à savoir que tout Etat du cours d'eau a droit, sur son territoire, à une part, ou à une portion raisonnable et équitable des utilisations et des avantages du cours d'eau international. Chaque Etat du cours d'eau a donc à la fois le droit d'utiliser le cours d'eau international de manière équitable et raisonnable et l'obligation de ne pas outrepasser son*

---

372 Il s'agit des principes dégagés dans la Déclaration de Stockholm qui seront alors raffermis dans la Déclaration de Rio de 1992. La Déclaration de Stockholm a la particularité d'inciter davantage la Communauté internationale à prendre conscience des préoccupations environnementales et de prendre les mesures de protection de l'environnement.

373 Le Chapitre 18 de l'Agenda 21 adopté lors de la Conférence de Rio est consacré à la protection des eaux douces. Mais, la Déclaration de Rio sur l'environnement et le développement définit les principes généraux devant guider l'action des Etats dans l'utilisation des ressources naturelles.

374 D'après l'article 5 de la CNY : « 1- Les Etats du cours d'eau utilisent sur leur territoire respectif le cours d'eau international de manière équitable et raisonnable. En particulier, un cours d'eau international sera utilisé et mis en valeur par les Etats du cours d'eau en ayant en vue de parvenir à l'utilisation et aux avantages optimaux compatibles avec les exigences d'une protection adéquate du cours d'eau.
2- Les Etats du cours d'eau participent à l'utilisation, à la mise en valeur et à la protection d'un cours d'eau international de manière équitable et raisonnable. Cette participation comporte à la fois le droit d'utiliser le cours d'eau et le devoir de coopérer à sa protection et à sa mise en valeur, comme prévu dans le présent article »

375 Stephen C. McCaffrey, « Convention sur le droit d'utilisation des cours d'eau à des fins autres que la navigation », p. 2, Nations Unies, 2009, (www.un.org/law/avl), 4 pages.

376 MUTOY MUBIALA, *op cit*, p. 41.

droit d'utilisation équitable, ou, en d'autres termes, de ne pas priver les autres Etats du cours d'eau de leur droit d'utilisation équitable »[377].

Ayant pour fonction de faciliter les rapports entre les Etats riverains, ce principe est fondé sur l'égalité souveraine des Etats et le bon voisinage[378]. Comme dit la CDI dans son commentaire de l'article 5 de la Convention de New York de 1997 : *« ... le principe de l'égalité souveraine des Etats veut que tout Etat du cours d'eau ait, sur l'utilisation du cours d'eau, des droits qui soient qualitativement égaux et corrélatifs à ceux des autres Etats du cours d'eau. Mais, ce principe fondamental de l'égalité des droits ne signifie pas que chaque Etat a droit à une part égale des utilisations et des avantages du cours d'eau. Il ne signifie pas non plus que les eaux proprement dites sont divisées en parts égales. Il signifie seulement que chaque Etat du cours d'eau a le droit d'utiliser le cours d'eau et d'en tirer des avantages de façon équitable. L'étendue des droits d'utilisation équitable de l'Etat dépend des faits et des circonstances propres à chaque cas d'espèce, et en particulier de l'évaluation de tous les facteurs pertinents... »* L'utilisation équitable et rationnelle exige le respect du droit des autres Etats. L'eau courante est une ressource qu'aucun peuple ne peut utiliser au détriment des autres. Elle a comme vertu le maintien des relations pacifiques entre les Etats de la sous-région et la préservation de la ressource. C'est pourquoi, le préambule de l'Additif prévoit la nécessité de « *renforcer la coopération entre les Etats riverains du fleuve Congo et ses affluents et les peuples de la sous-région dans l'esprit de bon voisinage présidant à leurs relations.»* Le bon voisinage et le respect de l'égalité souveraine des Etats sont le résultat de la gestion équitable des ressources partagées. Ce principe est le garant du maintien de la paix internationale et une entente indispensable à la gestion commune des ressources naturelles.

En dépit des efforts accomplis en vue de donner un sens à ce principe, il faut reconnaître avec Adrien MONDANGE que la règle de l'utilisation équitable et raisonnable demeure difficile à saisir, surtout en ce qui concerne l'appréciation de l'utilisation de l'eau[379]. Jean-Jacques GOUGUET de son

---

[377] Rapport de la Commission du droit international sur les travaux de sa quarante-sixième session, p. 102, (www.legal.un.org, in Annuaires de la CDI, 1994, Volume II, pp. 102-142.

[378] Le Rapporteur spécial EVENSEN tient une opinion analogue dans son premier rapport de 1983 : « ce qui constitue le point de principal dans l'élaboration et l'application des règles concernant l'utilisation équitable et raisonnable n'est pas seulement la souveraineté, mais aussi l'égalité entre les Etats et leur obligation de se comporter de bonne foi entre eux en cohésion avec leur sécurité territoriale et le développement des relations de bon voisinage. Ce principe se renforçant clairement dans le devoir de gérer le cours d'eau comme un ensemble unitaire », Cf. KINDIER Adéel, *op cit*, p. 154.

[379] MONDANGE Adrien, *op cit*, p. 47.

côté pense que «… *la rationalité est un concept ambigu qui renvoie implicitement, dans une vision productiviste de l'histoire, aux notions d'efficacité, de rendement, de coût d'opportunité… L'ambiguïté provient du fait d'ignorer au service de quoi, pour atteindre quel but, on prétend la mobiliser.* »[380] La difficulté majeure tourne au tour de l'évaluation de la rationalité de l'utilisation de l'eau. Comment peut-on apprécier qu'une utilisation est équitable et rationnelle ? Les auteurs ont tenté de répondre à cette question en affirmant, à l'instar du docteur KINDIER Adéel, que *« le principe d'équité n'implique pas celui d'égalité, il ne s'agit pas de soutenir que chaque Etat du cours d'eau peut obtenir une part entièrement et parfaitement égale à celle des autres Etats du cours d'eau et exiger une part égale.*[381] *»* On ne peut pas appliquer de façon mathématique l'égalité des droits des Etats riverains. Mais, la rationalité et l'équité s'apprécient aussi en fonction de la hiérarchie des valeurs et des priorités que secrète chaque société[382]. Dans le cas de la CICOS, la priorité est donnée à l'usage de l'eau pour des besoins domestiques.

En vue de faciliter l'appréciation du caractère équitable et raisonnable, comme bien d'autres textes internationaux, l'Additif consacre un certain nombre de facteurs qui facilitent cette opération. Les articles 5 et 6 de l'Additif énumèrent lesdits facteurs[383]. Autrement dit, ces deux dispositions contiennent les éléments qui, lorsqu'ils sont pris en compte dans un projet relatif à l'utilisation de l'eau, permettent de conclure sur le caractère équitable ou non d'un projet. Une utilisation qui ne tient pas compte des critères des articles 5 et 6 ne peut pas être qualifiée d'équitable et raisonnable. Cependant, les facteurs énumérés ne sont pas exhaustifs si bien que le dernier alinéa de l'article 6 veut qu'il y soit ajouté *« tout autre élément justifiant ou limitant l'utilisation de l'eau ».* Ces deux articles constituent une mise en œuvre, au plan régional, de l'article 6 de la CNY qui

---

[380] GOUGUET Jean-Jacques, « Développement durable et décroissance, deux paradigmes incommensurables », pp. 123-143, in AMIRANTE Dominique et autres (Dir.), Pour un droit commun de l'environnement, Mélanges en l'honneur de Michel PRIEUR, Dalloz, Paris, 2007, 1740 pages, p. 126.

[381] KINDIER Adéel, *op cit*, p. 153

[382] GOUGUET Jean-Jacques, « Développement durable et décroissance… », Op cit, p. 126.

[383] Selon l'article 5 : « L'utilisation des ressources en eau par les Etats contractants doit tenir compte de leur disponibilité et se fonder sur les éléments suivants : La coopération sous-régionale qui s'attache entre autres : à la sécurité et à l'amélioration des revenus des populations ; à la préservation et à l'utilisation durable des zones humides et des ressources naturelles qui en dépendent ; à la lutte contre l'exode rural ; à la réduction de la pauvreté et à la sécurité alimentaire ; au développement quantitatif et qualitatif de la production énergétique ; au maintien et à l'amélioration de la navigabilité ; au développement intégré grâce aux infrastructures réalisées en commun.»

porte sur *« les facteurs pertinents pour une utilisation équitable et raisonnable.*[384] *»* Selon le commentaire de la CDI « *l'article 6 a pour objet d'indiquer comment les Etats auront à appliquer le principe de l'utilisation équitable et raisonnable. (...) [Il] exige que les Etats tiennent compte de facteurs concrets propres au cours d'eau international dont il s'agit, ainsi que des besoins et des utilisations des Etats du cours d'eau intéressés. C'est donc en comparant le poids de tous les facteurs et circonstances pertinents que l'on pourra dire, dans chaque cas d'espèce, ce qu'est une utilisation équitable et raisonnable.* [385]*»* Les facteurs pertinents sont des éléments conciliateurs des intérêts en jeu. Dans la mesure où le bassin fluvial constitue un ensemble unitaire, on ne pourrait laisser chacun l'utiliser comme bon lui semble. Chaque Etat auteur d'une utilisation de l'eau doit tenir compte des intérêts des autres et les tenir informer[386]. L'utilisation des eaux du fleuve peut influencer ses affluents et les ressources naturelles qui en dépendent en amont comme en aval. Par exemple la construction d'un barrage peut diminuer la quantité d'eau en aval et empêcher la navigation ; une utilisation

---

[384] L'article 6 prévoit que « 1. L'utilisation de manière équitable et raisonnable d'un cours d'eau international au sens de l'article 5 implique la prise en considération de tous les facteurs et circonstances pertinents, notamment: a) les facteurs géographiques, hydrographiques, hydrologiques, climatiques, écologiques et autres facteurs de caractère naturel; b) les besoins économiques et sociaux des Etats du cours d'eau intéressés; c) la population tributaire du cours d'eau dans chaque Etat du cours d'eau; d) les effets de l'utilisation ou des utilisations du cours d'eau dans un Etat du cours d'eau sur d'autres Etats du cours d'eau; e) les utilisations actuelles et potentielles du cours d'eau; f) la conservation, la protection, la mise en valeur et l'économie dans l'utilisation des ressources en eau du cours d'eau ainsi que les coûts des mesures prises à cet effet; g) l'existence d'autres options, de valeur comparable, susceptibles de remplacer une utilisation particulière, actuelle ou envisagée. 2. Dans l'application de l'article 5 ou du paragraphe 1 du présent article, les Etats du cours d'eau intéressés engagent, si besoin est, des consultations dans un esprit de coopération. 3. le poids à accorder à chaque facteur est fonction de l'importance de ce facteur par rapport à celle d'autres facteurs pertinents. Pour déterminer ce qu'est une utilisation raisonnable et équitable, tous les facteurs pertinents doivent être examinés ensemble et une conclusion tirée sur la base de l'ensemble de ces facteurs. »

[385] CDI, Rapport sur les travaux de la quarante-sixième session, pp. 106-107.

[386] Cette obligation a été même rappelée dans l'Affaire du Lac Lanoux, sentence arbitrale du 16 novembre 1957 : « Il faut tenir compte, quelle qu'en soit la nature, de tous les intérêts qui risquent d'être affectés par les travaux entrepris, même s'ils ne correspondent pas à un droit [...] L'Etat d'amont a, d'après les règles de la bonne foi, l'obligation de prendre en considération les différents intérêts en présence, de chercher à leur donner toutes les satisfactions compatibles avec la poursuite de ses propres intérêts, et de montrer qu'il a, à ce sujet, un souci de concilier les intérêts de l'autre Etat riverain avec les siens propres.», paragraphe 22, pp. 314-315 du Recueil des Sentences arbitrales des N.U.

industrielle peut entraîner une pollution et par conséquent la disparition des espèces biologiques aquatiques sur le territoire d'un autre Etat[387].

Outre les facteurs permettant d'apprécier le caractère équitable et rationnel de l'utilisation de l'eau, il existe des *« méthodes de calcul de la part équitable et raisonnable »*[388] que les Etats peuvent appliquer en vue d'assurer à chaque Etat riverain la jouissance des avantages qu'offre la ressource. Parmi ces méthodes[389], on peut citer :

- *le partage par débits en m^3* qui attribue à chaque Etat riverain un nombre de m^3 appliqués au stockage des eaux du cours d'eau international et ou aux relevés des quantités d'eau disponibles ;
- *Le partage en pourcentage* qui est utilisé non seulement pour le partage des quantités d'eau à utiliser, mais aussi d'autres avantages comme la distribution de l'énergie hydroélectrique ;
- *Le partage territorial*, méthode qui consiste à assurer le partage selon les affluents situés sur le territoire de chaque Etat riverain ;
- *Le partage dans le temps selon la rotation ou l'alternance*. Il consiste à permettre l'utilisation de l'eau par chaque Etat riverain pendant une période donnée à tour de rôle.

L'application desdites méthodes présente l'avantage de faciliter les accords entre les Etats et d'éviter les malentendus qui pourraient naître de l'interprétation contradictoire du principe de l'utilisation équitable et raisonnable. Espérons que le respect du Manuel de notification des mesures projetées facilitera l'application de ce principe. Mais, un usage est équitable et raisonnable lorsqu'il tient aussi compte des besoins des générations futures.

2 : L'utilisation durable des ressources en eau

Ce principe tire son origine du concept de développement durable. Ce dernier a été défini dans le Rapport Brundtland[390], comme un *« développement qui satisfait les besoins des générations présentes sans*

---

387 Article 9 de la CNY du 21 mai 1997

388 KINDIER Adéel, *op cit*, p. 164

389 Ces méthodes sont également citées par MUBIALA MUTOY, op cit, pp. 44-45. L'auteur affirme que *« généralement, on procède au partage territorial des affluents d'un cours d'eau, à la répartition du débit, au système de l'alternance dans l'utilisation des eaux et à la compensation.* » Il ajoute que « *Dans le domaine hydroélectrique prévaut le partage, notamment par moitié, de l'énergie produite, en particulier lorsqu'il s'agit de fleuves contigus. »*, p. 45.

390 LATOUCHE Serge, « Développement durable : un concept alibi. Main invisible et mainmise sur la nature », in Revue Tiers-Monde, Vol. 35, N°137, Après le Sommet de la Terre : Débats sur le développement durable (Janvier-Mars 1994), pp. 77-94, p. 81.

compromettre la capacité des générations futures à satisfaire les leurs[391]. » Il est, en effet, un « *processus de changement par lequel l'exploitation des ressources, l'orientation des investissements, les changements techniques et institutionnels se trouvent en harmonie et renforcent le potentiel actuel et futur des besoins des hommes*[392]. » D'autres auteurs affirment que « *le développement soutenable signifie des modes de production et de vie avec des prélèvements nuls ou infimes d'éléments non recyclables dans le processus de la nature.*[393] » D'après David Pearce, « *Chaque génération doit transmettre à la suivante un stock de capital stable. Sinon le développement n'est pas soutenable, c'est-à-dire que chaque génération appauvrit la suivante* »[394]. L'utilisation durable et équitable est un principe de bon sens. Si les générations passées ont légué aux générations actuelles des ressources naturelles et en bon état, les générations actuelles doivent faire autant à celles qui vont les succéder.

L'Additif du 22 février 2007 insiste sur la nécessité d'utiliser de manière durable et équitable les ressources en eau du bassin. Ce principe est posé par le premier tiret de l'article 4 qui impose l'obligation de garantir la gestion équilibrée et durable des ressources en eau. Il est défini par l'alinéa 17 de l'article premier comme étant l'obligation de garantir « *l'utilisation et l'accès par chacun à une eau de qualité convenable et en quantité adéquate sans affaiblissement des écosystèmes vitaux et sans compromettre son utilisation par les générations futures.* » En consacrant ce principe, l'Additif entend renforcer la coopération dans tous les domaines du développement durable par l'utilisation, la gestion et la conservation de l'eau et des ressources du fleuve et de ses affluents sans compromettre les intérêts des générations futures. Il s'inscrit en fait dans le sens d'un partage des ressources non seulement entre les générations actuelles, mais aussi entre ces dernières et les générations futures. Le partage entre les générations actuelles est réglé par le principe de l'utilisation équitable et raisonnable alors que l'utilisation durable et équitable règle le partage entre les générations actuelles et les générations futures.

---

391 Définition citée par Marc PALLEMAERTS, « La Conférence de Rio : bilan et perspectives », pp. 72-134, in Actualité du droit de l'environnement : actes du colloque des 17-18 novembre 1994, Bruylant, Bruxelles, 1995, 589 pages, p. 82.
392 LATOUCHE Serge, « Développement durable : un concept alibi. Main invisible et mainmise sur la nature », p. 81, in Revue Tiers-Monde, éd. Armand Colin, Vol Revue Tiers-Monde, éd. Armand Colin, Vol. 35, n° 137, Après le Sommet de la Terre : Débats sur le développement durable (janvier-mars 1994), pp. 77-94, ((http://www.jstor.org/stable/23591844, consulté le 22-06-2015 à 17 :12) ;
393 BEAUD Michel, « Prendre en compte l'environnement, » Le Monde 1991, cité par LATOUCHE Serge, op. cit, p. 81.
394 PEARCE David, A. Markanda, E. Barbier, *Blueprint for a green economy*, Londres, Earthscan Publications, 1989, cite Par LATOUCHE Serge, op cit, p. 81.

Ce principe a connu une consécration universelle à travers les recommandations de la Conférence des Nations Unies[395] pour l'environnement et le développement tenue à Rio de Janeiro en 1992 et réaffirmées par le Sommet Mondial sur le Développement durable de Johannesburg en 2002. Depuis lors, *« ... le concept de développement durable est devenu la base matricielle de toute réflexion, mettant l'accent sur les liens entre environnement et développement, dans le souci de protéger les droits des générations présentes et futures.*[396] *»* Il apparaît en même temps comme un *« principe clé de la protection de l'environnement»*[397] et de la gestion des ressources naturelles.

Connaissant l'importance des ressources en eau dans les programmes de développement des Etats, les utilisations isolées occasionnent « *une concurrence désordonnée* » entre les Etats et produisent les effets négatifs non seulement sur les intérêts des générations actuelles mais aussi sur ceux des générations à venir ainsi que sur l'environnement. L'Additif de 2007 est une prise de conscience de la réalité d'après laquelle pour atteindre les objectifs du développement durable, les Etats doivent disposer et appliquer une réglementation internationale identique des utilisations des ressources naturelles en général et celles de l'eau en particulier. Dans le cas de l'eau, une réglementation commune est un impératif en raison de l'interdépendance des eaux, des usages et de la communauté des droits entre les Etats riverains. Le principe ici rappelé interdit aux Etats de la CICOS d'abuser de leur droit d'utiliser des ressources en eau du bassin. L'interdiction se justifie par le souci de ne pas épuiser les ressources en eau par une surexploitation de celles-ci. Une telle obligation dans un cadre communautaire impose des comportements respectueux de l'eau par les entreprises publiques comme privées, dans leurs activités relatives à l'eau.

---

[395] Les Nations Unies se préoccupent de la gestion de l'eau depuis la Conférence de Stockholm. La Conférence de Rio confirme cette préoccupation avec l'adoption de l'Agenda 21. « Ce dernier comporte plusieurs chapitres intéressant directement les questions de l'eau mais la plupart permettent d'en traiter. En effet, si le chapitre 18 est relatif à la protection des eaux douces et de leur qualité, le chapitre 21 concerne aussi les eaux usées, les chapitres 3 (pauvreté) [etc.] « Lors de la conférence de Johannesburg, la question de l'eau a fait l'objet d'un traitement spécifique au regard des objectifs à atteindre en 2015 tant en ce qui concerne l'eau potable que l'assainissement, ... », Cf. DROBENKO Bernard, *Droit de l'eau*, éd. Gualino, Paris, 2007, 330 pages, pp. 25-26.

[396] CHAZOURNES (Laurence Boisson De), « Environnement et développement durable. Les premiers pas qui appellent des réformes », pp. 33-40, in Arnaud DE RAULIN et Georges SAAD (dir.), *Droits fondamentaux et droit de l'environnement »*, L'Harmattan, Paris, 2010, 288 pages, p. 35.

[397] CHAZOURNES (Laurence Boisson De), *op cit*, p. 38.

Il faut, cependant, reconnaître que ce principe cache une difficulté importante dans sa mise en œuvre. Si les ressources en eau sont un support de développement, il est difficile de faire en sorte que leur utilisation soit équitable et durable. Ici, les facteurs énumérés dans les articles 5 et 6 de l'Additif s'appliquent comme dans le principe de l'utilisation équitable et raisonnable. De même, les méthodes de partage des ressources et des avantages sus-évoqués peuvent également servir à l'application du principe de l'utilisation durable et équitable.

En plus de ces facteurs et méthodes, d'autres solutions ont été envisagées pour une utilisation durable de l'eau. En effet, lors de la Conférence de Paris sur l'eau et le développement durable, tenue du 19 au 21 mars 1998, les spécialistes de gestion de l'eau avaient envisagé trois approches possibles pour une gestion durable de l'eau douce : « la connaissance de la ressource »[398], « le développement des capacités institutionnelles et humaines »[399], et « la mobilisation des ressources financières adéquates »[400].

La connaissance de l'eau est la première tâche à remplir pour une gestion durable des ressources en eau du bassin. Il a été démontré que « *Sans connaissances des stocks d'eau disponibles, de leur capacité de renouvellement et de leurs usages, il serait illusoire de penser pouvoir mettre en place une gestion durable de la ressource. L'évolution globale de la ressource et de ses usages présuppose une entente entre les partenaires impliqués dans la chaîne de collecte des données, depuis les bailleurs de fonds jusqu'aux utilisateurs potentiels (gouvernements, centres de recherche, industriels, producteurs, etc.)* »[401]. L'entente entre les partenaires doit se baser sur *les méthodes de mesures, les matériels, les objectifs et les modes de mise à disposition des résultats et synthèses*[402]. Le développement des outils réglementaires et des capacités institutionnelles et humaines exige la formation des spécialistes dans le domaine de l'eau et la fixation des normes juridiques efficaces aux plans national et international et la meilleure connaissance et application de celles-ci.

Le développement durable a subi des critiques de la part des auteurs, il est d'une manière générale présenté comme un leurre. Pour Sylvie

---

398 *Eau et développement durable. Témoignages de la société civile*, p. 7, édition du GRET, Paris, 1998, Document élaboré à la suite de la Conférence de Paris du 19 au 21 mars 1998 (disponible en ligne sur www.pseau.org_outils_ouvrages_afd... Consulté le 4 avril 2017 à 21 heures)

399 Idem

400 Idem

401 « Eau et développement durable. Témoignages de la société civile », p. 15, édition du GRET, Paris, 1998, (disponible en ligne sur www.pseau.org_outils_ouvrages_afd... Consulté le 4 avril 2017 à 21 heures)

402 Idem

BRUNEL, le développement durable repose sur la primauté de l'incertitude que l'on peut observer dans les discours des tenants de « *la durabilité forte* » et ceux de « *la durabilité faible* »[403] parce qu'on ne sait pas « *quelles seront les priorités des générations futures* », « *les besoins de demain* » et « *les techniques employées* »[404]. L'une des études les plus critiques est celle de Serge LATOUCHE qui voit un paradoxe entre le développement et l'environnement. Pour lui, «... *la signification historique et pratique du développement, liée au programme de la modernité, est fondamentalement contraire à la durabilité. Il s'agit d'exploiter, de mettre en valeur, de tirer profit des ressources naturelles et humaines*[405]. » L'incompatibilité entre le développement et l'environnement est assouplie par l'application des normes conciliatrices. Seulement, il se pose le problème de leur application effective. La difficulté d'appliquer ces normes résulte, selon l'auteur précité, de leur « *laxisme dans des domaines importants* », de leur « *abondance tatillonne* » et de leur « *complexité dans d'autres* ». « *Tout cela (...) rend inefficace et hors de portée du contrôle des citoyens* »[406] le principe du développement durable à l'instar de celui de l'utilisation équitable et durable des ressources en eau.

L'efficacité de l'utilisation durable et équitable est aussi mise à mal par le « *niveau de développement des pays les moins avancés.*[407] Abdellatif BENACHENHOU pense que dans « *les régions les plus pauvres des pays à revenus intermédiaires, leurs problèmes d'environnement sont essentiellement liés à l'utilisation et à la gestion directe des ressources naturelles : terres, eaux, forêts. L'appropriation de la nature par des communautés à populations plus ou moins denses et les modèles sociaux et technico-économiques qui déterminent cette appropriation constitue certains des obstacles à une gestion correcte des ressources. Qu'il s'agisse d'un excès ou d'une insuffisance en particulier qualitative de terres, d'un excès ou d'une insuffisance en eau, d'une insuffisance de sources d'énergie, la*

---

403 BRUNEL Sylvie, *Le développement durable*, Que sais-je, Puf, Paris, 2015, 127 pages. Les partisans de la durabilité forte accordent la priorité à l'environnement. Ils « estiment que les activités humaines doivent être limitées pour préserver la planète : l'homme n'est qu'une espèce parmi les autres sur terre. » p. 57. La durabilité faible au contraire accorde la priorité à l'humanité. L'environnement ici « n'est que le produit des activités humaines.» Le progrès technique dans ce courant de pensée est un moyen de protéger l'environnement. pp. 57-58.

404 BRUNEL Sylvie, *Le développement durable,* op cit, p. 65.

405 LATOUCHE Serge, *op cit*, p. 82.

406 LATOUCHE Serge, *op cit,* p. 84.

407 BENACHENHOU Abdellatif, « Environnement et développement », in Revue Tiers-Monde, éd. Armand Colin, Vol Revue Tiers-Monde, éd. Armand Colin, Vol. 33, n° 130, Environnement et développement (avril-juin 1992), pp. 247-272, (http://www.jstor.org/stable/23591677, consulté le 22-06-2015 à 13 :21), p. 24.

question centrale est celle qui lie taille de la population, structures et mécanismes d'appropriation et des ressources et modèles techniques. Dans ce premier groupe [PMA], les problèmes sont vécus, empiriquement, comme dégradation des terres et des forêts, comme pollution de l'eau et dégradation massive du cadre de vie... »[408] Aujourd'hui, les ressources halieutiques dans les zones dépendant de la pêche disparaissent davantage à cause des pratiques de pêche abusive et moins rationnelles.

Eu égard à ce qui précède, l'Additif de la CICOS essaie de jeter les bases d'un développement respectueux de l'environnement tel que voulu par la communauté internationale. Le développement durable est aujourd'hui une nécessité au regard des menaces qui pèsent sur la nature en raison de la flambée de la technologie et l'explosion démographique.

Le principe d'utilisation durable contribue à l'avancée de l'intégration. Cette avancée est aussi favorisée par le devoir de protéger l'environnement.

B : La protection de l'environnement

Pour mieux encadrer les utilisations des ressources en eau, l'Additif du 22 février 2007 sur la GIRE, impose le devoir de protéger l'environnement (Titre IV). Le terme environnement est utilisé en langue française dès le XVIe siècle[409] et a fait son entrée dans *Le Larousse* de la langue française en 1972. Ce concept a suscité des controverses[410] au long de l'histoire du droit

[408] BENACHENHOU Abdellatif, op cit, p. 24.

[409] PRADES A.J, *L'éthique de l'environnement et du développement*, PUF, Paris, 1995, QSJ, N°034-2967, 125 pages, p. 7.

[410] L'environnement est *« l'ensemble des éléments naturels et artificiels qui conditionnent la vie de l'homme »*. Cette notion est difficile à définir en droit. Michel PRIEUR, Droit de l'environnement, 7e Dalloz, Paris, 2016, 1228 pages, p. 2 affirme que l'environnement a « *un contenu moins précis* », aucun texte n'a défini l'environnement de façon générale, plusieurs sens lui ont été donnés. L'environnement comprend : « *les ressources naturelles abiotiques et biotiques, telles que l'air, l'eau, le sol, la faune et la flore et l'interaction entre les mêmes facteurs ; les biens qui composent l'héritage culturel et les aspects caractéristiques du paysage.»* Monsieur KINDIER Adéel quant à lui dit que « *L'environnement est un ensemble de facteurs et de conditions entourant l'être vivant et ses différentes parties.»*, op cit. Il rejoint ainsi Michel PRIEUR lorsqu'il affirme que *« L'environnement est l'ensemble des facteurs qui influent sur le milieu dans lequel l'homme vit »*. Il ajoute que l'environnement a deux sens habituels : le premier sens est « *l'approche écologique* », entendu comme « *l'ensemble de données et d'équilibres de forces concurrentes qui conditionnent la vie d'un groupe biologique»* ; le deuxième sens est tiré du *vocabulaire des architectes et urbanistes qui sert à qualifier la zone de contact entre un espace bâti et le milieu ambiant (naturel et artificiel).* Dans cette même approche, la Professeure Laurence Boisson

de l'environnement jusqu'à l'intervention de la CIJ le 08 juillet 1996[411]. La protection de l'environnement se justifie par l'interdépendance entre l'eau et les autres éléments de la nature, y compris l'homme. L'Accord et son Additif sur la GIRE prévoient des mesures de protection de l'environnement qui varient selon qu'on est en temps de paix (1) ou en temps de guerre (2).

1 : La protection de l'environnement du bassin en temps de paix

Le devoir de protéger l'eau transfrontalière est *« une condition de possibilité d'une éthique globale de l'eau »*[412] qui transcende en une obligation juridique. L'eau est un bien essentiel pour la survie de toutes les espèces. Sa pollution entraîne des dommages sur l'écologie, le tourisme, l'agriculture et même sur l'industrie lorsqu'elle devient impropre pour certaines fabrications[413]. La protection de l'eau est garantie par des règles de l'utilisation non dommageable des ressources en eau (a) et par les obligations de précaution et de prévention (b).

a : L'utilisation non dommageable des ressources communes

Le principe de l'utilisation non dommageable n'apparaît pas explicitement parmi les principes de l'article 4 de l'Additif, il peut être

---

De CHAZOURNES pense que la notion d'environnement *« fait place à différentes conceptions. La première est utilitariste ou anthropomorphiste. L'environnement est appréhendé de manière extérieure à l'être humain. Il doit satisfaire les besoins de celui-ci. La seconde repose sur une conception écosystémique, l'homme étant un élément d'un ensemble... »* Vu comme trop large, la CDI, lors de la préparation de la CNY du 21 mai 1997, avait préféré le terme « écosystème », estimant qu'il est plus proche du domaine des cours d'eau internationaux. Un cours d'eau est un écosystème au sein duquel il faut étudier la vie animale et végétale, ainsi que les éléments physiques comme l'eau, le climat, les éléments chimiques et les diverses interactions entre tous ces éléments.

[411]Selon la CIJ : «... l'environnement n'est pas une abstraction, mais bien l'espace où vivent les êtres humains et dont dépendent la qualité de leur vie et leur santé, y compris pour les générations futures. », Avis du 8 juillet 1996 sur la licéité de la menace ou de l'emploi d'armes nucléaires. Cette définition fut reprise dans son arrêt du 25 septembre 1997, affaire du Projet GBCIKOVO-NAGYMAROS, Hongrie/Slovaquie, § 53.

[412] FIECHTER-WIDEMANN Evelyne, « Ethique globale de l'eau : perspective interdisciplinaire. La responsabilité de protéger, comme condition de possibilité d'une Ethique globale de l'eau », pp. 9-10, in *Ethique globale de l'eau*, Actes du 3e colloque interdisciplinaire organisé par le w4w le 19 mars 2013 au Musée d'histoire des sciences de Genève (http://www-ville-ge.chmhs/anima_2013_eau.php), p. 9.

[413] VAN LANG Agathe, *Droit de l'environnement*, 4e édition, puf, Paris, 1916, 566 pages, p. 427.

déduit de l'ensemble des principes substantiels. D'abord, l'obligation pour chaque Etat d'informer les autres Etats avant d'entreprendre toute action ou tout projet qui pourrait avoir un impact significatif sur la disponibilité de l'eau et/ou la possibilité de mettre en œuvre des projets futurs[414], signifie en amont que l'Etat qui envisage de faire un usage de l'eau du bassin ou sur le territoire duquel l'utilisation de l'eau est faite est tenu de faire en sorte que ledit usage n'impacte pas le droit de jouissance de l'eau en quantité et en qualité suffisantes pour d'autres Etats. Il est tenu par l'obligation de ne pas causer des dommages significatifs.

Ce principe peut être aussi déduit de l'alinéa deuxième de l'article 11 de l'Additif qui impose à ce que « *les projets susceptibles d'avoir des impacts significatifs sur les eaux partagées fassent l'objet d'un avis de la Commission et/ou d'une consultation des autres Etats contractants avant leur autorisation*[415]. » La soumission du projet à l'appréciation de la Commission constitue le moyen de prévenir les dommages ; une protection de l'environnement en amont. Toutefois, les obligations résultant du principe de l'information préalable présentent *« un caractère relatif et ne sauraient entraver l'initiative de toute activité susceptible d'avoir des effets transfrontalières.*[416] » En vertu du principe de la souveraineté permanente sur leurs ressources naturelles[417], chaque Etat riverain d'un Bassin fluvial est libre d'utiliser celles-ci[418].

La valeur de ce principe, dans les rapports entre les Etats ayant des intérêts communs sur les ressources en eau et dans la protection de l'environnement, est affirmée dans les conventions internationales et par la jurisprudence. Dans le premier cas, il est énoncé par le Principe 2 de la Déclaration de Rio sur l'environnement et le Développement en ces termes : *« Conformément à la Charte des Nations Unies et aux principes du droit international, les Etats ont le droit souverain d'exploiter leurs propres ressources selon leur politique d'environnement et de développement, et ils ont le devoir de faire en sorte que les activités exercées dans les limites de leur juridiction ou sous leur contrôle ne causent pas de dommages à l'environnement dans d'autres Etats ou dans les zones ne relevant d'aucune juridiction nationale.»* Ce principe est réaffirmé par l'article 7 (*l'obligation de ne pas causer de dommages significatifs*) de la Convention de New York

---

[414] Voir le septième tiret de l'alinéa 2 de l'article 4 de l'Additif du 22 février 2007.

[415] Ce principe fait l'objet du Manuel de notification préalable des mesures projetées dans le bassin du fleuve Congo que nous avons déjà citer plus haut.

[416] DUPUY P.M. ET KERBRAT Y. *op cit*, p. 121.

[417] DUPUY Pierre-Marie et KERBRAT YANN, *op cit*, p. 90.

[418] Sentence arbitrale sur l'affaire des eaux du lac Lanoux, Espagne contre France, 16 novembre 1957, in Recueil des sentences arbitrales, volume XII, pp. 281-317, § 13.

du 21 mai 1997 sur le droit relatif aux utilisations des cours d'eau internationaux à des fins autres que la navigation. Le premier alinéa de cet article stipule que « *1- Lorsqu'ils utilisent un cours d'eau international sur leur territoire, les Etats du cours d'eau prennent toutes les mesures appropriées pour ne pas causer de dommages significatifs aux autres Etats du cours d'eau* ».

Les conventions internationales sont muettes sur le sens de la notion de « dommages » ou « impacts significatifs ». Ni la Déclaration de Rio de 1992, ni la Convention de New York du 21 mai 1997 ne définissent cette notion. La doctrine considère que cette notion demeure floue, peu claire, imprécise, car *« il est difficile de définir un degré, par essence, subjectif pour déterminer l'applicabilité de chacune des mesures et faire la différence entre les termes substantiel, grave, sensible, appréciable et significatif.*[419]» Aussi, le Manuel de notification préalable des mesures projetées reste silencieux sur la définition de la notion de « dommage significatif. » Il se contente de définir la notion d'impact transfrontalier comme étant « *tout effet important causé sur le territoire d'un Etat ou de plusieurs Etats du bassin autres que celui qui met en œuvre l'activité, par une activité humaine entraînant, selon les cas, i) des prélèvements d'eau superficielle ou souterraine, restitués ou non ; ii) une modification des régimes hydrauliques ou sédimentaires ; iii des déversements, écoulements, rejets ou dépôts directs ou indirects, chroniques ou épisodiques, même non polluants, susceptibles, de modifier les caractéristiques des ressources en eau superficielles ou souterraines, ou des écosystèmes connexes* ». Le rapprochement entre les notions d'impact transfrontalier et de dommage significatif peut faciliter l'instruction d'une mesure projetée.

La CDI dans ses travaux préparatoires sur la Convention des Nations Unies portant droit relatif aux utilisations des cours d'eau internationaux à des fins autres que la navigation a fait l'effort de définir la notion de dommage significatif[420]. Il ressort que seuls les dommages minimes, c'est-à-

---

[419] KINDIER Adéel, *op cit,* p. 205.

[420] La CDI a pris le soin d'expliquer le sens du dommage significatif dans le commentaire de l'article 7 : *« Le mot appréciable traduit un critère factuel. Le dommage doit pouvoir être établi par des constations objectives, il doit y avoir une véritable atteinte à l'utilisation c'est-à-dire un effet nocif de quelque importance, par exemple sur la santé publique, l'activité industrielle, les biens, l'agriculture ou l'environnement dans l'Etat affecté. Le dommage appréciable est donc un dommage qui n'est pas insignifiant ou à peine décelable, sans être nécessairement grave ».* Bien avant, la CDI avait indiqué que *« Le dommage significatif est le dommage qu'on peut démontrer par des preuves subjectives. Un dommage qui réduirait sensiblement l'utilisation faite du cours d'eau. Il n'est pas le dommage tenu qui n'affecte ni la quantité ni la qualité du cours d'eau et n'est non plus le dommage grave qui représente des dangers sur les utilisations du cours d'eau international ;*

dire ceux qui résultent des pertes de l'utilisation de l'eau, sont autorisés, les dommages ou impacts significatifs sont prohibés. L'article 11, alinéa deuxième de l'Additif du 22 février 2007, dispose que les projets susceptibles d'avoir des impacts significatifs sur les eaux partagées sont ceux qui sont visés à l'article 19, alinéa premier. D'après ce dernier, les projets susceptibles d'avoir des impacts ou dommages significatifs sont ceux qui modifient de manière significative les caractéristiques des eaux partagées, parmi lesquelles il y a: le régime, la navigabilité, l'exploitabilité, la qualité, l'état sanitaire, la diversité biologique du fleuve et de ses affluents. Au regard de ces dispositions, on peut dire qu'un impact significatif est le fait qu'une utilisation de l'eau modifie de manière sérieuse le régime, la navigabilité, l'exploitabilité, la qualité, l'état sanitaire, la diversité biologique du fleuve et de ses affluents, de sorte que la satisfaction des besoins en eau devient impossible.

Plusieurs décisions des juridictions internationales condamnent les usages dommageables des eaux douces internationales. Il en est ainsi de l'Affaire du Lac Lanoux[421], de l'affaire du Projet Gabicikovo Nagy Moros[422]et de l'Arrêt de la CIJ sur l'affaire des Usines de pâte à papier[423].

Le principe de l'utilisation non dommageable est le corollaire du principe de l'utilisation équitable et raisonnable. Les deux principes sont aussi interdépendants dans la mesure où l'interdiction de causer les dommages complète le principe de l'utilisation équitable et raisonnable. Un usage de l'eau est équitable lorsqu'il ne cause pas de dommages significatifs. L'application de ce principe est une opération délicate, elle met en opposition les droits des Etats amont et ceux des Etats aval. Cette opposition a été apparue lors de l'adoption de la Convention de New York précitée[424].

---

c'est un dommage qui a des conséquences sur la santé publique, l'industrie, les biens, l'agriculture et l'environnement au sein des Etats du cours d'eau au point d'affecter la vie des populations, comme l'absence totale ou partielle d'eau qui peut s'avérer dangereuse et aiguë », cf., KINDIER Adéel, *op cit*, p. 207.

[421] Le tribunal arbitral a reconnu qu'il existe un principe cardinal interdisant à l'Etat amont d'utiliser l'eau d'un fleuve international de manière à nuire gravement aux intérêts de l'Etat aval. Sentence arbitrale sur les eaux du lac Lanoux, op cit. § 13.

[422] Dans cet arrêt du 25 septembre 1997, la CIJ a en effet indiqué que « *l'obligation générale qu'ont les Etats de veiller à ce que les activités exercés dans les limites de leur juridiction ou sous leur contrôle respectent l'environnement dans d'autres Etats ou dans des zones ne relevant d'aucune juridiction nationale fait maintenant partie du corps de règles du droit international de l'environnement.» (§ 53 de l'Arrêt).*

[423] CIJ, arrêt du 20 avril 2010.

[424] C'est surtout la difficile conciliation entre l'article 5 (utilisation et participation équitable et raisonnable) et l'article 7 (obligation de ne pas causer de dommages significatifs) qui a opposé les Etats d'amont (comme la Chine, Etat amont du fleuve Mékong) et les Etats d'aval (cas de la Turquie, Etat aval de l'Euphrate).

Le principe de l'utilisation non dommageable est fondé sur la nécessité de maintenir des rapports de bon voisinage entre les Etats. Il est d'une importance capitale dans le processus d'intégration des Etats parce qu'il concilie les souverainetés des Etats intéressés. Autrement dit, ce principe remet en cause les approches souverainistes qui tiennent compte uniquement des intérêts propres de l'Etat utilisateur des ressources en eau au détriment des autres. L'utilisation non dommageable invite l'Etat à tenir compte des droits des autres, il fait naître *une « éthique du bien commun »*[425] garant du régionalisme naissant entre les Etats du bassin COS.

Au regard de ce qui précède, il est important de noter que le cadre normatif de la CICOS en matière de protection de l'environnement du bassin est encore faible. Il reste encore dominé par les principes généraux imprécis[426]. Cela peut se comprendre en raison de la jeunesse de l'organisation. Mais, il est temps que la CICOS s'inspire de l'expérience d'autres institutions de bassin hydraulique dont l'un des meilleurs exemples est celui de la gestion du Rhin[427]. Pour assurer la protection de ce fleuve, la Convention de Berne du 29 avril 1963 a créé la Commission internationale pour la protection du Rhin. Elle a pour mission d'organiser la coopération interétatique pour la gestion du Rhin qui intègre les dimensions environnementales. Grâce à son action, trois traités ont été conclus à Bonn le 3 décembre 1976, ils précisent les mesures à prendre pour lutter contre la pollution du fleuve. Deux d'entre eux prévoient, respectivement, les mesures à prendre pour lutter contre la pollution chimique et l'obligation de diminution des rejets de chlorures le long du fleuve de 20kg/seconde, d'abord, puis à 60 kg/seconde ensuite[428]. A la lumière de cet exemple rhénan, la connaissance de l'environnement du bassin, de l'état des eaux et des activités y menées sont essentielles pour déterminer les mesures de protection. La CICOS n'a pas besoin, pour le moment, de créer une institution spéciale de lutte contre la pollution. Œuvrant déjà dans la connaissance des ressources, l'on doit espérer que les mesures prises dans le cadre du SDAGE aboutissent à l'application effective. Espérons aussi que le

---

425 DIJON Xavier et NDONGMO Marcus, *L'éthique du bien commun en Afrique. Regards croisés,* L'Harmattan, Paris, 2011, 212 pages.

426 Les normes de protection des eaux douces transfrontalières ont suffisamment évolué à l'heure actuelle. Il existe aujourd'hui dans d'autres cieux comme à la CIPR, à l'UE, etc. des normes qualitatives et quantitatives de prévention de la pollution. Voir SANGBANA Komlan, *La protection des eaux douces transfrontières contre la pollution : dimensions normatives et institutionnelles*, éd. Romandes, Genève, 2017, 333 pages

427 ROMI Raphael, *Droit international et européen de l'environnement*, éd. Montchrestien, Paris, 2005, 368 pages, p. 167.

428 Idem, p. 167.

respect des principes de précaution et de prévention permette de protéger efficacement les ressources du bassin.

b : Les principes de précaution et de prévention

Le principe de précaution et le principe de l'utilisation non dommageable des ressources en eau transfrontalières sont indispensables dans la protection de l'eau. La préservation et la protection de l'environnement sont deux termes distincts mais complémentaires. Le premier « *se rapportant à la protection d'un cours d'eau qui n'a pas encore subi d'atteintes* »[429] alors que le second concerne les situations dans lesquelles un milieu naturel a fait l'objet d'exploitation et a subi des atteintes[430].

Le principe de précaution est prévu dans l'Additif au troisième alinéa de l'article 14. Cette disposition impose aux Etats contractants l'obligation de prendre « … *les dispositions de nature à prévenir, réduire ou maîtriser les événements ou conditions résultant de causes naturelles ou d'activités humaines qui risquent de causer un dommage aux autres Etats contractants, à l'environnement du fleuve, à la santé ou à la sécurité de l'Homme.* » Le principe de précaution est une « *règle de nature prudentielle* »[431] ; il implique une « *attitude d'esprit de celui qui, réfléchissant à la portée et aux conséquences de ses actes, prend ses dispositions pour éviter des erreurs, des malheurs possibles, s'abstient de tout ce qu'il croit pouvoir être source de dommages*[432]. » Le principe 15 de la Déclaration de Rio indique que « *pour protéger l'environnement, des mesures de précaution doivent être largement appliquées par les Etats selon leurs capacités* » « *en particulier en cas d'incertitude scientifique*[433]. » Ainsi posé, ce principe est fondé sur l'incertitude scientifique, sur le risque. L'incertitude scientifique est l'incapacité de savoir par des recherches scientifiques si une activité peut ou non causer des dommages sur l'environnement. En d'autres termes, « *le principe de précaution permet d'agir même en dehors de toute certitude scientifique* »[434], il doit intervenir lorsque « *la perplexité à propos des problèmes d'environnement et de santé publique est plus bénéfique que les*

---

429 MONDANGE Adrien, *op cit*, p. 70.

430 Idem

431 PELLET Alain, DAILLIER Patrick., FORTEAU Mathieu., *op cit*, 2009, p. 1452.

432 *Le Petit Robert*. Pour plus de détail sur le caractère prudentiel du principe de précaution, Cf., BELAÏDI Nadia, *La lutte contre les atteintes globales à l'environnement : vers un ordre public écologique ?*, éd. Bruylant, Bruxelles, 2008, 498 pages, pp. 446-450.

433 Idem, p. 1453.

434 ROCHE Catherine, op cit, p. 34.

activités qui peuvent les mettre en péril.»[435] C'est dans l'ignorance du caractère dommageable d'une activité que les Etats sont tenus de prendre des mesures de précaution. *« L'absence de certitude scientifique ne constitue pas une excuse pour ne pas prendre de mesures afin d'éviter des atteintes graves à l'environnement. En cas d'incertitude scientifique sur la possible survenance d'un dommage, le lien de causalité devra être présumé et les mesures nécessaires adoptées. Les mesures de protection seront donc prises même si un dommage n'est assurément pas prévisible.*[436] *»* C'est une obligation qui vise à faire en sorte que «... *les politiques publiques [contribuent] à réduire les incertitudes et à éviter les situations d'irréversibilité* »[437]. En ce sens, Jacques de Gerlache affirme : *« La première justification d'une attitude de précaution est le constat d'ignorance : les conséquences d'une situation ou d'une (in) action éventuelle sont impossibles à anticiper. Cette ignorance peut néanmoins résulter de deux causes bien distinctes : une carence dans la capacité d'analyse du problème ou une carence d'information pertinente permettant d'en quantifier les risques*[438]. » BELAÏDI Nadia précise de son côté que *« cette ignorance peut être due au fait que la science ne puisse pas tout étudier et qu'il reste des domaines qui lui échappent. Mais, elle peut aussi être volontaire dans la mesure où l'homme choisit ce qu'il étudie, ce qui lui permet de laisser un certain nombre de problèmes de côté*[439]*.»* Dans le cas des Etats du bassin COS, l'insuffisance des moyens techniques, humains et financiers pouvant permettre d'effectuer des recherches suffisantes peut être une source de motivation à recourir au principe de précaution mais aussi un élément d'ineffectivité du principe. Dans l'ignorance du risque, les précautions doivent être prises par les recherches scientifiques. Ces dernières sont primordiales puisqu'elles permettent de mettre fin à l'incertitude scientifique[440]. Mais, en cas d'incertitude persistante, les Etats sont tenus de prendre les mesures nécessaires afin d'éviter la survenance du dommage ou d'en atténuer les effets. Les recherches scientifiques consistent à faire l'étude

---

[435] STIRLING Andrew, « Sciences et risques : aspects théoriques et pratiques d'une approche de précaution », pp. 73-103, in EDWIN ZACAI et Jean Noël MISSA, *Le principe de précaution : signification et conséquences*, édition de l'Université de Bruxelles, Belgique, 2000, p. 79.

[436] ROCHE Catherine, op cit, p. 34.

[437] DROBENKO Bernard, *Droit de l'eau*, éd. Gualino, Paris, 2007, 330 pages, p. 36.

[438] DE GERLACHE Jacques, « Entreprises : pour intégrer précaution et proportion », pp. 105-116, in EDWIN ZACAI et Jean Noël MISSA, *Le principe de précaution : signification et conséquences*, édition de l'Université de Bruxelles, Belgique, 2000, p. 106.

[439] BELAIDI Nadia, *La lutte contre les atteintes globales à l'environnement : vers un ordre public écologique ?,* éd. Bruylant, Bruxelles, 2008, 498 pages, p. 449.

[440] ROCHE Catherine, *op cit*, p. 35.

d'impact environnemental[441] dès lors qu'une activité risque de causer un dommage transfrontalier[442].

Il reste que l'évaluation du risque n'est pas une opération facile. *«Le risque environnemental n'est pas un concept monolithique (...) [dans la mesure où] il est très rare qu'une technologie ou politique soit perçue comme ne présentant qu'une seule forme de danger.»*[443]L'utilisation du fleuve, peut avoir des impacts divers, soit sur les potentialités de celui-ci pour les besoins d'irrigation, soit pour la navigation ou encore pour la consommation de l'eau, etc. Dans ces conditions, il est difficile de quantifier avec certitudes les impacts d'une utilisation quelconque sur d'autres besoins. Voilà pourquoi « *pour faciliter l'évaluation du risque les scientifiques « réduisent » la multiplicité des variables à un facteur clef unique, simplifiant ainsi le processus d'évaluation de manière manifeste.»*[444]Dans le cadre de la gestion de l'eau, cette technique *de réduction de la multiplicité des variables à un facteur clef unique* peut s'appliquer par l'orientation des recherches sur les atteintes contre les usages prioritaires qui sont *« l'approvisionnement en eau potable pour les besoins domestiques, l'élevage, et à la préservation des écosystèmes aquatiques.»*[445]

Par ailleurs, on sait que les destinataires du principe de précaution sont les Etats et les acteurs privés. L'alinéa 2 de l'article 14 prévoit l'obligation à la charge des Etats d'intégrer le principe dans leurs législations nationales : « *Les Etats contractants protègent les écosystèmes riverains du fleuve et de ses affluents, et gèrent la ressource dans le respect des équilibres naturels, notamment ceux des zones humides, en utilisant conjointement leurs législations et réglementations nationales et, en cas de besoin, les instruments réglementaires à la disposition de la Commission.*» Nous verrons plus tard si ce principe est intégré dans les législations nationales. Il faut relever le caractère flou de l'expression "utilisation conjointe des législations nationales". Voudrait-on faire allusion aux institutions nationales chargées de la gestion des eaux ? Peut-être. En plus, « axée sur le futur », la

---

441 L'étude d'impact environnemental a été définie par la Convention d'Espoo du 25 février 1991 sur l'évaluation d'impact sur l'environnement dans un contexte transfrontalier comme « une procédure nationale ayant pour objet d'évaluer l'impact probable », c'est-à-dire « tout effet d'une activité proposée sur l'environnement, notamment sur la santé et la sécurité, la flore, la faune, le sol, l'air, l'eau, le climat, le paysage et les monuments historiques et autres constructions, ou l'interaction entre ces facteurs.»

442 DAILLIER P., FORTEAU M., *op cit*, p. 1455.

443 STIRLING Andrew, *op cit*, p. 74.

444 STIRLING Andrew, *op cit*, p. 74.

445 Article 19 de l'Additif du 22 février 2007.

précaution est difficile à intégrer dans le droit[446], car *« le droit s'accommode difficilement du flou et du relativisme de la précaution*[447]*.* » Dans les pays en développement dépendants de l'exploitation des ressources naturelles, la précaution se présenterait comme un élément dissuasif des investissements.

Quant au principe de prévention, il est prévu par le quatrième alinéa de l'article 14 qui énonce ce qui suit : *«... les Etats contractants se concertent afin de prévenir l'introduction d'espèces étrangères ou nouvelles, de plantes ou de d'animaux, susceptibles de modifier les écosystèmes, et afin de combattre les effets négatifs de telles introductions lorsqu'elles se sont déjà produites.»* Ce principe peut être aussi déduit de l'alinéa premier de l'article 19 qui interdit l'exécution des projets *susceptibles de modifier de manière significative les caractéristiques des eaux partagées* sans approbation préalable des autres Etats contractants. Ce principe impose des obligations identiques à celles du principe de précaution. La CIJ a précisé que ce principe de prévention « *implique la nécessité, non seulement d'adopter les normes et mesures appropriées, mais encore d'exercer un certain degré de vigilance dans leur mise en œuvre ainsi que dans le contrôle administratif des opérateurs publics et privés, par exemple en assurant la surveillance des activités entreprises par ses opérateurs »*[448].

Comme il a été signalé précédemment, le principe de prévention se différencie du principe de précaution par le fait qu'il *« se base sur une évaluation des risques en fonction des connaissances certaines du moment. On sait que le risque existe et que le dommage interviendra si on n'agit pas avant »*[449]. Il impose de prendre « *des mesures face à un risque inconnu ou mal connu*[450]*.* » La nécessité de prévenir des dommages entre les Etats riverains d'un cours d'eau international a été affirmée par la CIJ : « *dans le domaine de la protection de l'environnement, la vigilance de prévention se traduit par la surveillance de l'environnement, la vigilance et la prévention s'imposent en raison du caractère souvent irréversible des dommages causés à l'environnement et des limites inhérentes aux mécanismes de réparation de ce type de dommages*[451]*. »*

En gros, le principe de prévention et le principe de précaution sont deux principes qui se recoupent ou se complètent ; ils ont tous deux pour but

---

[446] BOISSON DE CHAZOURNES Laurence, « La protection de l'environnement global... », op cit, p. 49.
[447] Idem
[448] CIJ, affaire des usines de pâte à papier, arrêt du 20 avril 2010, § 197.
[449] Idem
[450] LAVIEILLE Jean-Marc, *Droit international de l'environnement*, 3e éd. Ellipses, Paris, 2010, 192 pages, p. 171.
[451] CIJ, affaire du Projet Gabcikovo-Nagymaros (Hongrie-Slovaquie), arrêt du 25 septembre 1997, § 140.

d'éviter des dommages irréversibles. Ces principes imposent les études d'impact environnementaux et les dispositifs de prévention des risques[452]. L'étude d'impact constitue un *« outil essentiel de la protection de l'environnement »*[453]. Mais, ces deux principes se différencient dès lors que le principe de prévention intervient lorsque le risque est connu.

Les différents principes étudiés marquent un pas de plus de l'intégration juridique ; ils constituent les bases d'une législation communautaire d'utilisation et de gestion des eaux. Ils favorisent, comme d'autres principes, le maintien des relations pacifiques et la protection de l'environnement. C'est une innovation que le droit de la CICOS introduit dans la mesure où les CER n'ont pas pu construire des normes de protection de l'environnement. Cet aspect de la protection de l'eau en temps de paix étant abordé, on peut alors passer à l'étude du régime de l'eau partagée en temps de guerre.

2 : La protection des ressources en eau en temps de guerre

Depuis la conférence de Rio de 1992 sur l'environnement et le développement, la Communauté internationale avait affirmé que *« la paix, le développement et la protection de l'environnement sont interdépendants et indissociables »*[454] et que *« la guerre exerce une action intrinsèquement destructrice sur le développement durable. Les Etats doivent donc respecter le droit international relatif à la protection de l'environnement en temps de conflit armé et participer à son développement, selon que de besoin*[455]*. »* Ces termes de la Déclaration de Rio ont influencé les textes actuels du bassin du fleuve Congo. L'article 13 de l'Accord du 06 novembre 1999 est intitulé : *« le fleuve et ses dépendances en période de conflit armé »*. Il pose le principe selon lequel *« les voies navigables définies à l'article 3 et les installations, aménagements et autres ouvrages connexes bénéficient de la protection accordée par les règles et principes du droit international applicables aux conflits armés internationaux et non internationaux et ne sont pas utilisés en violation de ces règles et principes. »* Il s'agit des « principes généraux » du droit international humanitaire qui s'appliquent en matière de protection de l'environnement[456].

---

[452] ROCHE Catherine, *op cit*, p. 34.

[453] MORAND-DEVILLER Jacqueline, *Droit de l'environnement*, éd. ESTEM, Paris, 1996, 194 pages, p. 28.

[454] Principe 25 de la Déclaration de Rio.

[455] Principe 24 de la Déclaration de Rio.

[456] JOUNI Hassan, « La protection de l'environnement à la lumière du droit international humanitaire », pp. 97-112, in DE RAULIN Arnaud et SAAD Georges

Le premier Protocole additionnel (1977) aux conventions de Genève prévoit des règles applicables à la protection de l'environnement en période de conflit armé aux articles 55 et 56, notamment. Le premier porte sur *« la protection de l'environnement naturel »*[457] tandis que le second porte sur *« la protection des ouvrages et installations contenant des forces dangereuses. »*[458] Ces deux dispositions sont complétées par l'article 17 de

---

(dir.), *Droits fondamentaux et droit de l'environnement,* L'Harmattan, Paris, 2010, 288 pages, p. 99.

[457] L'article 55 du Protocole additionnel aux conventions de Genève stipule que: « 1. La guerre sera conduite en veillant à protéger l'environnement naturel contre des dommages étendus, durables et graves. Cette protection inclut l'interdiction d'utiliser des méthodes ou moyens de guerre conçus pour causer ou dont on peut attendre qu'ils causent de tels dommages à l'environnement naturel, compromettant, de ce fait, la santé ou la survie de la population. 2. Les attaques contre l'environnement naturel à titre de représailles sont interdites. »

[458] L'article 56 quant à lui prévoit : « 1. Les ouvrages d'art ou installations contenant des forces dangereuses, à savoir les barrages, les digues et les centrales nucléaires de production d'énergie électrique, ne seront pas l'objet d'attaques, même s'ils constituent des objectifs militaires, lorsque de telles attaques peuvent provoquer la libération de ces forces et, en conséquence, causer des pertes sévères dans la population civile. Les autres objectifs militaires situés sur ces ouvrages ou installations ou à proximité ne doivent pas être l'objet d'attaques lorsque de telles attaques peuvent provoquer la libération de forces dangereuses et, en conséquence, causer des pertes sévères dans la population civile. 2. La protection spéciale contre les attaques prévues au paragraphe 1 ne peut cesser, *a)* pour les barrages ou les digues, que s'ils sont utilisés à des fins autres que leur fonction normale et pour l'appui régulier, important et direct d'opérations militaires, et si de telles attaques sont le seul moyen pratique de faire cesser cet appui ; *b)* pour les centrales nucléaires de production d'énergie électrique, que si elles fournissent du courant électrique pour l'appui régulier, important et direct d'opérations militaires, et si de telles attaques sont le seul moyen pratique de faire cesser cet appui ; c) pour les autres objectifs militaires situés sur ces ouvrages ou installations ou à proximité, que s'ils sont utilisés pour l'appui régulier, important et direct d'opérations militaires, et si de telles attaques sont le seul moyen pratique de faire cesser cet appui. 3. Dans tous les cas, la population civile et les personnes civiles continuent de bénéficier de toutes les protections qui leur sont conférées par le droit international, y compris des mesures de précaution prévues par l'article 57. Si la protection cesse et si l'un des ouvrages, l'une des installations ou l'un des objectifs militaires mentionnés au paragraphe 1 est attaqué, toutes les précautions possibles dans la pratique doivent être prises pour éviter que les forces dangereuses soient libérées ; 4. Il est interdit de faire de l'un des ouvrages, de l'une des installations ou de l'un des objectifs militaires mentionnés au paragraphe 1 l'objet de représailles ; 5. Les parties au conflit s'efforceront de ne pas placer d'objectifs militaires à proximité des ouvrages ou installations mentionnés au paragraphe 1. Néanmoins, les installations établies à la seule fin de défendre les ouvrages ou installations protégées contre les attaques sont autorisées et ne doivent pas être elles-mêmes l'objet d'attaques, à condition

l'Annexe I du même Protocole additionnel. Cet article porte sur « le signe spécial international »[459] des ouvrages et installations contenant des forces dangereuses. A la lumière de ces dispositions, les cours d'eau et leurs dépendances ne doivent pas faire l'objet d'attaques ou de destruction pendant les périodes de conflits armés ni être utilisés comme armes de guerre. Ils sont des biens communs indispensables pour toute personne à tout moment. Par contre, un penseur a pu constater que *« ces normes établissent une protection faible en matière de sauvegarde des cours d'eau internationaux. »*[460] Si « *la Convention de Genève interdit de s'attaquer aux ressources en eau lors d'une guerre, elle ne fait l'objet d'aucun mécanisme d'implémentation et peut être contournée par la destruction de centrales hydroélectriques afin d'atteindre aisément les canalisations d'eau fournissant les habitants en eau potable ou les systèmes d'épuration d'eau*

---

qu'elles ne soient pas utilisées dans les hostilités, sauf pour les actions défensives nécessaires afin de répondre aux attaques contre les ouvrages ou installations protégés et que leur armement soit limité aux armes qui ne peuvent servir qu'à repousser une action ennemie contre les ouvrages ou installations protégées. 6. Les hautes parties contractantes et les parties au conflit sont instamment invitées à conclure entre elles d'autres accords pour assurer une protection supplémentaire des biens contenant des forces dangereuses. 7. Pour faciliter l'identification des biens protégés par le présent article, les parties au conflit pourront les marquer au moyen d'un signe spécial consistant en un groupe de trois cercles orange vif disposés sur un même axe comme il est spécifié à l'article 16* de l'annexe 1 du présent protocole. L'absence d'une telle signalisation ne dispense en rien les parties au conflit des obligations découlant du présent article. »

[459] L'article 17 de l'annexe I dispose que « 1. Le signe spécial international pour les ouvrages et installations contenant des forces dangereuses, prévu au paragraphe 7 de l'article 56 du protocole, consiste en un groupe de trois cercles orange vif de même dimension disposés sur un même axe, la distance entre les cercles étant égale au rayon, conformément à la figure 5 ci-après.

2. Le signe doit être aussi grand que le justifient les circonstances. Le signe pourra, lorsqu'il est apposé sur une grande surface, être répété aussi souvent que le justifient les circonstances. Dans la mesure du possible, il doit être apposé sur des drapeaux ou sur des surfaces planes de façon à être rendu visible de toutes les directions possibles et d'aussi loin que possible.

3. Sur un drapeau, la distance entre les limites extérieures du signe et les côtés adjacents du drapeau sera égale au rayon des cercles. Le drapeau sera rectangulaire et le fond blanc.

4. De nuit ou par visibilité réduite, le signe pourra être éclairé ou illuminé ; il pourra également être fait de matériaux le rendant reconnaissable par des moyens techniques de détection.»

[460] TIGNINO Mara, « L'eau et la guerre: une perspective juridique », pp. 15-16, in *Ethique globale de l'eau*, Actes du 3e colloque interdisciplinaire organisé par le w4w le 19 mars 2013 au Musée d'Histoire des sciences de Genève (http://www-ville-ge.chmhs/anima_2013_eau.php), p. 17.

»[461]. L'absence de mécanisme de contrôle du respect des dispositions sus indiquées expose les eaux douces transfrontalières et les infrastructures qui en dépendent au risque d'utilisation, par les protagonistes, comme armes de guerre[462].

L'article 13 de l'Accord du 06 novembre 1999 a entendu ainsi contribué à la mise en œuvre des dispositions du Protocole additionnel aux Conventions de Genève puis des principes 23, 24 et 25 de la Déclaration de Rio de 1992 au plan régional. Sachant la chronique des conflits armés dans la sous-région, les auteurs de l'Accord se sont de ce fait engagés à mettre les ressources en eau, les voies navigables et leurs dépendances hors d'atteintes militaires. L'eau n'est pas un instrument de combat. Certainement, le maintien de la paix est une condition *sine qua non* à la réussite de la mise en œuvre de la GIRE.

Section II : Les techniques communes de mise œuvre de la GIRE

L'Additif du 22 février 2007 a défini les différents principes de la GIRE mais, ils ne constituent que des principes généraux sur lesquels se fondent la politique de gestion des ressources du bassin fluvial. Pour assurer leur mise en œuvre, la CICOS s'emploie à élaborer les outils de planification de gestion de l'eau, selon une approche de GIRE, et à œuvrer pour l'implication des institutions régionales et nationales dans le contrôle du respect des principes fixés et des mesures prises. De ce fait, il sera question d'étudier dans un premier temps la planification de la GIRE (Paragraphe I) avant d'aborder dans un second temps le contrôle de la gestion intégrée des eaux douces transfrontières (Paragraphe II).

Paragraphe I : La planification de la GIRE

Dans la quête d'une gestion intégrée efficace, la CICOS s'est vue attribuer la responsabilité de concevoir un plan de gestion intégrée des ressources en eau du bassin COS. Ce plan repose sur des outils stratégiques de planification de la GIRE, en l'occurrence le PASGIRE et le SDAGE (A). Mais, ces instruments seuls ne suffisent pas pour une gestion efficiente et durable des ressources en eau du bassin COS. C'est ainsi que l'Additif prévoit l'élaboration d'autres types d'outils que l'on peut appeler outils spécifiques (B) au motif qu'ils s'appliquent aux usages spécifiques de l'eau.

---

[461] ASSOULINE Jannine et ASSOULINE Samuel, *Géopolitique de l'eau*, édition Studyrama, 2012, 224 pages, pp. 125-126.
[462] TIGNINOMara, op cit, p. 17.

A : Les outils de planification générale de la GIRE

Nous allons parler de la procédure d'élaboration des outils de planification générale de la GIRE avant d'aborder leur contenu.

Si antérieurement, les activités de la CICOS se limitaient à la réglementation de la navigation fluviale, aujourd'hui, grâce à l'Additif du 22 février 2007 qui élargit ses compétences à la GIRE, elle joue un rôle plus ambitieux dans la planification générale de la GIRE qui se caractérise par une diversité d'objectifs à atteindre dans les prochaines années. Il s'agit là des outils indispensables à la mise en œuvre de la GIRE, car ils facilitent la mise à la disposition du public et des autorités nationales les connaissances sur l'état du bassin, les problèmes qui se posent et de fixer les objectifs pour la mise en valeur de chaque secteur d'utilisation de l'eau. C'est ainsi qu'en ce qui concerne le PAS-GIRE, il a pour objectif de *« mettre à la disposition du Secrétariat général de la CICOS un instrument de management qui lui permette de disposer d'une vision claire des problèmes et des perspectives de la région du bassin ainsi que des actions visant à apporter les réponses appropriées aux préoccupations des parties prenantes de la GIRE. »*[463]

En ce qui concerne la procédure d'élaboration, elle se caractérise par la compétence d'initiative du Secrétariat général de la CICOS et le pouvoir d'adoption du Comité des ministres. La compétence d'initiative est un rôle important attribué à l'organe intégré de la CICOS. La centralisation de l'initiative prouve, une fois de plus, la volonté de rompre avec l'inter étatisme souvent inhibiteur du processus d'élaboration des textes des organisations internationales[464]. Au regard des enjeux de la gestion intégrée des ressources en eau, le Secrétariat général a reçu le mandat d'identifier des problèmes majeurs. Pour ce faire, il a procédé à l'organisation des ateliers qui ont permis de recenser les préoccupations exprimées par l'ensemble des parties prenantes. Il reste à savoir si la CICOS avait pu recueillir le maximum des informations de qualité au regard, non seulement de la vaste étendue du bassin COS, mais aussi de la difficile connaissance effectives des problèmes qui se posent dans la région, afin de mieux répondre aux préoccupations des Etats et des peuples.

Toutefois, l'ensemble des préoccupations exprimées avaient permis au Secrétariat général de les transformer en thématiques de base pour

---

[463] Synthèse exécutive sur le PAS-GIRE-BC, p. 1.

[464] Cette méthode est semblable à celle des traités des organisations d'intégration économique qui attribuent l'initiative normative à l'organe intégré, généralement appelé commission telle que la Commission de l'UE, la Commission de la CEMAC, la Commission de l'UEMOA, la Commission de la CEDEAO.

l'élaboration du PAS[465]. Ce dernier est alors *« l'une des premières initiatives menées par la CICOS dans le domaine de la GIRE.»*[466] *« L'objectif du PAS visait à définir le cadre de référence de la GIRE dans le bassin du Congo.»*[467] Sur la base de ces thématiques, l'élaboration du PAS a été basée sur la production de 19 livrables qui couvrent quatre grands domaines de préoccupation. Ces derniers font l'objet d'études sectorielles. Il s'agit de :

- développement socioéconomique régional et transfrontalier ;
- la protection de l'environnement et la préservation des ressources ;
- le renforcement des capacités, les systèmes d'information, et la prise en compte de la dimension genre ;
- l'Harmonisation des politiques de l'eau et la prise en compte du principe du partage des coûts et des bénéfices (elle a deux domaines de préoccupation suivant le document d'orientation des politiques de l'eau et le Document d'étude prospective sur le développement socioéconomique et le partage des bénéfices et des coûts[468].

Pour chacun de ces thèmes, une analyse de diagnostic a été réalisée et validée auprès des différentes parties prenantes[469]. En dernier lieu, il faut signaler que le PAS a permis à la CICOS d'élaborer environ 450 projets dont 72 ont été jugés prioritaires. Il constitue le point de départ du processus GIRE, dotant la CICOS d'une base d'information et d'analyse nécessaire au développement d'une politique d'aménagement et d'exploitation cohérente des ressources en eau dans le bassin.[470]

En ce qui concerne le SDAGE, son élaboration repose sur l'article 15 de l'Additif du 22 février 2007 qui dispose : « *En complément des dispositions de l'article 14 ci-dessus, le Comité des Ministres, sur proposition du secrétariat général, et après avis du comité de direction, adopte un schéma directeur d'aménagement et de gestion des eaux.*

Ce document fixe en particulier les conditions dans lesquelles la Commission :

- collecte, centralise et diffuse les données du suivi des ressources en eau réalisé par les Etats contractants, tant sur le plan quantitatif que qualitatif ;

465 Synthèse exécutive sur le PAS-GIRE-BC, p. 1.

466 Schéma Directeur d'Aménagement des Ressources en Eau (SDAGE), Etat des lieux, 2015, (disponible sur www.cicos.int, consulté le 19 janvier 2017 à 11 heure.), p. 11

467 Idem

468 CICOS, PAS-GIRE-BC, Synthèse exécutive, pp. 1-2.

469 SDAGE, état des lieux 2015, p. 2.

470 Idem, p 3

- effectue un recensement cartographique des zones de recharge des eaux souterraines, afin de les inventorier, de délimiter les zones d'alimentation et de captage, et de connaître leurs interactions avec les eaux de surface ;
- recommande aux Etats contractants des mesures de limitation ou de suspension provisoire de certains usages de l'eau, pour faire face à des situations de pénurie, de risque ou de catastrophe naturelle ;
- édicte, dans le respect de l'équilibre général des droits et obligations résultant du présent Additif et des diverses autorisations accordées, des prescriptions spéciales applicables aux installations, activités et pratiques des usagers, ainsi que les conditions dans lesquelles peuvent être contrôlées, suspendues, limitées ou interdites certaines utilisations de l'eau ;
- met en place les procédures nécessaires à l'identification et à l'évaluation des sources de pollution, des milieux de diffusion et à la surveillance des rejets.»

L'élaboration du SDAGE est un processus complexe et long. Elle nécessite une bonne mobilisation des moyens financiers et techniques pour connaître les ressources en eau et les écosystèmes. Il constitue l'instrument d'orientation pour la protection des ressources en eau, permettant de gérer l'eau en application du principe d'équilibre tel que l'exige l'Additif. La CICOS s'est fixé l'objectif de mettre au point le SDAGE de 2016 à 2020. En ce moment, le SDAGE de la CICOS est en cours d'élaboration progressive. La CICOS a déjà réalisé l'Etat des lieux des ressources en eau du Bassin Congo-Oubangui-Sangha, la Vision partagée et le Programme de mesures. D'après le secrétaire général sortant, Monsieur Simon SAKIBEDE, l'état des lieux des ressources en eau du bassin Congo-Oubangui-Sangha est une « *analyse de la situation des eaux dans le bassin, sous divers aspects : les ressources disponibles, en quantité et en qualité, leurs relations avec l'environnement et avec l'évolution climatique, les menaces qui pèsent sur elles, les usages qui en sont faits, les contraintes qui limitent ces usages, qu'il s'agisse de la gouvernance de l'eau, des infrastructures pour sa mobilisation et son exploitation, ou de la gestion de cette ressource irremplaçable. L'état des lieux propose aussi une présentation et une analyse de tous les acteurs concernés par la gestion et la valorisation des eaux, dans une perspective de gestion par bassin qui dépasse largement le cadre des Etats individuels. Enfin et surtout, l'état des lieux présente une analyse des enjeux liés au cadre de gestion et des enjeux sectoriels. Par enjeux, il faut comprendre aussi bien les faiblesses du passé à corriger que les défis de l'avenir à relever* »[471].

---

471 Schéma directeur d'aménagement des ressources en eau (SDAGE), Etat des lieux, 2015, p. 6, (disponible sur www.cicos.int, consulté le 19 janvier 2017 à 11 heure).

Ce document (Etat des lieux) pose les bases de l'élaboration du SDAGE. Ce dernier permet à la CICOS et à l'ensemble des parties prenantes d'élaborer la Vision partagée sur la gestion des ressources du Bassin à l'horizon 2035[472] et le Programme de mesures. La Vision partagée « *définit des axes stratégiques déclinés en objectifs et mesures établis après concertations avec tous les acteurs organisés en plateformes nationales et régionales* »[473]. Le Programme de Mesures (PDM) du SDAGE de la CICOS quant à lui est un « *ensemble cohérent d'activités à réaliser pour contribuer à la mise en œuvre de la GIRE à l'échelle du bassin du Congo, à optimiser les conditions de croissance économique dans les secteurs de l'eau – c'est-à-dire presque tous – et à favoriser la durabilité des ressources en eau et du patrimoine environnemental associé*[474]. »

Comme on peut le constater, les outils de la planification générale de la GIRE soulèvent la question de leur valeur juridique. L'Additif et encore moins l'Accord du 06 novembre 1999 ne disent mot sur la portée juridique de ces instruments. En réalité, ils ne sont que des documents d'étude. Or, ils suivent le même processus d'élaboration que les Règlements communs en matière de navigation et de transport fluvial. Si ces outils sont dépourvus de valeur juridique, la GIRE s'affaiblirait. L'application de l'Additif en tant que traité ne peut être efficace que si elle est mise en œuvre par des actes dérivés ayant une portée juridique contraignante. En France, par exemple, même s'il s'agit d'un contexte national, le SDAGE, instrument d'orientation à l'échelle du bassin, a une portée juridique obligatoire.[475] Il doit respecter les règles en vigueur, mais impose aussi un rapport de compatibilité dans le domaine de l'eau et de l'urbanisme particulièrement[476]. Toutes les décisions des autorités publiques en rapport avec l'eau ou l'urbanisme doivent respecter les dispositions ou mesures prises dans le SDAGE[477] français.

Pour plus d'efficacité en matière de GIRE, la CICOS pourrait s'inspirer du cas français. Ou encore, dans la mesure où l'on se trouve dans un contexte communautaire, les instruments de mise en œuvre de la GIRE du bassin COS peuvent jouer le même rôle celles des Directives de l'UE ou de la CEMAC. A titre de rappel, la Directive est définie comme étant un acte juridique de portée générale c'est-à-dire qui lie tout Etat membre quant au

---

472 SDAGE, état des lieux, op cit, p. 7.

473 CICOS, Vision partagée 2035, Préface de M. Robert BOPOLO MBONGEZA, Ministre de l'environnement, de la conservation de la nature et du développement durable de la République Démocratique du Congo, p. 5.

474 CICOS, Programme de mesures (PdM) 2016-2020, p. 10.

475 DROBENKO Bernard, *Droit de l'eau*, Gualino éditeur, Paris, 2007, 330 pages, p. 86.

476 Idem, p. 86.

477 Idem, p. 87.

résultat à atteindre tout en laissant aux instances nationales leur compétence en ce qui concerne la forme et les moyens[478]. Pour donner à ces instruments de la GIRE une portée juridique, il est souhaitable d'insérer dans l'Additif une définition analogue à celle de la « directive » UE. Une révision de l'Additif est donc nécessaire.

En plus de ces instruments de planification générale de la GIRE, le Secrétariat général a déjà élaboré le Manuel de notification préalable des mesures projetées dans le bassin du Congo de la CICOS. Le Secrétariat général s'emploie à faire la promotion de cet instrument auprès de ces Etats membres en vue de les sensibiliser sur l'existence de ce projet, d'en discuter et d'expliquer la procédure de notification préalable. En RC, un atelier avait été organisé à ce sujet pendant les journées du 23 au 24 juillet 2019 à la Banque de développement des Etats d'Afrique centrale (BDEAC). L'Additif a par ailleurs prévu d'autres outils spécifiques servant à la mise en œuvre de la GIRE.

B : Les outils spécifiques de la GIRE

En complément des instruments de planification générale de la GIRE, l'Additif a prévu d'autres instruments qui répondent aux besoins spécifiques des utilisations des ressources en eau à des fins autres que la navigation. Certains usages très particuliers ont besoin d'une règlementation précise qui ne peut pas figurer dans les instruments exposés précédemment. Toutefois, ces instruments, que nous qualifions de spécifiques, n'apparaissent pas clairement dans les dispositions de l'Additif. Une analyse approfondie de la volonté des auteurs de l'Additif permet d'identifier quelques-uns d'entre eux. Il s'agit par exemple de la réglementation du seuil des prélèvements d'eau (1) et de la nomenclature des installations et ouvrages, travaux et aménagements (2).

1 : La règlementation du seuil de prélèvements d'eau

Au nombre des outils spécifiques de la GIRE, il y a le seuil des prélèvements d'eau pour les usages domestiques. Le troisième alinéa de l'article 10 de l'Additif dispose en effet ce qui suit :

« En dérogation au régime général d'autorisation ou de déclaration, les usages domestiques de l'eau sont libres. Sont considérés comme usages domestiques ceux correspondant à des prélèvements quotidiens inférieurs à un seuil fixé par décision du Comité des Ministres sur proposition du Secrétariat général de la Commission. »

---

[478] Article 41 du Traité révisé de la CEMAC du 25 juin 2008.

A la lumière de cette disposition, le Secrétaire général est compétent pour élaborer l'instrument fixant le seuil des prélèvements d'eau qui sera par ailleurs adopté par le Comité des ministres. On peut appeler cet instrument « Seuil de prélèvement d'eau à usages domestiques.» Les auteurs de l'Additif ont voulu traiter les prélèvements d'eau pour les besoins domestiques de manière particulière en raison de l'importance de cet usage dans la vie des personnes et de la priorité qui lui est accordée. Selon les termes de l'Additif, les prélèvements d'eau pour les besoins domestiques sont les usages prioritaires parmi tant d'autres. Le troisième alinéa de l'article 9 de l'Additif dit : *« en cas de situation de pénurie, la priorité sera accordée à l'approvisionnement en eau potable pour les besoins domestiques, l'élevage, et à la préservation des écosystèmes aquatiques.»* Signalons en passant que la priorité accordée à l'approvisionnement en eau pour les besoins domestiques constitue un moyen de garantir le droit de l'homme à l'eau. Ce droit a été affirmé dans les conventions et déclarations internationales et régionales. Au niveau international, en 1972, lors de la première Conférence des Nations Unies sur l'environnement, la Déclaration de Stockholm affirme dans son principe 1er que *« L'homme a un droit fondamental à la liberté, à l'égalité et des conditions de vie satisfaisantes, dans un environnement dont la qualité lui permet de vivre dans la dignité et le bien-être.»* La Déclaration de Dublin est plus explicite à ce sujet lorsque le principe 4 affirme *« le droit fondamental de l'homme à une eau salubre et une hygiène adéquate pour un prix abordable.»*

Au niveau régional, les Etats se sont engagés à travers la Charte africaine des droits et du bien-être de l'enfant à *« assurer la fourniture d'une alimentation adéquate et d'eau potable »*[479]. Le droit à l'eau potable tel que proclamé est une condition essentielle pour le droit fondamental de l'homme à la vie. On a tant dit que l'eau c'est la vie. C'est dans ce sens que l'Assemblée Générale de l'ONU a reconnu le 28 juillet 2010 que *« le droit à l'eau potable et à l'assainissement est un droit de l'homme, essentiel à la pleine jouissance de la vie et à l'exercice de tous les droits de l'homme »*[480].

En Afrique centrale, l'eau est abondante, mais l'accès à l'eau potable reste un combat pour les populations. *« La grande majorité des résidents du bassin du Congo n'est pas connectée à l'eau potable », « moins de 25% de la population du bassin a un accès aisé et régulier à l'eau salubre.»*[481] Cette situation est le résultat des infrastructures endommagées, de la croissance

[479] Article 14 alinéa (C) de la Charte africaine des droits et du bien-être de l'enfant, adoptée à Addis-Abeba (Ethiopie), juillet 1990.

[480]Assemblée générale des Nations Unies, RES/64/292 portant sur le droit de l'homme à l'eau et l'assainissement, 108e séance plénière28 juillet 2010.

[481] Schéma directeur d'aménagement et de gestion des eaux de la CICOS, état des lieux 2015, p. 36.

rapide de la population, du manque de capacité de gestion des acteurs et de l'absence d'une politique harmonisée dans la région[482].

En second lieu, le seuil de prélèvement d'eau couvre tous les usages de l'eau pour des besoins économiques tels que l'irrigation des sols pour l'agriculture. L'Additif a attribué à la CICOS le mandat de fixer la quantité de l'eau que chaque Etat et les citoyens peuvent prélever pour la satisfaction de leur besoin. Cette compétence conduit vers une réglementation harmonisée de l'utilisation de l'eau dans tous les Etats membres.

En plus du seuil des prélèvements d'eau, d'autres instruments spécifiques sont prévus par l'Additif, toujours en complément des instruments de planification générale. Il s'agit de la nomenclature des installations, ouvrages, travaux ou aménagements.

2 : La nomenclature des installations, ouvrages, travaux ou aménagements

Une nomenclature est une liste, un catalogue détaillé et ordonné des éléments d'un ensemble permettant de classer ceux-ci[483].

La nomenclature des installations, ouvrages, travaux ou aménagements est élaborée par le Secrétariat général de la Commission en tenant compte des scénarii de leur construction et de leur exploitation. Elle est approuvée par décision du Comité des Ministres sur proposition du Secrétaire général[484].

Dans le cadre de la CICOS, la Nomenclature consiste à faire la classification des activités ou des ouvrages devant faire l'objet d'autorisation préalable ou à déclaration préalable auprès des autorités nationales compétentes et de la CICOS. Cet instrument fait aujourd'hui l'objet de l'Annexe 1[485] du Manuel de notification préalable des mesures projetées dans le bassin du Congo dont l'article 7 fournit la définition[486]. Selon

---

482 Schéma directeur d'aménagement et de gestion des eaux de la CICOS, état des lieux 2015, p. 36.

483 Grand Usuel, Larousse, Dictionnaire encyclopédique.

484 Article 10 de l'Additif du 22 février 2007.

485 L'Annexe 1 est intitulé : Nomenclature des mesures projetées soumises à notification préalable ou à déclaration.

486 L'article 7 est libellé comme suit : *« La nomenclature des mesures projetées définit les usages et les activités qui sont soumis à notification préalable ou déclaration, conformément aux articles 10, 11 et 19 de l'Additif :*

- *les mesures projetées à impacts transfrontaliers significatifs sont soumises à notification préalable auprès de la Commission ;*
- *les projets dérogatoires au titre de leur nature domestique ou de leur caractère d'extrême urgence sont soumis à déclaration auprès de la Commission ;*

l'Annexe 1 du Manuel : « *La nomenclature des mesures projetées détermine les critères des mesures projetées soumises à notification ou à déclaration préalable au titre de leurs impacts transfrontaliers...* » Elle est un instrument de contrôle des usages de l'eau, elle a pour but de permettre de savoir si un projet ou un usage des ressources en eau pourrait générer un impact transfrontalier en fonction de sa nature, sa localisation, son importance ou la gravité de ses effets sur la ressource en eau et les écosystèmes aquatiques. La Nomenclature des mesures projetées énumère les types de mesures projetées en fonction de leurs impacts transfrontaliers : les mesures projetées à impacts quantitatifs[487] ; les mesures projetées à impacts qualitatifs[488] et les mesures projetées à impacts sur le milieu physique, environnemental ou social[489].

Au regard de ce qui précède, l'Additif veut que la CICOS traite de manière particulière les situations de nature particulière, c'est-à-dire les ouvrages ou travaux susceptibles de causer des impacts transfrontaliers doivent être catégorisés afin de faciliter le contrôle des usages de l'eau.

- *les mesures projetées impactant l'environnement mais n'ayant pas d'impact transfrontalier significatif sont soumises à déclaration auprès de la Commission...* »

487 L'Annexe 1 énumère toute activité entraînant directement ou indirectement, temporairement ou de façon permanente, une modification du régime des eaux partagées du bassin du fleuve Congo, de ses affluents et sous-affluents qui risquent de causer un dommage à toute utilisation des eaux souterraines et de surface ou aux ressources biologiques du cours d'eau. Il s'agit notamment de : ouvrages hydrauliques de stockage, de dérivation ou de régulation ; ouvrages hydrauliques de prélèvement dans les ressources superficielles ou souterraines pour l'irrigation, l'abreuvement du bétail, l'industrie ou toute autre utilisation.

488 Entre dans cette catégorie, selon l'Annexe 1 du Manuel, toute activité entraînant directement ou indirectement, temporairement ou de façon permanente, une modification préjudiciable de la composition chimique ou biologique, de la qualité des eaux et des écosystèmes associés, de la température ou de la radioactivité des eaux partagées du bassin du Congo, de ses affluents et sous-affluents qui risque de causer un dommage à la santé ou à la sécurité de l'homme ou à toute utilisation des eaux ou aux ressources biologique du cours d'eau. Il s'agit notamment de : stations de traitement des eaux usées et eaux de vannes ; activités industrielles et minières polluantes ; déversoirs d'orage et ouvrages de déversement d'eau de pluie (et projets d'imperméabilisation) ; activités agricoles ; activités artisanales (notamment tanneries, teintureries) ; toutes autres infrastructures ou activités.

489 Elles sont définies par l'Annexe 1 comme étant toute activité entraînant directement ou indirectement, temporairement, ou de façon permanente, une modification préjudiciable du régime, de la ligne d'eau, des caractéristiques physiques, des caractéristiques sédimentaires ou de l'équilibre écologique des eaux partagées, de leurs affluents et sous-affluents qui risque de causer un dommage à la santé ou à la sécurité de l'homme ou à toute utilisation des eaux ou aux ressources biologiques du cours d'eau.

Cependant, il est regrettable de constater que, pour ce qui concerne les outils spécifiques de la GIRE, leur valeur juridique n'a pas été aussi précisée. L'absence de valeur juridique pourrait entraîner l'inapplication des mesures prises dans le cadre de la GIRE. Les auteurs de l'Additif ont, sûrement, voulu que la CICOS élabore ces instruments pour aider tout simplement les Etats membres à s'en inspirer, qu'ils les reprennent ou les appliquent au plan national sous forme de législation. Le contrôle de la mise en œuvre de la GIRE peut courir le risque d'inefficacité si les Etats ne sont pas soumis à une obligation juridique d'élaborer et d'appliquer les instruments sus étudiés.

Paragraphe II : Le contrôle des usages de l'eau et la responsabilité des Etats

Par contrôle des usages de l'eau, on entend l'action de l'ensemble des acteurs impliqués dans la mise en œuvre des normes de la GIRE. Il s'agit ici en particulier de la CICOS et des institutions nationales chargées de la gestion de l'eau ainsi que des acteurs privés. La subsidiarité était déjà reconnue dans le Rapport de la Conférence internationale sur l'eau et l'environnement. Dans ce Rapport il est affirmé que *«...l'on doit, en toute situation, respecter le principe fondamental selon lequel les ressources en eau sont gérées à l'échelon compétent le plus bas.»*[490] On voit bien que le contrôle des usages de l'eau se fait à différents niveaux dans l'espace CICOS (A). Cependant, le défaut de contrôle des usages et les dommages que causeraient ceux-ci engagent la responsabilité de l'Etat défaillant (B).

A : Les différents niveaux de contrôle des usages de l'eau

L'Etat est le premier acteur du contrôle des usages de l'eau. C'est ainsi qu'il est tenu de veiller à ce que tout usage de l'eau fait sur son territoire soit soumis à son contrôle. C'est le mécanisme de l'autorisation préalable (1). Mais, dans un contexte d'intégration des politiques publiques de régulation des usages des eaux transfrontalières, le contrôle de l'eau a été renforcé par un mécanisme de contrôle supranational effectué par la CICOS et qui subordonne la mise en œuvre de certains projets au principe de notification et d'approbation préalable (2).

---

[490] Rapport de la Conférence internationale sur l'eau et l'environnement, Dublin du 26-31 janvier 1992, p. 41, (https://www.ircwash.org/sites/default/files/71-ICWE92-13393.pdf)

1 : Le contrôle national : le mécanisme de l'autorisation et déclaration préalables

Le pouvoir de contrôler les usages de l'eau revient avant tout aux Etats membres de la CICOS. Ils sont tenus de contrôler les usages des eaux transfrontaliers du bassin menés sur leurs territoires respectifs. Ce contrôle s'impose sans distinction des utilisations faites par les personnes publiques ou privées. L'alinéa premier de l'article 11 de l'Additif dispose que « *l'instruction des dossiers de demande d'autorisation, leur délivrance, ainsi que l'enregistrement des déclarations, sont de la compétence des Etats contractants.* » Cette disposition consacre le principe d'autorisation préalable avant toute exécution d'un projet sur l'eau. La participation du public, pourrait permettre d'apprécier les dangers d'une activité liée à l'eau.

Le principe d'autorisation préalable peut-être défini comme « *une technique administrative permettant à l'administration de contrôler et de surveiller certaines activités considérées comme très sensibles ou relevant de la souveraineté nationale.* »[491] Ce principe est en rapport étroit avec celui de la déclaration qui oblige les particuliers à prévenir l'Administration de l'existence d'activités sensibles ou relevant de la souveraineté nationale[492].

Il est encore prévu à l'article 10 de l'Additif qui dispose ce qui suit : « *sont soumis à autorisation préalable ou à déclaration les aménagements hydrauliques et, d'une manière générale, les installations, ouvrages, travaux et activités réalisés par toute personne physique ou morale, publique ou privée, et entraînant, selon le cas :*

- *des prélèvements d'eau superficielle ou souterraine, restitués ou non ;*
- *une modification des régimes hydrauliques ;*
- *des déversements, écoulements, rejets ou dépôts directs ou indirects, chroniques ou épisodiques, même non polluants.* »

Ce contrôle devient facile si les Etats disposent de la nomenclature des installations, ouvrages et travaux précédemment étudiée.

Cela dit, le principe de l'autorisation préalable et de déclaration préalable se présente, par ailleurs, comme une méthode servant à recueillir les informations relatives à l'usage des eaux partagées permettant aux autorités nationales d'effectuer le contrôle des activités menées sur le territoire afin de prévenir les dommages[493]. Cela sous-entend que les utilisateurs de l'eau,

---

491 UICN, *Fixer les normes pour une gestion équitable et durable du fleuve Sénégal : résumé des principes fondamentaux* », Dakar, Nombre 2006, 18 pages, p. 8.

492 Idem

493 Par exemple en RC, la Loi n°13-2003 portant Code de l'eau prévoit à son article 47 que « l'évacuation des eaux usées non domestiques dans le réseau est soumise à une autorisation préalable du gestionnaire du réseau. »

personnes privées ou publiques, doivent soumettre leurs projets au contrôle des autorités compétentes des Etats[494], le ministère de l'Eau en particulier, afin d'obtenir l'autorisation d'utiliser l'eau ou d'y entreprendre les activités.

L'article 12 de l'Additif fixe le contenu des demandes d'autorisation préalable. Il dispose que *« les demandes d'autorisation relatives à la construction des futurs barrages et autres ouvrages hydrauliques doivent comporter des scénarii de gestion sous forme de manuels de gestion établis à cet effet par le pétitionnaire. Ces manuels fixent les consignes à respecter pour chaque usage et, le cas échéant, l'ordre de certaines priorités techniques. »*

L'autorisation est accordée sous réserve des droits des tiers et des droits antérieurement exercés. Elle peut être retirée dans les mêmes formes pour les motifs d'intérêt public ou en cas de non-exécution et de non-respect des règles en matière de protection de l'environnement.

Le principe d'autorisation préalable est renforcé par celui de la participation du public, constitué des personnes physiques ou morales privées qui œuvrent pour protéger l'environnement, comme les ONG[495].

Pour renforcer le contrôle des usages des eaux et prévenir des impacts transfrontaliers, il a été institué un contrôle supranational.

2 : Le contrôle supranational : coopération et approbation préalable des projets

Le caractère interdépendant des ressources en eau du Bassin fluvial international fait naitre une communauté d'intérêts entre les parties concernées. L'Additif de la CICOS a institué le mécanisme supranational de l'approbation préalable des projets en vue de contrôler les activités dont les impacts pourraient dépassés les limites de l'Etat intéressé. Le principe de l'approbation préalable des projets concourt lui aussi à l'avancée de l'intégration dans la mesure où « *les Etats ne sont plus libres de négliger les effets externes que causent les activités ayant lieu sur leur territoire* »[496]. Le

---

494 La diversité des structures ayant des compétences qui peuvent concerner le domaine des eaux est susceptible de rendre difficile la coordination des informations relatives aux activités menées sur le territoire des Etats contractants. Cette difficulté peut être palliée par la centralisation des informations par les structures relais de la CICOS qui ont été évoquées plus haut.

495 Dans le cas précis du bassin du fleuve Congo, l'ONG Fondation de Brazzaville est parmi celles qui s'intéressent à la protection de l'environnement. Sa mission est de contribuer à la facilitation du règlement des conflits liés à l'environnement.

496 BOTHE Michel, « La protection de l'environnement… », op cit, p. 445.

contrôle au plan international est garanti par le devoir de coopérer. La CICOS joue de ce fait un rôle d'intermédiaire entre les Etats membres utilisateurs des eaux. Le Manuel de notification préalable des mesures projetées est entièrement consacré sur cette question.

Une fois que l'échange d'informations est effectué, la CICOS peut procéder à l'examen de nouveaux projets au niveau du Comité des Ministres. La Commission classifie les projets en trois catégories : les projets susceptibles d'avoir des impacts significatifs sur deux ou plusieurs Etats contractants ; les projets n'ayant pas d'impacts significatifs hors du territoire du pays contractant qui les autorise et les projets dérogatoires[497]. L'Annexe 1 du Manuel distingue trois types de mesures déjà cités : les mesures projetées à impacts quantitatifs ; les mesures projetées à impacts qualitatifs et les mesures projetées à impacts sur le milieu physique, environnemental ou social. Une obligation d'information et de consultation réciproque lie les parties, concernant les impacts éventuels de ces projets[498]. Le régime juridique de la première catégorie est plus rigoureux. L'alinéa premier de l'article 19 de l'Additif prévoit *« [qu'] aucun projet, susceptible de modifier de manière significative les caractéristiques des eaux partagées : régime, navigabilité, exploitabilité, qualité, état sanitaire, diversité biologique, ne peut être exécuté sans avoir été au préalable approuvé par les Etats contractants. »* D'après le Manuel de notification les projets doivent faire l'objet de notification[499] aux Etats contractants par l'intermédiaire du Secrétariat général qui les soumet au Groupe d'Experts Techniques et Scientifiques (GETS)[500]. En cas de danger, la mesure peut être discutée au Comité des Ministres. La notification doit se faire en temps utile. Elle doit être accompagnée de toutes les données techniques nécessaires à l'évaluation du projet, notamment les rapports d'études d'impact sur l'environnement. Le troisième alinéa de l'article 11 de l'Additif impose à ce que l'instruction des demandes d'autorisation tienne compte des grandes orientations d'aménagement et de gestion des eaux figurant dans les documents approuvés par le Comité des Ministres sur proposition du Secrétariat général.

---

[497] Article 19 alinéa 3 de l'Additif du 22 février 2007.

[498] Cette règle a été rappelée par la CIJ dans son arrêt du 20 avril 2010 relatif à l'Affaire des usines de pâte à papier.

[499] L'obligation de notification est prévue par la CNY à l'article 12 : « Avant qu'un Etat du cours d'eau mette en œuvre des mesures projetées susceptibles d'avoir des effets négatifs significatifs sur les autres Etats du cours d'eau, il en donne notification à ces derniers en temps utile. La notification est accompagnée des données techniques et informations disponibles y compris, le cas échéant, les résultats de l'étude d'impact sur l'environnement, afin de mettre les Etats auxquels elle est adressée à même d'évaluer les effets éventuels des mesures projetées. »

[500] Voir les articles 8 à 10 et 12 à 16 du Manuel de notification préalable des mesures projetées dans le bassin du Congo.

Le contenu des études d'impact, n'ayant pas été prévu dans le traité, fait courir le risque d'échange des informations insuffisantes. Un délai de trois mois est accordé aux Etats contractants pour donner leur avis motivé en réponse à la notification[501]. A l'expiration de ce délai, l'absence de réponse vaut normalement approbation[502], c'est-à-dire l'Etat auteur de la mesure projetée peut mettre celle-ci en œuvre. Mais, le Manuel de notification préalable ne prévoit pas cette possibilité. La procédure du Manuel semble être incomplète. Toutefois, le régime de la coopération connaît certaines dérogations, concernant particulièrement le devoir d'information préalable et la règle d'approbation préalable avant exécution des projets ou des mesures projetées. La première dispense l'Etat de l'obligation d'information et la seconde porte sur la mise en œuvre des mesures d'urgence.

L'article 13 de l'Additif impose aux Etats contractants et à la Commission de veiller à ce que les informations relatives à l'état des eaux du fleuve et de ses affluents soient rendues accessibles au public, mais les Etats sont dispensés de divulguer les informations touchant la sécurité et la défense nationale[503]. Ce principe est expressément prévu par l'article 31 de la convention des Nations Unies du 21 mai 1997 sur le droit relatif aux utilisations des cours d'eau internationaux à des fins autres que la navigation : *« Aucune disposition des présents articles n'oblige un Etat du cours d'eau à fournir des données ou des informations qui sont vitales pour sa défense ou sa sécurité nationale. Néanmoins, cet Etat doit coopérer de bonne foi avec les autres Etats du cours d'eau en vue de fournir autant d'informations que les circonstances le permettent ».*

L'autre exception concerne la mise en œuvre des mesures d'urgence. Elle est régie par les dispositions de l'Accord du 06 nombre 1999. L'article 11 de ce texte est intitulé « cas d'urgence »[504], l'article 12 porte sur la mise en

---

[501] Article 9 du Manuel de notification préalable.

[502] Article 19 alinéas 4 et 5 de l'Additif.

[503] L'article 31 de la Convention des Nations Unies sur le droit relatif aux utilisations des cours d'eau internationaux à des fins autres que la navigation adoptée le 21 mai 1997 porte sur les « Données et informations vitales pour la défense ou la sécurité nationale ». Cet article dispose ce qui suit : « Aucune disposition des présents articles n'oblige un Etat du cours d'eau à fournir des données ou des informations qui sont vitales pour sa défense ou sa sécurité nationale. Néanmoins, cet Etat doit coopérer de bonne foi avec les autres Etats du cours d'eau en vue de fournir autant d'informations que les circonstances le permettent.»

[504] L'article 11 dispose que « Tout Etat contractant informe sans retard et par les moyens les plus rapides disponibles, les autres Etats qui risquent d'être touchés ainsi que la Commission et toutes Organisations internationales concernées de toute situation d'urgence survenant sur les voies navigables définies à l'article 3.

œuvre des mesures d'urgence. Celui-ci prévoit que « *si la mise en œuvre des mesures projetées est d'une extrême urgence pour la protection de la santé ou de la sécurité publique ou d'autres intérêts vitaux, l'Etat qui projette ces mesures peut procéder immédiatement à leur mise en œuvre. L'Etat concerné communiquera à la Commission, dans les meilleurs délais, les éléments justifiant le caractère d'urgence des mesures prises.* » L'obligation d'information à laquelle l'Etat est tenu s'inscrit dans le futur, dans les meilleurs délais, pour que les mesures conjointes soient prises entre les Etats, la CICOS et toute autre organisation internationale pouvant être concernée. L'Additif institut une sorte de mécanisme « d'alerte internationale »[505], selon l'expression de Pierre-Marie DUPUY.

Afin de surmonter les difficultés relatives à la coopération, l'Additif encourage l'élaboration conjointe des mécanismes de prévention des impacts significatifs par une collaboration entre les Etats. Il s'agit de l'établissement de la liste des substances polluantes, la définition des objectifs et critères communs concernant la qualité des eaux en fonction des utilisations qui en sont faites, la mise au point des techniques et l'instauration des pratiques efficaces d'économie d'eau et de lutte contre les pollutions ponctuelles ou diffuses ; l'harmonisation des législations nationales relatives à l'eau et à l'environnement dans le territoire de compétence de la Commission[506]. Par ailleurs, ces actions communes sont complétées par le Schéma directeur d'aménagement et de gestion des eaux[507].

Tel est notre propos sur le contrôle supranational des usages de l'eau dans lequel la CICOS joue un rôle central. La violation des règles relatives aux utilisations des eaux transfrontalières engage la responsabilité internationale de l'Etat.

B : La responsabilité internationale de l'Etat

Les textes de base de la CICOS renvoient la question de la responsabilité internationale des Etats au droit international public. Ces textes paraissent

---

« Tout Etat contractant sur le territoire duquel survient une situation d'urgence prend immédiatement, en coopération avec la Commission et les Etats qui risquent d'être touchés ainsi que, le cas échéant, les Organisations internationales concernées, toutes les mesures pratiques possibles que dictent les circonstances pour prévenir, atténuer et éliminer les conséquences dommageables de la situation d'urgence.

« En cas de nécessité, la Commission élabore, conjointement avec les Etats concernés, des plans d'urgence pour faire face aux situations d'urgence. »

[505] DUPUY P.M. et KERBRAT Y. *op cit*, p. 122.

[506] Article 14, alinéa 5 de l'Additif du 22 février 2007.

[507] Le Schéma directeur est adopté par le Comité des Ministres sur proposition du Secrétariat général et après avis du Comité de direction (art. 15, alinéa premier).

limités lorsqu'ils prévoient l'engagement de la responsabilité qu'en cas de pollution alors que d'autres faits peuvent concourir à la violation du droit. Nous allons tout d'abord étudier les conditions d'engagement de la responsabilité de l'Etat-partie (1) et les effets de celle-ci (2) à la lumière du droit international.

1 : Les conditions d'engagement de la responsabilité de l'Etat

Pour que la responsabilité de l'Etat soit engagée sur le plan international, il faut que certaines conditions soient remplies. En outre, celle-ci doit être invoquée par les sujets habilités.

En ce qui concerne les conditions de l'engagement de la responsabilité de l'Etat, l'Additif énonce au dernier alinéa de l'article 16 que nonobstant l'application du principe pollueur-payeur, « *la violation par un Etat de ses obligations internationales en matière de pollution engage sa responsabilité conformément aux règles du droit international.* » A la lumière de cette disposition, la responsabilité de l'Etat ne peut être engagée les conditions suivantes doivent être remplies : « *la pollution de l'environnement du fleuve* » et l'imputation de ce fait à l'Etat.

La pollution de l'environnement du fleuve constitue la violation par l'Etat de ses obligations internationales. Elle constitue un fait internationalement illicite. L'article 1er du Projet d'articles de la CDI indique que *« Tout fait internationalement illicite de l'Etat engage sa responsabilité »*[508] L'acte illicite, d'après un auteur, *« ...implique le concours de deux éléments : l'action, c'est-à-dire un fait matériel, extérieur et sensible, et la règle de droit, avec laquelle elle se trouve en contradiction [...]. L'Acte illicite international est un acte en opposition avec le droit objectif international »*[509]. Les Etats sont ténus d'observer les différents principes relatifs aux utilisations des eaux du bassin. Le fait illicite est constitué à partir de l'écart séparant le comportement de l'Etat de ses obligations internationales. La tâche de la victime consiste à apporter la preuve en mettant en évidence la contradiction entre le comportement de l'Etat et ses obligations internationales[510].

Cependant, la violation des obligations internationales seules ne suffit pas pour constituer la responsabilité de l'Etat. Dans l'affaire des Usines de pâte à papier, la Cour avait jugé que l'Uruguay avait certes commis un fait

---

[508] Projet d'articles de la CDI sur la responsabilité internationale de l'Etat pour fait illicite, adopté en 2001

[509] Dionizio Anziloti, article paru à la RGDIP, 1906, cité par DUPUY P.M. et KERBRAT Y. *op cit*, p. 514.

[510] DUPUY P. M. et KERBRAT Y. *op cit*, p. 514.

internationalement illicite en ne respectant pas l'obligation procédurale de notification des mesures projetées à la Commission administrative du fleuve Uruguay, mais n'avait pas violé les obligations de fond qui consiste à causer un dommage significatif. Le fait illicite doit causer un dommage certain. Comme l'affirment les Professeurs Pierre-Marie DUPUY et Yann KERBRAT : *« Une responsabilité sans dommage est condamnée à rester à l'état de virtualité. [...], la responsabilité ne se résume pas dans l'établissement d'une atteinte intrinsèque à la légalité internationale. Elle fait naître également un nouveau rapport juridique entre son auteur et un autre sujet de droit, victime de cette violation. Ce qui permet d'identifier cette victime, c'est le dommage qu'elle subit.»*[511] Le dommage est un «*facteur de déclenchement* »[512] de la responsabilité internationale de l'Etat. L'Additif du 22 février 2007 retient la pollution comme fait internationalement illicite.

La pollution apparaît ici comme le fait générateur de la responsabilité internationale de l'Etat. L'Additif défini la pollution comme étant : *« L'introduction directe ou indirecte par l'homme de substances dans le fleuve et ses affluents, lorsqu'elle a, ou peut avoir, des effets nuisibles tels que des dommages aux ressources naturelles, des atteintes à la diversité biologique, des risques pour la santé humaine, des entraves aux activités dans le fleuve, et plus généralement une diminution de la quantité d'eau disponible ou une dégradation de sa qualité pouvant compromettre son utilisation.»*[513] On peut retenir de cette définition que les dommages susceptibles d'engager la responsabilité internationale de l'Etat sont ceux qui résultent des activités de l'homme[514]. L'événement causant le dommage doit résulter du comportement négligeant de l'Etat ou d'une omission[515]. La pollution des eaux causée par les activités humaines *« ... constitue à cet égard un danger encore plus grand du fait qu'elle peut se propager plus rapidement dans plusieurs Etats.»*[516] Il est également pris en compte d'autres dommages comme les inondations, l'assèchement d'un cours d'eau ou une diminution de la quantité d'eau suffisante pour l'irrigation, l'énergie hydraulique, etc.

---

[511] Idem, p. 542
[512] Idem, p.541
[513] Article 1er.
[514] D'ailleurs, l'article 21, alinéa 1er de la Convention des Nations Unies de 1997 définit la pollution d'un cours d'eau international comme « toute altération nuisible à la composition ou à la qualité des eaux d'un cours d'eau internationale, qui résulte directement ou indirectement d'une activité humaine ».
[515] CULINAN Cormac, HODGSON Stephen et BLATCH Caroline, *op cit*, p. 11
[516] KAMTO M. op cit. p. 885

Il reste que la victime d'un dommage causé par l'Etat doit apporter la preuve du lien de causalité, c'est-à-dire montrer que le dommage qu'il a subi résulte directement du fait de son auteur. Il en est ainsi de l'Etat aval qui se plaint de l'assèchement de la partie du fleuve situé sur son territoire, il doit montrer que ce fait est dû à la construction d'un ouvrage hydraulique par l'Etat amont sur le fleuve transfrontalier ou son affluent.

L'Etat est responsable des activités entreprises par ses propres organes[517] et des personnes privées situées sur son territoire ou agissant pour son compte. Cette responsabilité découle du principe cardinal du droit international du respect des droits des tiers. La Cour internationale de justice l'a maintes fois rappelé. Dans l'affaire du Détroit de Corfou, elle eut l'occasion d'affirmer *« l'obligation pour tout Etat de ne pas laisser utiliser son territoire aux fins d'actes contraires aux droits d'autres Etats.»*[518] De même, des spécialistes du droit international affirment ce qui suit : *« Il (l'Etat) devra veiller à s'assurer que des dommages ou préjudices divers ne seront pas entraînés sur le territoire des autres Etats par ses propres activités ou celles qu'il autorise. L'exercice par chacun de sa compétence territoriale, notamment en matière d'aménagement du territoire ou dans le cadre de l'exercice de sa souveraineté sur les ressources naturelles, ne peut s'effectuer que sans préjudice du droit des tiers.»*[519] Le respect de cette règle est assuré par les obligations de coopération, de consultation, d'information, d'autorisation et d'approbation préalable des projets susceptibles de causer des dommages transfrontalières[520]. C'est ainsi qu'il est institué le contrôle des usages de l'eau au niveau national et au niveau de la CICOS. Le Manuel de notification préalable des mesures projetées permet aux Etats d'éviter les dommages transfrontaliers.

L'admission de *« la violation par l'Etat de ses obligations internationales »* comme source de sa responsabilité au dernier alinéa de l'article 16 de l'Additif de 2007 ne semble pas prendre en compte la réalité des Etats-parties. En effet, si l'Etat doit être responsable des activités menées sur son territoire par le fait des personnes privées ou publiques, on ne doit pas ignorer l'incapacité de ces Etats de contrôler et de savoir tout ce qui se

---

[517] Selon, l'article 4 du projet de 2001 on peut retenir comme organes de l'Etat ceux exerçant des fonctions législatives, exécutives, judiciaires ou autres quelle que soit la position qu'il occupe dans l'organisation de l'Etat, et quelle que soit sa nature en tant qu'organe du gouvernement central ou d'une collectivité territoriale de l'Etat.

[518] CIJ, Affaire du Détroit de Corfou, Royaume-Uni de Grande-Bretagne/Albanie, Rec. 1996, pp. 241-242, § 29.

[519] DUPUY P. M. et KERBRAT Y. *op cit*. p. 120.

[520] CIJ, Affaire des Usines de pâte à papier sur le fleuve Uruguay, Arrêt du 20 avril 2010, op cit, paragraphe 81.

passe sur leur territoire[521]. Le Professeur Maurice KAMTO affirme que *« cette doctrine [de la responsabilité] établie n'est pertinente qu'à condition que l'Etat puisse être en mesure de contrôler toutes les activités des particuliers personnes physiques ou sociétés opérant sur son territoire »*[522]. Or, les territoires des Etats d'Afrique centrale ou des membres de la CICOS, sont moins contrôlés ; certaines régions sont sous le contrôle des groupes armés comme le Nord Kivu en RDC. Par ailleurs, cet argument doit être pris en compte avec prudence, car dire que la responsabilité de l'Etat ne devrait être engagée que si l'Etat est capable de contrôler son territoire, serait une manière d'accorder une possibilité aux Etats d'échapper aux effets de leur responsabilité en se prévalant de leur incapacité de contrôler le territoire.

2 : Les effets de la responsabilité internationale

Le fait internationalement illicite, les conséquences dommageables qu'il entraîne et le lien de causalité ouvrent la voie au droit d'invocation de la responsabilité, à la réparation des dommages causés, à d'autres types d'obligations comme la cessation et la promesse de non-répétition, et aux sanctions de l'auteur du fait illicite.

Le droit d'invocation est la prérogative qu'a tout sujet de droit lésé par la violation du droit d'en dénoncer les conséquences. Ce droit appartient à une multitude de sujets, d'après les évolutions récentes du droit de la responsabilité des Etats. Le projet d'articles de la CDI de 2001 distingue « l'Etat lésé » (article 42) « des autres Etats autres que l'Etat lésé » (article 48). La notion d'Etat lésé *« s'applique à l'Etat dont le droit a été nié ou compromis par le fait internationalement illicite, ou qui a été d'une autre manière particulièrement affecté par ce fait»*[523]. Il s'agit en fait de l'Etat qui a subi le dommage. L'Etat autre que l'Etat lésé est celui qui agit non pas sur le fondement du dommage qu'il a subi, mais en sa qualité de membre d'un groupe d'Etats auxquels l'obligation est due[524]. Cette distinction est fondée sur le fait que la violation du droit peut porter soit sur un droit subjectif soit sur un droit objectif. Dans le premier cas, seul l'Etat victime est en droit d'agir en vertu de l'atteinte à son droit propre. Dans le second cas, il s'agit des cas de violation grave d'une norme de *jus cogens* qui donne la possibilité aux Etats autres que l'Etat lésé d'invoquer la responsabilité internationale de l'Etat auteur de la violation. Le projet d'articles de la CDI de 2001 indique

---

[521] Ainsi affirmaient certains membres de la CDI lors de l'examen du 4e rapport Mc Caffrey, p. 43, Voir Maurice KAMTO, op cit, p. 888

[522] KAMTO M. op cit, p. 888

[523] Projet d'article de la CDI sur la responsabilité internationale des Etats.

[524] Idem

que l'Etat qui invoque la responsabilité internationale de l'auteur des dommages doit faire une notification à celui-ci.

En ce qui concerne la réparation, la responsabilité internationale de l'Etat pollueur, lorsqu'elle est établie donne lieu à la réparation des dommages causés. Cette dernière peut prendre des formes diverses, mais on distingue généralement trois grandes formes[525] de réparations, au sens large du terme: la restitution en nature, la réparation par équivalent ou l'indemnisation de la victime et la satisfaction[526]. La restitution est régie par l'article 35[527] du projet d'articles de la CDI de 2001 et de 2011 sur la responsabilité internationale des OI. Elle *« vise les cas dans lesquels il est possible de restaurer la situation de fait et de droit prévalant antérieurement en s'acquittant de certaines prestations matérielles»*[528]. Dans l'utilisation des eaux transfrontalières : l'Etat amont a l'obligation de restituer la quantité d'eau disponible sur l'Etat aval lorsqu'un barrage, par exemple, construit par lui (en amont), a occasionné l'assèchement du fleuve en aval.

L'indemnisation permet de réparer le dommage qui n'a pas pu être réparé par la restitution. L'article 36, « indemnisation », du Projet d'articles de la CDI de 2001 prévoit que *« 1- L'Etat responsable du fait internationalement illicite est tenu d'indemniser le dommage causé par ce fait dans la mesure où ce dommage n'est pas réparé par la restitution.*

2- L'indemnité couvre tout dommage susceptible d'évaluation financière, y compris le manque à gagner dans la mesure où celui-ci est établi.»

Cette forme de réparation est la plus réclamée dans les différends internationaux. La CIJ l'avait évoquée dans son arrêt relatif à l'affaire du *Projet Gabicikovo-Nagymaros* du 25 septembre 1997[529]. Ces deux formes de

---

525 L'article 34, intitulé « Formes de réparation », du Projet d'article de la CDI de 2001 indique : « La réparation intégrale du préjudice causé par le fait internationalement illicite prend la formes de restitution, d'indemnisation et de satisfaction, séparément ou conjointement, conformément au disposition du présent chapitre ».

526 DUPUY P. M. et KERBRAT Y. *op cit*, p. 556.

527 L'article 35 indique : « L'Etat responsable du fait internationalement illicite a l'obligation de procéder à la restitution consistant dans le rétablissement de la situation qui existait avant que le fait illicite ne soit commis, dès lors et pour autant qu'une telle restitution :

a- N'est pas matériellement impossible ;
b- N'impose pas une charge hors de toute proportion avec l'avantage qui dériverait de la restitution plutôt que de l'indemnisation »

528 DUPUY P. M. et KERBRAT Y. *op cit*, p. 556.

529 La CIJ avait en effet déclaré : Il est une règle bien établie du droit international qu'un Etat lésé est en droit d'être indemnisé par l'Etat responsable du fait internationalement illicite des dommages résultant de celui-ci. » *Rec.*, 1997, p. 81, § 182.

réparation des dommages peuvent être réclamées par l'Etat qui a été lésé dans son droit subjectif. Elles ne sont pas, par contre, applicables pour la réparation d'un dommage moral. Ce dernier type de dommage est réparé par la satisfaction[530] qui est destinée à réparer le préjudice juridique ou « moral »[531]. Il en est ainsi de l'Etat autre que l'Etat lésé, au nom de son droit de voir respecter le droit collectif peut réclamer la réparation du préjudice juridique par la satisfaction.

Enfin, la violation par l'Etat de ses obligations internationales peut faire naître à sa charge d'autres types d'obligations secondaires autres que l'obligation de réparation. Il s'agit notamment du devoir d'exécuter l'obligation primaire[532], de l'obligation de cessation de l'illicéité et des garanties de non-répétition[533]. Le refus d'exécution de l'obligation secondaire, qui impose la réparation des dommages causés et la cessation de l'activité illicite, entraîne les mesures d'exécution forcée comme les mesures de rétorsion et les représailles[534]. D'une manière générale, la dénonciation du

---

[530] Article 37 du Projet d'article de la CDI de 2001 : « 1- L'Etat responsable d'un fait internationalement illicite est tenu de donner satisfaction pour le préjudice causé par ce fait, dans la mesure où il ne peut pas être réparé par la restitution ou l'indemnisation.
2- La satisfaction peut consister en une reconnaissance de la violation, une expression de regret, des excuses formelles ou toute autre modalité appropriée.
3- La satisfaction ne doit pas être hors de proportion avec le préjudice et ne peut pas prendre une forme humiliante pour l'Etat responsable. »

[531] DUPUY P.M. et KERBRAT Y. *op cit*, p. 557

[532] L'article 29 du Projet d'article de la CDI de 2001 porte sur le maintien du devoir d'exécuter l'obligation. Il indique : « Les conséquences juridiques d'un fait internationalement illicite prévues dans la présente partie n'affectent pas le maintien du devoir de l'Etat responsable d'exécuter l'obligation violée ».

[533] L'obligation de cessation de l'illicite et la garantie de non-répétition sont régies par l'article 30 du Projet d'article de la CDI de 2001 : « L'Etat responsable du fait internationalement illicite a l'obligation :
a- d'y mettre fin si ce fait continue ;
b- d'offrir des assurances et des garanties de non-répétition si les circonstances l'exigent.»

[534] Dans l'affaire du Projet Gabcikovo-Nagymaros, opposant la Hongrie à la Slovaquie, tranchée par la CIJ le 25 septembre 1997, à la suite de la suspension puis de l'abandon du projet Nagymaros en 1989 ainsi que la partie du projet de Gabcikovo, la République fédérative tchèque procéda à son tour à la dérivation des eaux du Danube. Saisie de l'Affaire, la Cour précisa les caractéristiques des représailles et finit par conclure que la dérivation des eaux du Danube par la Tchécoslovaquie comme contre-mesure à la suspension, puis l'abandon du projet Gabycikovo et Nagymaros par la Hongrie était « injustifiée faute d'être proportionnée ». Pour plus de commentaires sur l'arrêt, voir MALJEAN-DUBOIS Sandrine, « L'arrêt rendu par la Cour internationale de justice le 25 septembre 1997

fait illicite, l'obligation de réparer le préjudice causé, le devoir de cessation de l'illicéité et les assurances et garanties de non-répétition tels qu'indiqués dans les projets d'articles de la CDI de 2001 et de 2011 concourent au renforcement du droit de la CICOS par le devoir du respect de son droit primaire et dérivé. L'Etat auteur du dommage peut éviter celui-ci en respectant les dispositions de l'Additif et celles du Manuel de notification préalable des mesures projetées.

Pour terminer ce titre, il faut retenir que la gestion du bassin Congo-Oubangui-Sangha a offert un cadre normatif commun aux différents Etats riverains et contribue de ce fait à l'évolution de l'intégration juridique. Ce cadre juridique comprend deux piliers : l'Accord de 1999 sur la navigation intérieure et son Additif de 2007 sur la GIRE. En matière de navigation, une communautarisation des normes dans ce domaine s'opère progressivement sur la base de l'Accord du 06 novembre 1999. Ce dernier prévoit un certain nombre de principes fondamentaux que les Etats et les acteurs économiques sont tenus de respecter. En plus, les Etats de la sous-région ont mis en place un code spécial : le Code de la navigation intérieure CEMAC-RDC. La CICOS est chargée de contrôler sa mise en œuvre. Il a été complété par les Règlements communs adoptés par la CICOS en vue d'achever l'œuvre d'uniformisation du régime des voies navigables du bassin. Par ailleurs, en vue d'harmoniser l'ensemble du droit de la navigation intérieure, d'autres accords bilatéraux ont fait l'objet de révision ; tels sont les cas de la Convention de la réglementation de l'exploitation du Pool Malebo signée entre la RDC et la RC et le Protocole tripartite Congo, RDC et RCA. Le cadre juridique de la CICOS vient combler le vide existant depuis les décennies dans le mouvement de l'intégration.

---

dans l'affaire relative au projet Gabcikovo-Nagymaros (Hongrie-Slovaquie), in *AFDI*, Vol. XLIII, CNRS, Paris, 1997, pp. 287-332.

TITRE II : UNE CICOS AU SERVICE DE L'INTÉGRATION DES POLITIQUES DE L'EAU

Il est important de signaler que la CICOS est une organisation internationale de coopération. La Commission est une organisation intergouvernementale[535] ; c'est-à-dire un regroupement d'Etats doté des organes et d'une personnalité juridique internationale en vue d'accomplir les missions que les Etats lui ont confiées dans son traité constitutif[536]. Il est possible de dire que l'objectif de l'Accord du 06 novembre 1999 est l'intégration des politiques étatiques de gestion du bassin. Sa nature d'organisation de coopération ne lui empêche pas de prendre activement part à la construction de l'intégration. La CICOS est alors un instrument de réalisation de la politique commune de gestion l'eau. Pour assurer la mise en œuvre de cette politique commune, la CICOS est dotée d'un ensemble d'organes qui, bien évidemment, sont en évolution constante (Chapitre I). Aussi, la trajectoire intégrative de la CICOS est confirmée par son expansion avec l'adhésion et l'appui d'autres acteurs internationaux (Chapitre II), ce qui fait d'elle une interlocutrice unique pour la gestion du bassin.

---

[535] Article 2 (1, i) de la Convention de Vienne de 1969 sur le droit des traités.

[536] La référence à l'Avis de la CIJ du 11 avril 1949, sur la réparation des dommages subis au service des Nations Unies, est utile pour comprendre la notion d'organisation internationale.

Chapitre I : Le cadre organique de la CICOS

Au départ limité à la navigation intérieure, l'Additif de 2007 a apporté des mutations de la condition juridique de la CICOS afin de l'adapter à la GIRE. L'extension des compétences de la Commission permet d'affirmer avec le Professeur Lucius CAFLISH qu'il est l'un « *des instruments de promotion de l'intégration sous-régionale.* »[537] Si la Commission contribue à la promotion de l'intégration des politiques de l'eau, cela traduit un aboutissement d'anciens projets coloniaux et des objectifs de l'OUA. En effet, la CICOS tire ses origines dans le droit colonial avec l'Acte final de Berlin du 26 février 1885 qui créa une Commission chargée de veiller à la bonne application du régime de la navigation dans le bassin du fleuve Congo et ses affluents. Après les indépendances en 1960 les Etats riverains ne s'accordaient pas sur la gestion internationale du bassin du fleuve Congo. A la faveur de l'évolution du droit des cours internationaux et du droit communautaire en matière de l'eau, une tentative avortée a eu lieu en 1987. En avril 1998, les experts de la CEMAC et de la RDC, avec le concours de la CEA, se sont réunis à Bangui pour étudier les mécanismes de la création d'un instrument de gestion internationale du bassin. En 1999, lesdits experts se sont encore réunis en avril (Kinshasa) et en septembre (Brazzaville) pour poursuivre l'œuvre déjà entamée[538]. Le 06 novembre de la même année, la CICOS a vu le jour à Brazzaville suite à la signature de l'Accord portant régime uniforme des voies navigables et créant la CICOS entre la RDC, la RCA, la RC et le Cameroun. Son organisation a évolué avec le temps à partir de l'élargissement du mandat de celle-ci en partant d'une situation de "mono-sectorialité" à la "multisectorialité", c'est-à-dire de la navigation intérieure à la GIRE. Ainsi, après que nous aurons étudié le système institutionnel de la CICOS tel qu'initialement limité à la navigation fluviale (Section I), nous passerons ensuite à l'étude de sa condition juridique telle

---

[537] CAFLISCH Lucius., « Les règles générales du droit des cours d'eau internationaux », RCADI, Vol. 219, 1989, N° VII, pp. 13-225. Cet auteur affirme que *« La tendance à l'accroissement des activités des organismes fluviaux [...], qui étaient jusque-là confinées à la gestion d'un seul domaine, s'est développée après la deuxième Guerre Mondiale avec l'avènement de la décolonisation. On a renforcé les pouvoirs de ces entités [...] pour en faire des instruments de promotion de l'intégration économique sous-régionale. »* A la lumière des réformes qui ont eu lieu à la CICOS, il est possible d'affirmer que cette pensée est toujours d'actualité aujourd'hui.

[538] NDALA Benjamin (ancien secrétaire général de la CICOS), « Présentation de la CICOS », document disponible sur le site de la CICOS : www.cicos.int)

qu'elle existe aujourd'hui depuis les mutations qui l'ont conduite à la GIRE (Section II).

Section I : Un cadre institutionnel jadis limité à la navigation intérieure

Dans le domaine de la navigation, la CICOS est dotée d'un ensemble d'organes qui constituent des atouts institutionnels importants pour servir l'uniformisation de la règlementation du droit fluvial (paragraphe I) et des règles et moyens de fonctionnement (paragraphe II).

Paragraphe I: Les organes de la CICOS chargé de la navigation

La CICOS est doté de trois (3) organes : le Comité des Ministres, le Comité de Direction et le Secrétariat Général. Il est possible de les regrouper entre organes non permanents (A) et l'organe permanent (A).

A : Les organes non permanents

Par organes non permanents, il faut entendre ceux qui ne fonctionnent pas de manière continue. Leur rythme de fonctionnement est intermittent. Parmi eux, il y a le Comité des Ministres (1) et le Comité de Direction (2).

1 : Le Comité des Ministres : un organe de décision

Le Comité des Ministres est un organe collégial composé des représentants des Etats membres que sont les ministres[539]. Il est le critère politique du regroupement des Etats du bassin pour constituer un socle commun de décision entre les Etats-parties. Juridiquement, son action n'est pas celle des Etats, mais celle de la CICOS entant qu'une organisation internationale, si l'on doit s'inspirer de l'avis consultatif de la CIJ du 11 avril

---

[539] A la différence d'autres organisations de bassin, le système institutionnel de la CICOS est beaucoup plus simple et moins lourd. Alors que les organisations de bassin comme l'OMVS, la CBLT, l'ABN, l'OMVG disposent toutes d'une Conférence des chefs d'Etat, la CICOS, elle, est coiffée par un Comité des ministres. Les concepteurs de l'Accord instituant la CICOS ont peut-être voulu éviter un encombrement organique préjudiciable à son dynamisme. Il reste à savoir si dans les faits cet objectif est atteint. Mais le danger est aussi de tomber dans une sorte de banalisation de la CICOS par les Chefs d'Etats membres en raison de leur absence dans le système institutionnel. Car en Afrique, la Conférence des Chefs d'Etat est quasiment présente dans les organisations internationales, qu'elles soient techniques ou non. Elle donne aussi un poids de plus à l'O.I.

1949[540]. Jean-Marie WOEHRLING[541], affirme que *« Individuellement et collectivement, les représentants des États membres composent les organes délibératifs de l'organisation internationale dans le cadre desquels celle-ci prend ses décisions importantes. Par une « alchimie » particulière, que les juristes appellent dédoublement fonctionnel, l'addition des positions particulières des différents États membres se transforme en action propre de l'organisation internationale.»*[542] Cette alchimie consiste à donner à l'O.I. une action propre distincte de celle des Etats membres au regard des missions qui lui sont confiées et de sa personnalité juridique. L'Alchimie dont il est question ici transparaît dans la composition du Comité des ministres de la CICOS. Il est composé d'un président et des membres (ministres chargés du transport fluvial).

Le président dirige cet organe pendant un mandat de deux (2) ans non renouvelable. La succession est assurée suivant l'ordre alphabétique des Etats contractants. Il a pour mission de diriger les débats[543] des sessions, de veiller à l'exécution des décisions du Comité des Ministres et, d'une manière générale, d'assurer le bon fonctionnement de la CICOS[544]. Au cours des réunions, le président ouvre la séance, constate la présence des membres du Comité des Ministres appelés à y siéger. Après l'ouverture de la séance, le président donne lecture de l'ordre du jour qu'il soumet à l'approbation du Comité des Ministres[545]. Il donne la parole au secrétaire général pour rapporter les affaires inscrites à l'ordre du jour[546]. Les membres du Comité

---

[540] La CIJ dans son avis du 11 avril 1949 sur la réparation des dommages subis au service des Nations Unies, a dégagé les éléments essentiels qui caractérisent une organisation internationale. Elle pense en effet que : « La Charte ne s'est pas bornée à faire simplement de l'Organisation créée par elle un centre où s'harmoniseraient les efforts des Nations vers les fins communes définies par elle (art. 1er, § 4). Elle lui a donné des organes ; elle lui a assigné une mission propre. Elle a défini la position des membres par rapport à l'Organisation en lui prescrivant de lui donner pleine assistance dans toute action entreprise par elle (art. 2, § 5), d'accepter et d'appliquer les décisions du Conseil de sécurité, en autorisant l'Assemblée générale à leur adresser des recommandations, en octroyant à l'organisation une capacité juridique, des privilèges et immunités sur le territoire de chacun de ses membres, en faisant prévision d'accords à conclure entre l'organisation et ses membres.»

[541] Ancien secrétaire général de la Commission centrale pour la Navigation du Rhin (CCNR) de 1998 à 2012.

[542] WOEHRLING Jean-Marie, « L'administration de la Commission Centrale pour Navigation du Rhin », *Revue française d'administration publique,* 2008/2 (n° 126), pp. 345-358. DOI 10.3917/rfap.126.0345, p. 347

[543] Article 21, alinéa 2 de l'Accord du 06 novembre 1999.

[544]Idem.

[545] Article 2 de la Décision N°02/CICOS-CM-01, op cit.

[546] Article 3 de la Décision N°02/CIOS-CM-01.

de direction peuvent être invités par le président du Comité des Ministres à prendre part à ses réunions[547].

Comme dit précédemment, le président du Comité des Ministres a un double statut : un statut politique et un statut juridique. Politiquement, il est le représentant de son Etat, il est avant tout chargé de défendre les intérêts de celui-ci. Juridiquement, le président du Comité des Ministres représente, selon l'expression du Professeur Saïdou Nourou TALL, « *les positions collectives des Etats*[548]. » Ce second statut lui impose l'impartialité, car il ne doit pas mettre en avant les intérêts de son Etat au détriment des autres. La défense des intérêts collectifs encourage les autres Etats membres à accorder un soutien nécessaire au bon fonctionnement de l'institution. Au-delà des implications susmentionnées, le Comité des Ministres confère à la CICOS un soutien politique des Etats membres. Aucune institution internationale ne peut exister sans la volonté des Etats qui la composent et ne peut non plus fonctionner efficacement sans leur soutien, surtout financier. Si cette composition exprime d'une part la défense des intérêts nationaux, on ne peut pas douter qu'elle soit aussi juridiquement l'expression des « *positions collectives des Etats* ». Cette réunion politique joue à la faveur d'une intégration des Etats riverains, elle marque sans doute le recul de la souveraineté individuel sur les ressources en eau du bassin, situées dans les Etats riverains, au profit d'une souveraineté commune, même si politiquement les organes diplomatiques sont des défenseurs des intérêts des Etats.

Le Président du Comité des Ministres est chargé d'impulser la politique de la navigation intérieure. Selon les alinéas (a) et (b) de l'article 19 de l'Accord, il a pour missions de définir « *la politique d'aménagement et d'exploitation des cours d'eau du Bassin* », d'une part, et de « *fixer les grandes orientations de la commission* », d'autre part. Il s'agit des missions qui sont dévolues aux organes interétatiques des organisations internationales dans leur domaine de compétence. Les organes interétatiques « *ont pour fonction, quels que soient leurs pouvoirs de décision, de définir la politique générale de l'organisation, ses orientations, dans son domaine de compétence* [549] », remarque ainsi le Professeur Daniel DORMOY.

---

[547] Idem, article 2, paragraphe 2.

[548] TALL (Saïdou Nourou.), *Droit des organisations internationales africaines*, L'Harmattan, Paris, 2005, 547 pages, p. 92.

[549] DORMOY Daniel, *op cit*, p. 67 ; dans ce même ordre d'idées, le Professeur Saïdou Nourou TALL remarque également qu'« ils ont pour fonctions d'orienter la politique générale de l'organisation, de convoquer des conférences diplomatiques sous son égide, de contrôler le fonctionnement de l'OI sur les plans politique et administratif, régler les questions financières du budget, etc. », op cit, p. 93

En ce qui concerne les autres membres, il s'agissait uniquement des ministres chargés de la navigation intérieure des Etats membres de la CICOS[550]. Cette composition originelle se justifiait par le fait que dès sa création la mission essentielle de la CICOS était d'assurer la gestion de la navigation intérieure. Le Comité comprenait quatre ministres représentant quatre (4) Etats signataires de l'Accord du 06 novembre 1999. Il est regrettable de constater le mutisme de l'article 19 sur la question de savoir si les Ministres peuvent être accompagnés d'autres personnalités pendant les sessions. Les traités des autres organismes africains de gestion des cours d'eau font cette mention[551] afin de prévenir le risque des dépenses exorbitantes pour l'organisation pendant les sessions.

Les stipulations de l'article 19 posent d'autres problèmes. En premier lieu, la règle selon laquelle le Comité des Ministres est composé des ministres chargés de la navigation intérieure suppose-t-elle que ce ministère existe dans chaque Etat membre, ou serait une manière pour le traité de demander aux Etats de créer chacun un ministère de la navigation intérieure ? Dans l'hypothèse où l'organisation institutionnelle nationale en matière de gestion des cours d'eau serait *éclatée entre plusieurs autorités*[552], il devient alors difficile de savoir quel est exactement le ministre compétent. On peut dire que par « ministre de la Navigation intérieure », l'Accord fait allusion au ministre des transports. Par contre, dans l'hypothèse où l'alinéa 1 de l'article 19 de l'Accord invite les Etats à créer des ministères chargés de la Navigation fluviale, il faut souligner qu'une telle invitation est la bienvenue et est encourageante, parce qu'elle consiste à valoriser ce mode de transport qui est devenu un secteur délaissé au profit d'autres modes comme la route et l'avion[553]. L'existence d'un ministère spécial chargé de la navigation induirait l'attribution d'un budget et des moyens propres pour la prise en charge des problèmes récurrents des voies navigables dans l'espace CICOS[554]. Ensuite, l'article 19 entend rationaliser les autorités chargées de la gestion des cours d'eau dans l'hypothèse où l'organisation institutionnelle de l'eau serait éclatée entre plusieurs ministères dans les Etats membres. En tenant compte de cette disposition, le traité de la CICOS entend harmoniser

---

550 Article 19 alinéa 1 de l'Accord du 06 novembre 1999.

551 Il en est ainsi du Traité de l'OMVS dont l'article 8 précise que les ministres peuvent être accompagnés des membres de leur gouvernement. Il en est de même de l'article 7 de l'Accord sur le Bassin du Niger.

552 KASONGO-NUMBI Kashemukunda, *Les eaux et forêts de la RD Congo. Changements climatiques de la planète : les enjeux*, L'Harmattan, Paris, 2008, 187 pages, p. 173.

553 Comme on le verra dans la seconde partie de cette étude, seule la République du Congo dispose d'un ministère du transport et de l'économie fluviale.

554 Ces voies navigables connaissent les problèmes d'ensablements, de tracasseries administratives, d'épaves submergées, etc.

le cadre institutionnel de la gestion des voies navigables des Etats membres. Néanmoins, cet organe de la CICOS, qui symbolise une union des parcelles de souverainetés des Etats, qui se transforme en une souveraineté commune, marque un pas vers plus d'intégration, en dépit de certains problèmes qui se posent. Le Comité des ministres est assisté par le Comité de direction.

2 : Le Comité de Direction : un organe d'avis

En raison de la complexité des problèmes que les O.I. sont appelées à résoudre, celles-ci font de plus en plus recours aux personnes savantes. Leurs interventions peuvent ou ne pas être institutionnalisées[555]. Mais, la CICOS a choisi l'institutionnalisation.

Le Comité de Direction est composé d'un président et des membres. Les textes ne disent pas grand chose sur son président. L'article 25 de l'Accord du 06 novembre 1999 se borne à stipuler que *« Le Comité de Direction est présidé par le représentant de l'Etat contractant qui assure la présidence du Comité des Ministres. »* Les rédacteurs de l'Accord ont voulu faciliter le rapprochement entre le Secrétariat général et le Président du Comité des Ministres par le biais du président du Comité de Direction. Ceci permettrait une étroite collaboration et la rapidité des échanges d'informations et des discussions entre ces deux organes non permanents.

En ce qui concerne les membres du Comité de Direction, l'article 25 de l'Accord du 06 novembre 1999 dispose :

« Le Comité de direction est composé de deux représentants par Etat dont un responsable de l'administration des transports fluviaux et un représentant des exploitants fluviaux.»

La participation des exploitants fluviaux au sein du Comité de Direction est conforme à l'objectif de l'intégration et notamment de la dynamisation des activités économiques sur les voies navigables du bassin COS. C'est une prise en compte du principe de participation du public à la prise de décisions environnementales ou de gestion des ressources en eau, telle qu'elle existe en droit de l'environnement[556]. Cette participation permet également de vulgariser les différents textes internationaux qui régissent désormais la navigation dans le bassin. Ces représentants des exploitants fluviaux

---

[555] Pour plus de commentaires sur l'intervention des experts dans les organisations internationales. Cf. : DAUDET Yves, « Les membres des commissions d'experts », in *Les agents internationaux*, Actes du Colloque, d'Aix-en-Provence, éd. A. Pedone, Paris, 1985, 435 pages, pp. 93-107.

[556] Principe 10 de la Déclaration de Rio de 1992 : « La meilleure façon de traiter les questions d'environnement est d'assurer la participation de tous les citoyens concernés, au niveau qui convient… »

permettraient également à la CICOS et aux autorités nationales de prendre conscience des problèmes liés à la navigation intérieure dans les voies navigables internationales : des tracasseries administratives, douanières et policières illégales qu'ils rencontreraient au cours des voyages. Le Comité de direction joue un rôle de conseiller dans la CICOS. Il assiste le Comité des Ministres, mais aussi le Secrétariat général.

B : Le Secrétariat général : un organe permanent

A en croire un auteur : « *La permanence de l'organisation n'est que la traduction de son indépendance par rapport à ses membres ; non permanente, l'organisation reste suspendue à la volonté des États pour chacun de ses actes qu'elle est susceptible d'assurer ; permanente, elle s'affirme face aux États.* »[557] Pour assurer cette permanence, qui n'est d'ailleurs pas une garantie essentielle de l'indépendance de l'OI, le Secrétariat général est dirigé par un Secrétaire général (1) à qui est confiée la charge d'accomplir un certain nombre de missions importantes. Il comprend également des structures administratives qui concourent à la gestion de la navigation (2).

1 : Un Secrétaire général, chef de l'administration de la CICOS

Le Secrétaire général est le plus haut fonctionnaire de la CICOS[558]. Il est dans une situation particulière par rapport aux autres fonctionnaires. Cette particularité est favorisée par « *ce sentiment d'être le seul mandataire des Etats membres...* »[559] Il est intéressant d'analyser les règles relatives à sa désignation, à la durée de son mandat, à sa succession et aux garanties internationales.

---

[557] DUPUY (René-Jean), *Le droit international*, 3ème édition, Que sais-je ?, n°1060, Paris, PUF, 1969, p. 92, cité par OZIGRE (P.M.), *op cit*, p. 42.

[558] Il ne s'agit pas d'une invention propre de la CICOS, mais d'une imitation des structures des organisations internationales classiques ; c'est-à-dire de coopération. Dans ces organisations, les appellations varient d'une organisation à l'autre. André LEWIN dans son article, « Les hautes fonctions internationales », affirme que cette diversité vise à « cantonner le titulaire à des tâches de gestion et marquer la prééminence des Etats membres dans la définition de l'action à mener. » Mais, les changements d'appellation montrent [par ailleurs] une tendance à la croissance du rôle des chefs des Secrétariats... », In *Les agents internationaux,* Actes du Colloque d'Aix-en-Provence (des 24, 25 et 26 mai 1984), éd. A. Pedone, Paris, 1985, p. 42.

[559] LEWIN (André), *op cit*, p. 65.

Le Secrétaire général de la CICOS « *est nommé par le Comité des Ministres* »[560]. Il est de coutume que les responsables des O.I. soient désignés par les organes interétatiques[561]. Cette pratique se justifie par la simple raison que ce sont les Etats qui sont les créateurs de l'organisation internationale. A partir de cette nomination, le haut fonctionnaire acquiert « *une légitimité étatique », un prestige international ainsi qu'une « autorité incontestable par rapport au secrétariat et vis-à-vis des pays membres* »[562]. La nomination collective exprimant « *un accord interétatique* »[563], élimine, par ailleurs, le sentiment d'appartenance ou de représentation de l'Etat d'origine du Secrétaire général. Le haut responsable de l'organe exécutif renforce la logique d'une addition des souverainetés individuelles en vue de la formation d'une souveraineté commune sinon d'une autorité unique de gestion du bassin. En vertu du principe de rotation, le Comité des Ministres nomme au poste de Secrétaire général le ressortissant de l'Etat à qui échoit le tour d'occuper ce poste. L'article 26 se caractérise par une absence d'éléments importants sur la condition juridique du Secrétaire général. En effet, il y est mentionné uniquement l'organe compétent pour nommer le Secrétaire général sans donner de précisions sur la procédure, la durée du mandat, les conditions et critères que doit remplir le haut fonctionnaire de la CICOS.

Les fonctionnaires des organisations internationales sont les nationaux des Etats-parties. Ils doivent posséder des qualités intellectuelles et professionnelles notoires. Les Etats recherchent les personnalités qualifiées ayant occupé de hautes fonctions au niveau national[564]. Faisant une analyse générale du choix des Etats sur les secrétaires généraux, André LEWIN affirmait qu'il n'y a « *à ce niveau pas de médiocres, mais au contraire des hommes particulièrement conscients de leur rôle et de la qualité de leurs fonctions* »[565]. Cela est normal dans la mesure où les fonctions internationales sont complexes. Lorsque les Etats s'engagent à créer une institution commune, ils demeurent très regardants sur les personnes chargées de la gérer. Encore que l'ambition de l'intégration exigeant les

---

[560] Article 26 de l'Accord du 06 novembre 1999.

[561] Cette pratique existe dans les organisations internationales, sauf l'UE qui fait l'exception, car les membres de la Commission sont désignés par le Conseil des Ministres et le Parlement.

[562] André LEWIN, op cit, p. 65.

[563] DUBOIS (Louis), « La condition juridique des agents internationaux », in *Les agents internationaux,* Actes du Colloque d'Aix-en-Provence (des 24, 25 et 26 mai 1984), éd. A. Pedone, Paris, 1985, p. 4.

[564] A titre d'illustration, l'Annexe au statut du personnel de la CICOS précise que les candidats au poste de directeur doivent avoir une expérience professionnelle d'au moins 5 ans dans une grande administration publique ou privée.

[565] LEWIN André, op cit, p. 79.

sacrifices de souveraineté et la mobilisation des moyens conséquents, la nomination des agents de qualité est nécessaire pour garantir le bon fonctionnement de l'organisation.

En dépit de cet optimisme, la règle de la nomination paraît moins favorable à l'indépendance de l'institution à la différence de l'élection. En effet, la nomination affaiblit la compétition et le principe d'indépendance. On peut se demander si le Comité des ministres tient des débats sérieux pour l'appréciation des compétences des candidats au poste de Secrétaire général. Certains auteurs soupçonnent une attitude laxiste de la part des Etats membres des organisations intergouvernementales de l'Afrique centrale[566] en général quant à la nomination des chefs des exécutifs. Nous n'affirmons pas que cette pratique existe à la CICOS, mais la prudence voudrait qu'un examen strict des capacités du candidat soit effectué afin de mettre le fonctionnement de la commission à l'abri des perturbations.

Quant à la durée du mandat, les textes de la CICOS ne donnent aucune précision. Dans la pratique, la durée du mandat du secrétaire général est de cinq (5) années non renouvelable. Le mandat renouvelable permettrait au chef de l'exécutif de maîtriser l'institution et de produire un travail de qualité. La plupart des organisations internationales africaines ont fait le choix d'une durée de quatre (4) ou de cinq (5) années renouvelable une fois[567]. Certains penseurs analysant cette situation dans d'autres organisations sous-régionales de l'Afrique centrale déplorent une telle condition des fonctionnaires internationaux[568].

---

566 LIBONG BADJAN Patrice, *Les réformes institutionnelles de la CEMAC : jeu des acteurs, intérêt des Etats,* L'Harmattan, Paris, 2013, 162 pages, p. 94.

567 Sur le plan continental, à l'UA, l'Acte constitutif prévoit à son article 10 alinéa premier que « le mandat des membres de la Commission est de quatre (4) ans ; il est renouvelable une fois. » Au plan régional, le traité révisé de la CEMAC de 2008 prévoit à son article 27 le mandat de quatre ans renouvelable une fois. Il en est de même de l'article alinéa 2 de la Convention révisée portant création de l'Autorité du Bassin du Niger faite à N'Djamena, le 29 octobre 1987 (disponible sur http://www.fao.org/docrep/w7414b/w7414b0e.htm, consulté le 26 février 2016), etc.

568 Tel est le cas de la durée du mandat du secrétaire exécutif de la COMIFAC et de ses adjoints qu'une étude réalisée par madame le Professeur Emmanuel Delphine-Edith ADOUKI, « La Commission des forêts d'Afrique centrale » In: Revue juridique de l'environnement, n°2, 2007. pp. 203-213; doi : 10.3406/rjenv.2007.4633 http://www.persee.fr/doc/rjenv_0397-0299_2007_num_32_2_4633, Document généré le 05/06/2016, a été consacré. L'auteur de cette réflexion affirme que « *La durée de l'engagement de ces agents internationaux, de quatre ans renouvelable une fois, constitue une limite supplémentaire à l'émergence d'une véritable fonction publique sous-régionale. Elle ne manquera pas de produire un impact psychologique négatif sur le personnel qui, conscient du terme de leur mandat, risquerait de ne pas s'impliquer pleinement dans sa tâche. En outre, le*

Dès lors, il est indispensable qu'il y soit introduit un système de mandat court avec possibilité de renouvellement. Dans le cas de la CICOS, le secrétaire général pourrait être élu pour un mandat de quatre (4) ans renouvelable une fois. Le souci de renouvellement pousse le chef de l'exécutif à produire un travail de qualité pour être admis une seconde fois, dans la mesure où *« se faire réélire, c'est apporter la démonstration que l'on a accompli ses fonctions à la satisfaction des Etats membres, c'est également la possibilité de continuer une tâche exaltante*[569]. » L'absence de renouvellement réduirait l'effort de travail. Elle présente également l'inconvénient pour la Commission de perdre un Secrétaire général talentueux dès que le mandat arrive à son terme.

La succession au poste de Secrétaire général se fait selon le principe de rotation suivant l'ordre alphabétique des Etats membres. Ce principe permet *« d'éviter que les hautes fonctions internationales demeurent l'apanage de certains Etats* [570]. » Il est conforme à la règle de l'égalité souveraine des Etats dans les organisations internationales. Les problèmes qui surgissent entre les Etats dans la répartition des postes clés au sein de l'organisation les poussent à créer les mécanismes susceptibles de satisfaire tous les membres. Par exemple, certaines communautés économiques africaines ont procédé à la transformation des Secrétariats exécutifs en commission. C'est le cas de la CEMAC[571] et de la CEDEAO[572]. Mais le risque de « renationalisation » n'est pas loin du système de la collégialité.

Depuis sa création, la CICOS a déjà procédé au changement de quelques secrétaires généraux[573] dont Monsieur Benjamin NDALA, nommé le 27 novembre 2003, remplacé par le deuxième secrétaire général, Monsieur Simon SAKIBEDE, le 2 avril 2010. Le mandat de celui-ci a pris fin en 2016.

---

renouvellement périodique assure aux Etats des moyens de pression sur les agents du secrétariat exécutif.» p. 210.

569 LEWIN (André), op cit, p. 74.

570 LEWIN (André), op cit, p. 52.

571 A la CEMAC, la Conférence des chefs d'Etat a procédé à la transformation officielle du Secrétariat exécutif en Commission de la CEMAC par un Additif au Traité de la CEMAC du 25 avril 2007 ; voir aussi Patrice Libong BADJAN, *Réformes institutionnelles de la CEMAC*, op cit, p. 46.

572 La CEDEAO a proclamé officiellement la transformation du secrétariat exécutif en Commission de la CEDEAO le 14 juin 2006 lors du Sommet des chefs d'Etat à Abuja au Nigéria, (www.lefaso.net, consulté le 25 février 2016).

573 Agenda de la CICOS, Historique, 2014, (disponible sur http://www.cicos.int/wp-content/, le 10/01/16). Il est important de signaler que dès le 06 novembre 1999, date de la création de la CICOS, le secrétaire exécutif de la CEMAC fut désigné comme administrateur provisoire de la CICOS (voir le paragraphe 2, préambule de la Décision n°04/CICOS-CM-01 portant Statut du personnel de la CICOS).

Le secrétariat général de la CICOS est tenu actuellement par madame Judith ENAW, de nationalité camerounaise.

Enfin, comme tout autre fonctionnaire international de rang supérieur, le secrétaire général de la CICOS est entouré de « garanties internationales »[574] pour lui permettre d'exercer ses fonctions en toute tranquillité. Il s'agit des privilèges et immunités, de sa rémunération et de la protection diplomatique qui seront abordés un peu plus loin.

Le Secrétaire général de la CICOS est doté d'un certain nombre de pouvoirs qui font de lui le serviteur de la cause de l'intégration. L'article 27 de l'Accord du 06 novembre 1999 lui accorde d'importants pouvoirs. Il est le promoteur de la navigation internationale et Chef de l'administration du Secrétariat général. Du point vu de la promotion de la navigation intérieure, le Secrétaire général est tout d'abord chargé de « veiller à la bonne application » de l'Accord du 06 novembre 1999. Cette importante mission l'invite à prendre des initiatives pour garantir le respect de la règle de droit. Pour ce faire, il doit procéder au contrôle des voies navigables et à la production des rapports sur l'état des voies navigables, etc. Le Secrétaire général est également chargé « *d'élaborer les règlements communs destinés à assurer la sécurité de la navigation et d'assurer la protection de l'environnement* ». Il bénéficie, dans ce cas, d'un pouvoir d'initiative normative : l'élaboration des règlements communs. Ce transfert de souveraineté au profit de l'organe intégré de la CICOS traduit une évolution positive de la vision d'intégration des Etats riverains en matière de gestion collective des voies navigables.

En tant que Chef de l'administration de la CICOS, il a le pouvoir d'information, d'administration et budgétaire.

La mission d'information est consacrée par les alinéas (j) et (k) de l'Article 27 de l'Accord. L'alinéa (j) lui attribue la mission *d'établir un rapport annuel sur le fonctionnement de la Commission qu'il soumet, assorti de l'avis du Comité de Direction au Comité des Ministres.* Le rapport du Secrétaire général fait état du fonctionnement du Secrétariat général ; de la réalisation des tâches assignées, des problèmes rencontrés et de la manière dont les finances ont été utilisées. Cette obligation pèse sur tous les responsables des organes administratifs des institutions internationales. C'est ainsi que M. Gervais ZWK. HOUNDOKINDO affirme : « *Toute administration doit rendre compte de son activité. De ce principe découle l'obligation faite aux chefs des Administrations internationales de présenter*

[574] PELLET (Alain) et RUZIE (David), *Les fonctionnaires internationaux,* éd. PUF, Paris, 1993, 128 pages, (QSJ, N°2762), p. 85.

à la fin de chaque exercice un rapport d'activité[575]. L'élaboration et la présentation du rapport annuel est un moment d'échange d'informations entre l'organe intégré et l'organe intergouvernemental ou avec les Etats et les citoyens. Parlant du SG de l'ONU, Javier Perez de CUELIAR pense que « *... l'élaboration des rapports constitue une part très importante, voire essentielle des fonctions du secrétaire général. Elle lui donne l'occasion de recueillir les informations dont les organes de l'organisation peuvent avoir besoin et de leur fournir tous les avis utiles »*[576]. La mission d'information ne se limite pas aux organes de la CICOS. Elle s'étend au-delà des institutions par la *diffusion de toutes les informations et données relatives à la gestion et l'exploitation du Bassin*[577]. Cette compétence permet de pallier au déficit de la connaissance des institutions internationales de l'Afrique centrale par les citoyens[578] et d'informer ces derniers de l'état des voies navigables et des ressources en eau. Le Secrétaire général est alors le canal par lequel les Etats échangent les données et informations conformément aux articles 11 et 12 de la Convention de New York du 21 mai 1997. Outre la compétence d'information, le Secrétaire Général exerce des fonctions administratives. Ainsi, il a pour mission de : « *proposer à l'adoption du Comité des Ministres l'organigramme des services du Secrétariat général, nommer les Directeurs après avis du Comité de direction, recruter et nommer aux autres emplois dans la limite des postes budgétaire ouverts*[579]. » Pour remplir ses tâches, le secrétaire général est assisté par l'ensemble de l'administration de la CICOS.

2 : La structure administrative du Secrétariat général

Comme ont su l'écrire Allain PELLET et David RUZIE : « ... *toutes les organisations ont des services.*»[580] Ces derniers poursuivent un même objectif : la satisfaction de l'intérêt général de l'organisation. L'article 14 du Statut du personnel de la CICOS, avant sa modification, disposait que « *pour l'exécution quotidienne de ses missions, le Secrétaire général est assisté des directeurs, des chefs de services et des experts.* » En ce qui concerne les directions, au départ, le Secrétaire général était assisté de quatre (4) directions parmi lesquelles on comptait la direction de l'exploitation, des infrastructures et des voies navigables ; la direction de l'environnement, de

---

575 HOUNDOKINDO (Gervais Zwk.), *Le Secrétaire Général de l'organisation de l'unité africaine,* Thèse pour le Doctorat d'Etat en droit public et science politique, présentée et soutenue le 18 mars 1988.

576 CUELIAR (Javier Perez), « Le rôle du Secrétaire Général des Nations Unies », in RGDIP, 1985, p. 236, (cité par HOUNDOKINDO (Gervais Zwk), op cit, p. 148.

577 Article 27 alinéa (k) de l'Accord de 1999.

578 LIBONG BADDJAN Patrice, *op cit*, p. 99.

579 Idem, alinéa (I), (m) et (n).

580 Idem, p. 79.

la prévention des pollutions et des risques, la direction des ressources en eau et la direction juridique et de la réglementation. Dans la pratique des OI, *« les directeurs de division et les chefs de service ont des pouvoirs généralement beaucoup étendus que ceux des fonctionnaires nationaux* [581]*. »* Il en est ainsi, par exemple, de la Direction de l'exploitation, des infrastructures et des voies navigables[582] ainsi que de la Direction juridique et de la réglementation[583].

Au regard de l'ampleur des missions, les critères de recrutement des directeurs ne correspondaient pas à leurs fonctions. Le choix des hommes qualifiés et expérimentés est une nécessité, car *« parfois la réussite des*

---

[581] PELLET (Alain) et RUZIE (David), *op cit,* p. 81.

[582] Article 16 de l'ancien Statut du personnel : *« Assister les Etats riverains dans la tenue et la mise à jour des registres de recensement des unités opérant sur les voies navigables de la CICOS, de définir et appliquer, de concert avec la Direction Juridique, les mesures appropriées à prendre ou prises pour réduire, sinon éliminer les incidents qui se produisent sur cette route de convergence et de dispatching des trafics internationaux empruntant les routes de la CICOS ; d'examiner et de proposer la révision du Protocole tripartite Congo-RCA-RDC relatif à l'entretien par le Service commun d'entretien des voies navigables (SCEVN) et la Régie des voies fluviales (RVF) du tronçon de base du réseau Inter-Etats ; Concevoir et négocier une politique d'usage adéquat et équilibré des deux axes classiques de désenclavement du réseau du Bassin et d'étudier les possibilités de diversification du désenclavement du réseau Inter-Etats pour en assurer une meilleure viabilité ; harmoniser les normes de spécifications techniques en matière de construction et de réparation navales ; veiller à l'application des dispositions du Code de la navigation intérieure CEMAC/RDC relatives aux visites techniques et au jaugeage des unités fluviales ; élaborer et faire exécuter les programmes hydrographiques, hydrologiques, hydrométéorologiques et sédimentologiques, de balisage et d'entretien des voies navigables ; définir et élaborer les programmes de formation des cadres et agents du secteur de la navigation intérieure des établissements spécialisés dans la formation.»*

[583] Article 26 de l'ancien Statut du personnel : *« Donner les avis sur l'interprétation de l'Accord instituant un régime fluvial uniforme; veiller à l'application des dispositions du Code la navigation intérieure CEMAC/RDC ; examiner toutes les plaintes auxquelles donneront lieu l'application dudit Code, ainsi que l'examen concerté entre les gouvernements riverains et des mesures qu'ils auront adoptées d'un commun accord ; de rendre des décisions dans les cas d'appels portés devant la Commission ; promouvoir la révision des textes bilatéraux ou multilatéraux antérieurs à la création de la CICOS afin de les mettre en conformité avec l'Accord; mettre en forme tout texte juridique émanant du Secrétariat général ; organiser la défense des intérêts de la CICOS devant les juridictions ; assurer en collaboration avec le service administratif, le secrétariat des assises des organes de la CICOS (Comité de direction, Comité des ministres ; assurer la publication du journal officiel de la CICOS.»*

institutions est fortement fonction des hommes qui sont à leur tête[584]. » Voilà pourquoi les critères de sélection des fonctionnaires ont, ultérieurement, fait l'objet de révision. Ils portent sur la formation et l'expérience professionnelle requise. A titre d'exemple, le candidat au poste de directeur de l'exploitation, des infrastructures et des voies navigables devait être un ingénieur titulaire d'un diplôme d'études supérieures (Baccalauréat ou humanités + cinq (5) ans d'études supérieures au maximum) et ayant de solides connaissances dans le domaine de l'hydrologie ou celui de la construction navale et ayant une expérience professionnelle d'au moins dix (10) ans dans le domaine précité[585]. Il était aussi exigé du candidat au poste de directeur juridique et de la réglementation un diplôme d'études supérieures dans le domaine juridique (Baccalauréat ou humanités + cinq (5) ans d'études supérieures au minimum) plus une expérience d'au moins dix (10) ans dans la pratique du droit[586]. Ayant pris conscience de la faiblesse des critères des niveaux d'études des directeurs, les structures du secrétariat général ont subi des mutations sur lesquelles nous reviendrons dans le chapitre suivant.

S'agissant des lourdes fonctions des directeurs, elles sont assouplies par l'existence des services rattachés au Secrétariat général. Ces services sont au nombre de quatre: le service administratif et financier, le service comptable, le service de contrôle de gestion et le service des Etudes et du développement[587]. L'ensemble de ces services se caractérisent par d'importantes missions dévolues à leurs chefs[588]. A titre d'exemple, le service administratif et financier est chargé de « *l'exécution des tâches d'informatique, de documentation et d'archives, l'entretien du matériel, la gestion du personnel, l'analyse du rythme de consommation du budget, de la préparation des réunions, de la gestion des relations du Secrétariat général avec les autorités du pays du siège et les médias*[589]. » La spécification de chaque tâche garantit un contrôle efficient de l'activité de la structure. Elle est une professionnalisation du Secrétariat général, puisque l'Annexe au

---

[584] SALIFOU (Sylla), *L'Organisation pour la mise en valeur du fleuve Sénégal (OMVS)*, Thèse de doctorat d'Etat en droit présentée et soutenue publiquement à l'Université de Paris I Panthéon-Sorbonne, p. 31.

[585] Annexe au Statut du personnel de la CICOS.

[586] Idem

[587] Article 4 alinéa 2 de la Décision n°05/CICOS-CM-01 portant organisation et fonctionnement du Secrétariat général.

[588] Les Professeurs David RUSIE et Allain PELLET, *op cit,* p. 81, ont remarqué l'existence des services dans toutes les organisations internationales. Pour ces auteurs, les services des OI ont presque les mêmes attributions. A cet effet, le secrétariat de la CICOS est organisé selon le modèle des autres organisations internationales.

[589] Article 7 de la Décision n°05/CICOS-CM-01, *op cit.*

Statut du personnel pose des conditions de compétences techniques et d'expérience professionnelle appréciables pour les candidats aux postes de chef de service. On remarque également l'importance des attributions de ces fonctionnaires à la lumière de celles qui sont dévolues au chef du service comptable. Ce dernier est chargé de la prise en charge et du recouvrement des ordres de recettes émanant de l'ordonnateur, du recouvrement des créances constatées par un contrat, un titre de propriété ou tout autre titre dont il assure la conservation ainsi que de l'encaissement des droits au comptant du visa, de la prise en charge et du paiement des dépenses assignées à sa caisse, la garde et la conservation des valeurs appartenant à la Commission, le maniement des fonds et les mouvements des comptes de disponibilité de la CICOS, la conservation des pièces justificatives des opérations et de documents de comptabilité et enfin de la tenue de la comptabilité de la Commission.

La CICOS est donc constituée de trois (3) organes originellement dédiés à la gestion de la navigation fluviale. Les moyens mis à la disposition de la CICOS sont destinés à bien accomplir cette mission.

Paragraphe II: Les moyens de fonctionnement dévolus à la gestion de la navigation

Comme l'affirme monsieur Jean-Marie WOEHRLING : *«... une organisation internationale doit disposer d'un certain nombre de ressources matérielles, juridiques et financières pour pouvoir fonctionner efficacement*[590]*. »* L'Accord instituant la CICOS prévoit des moyens juridiques et physiques.

Au titre des moyens juridiques, il s'agit de la personnalité juridique et des principes qui guident le fonctionnement des organisations internationales en général.

La personnalité juridique internationale est entendue « ... *comme étant la capacité d'être titulaire de droits et de devoirs internationaux*[591]*. »* Elle est indispensable d'autant plus que sans elle l'institution serait limitée dans l'exercice de ses missions. La personnalité juridique *«... demeure tant que l'Organisation existe, jusqu'à ce qu'elle disparaisse*[592]*. »* Mais, elle n'est pas

---

590 WOEHRLING Jean-Marie, op cit, p. 354

591 NOUROU TALL (Saïdou), *op cit*, p. 115 ; voir également M. Mamadi Kourouma, « Contribution à l'étude des accords de siège des organisations internationales implantées en Côte d'Ivoire », In: Annuaire français de droit international, volume 36, 1990. pp. 614-631. doi : 10.3406/afdi.1990.2983, http://www.persee.fr/doc/afdi_0066-3085_1990_num_36_1_2983, p. 616

592 DORMOY (Daniel), *op cit*, p. 33

le plus souvent expressément prévue par les textes fondateurs. Deux éléments permettent de déceler son existence. D'abord, elle peut être déduite de *la volonté implicite des Etats membres*[593], ensuite, elle peut être prévue explicitement dans les textes[594]. Dans le cas de la CICOS, l'Accord du 06 novembre 1999 prévoit expressément que *« La Commission est une personne morale jouissant de la personnalité juridique internationale et des privilèges et immunités qui lui sont reconnus sur le territoire de chacun des Etats membres.*[595] *»* Cette personnalité juridique comprend une « *double perspective : d'abord dans l'ordre juridique interne de chaque Etat membre, et ensuite dans l'ordre juridique international.*[596] *»* Dans le premier cas, on parle de la *personnalité interne* et dans le second cas, on parle de la *personnalité internationale*[597]. » Selon une pratique constante, la

---

[593]KOUROUMA M. Mamadi, « Contribution à l'étude des accords de siège des organisations internationales implantées en Côte d'Ivoire », In: Annuaire français de droit international, volume 36, 1990. pp. 614-631. doi : 10.3406/afdi.1990.2983, http://www.persee.fr/doc/afdi_0066-3085_1990_num_36_1_2983, p. 616

[594]CHARPENTIER (Jean), « Quelques réflexions sur la personnalité juridique des organisations internationales : réalité ou fiction », pp-3-17, in FLAUSS (J. F.) et WACHSMANN (P.), (dir.), *Le droit des organisations internationales, Recueil d'études à la mémoire de Jacques SCHWOB,* Bruylant, Bruxelles, 1997, 362 pages. Le Professeur Jean CHARPENTIER pense que cette restriction se manifeste par le fait que les OI font usage de la recommandation, acte sans valeur obligatoire, comme «… mode habituel d'expression de la volonté de l'organisation», p. 5.

[595] Article 30 alinéa 1er de l'Accord du 06 novembre 1999.

[596] M. Mamadi Kourouma, *op cite*, p. 616.

[597] Distinction faite par le Professeur Jean CHARPENTIER, op cit, p. 5. Pour l'historique de la notion : cf. Le Professeur NOUROU TALL (Saïdou), *op cit*, pp. 115-116. L'origine de la personnalité internationale des OI est relativement récente. Elle est contestée en théorie, mais reconnue dans la pratique. Son origine est jurisprudentielle. C'est la CIJ qui l'a formulée dans son avis du 11 avril 1949. En effet les faits relatifs à cet avis remontent « [à] la suite de l'assassinat par un groupe armé du Comte Folke Bernadotte, diplomate suédois envoyé par l'ONU comme médiateur en Palestine, la CIJ a été saisie pour avis par l'AG de l'ONU, sur la question de savoir si l'ONU (dont la Charte est muette sur ce point) avait qualité pour présenter contre le gouvernement *de jure ou de facto,* responsable des dommages subis, une réclamation internationale en vue d'obtenir réparation. La Cour va répondre par l'affirmative. [Elle]… a estimé que les membres de l'ONU, en lui assignant certaines fonctions, avec les devoirs et les responsabilités qui les accompagnent, l'ont revêtue de la compétence nécessaire pour s'acquitter de ses missions. Et la Cour conclut que l'ONU est une personne internationale.» ; cf. également SINKONDO Marcel, *Droit international public,* éd. Ellipses, Paris, 1999, 508 pages, p. 419. Depuis l'avis du 11 avril 1949 le débat sur l'existence de la personnalité juridique des OI s'est tempéré. Il porte, plutôt, de nos jours sur son caractère objectif ou subjectif. A cet effet, les arguments contradictoires s'affrontent. A l'instar du Professeur Daniel DORMOY : « Si on peut admettre que la personnalité juridique d'une organisation soit valable *erga omnes* sur la base d'une

personnalité juridique interne est la «... *capacité de contracter, d'acquérir ou aliéner des biens immobiliers et mobiliers, d'ester en justice.* » La CICOS bénéficie de cette capacité en vertu de l'Article 2 de l'Accord de Siège.

Bien que la personnalité juridique interne[598] soit indispensable pour la CICOS, la personnalité internationale nous intéresse le plus. En effet, comme l'affirme le Professeur Jean CHARPENTIER : « *Le but recherché par la personnalité juridique [internationale] est (...) de prendre en considération les intérêts collectifs d'un groupe, d'un groupement ou d'une catégorie de groupements, indépendants de ceux de ses membres, et de lui permettre, de les défendre dans le cadre d'un ordre juridique donné dont il devient le sujet. La personnalité juridique des Organisations internationales consacre donc, de ce point de vue, la valeur d'une coopération régulière entre Etats qui dépasse les intérêts de chacun de ceux qui y participent.* »[599] La personnalité juridique donne à la CICOS une place dans l'œuvre d'intégration des Etats. Elle est l'expression de la souveraineté commune de l'ensemble des Etats-parties.

Cela dit, en tant qu'organisation internationale, la CICOS est régie par un certain nombre de règles qui garantissent son autonomie. Ces règles ont pour rôle de la protéger contre « *le bon vouloir des Etats*[600]. » On peut citer : le principe d'indépendance, le principe de spécialité ainsi que les privilèges et immunités. Ces principes ne sont pas isolés les unes des autres, ils sont liés et se renforcent mutuellement pour donner à l'O.I. une existence propre et un fonctionnement stable.

---

coutume internationale, abstraction faite de son origine conventionnelle, il est difficile d'admettre l'idée de personnalité internationale objective, sauf le cas où une organisation a une vocation universelle et est effectivement quasi universelle. Mais, on ne saurait étendre le raisonnement à l'ensemble des Organisations internationales (...). D'une façon générale, cependant, l'existence légale de l'Organisation passe par sa reconnaissance, sa personnalité est en principe une personnalité subjective.», *op cit*, p. 35. Marcel SINKONDO pense de son côté « ...qu'à la faveur de l'harmonisation progressive des systèmes sociaux et de la prédominance générale du libéralisme économique, les organisations régionales que leur compétence générale et leurs activités internationales à dimension quasi universelle marquent de ce fait du sceau de la personnalité internationale pourraient, par extraction de la volonté tacite des Etats tiers, être considérées comme dotées d'une personnalité internationale objective.», *Droit international public*, éd. Ellipses, Paris, 1999, p. 422.

598 La personnalité interne de la CICOS est déduite des dispositions de l'Accord de siège entre le Secrétaire général et la RDC. Aux termes de l'Article 2 dudit Accord, « la CICOS a la capacité de : a) contracter ;
b) acquérir et aliéner des biens mobiliers et immobiliers ; c) ester en justice ; »

599 CHARPENTIER (Jean), *op cit*, p. 4.

600 GAZANO Antoine, *Les relations internationales*, Gualino éditeur, Paris, 2001, 228 pages, p. 81.

Le principe d'indépendance constitue une garantie du fonctionnement adéquat de la CICOS. Il revêt double aspect : l'indépendance de l'O.I. et l'indépendance des agents internationaux. L'indépendance de l'O.I. consiste à ce qu'elle dispose de moyens de fonctionnement propres et interdit aux Etats de l'influencer. L'indépendance de l'O.I. est également liée à celle de ses fonctionnaires. On peut lire à l'article 7 du Statut du personnel de la CICOS que : « *Ils (les fonctionnaires) sont indépendants à l'égard de toutes autres autorités, notamment à l'égard des administrations nationales des Etats membres, des organisations régionales et internationales, ainsi que des entreprises privées avec lesquelles ils peuvent être appelés à avoir des relations de service.* » Ce principe est renforcé par bien d'autres règles qui concourent à garantir le fonctionnement de l'institution internationale. Ces règles peuvent être regroupées en deux catégories : en premier lieu, il y a les droits et, en second lieu il y a les obligations des fonctionnaires. En ce qui concerne les droits, il faut citer le droit à une rémunération accordée par l'organisation internationale elle-même, le droit à une protection sociale[601], le droit à la protection fonctionnelle[602]. Pour ce qui est des obligations, elles concourent également à la préservation de l'efficacité de la Commission. Parmi celles-ci, on note les incompatibilités[603], l'obéissance hiérarchique, le loyalisme à l'égard de l'organisation, l'obligation de réserve et de discrétion. Outre ces éléments qui s'appliquent aux agents de la CICOS, l'indépendance de celle-ci est encore garantie par les moyens de fonctionnement propres comme les moyens humains, matériels, financiers, etc.

---

[601] Chapitre 4 du statut du personnel de la CICOS.

[602] La protection fonctionnelle des fonctionnaires internationaux fut affirmée par la CIJ dans son Avis consultatif du 11 avril 1949 dans l'Affaire des dommages subis au service des Nations Unies. Cf., SINKONDO Marcel, *Droit international public,* éd. Ellipses, Paris, 1999, 508 pages, p. 421.

[603] D'après Allain PELLET et David RUZIE, « il existe deux types d'incompatibilités : les incompatibilités d'activités et les incompatibilités d'intérêts. En ce qui concerne les incompatibilités d'activités, les fonctionnaires, qui doivent se consacrer exclusivement aux devoirs de leurs charges, ne peuvent pas non plus, sans autorisation de l'organisation, exercer une activité privée extérieure. [...] S'agissant des incompatibilités d'intérêts, les fonctionnaires doivent faire preuve de leur intégrité et de leur désintéressement, en s'abstenant de détenir des intérêts financiers dans des entreprises qui pourraient profiter de leur position dans l'organisation », op cit, p. 65. Cette règle des incompatibilités des intérêts est posée par les alinéas 4 et 5 de l'article 7 du Statut du personnel de la CICOS : les fonctionnaires de la CICOS « ... ne peuvent pas prendre ou recevoir une participation, ou quelque intérêt ou rémunération que ce soit, travail ou conseil, dans une entreprise publique ou privée industrielle, commerciale ou financière.
Toutefois, les fonctionnaires pourront souscrire des parts, effectuer des placements dans une entreprise publique, privée, industrielle, commerciale ou financière, lorsqu'ils sont en conformité avec l'alinéa ci-dessus. Ils ne peuvent être, en aucun cas, membres d'organe dirigeant de l'entreprise ».

La CICOS est aussi guidée par un autre principe important qui est le principe de spécialité[604]. Ce principe «... *implique que l'organisation internationale ne puisse gérer qu'une seule activité d'intérêt commun, et si elle en gère plus d'une, alors, que ces activités soient complémentaires*[605]. » Le principe de spécialité est interprété au sens restrictif et au sens extensif. Dans le premier sens, le principe de spécialité signifie que l'organisation internationale n'exerce pas de compétences générales à l'instar des Etats et ne peut dépasser celles qui lui ont été attribuées par le traité. Ce principe est fondé sur «...*la conception dominante d'après laquelle les organisations internationales constituent des moyens pour la poursuite en commun des objectifs d'intérêt général*[606]. » Ainsi, *la nature instrumentale de l'organisation internationale*[607] se justifie par le motif qu'elle est un « *sujet dérivé et fonctionnel*[608]. » De ce fait, les compétences de la CICOS sont des *compétences d'exception*[609] découlant de la volonté des Etats exprimée dans l'Accord du 06 novembre 1999 et son Additif du 22 février 2007. Le rôle de la CICOS se limite donc à la promotion de la navigation fluviale et à la GIRE.

Quant aux moyens de fonctionnement, il y a lieu de citer les ressources humaines, les moyens matériels et les moyens financiers. Les moyens humains sont l'ensemble des personnes qui travaillent à la CICOS,

---

604 Le principe de spécialité tire ses origines depuis l'apparition des premières organisations internationales au début du XIXème siècle. Interprété au début de manière très stricte, il connaîtra une évolution à travers la théorie des pouvoirs implicites. Cette dernière fut évoquée pour la première fois par la CPJI dans son avis consultatif n°13 du 23 juillet 1926 pour apprécier la compétence de l'OIT (Rec., série B, p. 18), empruntant ainsi à la Cour suprême des USA sa méthode d'interprétation des pouvoirs de l'Etat fédéral dans une affaire de 1819. La CIJ l'évoquera dans son avis consultatif du 11 avril 1949 en ces termes : « *Selon le droit international, l'Organisation (ONU) doit être considérée comme possédant ces compétences qui, si elles ne sont pas expressément énoncées dans la Charte sont, par une conséquence nécessaire, conférées à l'Organisation en tant qu'essentielles à l'exercice des fonctions de celle-ci.*» (Rec. P. 182). La CJCE fera également bon usage lorsqu'elle affirmera que *« la compétence pour prendre des engagements internationaux peut non seulement résulter d'une attribution explicite par le traité, mais également découler de manière implicite de ses dispositions.*» (Arrêt du 29 novembre 1956, Fédébac, Aff. 8/55, Rec., 291). Cf. SINKONDO Marcel, *op cit,* pp. 427-428 ; RANJEVA Raymond et Charles CADOUX, *Droit international public*, Edicef, Paris, 1992, 272 pages, pp. 116-117

605 SINKONDO Marcel, *op cit*, p. 426

606 Nguyen Quoc Dinh, Patrick Daillier et Alain Pellet, *Droit international public*, 4e éd. LGDJ, Paris, 1993, 1264 pages, p. 573

607 SINKONDO Marcel, op cit, p. 430

608 Idem, p. 731,

609 Idem.

notamment son personnel[610] ; mais d'autres personnes participent également aux activités de la CICOS. L'Accord du 06 novembre 1999 instituant la CICOS attribue au secrétaire général la compétence de recruter les fonctionnaires de la CICOS et de collaborer avec toute organisation de caractère privé ou public pour accomplir sa mission[611]. Les fonctionnaires sont recrutés parmi les ressortissants des Etats membres dans le respect du principe de la répartition géographique équitable.

Le personnel de la CICOS bénéficie des privilèges et immunités qui facilitent l'exercice de leurs fonctions[612]. L'Accord de Siège stipule que « *le but des privilèges et immunités prévus dans le présent Accord est, non pas d'avantager les individus, mais de leur permettre d'exercer pleinement et efficacement leurs fonctions et d'atteindre les buts de la CICOS*[613]. » Les privilèges et immunités de la CICOS sont étendus aux personnes ayant un lien officiel avec la Commission ; il s'agit de ses « *agents* »[614], c'est-à-dire toute *« personne occupant un poste administratif ou technique permanent au Secrétariat général de la CICOS »*, et des « *personnes invitées pour affaires officielles* », qui sont les « *membres du Comité des ministres, membres du Comité de direction, représentants des organismes invités officiellement par la CICOS.*[615]»

En plus des moyens humains, il y a aussi les moyens matériels. Le premier matériel mis à la disposition de la CICOS est son siège. L'OI n'ayant pas de territoire propre, elle s'établit sur les territoires de l'un de ses Etats membres[616]. La CICOS a son Siège à Kinshasa, en RDC. Il comprend : *les terrains ainsi que les bâtiments qui s'y trouvent, les autres terrains ou*

---

610 Le personnel de la CICOS est constitué de « toute personne engagée par contrat ou nommée et titularisée dans l'un des emplois permanents ouverts dans les services du Secrétariat général de la CICOS. Ce personnel ci-après est désigné fonctionnaire.»

611 Article 26 (g) de l'Accord de 1999.

612 Ces privilèges et immunités sont fondés sur ceux de la CICOS elle-même en vertu de l'article 31 de l'Accord l'instituant.

613 Article 31 de l'Accord de siège.

614 La CIJ dans son avis du 11 avril 1949 relatif à la réparation des dommages subis au service des Nations Unies définit un « agent » au sens large comme suit : «… quiconque, fonctionnaire, rémunéré ou non, employé à titre permanent ou non, a été chargé par un organe de l'organisation d'exercer ou d'aider à exercer l'une des fonctions de celle-ci, bref, toute personne par qui l'organisation agit. », p. 177 ou p. 7.

615 Accord de siège de la CICOS, *op cit*, article 1er.

616 Cette fixation n'empêche pas l'OI de tenir ses activités dans les autres Etats membres soit par nécessité, en cas de troubles sur l'Etat de siège par exemple, soit selon le bon vouloir d'un des Etats membres d'organiser la Conférence de l'OI sur son sol.

bâtiments qui peuvent être ajoutés à titre temporaire ou permanent dans le cadre des Accords complémentaires signés avec le Gouvernement de la République Démocratique du Congo[617]. Le Siège de la CICOS est inviolable[618], il bénéficie de toute protection de la part du Gouvernement de la RDC contre le désordre dans le voisinage immédiat ou des groupes de personnes tentant à y pénétrer sans l'autorisation du Secrétaire général de la CICOS. Les Autorités de la RDC feront assurer aux abords des locaux de la CICOS toute la protection de police nécessaire sans pour autant empêcher les déploiements des fonctionnaires de la CICOS ou de toute autre personne autorisée par le secrétaire général de la CICOS à s'y rendre. Si le secrétaire général en fait la demande, le Gouvernement de la RDC fera expulser toute personne jugée indésirable[619]. Cette inviolabilité est étendue aux documents, archives et communications de la CICOS. Par ailleurs, les autorités de l'Etat de Siège ne peuvent pas pénétrer dans l'enceinte de celui-ci sans l'Accord du Secrétaire général de la CICOS. En contrepartie de ces privilèges et immunités, la CICOS s'engage à respecter la souveraineté de son Etat de siège. Elle doit faire en sorte que « *son siège ne serve pas de refuge à une personne qui serait recherchée pour exécuter une décision de justice ou poursuivie pour flagrant délit ou contre laquelle un mandat de justice aura été décerné ou un arrêt d'expulsion aura été prononcé par les Autorités compétentes de la RDC.*[620] »

En plus du siège, les ressources financières sont un levier très important de la CICOS. L'Accord prévoit que « *les ressources de la Commission proviennent des contributions des Etats contractants, des recettes des activités propres, des emprunts, dons et legs.* » Le budget de la Commission est constitué des recettes et des dépenses. Le problème des recettes du budget se pose avec acuité parce qu'elles sont insuffisantes pour couvrir les dépenses. Les contributions versées par les Etats contractants sont, en principe, les principales ressources de la CICOS[621]. Elles sont de deux natures : les contributions volontaires et les contributions obligatoires. Les contributions volontaires sont celles *« qui visent, en marge du budget de l'organisation, à couvrir les fonds spéciaux destinés à financer des actions spécifiques.*[622]*»* Ces actions spécifiques sont *des actions de coopération internationale qui ne résultent pas directement du traité*[623]. Ces contributions proviennent des sources gouvernementales ou non. Par ailleurs, si elles

---

617 Article 3 de l'Accord de Siège de la CICOS, *op cit.*

618 Article 7 de l'Accord de siège de la CICOS

619 Article 8 de l'Accord de Siège de la CICOS

620 Article 9 de l'Accord de siège

621 NOUROU TALL (Saïdou), *op cit*, p. 109.

622 VALLEJO Diez de Valasco, *Les organisations internationales*, Economica, Paris, 2002, cité par M'VELLE Guy, op cit, p. 154

623 NOUROU TALL (Saïdou), *op cit*, p. 109

portent le risque de remettre en cause le principe d'indépendance de l'organisation internationale vis-à-vis des contributeurs plus nantis, elles présentent, cependant, « *l'avantage de procurer des ressources extrêmement variables…* »[624] Ce qui permet à l'organisation de couvrir certaines dépenses.

Les contributions obligatoires quant à elles *« constituent le système fondamental utilisé par les O.I. depuis la création des formes rudimentaires jusqu'aux formes les plus avancées.[625] »* Toutes les organisations vivent principalement *« des ressources provenant des contributions financières obligatoires de ses membres[626] »*, à l'exception de l'UE qui est l'exemple le plus réussi. Le système de contribution obligatoire est un *système de cotisation[627]*. Ce dernier « *représente le montant des contributions qui constituent la quote part supportée par chaque Etat membre dans le financement des activités de l'Organisation[628]. »* Chaque Etat-partie est tenu de verser un montant donné conformément à la répartition des taux de contribution.

La situation des finances de la CICOS a évolué avec le temps corrélativement à l'élargissement de son mandat. Avant le 22 février 2007, date de l'élargissement du mandat de la CICOS à la GIRE, le budget de la CICOS était en totalité alimenté, selon un mode classique, des contributions directes des quatre Etats fondateurs. Aujourd'hui, son budget est financé en partie à travers la Taxe Communautaire d'Intégration (TCI)[629], et en partie par les contributions directes des trésors publics des Etats non membres de la CEMAC, mais membres de la CICOS.[630]

Le problème qui se pose dans ce système est celui du mode de répartition des taux de contribution ou du calcul du montant des contributions. Il existe plusieurs modes de calcul des montants de contribution dans les OI[631]. En raison de l'inégale répartition des ressources

---

624 Idem.
625 NOUROU TALL (Saïdou), *op cit*, p. 110
626 SALIFOU Sylla, op cit, 194
627 Idem, p. 111
628 RANJEVA RAYMOND et CADOUX Charles, *Droit international public*, Edicef, Paris, 1992, 272 pages, p. 112
629 La TCI de la CEMAC a été institué l'Acte additionnel N°3/00-CEMAC-046-CM05 instituant un mécanisme autonome de financement de la Communauté, adopté par la Conférence des Chefs d'Etat de la CEMAC à N'Djamena (Tchad), le 14 décembre 2000 (disponible en ligne sur http://www.izf.net/pages/acte-additionnel-n-300-cemac-046-cm-05, consulté le 3 avril 2017 à 20 heures).
630 Il s'agit de la RDC et de l'Angola
631 Cf. NOUROU TALL (Saïdou), op cit, pp. 110-111 ; SALIFOU Sylla, op cit, pp. 197-119. Ce dernier auteur fait savoir dans sa thèse que les solutions de calcul des montants de contribution sont variables d'une organisation à l'autre, mais ils se

en eau et des disparités économiques entre les Etats, le Comité des ministres a mis en place un système qui tient compte de ces différences. A en croire l'ancien Secrétaire général, Benjamin N'DALA, le système est basé sur *le mode de contribution égalitaire et/ou inégalitaire basé sur deux critères : la territorialité sur le bief Inter-Etats et la solidarité*[632]. Sur la base de ces critères, le taux participatif des Etats concernés a évolué de la manière suivante : *Cameroun 7,9 % augmenté à 10 % , Congo 34,59 % ramené à 30 % , Centrafrique 19,26 % augmenté à 30 % , R.D. Congo 38,25 % ramené à 30%.* En adoptant les critères de territorialité et de solidarité régionale, la CICOS a voulu pallier la difficulté d'appliquer le système de contribution égale.

Les dépenses, quant à elles, ne sont pas énumérées dans le traité instituant la CICOS. Généralement, les dépenses des organisations internationales sont constituées des dépenses administratives et des dépenses opérationnelles. Les premières sont destinées au «*… fonctionnement normal de l'OI, c'est-à-dire pour l'entretien des bâtiments, du siège, la vie du secrétariat, le payement des fonctionnaires et agents et diverses dépenses liées au fonctionnement.*»[633] Dans la plupart des OI, les dépenses administratives sont couvertes par les contributions des Etats membres[634]. Est-il que les Organisations internationales africaines souffrent énormément de l'insuffisance des moyens financiers pour assurer les dépenses administratives.[635] Les secondes (dépenses opérationnelles) *manifestent l'action extérieure* de l'organisation internationale. C'est-à-dire que la couverture de ces dépenses permet à l'organisation internationale d'accomplir les missions qui lui sont dévolues par le traité. Il peut s'agir pour le cas de la CICOS des dépenses relatives à l'entretien des voies navigables, des missions d'études, la construction des ouvrages d'intérêt commun, etc. Les recettes destinées à la couverture des dépenses

---

ramènent à cinq (5) : Le système des NU où chaque pays contribue selon sa capacité contributive, le système de détermination des montants en fonction des budgets de fonctionnement des Etats membres, le système de la fixation des montants par les organes politiques, le système des contributions égales, le système de fixation des montants de contribution dans l'Acte constitutif.

632 TONDO Blaise Léandre, « La CICOS : de la navigation à la GIRE », Genève, 23 septembre 2013 (www.cicos.info),

633 NOUROU TALL (Saïdou), *op cit*, p. 113

634 L'UE fait l'exception depuis le 21 avril 1970. Elle dispose des ressources propres de financement essentiellement fiscales. Voir MVELLE Guy, *L'Union africaine : fondements, organes, programmes et actions*, éd. L'Harmattan, Paris, 2007, 467 pages, pp. 154-155

635 Au niveau des Organisations continentales, l'OUA a souffert d'une misère financière qui en est la caricature. Cf., Marcel SINKONDO, *op cit*, p. 454. ; de même, l'Union Africaine fait déjà face une situation de non-paiement de leurs contributions par les Etats membres (cf., M'VELLE, *op cit*, p. 153).

opérationnelles proviennent des financements accordés par les partenaires internationaux.

Ainsi terminée, cette section a eu pour but de faire l'état de la condition juridique des organes de la CICOS par rapport au premier pilier, qui est la promotion de la navigation intérieure. Le cadre institutionnel de la CICOS reste dynamique au regard de ses transformations qui ont eu lieu après l'adoption de l'Additif sur la GIRE.

Section II : Un dispositif organique adapté à la GIRE

De la ''monosectorialité'' à la ''multisectorialité'', le mandat de la CICOS a été profondément transformé. Cela a entraîné des mutations du dispositif organique de la CICOS. L'Additif sur la GIRE a entraîné des reformes des organes non permanents (Paragraphe I) ainsi que de l'organe intégré qu'est le Secrétariat général (Paragraphe II).

Paragraphe I : La recomposition des organes non permanents

Au départ, la composition des organes non permanents était limitée aux autorités nationales qui dirigent les ministères chargés de la gestion du transport, et donc de la navigation. L'Additif de 2007 a intégré a ajouté dans ces organes toutes les autorités qui dirigent les institutions en charge de la gestion des ressources en eau du bassin COS. C'est ainsi que la composition du Comité des Ministres **(A) et** du Comité de direction (B) a évolué.

A : La nouvelle composition du Comité des Ministres

Nous avons précédemment montré que le Comité des ministres est un organe composé des membres de gouvernement des Etats-parties en charge de la navigation intérieure[636]. Cette composition originelle se justifiait par le fait que dès sa création la mission essentielle de la CICOS était de promouvoir la navigation intérieure dans les voies navigables du bassin COS. Le Comité des Ministres comprenait quatre ministères représentant les quatre (4) Etats fondateurs de la CICOS et signataires de l'Accord du 06 novembre 1999: la RDC, le Cameroun, la RCA et la République du Congo. Aujourd'hui, la CICOS compte six (06) Etats membres avec les adhésions du Gabon et de l'Angola.

Cependant, la composition originelle de l'organe plénier n'est pas restée la même. Les changements se sont opérés suite à l'élargissement des

[636] D'après l'alinéa 1 de l'article 19 de l'Accord du 06 novembre 1999, « *Le Comité des Ministres est composé des ministres chargés de la navigation intérieure* ».

compétences de la CICOS à la GIRE par l'Additif du 22 février 2007. Cet Additif opère une mutation importante relative non seulement aux membres du Comité des Ministres mais aussi au Président de cet organe.

Concernant les membres du Comité des Ministres, l'article 17 de l'Additif introduit une nouvelle composition en disposant qu'« *[en] complément des dispositions de l'article 19 de l'Accord, les ministres en charge de la gestion des ressources en eau des Etats contractants sont membres de droit du Comité des ministres.* » Une lecture attentive de cette disposition laisse penser que deux raisons justifient l'élargissement aux ministères en charge de la gestion des ressources en eau.

La première est relative à l'existence de divers ministères en charge de la gestion des ressources en eau ou dont les activités concernent également le domaine de l'eau, car dans les pays membres de la CICOS, il existe diverses institutions chargées de gérer les domaines liés à l'eau[637]. Nous reviendrons sur cet éclatement institutionnel dans la seconde partie.

La deuxième raison est relative à la coordination des activités liées à l'eau et à l'harmonisation des politiques de l'eau des Etats membres, en raison de l'interdépendance des ressources en eau et de leurs usages divers. L'utilisation ou l'extraction de l'eau souterraine peut avoir un impact sur les eaux superficielles d'un fleuve, rivière ou lac. De même, l'utilisation de l'eau pour les besoins énergétiques peut avoir des impacts négatifs sur la pêche ou la navigation. De ce fait, les ministères de l'énergie, de la pêche et celui de la navigation ont intérêt à travailler de manière coordonnée. C'est autant dire que l'Additif n'entend pas coordonner seulement les activités entre les ministères en charge de la gestion des ressources en eau entre les Etats-parties, mais aussi celles des différents ministères d'un même Etat dont les compétences ont un lien avec les ressources en eau transfrontalières. Il

---

[637] En Angola, « *la gestion de l'eau incombe à un réseau complexe d'institutions publiques:* La Direction nationale de l'hydraulique agricole et du génie rural (DNHAER) du Ministère de l'Agriculture et du Développement rural (MINADER) ; la Direction nationale pour le développement rural (DNDR) au sein du MINADER et ses services provinciaux: Direction provinciale pour l'agriculture, le développement rural, la pêche et l'environnement (DPADRPA); la Direction nationale des eaux (DNA), organe du secrétariat d'État de l'énergie et de l'eau, qui est l'agence exécutive de la gestion des eaux ; le Ministère de la Géologie et des Mines, qui a lui aussi une juridiction sur l'eau à travers la Société nationale d'eaux souterraines (HIDROMINAS) ; le Ministère de l'Urbanisme et de l'Environnement (MINURA); le Ministère de la santé, avec la Direction nationale de santé publique (DNSP) dont la mission principale est la promotion de l'assainissement et de l'éducation en milieu agricole; le Ministère des Travaux publics (MINOPU) responsable de la construction des barrages et des digues (http://www.fao.org/nr/water/aquastat/countries_regions/ago/, consultation en ligne le 26 février 2026).

entend faciliter la coordination des activités qui devront se réaliser dans la zone de compétence de la CICOS par les discutions directes, l'échange d'information et d'expérience entre les ministres en charge de la gestion des ressources en eau conformément aux articles 11 et 12 de la Convention de New York du 21 mai 1997[638]. Il s'agit là d'une poussée vers l'approche globale des problèmes de l'eau, un besoin réel d'intégration ou d'harmonisation des politiques de l'eau des Etats-parties.

L'Additif a également introduit une réforme importante concernant le mandat du Président du Comité des Ministres. Précédemment, l'article 21 de l'Accord de 1999 instituant la CICOS stipulait que « *La Présidence du Comité est assurée par un ministre pour une période de deux (2) ans à tour de rôle suivant l'ordre alphabétique français des Etats contractants».* Ce mandat, jugé peut-être trop long, a été réduit par l'alinéa 1er de l'article 18 de l'Additif qui prévoit désormais que « *La Présidence du Comité des Ministres est assurée à tour de rôle par un ministre pour une période d'un (1) an suivant l'ordre alphabétique français des Etats contractants* ». L'intérêt de réduire ce mandat est davantage basé sur des considérations politiques. En effet, la réduction de ce mandat a pour objet de faire en sorte que les Etats en attente accèdent aussi rapidement que possible à la présidence du Comité des ministres en raison du principe de rotation. Cependant, la réforme a l'inconvénient de ne pas laisser assez de temps au Président pour maîtriser le mandat de la CICOS et de fournir par la suite de bonnes orientations. Il faut voir dans ce changement une mesure de prudence. Toutes les présidences ne pourront pas impulser la CICOS de la même manière. A cet égard, il est plus prudent de prévoir une durée plus raisonnable, comme celle d'une année. En plus, ce mandat d'une année vaut pour la CICOS d'aujourd'hui dont le nombre d'Etats membres a augmenté.

Espérons que la nouvelle composition du Comité de direction puisse renforcer l'efficacité de l'organe ministériel.

B : La nouvelle composition du Comité de Direction

Les réformes introduites par l'Additif concernent aussi le Comité de direction. Elles portent notamment sur sa composition. Les alinéas 2 et 3 de l'article 18 prévoient ce qui suit :

« 2°) *la représentation au Comité de Direction des Etats est élargie d'un représentant des administrations chargées de la gestion des ressources en eau par pays ;*

---

638 L'article 11 porte sur les renseignements sur les mesures projetées. Il dispose que « Les Etats du cours d'eau échangent des renseignements, se consultent, si nécessaire, négocient au sujet des effets éventuels des mesures projetées sur l'état d'un cours d'eau international ».

3°) *le statut d'observateur auprès du Comité de Direction est accordé aux entités des Etats membres et aux Organisations internationales et/ou régionales en charge de l'intégration régionale et de la gestion des ressources en eau.»*

Ces deux alinéas introduisent deux éléments importants au niveau du Comité de Direction. Il s'agit de l'augmentation des membres dudit organe et de l'élargissement du statut d'observateur.

Concernant le premier élément, il faut noter que la nouvelle composition du Comité de direction vise à y inclure des personnes ayant un pouvoir de décision et des compétences adéquates dans d'autres domaines de l'usage de l'eau ou des ressources en eau.

L'Additif, par ailleurs, ne dit mot sur la situation du Président du Comité de Direction. Celui-ci étant le ressortissant de l'Etat qui assure la présidence du Comité des Ministres devrait voir son mandat se ramener à une (1) année pour plus d'harmonie entre lui et le Président du Comité de Direction.

En plus, le statut d'observateur est élargi aux entités des Etats membres et aux organisations internationales africaines en charge de l'intégration.

Par entités des Etats membres en charge de l'intégration régionale, il faut entendre les ministères en charge de l'intégration comme le ministère du Plan, de la Statistique et de l'Intégration régionale (MPSIR) de la République du Congo. En effet, ces types de ministères en charge de l'intégration sont nés suite à la poussée des organisations d'intégration comme la CEMAC, la CEPGL, la CEEAC en Afrique centrale et l'UEMOA, la CDEAO en Afrique de l'Ouest. C'est pour désengorger les ministères des affaires étrangères que les traités de certaines communautés économiques ont encouragé la création des entités en charge de l'intégration.

Bien avant, en ce qui concerne les organisations internationales de la sous-région, seul le secrétaire exécutif de la CEMAC était autorisé à prendre part aux réunions du Comité de Direction[639]. Cette limitation renfermait la CICOS, elle n'était pas de nature à favoriser une promotion de l'institution et un regain d'intérêt vis-à-vis d'elle ainsi qu'une coordination des activités des OSR. Cette ouverture fait entrer la CICOS dans l'œuvre d'intégration des Etats de l'Afrique centrale.

La participation du Secrétaire exécutif de la CEMAC, aujourd'hui Président de la Commission[640], se justifie par des raisons historiques et

---

[639] Article 25 alinéa 4 de l'Accord du 06 novembre 1999

[640] Le secrétariat de la CEMAC a été transformé en Commission de la CEMAC par l'Additif de la Conférence des chefs d'Etat adoptée à N'DJAMENA le 25 avril 2007. Pour plus de détails, voir Hérissonne PAYIMA LOMBOBO, *La Commission de la CEMAC,* mémoire de Master II, option Droit de l'intégration et de l'OMC,

juridiques. Sur le plan historique, en effet, c'est le chef de l'organe exécutif de ladite Communauté qui avait pris l'initiative d'inviter les Etats riverains du bassin du fleuve Congo à relancer le projet de création d'un mécanisme mixte de coopération pour la mise en valeur des ressources en eau du bassin du fleuve Congo en 1997. Deux ans après, sera signé l'Accord sur le régime uniforme des voies navigables. En 2000, afin de consolider la politique des transports et infrastructures, le Secrétariat exécutif avait fixé, dans son programme de l'année 2001, l'objectif de «*finaliser la signature de l'Accord instituant un régime fluvial uniforme et créant la Commission internationale du bassin Congo-Oubangui-Sangha (CICOS), et entreprendre la ratification dudit Accord en vue de la mise en place effective de la CICOS.*»[641] Notons que cela fait suite aux échecs antérieurs visant la création d'une institution commune chargée de la gestion du bassin du fleuve Congo[642].

Sur le plan juridique, la participation du représentant de la CEMAC entre dans la droite ligne des dispositions de la Convention de New York du 21 mai 1997 portant sur le droit relatif aux utilisations des cours d'eau internationaux à des fins autres que la navigation[643]. En effet, la Convention de New York de 1997 considère comme « *Etat du cours d'eau* » non seulement les Etats riverains, mais aussi les « *organisations d'intégration économique*[644]. » Il a fallu que la Convention de New York tienne compte des organisations d'intégration dans la mesure où elles exercent des

---

Faculté des sciences juridiques et politiques (FSJP) de l'Université Cheikh Anta Diop (UCAD) Directeur de mémoire M. Alioune SALL, Professeur titulaire des universités, année académique 2012-2013, 60 pages ; LIBONG BADJAN Patrice, *op cit*, p. 46.

641 DECISION n° 50/00/UEAC-033-CM-05 du Conseil des Ministres de la CEMAC portant adoption du Programme d'actions 2001 du secrétariat exécutif, (disponible sur http://www.ehu.eus/ceinik/tratados; consulté le 26 février 2016 à 15h).

642 En 1987 un projet de Convention relatif au Statut du fleuve Congo-Zaïre fut élaboré entre la République populaire d'Angola, la République du Burundi, la République du Cameroun, la République centrafricaine, la République populaire du Congo, la République rwandaise, la République Unie de Tanzanie, la République du Zaïre et la République de Zambie. Malheureusement, il demeura lettre morte.

643 Convention adoptée par l'Assemblée générale des Nations Unies le 21 mai 1997. Voir résolution 51/229 de l'Assemblée générale, annexe, documents officiels de l'Assemblée générale, cinquante et unième session, supplément n°49 (A/51/49).

644 Article 2 (c) de la Convention de de New York du 21 mai 1997

prérogatives qui relevaient jadis du monopole des Etats membres dans la gestion des eaux transfrontalières[645].

Pour rappel, l'article 2 alinéa (c) de ladite convention dispose : « *l'expression « Etat du cours d'eau » s'entend d'un Etat-partie à la présente Convention dans le territoire duquel se trouve une partie d'un cours d'eau international ou d'une Partie qui est une organisation d'intégration économique dans le territoire d'un ou plusieurs Etats membres de laquelle se trouve une partie d'un cours d'eau international.* » Il faut aussi noter, d'après l'alinéa (d) du même article, qu'une « *organisation d'intégration économique régionale* » est entendue comme : « *toute organisation créée par les Etats souverains d'une région donnée, à laquelle ses Etats membres ont cédé leur compétence à raison des questions régies par la présente Convention et qui est dûment autorisée conformément à ses procédures internes à signer, à ratifier, à accepter ou à approuver la Convention ou à y adhérer.* »

La convention de New York constitue, à cet effet, une base juridique internationale et une source de l'étendue du statut d'observateur aux organisations d'intégration. Certes, les organisations d'intégration économique de l'Afrique centrale peuvent être des membres à part entière de la CICOS et participer pleinement aux activités de celle-ci. Mais, pour éviter l'exercice concurrent des compétences entre elles et leurs Etats membres, l'Additif a raisonnablement limité leur statut à celui d'observateur. C'est ce qui fait que la CEMAC participe aux activités de la CICOS en tant qu'observateur. Ce statut ouvre la voie à une collaboration entre les institutions sous-régionale qui permettrait d'éviter les risques d'empiètement de compétences entre les deux institutions sous-régionales. Cette collaboration est nécessaire, car elle constitue une piste de solution au problème connu de la coexistence des OSR qui entraîne les conflits de normes et de compétences ainsi que le gaspillage d'énergie.

Cette ouverture du statut d'observateur demeure encore limitée dès lors que l'Additif est silencieux sur les conditions à remplir[646], la procédure d'octroi du statut d'observateur[647] ainsi que son contenu[648] au bénéfice de l'Etat ou de l'organisation internationale désireuse de bénéficier dudit statut.

---

645 L'exemple le plus probant est l'Union Européenne (UE) qui a établi en 2000 la Directive sur l'eau. Cette Directive a pour but de remplacer les différentes directives sectorielles antérieures pour former un corps de règles unique.

646 Il s'agirait au minimum de l'acceptation par l'Etat des principes de protection de l'environnement et du respect des droits des riverains.

647 Il s'agit en particulier de désigner explicitement l'organe compétent pour recueillir les demandes de statut d'observateur, les délais, les formules de demande, etc.

Il est également regrettable que l'Additif n'ait pas élargi la composition du Comité de direction aux usagers de l'eau, aux ONG et à la société civile qui interviennent dans les domaines environnementaux et fluviaux. La composition du Comité de direction selon l'article 25 de l'Accord du 06 novembre 1999 se limite aux exploitants fluviaux. Aussi, l'Additif est muet au sujet de la représentation des citoyens en matière de gestion de l'eau à des fins autres la navigation, alors qu'il serait l'occasion de combler les vides de l'Accord du 06 novembre 1999. Sur le continent, il existe des textes juridiques de gestion des eaux qui peuvent inspirer la CICOS en ce qui concerne les participants à ces activités et bien, notamment, à celles du Comité de Direction. A l'OMVS, le statut d'observateur auprès de la Commission Permanente des Eaux peut être accordé aux représentants des usagers, aux représentants des collectivités territoriales, aux représentants des ONG et aux représentants des Comité de gestion décentralisée par le Conseil des Ministres sur proposition du Haut-Commissaire de l'OMVS[649].

La CICOS devrait s'efforcer d'élargir encore les observateurs afin que ses activités soient utiles et bénéfiques pour les premiers utilisateurs que sont les citoyens des Etats membres. L'élargissement du statut d'observateurs est aussi le moyen de faire sa promotion au niveau des usagers de l'eau, de recueillir les informations les plus utiles et d'initier, par ailleurs, les usagers à la conservation d'un patrimoine commun. La protection de l'environnement n'est pas seulement une affaire des gouvernants, mais aussi et surtout celle des particuliers.

Ceci étant, le rôle du Comité de direction n'a pas changé, il reste un organe d'Avis dans le système institutionnel de la CICOS.

Comme on peut le constater, l'ensemble des mutations intervenues au niveau du Comité des Ministres et du Comité de Direction montrent à suffisance la valorisation de la CICOS dans la gestion des eaux transfrontalières et, par ce biais, l'acquisition d'une place importante dans l'intégration des Etats. Notre propos sur la mutation des organes non permanents s'arrête là, mais il faut encore signaler que les réformes institutionnelles ne s'arrêtent pas à l'aménagement de ces deux organes. Elles ont largement été bénéfiques pour le Secrétariat général[650] au regard de la transformation de ses structures et leurs compétences.

---

648 L'Additif aurait précisé si l'observateur a le droit de prendre la parole et d'émettre son avis lors des réunions du Comité de direction, d'avoir accès aux documents de la CICOS…

649 Article 23 de la Charte des eaux de l'OMVS de mai 2002

650 PIDIRSKI Cécile, *op cit*, p. 77

Paragraphe II : Un Secrétariat général valorisé

Les changements qui se sont opérés à travers l'Additif de 2007 et ses suites, n'ont pas ignoré le Secrétariat général. On peut dire que les capacités de la CICOS ont été renforcées. Elle est l'expression et même le résultat des mutations de l'intégration, telles qu'imposées par la gestion internationale du bassin Congo-Oubangui-Sangha. Ces mutations importantes se caractérisent par le renforcement de ses structures au plan interne et externe (A) et la valorisation du secrétaire général sur plusieurs plans (B).

A : Le renforcement des capacités du Secrétariat général

A la faveur des changements apportés par l'Additif du 22 février 2007, la condition juridique du Secrétariat général de la CICOS n'est pas restée la même. Elle a sensiblement évolué non seulement du point de vue structurel, mais aussi du point vue de ses compétences. Ici, il s'agit de parler de la création des nouvelles structures administratives au sein du Secrétariat général (1) et dans les Etats membres (2).

1 : Le renforcement des structures internes

Conformément à l'esprit de l'Additif, le Comité des ministres a adopté le 13 décembre 2007, sur proposition du Secrétaire général et après avis du Comité de Direction, une décision modifiant celle adoptée le 27 novembre 2003 portant organisation et fonctionnement du secrétariat général de la CICOS[651]. Ces changements peuvent s'appréhender sous deux angles. Le premier porte sur la création de nouvelles directions et de nouveaux services (a). Le deuxième est relatif à la valorisation des capacités intellectuelles des fonctionnaires du Secrétariat général (b).

a : La création de nouvelles structures au sein du Secrétariat général

L'année 2007 a été celle des reformes des structures administratives du Secrétariat général de la CICOS. Ces réformes concernent particulièrement la création de nouvelles directions et de nouveaux services.

En ce qui concerne les directions, nous avons, précédemment, souligné que la CICOS, conformément à son premier mandat, comptait trois (3) directions : la Direction juridique et de la réglementation, la Direction de l'exploitation, des infrastructures et des voies navigables et la Direction de

---

651 Idem

l'environnement.[652] Le Comité des Ministres avait décidé de réformer ces structures en vue de tenir compte des exigences de l'Additif. Le 13 décembre 2007, était adoptée la Décision n°08/CICOS-CM-05 modifiant la décision n°O5/CICOS-CM-01 du 27 novembre 2003 portant organisation et fonctionnement du Secrétariat général.

Conformément à cette nouvelle Décision, l'organe exécutif compte désormais quatre (4) directions : la Direction de l'exploitation, des infrastructures et des voies navigables ; la Direction de l'environnement, de la prévention des pollutions et des risques ; la Direction des ressources en eau et la Direction juridique et de la réglementation[653].

Au terme de ces réformes, des changements quantitatifs et qualitatifs sont introduits. Sur le plan quantitatif, les directions sont passées de trois (3) à quatre (4) avec l'apparition de la Direction des ressources en eau. « *Cette dernière direction constitue l'innovation la plus importante de la réforme institutionnelle au regard de la nouvelle mission de la CICOS.»*[654]Au plan qualitatif, par ailleurs, on remarque un changement notable en ce qui concerne l'ancienne Direction de l'environnement. Sa réforme concerne non seulement le changement de l'appellation, désormais Direction de l'environnement, de la prévention des pollutions et des risques, mais aussi de ses compétences. Précédemment, celle-ci était compétente pour la *conception et la réalisation des programmes concertés de préservation de l'environnement du réseau, notamment : la lutte contre les végétaux aquatiques envahissants, la lutte contre la pollution des eaux, le contrôle de la qualité de l'eau, l'évaluation de l'état de la faune et de la flore aquatique*[655]. Les reformes de 2007 lui ont attribué la compétence de : « *superviser et coordonner les activités relatives à la protection de l'écosystème aquatique du bassin ; harmoniser et adapter, de concert avec le Service des affaires juridiques, les législations et les stratégies nationales sur l'environnement en cas de besoin ; superviser l'exécution des programmes et études environnementaux ; participer à l'élaboration du schéma directeur d'aménagement et de gestion de l'eau ; collaborer avec les Etats et donner des avis techniques sur les projets susceptibles d'avoir des impacts transfrontaliers* ; *participer à l'élaboration et au suivi des programmes de formation des cadres et agents du secteur de l'environnement*[656]. »

---

[652]Article 14 de l'ancien statut du Secrétariat général tel qu'adopté par Décision n°05/CICOS/-CM-01.

[653] Article 15 de la Décision N°08/CICOS-CM-05, adopté le 13 décembre 2007

[654] PIDIRSKI Cécile, *op cit*, p. 78

[655] Article 19 de la Décision n°05/CICOS-CM-01, du 27 novembre 2003

[656] Article 18 de la Décision n°08/CICOS-CM-05, op cit.

Comme on peut le constater, la CICOS met l'accent sur l'harmonisation et l'adaptation des politiques nationales sur l'environnement. Cet élément est important dans la mesure où la disparité des législations et stratégies nationales peut entraîner une application en désordre du droit relatif aux utilisations des eaux du bassin. Nous verrons dans la seconde partie de cette étude dans quelle mesure les législations sont harmonisées et actualisées ou non. Force est de constater, avec regret, l'éclatement du pouvoir de donner les avis au sein de la CICOS. En principe, l'organe d'avis est le Comité de direction. Comment peut-on comprendre que l'Additif attribue à la Direction de l'environnement, de la prévention des pollutions et des risques la compétence de collaborer avec les Etats et de donner des avis ? En plus, la collaboration avec les Etats n'entraîne-t-elle pas un empiétement aux compétences du Secrétaire général ?

Le constat du renforcement des structures vaut aussi pour les différents services rattachés au Secrétariat général. Les changements sont d'ordres quantitatif et qualitatif. En effet, on comptait au départ trois (3) services rattachés: le Service administratif et financier, le Service comptable, le Service du contrôle de gestion et le Service des études et développement[657]. La réforme a augmenté ces services au nombre de six (6) avec l'entrée du Service information, communication et éducation et du Service informatique. Il faut signaler également que le Service des études et du développement a été supprimé au profit du Service de la planification, de la prospective et de la coopération[658]. Au service administratif et financier il a été ajouté la gestion des ressources humaines. On l'appelle maintenant le Service administratif, financier et ressources humaines. L'introduction de ce dernier élément est un moyen de s'assurer de la qualité du personnel du Secrétariat général de la CICOS.

b : La valorisation du personnel du Secrétariat général

Les réformes du Secrétariat général ne se limitent pas qu'à l'aspect structurel, puisque les institutions ne valent que ce que valent leurs animateurs, les réformes de 2007 avaient mis l'accent sur le renforcement des conditions de recrutement des fonctionnaires pour une bonne gestion de la Commission.

Ces changements portent principalement sur la procédure de recrutement et la qualité des futures fonctionnaires du Secrétariat général.

La procédure de recrutement des fonctionnaires a connu un changement remarquable pour les cas des directeurs et des chefs de Services.

---

[657] Article 4, alinéa 2 de la Décision n°05/CICOS-CM-01.
[658] Article 6 de la Décision n°08/CICOS-CM-05.

Bien avant, l'ancienne Annexe au Statut des fonctionnaires prévoyait tout simplement que les directeurs sont nommés par le Secrétaire général après la sélection des candidatures transmises par les Etats intéressés. Cette procédure de recrutement laissait courir le risque des nominations automatiques préjudiciables à l'efficacité de l'institution. Elle ouvrait aussi la voie à l'influence des Etats membres sur la CICOS.

Les reformes de 2007 ont introduit un élément nouveau en vue de garantir les nominations de qualité. En effet, la nouvelle Annexe[659] prévoit que « *Les Etats doivent soumettre trois candidatures au Comité de direction pour la sélection. Le secrétaire général procédera à la nomination après avis du Comité de direction* ». Les nominations s'effectuent désormais de cette façon pour les candidats aux quatre (4) postes de direction.

La situation du Secrétaire général vis-à-vis des chefs de services a connu une relative évolution quant à leur recrutement. Les candidatures des chefs de services étaient sélectionnées et transmises par leurs Etats d'origine au Secrétaire général. Ils étaient ensuite nommés par le Comité de direction sur proposition du Secrétaire général.

La nouvelle Annexe de 2007 prévoit désormais que les chefs de services sont nommés selon les procédures des articles 20 à 34 du Statut des fonctionnaires. Aux termes de ces dispositions, et à l'instar de l'article 21, le Secrétaire général, en vue de pourvoir aux vacances d'emplois, peut ouvrir la procédure de concours. L'article 22 quant à lui dispose que *le concours s'effectue sur examen de dossiers, suivi, soit d'entretien, soit de tests, soit d'épreuves.*

L'obligation du respect des procédures prévues dans ces dispositions consiste à éviter les nominations automatiques susceptibles d'entraîner l'entrée au Secrétariat général des agents ne possédant pas la qualification et les compétences requises. Le concours reste la procédure la plus intéressante par laquelle l'organisation trouve les méritants. Il entraîne la rupture des dettes morales de l'agent vis-à-vis de son Etat et garantit, par conséquent, son indépendance.

La crainte est que les concours s'effectuent uniquement sur examen des dossiers au détriment des véritables concours sur épreuves, suivi ou test. Néanmoins, ces réformes traduisent un cheminement positif, de renforcement de l'efficacité de la CICOS.

---

[659] Annexe à la Décision portant Statut des fonctionnaires adopté par le Comité des Ministres par Décision n°09/CICOS-CM.05 du 13 décembre 2007 portant modification de l'annexe de la Décision n°04/CICOS-CM-01 portant Statut du personnel de la CICOS.

Ensuite, il faut également retenir, au sujet des capacités intellectuelles des fonctionnaires, que les reformes de 2007 ont introduit de nouvelles conditions de recrutement des fonctionnaires de qualité. Le constat peut être fait pour les directeurs et les chefs de services.

Concernant les directeurs, l'ancienne Annexe de 2003 posait des conditions faibles par rapport à celles qu'exige la nouvelle Annexe de 2007. Selon la première, le niveau d'études maximum exigé équivalait au diplôme de Master II et Master I. Par exemple, le directeur des affaires juridiques et le directeur de l'exploitation des infrastructures et des voies navigables devraient être titulaires d'un Baccalauréat ou humanité plus cinq (5) ans d'études supérieures au maximum.

La nouvelle Annexe impose désormais que le directeur des affaires juridiques et de la réglementation soit titulaire d'un Baccalauréat ou humanité plus cinq (5) ans d'études supérieures au minimum, le directeur de l'exploitation des infrastructures et des voies navigables doit être titulaire d'un Baccalauréat ou humanité plus cinq (5) ans d'études supérieures au minimum, le directeur des ressources en eau et les directeurs de l'environnement, de la prévention des pollutions et des risques doivent être titulaires des diplômes de Master/ Diplôme postuniversitaire ou doctorat. Le renforcement des niveaux d'études est suivi de celui de l'expérience professionnelle. En effet, celle-ci est passée de cinq (5) ans à dix (10) ans, respectivement, dans les domaines précités dans une grande administration publique ou privée pour certains[660].

Pour ce qui est des chefs de services, au lieu d'être seulement titulaire d'un Baccalauréat ou humanité plus trois (3) ou quatre (4) ans d'études supérieures au moins, ils doivent désormais être titulaires d'un Baccalauréat ou humanité plus cinq (5) ans d'études supérieures au minimum. L'expérience professionnelle est restée de cinq (5) ans au minimum. Il faut dire au sujet de ces mutations que les exigences imposées peuvent bien concourir au renforcement des capacités, mais le risque est aussi grand de restreindre l'entrée à la CICOS de sorte que cette dernière ait du mal a trouvé des ressources humaines exigées.

Les reformes se sont également étendues à la représentation de la CICOS dans tous ses Etats membres. Les différentes structures créées ont pour but de renforcer la visibilité de la CICOS sur le territoire de chaque Etat et de faciliter l'accès des citoyens aux informations relatives à la gestion du bassin.

---

660 Cette condition d'expérience professionnelle de dix (10) ans risquerait de mettre la CICOS en difficulté au regard de la maigreur des moyens humains que les Etats du bassin sont victimes, surtout en matière d'environnement ou de gestion des ressources naturelles. Une durée de deux (2) ans pourrait suffir.

2 : La création des structures relais dans les Etats membres

L'éloignement géographique entre le Secrétariat général et les autres Etats membres oblige l'organisation à mettre en place des stratégies nécessaires pour renforcer sa visibilité en créant les structures-relais. Cet éloignement condamne l'institution dans une situation d'insuffisante communication avec d'autres Etats membres et leurs citoyens.

Le projet de renforcement de la visibilité de la CICOS dans d'autres Etats membres a été exposé en 2007 par la création de structures-relais chargées du suivi des activités de la CICOS[661]. « *Ces structures-relais ont pour objectif de renforcer la collaboration entre la Commission et ses membres, en optimisant la contribution de ces derniers*[662]. » Cet objectif est d'emblée limité, car il devrait aussi s'étendre à la collaboration de la CICOS avec les citoyens des Etats membres. Ce projet avait été réalisé par le Document-cadre du Comité des Ministres adopté en 2008 servant à la mise en place du Comité national de suivi CICOS dans chaque Etat membre[663]. Suivant cette décision, le Secrétaire général a procédé, en 2013, à la nomination des assistants permanents au Comité national de suivi CICOS[664].

Le statut desdits assistants est identique : ils sont nommés pour un mandat de deux ans renouvelable, ils n'ont pas le statut de fonctionnaire de la CICOS, une indemnité forfaitaire et éventuellement d'autres indemnités leur sont offertes s'ils ont réalisé un travail qui s'inscrit en dehors de leurs prestations ou en cas de travail en dehors des jours ou heures de travail normal... Les différends entre lesdits assistants et le secrétaire général sont réglés soit à l'amiable, soit par le Ministère des Affaires étrangères de leur Etat d'origine ou par la Cour de justice de la CEMAC.

Ces initiatives montrent que la CICOS a pris conscience de la nécessité de faire sa promotion dans la sous région. Cette stratégie permet de rompre

---

[661] PIDIRSKI Cécile, *op cit*, p. 79.

[662] Idem

[663] Voir Décision n°03/CICOS/-CM-06 du 24 novembre 2008 portant adoption du Document-cadre de mise en place du Comité national de suivi CICOS dans chaque Etat membre de la CICOS.

[664] Il s'agit par exemple des nominations faites par le Secrétaire général Simon SAKIBEDE le 22 février 2013 des personnes suivantes : Monsieur OUMAROU SANDA TAPARE pour le Cameroun (Décision n°155/CICOS-SG-SAF), Mademoiselle Prudence Catherine Lilie MBALACPO-YANGBA pour la République centrafricaine (Décision n°156/CICOS-SG-SAF et de Monsieur Louis de De Gonzague BAKOUMA pour la République du Congo (Décision n°157/CICOS-SG-SAF).

avec la situation de sa méconnaissance. Pour plus d'efficacité de l'organe intégré, le secrétaire général a été aussi au cœur des changements intervenus.

B : Les mutations en faveur du Secrétaire général

Avec l'adoption de l'Additif du 22 février 2007, le Secrétaire général de la CICOS a fait l'objet d'une valorisation de ses compétences. Cette valorisation est indispensable pour un fonctionnement adéquat de l'organe administratif. Les membres des autres organes sont préoccupés des fonctions nationales. Ils ne peuvent pas dans ces conditions servir deux maîtres à la fois, car soit, ils négligeraient l'un au profit l'autre, soit ils serviraient les deux de manière moins satisfaisante. Un pas vers plus d'intégration a été franchi à travers le renforcement des compétences (1) et le traitement (2) du secrétaire général.

1 : Les compétences renforcées

La valorisation des compétences du Secrétaire général s'articule autour de deux points essentiels, à savoir : l'acquisition d'un pouvoir de proposition en matière de GIRE et le bénéfice de nouvelles compétences techniques qui lui permettent de centraliser les informations importantes relatives à l'utilisation des ressources en eau sur chacun des territoires des Etats membres.

Le pouvoir de proposition est prévu par les différentes dispositions de l'Additif de 2007 relatif à la GIRE. Dans le système institué par ce nouveau pilier de la CICOS, il est clairement prévu que la plupart des décisions du Comité des Ministres doivent être prises sur proposition du Secrétaire général. A titre d'illustration, l'article 10 de l'Additif attribue le pouvoir de proposition au Secrétaire général dans le domaine de prélèvement de l'eau pour des usages domestiques afin de fixer un seuil à partir duquel un usage peut être considéré comme domestique.

Le pouvoir de proposition du Secrétaire général entre dans le cadre d'une mission plus large qui a pour but de lui permettre d'animer l'ensemble du système institutionnel et la politique générale de la gestion des ressources du bassin COS. Ainsi, le 3e alinéa de l'article 11 de l'Additif prévoit que « *L'instruction des demandes d'autorisation doit tenir compte des grandes orientations d'aménagement et de gestion des eaux figurant dans les documents guides approuvés par le Comité des Ministres sur proposition du Secrétariat général.* » Sur ce point, le secrétariat général a établi un projet de Manuel de notification préalable des mesures projetées dans le bassin du fleuve Congo.

De même, l'article 15 attribue au Secrétaire général le pouvoir de proposer au Comité des Ministres, et après avis du Comité de Direction, un *Schéma directeur d'aménagement et de gestion des eaux* (SDAGE)[665].

Aussi, l'Additif lui attribue le pouvoir d'initiative en matière d'élaboration de la *nomenclature des installations, ouvrages, travaux ou aménagements soumis selon le cas à autorisation ou à déclaration en tenant compte des scénarii de leur construction et de leur exploitation. Elle est approuvée par décision du Comité des Ministres*[666]. Le projet de la nomenclature étant déjà disponible, il attend la prochaine réunion du Comité des Ministres en fin d'année pour validation.

Les propositions de décisions et des documents stratégiques ont une valeur incontestable. Conformément à l'Additif, le Secrétaire général a le pouvoir de conception et d'élaboration des projets de décisions et des différents documents servant à guider l'action de la CICOS et des Etats membres. Cette compétence fait du Secrétariat général un organe moteur de la gestion des ressources en eau du bassin COS. Les propositions de décision et de documents guides doivent faire l'objet de discussion au Comité des Ministres. Ce dernier est appelé à les adopter par consensus ou à défaut à la majorité simple. La première technique a l'avantage de protéger les propositions émanant du Secrétaire général contre les risques de blocages, car elle exclut les oppositions dirimantes. Mais, il expose également lesdites propositions au pouvoir de modification du Comité des Ministres.

Par ailleurs, une limite subsiste dans ce pouvoir reconnu au Secrétaire général. Celui-ci ne peut soumettre ses propositions directement au Comité des Ministres sans passer par le Comité de Direction. Comme il a été déjà

---

[665] L'alinéa 2 de l'article 15 de l'Additif prévoit que le Schéma Directeur d'Aménagement et de Gestion des Eaux (SDAGE) « fixe en particulier les conditions dans lesquelles la Commission : collecte, centralise et diffuse les données du suivi des ressources en eau réalisées par les Etats contractants, tant sur le plan quantitatif que qualitatif ; effectue un recensement cartographique des zones de recharge des eaux souterraines, afin de les inventorier, de délimiter les zones d'alimentation et de captage, et de connaître leurs interactions avec les eaux de surface ; recommande aux Etats contractants des mesures de limitation ou de suspension provisoire de certains usages de l'eau, pour faire face à des situations de pénurie, de risque ou de catastrophe naturelle ; édicte, dans le respect de l'équilibre général des droits et obligations résultant du présent Additif et des diverses autorisations accordées, des prescriptions spéciales applicables aux installations, activités et pratiques des usagers, ainsi que les conditions dans lesquelles peuvent être contrôlées, suspendues, limitées ou interdites certaines utilisations de l'eau ; met en place les procédures nécessaires à l'identification et à l'évaluation des sources de pollution, des milieux de diffusion et à la surveillance des rejets. »

[666] Voir le dernier alinéa de 10 de l'Additif.

dit, le rôle de ce dernier est d'examiner et de donner les avis sur les propositions émanant de l'organe exécutif. Ses avis permettent d'éclairer l'organe de décision sur les aspects techniques des propositions soumises par le Secrétaire général.

Mais, le pouvoir de proposition du Secrétaire général n'est rien sans la connaissance des activités qui se déroulent dans le bassin. Pour ce faire, l'Additif attribue au secrétaire général la compétence de centraliser l'ensemble des données et informations nécessaires pour les acteurs impliqués dans l'utilisation et la gestion des ressources en eau du bassin. En effet, « *la collecte des données et l'information permettent une meilleure connaissance des problèmes qui se posent à l'ensemble des Etats d'un même bassin hydrographique*[667]. » La collecte des données peut se comprendre, par ailleurs, comme une surveillance multilatérale entre les Etats, elle évite l'exécution des projets et des activités problématiques entre les Etats riverains. Les Etats sont tenus de transmettre au Secrétariat général les données relatives aux utilisations des eaux et à leur état[668]. Ce devoir répond au principe d'information et de transmission des données relatives aux activités projetées et à l'état de l'eau.

Cet important rôle du secrétariat général concourt à la coopération et l'harmonisation des politiques nationales de gestion de l'eau. Pour rappel, la transmission des données est une obligation qui s'impose aux Etats membres. Au terme de l'alinéa 3 de l'article 19 de l'Additif:

« *Il est fait obligation, avant leur exécution, de notifier les projets de première catégorie aux Etats contractants, par l'intermédiaire du Secrétariat général.* » Ceci est l'objet du Manuel de notification préalable des mesures projetées.

De même, l'avant-dernier alinéa de l'article 10 prévoit ce qui suit : « *Les autorités exerçant les pouvoirs de police et d'administration de l'eau au sein de chaque Etat contractant ont l'obligation de transmettre les autorisations et les déclarations à la Commission.*»

La compétence de centralisation des données et des informations est cependant limitée. L'Additif laisse le Secrétaire général dans une position

---

667 KAMTO Maurice, *op cit*, p. 901.

668 Dans l'Affaire des usines de pâtes à papier, Arrêt du 20 avril 2010, la CIJ « considère que les obligations d'informer, de notifier et de négocier constituent un moyen approprié, accepté par les Parties, de parvenir à l'objectif qu'elles se sont fixé à l'article premier du statut de 1975. Ces obligations s'avèrent d'autant plus indispensables lorsqu'il s'agit, comme dans le cas du fleuve Uruguay, d'une ressource partagée qui ne peut être protégée que par le biais d'une coopération étroite et continue entre les riverains » (§ 81).

passive sans lui accorder les possibilités d'aller chercher les données et informations, notamment en ce qui concerne les activités entreprises par les Etats membres. Le Secrétariat général devrait compter sur la loyauté de ses Etats membres. Espérons que ceux-ci tiendraient compte de l'importance de cette collaboration dans la mesure où elle n'a pour but que de les aider à ne pas entreprendre des activités dommageables. Le respect de cette obligation pourrait épargner l'engagement de leur responsabilité pour des dommages causés à leur voisin et optimiser l'exploitation coordonnée et équitable des avantages offerts par le bassin.

Enfin, la collaboration pourrait s'avérer difficile dans la mesure où elle peut faire naître la crainte du ralentissement du processus de développement des Etats et la fuite des investissements. Les mutations de l'intégration des Etats de la CICOS se traduisent aussi par l'amélioration du traitement du Secrétaire général.

2 : La situation financière améliorée

Avec le gonflement des domaines d'intervention de la CICOS, notamment de la navigation vers la GIRE, le travail du Secrétaire général s'est étoffé. C'est pour cette raison que le titulaire du poste de l'époque avait réclamé une augmentation de son traitement.

A la suite d'une requête introduite par le Secrétaire général auprès du Comité des Ministres visant la revalorisation de son traitement de base, l'organe de décision estima que celle-là était fondée. « *Le Comité des Ministres donna alors mandat à son Président*[669] *de s'imprégner des réalités liées à l'applicabilité de cette revalorisation auprès du président de la commission de la CEMAC* »[670]. Bien avant cette date, par la Décision n°004/CICOS/-CMEX-02 du 04 mai 2009, le Comité des Ministres fixait les modalités de revalorisation du traitement du Secrétaire général de la CICOS.

La revalorisation du traitement de base du Secrétaire général est encore justifiée par des raisons pratiques. Ce sont les contraintes liées à l'exercice des fonctions internationales qui obligent les Etats créateurs à aménager le traitement des personnes qui y travaillent et particulièrement celui du chef de l'exécutif. Le Professeur Louis DUBOIS, dans son article sur « *La condition juridique des agents internationaux* », fournit plusieurs justifications sur l'amélioration des traitements des agents internationaux. A en croire cet

---

[669] Comment peut-on comprendre le fait que le Comité des Ministres donne mandat à son Président alors que celui-ci est le dirigeant de l'organe. Cette formulation semble floue.

[670] Décision n°21/CICOS.PCM.10, adoptée par le Comité des Ministres à Bangui, le 10 septembre 2012, in Journal Officiel, n°3, année 2010-2013.

auteur, les fonctions internationales imposent des contraintes nombreuses à la différence des fonctions nationales. Elles entraînent « *l'expatriation* »[671] des agents internationaux, « *la fragilité de la situation sociale* » et *de la situation professionnelle*[672]. » Dans le premier cas, le fonctionnaire international est placé loin de son milieu et de sa famille ; dans le second, il court le risque de ne plus retrouver les avantages nationaux[673]. D'où il affirme que « *L'expatriation est source de frais, de problèmes réels d'adaptation, de difficultés dans la vie familiale qui paraissent bien justifier l'indemnité compensatrice allouée*[674]. » Il pense également que les traitements adéquats des agents internationaux sont une garantie de leur indépendance. Ils obligent le fonctionnaire international à « *servir exclusivement et en toute loyauté l'intérêt de la fonction internationale ainsi que les chartes des organisations et statut du personnel lui en font le devoir*[675]. » Pris entre son Etat d'origine et ses nouvelles fonctions, la revalorisation du salaire de base du Secrétaire général vise à le protéger de toutes sortes d'influences qui risquent de mettre à mal son impartialité et l'efficacité de l'institution.

Il faut ajouter à ces raisons le fait que c'est en fonction de la grandeur du travail confié au secrétaire général qu'il bénéficie, en retour, d'un traitement adéquat. En suivant un principe selon lequel « *tout travail mérite rémunération* », « *les fonctionnaires internationaux peuvent prétendre à un traitement proprement dit et à des compléments de rémunération* »[676].

En conclusion, il est important de retenir qu'à travers ces mutations, la CICOS occupe de plus en plus une place importante dans le processus d'intégration des Etats de l'Afrique centrale. Elle est venue comblée le vide juridique et institutionnel qui a longtemps prévalue dans la sous région et particulièrement en matière de gestion des eaux partagées. La création de la Commission permet alors de soutenir l'idée selon laquelle les eaux transfrontalières sont une cause d'intégration des Etats et non des conflits entre les acteurs. La Commission est donc un instrument de promotion de cette intégration. Elle est un forum de négociation d'élaboration des normes communes d'utilisation et de protection de la ressource partagée. Son expansion, à travers les adhésions de nouveaux Etats membres et les partenariats internationaux, montre une fois de plus que l'eau est un facteur d'intégration des Etats.

---

671 DUBOIS Louis, op cit, p. 27

672 Idem, p. 28.

673 Idem

674 Idem

675 Idem

676 PELLET Alain et RUZIE David, *Les fonctionnaires internationaux*, pp. 51-52

Chapitre II : L'expansion de la CICOS

On note d'une part l'augmentation du nombre de ses Etats membres à travers les nouvelles adhésions (Section I), mais aussi une implication des acteurs extérieurs qui apportent leurs soutiens à la gestion du bassin (Section II).

Section I : L'adhésion des nouveaux Etats membres

D'après le Professeur Ibrahima LY : *« L'adhésion est réservée aux Etats qui n'ont pas signé initialement [le traité] mais qui veulent adhérer plus tard »*[677]. Elle peut être aussi utilisée par les Etats « *qui n'ont pas signé mais qui avaient négocié le traité.* » L'adhésion des Etats est l'expression de l'élargissement de l'intégration des Etats sur le plan géographique. Voulant respecter le sens du processus d'intégration tel que prôné par l'OUA/UA[678], l'Accord du 06 novembre 1999 pose des conditions souples permettant à tous les Etats de l'Afrique centrale d'adhérer à la CICOS (paragraphe I), suivant tout simplement la procédure établie par le droit des Etats adhérents et celle de la CICOS (paragraphe II).

Paragraphe I : La souplesse des conditions d'adhésion à la CICOS

L'adhésion à une organisation internationale obéit à plusieurs conditions, selon les dispositions de son Acte constitutif. Généralement, deux considérations peuvent être prises en compte : « *la volonté d'assurer une grande solidarité entre Etats membres en « fermant » plus ou moins l'organisation (...) et les finalités de l'organisation…* »[679] C'est ainsi que « *les exigences peuvent porter sur la proximité géographique des Etats, sur l'uniformité de leurs régimes économique et social ou de l'idéologie dont ils se réclament* »[680]. A la CICOS, le critère fondamental est celui de la proximité géographique, c'est-à-dire l'appartenance à la sous-région Afrique centrale (A) qui fait, par conséquent, de la riveraineté une condition relative (B).

---

677 LY Ibrahima, « Les traités environnementaux comme sources conventionnelles du droit international », in Revue africaine de sciences politiques et sociales (RASPOS), n°12, 2017, pp. 425-478, p. 436.

678 Préambule de l'Accord du 06 novembre 1999.

679 QUOC DINH G., PELLET Alain et autres, 2009, *op cit*, p. 653.

680 Idem

A : La condition de l'appartenance à l'Afrique centrale

En vertu du principe de participation à la gestion des eaux transfrontalières, tous les Etats d'un bassin hydrographique ont le droit d'adhérer aux institutions ou aux accords internationaux portant sur la gestion de celui-ci. La CICOS est ouverte à l'adhésion des Etats de l'Afrique centrale sans distinction d'Etat riverain et non riverain du bassin. Pour bien comprendre cela, il convient tout d'abord de définir l'Afrique centrale (1) avant d'étudier les cas particuliers des Etats adhérents que sont l'Angola et le Gabon (2).

1 : Définition de l'Afrique centrale

Les études consacrées sur l'Afrique centrale révèlent les difficultés à saisir son identité, ses limites géographiques et son organisation institutionnelle. C'est ainsi qu'un auteur affirme que *« L'Afrique centrale peut être perçue comme un concept, une construction historique, une réalité économico-politique et une entité géopolitique.*[681] »

Cette zone est « située entre le 24° de latitude nord et le 18° de latitude sud.»[682] L'Afrique centrale *« est située en position médiane au sein de l'Afrique, notamment le point de jonction entre la mer (le golfe de Guinée et l'Atlantique centre-oriental) et les espaces lacustres oscillant entre zones équatoriales et zones sahéliennes.»*[683] Cet espace couvre une superficie de 6,7 millions de km^2 autrement 1/5 de la superficie du continent africain. Elle est caractérisée par le climat équatorial avec des températures qui s'élèvent entre 25 et 26°C. Son réseau hydrographique est très abondant avec le fleuve Congo, qui est « *le plus puissant système fluvial de la sous-région et du continent.»*[684]

Au plan démographique, il faut d'abord signaler la diversité humaine qui habite la zone : des Bantous, des Tutsis, Hutus et des arabisés (au nord du Tchad), les Foulbés (Cameroun) et les pygmées. La population de l'Afrique centrale s'élève aujourd'hui à plus de 135 750 000 habitants.

Le colonisateur a découvert l'Afrique centrale au 15e siècle, lorsque Diego CAO atteignit en 1482 l'embouchure du fleuve Congo. Elle subira ensuite l'esclavage, puis la colonisation, du 16eme siècle jusqu'au 19eme siècle pour le premier, et du 19eme siècle jusqu'aux années 1960, date d'accession aux

---

681 AWOUMOU Côme Damien Georges, « Redimensionnement de la dynamique d'intégration de l'Afrique centrale : une nécessité ? », pp. 180-209, in MUKAWA Didier Pidika et TCHOUASSI Gérard (Dirs.), *Afrique centrale, crises économiques et mécanismes de survie,* CODESRIA, Dakar, 2005, 344 pages, p. 181.

682 Idem, p. 182.

683 NGODI Etanislas, *L'Afrique centrale face à la convoitise des puissances, de la conférence de Berlin à la crise de la région des Grands Lacs*, L'Harmattan, Paris, 2010, 256 pages, p. 8.

684 AWOUMOU Côme Damien Georges, op cit, p. 182.

indépendances, pour la seconde. La Belgique, la France, le Portugal, l'Angleterre et l'Espagne sont les anciennes puissances coloniales qui, d'ailleurs, règnent toujours dans cette zone de plusieurs façons. Ils sont rejoints par les pays non colonisateurs comme les Etats-Unis, la Chine, la Russie, etc.

L'Afrique centrale se caractérise également par des conflits armés nationaux dont les effets sur les Etats voisins déstabilisent les activités économiques.

La délimitation de l'Afrique centrale est rendue plus difficile si l'on tient compte des regroupements des Etats au sein des OSR et de la délimitation que l'OUA/UA, l'ONU et l'UE font chacune de cette sous-région. En raison du caractère complexe de l'Afrique centrale, le Bassin du fleuve Congo est alors un élément d'interconnexion des Etats, mais sa gestion pose problème en raison de la diversité des frontières et des organisations sous-régionales.

Il est important de signaler d'emblée qu'il s'agit ici de parler de l'appartenance à la sous-région non seulement sous l'angle géographique mais aussi géopolitique pour tenir compte des différents groupements des Etats de l'Afrique centrale.

Par le critère d'appartenance à la sous-région Afrique centrale, l'Angola et le Gabon sont en droit d'adhérer à la CICOS.

En effet, l'Accord du 06 novembre 1999 dispose à son article 33 que « *Tout Etat de la région de l'Afrique centrale telle que définie par la Résolution 461 du Conseil des Ministres de l'OUA peut adhérer au présent Accord* ».

L'Afrique centrale est une notion, sinon une zone géographique, complexe pour en donner une délimitation et une identité précises, car « *en termes géopolitiques, l'Afrique centrale désigne deux entités territoriales superposables certes, mais distinctes* »[685]. On distingue, au sens large, « *l'Afrique médiane latine* », composée des Etats membres de la CEEAC, de l'Afrique centrale *stricto sensu,* constituée des Etats membres de la CEMAC. L'UA situe le Rwanda en Afrique de l'Est alors que l'UE, dans le cadre de son partenariat avec les pays ACP, extrait de l'Afrique centrale l'Angola, le Burundi, le Rwanda et le Tchad. L'Angola et le Gabon, bien qu'appartenant tous deux à la zone CEEAC, le premier ne fait pas partie de la zone CEMAC. D'où il est important d'apporter quelques nuances sur les deux ensembles en nous appuyant sur les adhésions de l'Angola et puis du Gabon.

---

[685] NGA NDONGO Valentin, « La sociologie en Afrique centrale : état des lieux, problèmes et perspectives », pp. 35-61, p. 35, in, HIRSCHHORN Monique et TAMBA Moustapha (Dir.), *La sociologie francophone en Afrique. Etat des lieux et enjeux,* éd. KARTHALA, Paris, 2010, 373 pages.

2 : L'adhésion de l''Angola et du Gabon

Après que nous aurons abordé l'appartenance de l'Angola à la sous-région (a), il sera ensuite question de montrer la situation du Gabon en Afrique centrale (b).

a : L'appartenance à l'Afrique centrale lato sensu : cas de l'Angola

L'Angola est situé au Nord par la RC, au Nord-Est par la RDC, au Sud-Est par la Zambie, à l'Ouest par l'Océan atlantique et au Sud par la Namibie. Sa position géographique fait qu'il est achevale entre l'Afrique centrale et d'autres sous-régions comme l'Afrique australe.

L'Afrique centrale *lato sensu* ou « *L'Afrique médiane latine* » est « *l'espace géopolitique composé des pays ayant en partage les langues d'origine latine.* »[686] Il s'agit essentiellement, des anciennes colonies françaises, belges, espagnoles et portugaises, plus le Cameroun qui fut un ancien protectorat allemand placé sous mandat franco-britannique au sortir de la première guerre mondiale[687].

Cet espace est celui de la CEEAC qui est composée de 11 Etats membres dont l'Angola, le Gabon, le Cameroun, la République Démocratique du Congo, le Congo-Brazzaville, Sao Tomé et Principe, le Tchad, la République Centrafricaine, le Rwanda, le Burundi, la Guinée Equatoriale[688]. Cette délimitation large incluant la République d'Angola est celle l'ONU[689].

Pour mieux comprendre la raison de l'adhésion de l'Angola à la CICOS, entant qu'Etat d'Afrique centrale, il est important de remonter l'histoire de cette zone rapidement. L'histoire de la naissance de cet espace remonte au début des années 1960 après l'accession des Etats de l'Afrique centrale à la souveraineté internationale. Elle commence avec les difficultés rencontrées au niveau de l'UDEAC dès les premières années de sa vie. En effet, cette dernière a connu une crise due aux refus de la « *répartition équitable des avantages de l'intégration entre les Etats côtiers et les Etats sans littoral, les premiers refusant d'accorder aux seconds une compensation...* »[690]

---

[686] Idem

[687] Idem

[688] EKOMO Sylvie Eyeffa, « L'ajustement structurel dans les pays d'Afrique centrale : bilan et perspectives », pp.25-38, in MUKAWA Didier Pidika et TCHOUASSI Gérard (Dir.), *Afrique centrale : crises économiques et mécanismes de survie,* CODESRIA, Dakar, 2005, 344 pages, p. 37.

[689] AWOUMOU, *op cit*, p. 184.

[690] GHERARI Habib et BELAOUNE-GHERARI Sylvie, *Les organisations régionales africaines, recueil des textes et documents,* Ministère de la Coopération et du développement, Documentation Française, Paris, 1995, 472 pages, p. 232

A ces difficultés, il faut ajouter des problèmes de fonctionnement, comme « *celui de la répartition des recettes douanières et celui de la localisation des activités industrielles couvertes par la taxe unique »*[691].La RCA et le Tchad (pays enclavés) après avoir dénoncé le Traité de Brazzaville, décideront de se retirer de l'UDEAC pour créer avec le Zaïre (RDC) une Union des Etats de l'Afrique Centrale (UEAC)[692] à Fort-Lamy le 2 avril 1968. Malheureusement, cet « *instrument de riposte* » n'eut pas d'existence véritable[693].

Voulant s'affirmer dans la sous-région, en 1971 le Zaïre (l'actuelle RDC) lance l'appel pour *la création d'une nouvelle organisation appelée Communauté économique des Etats de l'Afrique centrale (CEEAC) regroupant les Etats membres de l'UDEAC et ceux de la Communauté économique des pays des Grands Lacs (CPGL)*[694]. Mais, cette initiative n'eut pas de succès. C'est ainsi que le Gabon reprendra l'idée quatre ans plus tard, dans une perspective plus ambitieuse, en incluant outre les Etats de l'UDEAC et de la CEPGL, l'Angola, Sao-Tomé-Et-Principe plus la Guinée équatoriale. C'est la raison pour laquelle l'Angola participera à la conférence tenue du 17 au 19 octobre 1983 à Libreville, et qui aboutira à la signature du Traité instituant la CEEAC entre six Etats de l'UDEAC[695] et cinq autres pays de l'Afrique centrale. Malheureusement, l'Angola ne put signer le traité, il s'estima incapable momentanément de remplir ses obligations à l'égard de la CEEAC[696]. Il y « *est resté un observateur jusqu'en 1999, quand il deviendra membre à part entière*[697]. »

La CICOS est ouverte à l'adhésion des Etats de l'Afrique centrale au sens large du terme, c'est-à-dire l'espace constitué des Etats membres de la CEEAC. Cette dernière fait partie des huit (8) communautés économiques sous-régionales reconnues par l'UA. L'ouverture de la Commission à tous les Etats de la sous-région, cas de l'Angola aussi, répond mieux au souci de l'intégration des Etats africains telle que voulue par l'OUA ou l'UA aujourd'hui. La CEEAC *« s'inscrit dans le cadre des objectifs fondamentaux*

---

691 Idem, p. 233
692 Idem, p. 232
693 Idem, p. 261
694 AWOUMOU Côme Damien Georges, « Redimensionnement de la dynamique d'intégration… », op cit, p. 183
695 L'UDEAC fut créée par le Traité de Brazzaville du 8 décembre 1964 entre le Cameroun, le Congo, le Gabon, la Guinée équatoriale, la République centrafricaine et le Tchad.
696 GHERARI Habib et BELAOUNE-GHERARI Sylvie, *op cit*, p. 268
697 Document anonyme, « Communauté économique des Etats d'Afrique centrale (CEEAC) », (consulté le 20 février 20161) http://www.africa-platform.org/fr/perspectives-africaines/communautes-economiques-regionales/communaute-economique-des-etats-dafrique

du Plan d'Action de Lagos.»[698] Signalons en passant, en effet, qu'à travers ce Plan, « *les Etats africains se sont engagés à renforcer les communautés économiques existantes et à en créer de nouvelles, de façon à en recouvrir tout le continent, l'intégration progressive de tous ces regroupements devant constituer l'assise du futur marché commun. Il prévoit par ailleurs la mise en œuvre d'une stratégie globale pour le développement économique du continent au cours des années 80 et 90 dans tous les domaines…»*[699] L'adhésion du Gabon et de l'Angola à la CICOS matérialise une volonté ancienne de l'intégration comme moyen de développement. La gestion des ressources naturelles partagées, l'eau en l'occurrence, constitue un levier de l'intégration des Etats de la sous-région, un domaine clé du développement économique.

On peut constater que le critère de la riveraineté n'est pas tenu comme condition essentielle pour adhérer à la CICOS. Cela permet à un Etat non riverain comme le Gabon à devenir membre de la CICOS.

b : L'appartenance à l'Afrique centrale stricto sensu : cas du Gabon

Le Gabon est situé en Afrique centrale. Il est limité au Nord par la Guinée-équatoriale et le Cameroun, au Sud-Est par la RC, à l'Ouest par l'Océan atlantique et au sud par le Golfe de Guinée.

Historiquement, en tant que colonie française, le Gabon fait partie des cinq (pays) ayant formé l'Afrique Equatoriale Française (AEF). L'AEF est née des cendres du « Congo français » en 1910. Le Gabon faisait partie des trois colonies qui composaient l'AEF à côté du Moyen-Congo (Chef-lieu Brazzaville) et l'Oubangui-Chari-Tchad (Chef-lieu : Bangui).[700]Celle-ci s'identifiait comme « *le noyau dur de l'Afrique centrale à laquelle se joignent de manière récurrente le Cameroun et les anciennes colonies belges (Burundi, RDC et Rwanda* »[701].

Dans le cheminement de l'intégration des Etats de cette sous-région, le Gabon a toujours emboité le pas, car il ne pouvait pas rester en marge de l'évolution des relations internationales de la zone et, surtout, hors le mouvement de regroupement. C'est ainsi qu'il faisait partie de l'Union

---

698 GHERARI Habib et BELAOUNE-GHERARI Sylvie, *op cit*, p. 268

699 GHERARI Habib et BELAOUNE-GHERARI Sylvie, *op cit*, pp. 14-15

700 MAQUET E., KAKE I.B et SURET-CANALE J., *Histoire de l'Afrique centrale : des origines au milieu du 20e siècle,* éd. Présence Africaine, Paris, 1971, 256 pages, p. 185

701 AWOUMOU Côme Damien Georges, *op cit*, p. 183

Douanière Equatoriale (UDE)[702] puis de l'UDEAC[703], ensemble avec les autres pays, à la sortie du joug coloniale.

Restant toujours dans le mouvement d'intégration des Etats de la sous-région et soucieux *de développer*, avec les autres Etats, « *toutes les ressources naturelles et humaines et de mettre celles-ci au service du bien-être général des peuples »*[704], le Gabon signe le Traité instituant la CEMAC à N'Djamena le 16 mars 1994. Depuis lors, l'Afrique centrale, stricto sensu, est constituée des Etats membres de la CEMAC dont le Gabon, le Congo, le Tchad, le Cameroun, la RCA et la Guinée Equatoriale.

Cela dit, bien que le Gabon ne fait pas partie du bassin du fleuve Congo, il bénéficie du droit d'adhérer à la CICOS pour des raisons juridiques et financières.

Sur le plan juridique, le Traité de la CEMAC préconise la mise en commun des ressources naturelles et le principe de la liberté de circulation. Or, quand naît la CICOS, le traité ne pouvait pas restreindre l'adhésion à la CICOS aux seuls Etats riverains du bassin du fleuve Congo pour ne pas le rendre incompatible avec la politique communautaire de la CEMAC. C'est pour dire qu'il y aurait dédoublement de politiques de développement des ressources naturelles et le Gabon ne bénéficierait pas du principe de liberté de circulation sur les voies navigables du bassin COS en tant que partie de la zone de compétence de la CEMAC.

En plus, pour des raisons financières, il est normal que l'adhésion à la CICOS soit ouverte à tous les autres Etats de la CEMAC, car son budget est alimenté en partie par la Taxe Communautaire d'Intégration (TCI) de la CEMAC qui alimente donc les budgets de ses institutions spécialisées.[705]

Cette adhésion marque une nouvelle dynamique et une concrétisation de l'ambition de développer en commun leurs ressources naturelles et humaines pour le bien-être des peuples de la sous-région[706]. Les Etats ont ainsi perçu la nécessité d'instituer une politique communautaire de la gestion de leur ressource en eau, pour la navigation fluviale internationale et des usages autres que la navigation.

---

[702] L'Union douanière équatoriale fut créée le 23 juin 1959. Elle regroupait les pays de l'ancienne Afrique Equatoriale Française à savoir : le Moyen-Congo, l'Oubangui-Chari (actuelle RCA), le Gabon et le Tchad. Voir GHERARI Habib et BELAOUNE-GHERARI Sylvie, *op cit*, p. 232

[703] L'UDEAC fut créée à Brazzaville le 08 décembre 1964

[704] Préambule du Traité instituant la CEMAC du 16 mars 1994

[705] LIBONG BADJAN Patrice, Réformes institutionnelles de la CEMAC, op cit, p. 82

[706] Préambule du traité révisé de la CEMAC du 25 juin 2008.

Espérons que d'autres Etats non riverains intègrent la CICOS dans les prochaines années. Comme on peut le remarquer, l'ouverture de la CICOS à tous les pays de l'Afrique centrale a fait de la riveraineté une condition relative[707].

B : La riveraineté : une condition relative

L'Accord du 06 novembre 1999 entend par Etat riverain, *« Etat dont toute ou partie du territoire est baignée par une voie d'eau du Bassin Congo-Oubangui-Sangha.»* (Art. 2). En principe, *« les pays inclus dans le bassin sont au nombre de 9 : Angola, Burundi, Cameroun, Congo, République centrafricaine, République démocratique du Congo, République Unie de Tanzanie, Rwanda et Zambie.[708] »*

L'expression « Etat riverain » renvoie à celle, aujourd'hui plus moderne et générique de « Etat du cours d'eau », consacrée par l'alinéa (c) de l'article 2 de la CNY. Pour rappel, *« L'expression « Etat du cours d'eau » s'entend d'un Etat-partie à la présente Convention dans le territoire duquel se trouve une partie d'un cours d'eau international ou d'une Partie qui est une organisation d'intégration économique régionale dans le territoire d'un ou plusieurs Etats membres de laquelle se trouve une partie d'un cours d'eau international.»*

Comparativement à l'expression « Etat riverains », l'expression « Etat du cours d'eau » est plus large. Elle ne se limite pas seulement aux Etats, mais s'étend également aux organisations d'intégration économique régionale *« auxquelles ses Etats membres ont cédé leur compétence à raison des questions régies par la présente Convention et qui est dûment autorisée conformément à ses procédures internes à signer, à ratifier, à accepter ou à approuver la Convention ou à y adhérer.[709] »*

A la lumière des dispositions de la CNY, la riveraineté paraît comme une condition limitative. C'est aussi dans l'esprit des objectifs de l'OUA et des dispositions de la CNY (art. 2 (d), que l'Accord du 06 novembre 1999 ne fait pas de la riveraineté une condition essentielle ou unique d'adhésion à la CICOS. Il est pris en compte uniquement le critère de proximité géographique ou d'appartenance à la sous-région Afrique centrale.

Sans l'ambition d'une intégration de plus en plus large, la CICOS serait limitée aux Etats riverains du bassin du fleuve Congo.

---

[707] Il reste aussi à savoir si cette souplesse est avantageuse pour l'efficacité de la politique sous-régionale de gestion des eaux internationales ou si, au contraire, elle en porte préjudice.

[708] Document anonyme, « Hydrodynamique du fleuve Congo », disponible en ligne sur http://hmf.enseeiht.fr/travaux/CD0809/bei/beiere/groupe5/node/119, consulté le 26 février 2016

[709] CNY, article 2 (d).

La vision d'ouverture est rappelée d'ailleurs dans le Préambule de l'Accord instituant un régime fluvial uniforme et créant la CICOS. En effet, selon ce Préambule, la CICOS est créée dans le cadre des « … *objectifs de l'OUA visant à intensifier la coopération entre les Etats africains notamment les recommandations du Plan d'Action et l'Acte Final de Lagos en vue de la création d'Institutions communes et du renforcement de celles déjà existantes* ». La riveraineté n'est plus un critère déterminant pour l'adhésion à la CICOS, bien que les Etats riverains restent en première ligne.

A la différence d'autres conventions internationales des organismes de mise en valeur des ressources en eau, la CICOS est allée plus loin. Nombreuses sont les conventions desdits organismes qui limitent l'adhésion aux seuls Etats riverains du bassin. Il en est ainsi du cas de l'article 15 de la Convention relative au Statut du fleuve Gambie fait à Kaolack, au Sénégal, le 30 Juin 1978 : « *Tout État riverain du fleuve Gambie peut adhérer à la présente Convention.* » Dans un passé récent, l'ancien Projet de Convention avorté portant création de l'Autorité pour l'aménagement du bassin du fleuve Congo-Zaïre limitait l'adhésion à celle-ci aux seuls Etats riverains. L'Article 25 de ladite « convention mort-née » disposait que « *Tout Etat riverain non contractant du bassin du fleuve Congo-Zaïre peut adhérer à l'Autorité.* »

N'ayant pas considéré la riveraineté comme une condition stricte pour l'adhésion à la CICOS, le Gabon, malgré qu'elle ne fait pas partie du bassin, a pu adhérer à la CICOS grâce au seul critère d'appartenance à la sous-région Afrique centrale.

Le caractère relatif de la condition de riveraineté est fondé sur le principe de l'internationalisation des voies navigables du bassin COS. En effet, le principe de l'internationalisation ne profite pas seulement aux Etats riverains du cours d'eau, mais aussi aux Etats non riverains. Dans le cas typique du bassin COS, le bénéfice de la liberté de navigation ou de l'internationalisation a historiquement été octroyé à toutes les nations[710].

L'ouverture de la CICOS à tous les Etats de la sous-région est la confirmation de la vision du Professeur Romain YAKEMTSHOUCK qui voyait se réaliser à la longue l'intégration des Etats africains des bassins hydrologiques à la condition de dépasser les cadres bilatéraux pour adopter des formules pluri-étatiques.

Lorsque les Etats remplissent les conditions pour faire partie d'une organisation internationale, ils sont tenus de manifester leur volonté par un acte exprès. L'entrée de nouveaux membres suit alors une procédure visant la

---

[710] Articles 2 et 13 de l'Acte de Berlin de 1885, (http://mjp.univ-perp.fr/traites/1885berlin.htm).

conclusion d'un accord entre les Etats et l'organisation internationale selon la procédure établie par cette dernière.

Paragraphe II : La procédure d'adhésion à la CICOS

L'adhésion d'un Etat à une organisation internationale ne se fait pas sans une procédure déterminée; quelques formalités doivent être remplies entre l'Etat adhérent et l'organisation internationale. Cette procédure tourne autour de la demande d'adhésion (A) et l'acceptation de la demande d'adhésion (B).

A : La demande d'adhésion

Parler de la demande d'adhésion, consiste à identifier les organes compétents de l'Etat adhérent (1), et ceux de la CICOS habilités à l'engager (2).

1 : Les organes compétents des Etats adhérents

La demande d'adhésion à la CICOS doit être adressée par l'organe compétent de l'Etat adhérent. Pour les cas précis de l'Angola et du Gabon, ils sont déterminés par leurs constitutions. Ces dernières attribuent, en principe, au Président de la République la mission de représenter l'Etat sur la scène internationale. A en croire le Professeur Ibrahima LY, *« le Président de la République est la première autorité habilitée à représenter l'Etat en raison du seul fait d'exercer cette fonction. Il n'a pas besoin de prouver qu'il représente cet Etat*[711]. »

En Angola, l'article 121 de la constitution du 21 janvier 2010 dispose ce qui suit :

« Dans le domaine des relations internationales, le Président de la République a la compétence pour: a) définir et conduire la mise en œuvre de la politique étrangère de l'État;
b) représenter l'État;
c) signer et ratifier, selon les cas et après approbation, les traités, conventions, accords et autres instruments internationaux ;
d) nommer et révoquer les ambassadeurs et désigner les envoyés extraordinaires ;
e) accréditer des représentants diplomatiques étrangers. »[712]

---

[711] LY Ibrahima, « Les traités environnementaux comme sources conventionnelles du droit international », in Revue africaine de sciences politiques et sociales (RASPOS), n°12, 2017, pp. 425-478, p. 433

[712] Constitution de la République de l'Angola du 21 janvier 2010, (en ligne sur www.comissaoconstitucional.ao).

De même l'article 113 de la Constitution gabonaise dispose que : « *Le Président de la République négocie les traités et les accords internationaux...* »

La dévolution de l'engagement de l'Etat au Président de la République est la règle de principe. Il est le garant de la souveraineté nationale. Cependant, en raison du caractère complexe des relations internationales, d'autres autorités nationales peuvent engager l'Etat sur le fondement des pleins pouvoirs[713] qui leur sont remis et des missions qu'ils doivent accomplir dans les domaines spécifiques. En matière de gestion de l'eau, ce sont les autorités chargées de gérer cette ressource qui peuvent agir sur la scène internationale au nom de leurs Etats. C'est la raison pour laquelle Monsieur Luis Filipe Da Silva, Secrétaire d'Etat à l'Eau a représenté son pays, la République de l'Angola, à la CICOS depuis 2007 entant qu'observateur jusqu'à son adhésion en 2015.

L'exigence de la demande d'adhésion s'inscrit dans la droite ligne du respect de la souveraineté des Etats en tant que fondement de leur liberté d'action sur la scène internationale et de la personnalité de l'organisation internationale. Aucun Etat ne peut s'imposer comme membre d'une organisation internationale. De même, cette dernière, ne peut imposer à un Etat souverain de devenir l'un de ses membres. C'est dans cet esprit que les Professeurs S. SUR et J. COMBACAU affirment que « *Le principe de participation est celui de la liberté à un triple point de vue. Les fondateurs de l'organisation participent sur une base volontaire, et choisissent d'en ouvrir ou d'en fermer l'accès par la suite. L'organisation elle-même, à cet égard, liée par les règles de l'Acte constitutif peut les mettre en œuvre avec souplesse. Enfin les Etats qui souhaitent ultérieurement participer ne sont pas tenus de le faire.*»[714] La demande d'adhésion à la CICOS par le Gabon et l'Angola est l'expression de leur libre volonté de faire partie de celle-ci. C'est tout le sens à donner à l'article 115 de la Constitution gabonaise qui dispose que « *La République gabonaise conclut souverainement les accords de coopération ou d'association avec d'autres États. Elle accepte de créer avec eux des organismes internationaux de gestion commune, de coordination et de libre coopération* ».

---

[713] L'Article 7 Convention de Vienne de 1986 sur le droit des traités conclus entre Etats et organisations internationales ou entre organisations internationales dispose que : « 1. Une personne est considérée comme représentant un Etat pour l'adoption ou l'authentification du texte d'un traité ou pour exprimer le consentement de l'Etat à être lié par un traité :
a) Si cette personne produit des pleins pouvoirs appropriés; ou
b) S'il ressort de la pratique ou d'autres circonstances qu'il était de l'intention des Etats et des organisations internationales concernés de considérer cette personne comme représentant l'Etat à ces fins sans présentation de pleins pouvoirs.»

[714] SUR S. et COMBACAU J. *op cit*. p. 737

Ces adhésions marquent, par ailleurs, une nouvelle dynamique de l'intégration entre les Etats de la sous-région. En raison de l'importance des voies navigables internationales et des implications de leur utilisation, de la place qu'elles occupent dans les économies des Etats, il est normal que ceux-ci se regroupent dans une institution commune.

Ainsi, il existe au sein de la CICOS des organes chargés de recueillir les demandes d'adhésion des Etats adhérents et de les reconnaître comme membres à part entière.

2 : Les organes compétents de la CICOS

Au niveau de la CICOS, c'est le Secrétaire général qui est chargé de recueillir les demandes d'adhésion et de négocier les accords internationaux au nom de la CICOS sous l'autorité du Comité des Ministres.

Les demandes d'adhésion sont adressées au Secrétaire général qui les soumet au Comité de Direction avant l'approbation du Comité des Ministres.

Le Comité de Direction donne son avis sur la demande et le Comité des ministres autorise le Secrétaire général à engager les négociations avec l'Etat-candidat à l'adhésion à la CICOS. Cette procédure n'est pas expressément prévue par les textes de la CICOS mais, elle est déduite de la pratique de la CICOS. Ce vide juridique mérite d'être comblé d'autant plus que l'adhésion d'un nouveau membre est un moment fort de l'organisation internationale, elle engage celle-ci de même que l'Etat. De ce fait, la procédure doit être définie par le traité lui-même, en l'occurrence l'Accord du 06 novembre 1999. C'est autant dire que celui-ci mérite une révision pour gommer ses défauts.

La pratique permet de comprendre la procédure d'adhésion à la CICOS. Il en était ainsi lors de l'adhésion du Gabon et de l'Angola. Lors de l'adhésion du Gabon, par une décision du 07 mars 2011, le Comité des Ministres, sur proposition du Secrétaire général et après avis du Comité de Direction, avait donné mandat au Chef de l'organe exécutif de la CICOS de négocier l'adhésion de la République gabonaise à l'Accord instituant un régime fluvial uniforme et créant la CICOS et son additif du 22 février 2007[715].

L'adhésion de l'Angola s'est faite suivant la même procédure. En effet, comme il a été déjà dit, depuis le 13 décembre 2007 l'Angola participait aux activités de la CICOS comme observateur[716]. Rappelons qu'à *la fin de l'année*

[715] Décision 012/CICOS-CM.08, in Journal Officiel de la CICOS N°3, année 2010-2013, (www.cicos.info)

[716] Le Secrétaire général Benjamin Ndala avait déclaré : « … qu'en raison de la pertinence des arguments de la République d'Angola à l'appui de sa demande d'intégration à la CICOS, et de l'urgence à lui réserver une suite, [il a] donné un avis favorable à cette demande et instruit le Secrétariat général de la CICOS aux fins

2006, suite à la demande de l'Angola, le Comité des ministres de la CICOS a donné mandat au Secrétariat général afin « d'entamer les négociations avec la République d'Angola pour son adhésion à l'Accord instituant un régime fluvial uniforme et créant la CICOS et à son Additif.[717] » C'est en 2015 que l'Angola a déposé sa demande d'adhésion au Secrétariat général de la CICOS comme sixième Etat membre.

Le temps passé par la République de l'Angola comme observateur à la CICOS correspond à une sorte de « période de stage » qui permet à l'Etat de s'approprier des méthodes de travail de l'organisation internationale et d'apprécier les avantages qu'il peut tirer d'elle. Cela constitue aussi une attitude de prudence. Cette période permet à l'Etat de mesurer ses capacités à assumer ses obligations à l'égard de l'institution internationale. Il est quand même regrettable que le droit de la CICOS reste muet sur les droits et obligations de l'observateur : il participe aux activités de quel organe ? A-t-il droit à la parole et droit de vote ? Quelles sont ses obligations financières ?

Ce mutisme du traité fait défaut dans les rapports entre l'Etat observateur et la Commission.

Les demandes d'adhésion du Gabon et de la République de l'Angola témoignent un regain d'intérêt des Etats de la sous-région pour la Commission, mais elles ne suffisent pas pour considérer les Etats-candidats comme membres. Il faut par ailleurs qu'elles soient acceptées par l'organisation internationale et par les organes de l'Etat au plan national.

B : L'acceptation de l'adhésion

Il est important d'étudier d'abord le régime de l'acception de la demande d'adhésion (1) avant de passer à l'étude de ses effets (2).

1 : Le régime de l'acceptation

L'acceptation d'un Etat comme membre à part entière dans une organisation internationale se fait sur le plan international et sur le plan national. Cela signifie d'une part que l'organisation internationale doit approuver la demande d'adhésion et, d'autre part, que les organes de l'Etat doivent ratifier le traité.

Le troisième alinéa de l'article 33 de l'Accord prévoit que les adhésions de nouveaux membres prennent effet le 1er jour du mois suivant l'accomplissement des formalités constitutionnelles de l'Etat concerné.

---

d'engager des négociations avec la République sœur d'Angola, car l'intégration de l'Angola au sein de [cette] Organisation s'avère utile pour [la] région. » Cité par Cécile PIDIrski, *op cit*, p. 89

[717] PIDIRSKI Cécile, *op cit*, p. 89

En ce qui concerne l'acceptation de la demande d'adhésion au sein de la CICOS, le Comité des Ministres est l'organe compétent à approuver lesdites demandes, après la proposition du Secrétaire général et l'avis du Comité de Direction. La demande d'adhésion de la République d'Angola a été accueillie favorablement par le Comité des Ministres lors de sa 12e session ordinaire tenue du 25 au 26 juin 2015 à Kinshasa[718]. Sans être dubitatif sur la procédure, nous pensons qu'il serait plus juridique que ce moment fort de l'organisation internationale soit couronné par la signature d'un accord d'adhésion avec l'Etat intéressé.

Au plan national, le régime d'approbation des conventions internationales est fixé par la constitution de chaque Etat. Cette compétence est partagée entre le pouvoir législatif et le pouvoir exécutif.

La constitution angolaise attribue au Parlement le pouvoir « *d'approuver, aux fins de ratification et adhésion, des traités, conventions, accords et autres instruments internationaux relatifs à des questions de sa compétence législative exclusive, ou des traités grâce auxquels l'Angola participe à des organisations internationales, traités de rectification des frontières, d'amitié, de coopération, de défense et affaires militaires.* »[719]

Le Président de la République, quant à lui, « *signe et ratifie, selon les cas et après approbation, les traités, conventions, accords et autres instruments internationaux.* »

De même, l'article 113 de la constitution gabonaise dispose que « *le Président de la République ratifie les traités et accords internationaux, après le vote d'une loi d'autorisation par le Parlement et la vérification de leur constitutionnalité par la Cour constitutionnelle.* » Exceptionnellement, dans le cas de la négociation des accords en forme simplifiée, c'est-à-dire ceux qui ne sont pas soumis à ratification, « *le Président de la République et les Présidents des chambres du Parlement sont tout simplement informés de toute négociation tendant à leur conclusion*[720]. »

Une fois que la demande d'adhésion est acceptée par la CICOS et que les organes compétents de l'Etat adhérant ont ratifié la convention internationale, celle-ci produit à l'égard de l'Etat et de la CICOS des effets juridiques indéniables.

---

[718] Bulletin d'information trimestriel de la CICOS, 2e trimestre 2015, N°12, (www.cicos.int), p. 2.

[719] Constitution angolaise, *op cit*, article 161, alinéa k.

[720] Constitution du Gabon, *op cit*, article 113, alinéa 2.

2 : Les effets de l'adhésion

L'admission du Gabon et de l'Angola à la CICOS entraîne plusieurs types de conséquences comme dans toute autre organisation internationale. Il s'agit des effets juridiques à l'égard de la CICOS et des Etats adhérents.

En ce qui concerne la CICOS, l'adhésion de nouveaux Etats membres entrainerait la transformation de son système institutionnel et sa zone de compétence.

Dans le premier cas, la première influence porte surtout sur la langue de travail de la CICOS. En effet, l'Accord du 06 novembre 1999 prévoit uniquement le français comme langue de travail à la CICOS. Pour ce qui est du Gabon, il ne se pose pas de problème dans la mesure où c'est un pays francophone. Mais, la situation est différente pour le cas de la République de l'Angola qui est un pays non francophone. Cela peut poser des difficultés de communication entre les fonctionnaires de la CICOS[721]. A cet effet, trois possibilités s'offrent à la CICOS pour régler ce problème : la révision des langues de travail à la CICOS, le recrutement des ressortissants angolais ayant la connaissance de la langue française et le recours aux interprètes. Dans les deux premiers cas, le problème est complexe, car si on modifie la langue de travail à la CICOS en incluant le portugais, il se poserait des problèmes de communication et de compréhension entre les fonctionnaires de la CICOS[722]. Le recrutement des ressortissants angolais ayant la connaissance du français poserait le problème de la répartition géographique équitable, car il serait difficile de faire l'équilibre entre les nationaux angolais et des Etats francophones. Mais, cette deuxième hypothèse, bien qu'elle soit difficile à mettre en œuvre, demeure la meilleure. Dans l'hypothèse où il ne serait pas possible de trouver des ressortissants bilingues, il va falloir faire recours aux interprètes.

En outre, l'organigramme du secrétariat de la CICOS devrait être révisé pour tenir compte de l'adhésion de nouveaux membres. Les ressortissants des Etats adhérents ont le droit d'occuper les postes au Secrétariat général de la CICOS.

Une question importante concerne l'élargissement de la compétence *rationae loci* de la CICOS. Les adhésions de nouveaux Etats membres entraînent-elles un élargissement de la zone de compétence de la CICOS aux

---

[721] La République d'Angola demande que le portugais soit reconnu comme langue de travail de la CICOS. Face au refus des autres Etats membres, ce pays ne prend pas part à certaines activités de la CICOS. Il en est ainsi de son absence constatée lors de l'Atelier de validation des maquettes des formations de l'Ecole Régionale de Formation aux Métiers de Navigation Intérieure les 18 et 19 juillet 2019 à MYKHAEL'S Hôtel de Brazzaville.

[722] PIDIRSKI Cécile, *op cit*, p. 890.

cours d'eau situés sur leurs territoires ? Autrement dit, le droit de la CICOS s'appliquerait-il aux parties du bassin situées sur le territoire des Etats adhérents ?

Il est possible de soutenir en effet que par leur adhésion à la CICOS, les Etats se sont engagés à mettre en commun leurs ressources en eau avec d'autres membres pour le développement économique et le bien-être des populations. Ils s'engagent par ailleurs à harmoniser leur politique de gestion des eaux douces selon le droit de la CICOS. L'Accord du 06 novembre 1999 dit que le Secrétaire général de la CICOS est chargé d'entamer les négociations avec les Etats pour l'élargissement du champ d'application des dispositions de l'Accord aux voies navigables situées sur leurs territoires au fur et à mesure du besoin d'intégration (article 17). La zone de compétence de la CICOS s'étendra aux différents cours d'eau des Etats adhérents ouverts à la navigation internationale après négociation par le secrétaire général. Autrement dit, le droit de la CICOS sera applicable aux cours d'eau des Etats adhérents suivant la procédure de l'article 17 de l'Accord.

Les nouveaux Etats membres disposent d'un potentiel hydrographique riche en voies navigables. Pour ce qui est du Gabon, il « *est arrosé par un abondant réseau de cours d'eau permanents. Seuls les cours inférieurs des plus grands fleuves sont navigables toute l'année : le Komo, le Kango à Libreville ; l'Ogooué sur une plus grande distance, le Ndjolé à Port-Gentil et la Nyanga. Ce n'est pas moins de 3 000 km de voies d'eau qui sont potentiellement utilisables*[723]*.»* Ces différents cours d'eau sont des voies navigables propices au développement des échanges et de bien d'autres activités économiques. Le bassin de l'Ogooué est le plus important parmi tous les autres. Il draine 215 000 km² dont 22 000 km² hors du territoire national. Il est limité à l'est par le bassin du Congo, au sud par les bassins du Niari et de la Nyanga, à l'ouest et au nord-ouest par les bassins de rivières côtières. Parcourant environ 1 000 km, l'Ogooué prend sa source en République du Congo, dans les Monts Ntalé, à une altitude voisine de 840 m.

D'autres grands fleuves du Gabon sont la Nyanga et le Komo. La Nyanga coule dans une moindre mesure en territoire congolais. Les 80 % des 22 000 km² de son bassin-versant sont situés au Gabon. Le Komo couvre une surface de 5 000 km² et long de 230 km, il prend sa source en Guinée Equatoriale, dans la partie sud-ouest du plateau du Woleu-Ntem[724]. Ces différents cours

---

[723] « Géographie physique du Gabon », publication du Centre d'échanges d'informations du Gabon, (en ligne
http://bch-cbd.naturalsciences.be/gabon/gabondef; consulté le 17 février 2016).

[724] « Géographie physique du Gabon », publication du Centre d'échanges d'informations du Gabon, (en ligne
http://bch-cbd.naturalsciences.be/gabon/gabondef/, consulté le 17 février 2016).

d'eau font l'objet d'un Projet de création de l'Organisme de bassins transfrontaliers[725] entre le Congo, le Gabon, le Cameroun et la Guinée équatoriale.

L'élargissement du champ d'application du droit de la CICOS pourrait inclure également le potentiel hydrologique situé en territoire de la République de l'Angola. Ici, le problème n'est pas complexe car ce pays est un Etat du bassin du fleuve Congo au niveau du bief inférieur. Il suffirait que les textes de la CICOS soient élargis à ce bief pour intégrer inférieure. Le réseau hydrographique de ce pays est composé de 47 bassins regroupés en six (6) bassins régionaux. Les eaux de surface disponibles sont estimées à 4 598 m^3/s, soit 145 km^3/an, ce qui représente 10300 $m^3/habitant$ par an[726]. Les eaux souterraines renouvelables sont estimées à 58 km^3/an. L'Angola se partage avec d'autres Etats de la sous-région plusieurs fleuves internationaux notamment le fleuve Congo, le Zambèze, Okavango, etc. L'Angola fournit à tous les pays voisins un volume d'eau estimé à 119 km^3/an au total, dont 84 km^3 à la République démocratique du Congo, 25 km^3 à la Zambie et 10 km^3 à la Namibie[727].

L'élargissement géographique de la zone de compétence de la CICOS entraînerait selon l'article 17 l'application du droit de la CICOS aux différents cours d'eau situés sur le territoire des Etats adhérents et ouverts à la navigation intérieure à la suite des négociations avec la CICOS. Pour cela, ces Etats sont tenus de respecter le droit de la CICOS et d'œuvrer à harmoniser leurs politiques de l'eau en raison de l'objectif de l'établissement d'un régime uniforme des voies navigables dans l'espace CICOS.

Du point de vue des droits, les Etats adhérents bénéficient de la prérogative de se prévaloir de tous les droits qui sont dus à un Etat membre d'une organisation internationale. Ceux-ci, peuvent prendre part aux activités de la CICOS. Il s'agit notamment de la participation aux sessions du Comité des Ministres et du Comité de Direction. Les ressortissants de ces Etats ont le droit d'être recrutés comme fonctionnaires à la CICOS, de naviguer librement sur les voies navigables du bassin COS.

En retour, les Etats doivent remplir un certain nombre d'obligations vis-à-vis de la CICOS. Ils sont tenus de contribuer au budget de cette dernière, de garantir la bonne application des textes de la CICOS en matière de navigation

725 Etude portant création d'un Organisme de bassins transfrontaliers (OGOOUE, NTEM, NYANGA, ET KOMO) Diagnostic multisectoriel, Version provisoire - Avril 2019

726 Publication de la FAO.2016, Site AQUASTAT, *Angola : Géographie, climat et population*, cite http://www.fao.org/nr/water/aquastat/countries_regions/ago/index fra.stm, consulté le 22 février 2016

727 Idem

et de la GIRE. Pour ce faire, les Etats adhérents sont tenus de réviser leurs législations afin de les adapter au régime juridique du bassin.

Sans plus tirer en longueur, notre propos sur les mutations de la CICOS s'arrête là. Telles sont les évolutions dont la CICOS a fait l'objet depuis sa création. Mais, l'importance du bassin fait qu'en dehors des Etats adhérents bon nombre de partenaires internationaux s'intéressent également à la gestion du bassin.

Section II : L'implication des partenaires internationaux

Elle trouve son fondement dans l'Accord du 6 novembre 1999. Aux termes de l'article 27 alinéas (d) et (g), le Secrétaire général de la CICOS est chargé d'une part « *d'établir des programmes d'assistance financière et technique et, si nécessaire, inviter les donateurs au sein d'un groupe consultatif de donateurs* » et d'autre part « *d'établir des relations avec toute organisation privée ou publique, de caractère national ou international en vue de l'accomplissement de sa mission.*» Sur la base de cette disposition, le Secrétaire général est compétent pour nouer des relations extérieures utiles pour le financement de la gestion efficace du bassin. Il convient à ce niveau d'étudier la diversité des partenaires de la CICOS (Paragraphe I) avant de nous intéresser à l'apport de ceux-ci à la gestion du bassin (Paragraphe II).

Paragraphe I : Une diversité des partenaires

Etant une organisation de gestion de l'eau, la CICOS présente une importance capitale pour les partenaires internationaux qui font des ressources naturelles une préoccupation de premier plan pour le bien-être de l'humanité. L'avènement de la CICOS consolide de plus en plus des rapports entre les Etats de la sous-région et les acteurs non africains en matière d'eau. Les partenaires de la CICOS sont non seulement les Etats (A), mais aussi les organisations internationales (B).

A : Les partenaires étatiques

Le bassin du fleuve Congo aujourd'hui est l'un des espaces que la communauté internationale entend préserver pour le maintien de l'équilibre du climat mondial. On constate que la CICOS apporte un rapprochement de plus avec les Etats d'autres sous-régions africaines (1), mais aussi avec les Etats non africains (2).

1 : Les Etats d'autres bassins hydrographiques africains

Nous n'insisterons pas longtemps sur les Etats africains qui coopèrent avec la CICOS dans la gestion du bassin, au motif que leurs actions ne sont pas très visibles dans le fonctionnement de la Commission.

Parmi les Etats africains qui coopèrent avec la CICOS, il y a les Etats du bassin du lac Tchad : le Cameroun (9%), le Tchad (42%), le Nigeria (21%) et le Niger (28%). Les Etats riverains du lac Tchad en particulier le Tchad et le Niger, en partie situés dans la zone sahélienne, font face aux problèmes de sécheresse[728].

Le bassin du lac Tchad est en constante diminution d'eau à cause des changements climatiques et des activités humaines qui exercent une pression considérable sur la quantité et la qualité des eaux du lac, tels que l'irrigation et le breuvage du bétail. En vingt-deux ans (entre 1963 et 1985), la superficie du lac s'est rétrécie de 91%[729]. Aujourd'hui, les images par satellite montrent un rétrécissement considérable de la superficie du lac qui ne représente plus que 5% de sa superficie d'origine[730].

La diminution de l'eau impose des contraintes énormes pour les besoins agricoles et sociaux. Les rapports entre les populations du lac Tchad et l'eau représentent un problème de vie quotidienne et de développement à long terme[731]. L'assèchement du lac et des points d'eau entraînent des déplacements continus des populations, la précarité des activités économiques et menacent la pérennité des ressources[732]. Pour résoudre ce problème, les Etats riverains du lac Tchad ont pensé que le transfert d'eau à partir d'un bassin hydrologique proche pour renflouer le lac serait une meilleure solution[733]. C'est ainsi que le transfert de l'eau du bassin du fleuve Congo à partir de l'Oubangui a été vu comme un bon choix, car le lac Tchad est alimenté en partie par les eaux de l'Oubangui Chari (affluent du fleuve Congo) qui prend sa source en RCA (Etat membre de la CICOS).

C'est la raison pour laquelle les Etats du lac Tchad coopèrent avec la CICOS pour faire face au problème de la diminution de l'eau du lac. Cette

728 PNUE, *L'avenir de l'environnement en Afrique : Le passé, le présent et les perspectives d'avenir*, Malte, 2002, 422 pages, p. 179

729 VALENTIN Christian, « Dimensions naturelles des problèmes de l'eau dans le bassin du Lac Tchad », pp. 13-29, in JUNGRAITHMAYR Herrmann, BARRETEAU Daniel et SEIBERT Uwe (dir.), L'Homme et l'eau dans le bassin du lac Tchad, éd. de l'ORSTOM, Paris, 1997, 487 pages, p. 24

730 PNUE, *L'avenir de l'environnement en Afrique : Le passé, le présent et les perspectives d'avenir*, Malte, 2002, 422 pages, p. 179

731 BOUTRAIS Jean, « Les populations du bassin tchadien des sociétés non-hydrauliques », pp. 475-484, in JUNGRAITHMAYR Herrmann, BARRETEAU Daniel et SEIBERT Uwe (dir.), L'Homme et l'eau dans le bassin du lac Tchad, éd. de l'ORSTOM, Paris, 1997, 487 pages, p. 477

732 PNUE, *L'avenir de l'environnement en Afrique : Le passé, le présent et les perspectives d'avenir*, Malte, 2002, 422 pages, p. 179

733 Idem. D'autres propositions visaient à classer le lac Tchad comme site Ramsar transnational. p. 180

coopération est un rapprochement d'un nouveau type grâce à la gestion de l'eau transfrontalière.

Mais, étant donné que le lac Tchad est doté d'un dispositif institutionnel qui est la CBLT, les problèmes sont désormais discutés entre elle et la CICOS. Pour cette raison, il est inutile d'insister davantage sur cette coopération entre organisations internationales ici, nous y reviendrons dans l'étude des relations avec les organisations internationales africaines. Pour l'instant, il est intéressant de passer à l'étude du partenariat avec les Etats non africains.

2 : Les Etats non africains

Comme nous l'avons amorcé au début de cette étude, la gestion internationale du bassin du fleuve Congo a été d'abord l'œuvre des puissances coloniales avant que les Etats de la sous-région n'accèdent à la souveraineté internationale. Parmi ces puissances coloniales, il y avait la France, la Belgique, le Portugal, l'Allemagne, auxquelles viendront s'ajouter les puissances non coloniales comme les Etats-Unis d'Amérique.

Les efforts accomplis par les puissances coloniales étaient limités à la gestion de la navigation fluviale depuis la signature de l'Acte de Berlin du 26 février 1885.

Aujourd'hui, l'influence de la plupart de ces anciennes puissances internationales non africaines n'a pas disparue. Avec la création de la CICOS, ces Etats non africains ont trouvé un interlocuteur commun pour canaliser leurs actions liées à la mise en valeur des ressources en eau du bassin et à la protection du climat dans le monde.

Ces Etats possèdent tous les moyens financiers, techniques et humains utiles à la bonne gestion de l'eau. Leur concours aux œuvres de la CICOS permet de matérialiser son utilité dans la diversité des organisations de la sous-région ; autrement dit de renforcer sa contribution dans le processus d'intégration des Etats de l'Afrique centrale, en compensant alors la défaillance des CER, puisqu'elle apporte des normes environnementales et des réalisations communautaires concrètes (l'exemple de l'Ecole de formation aux métiers de navigation intérieure).

La Commission a besoin des moyens financiers, techniques et humains pour la construction de grands barrages afin de résoudre les problèmes de manque d'électricité dans la sous-région. Elle a aussi besoin des moyens pour l'exécution des travaux d'aménagement, d'utilisation et de conservation des ressources. Elle œuvre à trouver des financements nécessaires pour l'accomplissement de ses missions. Résultat : en ce qui concerne les moyens financiers particulièrement, on peut citer la signature des Conventions de financement CZZ-1622-01 et CZZ-1606 entre la CICOS, l'Ambassade de France (en RDC) et l'Agence Française de Développement. En raison des difficultés financières de la CICOS, le concours de la France est un soulagement pour son fonctionnement.

Mais, la dépendance vis-à-vis de l'extérieur ne constitue pas fondamentalement une garantie de l'efficacité de l'organisation qui, en principe, a besoin de financements propres et suffisants. Doit-on espérer que l'appui des organisations internationales pourrait de combler cette lacune ?

B : L'appui des organisations internationales

Elles sont diverses dans le domaine de la gestion des eaux. Il y a les organisations universelles, régionales, sous-régionales et les organisations non gouvernementales. Il est important d'étudier d'abord le regain d'intérêt manifesté par les organisations d'autres sous-régions africaines (1) avant de nous intéresser aux organisations internationales non africaines (2).

1 : Les organisations internationales africaines

Il s'agit ici des organisations intergouvernementales et des institutions financières. Concernant les organisations intergouvernementales, il faut citer la Commission du Bassin du Lac Tchad (CBLT) et de la SADEC.

En ce qui concerne la CBLT, elle coopère avec la CICOS pour la réalisation du projet de transfert des eaux de l'Oubangui vers le lac Tchad que nous avons signalé dans les lignes qui précèdent.

Avant qu'il ne soit porté aujourd'hui par la CBLT, le projet de transfert d'eau a des origines lointaines et avait pour but d'irriguer une partie du Sahara et de mettre en valeur les terres du pourtour du lac Tchad. Deux schémas ont été proposés pour atteindre ces buts à l'époque.

En 1988 une société italienne (BONIFICA) avait proposé de construire un canal de 2400 km de long qui contournerait la bordure nord-est du Congo. Ce programme permettrait de réaliser le transfert d'un débit de 3200 m^3/s, le développement de 7 millions d'hectares d'irrigation et la production de 35 GWh/an d'hydroélectricité[734].

Le second schéma a été proposé par la Compagnie Nationale d'Electricité du Nigeria (NEPA). Elle prévoit le transfert d'eau de l'Oubangui vers le lac Tchad. La prise d'eau sur l'Oubangui se ferait en amont de Bangui et comprendrait un barrage qui permettrait un stockage suffisant pour soutenir l'étiage de l'Oubangui en saison sèche et pour générer de l'énergie hydroélectrique pour le pompage. Il est également prévu la construction d'un

[734] JO, CICOS, année-2010-2013, n°3, op cit, p. 31.

canal de 150 km qui rejoindrait les rivières Fafa, Ouham et Ombella pour transiter un débit moyen annuel de l'ordre de 900 m^3/s[735].

Le projet de transfert des eaux de l'Oubangui vers le lac Tchad était encore mal précisé à l'époque. En 2007, sur la base de la proposition de l'entreprise NEPA, la CBLT a lancé une procédure de recrutement d'un bureau d'étude pour réaliser l'étude de faisabilité de ce projet.

Aujourd'hui, les discussions portant sur le transfert d'eau de l'Oubangui vers le lac Tchad sont en cours entre la CBLT et la CICOS. Les plus grands obstacles sont le manque de financement adéquat et la volonté politique des Etats du bassin du Congo.

Si le transfert d'eau de l'Oubangui vers le lac Tchad se réalise un jour, il faut noter que ce projet salutaire pour le lac Tchad, présente par contre des risques d'impacts divers pour le bassin du fleuve Congo dans le domaine de l'agriculture et de l'élevage, de l'énergie hydroélectrique, de la navigation, des ressources forestières, de la pêche, de la santé etc.[736]

La réalisation de ce projet exige des études d'impacts environnementaux rigoureuses afin de réduire les effets pervers. En matière agricole, par exemple, il est prévu que le prestataire fera une description des utilisations agricoles des terrains potentiellement affectés par les projets. Il devra aussi faire un état des lieux des ouvrages hydroélectriques existants et en projet à l'échéance 2025[737].

Il faut noter que la consultation des populations locales est indispensable pour recueillir leur avis afin de connaître leurs activités économiques prioritaires et de les préserver des atteintes potentielles du projet ou de trouver des alternatives.

Eu égard à la diversité des secteurs qui pourraient être impactés par le projet, la coopération avec les institutions internationales et africaines intervenant dans la gestion des ressources naturelles pourraient offrir les moyens d'endiguer les risques et d'optimiser les potentialités du projet.

En dehors de la CBLT, il y a aussi d'autres organismes sous-régionaux comme la SADEC, l'Autorité du Bassin du Niger (ABN), la Banque africaine de développement (BAD) et la Facilité africaine de l'eau[738].

---

[735] Idem

[736] idem

[737] Idem, p. 45

[738] La BAD et la Facilité africaine de l'eau ont financé le Projet d'élaboration du Plan d'Action Stratégique de Gestion Intégrée des ressources en eau (PASGIRE) du bassin du Congo. Il faut signaler que la Facilité africaine de l'eau est un organisme fondé en 2004, il est piloté par le Conseil des ministres de la Commission africaine de l'eau (AMCOW) sous tutelle de la BAD. Elle a pour mission d'aider les pays

La CICOS bénéficie également de l'appui technique du Réseau international des organismes de bassin (RIOB)[739] et du Réseau africain des organismes de bassin (RAOB)[740].

A ce titre, le concours des organisations internationales non africaines répond à ce besoin de la coopération de plus en plus large pour réussir la gestion du bassin.

2 : Les organisations internationales non africaines

Il s'agit d'étudier ici la coopération avec les organisations universelles et avec les organisations régionales.

Au titre des organisations universelles, il faut d'abord citer l'ONU qui possède plusieurs institutions spécialisées qui appuient les efforts entrepris dans le domaine de la gestion des ressources naturelles.

En effet, au regard des changements climatiques qui frappent la planète terre, le bassin du fleuve Congo présente un intérêt capital pour l'ONU et ses institutions spécialisées. Dans ce cadre, une initiative régionale visant la gestion des eaux transfrontalières reçoit facilement l'appui technique de ses institutions spécialisées en fonction de leurs objectifs dans les pays en voie de développement[741].

Parmi ces organismes, il y a : l'Organisation des Nations Unies pour l'alimentation et l'agriculture (FAO), l'Organisation des Nations Unies pour l'éducation, la science et la culture (UNESCO), l'Institut des Nations Unies pour la formation à la recherche (UNITAR), l'Organisation des Nations Unies

---

africains à réaliser les objectifs du millénaire pour le développement dans le secteur de l'eau.

739 Le RIOB est une organisation mondiale créée le 6 mai 1994 à Aix-les-Bains (France). Il regroupe les organismes des bassins fluviaux, les institutions administratives nationales chargées de la gestion de l'eau, les organisations de coopération bi ou multilatérale soutenant des actions de structuration institutionnelle au niveau des bassins versants et aquifères.

740 RAOB a été créé à Dakar le 11 juillet 2002. Il a entre autres pour missions de développer la coopération entre les organismes chargés de la gestion intégrée des ressources en eau, et de favoriser entre eux les échanges d'expériences et d'expertises ; de promouvoir et de renforcer les organismes existants et d'encourager la création de nouvelles organisations de bassin. (Article 2 a et c) du Statut modifié du 6 mars 2007.

741 Rapport du Groupe d'experts spécialisés dans les aspects juridiques et institutionnels de la mise en valeur des ressources en eau internationales, « Gestion des ressources en eau internationales : aspects juridiques et institutionnels », Ressources naturelles, Série Eau n°1, NU, Département des affaires économiques et sociales, 1976, p. 140.

pour le développement industriel (ONUDI), l'Organisation mondiale de la santé (OMS) et l'Organisation météorologique mondiale (OMM)[742].

En plus des institutions spécialisées de l'ONU, le Département des Affaires Economiques et Sociales du Secrétariat Général de l'ONU « fournit aussi une assistance technique aux organismes de gestion de l'eau.»[743]

Comme nous l'avons dit, ces diverses institutions spécialisées « *sont disposées à accorder leur aide après approbation d'une demande appropriée. Chaque organisme exerce son activité dans le domaine de compétence qui lui est propre, (...) à titre d'agent d'exécution du Programme des Nations Unies pour le développement, qui prévoit un effort substantiel d'assistance technique en faveur des pays en voie de développement* »[744].

La CICOS n'entretient pas de relations avec tous ces organismes, mais l'OMM est déjà sur le terrain. La Commission devrait donc œuvrer pour le développement de ses relations avec le reste des institutions spécialisées de l'ONU afin d'optimiser ses capacités humaines, techniques et financières.

Outre les institutions onusiennes, on note aussi la présence d'autres organismes internationaux qui appuient les efforts de la CICOS. Le Partenariat Mondial pour l'Eau (GWP)[745], la Banque Mondiale, l'Office International de l'eau (OIeau)[746], l'Agence de l'eau Rhin-Meuse[747] et l'UE, etc. Ces entités apportent chacune un appui à la CICOS pour l'accomplissement de ses missions.

Paragraphe II : L'apport des acteurs internationaux à la gestion du bassin

La gestion des eaux douces transfrontalières est aujourd'hui une préoccupation universelle. Le Partenariat mondial pour l'eau (GWP) dit avec raison que *« L'initiation d'un processus de planification GIRE pourrait provenir de plusieurs sources. Internationalement, les gouvernements ont convenu au sommet mondial sur le développement durable de mettre en place des plans pour la gestion et la mise en valeur durables des ressources en eau d'ici 2015. Ceci est suivi d'un appui de la part de la communauté*

742 Idem
743 Idem
744 Idem
745 Le Partenariat mondial pour l'eau (GWP) est une organisation intergouvernementale créée en 1996 qui fournit des connaissances et renforce les capacités des institutions nationales et internationales en matière de gestion de l'eau.
746 Voir les partenaires de la CICOS. Information figurant sur le cite www.cicos.int
747 L'Agence de l'eau Rhin-Meuse appui la CICOS depuis 2012 pour le renforcement de ses capacités en matière de la gestion de la navigation fluviale et de la GIRE. Voir, www.cicos.int, coopération et projets.

internationale et des donateurs. En conséquence cette poussée en faveur des Plans GIRE peut sembler venir de l'extérieur du pays à travers les donateurs et les agences d'aide internationales qui offrent une assistance pour réaliser cet objectif.[748]*»* Dans cette même foulée, Edouard BOINET analysant la gestion du fleuve Sénégal voit « *l'implication des acteurs extérieurs* » comme un *« élément déterminant »*[749] dans la gestion dudit fleuve ; les acteurs extérieurs favorisent la coopération entre les Etats riverains[750], dit-il. Ces affirmations montrent à quel point les acteurs internationaux sont les incitateurs à la mise en valeur des bassins fluviaux internationaux par l'ensemble des Etats riverains en Afrique.

L'apport des partenaires de la CICOS permet de combler l'insuffisance des moyens pour atteindre ses objectifs. Leur appui est fondé sur les dispositions de l'Accord du 06 novembre 1999. En effet, l'article 31 de l'Accord confère à la CICOS une personnalité juridique internationale. Cette dernière lui permet de tisser des relations avec les acteurs internationaux en vue de remplir les missions qui lui sont confiées par l'article 27 du même Accord. Conformément à cette dernière disposition (article 27), pour rappel, la CICOS a pour missions de promouvoir, favoriser et soutenir la coopération et la coordination des activités et projets d'intérêts communs de développement durable, d'utilisation, de conservation des voies navigables de ce bassin ; d'établir des programmes d 'assistance financière et technique et si nécessaire inviter les donateurs à coordonner leur soutien au sein d'un groupe consultatif de donateurs ; d'établir des relations avec toute organisation privée ou publique, de caractère national ou international en vue de l'accomplissement de sa mission. Depuis sa mise en fonctionnement, la CICOS a tissé des relations avec bon nombre de partenaires internationaux. Etant entendu que *«la gestion des ressources en eau constitue un processus, car elle se réalise (...), par étape,.. »*[751], la CICOS poursuit ce processus par l'élaboration des projets et programmes d'étude et de développement divers soutenus par ses partenaires. Au nombre de ceux-ci, on peut citer : l'Agence Française de Développement (AFD), la Coopération allemande (GIZ), la Banque mondiale, l'Union européenne, l'Office International de l'eau (OIeau), l'Organisation Météorologique Mondiale (OMM), le Fonds Français pour l'Environnement

---

748 GWP, « Plans de gestion intégrée des ressources en eau. Manuel de formation et guide opérationnel », 107 pages, (Vous pouvez télécharger ce manuel de formation auhttp://www.cap-net.org/TMUploadedFiles/FileFor67/LA GIRE _Plan.doc et auwww.gwpforum.org), consulté le 2 février 2017 à 4 heure), p. 24

749 BOINET Edouard, *op cit*, p. 44

750 Idem

751 NGODI Etanislas, « La gestion concertée des eaux transfrontalières du fleuve Congo », op cit, p. 55

Mondial (FFEM), le Groupe de la Banque Africaine de Développement et bien d'autres encore[752].

Grâce à l'appui technique et financier de ses partenaires, la CICOS a pu réaliser certains projets et lancer des programmes entrant dans ses mandats sur la navigation et la GIRE, conformément à l'Accord du 06 novembre 1999 et à son Additif de 2007.

La première réalisation fut le diagnostic établi en 2005 qui a permis de débusquer les obstacles à la gestion du bassin[753] ainsi que les problèmes liés à la conservation, la protection et l'aménagement[754]. On peut citer au nombre des projets et programmes dont la CICOS a bénéficié de l'appui de ses partenaires: le projet SIBCO qui signifie Système d'information du bassin du Congo. C'est un apport de la GIZ (une agence allemande) qui travaille avec la CICOS depuis 2006 pour l'amélioration du système d'information à la CICOS. En plus, la GIZ a déjà favorisé la création d'un registre informatisé de la flotte (première version) et d'un annuaire des ports[755].

De même, un projet de gestion transfrontalière de l'eau dans le bassin du Congo (GETRACO), appuyé par le Gouvernement de la République fédérale d'Allemagne depuis 2006 et mis en œuvre par la Deutsche Gesellschaft für Internationale Zusammenarbeit d'Allemagne (GIZ). Ce projet vise à renforcer les capacités de la CICOS en vue d'épauler la navigation intérieure, le centre de formation, la gestion de l'eau et le développement organisationnel[756].

Pour ce qui est du Centre de formation aux métiers de navigation intérieure notamment, il est créé à l'initiative du Secrétariat général avec l'appui de la GIZ. La CICOS, après avoir constaté la rareté du personnel navigant ainsi que l'insuffisance des qualifications, avait pensé mettre en place un Centre de formation en navigation intérieure. Ce qui était fait. Ce Centre est une école communautaire qui a pour mission de développer le nombre et les capacités du personnel navigant.

---

[752] Les partenaires de la CICOS sont entre autres : l'AFD, la BAD, la Banque mondiale…

[753] CICOS, Cahier des statistiques, op cit, infra, p. 3

[754] NGODI Etanislas, « La gestion concertée des eaux transfrontalières du fleuve Congo », op cit, p. 55

[755] PIDISKI Cécile, « La gestion partagée des ressources en eau dans le bassin du Congo, état des lieux et perspectives », mémoire présenté à la faculté des études supérieures de l'université Laval dans le cadre du programme de maîtrise en études internationales pour l'obtention du grade de Maître ès arts (M.A.), Institut Québécois des Hautes Etudes Internationales Université Laval Québec 2009, Paule Halley et Frédéric Lasserre (Dir.), 153 pages, p. 93

[756] CICOS, Coopération et projets, in www.cicos.int, consulté le 18 novembre 2016 à 15 heures.

Implanté à Kinshasa, le centre a fait l'objet d'un développement en trois phases : une première phase de deux ans (2009 et 2010) consacrée au recyclage des navigants et du personnel des administrations nationales[757] ; une deuxième phase de plein régime dès 2011 offrant à la fois des formations de courtes et de longues durées[758] et une troisième pendant laquelle le centre a été transformé en Ecole Régionale des Formations aux Métiers de Navigation Intérieure. Cette école est un acquis important pour la sécurité de la navigation en offrant un personnel bien formé en la matière.

Toutefois, la CICOS a intérêt à fournir encore plus d'efforts pour que les nationaux des autres Etats bénéficient des formations offertes par l'Ecole régionale. En raison de l'éloignement géographique, le risque est grand d'y compter davantage les nationaux de l'Etat de siège au détriment de ceux d'autres Etats membres. Il est compréhensible que l'éloignement géographique démotive les bonnes volontés, mais il est de la responsabilité du Secrétariat général et des Etats membres d'investir pour la promotion de l'Ecole et le soutien des jeunes voulant se faire former. L'Ecole Régionale des Formations aux Métiers de Navigation Intérieure permet également d'améliorer le rendement du transport fluvial. Les défaillances administratives peuvent largement compromettre l'efficacité et l'efficience du transport fluvial dans la région d'Afrique centrale. Pour plus d'efficacité, il serait indispensable d'instituer une politique d'évaluation de la performance des services nationaux de navigation intérieure afin de débusquer des problèmes en temps réel et de renforcer l'efficacité par des recyclages.

En plus, intervenant désormais dans la GIRE, la CICOS devrait créer une Ecole de formation en GIRE afin de renforcer le personnel des administrations de ses membres dans ce domaine. Les spécialistes en GIRE sont rares. Il est donc nécessaire d'entreprendre des efforts en vue de créer une école de formation en GIRE.

Cela étant, la CICOS bénéficie également de l'appui de l'extérieur pour la mise en œuvre du projet MESA (Monitoring for Environment and Security in Africa). La création du programme MESA a été proposée dans la Déclaration

---

757Madame NGO MBOGBA-MIKANO Paulette, Le droit de la navigation intérieure en Afrique centrale : vers la communautarisation, L'Harmattan, Paris, 2012, 272 pages, affirme à ce sujet que « les administrations nationales des Etats riverains du COS en charge de la navigation intérieure, (…) manquaient cruellement de personnels en nombre suffisant et qualifiés à même d'accomplir pleinement les missions qui leur sont confiées.», p. 200. Ce déficit est un défi énorme pour la CICOS, car la promotion de la navigation intérieure ne peut se faire sans les moyens indispensables au plan national et supranational. La Commission a intérêt à encourager davantage les formations et l'amélioration du personnel chargé de la navigation fluvial.

758 PIDIRSKI Cécile, op cit, p. 87

de Ouagadougou, signée en septembre 2010 par la Commission de l'Union africaine, le Secrétariat des États ACP et les Communautés économiques régionales africaines[759]. Ce projet entre dans la droite ligne du mandat GIRE de la CICOS, notamment dans le domaine de la protection de l'environnement[760], car « *il vise à renforcer les capacités de gestion de l'information, de prise de décision et de planification des institutions africaines chargées de l'environnement, du climat, de la sécurité civile et des questions connexes, appartenant à la RDC et aux pays membres de la CEMAC.*[761] » L'objet central de ce projet est le suivi de l'impact des changements climatiques sur les ressources en eau. Au niveau de la CICOS, il vise particulièrement : d'une part, l'amélioration et la consolidation du système d'alerte des hauteurs d'eau sur la rivière Oubangui, et l'extension de ce système sur les rivières Kasaï et Sangha (permettant aux navigants d'anticiper les difficultés de passage dans certaines zones à faibles tirants d'eau, comme les seuils rocheux de Zinga sur l'Oubangui ou Kandolo sur le Kasaï) et d'autre part, le suivi du cycle hydrologique dans les principaux sous-bassins de la région (Oubangui, Kasaï et Sangha), afin de connaître l'évolution des ressources en eau du bassin dans le contexte des changements climatiques.

Aussi, la connaissance des ressources du bassin constitue l'un des enjeux majeurs de la GIRE. Pour cela, la CICOS a besoin des moyens techniques sophistiqués orientés spécialement dans la connaissance des ressources en eau transfrontalières. Le besoin est énorme dès lors que le bassin fluvial lui-même est très vaste. Pour y parvenir il a fallu mettre en place, grâce à l'appui de ses partenaires internationaux, le programme CONGO-HYCOS. C'est un vaste projet de réhabilitation des réseaux hydrométriques sur l'ensemble du bassin versant du Congo conçu en collaboration avec l'Organisation Météorologique Mondiale (OMM) et les bailleurs de fonds. Il permet d'observer le cycle hydrologique du bassin. Il fait partie des composantes du Système Mondial d'Observation du Cycle Hydrologique « WHYCOS » de l'OMM[762]. Ce programme est le point clé de la gestion intégrée des ressources en eau (GIRE). C'est grâce à lui que la CICOS et les Services Hydrologiques Nationaux (SHN), peuvent connaître le rythme et l'état des eaux du bassin et adopter des politiques collectives adaptées.

D'autres partenaires ne sont pas en reste dans l'appui à la CICOS pour la réalisation de ses objectifs. Il en est ainsi de l'AFD qui, en 2015, lors de la COP 21, a une fois de plus renouvelé son soutien à la CICOS en signant une nouvelle convention portant sur un projet innovant de suivi des ressources en

---

759 CICOS, Coopération et projets, op cit.

760 Le Titre IV de l'Additif du 22 février 2007 est consacré à la protection et la préservation de l'environnement.

761 CICOS, Coopération et projets, op. cit.

762 CICOS, Coopération et projets, op cit

eau par altimétrie spatiale[763]. Ce soutien est une continuité de l'appui de l'AFD à la CICOS qui avait débuté depuis 2008.

Eu égard à ce qui précède, la CICOS n'a pas encore réalisé grand chose, physiquement, en dehors du Centre de formation en navigation intérieure. Mais, le regain d'intérêt manifesté par les acteurs internationaux témoigne de son importance dans la mise en valeur collective du bassin, nouveau levier de l'intégration des Etats de l'Afrique centrale. Certes, *«...les réalisations octroyant des avantages coopératifs issus du fleuve sont encore embryonnaires. Cependant, des études réalisées et les projets retenus dans le plan d'action stratégique annoncent des avantages certains issus du fleuve qui atteindront les populations des pays du bassin.»*[764] La lenteur actuelle est causée par l'insuffisance des moyens financiers et des limites de son mandat. Les Etats membres de la CICOS eux-mêmes ne disposant pas de moyens suffisants. Depuis leur accession à l'indépendance, les Etats de l'Afrique centrale en général et ceux de la CICOS en particulier, souffrent des problèmes financiers. Pourtant, on aurait pu penser que l'abondance des richesses naturelles favoriserait leur autonomie financière, mais non. La situation est telle que sans les puissances non africaines, les Etats africains et les organisations internationales africaines sont condamnés à une vie difficile. Les OIA sont menacées de disparaître lorsqu'elles ne bénéficient pas de l'appui des pays étrangers. Dans ces conditions, la réussite des projets communautaires reste encore incertaine. Le Professeur GONIDEC dit que les Etats de l'Afrique centrale sont des « Etats fragiles.»[765] Cette fragilité est justifiée, selon lui, par *« les bases sociologiques génératrices de contradictions multiples et le caractère inadapté des structures politiques »*[766]. Effectivement, en Afrique centrale notamment, les atouts que possèdent les Etats sont générateurs de problèmes. Ces derniers sont tout d'abord liés aux caractéristiques territoriales des Etats de la sous-région et ceux de la CICOS notamment. Les territoires de ces Etats sont caractérisés par une inégalité génératrice de contradictions, selon l'auteur précité.

Notre propos sur la contribution de la CICOS à l'œuvre d'intégration des Etats peut s'arrêter là. Que peut-on retenir de cette première partie ? Cette partie a consisté à montrer l'apport de la CICOS à l'intégration des politiques étatiques de gestion de l'eau du bassin du fleuve Congo. Comparativement à la situation antérieure, la CICOS en tant qu'instrument de gestion du bassin COS marque une compensation de la défaillance des CE. La navigation intérieure est aujourd'hui régie par le droit de la CICOS auquel les textes particuliers

763 C'est une technique qui permet d'observer le mouvement des eaux dans une région donnée à l'aide des satellites.
764 NGODI Etanislas, « La gestion concertée... », op cit, p.11
765 GONIDEC Pierre-François, *op cit.*
766 Idem.

sont appelés à se conformer. On a vu que certains textes bilatéraux ont été révisés pour les adapter au droit primaire de la Commission; les normes techniques sont régies par le Code CEMAC-RDC et les règlements communs édictés par la CICOS. L'entrée de nouveaux membres et le regain d'intérêt des partenaires internationaux vis-à-vis de la CICOS est un témoignage de l'importance de cette organisation dans la sous-région Afrique centrale. La CICOS a pu mettre en place un centre de formation du personnel de navigation intérieure. En matière de planification de la GIRE, la Commission a élaboré un Plan d'Action Stratégique (PAS), un SDAGE et le Manuel de notification préalable des mesures projetées dans le bassin du fleuve Congo. Espérons que l'application du cadre juridique permettra de relever de nombreux défis liés au bassin. Longtemps attendu, l'objectif de l'OUA est aujourd'hui atteint : la création d'un organisme sous-régional là où il n'en existait pas. Toute la question est maintenant de savoir si cette politique commune est efficace, car à en croire le Professeur GONIDEC, l'intégration des Etats africains entendu comme *« la capacité des Africains, gouvernants et gouvernés, à s'organiser pour atteindre des objectifs communs se heurte à de grandes difficultés.»*[767] Ces dernières constituent des obstacles qui affaiblissent l'efficacité du système. Dans la deuxième partie qui va suivre, il sera question d'étudier en profondeur les limites de l'apport de la CICOS dans l'œuvre d'intégration.

[767] GONIDEC Pierre-François, op cit, p. 15

DEUXIÈME PARTIE :
UNE CONTRIBUTION INEFFICACE DANS L'INTÉGRATION DES ETATS

Tout d'abord, « *par efficacité on entend le fait qu'une règle de droit qui requiert un comportement déterminé se trouve plus souvent respectée que transgressée...* »[768] Il s'agit plus particulièrement, dans le cas de notre étude, d'apprécier le comportement des acteurs de gestion de l'eau et leur capacité à absorber les règles supranationales de régulation des usages de l'eau. Marie-Claude SMOUTS, dans son étude des organisations internationales, dit que *« l'efficacité est à la fois la capacité de produire un effet et la capacité de produire le maximum de résultat avec le minimum de coût (ce que les économistes appellent parfois l'«efficience»*[769]. Les effets attendus sont non seulement l'uniformisation du droit relatif au bassin mais aussi l'amélioration de l'état des eaux, des voies navigables et de la vie des citoyens par rapport à l'eau. L'efficacité « *d'un système de droit*[770]*»* est la condition fondamentale de son existence, lorsqu'il se révèle incapable de produire des effets attendus ou de satisfaire les intérêts des parties intéressées celui-ci perd leur « confiance » et « cesse d'exister.[771]» Il faut aussi avouer que l'efficacité d'un système international ne dépend pas seulement de son environnement[772], mais aussi de son organisation interne. L'environnement ici renvoie à la conjoncture sous-régionale, c'est-à-dire à la situation politico-sécuritaire et économique des Etats, à la multiplicité des organisations sous-régionales et les appartenances simultanées des Etats, sans oublier les influences extérieures aux relations internationales africaines[773]. Autrement dit, les causes de l'inefficacité sont tout d'abord intrinsèques avant d'être extrinsèques. Puisque cette étude est juridique, nous nous intéresserons aux problèmes de cette nature. L'insuffisante contribution de la CICOS à l'intégration des Etats du bassin du fleuve Congo est due aux faiblesses juridiques et institutionnelles (Titre I) et à l'incapacité des Etats à s'approprier du droit de la CICOS au plan national (Titre II).

---

768 HART Herbert L.A., op cit, p. 131

769 SMOUT Marie-Claude, *Les organisations internationales,* Armond Colin, Paris, 1995, p. 51

770 MARTIN (P.M), *Les échecs du droit international, Puf, 1ere éd., Paris, 1996, p. 16*

771 Idem.

772 SMOUTS Marie-Claude, op cit, p. 51

773 GONIDEC Pierre-François, op cit, p.

TITRE I : LES LIMITES JURIDICO-INSTITUTIONNELLES

La Commission n'est pas une organisation d'intégration au sens strict, mais plutôt une organisation de coopération. De ce fait, elle souffre des faiblesses institutionnelles qui limitent sa participation à la formation d'un système juridique communautaire de gestion du bassin (Chapitre II).Au-delà des problèmes que posent des limites du cadre juridique de la CICOS, il se pose également le problème de la coexistence entre la CICOS et d'autres OSR (Chapitre II).

Chapitre I : Un cadre juridique non-communautaire

Dans ce chapitre, il s'agit de déceler les caractéristiques qui font de la CICOS une organisation de coopération. D'une part, il s'agit des faiblesses normatives (Section I) et, d'autre part, des faiblesses opérationnelles (Section II).

Section I : Les faiblesses normatives de la CICOS

Il est vrai que l'Accord du 06 novembre 1999 entend établir un régime uniforme des voies navigables, mais la portée juridique des normes est discutable (Paragraphe II) et la règlementation des usages de l'eau est encore inachevée (paragraphe I).

Paragraphe I : Une règlementation inachevée

Le régime du bassin du fleuve Congo et ses affluents pose encore des problèmes de son étendue. L'étendue du régime du droit de la CICOS est sa capacité à encadrer effectivement la totalité des usages ou un certain degré de biens et de services qui sont retirés de la ressource[774]. Les différents usages de l'eau dans le bassin du fleuve Congo restent encore partiellement réglementés. On a constaté l'absence de la réglementation de certaines questions relatives à l'usage des voies fluviales pour les besoins de navigation (A) ainsi que la faiblesse des modes de règlement des différends (B).

A : Les faiblesses constatées en matière de navigation

Il s'agit de la non-réglementation de la sécurité et de la sûreté navale (1) ainsi que de l'absence d'un statut juridique des biens d'intérêt communs et des dépendances des voies navigables (2).

1 : L'absence des normes de sécurité et de sûreté navales

Avant d'aborder la question au fond, il est nécessaire de définir et de distinguer les notions de sécurité et de sûreté navales. Après ces éclaircissements, nous parlerons des difficultés des Etats à assurer la sécurité

---

[774] PFLIEGER Géraldine, « Politiques institutionnelles : cadre théorique », cours de Gestion et politiques de l'eau, formation à distance, Module II (Les règles de ressource, leur usage et leur contournement), Institut de Gouvernance et de développement territorial, Université de Genève, 2018, pdf)

et la sûreté navales et nous terminerons par la proposition des remèdes possibles qui pourraient permettre d'amorcer une réglementation relative à la sécurité et à la sûreté navales dans le bassin.

Les mots sécurité et sûreté sont très proches et se substituent en langue française, mais ne traduisent pas la même chose, si bien que la doctrine a fait la distinction entre les deux afin d'éviter les confusions inutiles.

La « sécurité » est un mot polysémique, selon le domaine et l'entité qui l'emploie. D'une façon générale, il désigne tout d'abord *« l'état d'esprit tranquille et confiant d'une personne qui se croit à l'abris du danger. »*[775] En matière de transport, la sécurité renvoie à toutes les mesures tendant au contrôle technique des bâtiments et des marchandises transportés etc. Une incursion en droit maritime permet de constater, avec Jean-Paul PANCRACIO, que la sécurité appliquée à la navigation vise *« ici à la sécurité internationale, au sens large du terme : à la fois sécurité des Etats, sécurité des routes maritimes et sécurité des navires, des personnes et des biens à bords.»*[776] Il est parfois employé en totale substitution au mot « sûreté » hors de toute logique juridique[777].

La « sûreté », quant à elle, renvoie en droit interne aux libertés publiques et à la sauvegarde des droits fondamentaux, notamment à la sûreté personnelle qui renvoie à la protection des personnes contre toute mesure arbitraire de contrainte. C'est un terme qui, à l'origine des premières déclarations des droits, était très attaché à l'idée de la protection de la personne contre l'arbitraire politique et judiciaire[778]. Employé dans le domaine de la navigation maritime, le mot « sûreté » *« a tendu à s'appliquer à tous les aspects de la sécurité : celle des hommes comme celle des navires, celle de la navigation comme celle des biens, celle des ports, et à la limite celle des Etats.»*[779] Elle vise à protéger les moyens de transports de biens ou de personnes de toute manœuvre criminelle. L'auteur précité conclut que cette distinction est fausse et inutile, car les deux termes sont employés par la doctrine sans considération de différence quant au fond[780].

Ces définitions peuvent aussi servir dans le domaine de la navigation fluviale. Aujourd'hui, les menaces contre le transport par voie d'eau sont fréquentes. D'ailleurs, l'un des Etats membres de la CICOS, en l'occurrence, le Cameroun en fait les frais avec les attentats terroristes. Si l'on ne prend

---

[775] Le Petit Larousse, illustré 2014.
[776] PANCRACIO Jean-Paul, *Droit de la mer,* Dalloz, Paris, 2010, 520 pages, p. 442.
[777] Idem
[778] Idem
[779] Idem, pp. 442-443.
[780] Idem

pas garde, les voies navigables pourraient devenir les chemins des organisations criminelles pour s'étendre vers d'autres Etats du bassin.

Les textes fondamentaux régissant la navigation fluviale dans l'espace CICOS sont muets au sujet de la sécurité et de la sûreté navales.[781] Au regard de l'insécurité qui sévit dans la sous-région à cause des actes de brigandage, il est impérieux qu'il y soit institué, dans le cadre de la CICOS, des règles de sécurité et de sûreté navales ainsi que les moyens nécessaires pour assurer le contrôle et la surveillance des bateaux. L'analyse des textes régissant la navigation fluviale dans l'espace CICOS, révèle un mutisme au sujet de la sécurité et de la sûreté navales[782]. Dans un passé récent, le projet avorté du Protocole d'accord de 1987 initié par les Etats riverains, prévoyait des dispositions sur cette question.[783] Il est regrettable de constater que les dispositions relatives à ce sujet n'existent pas dans l'Accord du 06 novembre 1999.

Au regard de l'étendue importante du bassin, les Etats n'ont pas les moyens de contrôler la totalité de leur territoire[784]. La porosité des frontières facilite l'insécurité, la progression de la criminalité à travers les voies d'eau est possible, vu des difficultés qu'ont les Etats à veiller sur elles.

Afin d'assurer la sécurité et la sûreté de la navigation fluviale, il est important de faire deux choses : l'institution de la coopération policière et marine sous-régionale et la coopération judiciaire. La coopération policière et marine sous-régionale permettrait aux autorités nationales de mener des poursuites transnationales lorsque les auteurs des crimes trouvent refuge sur le territoire de l'un quelconque des Etats membres en vue d'échapper à

---

781 NGO MBOGBA-MIKANO Paulette, « Le droit africain de la navigation intérieure : un droit en devenir ou l'impossible harmonisation», op cit, p. 5

782 Idem

783 L'article 18 du projet de Protocole stipulait ce qui suit : « Chaque Etat contractant assure la sécurité de la navigation et son contrôle sur les secteurs navigables qui sont sur son territoire. Un régime commun approuvé par les Etats contractants harmonisera et coordonnera les méthodes, mesures et équipements destinés à assurer la sécurité de la navigation et son contrôle, en facilitant autant que possible la circulation des navires et des marchandises. Conformément aux dispositions de l'article 18, le régime commun susvisé et la standardisation des méthodes, mesures et équipements, auront pour objectif l'intégration par étapes du système de sécurité et de contrôle de la navigation entre les Etats contractants.»

784 Le Professeur SINDJOUN Luc, Sociologie des relations internationales africaines, Karthala, Paris, 2002, analysant le rapport entre la superficie du territoire des Etats africains et leur capacité d'en contrôler, pense que « la grande superficie n'est pas nécessairement un facteur de puissance; lorsque le territoire n'est pas maîtrisé par l'ingénierie politique et les infrastructures de communication, il peut être un révélateur de l'impuissance de l'Etat.», p. 167 ; GONIDEC Pierre-François, op cit, p. 12.

l'exécution des peines. Il faudrait également permettre aux autorités judiciaires des Etats de se saisir d'une affaire liée à la commission des infractions contre la navigation par le mécanisme de la coopération judiciaire. Lorsque les fugitifs se réfugient dans un autre Etat membre, l'affaire peut être transférée aux autorités judiciaires dudit Etat membre ou à celles de l'Etat ayant les moyens nécessaires de mener les poursuites et de juger les auteurs des infractions.

A ce mutisme, s'ajoute l'absence du statut juridique communautaire des dépendances des voies navigables.

2 : L'absence d'un statut communautaire des biens et des dépendances des voies navigables

Le droit de la CICOS fait preuve également d'insuffisance à cause de l'absence du statut juridique des biens d'intérêt commun et des dépendances des voies navigables. Ce vide juridique peut laisser croire que les Etats ne se sont pas accordés à œuvrer effectivement ensemble pour la construction des infrastructures communes dépendantes de l'eau. Comme nous allons le voir, comparativement à d'autres organisations de gestion des bassins fluviaux, la situation n'est pas la même à la CICOS.

En ce qui concerne les ouvrages d'intérêt commun, il faut entendre par là toutes les infrastructures bâties collectivement par l'ensemble des Etats-parties. Il peut s'agir des barrages hydroélectriques, des usines et tout autre bien ayant pour but de satisfaire l'ensemble des parties pour les avantages offerts par le bassin fluvial.

Les ouvrages d'intérêt commun constituent le but final de la mise en valeur du bassin et la matérialisation de la volonté d'intégration des Etats-parties. De la même manière qu'on ne peut pas séparer les eaux d'un bassin fluvial, il n'est pas non plus possible de séparer les dépendances des voies navigables. D'où l'importance d'en déterminer un statut juridique unique.

Certaines organisations de bassins africains ont institué un statut communautaire de tels ouvrages. C'est en raison de leur indivisibilité et de la nécessité d'assurer la continuité du trafic que l'OMVS, par exemple, a établi une « Convention relative au statut juridique des ouvrages communs »[785]. Selon ce texte, un ouvrage commun est « *tout ouvrage faisant l'objet d'un instrument juridique déclarant cet ouvrage propriété commune* »[786]. Dans ce registre, l'article 3 du même texte (Convention de Bamako, 1978) fait du

---

785 Convention signée le 21 décembre 1978 entre le Mali, la Mauritanie et le Sénégal.

786 Article de la Convention relative au statut juridique des ouvrages communs du 21 décembre 1978.

barrage de Manantali, du barrage de Diama, du port fluviomaritime de Saint-Louis, du port fluvial de Kayes, les escales portuaires et les ouvrages d'aménagement du chenal navigable, les ouvrages annexes et accessoires, des propriétés communes et indivisibles entre les Etats contractants. Cette énumération des ouvrages communs n'est pas limitative[787]. Pour garantir la jouissance par tous les Etats-parties des ouvrages communs et indivisibles, la Convention de Bamako octroie des droits et imposent des obligations à ceux-ci[788].

Les ouvrages d'intérêt commun constituent une véritable matérialisation de la contribution de l'OMVS à la construction de l'intégration des Etats de l'Afrique de l'Ouest. C'est ainsi qu'appréciant le statut de ces ouvrages dits d'intérêt commun, un auteur affirme ceci : *« En matière d'intégration sous-régionale, l'OMVS s'est avérée un outil précieux d'intégration par les infrastructures communes et indivisibles... »*[789] Pour assurer la réalisation ou le fonctionnement des ouvrages communs, les Etats de l'OMVS avaient conclu en 1982 une Convention sur le financement des ouvrages d'intérêt commun. Celui-ci renforce le statut de propriété commune des ouvrages communs parce qu'elle engage tous les Etats copropriétaires à prendre part au financement des projets de construction des ouvrages communs ou à leur fonctionnement et au remboursement des dettes contractées à ce sujet[790].

Eu égard à cette expérience de l'OMVS, la CICOS a de quoi s'inspirer pour renforcer son rôle d'instrument d'intégration dans la sous-région. Les

---

787 TIGNINO Mara et SANGBANA Komlan, « Le statut d'ouvrages communs et le partage des bénéfices dans les bassins du fleuve Sénégal et Niger », in Geneva Water Hub, 2016, pp. 1-7, p. 2 (disponible sur http://archive-ouverte.unige.ch/unige:80736, consulté le 3 juillet 2018 à 14 heure).

788 Au titre des droits, l'article 4 (1) de la Convention de 1978 dispose que « Sans préjudice de la souveraineté de l'Etat sur le territoire duquel se trouve tout ou partie d'un ouvrage commun, d'un ouvrage accessoire ou annexe, les Etats copropriétaires ont un droit individuel à une quote-part indivisible et un droit collectif d'usage, de jouissance et d'administration de l'ouvrage commun, de ses annexes et accessoires ». Au titre des obligations, l'article 5 dispose que « L'ouvrage commun est exempt de toute perquisition, réquisition, confiscation, expropriation ou toute autre forme de saisie ou de mainmise forcée de la part des pouvoirs législatif, exécutif ou judiciaire des Etats copropriétaires ». L'article 6 renchérit : « L'Etat copropriétaire sur le territoire duquel se trouve tout ou partie de l'ouvrage commun ne met aucun obstacle à l'exercice par les autres Etats copropriétaires de leur droit d'usage, de jouissance et d'administration. »

789 DIAGNE Babacar, « Le modèle de l'Organisation pour la Mise en Valeur du fleuve Sénégal (OMVS) », pp. 169-182, in NIASSE Madiodio, IZA Alejandro et autres, *La gouvernance de l'eau en Afrique de l'Ouest,* UICN, Droit et politique de l'environnement, N°50, 2004, 247 pages, p. 180

790 TIGNINO Mara et SANGBANA Komlan, « Le statut d'ouvrages communs et le partage des bénéfices dans les bassins du fleuve Sénégal et Niger », op cit, p. 2

ports et barrages existants et ceux qui seraient construits pourraient être érigés en ouvrages d'intérêt commun pour plus d'efficacité de gestion, d'exploitation ou d'entretien. A ce jour, aucun ouvrage d'intérêt commun n'a été érigé à la CICOS, en dehors de l'Ecole Régionale des Formations aux Métiers de Navigation Intérieure (ERFMNI). L'alinéa 1 de l'article 5 de l'Additif du 22 février 2007 parle tout simplement du « développement intégré grâce aux infrastructures réalisés en commun » en tant que fondement de la coopération sous-régionale.

L'absence d'un statut clair et détaillé des ouvrages d'intérêt commun est un vide qui doit être comblé par la CICOS. Sinon, elle signifierait un manque de volonté politique des Etats membres en matière de développement de la politique commune des infrastructures intégratrices. Espérons qu'avec le temps, les Etats adopteront un acte relatif au statut des biens d'intérêt commun.

Dans cette même logique, on constate également que le droit de la CICOS ne fixe pas clairement le statut juridique des dépendances des voies navigables. Il faut entendre par dépendances des voies navigables, les routes, chemins de fer, canaux latéraux ou de jonction, ouvrages à écluse, lacs artificiels qui sont ou seront établis dans le but spécial de suppléer à l'innavigabilité ou les imperfections de la voie fluviale sur certaines sections du Fleuve, ses affluents, sous-affluents, lacs, embranchements et issues. Ces dépendances ne sont évoquées que de manière indirecte au troisième alinéa de l'article 6 portant sur les droits et taxes de navigation. Cette disposition ne dit pas si ces dépendances sont ouvertes au trafic international. D'après l'article 6 de l'Accord : *«Les frais relatifs aux travaux de dragage, de balisage, de construction, d'entretien et le fonctionnement des routes, chemins de fer, canaux latéraux et ouvrages de jonction sont assimilés à de telles dépenses. »* Il est difficile d'affirmer que les dépendances du fleuve Congo et ses affluents sont ouvertes au trafic international. Dans le but d'atteindre l'objectif final du traité, notamment le développement du trafic fluvial, il est important que les ouvrages de jonction soient ouverts au trafic international. Alors que les dépendances des voies navigables internationales sont généralement internationalisées ou ouvertes au trafic international, les Etats-parties à l'Accord sont réticents à l'égard de ce statut juridique. Ceci montre combien de fois la contribution de la CICOS au processus d'intégration demeure encore limitée.

Pourtant, dans un passé récent, l'article 16 du projet de convention avortée relatif au statut du fleuve Congo/Zaïre de 1987 prévoyait clairement que *« les dépendances de la navigation fluviale seront ouvertes au trafic international des marchandises en transit. Il ne pourra être perçu sur ces routes, chemins de fer, canaux, ouvrages à écluse ou lacs artificiels que des péages calculés sur l'amortissement des coûts de construction, les dépenses d'entretien, de fonctionnement et d'administration et sur les bénéfices dus aux entrepreneurs.»*[791] Dans l'Accord de 1999 une telle disposition n'existe pas. Le droit de la CICOS constitue un recul par rapport aux textes antérieurs. L'Acte de Berlin internationalisait non seulement le fleuve Congo et ses affluents, mais aussi ses dépendances comme le Chemin de fer Congo Océan (CFCO) situé au Congo-Brazzaville, qui était construit pour suppléer à l'innavigabilité du fleuve Congo au sud de Brazzaville et Kinshasa.

L'Accord du 06 novembre 1999 est aussi limité, comparativement aux textes d'autres organisations de bassin. Hors de l'Afrique centrale, l'article 9 de la Convention relative au Statut du fleuve Sénégal du 11 mars 1972 institut la liberté de circulation et l'égalité de traitement *« aux routes, chemins de fer et canaux latéraux établis dans le but de suppléer le défaut de navigabilité ou les imperfections de la voie fluviale sur certaines sections du fleuve et de ses affluents.»*[792] Il est remarquable que l'Accord du 6 novembre 1999 contient des restrictions qui contrarient l'intégration des Etats. C'est encore l'une des raisons pour lesquelles nous soutenons que la CICOS constitue une avancée limitée de l'intégration des Etats de l'Afrique centrale.

Outre ces éléments, le choix des modes souples de règlement des différends est un facteur inhibiteur de l'intégration.

B : L'inefficacité des modes de règlement des différends

Le système de règlement des différends de la CICOS se limite à ceux opposant les Etats[793]. Ces différends sont réglés par l'arbitrage du Comité des Ministres ou par une juridiction internationale compétente[794].

L'Accord du 06 novembre 1999 et l'Additif du 22 février 2007 se présentent comme des traités inachevés en ce qui concerne le recours au juge pour les différends entre les Etats. Le premier texte attribue au Comité des Ministres la mission d'arbitrer les différends entre les Etats contractants alors que le second met en avant le règlement à l'amiable et prévoit ensuite *« [qu'] en cas de désaccord persistant, il sera fait appel à la juridiction internationale compétente »*[795]. Cette disposition traduit la crainte de soumettre les différends à une juridiction obligatoire. Comparativement aux textes d'autres organismes de gestion des bassins fluviaux africains, le système de la CICOS est encore beaucoup faible. Le Comité des Ministres est un organe politique composé des représentants des Etats. C'est vrai que

---

[791] L'absence des dispositions analogues dans les textes actuels sur le bassin du fleuve Congo marque un recul de volonté de l'intégration des Etats.

[792] DIAGNE Babacar, op cit, p. 172

[793] NGO MBOGBA MIKANO Paulette, op cit, p. 100

[794] 23 de l'Additif du 22 février 2007

[795] Article 23, alinéa 2 de l'Additif du 22 février 2007

le règlement à l'amiable permet d'éviter d'envenimer le différend, il ne garantit pas un règlement efficace vu la technicité de certaines questions liées à l'eau. La pratique du dernier recours au juge est fréquente en Afrique. La Charte des eaux du fleuve Sénégal[796] prévoit à son article 30 que *« Tout différend qui pourrait surgir entre les Etats contractants relativement à l'interprétation ou à l'application de la présente Charte, ses avenants ou annexes sera résolu par la médiation et la conciliation. A défaut d'accord, les Etats contractants devront saisir l'organe compétent de l'union africaine. En dernier recours la Cour internationale de justice est saisie. »*[797] A travers cette disposition, on observe une volonté expresse des Etats de soumettre leur litige en dernier lieu au juge international, à la CIJ notamment. Néanmoins cette Convention prévoit la possibilité de recourir à la Cour internationale de justice pour la bonne raison que celle-ci a déjà fait ses preuves en la matière. Elle a une longue expérience dans le contrôle des obligations internationales des Etats en matière de gestion des eaux transfrontalières et le règlement des différends nés de l'interprétation et de l'application des traités des cours d'eau. Bon nombre d'affaires ont été déjà résolues par la Cour[798].

Plusieurs raisons expliquent la réticence des Etats de la CICOS vis-à-vis du juge. Les unes sont de nature politique et les autres de nature technique. En ce qui concerne les premières, il faut en effet noter qu'au nom de leur souveraineté durement acquise, ceux-ci voient avec méfiance le rôle du juge et l'effet des décisions obligatoires rendues par le juge. La peur du juge s'explique, selon le Professeur Maurice KAMTO, par une préférence à la « palabre.»[799] Le recours prioritaire à cette méthode *« ...ne s'explique pas seulement par la volonté de renouer avec les méthodes anciennes de règlement des litiges, mais davantage par le fait qu'en remettant en avant la démarche diplomatique, la « palabre » permet d'éviter la solennité, la publicité, les injonctions sentencieuses de la procédure juridictionnelle. La « palabre », [...], permet de régler le conflit tout en laissant intacte l'image de chaque Etat à la faveur du secret.»*[800] Les Etats n'aiment pas avoir tort,

---

796 La Charte des eaux du fleuve Sénégal a été adoptée le 18 mai 2002 par la Conférence des Chefs d'Etat et de gouvernement de l'OMVS.

797 Ces procédures de l'article 30 sont celles identiquement prévues par l'article 140 du Code international de la navigation et des transports sur le fleuve Sénégal.

798 Dans le domaine de la navigation fluviale, la CIJ a déjà rendu les arrêts suivants : Affaire de la Commission de l'Oder, op cit. En matière de gestion d'utilisation des eaux douces à des fins autres que la navigation, il faut citer l'Arrêt du 25 septembre 1997 dans l'affaire relative au projet Gabcikovo-Nagymaros (Hongrie-Slovaquie), (disponible sur www.icj.cij.org).

799 KAMTO Maurice, « La Communauté économique des Etats de l'Afrique centrale :... », op cit, p. 848

800 Idem

surtout publiquement. Voilà pourquoi le recours aux méthodes secrètes est préférable. Eu égard à l'évolution des relations internationales africaines, la « palabre », *« procédé fort ancien, [...] ne convient plus que très imparfaitement aux structures étatiques ou interétatiques modernes. »*[801] C'est ainsi qu'une tendance vers la judiciarisassion des différends est à l'œuvre en Afrique.

Pour ce qui est des raisons techniques, il faut noter que le règlement juridictionnel est un procédé complexe, long et coûteux. De la recherche du compromis entre les Etats à la décision finale du juge en passant par les débats écrits ou oraux, beaucoup de temps passe et le conflit perdure entre les parties. En tenant compte de ces aspects, on peut avancer que les Etats de la CICOS, en mettant en avant le règlement diplomatique, sont soucieux de régler le plus rapidement possible leurs différends.

Il reste à savoir si cette méthode est suffisante pour le besoin de l'intégration. Le règlement diplomatique des conflits est une procédure classique des organisations de coopération. Il n'est pas condamnable de le dire dans la mesure où l'intégration n'est pas une affaire des Etats seuls, au sens des relations intergouvernementales, mais elle intéresse également les citoyens. Ces derniers sont juridiquement concernés sur le fondement du principe de participation qui fait d'eux des acteurs à part entière de gestion des ressources naturelles. La construction de l'intégration des Etats ne cadre pas avec les mécanismes diplomatiques de règlement des différends. En mettant en avant les méthodes diplomatiques, la CICOS se démarque des organisations d'intégration.

Au regard de ce qui précède, le système juridique de la CICOS contient encore beaucoup de faiblesses. L'Accord n'est pas explicite sur la portée des normes et la typologie des actes juridiques de la CICOS. Il n'existe pas à la CICOS un statut juridique des biens d'intérêt commun, des dépendances des voies navigables et les règles sur la sûreté et la sécurité navales. En plus, le mode de règlement des différends est classique à la différence de celle des CER ou de celle de la Commission centrale pour la navigation du Rhin (CCNR). Les insuffisances juridiques ne se limitent pas à ces éléments. Il faut également étudier la question de la portée des normes.

Paragraphe II : Une portée normative discutable

Ce problème concerne l'imprécision des relations entre le droit de la CICOS et le droit national (A) et la nature juridique des actes dérivés de la CICOS (B).

---

[801] Idem

A : L'imprécision des relations entre le droit de la CICOS et le droit national

Il faut tenir compte ici des méthodes d'intégration verticale et des méthodes d'intégration horizontale des normes. Les deux se distinguent par le fait que les premières consistent à introduire le droit supranational dans l'ordre juridique national alors que les secondes consistent à communautariser les différentes législations des Etats-parties ; c'est-à-dire à harmoniser ou unifier la multiplicité des textes disparates édictés par les Etats membres de l'organisation internationale pour les matières qui relèvent de sa compétence. De l'analyse des textes de la CICOS, on constate l'absence des méthodes d'intégration verticale (1) et la confusion des méthodes d'intégration horizontale des normes (2).

1 : L'absence des méthodes d'intégration verticale: applicabilité et primauté

L'Accord du 06 novembre 1999 ne dit mot sur la primauté ou l'applicabilité directe de ces dispositions. Dans le silence des textes, est-il possible de soutenir que le droit de la CICOS est dépourvu de ces caractéristiques ? Le recours aux opinions doctrinales et aux dispositions des constitutions des Etats membres de la CICOS peuvent servir à élucider le problème.

La question de la primauté fait débat depuis longtemps pour déterminer les rapports entre le droit international et le droit national[802].

Une incursion en droit communautaire européen permet de définir la primauté comme le principe selon lequel s'il y a conflit entre le droit communautaire et le droit national, le premier l'emporte sur le second. Ce principe absent des traités de base des CEE a été affirmé par la Cour de justice dans son arrêt Costa/Enel du 15 juillet 1964 (affaire 6/64). Dans cet arrêt, la protectrice du droit communautaire européen avait affirmé ce qui suit:

«…à la différence des traités internationaux ordinaires, le Traité de la C.E.E. a institué un ordre juridique propre intégré au système juridique des Etats membres lors de l'entrée en vigueur du traité et qui s'impose à leurs juridictions ; qu'en effet, en instituant une communauté de durée illimitée, dotée d'attributions propres, de la personnalité, de la capacité juridique, d'une capacité, de représentation internationale et plus précisément de pouvoirs réels issus d'une limitation de compétence ou d'un transfert d'attributions des Etats à la Communauté, ceux-ci ont limité, bien que dans

---

[802] BLUMANN Claude et DUBOIS Louis, *Droit institutionnel de l'Union européenne,* 5e éd. Dalloz, Paris, 2013, 864 pages, p. 735

des domaines restreints, leurs droits souverains et créé ainsi un corps de droit applicable à leurs ressortissants et à eux-mêmes.»[803]

Cet arrêt a été d'un grand apport dans la construction de l'intégration européenne et particulièrement de l'application uniforme du droit communautaire. D'après Jean Paul JACQUE *« la Cour ne pouvait retenir d'autres solutions que la primauté »*[804] *« puisqu'elle conditionne son [droit communautaire] application uniforme.* »[805] La primauté est une technique d'harmonisation et d'uniformisation des normes. Emmanuelle TOURME-JOUNNET a vu *« une convergence des droits internes, via l'application interne des normes internationales, car ils sont progressivement harmonisés et réformés par les mêmes règles d'origines internationale.* »[806] Ce principe constitue une garantie de l'uniformisation des législations des Etats membres de l'organisation internationale.

Il est dans ce cas important de vérifier dans les textes de base pour savoir s'il est possible d'affirmer la primauté du droit de la CICOS vis-à-vis du droit national. Tout d'abord, ce principe découlerait de l'objet de l'Accord du 06 novembre 1999, et implicitement de certaines de ses dispositions. De l'avis du Professeur Maurice KAMTO : « *Le traité collectif conclu par tous les États intéressés apparaît alors comme le cadre privilégié de la formulation de l'unité juridique recherchée, et l'on comprend sous ce rapport qu'il puisse avoir une valeur juridique supérieure à tous autres actes juridiques qui émaneraient des États dans le cadre de l'exploitation effective des ressources communes*[807]*.»* Selon l'objet de l'Accord sur la CICOS, les Etats contractants, en signant le traité, ont entendu instituer un régime uniforme des voies de navigation. L'Accord créant la CICOS est une charte constitutionnelle du régime juridique des voies de navigation du bassin Congo-Oubangui-Sangha et de la GIRE. C'est dire que les législations des Etats membres ne peuvent pas contredire les dispositions de l'Accord au risque de saboter la vision communautaire de la gestion du bassin. De même, les juridictions nationales sont tenues d'appliquer le droit de la CICOS au détriment du droit national en cas de conflit entre les deux ordres juridiques. En droit international des traités, un principe cardinal interdit aux Etats *d'invoquer le droit interne* pour ne pas appliquer le traité. La préférence à

[803] BOULOUIS Jean et CHEVALIER Roger-Michel, *Grands arrêts de la Cour de justice des Communautés européennes,* Tome I, 6e éd. Dalloz, Paris, 1994, 434 pages, p. 139

[804] JACQUE Jean Paul, *Droit institutionnel de l'Union européenne*, 2e éd. Dalloz, Paris, 2003, 727 pages, p. 524

[805] Idem, p. 526

[806] TOURME-JOUNNET Emmanuelle, *Le droit international*, QSJ, Paris, 2016, 128 pages, p. 32

[807] KAMTO Maurice, « Droit des eaux continentales africaines… », op cit, p. 866

l'application de la loi au détriment du traité ne peut être possible que pour des raisons liées à la défense nationale ou à la protection de la santé publique. Par le biais de l'Accord du 06 novembre 1999, les voies navigables du Bassin jouent à leur manière le rôle de « rassembleur des peuples ». Rassemblement surtout des principaux Etats riverains, car après leur accession à la souveraineté internationale, aucun accord multilatéral n'avait été signé entre les Etats intéressés[808]. L'Accord du 06 novembre 1999 jouit d'une supériorité sur les législations nationales, ce qui favorise l'usage libre et équitable des voies de communication.

Dans le prolongement des objectifs fixés dans l'Accord, on peut encore déduire la primauté de celui-ci à partir de l'alinéa b) de l'article 2. Selon ledit alinéa, l'Accord a pour objectif l'aménagement et l'exploitation du fleuve et des cours d'eau du bassin dans *« le respect des principes de liberté de navigation, d'égalité de traitement des usagers, droit de participation équitable et raisonnable aux avantages tirés de l'utilisation durable des eaux.»* La primauté de l'Accord apparaît dès lors qu'il est question d'aménager et d'exploiter des voies navigables du bassin *« dans le respect »* des principes susmentionnés. Ainsi, l'Accord impose son respect sur les législations nationales et, par conséquent, sa prééminence.

La primauté de l'Accord est déduite aussi à partir de ses propres dispositions qui suivent. Par exemple en ce qui concerne son *« champ d'application »*, l'article 3 dispose que *« Le présent Accord s'applique aux voies de navigation du Bassin Congo-Oubangui-Sangha situées sur le territoire des Etats contractants.»* En principe, les voies d'eau situées sur le territoire des Etats contractants font partie de leur territoire et sont soumises à la législation de chacun desdits Etats et à leur compétence exclusive. Elles constituent une portion de «... *l'espace à l'intérieur duquel s'exercent les compétences propres à l'Etat souverain »*. En d'autres termes, ces *« fleuves dont le cours borde ou traverse le territoire de plusieurs Etats sont soumis à leur souveraineté territoriale.»*[809] Mais, dès lors que les dispositions de l'Accord s'appliquent à ces voies de navigation, il est possible de déduire que celui-ci oblige les juridictions nationales à écarter les législations internes au profit des normes internationales.

La primauté du droit de la Commission peut être aussi déduite de l'alinéa 1er de l'article 4. Cet alinéa proclame la liberté de navigation sur les voies navigables du bassin COS, mais à la seule *« ... condition de se conformer aux dispositions contenues dans le présent Accord, notamment les règlements communs édictés en vue d'assurer la sécurité de la navigation*

[808] YAKEMTCHOUK Romain, « Le régime international des voies d'eau africaines », op cit, p. 494
[809] Idem

sur le Bassin Congo-Oubangui-Sangha. » La soumission des bateaux aux dispositions de l'Accord et aux Règlements communs montre la place de premier rang qu'elles occupent par rapport aux textes juridiques des Etats. C'est dire que les règles sur les bateaux opérant dans le bassin fluvial sont désormais celles de la CICOS, telles qu'étudiées dans la première partie, et non de chacun des Etats pris individuellement.

Outre la déduction de la primauté à partir de l'objet de l'Accord et de ses dispositions, on pourrait également soutenir cette idée à partir des dispositions des constitutions des Etats-parties. En République du Congo, la nouvelle Constitution de 2015 dispose à son article 223 que « *Les traités ou les accords, régulièrement ratifiés ou approuvés, ont dès leur publication, une autorité supérieure à celle des lois, sous réserve pour chaque accord ou traité de son application par l'autre Partie.* » Cette disposition est reprise par les constitutions des autres Etats membres de la CICOS : la constitution de la RCA de 2016 (article 94) ; celle de la RDC de 2006 telle que modifiée en 2011 (article 215) ; celle de la République du Cameroun de 1996 (article 45) modifiée en 2010. En Angola, la constitution du 21 janvier 2010 consacre également le principe de primauté (art.13).

En dépit de ces déductions, la primauté du droit de la CICOS devrait être affirmée dans ses textes de base. Le silence du traité pourrait entraîner des interprétations divergentes sources des différends entre les Etats membres. L'absence de ce principe dans le traité de la CICOS ne rend pas service aux exploitants fluviaux ainsi qu'aux particuliers ayant le droit d'utiliser les ressources en eau du bassin. La meilleure solution est d'inscrire ces caractéristiques dans le traité. Car, pour aboutir à un régime fluvial uniforme du bassin, la primauté de l'Accord du 06 novembre 1999 est une condition indispensable. Elle ne doit pas être supposée, mais elle doit être prévue explicitement dans le traité fondateur.

Comparativement à d'autres traités fondateurs des Communautés économiques, en vue d'éviter des controverses suscitées par la question de la primauté du droit international, ceux-ci ont réglé cette question en affirmant la primauté dans leurs propres dispositions. C'est le cas du traité révisé de la CEMAC qui affirme à l'article 44 que les actes adoptés par les organes de la Communauté sont applicables dans l'ordre juridique des Etats nonobstant toute législation nationale contraire, postérieure ou antérieure. Cet exemple pourrait inspirer les Etats-parties à l'Accord du 06 novembre 1999 afin de résoudre définitivement le problème de la portée juridique du droit de la CICOS. Son affirmation explicite dans l'Accord aurait également l'avantage d'inscrire le droit de la CICOS dans le même régime du droit des CER, ce qui ferait un véritable pas de plus dans le processus d'intégration ou de la construction du droit communautaire des eaux transfrontalières.

Au regard de cette analyse, il est nécessaire que la CICOS procède à la révision de l'Accord du 06 novembre 1999 afin d'y inclure une disposition explicite consacrant le principe de primauté du droit du bassin. L'absence d'une disposition à ce sujet participe à l'insuffisance de la portée juridique préjudiciable à la construction d'un régime juridique uniforme des eaux transfrontalières, car si l'on déduit que le droit des organisations internationales déploie de plus en plus ses effets dans l'ordre interne, il est délicat d'appréhender cette portée dans le cas des organismes de bassins[810] en général et celui du fleuve Congo en particulier, au regard du mutisme du droit primaire. La portée du droit de la CICOS reste discutable.

En ce qui concerne l'applicabilité directe, elle est définie comme étant un *« principe selon lequel une règle adoptée par une organisation internationale ou un traité international s'applique directement dans le droit interne des Etats sans qu'il soit besoin, voire possible, que cet Etat transpose préalablement cette règle dans son droit interne par l'adoption d'une loi ou d'un acte règlementaire.»*[811] Cette caractéristique des normes communautaires implique, en droit européen, la possibilité pour les citoyens des Etats membres d'invoquer celui-ci devant les juridictions nationales. Ce principe de l'applicabilité directe a été consacré par la CJCE qui, dans son arrêt du 5 février 1963, Van Gend en Loos, avait jugé que « *La Communauté constitue un nouvel ordre juridique de droit international au profit duquel les Etats ont limité, bien que dans des domaines restreints, leurs droits souverains et dont les sujets sont non seulement les Etats membres mais également leurs ressortissants.*»[812] A la lumière de cet arrêt de la CJCE, le principe de l'applicabilité directe confère des droits aux citoyens des Etats et que ceux-ci peuvent les défendre devant le juge national.

Il n'est pas interdit au droit d'une institution chargée de la gestion des eaux transfrontalières de s'appliquer directement dans l'ordre juridique national. Au contraire, ce sont les conventions de gestion des eaux qui ont été les premières à instituer ce principe. Le Professeur Jacques BALLENEGER nous renseigne que « *La Commission des eaux frontalières instituée par la Convention du 10 avril 1922 entre l'Allemagne et le Danemark peut être saisie directement par une plainte d'un particulier riverain lésé* »[813]. D'après l'article 45 de cette Convention : *« Si des détritus*

[810] SANGBANA Komlan, *La protection des eaux douces transfrontalières contre la pollution : dimensions normatives et institutionnelles,* op cit, pp. 216-217

[811] Lexique des termes juridiques, Dalloz, 2013

[812] CJCE, Arrêt Van Gend en Loos, 5 février 1963, aff. 26/62, in BOULOUIS Jean et Roger-Michel CHEVALLIER, *Grands arrêts de la Cour de justice des communautés européennes*, op cit, p. 2

[813] BALLENEGER Jacques, *La pollution en droit international*, Librairie DROZ, Genève, Paris, 1975, 268 pages, p. 38. La première partie de cet ouvrage est

ou des matières nuisibles de provenance agricole sont déversées dans un cours d'eau énuméré à l'article premier par des moulins, des fabriques, des fermes, des boucheries ou autres établissements analogues, et si ces matières ainsi déversées peuvent augmenter le travail de manière sensible lors du nettoyage du cours d'eau, provoquer des débordements préjudiciables, nuire à la pêche ou causer d'autres dommages aux fonds riverains, les personnes lésées sont autorisées à porter plainte devant la Commission des eaux frontières. »[814] Bien avant, la Commission mixte internationale établie entre les USA et le Canada par le Traité de 1909 relatif aux eaux limitrophes, a été dotée du pouvoir d'adopter des décisions à portée obligatoire[815]. C'est autant dire que l'applicabilité directe n'est pas une caractéristique réservée uniquement aux organisations d'intégration économique semblables aux Communautés européennes/UE. Avec la volonté des Etats-parties, le droit de l'organisme de bassin peut revêtir ce caractère explicitement c'est-à-dire être transformé en droit communautaire.

En droit de la CICOS, il serait plus avantageux d'inclure explicitement ce principe dans le traité fondateur afin d'aboutir à un véritable droit communautaire. La gestion des eaux douces transfrontalières n'est pas une affaire des Etats uniquement, mais aussi celle des citoyens. C'est dans cette logique que le droit international de l'environnement a institué aujourd'hui le principe de participation des citoyens à la prise de décision en matière d'environnement, le droit à un environnement sain, ainsi que le droit à l'information. Le principe d'applicabilité directe aurait servi à consolider ces différents principes au niveau de l'espace CICOS. Or, à l'examen des textes de la CICOS, ce caractère reste aussi très incertain dans la mesure où ni l'Accord du 06 novembre 1999 ni son Additif de 2007 ne le prévoient explicitement.

Dans le silence de l'Accord du 06 novembre 1999, si l'on suit la doctrine dualiste, il n'est pas possible de reconnaître un effet direct du droit de la CICOS. Pour cette doctrine, en effet, le droit international est différent du droit interne, il ne peut produire d'effets juridiques dans les ordres juridiques nationaux que lorsqu'il a été introduit sur la base d'un support législatif.

A l'opposé du dualisme, le monisme affirme une unité des deux ordres juridiques et reconnaît l'applicabilité directe des actes juridiques internationaux dans l'ordre interne.

---

consacrée à l'étude du droit fluvial. Il est intéressant pour l'histoire de ce droit du point de vue conventionnel, jurisprudentiel et doctrinal. Il contient de précieuses informations sur les anciennes conventions multilatérales et bilatérales sur le régime des eaux douces internationales.

814 Idem

815 BOISSON DE CHAZOURNES Laurence, « Le droit international de l'eau : tendances récentes », op cit, p. 142.

Outre ces problèmes liés à l'intégration verticale du droit, il faut ajouter celui de la méthode d'intégration horizontale.

2 : Confusion sur les méthodes d'intégration horizontale des normes

La méthode d'intégration juridique est le moyen qui permet d'incorporer dans un ensemble unique une diversité de normes substantielles en vue d'alléger ou de supprimer les différences qui existent entre elles[816]. La doctrine distingue trois moyens ou méthodes d'intégration juridique horizontale : l'harmonisation, l'unification et l'uniformisation[817]. Ces trois méthodes permettent de répondre à l'objectif majeur de l'intégration qui consiste à faciliter le développement économique des différents pays faisant partie du même cadre juridique supranational en éliminant les antinomies entre les législations.

Dans le cas de la CICOS, l'institution de la liberté de navigation qui a pour corollaire la liberté de commerce, impose un droit uniforme entre les différents Etats-parties. Mais, le droit primaire de la CICOS est peu clair à ce sujet ou bien il se perd dans ses dispositions. Le droit de la CICOS ne respecte pas le moyen d'intégration juridique choisi qui est « l'uniformisation ». Les trois moyens cités ci-dessus sont employés indifféremment comme s'il signifiait la même chose. Alors que la distinction de ces méthodes et l'usage des instruments juridiques adaptés sont nécessaires pour réussir de l'œuvre de l'intégration juridique entamée.

A l'analyse du traité créateur de la Commission internationale du Bassin Congo-Oubangui-Sangha, certaines ambiguïtés apparaissent du point de vue de la méthode d'intégration horizontale du droit. Tout d'abord, ce traité est intitulé « Accord instituant un régime fluvial uniforme et créant la Commission internationale du Bassin Congo-Oubangui-Sangha (CICOS).» Rien que par cet intitulé, il paraît clairement que la méthode d'intégration juridique choisie est *« l'uniformisation.»* Cette dernière est la technique d'intégration juridique la plus élevée.

Dans son étymologie, *l'uniformisation* est composée du mot latin « *unus* » qui signifie « un » et du mot « *forma* » qui signifie forme. L'uniformisation est donc un procédé qui consiste à donner la même forme à un ensemble d'éléments dont toutes les parties se ressemblent entre elles[818]. Elle prône une identité de forme et de contenu législatif ou réglementaire. Elle ne laisse pas de pouvoir substantiel aux différents acteurs législatifs

---

816 KAMDEM I.F. (Professeur de droit de l'Université d'Ottawa), « Harmonisation, unification, uniformisation. Plaidoyer pour un discours affiné sur les moyens d'intégration juridique », in Revue de droit uniforme, 2008, n°708, pp. 605-649.
817 Idem, p. 613.
818 KAMDEM I.F. op cit, p. 620.

nationaux dans les domaines qu'elle entend encadrer au profit d'un acteur supranational unique. Ce procédé intervient lorsqu'il est admis que les entités étatiques ont des intérêts centripètes[819] ou encore des « droits communs ». Les Etats de la CICOS partagent les intérêts communs selon que les eaux du bassin du fleuve Congo traversent ou séparent leur territoire[820] et demeurent indivisibles. Le recours à l'uniformisation s'impose dans la mesure où d'autres procédés auraient pour effet de favoriser des législations disparates, ce qui rend difficile la gestion internationale du bassin.

Si telle est l'uniformisation, le contenu de l'Accord du 06 novembre 1999 est peu satisfaisant à ce sujet. Premièrement, au regard des matières devant faire l'objet d'uniformisation, on a l'impression que les dispositions de l'Accord ne sont pas conformes à son objectif. Certaines matières font l'objet d'uniformisation alors que d'autres doivent faire l'objet d'harmonisation. Il en est ainsi, par exemple, de l'alinéa a) de l'article 2 de l'Accord qui stipule que celui-ci a pour objet *« d'instituer un régime fluvial uniforme de navigation sur la base des principes de liberté de navigation et d'égalité de traitement »*, tandis que le dernier tiret de l'alinéa a) de l'article 17 du même Accord parle de *« l'harmonisation des normes et spécifications techniques en matière de construction et réparation navales. »* Si le traité a pour objet de créer un régime uniforme de navigation intérieure, cela implique que les normes et spécifications techniques en matière de construction et de réparation navales doivent être aussi uniformes. Ce qui signifie qu'un même texte relatif à cette question doit être applicable dans tous les Etats membres de la CICOS.

L'harmonisation et l'uniformisation n'ont pas le même sens et les mêmes supports en matière d'intégration juridique. A la différence de l'uniformisation, l'harmonisation est un moyen de moindre intensité. *« Elle désigne un simple rapprochement entre deux ou plusieurs systèmes juridiques afin d'en réduire ou d'en supprimer certaines contradictions. Elle sert à établir les grandes lignes d'un cadre juridique en laissant aux différentes parties prenantes à l'intégration le soin de compléter l'ossature commune par les dispositions qui correspondent à leur valeur, à leurs préférences ou à leur niveau de développement. »*[821] L'harmonisation laisse certaines spécificités législatives. Dans la méthode d'harmonisation, seules les contradictions entre les législations sont éliminées, alors que chaque Etat conserve son pouvoir de légiférer sur le domaine en question et le libre choix du support juridique. L'évocation de l'harmonisation semble contradictoire à l'objectif d'uniformisation du régime du bassin. Elle réduit l'efficacité de la

---

[819] Idem, p. 620.

[820] Le préambule de l'Additif du 22 février 2007 affirme l'idée de la « communauté des intérêts entre les Etats riverains du fleuve Congo et ses affluents ».

[821] KAMDEM I.F. op cit. p. 617.

contribution de la CICOS au processus d'intégration du régime juridique des voies navigables du bassin COS. Il faut marteler notre propos en disant que l'uniformisation impose l'adoption de règles contraignantes comme les règlements et les codes. Elle participe, à cet égard, à « *une approche moniste qui, traditionnellement, suppose qu'un texte international dûment ratifié par un État devienne une source directe de droit sans qu'il soit nécessaire d'en reprendre les dispositions dans une loi interne. Par contre, l'harmonisation laisse libre cours à la doctrine dualiste en vertu de laquelle une règle internationale ne peut avoir d'effet que si elle a été au préalable incorporée dans une législation nationale* »[822]. Dans les communautés économiques comme l'UE, la CEMAC ou l'UEMOA, l'harmonisation des normes est faite sur la base des directives ou des recommandations. Il est important de respecter la spécificité de chaque méthode pour éviter les interprétations contradictoires des dispositions de l'Accord.

De même, dans le système de règlement des différends, l'uniformisation implique une convergence des mécanismes d'interprétation[823]. Il est utile que la rigueur terminologique soit observée[824] sinon l'emploi indifféremment des notions d'harmonisation et d'uniformisation occasionnerait des interprétations divergentes des dispositions de l'Accord par les juridictions des Etats-parties et donnerait lieu à une application désordonnée du droit, chose contraire aux objectifs du traité. Pour emprunter les mots d'un auteur, « *[L]'amalgame [terminologique] constitue un obstacle supplémentaire à une évaluation efficiente du cheminement d'une intégration juridique.* »[825] Parce qu'un « *Etat jaloux de sa souveraineté optera pour l'harmonisation plutôt que pour l'uniformisation soit par désir de conserver sa propre législation, soit, par volonté d'avancer à petits pas dans le processus d'intégration juridique.* »[826] L'obstination de la RDC à conserver son Code de navigation fluviale et lacustre en est une illustration pertinente[827] de la préférence à l'harmonisation plutôt qu'à l'uniformisation des normes.

En plus de ces amalgames terminologiques et méthodologiques, le régime uniforme de la navigation qui est l'objectif de l'Accord du 06 novembre 1999, risque de subir une fragmentation normative en raison de certains pouvoirs conservés par les Etats. Par exemple : l'alinéa 2 de l'article 4

---

[822] Idem, p. 622

[823] Idem, p. 644

[824] Le Professeur KAMDEM I. F. op cit. dit à ce sujet qu'une appréciation adéquate d'une œuvre d'intégration juridique, de ses difficultés, de ses défaillances ou de sa réussite doit nécessairement être précédée d'une qualification rigoureuse comme relevant soit d'une harmonisation, soit d'une unification ou encore d'une uniformisation », p. 616

[825] Idem, p. 615

[826] KAMDEM I.F., op cit. p. 623

[827] NGO MBOGBA MIKANO Paulette, op cit,

stipule que *« Nonobstant les dispositions du paragraphe précédent, les conditions de transport entre deux points situés sur le territoire d'un même Etat contractant par les bâtiments d'un autre Etat contractant sont déterminées par les accords à conclure entre les Etats concernés.»* Cette disposition attribue aux Etats la faculté de déroger au principe de la liberté de navigation tel que posé par l'alinéa premier du même article. Elle restreint la liberté de navigation dans le bassin. Il faudrait craindre que les Etats concluent des accords contraires à l'esprit de l'Accord de 1999. D'ailleurs, dans la mesure où les Etats peuvent conclure de tels accords, on peut aussi supposer que l'Etat sur le territoire duquel s'effectuent les transports sur deux points situés sur son territoire se considère libre d'accepter ou de refuser lesdits transports[828]. A vrai dire, l'Accord du 06 novembre 1999 porte les germes de la destruction de la liberté de navigation, fondement de l'existence du régime international des voies navigables du bassin.

Lorsqu'on étend notre analyse à l'Additif du 22 février 2007, la conclusion est que l'efficacité de la méthode de l'intégration juridique a considérablement été diluée. Une observation générale permet de dire que l'uniformisation ne s'est limitée qu'à la navigation. En matière de gestion intégrée des ressources en eau, objet de l'Additif, la technique d'intégration se limite à l'harmonisation des politiques nationales de gestion de l'eau. Chaque Etat conserve sa propre législation dans les différents domaines de la GIRE[829]. Cela ressort d'ailleurs des stipulations de l'article 20 : *« Les dispositions du présent Additif s'appliquent à titre supplétif à l'Accord et à tout ce que les législations nationales ne prévoient pas.»* De manière encore plus explicite, le dernier tiret de l'article 14 de l'Additif prévoit que les Etats *« travaillent à l'harmonisation des législations nationales relatives à l'eau et à l'environnement dans le territoire de compétence de la Commission.»* Avec l'Additif, il ne s'agit plus du régime juridique uniforme, mais plutôt de régime juridique harmonisé.

Il faut aussi observer que l'affaiblissement de la méthode d'intégration juridique apparaît au niveau des institutions chargées de l'harmonisation des législations nationales relatives à l'eau et à l'environnement. La lecture attentive du dernier alinéa de l'article 14 ci-dessus attribue cette compétence aux Etats plutôt qu'au Secrétariat général de la CICOS, tandis que l'alinéa b)

---

[828]NGOMA KHUABICamille, *« L*e régime juridique de navigation dans le bassin du fleuve Congo: entre centralisation, application et rejet d'un cadre conventionnel régional mal négocié en République démocratique du Congo. », pp. 350-382, in publication de la Librairie Africaine d'Etudes Juridiques, 2014, p. 371 (article disponible en ligne sur http://dx.doi.org/10.5771/2363-6262_2014_2_350, am 29.01.2015, 14:16:08, consulté le 20 septembre 2016).

[829] Nous verrons plus tard la diversité des textes en matière de gestion de l'eau et des ressources qui en dépendent.

de l'article 27 de l'Accord attribue au Secrétaire général la compétence d'élaborer les règlements communs destinés à assurer la sécurité de la navigation et la protection de l'environnement. Si l'on peut comprendre à la lumière de l'article 20 de l'Additif que le Secrétaire général ne dispose plus de la compétence d'élaborer les règlements communs en matière de protection de l'environnement, il est regrettable que la CICOS ait subi ce recul à travers les nouvelles dispositions de l'Additif. D'autres limites portent plutôt sur la nature juridique des actes de la CICOS.

B : La nature juridique des actes juridiques de la CICOS

Le droit dérivé doit être le support adéquat de la méthode d'intégration juridique. Dans le cas précis de la CICOS, certains actes ont une nature juridique ambiguë, tel que le Code de navigation intérieure CEMAC-RDC (1). Le droit dérivé de la CICOS est par ailleurs mal défini dans le traité fondateur (2).

1 : Ambiguïté de la nature juridique du Code de navigation intérieure CEMAC-RDC

Déterminer la nature juridique du Code de navigation intérieure CEMAC-RDC est une question sérieuse d'autant plus que certains auteurs ont éprouvé des difficultés pour cerner ce texte. Il s'agit ici de savoir si ledit Code est un acte juridique conventionnel ou un acte juridique dérivé.

Par acte conventionnel un traité international conclu par écrit entre deux ou plusieurs sujets de droit international qu'il soit consigné dans un instrument unique ou dans deux ou plusieurs instruments connexes, et quelle que soit sa dénomination particulière[830]. Alors qu'un acte juridique dérivé est un texte unilatéral émanant d'un organe d'une organisation internationale et qui est régi par le droit de cette organisation.

Sur le fondement de la Convention de Vienne relative au droit des traités conclus entre Etats et OI ou entre les OI elles-mêmes, le Code de navigation intérieure CEMAC-RDC est un traité international conclu entre un Etat (la RDC) et une OI (la CEMAC).

Les réponses données au sujet de la nature juridique du Code CEMAC-RDC par madame Paulette NGO MBOGBA-MIKANO illustre les difficultés à définir avec exactitude la nature juridique du Code CEMAC-RDC, comme

[830] Article 2 (a) de la Convention de Vienne de 1969.

le reconnaît elle-même[831]. L'auteur propose trois définitions du Code de navigation intérieure CEMAC-RDC.

La première définition proposée consiste à dire que le Code CEMAC-RDC est un « règlement *sui generis* »[832]. L'auteur justifie cette définition sur la base des caractéristiques mixtes du texte c'est-à-dire celles d'un règlement communautaire et d'un traité négocié entre les acteurs internationaux, en l'occurrence la CEMAC et la RDC. Il est par contre difficile d'admettre cette définition dans la mesure où le règlement est un acte dérivé c'est-à-dire celui qui émane unilatéralement d'un organe d'une OI. Or, le Code CEMAC-RDC est négocié et signé entre les acteurs internationaux différents et entre en vigueur après ratification par les Etats signataires[833]. Il est ainsi un traité international.

La deuxième définition fait du Code CEMAC-RDC un acte communautaire dérivé[834]. Cette approche serait justifiée en restant uniquement dans le camp de la CEMAC. Ainsi, le Code est un acte de droit dérivé de la CEMAC au motif qu'il a été négocié et signé par le Conseil des ministres de la CEMAC. De ce fait, comme le dit l'auteur précité, le Code est de portée générale, obligatoire dans tous ses éléments. On peut alors dire que dans l'espace CEMAC, le Code CEMAC-RDC possède la même nature juridique que le règlement. Toutefois, cette approche risque d'engendrer l'application et la portée déséquilibrée entre les parties signataires. En effet, si dans l'espace CEMAC ce Code possède la nature d'un règlement, il est clair que tel n'est pas le cas du côté de la RDC. La RDC n'est pas membre de la CEMAC, il faut le rappeler, le Code possède la nature juridique d'un accord international. Madame Paulette NGO MBOGBA le reconnaît, en dernier lieu de ses analyses, et dans le besoin de concevoir un critère précis pouvant intéresser toutes les parties, elle définit le Code CEMAC-RDC comme « un accord international.[835]» Cette définition contient les critères que remplit le Code CEMAC-RDC, critères qui permettent de le qualifier d'accord international. Le Code est un accord écrit, conclu entre un Etat et une organisation internationale, régi par le droit international, consigné dans un instrument unique.

---

831 NGO MBOGBA-MIKANO Paulette, *Droit de la navigation intérieure en Afrique centrale : vers la communautarisation,* L'Harmattan, Paris, 2016, 272 pages, p. 112.

832Idem

833 La règle de la ratification annule le principe de l'applicabilité directe des textes internationaux dans l'ordre juridique nationale. Elle traduit la doctrine dualiste qui sépare l'ordre juridique national et l'ordre juridique international.

834 NGO MBOGBA-MIKANO Paulette, *Le droit de la navigation intérieure en Afrique centrale...,* op cit, p. 114

835 Idem, 115

Au regard des limites des deux premières définitions, il est important de retenir la troisième et dernière définition du Code CEMAC-RDC comme « un accord international.» Si tel est le cas, il se pose la question de ses implications juridiques. Suivant la doctrine moniste qui admet la primauté et l'applicabilité directe des traités internationaux dans les ordres juridiques nationaux, le Code CEMAC serait revêtu de ces effets juridiques. Ainsi, ce texte conventionnel *« entre dans la catégorie des accords internationaux qui peuvent directement octroyer des droits ou imposer des obligations aux individus et non seulement aux Etats.»*[836] Les particuliers peuvent invoquer ou se prévaloir des dispositions du Code CEMAC-RDC devant les juridictions nationales. Ledit Code ne vise pas seulement les Etats, mais aussi les individus. Au regard du caractère détaillé du Code et de l'énumération des droits et obligations des individus, il traduit, sans doute, l'intention des auteurs de ce texte d'inclure les individus dans sa portée juridique. Une telle approche permet d'effacer les interprétations divergentes et de sauvegarder la sécurité juridique des usagers des voies navigables.

Enfin, le Code de navigation intérieure CEMAC-RDC est une expression de la complémentarité entre le droit communautaire de la CEMAC et le droit de l'organisme de gestion de l'eau qui est la CICOS. Cette interaction peut servir à combler les insuffisances du droit dérivé de la CICOS.

2 : Un droit dérivé mal défini

Le droit dérivé est un droit qui prend sa source dans un droit primaire ou originaire d'une organisation internationale. C'est l'ensemble des actes juridiques pris unilatéralement par les organes de l'organisation internationale soit individuellement soit en commun. Pour des raisons de cohérence méthodologique, les actes dérivés doivent être précisés dans les textes de base, ici l'accord du 06 novembre 1999 et son additif. Les actes dérivés de la CICOS sont éparpillés dans les textes de base suscités. Leurs spécificités ou leurs rôles sont difficiles à saisir.

En plus, le droit primaire ne définit clairement pas les actes que les organes de la CICOS sont habilités à édicter. L'analyse du droit dérivé de la CICOS donne l'impression qu'il n'est constitué que des « décisions du Comité des ministres », alors que dans l'Accord, il y a « le règlement intérieur de la Commission » (l'article 19 f), « les décisions » (articles 21 et 22) et les avis. Ces actes sont de la compétence du Comité des Ministres. A l'article 25 on trouve les « Avis » qui sont de la compétence du Comité de Direction. Les « règlements communs » (destinés à assurer la sécurité de la navigation et d'assurer la sécurité de l'environnement) élaborés par le Secrétaire général et adoptés par le Comité des ministres. La nomenclature des actes juridiques dérivés de la CICOS n'est pas assez explicite et

---

[836] NGO MBOGBA MIKANO Paulette, op cit, p. 115

cohérente. Normalement, les actes juridiques dérivés de la CICOS devraient être classés de la manière suivante : les avis, les recommandations, les décisions, les règlements communs et les règlements intérieurs[837]. Les rédacteurs de l'Accord du 6 novembre 1999 auraient pu prendre le soin de citer chaque acte juridique dérivé, préciser son auteur parmi les organes de la CICOS et surtout définir sa portée et sa nature juridique.

A titre comparatif, une incursion en droit de la CEMAC, qui s'inspire largement des CE/UE, permet de constater que les différents types d'actes juridiques communautaires ainsi que leur régime apparaissent explicitement et sont définis dans une section spéciale à partir de l'article 40 à l'article 45 du traité révisé de la CEMAC du 25 juin 2008. Parmi ces actes dérivés, il y a : les règlements, les directives, les décisions, les recommandations et les avis. Le Traité de la CEMAC définit chaque acte. Le règlement est défini comme étant un acte juridique de portée générale, il est obligatoire dans tous ses éléments et directement applicable dans tous les Etats membres de la CEMAC. Les directives lient tout Etat membre quant au résultat à atteindre tout en laissant aux instances nationales leur compétence en ce qui concerne la forme et les moyens. Les décisions sont obligatoires dans tous leurs éléments à l'égard des destinataires qu'elles désignent. Les recommandations et les avis ne lient pas[838].

L'importance de la définition des actes dérivés a été soulignée par le Professeur Alioune SALL qui pense qu'il est vrai que « *dans le droit des organisations internationales en particulier, chaque regroupement d'Etats a le pouvoir de nommer et de caractériser les actes pris en son sein comme il l'entend* », mais « *il est toujours souhaitable qu'à l'intérieur d'un ordre juridique donné, les définitions et caractérisations choisies soient claires.*[839] » Lorsque les actes juridiques dérivés d'une organisation internationale se présentent à la manière de l'article 44 du traité de la CEMAC, les missions assignées à celles-ci sont garanties dans la mesure où les Etats jaloux de leur souveraineté ne seront plus en mesure de faire du droit de leur organisation ce qu'ils désirent. En plus, ces définitions ont pour but de faire la répartition des compétences entre les différents organes intervenant dans le processus décisionnel. Elles permettent également de savoir que tel acte correspond à telle méthode d'intégration. A la CICOS, par contre, la portée des actes juridiques dérivés n'est définie nulle part.

Ces différentes remarques permettent donc de saisir les limites du droit de la CICOS. Une fois ces limites saisies, il peut être possible de procéder au

[837] Les règlements intérieurs doivent être considérés comme des actes hors nomenclature, car ils ne sont que des actes intérieurs.
[838] Article 41 du Traité révisé de la CEMAC du 25 juin 2008
[839] SALL Alioune, *Les relations extérieures de la CEDEAO*, L'Harmattan, Paris, 2017, 248 pages, pp. 97-98

renforcement du système juridique. La CICOS ne manque pas des sources d'inspirations. Aujourd'hui, les CER peuvent donc servir de modèle bien que nous sommes dans le domaine de l'eau. Il est donc possible et nécessaire de réviser le droit de la CICOS pour y intégrer les méthodes connues des CER dont la pertinence et la cohérence sont incontestables.

Les insuffisances du droit de la CICOS ne se limitent pas aux méthodes d'intégration et à la typologie d'actes dérivés, elles concernent aussi certaines matières non réglementées, notamment les usages de l'eau à des fins de navigation et autres.

Dans son organisation et son fonctionnement, bien d'autres failles susceptibles d'alourdir la CICOS existent également.

Section II : Des limites opérationnelles de la CICOS

En Afrique, les organisations internationales souffrent des faiblesses opérationnelles. Il peut de l'insuffisance des moyens financiers tout comme de l'insuffisance de la volonté politique. Celles de la CICOS se caractérisent par le manque d'autonomie (paragraphe I) et des disputes entre les Etats au sujet de la répartition des avantages qu'offre l'organisation (paragraphe II).

Paragraphe I : Une autonomie institutionnelle insuffisante

L'influence accrue des Etats membres entraîne l'affaiblissement de l'organisation. Il faut retenir dans le cas de la CICOS deux éléments qui produisent des effets inhibiteurs sur son autonomie : la prépondérance des Etats membres (A) et la faiblesse des ressources (B).

A : La prépondérance des Etats membres

Les Etats souverains, entant que créateurs des organisations internationales, occupent toujours la place de premier plan au sein de celles-ci. Ce fait est une conception classique des relations internationales basée sur une transposition de ce qu'on a appelé *« le présidentialisme international »*. Gounelle MAX a su bien l'affirmer, dans son ouvrage intitulé *Le système politique des relations internationales,* en ces termes : « *Le système politique des relations internationales est un système d'essence aristocratique et oligarchique, hérité du temps de l'Europe monarchique. Les titulaires des pouvoirs exécutifs des Etats détiennent encore aujourd'hui seuls [...] les leviers de commande officiels et la maîtrise des décisions politiques.*»[840] Dans cette même perspective, Nicolas Haupais analysant la place des Etats

---

[840] GOUNELLE Max, *Le système politique des relations internationales*, Dalloz, Paris, 2006, 136 pages, p. 9

dans les organisations spécialisées dans la gestion des cours d'eau internationaux pense que *« ...les Etats ne perdent pas individuellement le contrôle de leur espace et de la manière dont il est utilisé ou exploité : internationalisation, intégration il y a, mais sous le contrôle vigilent des autorités étatiques.»*[841] Cette dialectique est marquante dans les organisations internationales africaines en général et celles de l'Afrique centrale en particulier. La prépondérance des Etats se dresse comme un obstacle à l'efficacité des OSR. C'est ainsi qu'Alexandre CHOUALA affirme quant à lui que *« La nature politique du multilatéralisme en Afrique centrale constitue un premier facteur de pesanteur et donc d'inefficacité. [Il] est davantage politique et souverainiste que technique et fonctionnel. Il est notamment marqué par une centralité ou une prépondérance des acteurs politiques qui en élaborent l'agenda, fixent les compétences et déterminent les normes et les moyens d'action.»*[842] Finalement, comme le constate aussi le Professeur Maurice KAMTO : *« [quelle] qu'en soit la forme, toute structure d'intégration garde une dimension interétatique. Aussi consacre-t-elle toujours une représentation institutionnelle des intérêts étatiques. Les organes politiques en sont l'expression.»*[843]

Dans le cas précis de la CICOS, on a vu que le Comité des Ministres est l'organe suprême de la Commission. Il détient l'essentiel des pouvoirs à tel enseigne que, sans lui, aucune action ne peut être entreprise. Il est l'organe de décision. La prépondérance incarnée par le Comité des Ministres dans la CICOS, présente des inconvénients dans la vie de l'organisation et dans son apport dans le processus d'intégration. En effet, le risque d'une politisation de la Commission par une suprématie de l'organe politique (Comité des Ministres) vis-à-vis de l'organe intégré (Secrétaire général) est grand. Il se manifeste par la subordination du Secrétariat général au Comité des Ministres. L'article 2 de la Décision n°05/CICOS-CM-01 permet de soutenir notre propos. Il stipule que *« Le Secrétaire général exerce ses attributions sous la haute autorité du Comité des Ministres.»* Comme on peut le constater, « *cette présence du phénomène politique s'explique par le fait*

---

[841] HAUPAIS Nicolas, « Les acteurs du droit international de l'eau », pp. 41-69, in Hubert THIERRY (Prés.) et autres, *L'eau en droit international,* Colloque d'Orléans, éd. A. Pedone, Paris, 2011, 405 pages, p. 50

[842] CHOUALA Yves Alexandre, « Les multilatéralismes en Afrique centrale : l'intégration régionale à l'épreuve de la pluralité des Communautés Economiques Régionales », pp. 153-174, FAU-NOUGARET Matthieu (Dir.), *La concurrence des organisations régionales en Afrique,* L'Harmattan, Paris, 2012, 450 pages, p. 169.

[843] KAMTO Maurice, « La Communauté économique des Etats de l'Afrique centrale, une Communauté de plus? », in: Annuaire français de droit international, volume 33, 1987. pp. 839 862. doi : 10.3406/afdi.1987.2814 http://www.persee.fr /web/revues/home/prescript/article/afdi_0066 3085_1987_num_33_1_2814, p. 844

même de la jeunesse des Etats... »[844] Autrement dit, la jeunesse de la souveraineté durement et nouvellement acquise influence encore davantage les politiques d'intégration. Les Etats ne sont pas encore prêts à céder leurs parcelles de souverainetés aux institutions supranationales. Le Professeur Romain YAKEMTCHOUK pense que « *Toute naissance d'un Etat, toute mutation territoriale relève de l'histoire et demeure indissolublement liée aux facteurs politiques : plus elle est récente, plus le politique conditionne et entache le juridique. Le processus de formation du droit en porte la marque* »[845]. Ainsi, la prédominance du politique dans la CICOS est un moyen pour les Etats de contrôler l'organisation internationale. Elle entraîne par contre l'inefficacité des organes intégrés à cause de la lenteur des procédures au Comité des Ministres qui se réunit rarement dans l'année.

La subordination du Secrétaire général met en danger son pouvoir de proposition ou d'initiative ; dans la mesure où, par consensus, le Comité des Ministres peut modifier les propositions du Secrétaire général afin d'aboutir à une solution qui satisfait tous les Etats. La suprématie du Comité des Ministres ne permet pas de garantir l'efficacité des décisions[846] initiées par le Secrétaire général. La CICOS ferait mieux d'épouser les méthodes des CEE pour plus de contribution à l'œuvre d'intégration des Etats de l'Afrique centrale. Autrement dit, elle devrait être transformée en une véritable organisation d'intégration.

Les Communautés européennes pour échapper aux influences politiques avaient institué le principe de la majorité comme mode de prise de décisions par le Conseil des Ministres. Les propositions de la Commission ne pouvant être modifiées qu'à l'unanimité des membres du Conseil des ministres[847]. Or, ce qui est vrai, l'unanimité des Etats est difficile à trouver quand certains d'entre eux seulement trouvent satisfaction dans la proposition de l'organe intégré. Cette expérience doit inspirer les Etats membres de la CICOS afin que la politique commune de gestion des ressources en eau ne soit pas entravée par les intérêts égoïstes de certains.

En outre, le Secrétariat général est dans une situation de subordination, parce que ses décisions ne peuvent pas s'appliquer sans avoir été examinées par le Comité de direction et sans avoir été adoptées par le Comité des Ministres. L'inconvénient dans ce système est que ni le Comité de direction ni le Comité des Ministres ne sont pas au service de la CICOS au même titre

---

844 YAKEMTCHOUK Romain, *L'Afrique en droit international*, op cit, p. 12

845 Idem

846 Nous employons le terme décisions ici au sens général du mot comme les actes juridiques que le secrétariat général est habilité à élaborer.

847 Article 250 du Traité CE. Pour plus de commentaires à ce sujet, voir RAEPENBUSH Sean Van, *Droit institutionnel de l'Union européenne*, 4e édition Larcier, Bruxelles, 2005, 757 pages, p. 260.

que le secrétariat général. Les deux Comités ne sont pas permanents, ils fonctionnent de manière intermittente. Tout le travail est préparé par le secrétariat général. Il est possible en ce moment de se demander si les deux organes sont mieux placés pour contrôler les propositions du secrétariat général. A vrai dire, il n'y a qu'un organe permanent qui peut être à même de veiller au fonctionnement d'un autre organe permanent. Les membres des organes non permanents, en l'occurrence le Comité des ministres et le Comité de direction, sont constitués des personnalités qui occupent des hautes fonctions nationales. Ces dernières font que les ministres ne soient pas physiquement et mentalement disposés à servir la CICOS comme il faut. A l'UE, les initiatives de la Commission sont contrôlées par d'autres organes permanents que sont : le Parlement, la Cour de justice auxquels on peut ajouter dans une moindre mesure le Comité des représentants permanents (COREPER). Ce dernier est un organe de l'UE qui prépare les travaux du Conseil des Ministres de l'UE.

Le Secrétaire général représente et défend l'intérêt général de l'organisation. Il est le mieux placé pour veiller au bon fonctionnement de la CICOS. Il est risqué de confier une telle mission aux responsables d'un organe non permanent. Entre celui-ci et le Secrétaire général, c'est ce dernier qui est plus disponible et sensé mieux servir la CICOS. Les Communautés européennes ayant compris cela, avaient institué un Parlement des communautés européennes pour un meilleur contrôle des activités de la Commission[848]. A cet égard, la CICOS a besoin du renforcement de ses propres institutions permanentes dévouées à ses missions de manière pleine et entière.

En plus, à la CICOS, la participation citoyenne reste un problème crucial qui mérite urgemment des réponses conséquentes. L'écart entre la CICOS et les citoyens pour être brisé nécessite des réformes profondes. Il faudrait instituer un statut d'observateur de la société civile et des ONG d'environnement au sein du Comité de direction. Au cours de l'élaboration des projets, il est possible que les Etats membres, sur proposition du secrétaire général, organisent des consultations populaires, sous formes de référendum pour des questions très sensibles. Ce mécanisme pourrait être utilisé lorsque les décisions à prendre peuvent impacter la situation des citoyens. La construction d'un ouvrage commun qui risque de modifier la quantité ou la qualité de l'eau devrait faire l'objet d'une consultation populaire.

Outre cette possibilité, la CICOS pourrait aussi faire participer les citoyens à la prise de décision par le biais des représentants des parlements nationaux à ses activités. Par ce canal, les mesures envisagées au plan

---

848 Il fut institué par l'ancien article 137 du Traité de Rome du 25 mars 1957.

régional feraient par la suite l'objet d'examen au niveau des parlements nationaux. Dans la mesure où la CICOS a besoin d'être connue, la conception, la mise en œuvre et l'évaluation d'une politique publique de démocratisation dans la Commission n'est pas *« un moteur à négliger pour avancer dans cette voie »*[849] de l'intégration des Etats.

Enfin, pour que la CICOS soit visible comme une réunion des peuples de la région, il faut nécessairement inventer des mécanismes de participation citoyenne, mais *« tout dépend alors de la prédisposition plus ou moins réformatrice des titulaires actuels du pouvoir politique »*[850] qui devraient admettre une rupture de la dépendance de la Commission vis-à-vis de ses membres non seulement du point de vue institutionnel, mais aussi du point de vue des ressources.

B : L'insuffisance des ressources

L'insuffisance de moyens financiers, humains et techniques entraîne la dépendance de la Commission vis-à-vis de l'extérieur. La dépendance est un rapport de liaison étroite entre quelque chose et ce qui le conditionne. C'est un état de quelqu'un qui est soumis à l'autorité d'autrui, une sujétion ou encore une subordination. Elle est aussi l'état de quelqu'un, d'un groupe, qui n'a pas son autonomie par rapport à un autre, qui n'est pas libre d'agir à sa guise[851].

Cette définition de la notion de dépendance illustre la situation dans laquelle se trouve la CICOS. Elle permet tout d'abord de ne pas situer l'analyse sur les aspects négatifs de la dépendance de la CICOS vis-à-vis de ses membres, si on applique la théorie systémique. En effet, selon cette dernière, un système est constitué des éléments interdépendants. Dans un système, l'interdépendance entre les différents éléments qui le forment peut entraîner l'échange des facteurs bons ou mauvais.

La vie d'une organisation internationale dépend de la volonté de ses membres mais aussi de l'audace de celle-ci à s'affirmer sur l'échiquier international en remplissant correctement ses tâches et en mobilisant de plus en plus des ressources et des partenaires. La dépendance de la CICOS à l'égard de ses membres se justifie par une liaison naturelle entre le créateur et la créature. Les Etats ne sont pas toujours enclins à handicaper le fonctionnement de l'organisation dans laquelle ils sont membres.

Cependant, il arrive des moments où les rapports entre l'organisation internationale et son Etat membre tombent dans la crise.

---

849 GOUNELLE Max, op cit, p. 14
850 Idem, p. 13
851 Le Grand Larousse encyclopédique

Les inconvénients de la dépendance des organisations internationales sont connus avec le temps ; ils les empêchent d'agir librement. Et si les Etats membres n'osent pas lui accorder suffisamment des moyens d'autonomie ou le soutien nécessaire, les efforts fournis pour la création de l'OI resteront vains et les objectifs fixés comme de simples illusions.

Cela dit, la dépendance de l'organisation se manifeste par diverses voies : juridique, humaine, financier, voir morale. Nous reviendrons sur la dépendance humaine un peu plus loin.

Sur le plan juridique, la prépondérance de la souveraineté des Etats fait que la Commission bénéficie d'un mandat insuffisant d'une commission de consultation au lieu d'être une autorité de bassin chargée de la mise en valeur des ressources en eau comme l'OMVS.

L'insuffisance des moyens financiers est aussi un problème sérieux pour la CICOS qui vit à la merci des Etats membres et autres. On pourrait bien considérer que la CICOS étant une créature des Etats, il est normal qu'elle dépende de ses créateurs. Mais, on ne doit pas ignorer que le financement des organisations internationales a des *« implications politiques »* qui font que celui-ci n'est pas neutre ; il s'agit bien *« d'une arme politique redoutable dont disposent les Etats »*[852]. Cette arme peut être utilisée comme moyen de pression ou d'influence du créateur sur sa créature peu docile, ou lorsque l'Etat qui en fait usage est insatisfait de la position prise par les autres membres[853] et qui est contraire à ses intérêts[854].

---

[852] JOUVE Edmond, « Le financement des organisations internationales et ses implications politiques », p. 43, in Edmond JOUVE (dir.), *Le financement des organisations internationales*, éd. LGDJ, Paris, 1995, (Revue française de finances publiques), N°52, 253 pages, pp. 37-47.

[853] En Afrique centrale même, la Guinée équatoriale, eu égard à ses importants dépôts à la BEAC, exige, par le biais de son Président Obiang Nguéma, les réformes profondes des institutions de la CEMAC. Il disait : « La Guinée équatoriale a fait son entrée dans une organisation qui était exclusivement composée d'anciennes colonies françaises. Nous ne sommes plus à l'époque coloniale… Il y a un certain nombre de choses que nous ne comprenons pas. La Guinée équatoriale est certes un petit pays, et personne ne pouvait imaginer qu'elle deviendrait la principale puissance financière de la région, mais c'est le cas. Nos dépôts alimentent largement la BEAC, la Banque centrale de la zone. Pourtant ces dépôts, très importants, ne nous procurent aucun avantage, alors que nous pourrions les placer sur le marché international et faire gagner de l'argent à la Guinée équatoriale. Ces dépôts devraient être rémunérés, mais ils ne le sont pas. Les textes actuels ne prévoient pas le cas d'un pays disposant de larges liquidités. Ils sont calqués sur les statuts anciens, qui eux-mêmes étaient adaptés à une situation où la France prenait tout en charge ou presque.», in EWANGUE Jean Lucien, « Comment la Guinée équatoriale défend ses frontières et son pétrole », pp. 195-208, in EWANGUE Jean-Lucien, (Dir.), *Enjeux*

Sans doute, la sensibilité de « ... *la question financière illustre bien les luttes de tendances et d'influences des Etats au sein [...] des organisations. »*[855] Les Etats, en tant que créateurs, *« le sort de l'organisation internationale est entre leurs mains, quels que soit les statuts qui les régissent et que ceux-ci permettent, ou non, leur retrait »*[856]. Les techniques d'influence et d'asphyxie de l'organisation sont nombreuses : *« payer, refuser de payer ou tarder de payer»*[857] ; elles peuvent bien évidemment avoir des conséquences sérieuses sur l'organisation.

Ce constat général des Professeurs Pierre Marie DUPUY et Yann KERBRAT trouve ses confirmations à la CICOS dès les premières années de la réalisation de ses premiers pas. La RDC avait fait usage de cette arme contre la CICOS de 2008 à 2011. L'Etat de siège de la Commission refusait, pendant toute cette période, de payer sa contribution au budget de la CICOS[858].

Vu le danger que représente l'insuffisance des moyens financiers de la CICOS puis sa dépendance, il est indispensable qu'elle dispose de ses ressources propres pour alimenter son budget. Avec la volonté des Etats membres, il serait possible de créer des entreprises communes de transport fluvial placées sous le contrôle de la CICOS. Les fonds générés par ces entreprises devraient servir à l'alimentation du budget de la CICOS. Cette possibilité trouverait son fondement juridique à l'article 28, alinéa premier, de l'Accord du 06 novembre 1999 qui prévoit, au titre des ressources de la CICOS, « des recettes des activités propres.» Cela est possible dans la mesure où le fleuve Congo et ses affluents offrent d'énormes potentialités de trafic fluvial en vertu de leur navigabilité en toute saison et de leur caractère transnational. L'intégration des Etats du bassin ne pourrait réussir sans des réalisations concrètes en vue de constituer des ressources autonomes.

---

géopolitiques en Afrique centrale, L'Harmattan, Paris, 2009, 426 pages, p. 204 ; Patrice LIBONG BADJAN, op cit, pp. 102-103.

[854] JOUVE Edmond affirme en ce sens que « Le plus souvent, ils (Etats) s'efforcent de les (organisations) « contrôler » par le biais des cotisations qu'ils consentent. Ils les utilisent alors pour influencer l'institution dans le sens le plus favorable pour eux. Le financement devient, de ce fait, un facteur de pouvoir. Il se peut aussi que, plusieurs Etats aspirent à exercer leur suprématie sur l'organisation. Dans ce cas, le financement peut devenir un reflet de rivalité. Il existe un risque dans ces deux cas : celui d'une paralysie ou d'un affaiblissement de l'organisation. », p. 43

[855] DUPUY P.M. et KERBRAT Y. op cit, p. 189

[856] Idem, p. 37

[857] Idem, p. 37

[858] L'information reçue de la part de Madame Dary Claude KEBANO, chef de service juridique et de la règlementation au Secrétariat général de la CICOS. Au cours d'un entretien à Brazzaville en août 2005.

A défaut de créer des entreprises communes de transport fluvial, il est possible d'alimenter le budget de la CICOS avec le produit des droits perçus sur les bateaux circulant dans le bassin. Dans l'histoire du bassin du fleuve Congo même, un projet analogue de création des ressources autonomes fut jadis prévu. L'article 17 de la Déclaration relative à la liberté du commerce dans le bassin du Congo, ses embouchures et pays circonvoisins, de l'Acte de Berlin du 26 février 1885, disposait que *« Les traitements et allocations des agents et employés de la Commission internationale*[859] *seront imputés par le produit des droits perçus conformément à l'article 14, paragraphe 2 et 3. »*

Comparativement aux dispositions de l'Accord du 06 novembre 1999, celles de l'Acte de Berlin, notamment la Déclaration sur la liberté du commerce dans le bassin du Congo, furent plus avantageuses, car le dernier alinéa de l'article 6 de l'Accord dispose que « *l'affectation des droits, taxes et redevances évoqués ci-dessus est commandée par le principe de spécialité de sorte que leurs produits ne puissent être détournés de leur destination pour alimenter les ressources publiques, en particulier.* » L'article 28, alinéa premier du même Accord ajoute que *« Les ressources de la Commission [CICOS] proviennent des contributions des Etats contractants, des recettes des activités propres, des emprunts, dons et legs. »* La diversité des sources des financements ne garantit pas son autonomie.

Enfin, il faut noter l'insuffisance du soutien politique les Etats offrent à l'organisation à travers les discours et les éloges de leurs représentants, Chefs d'Etats ou Ministres. Il s'agit là des expressions d'encouragement à l'endroit des dirigeants de l'organisation dont ils sont partie[860] et son soutien auprès des tiers. Un soutien considérable produit un impact positif sur la vie de l'organisation. Il exprime le regain d'intérêt des Etats à son égard et lui offre des chances de bénéficier des aides auprès des partenaires internationaux pour le financement de ses activités, l'obtention d'une expérience pratique ou un soutien technique.

Par contre, lorsque l'organisation internationale est abandonnée à elle-même, parce que ses créateurs ne voient plus son importance, elle perd le souffle de vie. L'organisation internationale doit pouvoir développer des stratégies nécessaires pour être importante à ses Etats membres. Elle devrait pouvoir les intéresser par la pertinence de ses projets, le dynamisme de son administration et l'attraction de partenaires internationaux. Les Etats

---

[859] La Commission internationale dont il est question ici est celle qui fut instituée par l'article 17 (alinéa premier) de la Déclaration précitée de l'Acte de Berlin du 26 février 1885.

[860]Dans le préambule de l'Additif du 22 février 2007, les Etats membres de la CICOS se déclarent « satisfaits de l'œuvre institutionnelle accomplie à ce jour par la Commission internationale du Bassin Congo-Oubangui-Sangha ».

membres feraient mieux d'éviter de transformer l'institution internationale en fonction publique nationale élargie sur le plan international en s'accaparant chacun le ou les postes stratégiques donnés. Cela entraîne des disputes inutiles entre les Etats membres au préjudice de l'intérêt général.

Paragraphe II : Une CICOS objet des différends entre les Etats membres

Lorsque les Etats s'accordent pour créer une organisation internationale dans le but de résoudre plus efficacement leurs problèmes communs, il arrive que ceux-ci perdent les repères qui les ont guidés jusque-là. L'intérêt individuel devient plus valorisé que l'intérêt général tant prôné. C'est la situation dans laquelle se retrouve la Commission internationale du bassin Congo-Oubangui-Sangha aujourd'hui. Elle est illustrée par un acharnement sur le poste stratégique du secrétariat général (A), et sur la répartition des postes de direction par pays (B).

A : Les différends au sujet du poste de "Secrétaire général"

Comme dans toutes les organisations internationales, le Secrétaire général est le plus haut fonctionnaire de la Commission. Ce poste est celui qui est le plus convoité par tous les Etats faisant partie d'une organisation internationale[861]. C'est un poste prestigieux pour l'Etat dont le titulaire est

---

[861] Ce problème constitue un enjeu important dans les organisations internationales africaines. Sur le plan continental, l'accès au poste de secrétaire général de l'OUA fut une véritable lutte politique entre les Etats membres. Monsieur Gervais Zwk. HOUNDEKINDO dans sa thèse de doctorat consacrée à l'étude du Secrétaire général de l'OUA, affirme que *« Plusieurs facteurs expliquent qu'il soit ardu d'accéder au poste de secrétaire général de l'OUA. Trois ont retenu notre attention au cours de nos réflexions ; l'imprécision des règles de procédure (...), le caractère politique de l'enjeu (...) et le caractère exceptionnel du mode de désignation du secrétaire général (....), op cit.* p. 30. Au plan régional, les difficultés rencontrées au sujet de l'accès au poste de secrétaire général ou exécutif ont poussé les organisations régionales à transformer les secrétariats en commissions. Ces organisations, en l'occurrence les Communautés économiques, ont préféré copier le modèle européen de la collégialité au détriment du modèle secrétaire général qui, peut-être selon eux, incarne le monopole de l'organisation par un seul Etat. Ces changements ont eu lieu à la CEDEAO en 2006 et à la CEMAC en 2007. A la CEMAC, selon Patrice LIBONG BADJAN, op cit, « Le Secrétariat exécutif ayant montré ses insuffisances quant à la conduite des activités de la Communauté a été transformé en Commission indépendante et collégiale, car composée des représentants de tous les Etats. Désormais, les décisions sont prises de manière collégiale pour permettre à tous les pays de participer par le biais de leurs commissaires au fonctionnement permanent de la Communauté. [...] L'adoption de ce mode de gestion en vigueur dans la plupart des organisations d'intégration

ressortissant, sans oublier l'affirmation et la visibilité sur le plan international, il fait la fierté de l'Etat. Par contre, ce poste permet aussi à l'Etat de peser de son poids au sein de l'organisation. Par un jeu d'influence, l'Etat d'origine du Secrétaire général s'assure que ses intérêts sont garantis. L'Etat d'origine du Secrétaire général considère que son tour est arrivé, il revient à lui maintenant de diriger l'organisation.

A la CICOS, le mode de désignation du Secrétaire général est régi par le principe de rotation selon l'ordre alphabétique des Etats membres[862]. Une exception à la règle veut que le ressortissant de l'Etat du Siège de la CICOS n'occupe pas le poste de Secrétaire général.

Cette exception ne plaît pas à la RDC, Etat du siège. C'est ainsi que les Etats de la CICOS, dès les premiers jours, se sont livrés aux disputes à propos du poste de Secrétaire général. Celles-ci ont d'abord opposé la République du Congo et la RCA. Avant la mise en fonctionnement de la CICOS, il était question que le premier Secrétaire général soit de nationalité centrafricaine. Or, la République du Congo avait plus fourni des fonds nécessaires qui avaient permis à la CICOS de démarrer ses activités. Au moment de la nomination du premier Secrétaire général, lors de la première

---

participe du souci des pays non seulement à s'arrimer aux changements mais aussi, de mettre à la tête de la Communauté une instance exécutive forte et bénéficiant du soutien et de la participation de tous les Etats à une prise de décision consensuelle.» Sans vouloir engager un débat qui n'a pas sa place ici, il est important de signaler que les membres de la Commission ne sont pas les représentants des Etats malgré le lien de nationalité. Ils sont régis par le principe d'indépendance. Cela dit, à la CEMAC les changements se sont opérés avec rapidité : le 25 avril 2007 était adopté à N'Djamena l'Additif au Traité de la CEMAC relatif à la transformation du Secrétariat exécutif en Commission de la CEMAC dont l'article 1er dispose : *« il est créé, en remplacement du Secrétariat exécutif institué par le Traité du 16 mars 1994 et les textes subséquents, une commission de la Communauté économique et monétaire de l'Afrique centrale dite « Commission de la CEMAC »*. L'Article 25 du Traité révisé de la CEMAC du 25 juin 2008 dispose: « La Communauté afin de réaliser ses objectifs dispose d'une Commission ».

862 La pratique de la rotation est d'origine CEMAC. C'est en raison de l'institutionnalisation de la CICOS comme institution spécialisée de la CEMAC que ce principe lui a été imposé. Le principe de rotation était institué à la CEMAC par l'Acte additionnel n° 16/CEMAC/CCE/10 du 17 janvier 2010 mettant fin au consensus de Fort Lamy. Selon l'article premier de l'Acte additionnel n° 4/CEMAC/CCE/11, *« il est exclu du champ d'application du principe de rotation intégrale aux postes de responsabilités, l'Etat membre qui abrite le siège d'une institution ».* Pour plus d'information à ce sujet, voir Hérissonne PAYIMA LOMBOBO, *« La Commission de la CEMAC »,* Mémoire de Master II, option droit de l'intégration et de l'OMC, présenté et soutenu publiquement à l'UCAD, année académique 2013-2014, sous la direction de Monsieur Alioune SALL, Professeur titulaire des universités ; Patrice LIBONG BADJAN, op cit, p. 80.

réunion du Comité des Ministres qui s'était tenue le 27 novembre 2003 à Brazzaville, la délégation congolaise réclama ce poste au motif que c'est grâce au financement du Congo-Brazzaville que le Secrétariat général a pu être mis en fonctionnement. Comme on devrait s'y attendre, les représentants de la RCA protestèrent contre la demande congolaise[863]. Le différend n'ayant pas été réglé entre les délégations ministérielles, il fut porté devant les Chefs d'Etat qui tranchèrent en faveur de la RC[864].

A ces disputes entre la RCA et le Congo-Brazzaville, il faudrait ajouter les mécontentements de la RDC au sujet de son exclusion du poste de Secrétaire général. Pour la RDC, le principe de rotation doit être étendu au bénéfice de tous les Etats membres. Mais, tel qu'il a été dit précédemment, le principe de rotation, selon le bloc de la CEMAC, exclut l'Etat de siège de l'institution au poste de Secrétaire général. Ce pays proposa alors qu'il soit créé un poste de « Secrétaire général adjoint permanent», mais en vain.

La RDC voit une sorte d'injustice imposée par le bloc de la CEMAC à son égard. Afin d'obliger les autres pays à satisfaire sa demande, ce pays refusa de payer ses contributions au budget de la CICOS de 2008 à 2011[865], mais les choses n'ont pas changé en sa faveur. La RDC ne lâche pas son obstination. La question de la rotation intégrale était encore soulevée lors de la onzième session du Comité des Ministres tenue à Brazzaville en mars 2014[866]. Les autres membres de l'organe inter-étatique étaient restés fermes sur cette question en réitérant, lors de la douzième session ordinaire[867], en 2015, que l'Etat de siège ne peut pas occuper le poste de Secrétaire général.

Malgré le refus des autres Etats membres, la RDC ne lâchait pas son ambition de voir instituer à son profit le poste de « secrétaire général adjoint permanent ». Au cours de la 13eme session ordinaire du Comité des Ministres de la CICOS tenue à Yaoundé le 1er juillet 2016, le représentant de la RDC a encore soumis au Comité des Ministres la question de la requête au mémorandum adressé aux différents Chefs d'Etats membres sur la demande du poste de secrétaire général adjoint permanent[868].Mais, ses pairs ont décidé d'examiner cette question à la prochaine session du C.M. au motif que

---

863 Entretien avec madame KEBANOU, chef de service juridique et de la réglementation.

864 Entretien avec Madame Dari KEBANO.

865 Journal Officiel de la CICOS, deuxième trimestre 2015, n° 12, p. 2, (cicos_inst@cicos.int).

866 Journal Officiel de la CICOS, deuxième trimestre 2015, n° 12, p. 2, (cicos_inst@cicos.int).

867 Cette session s'est tenue les 25 et 26 juin 2015 à Kinshasa en RDC.

868 Communiqué final du C.M. de la CICOS, 13eme session ordinaire, vendredi, 1er juillet 2016, p. 5, (en ligne sur www.cicos.int/, consulté le 31 janvier 2017 à 23 heures).

certains pays membres n'ont pas reçu cette requête et ceux qui l'ont reçue, l'ont transmise à leurs Chefs d'Etat en attente des décisions officielles[869].

Dès cet instant, les mécontentements de la RDC, qui se résument en termes d'insatisfaction au bénéfice des avantages qu'il devrait tirer de la CICOS, sont un exemple des tiraillements entre les Etats membres de la CICOS. Il faut y voir l'un des inconvénients de la multiplicité des organisations d'intégration et des appartenances simultanées des Etats de la sous-région. Le principe de rotation a été adopté par la CEMAC, mais il influence aujourd'hui le fonctionnement de la CICOS.

Les différends entre les Etats membres alimentent l'incapacité opérationnelle de la Commission étant entendu que certains d'entre eux ne s'engagent pas véritablement à la gestion du bassin.

Au moment où le problème de la rotation au poste de secrétaire général demeure encore, il faut aussi constater un autre danger qui s'ajoute à travers la fixation des postes de direction par pays. Ce choix n'est pas en totalité de bon aloi à cause des conséquences néfastes qu'elle peut causer contre la vie de l'organisation.

B : La répartition des postes de direction entre Etats

Les Etats de la CICOS ont choisi de répartir les postes de directions entre eux (1). Cette méthode n'est pas mauvaise en soit, mais en raison du non-respect des règles de la fonction publique internationale, il se trouve que le principe de la répartition des postes devient une technique problématique (2).

1: Un choix des Etats de la CICOS

Dans les lignes qui précèdent il a été question de montrer les discordes entre les Etats au sujet du poste de Secrétaire général. Ici, il est maintenant question de soulever un autre problème de même nature : les différends au sujet de la répartition des postes de direction par pays qui, par conséquent, met la CICOS dans un état de dépendance, d'instabilité des fonctionnaires, bref des difficultés opérationnelles

Afin de bien comprendre cette situation, il est important de revenir sur les modes de recrutement des fonctionnaires de la CICOS. En effet, les modes de recrutement sont fixés par le Statut du personnel de la CICOS[870]. Le Secrétaire général recrute par « *la procédure de concours* » en cas de

---

[869] Idem

[870] D'après l'article 21 de la Décision n° 04/CICOS-CM-01 portant Statut du personnel de la CICOS. Décision par le Comité des Ministres en sa séance du 27 novembre 2003, sous la Présidence du Ministre Isidore MVOUBA.

vacance d'emplois[871] dans le respect du principe de la répartition géographique équitable et de publicité sous la forme d'un avis d'appel de candidatures, dans l'ensemble des Etats[872]. L'article 22 du Statut du personnel prévoit que *« le concours s'effectue sur examen de dossiers, suivi, soit d'entretien, soit de tests, d'épreuves ».* Le recrutement par concours est la procédure la plus répandue dans les organisations internationales. Les Professeurs Alain PELLET et David RUZIE le qualifient de « *principe d'une compétition ouverte* »[873]. Il permet au secrétaire général de recruter les agents les plus qualifiés.

A la CICOS, cependant, chaque Etat membre a son poste de direction précis au Secrétariat général bien avant la nomination. Il s'agit de ce que l'on peut appeler "la nationalisation des postes de direction"[874]. Les Etats choisissent librement les postes qui leur conviennent[875]. Ils nomment, par conséquent, indirectement leurs nationaux au Secrétariat général. Cette possibilité leur est donnée par le mécanisme de sélection des dossiers des candidats au plan national pour un poste bien précis. Une telle pratique est déplorable parce qu'elle porte atteinte à l'autorité du Secrétaire général et à l'indépendance des fonctionnaires. L'Etat à qui revient une direction donnée a le droit de faire nommer ou de retirer le directeur de sa nationalité selon ses humeurs.

La pratique ainsi instaurée met en danger l'efficacité de la Commission[876]. Elle montre encore une immaturité de la fonction publique

---

[871] Idem, article 21.

[872] Idem, article 23

[873] PELLET (Alain) et RUZIE (David), *Les fonctionnaires internationaux,* éd. PUF, Paris, 1993, 128 pages, (QSJ, n°2762), p. 34

[874] Cette pratique vient de la CEMAC. Si bien que le Président équato-guinéen critiquait cette façon de faire car, à la BEAC, *« Le gouverneur est gabonais, le vice-gouverneur est congolais et le secrétaire général est tchadien.»* Propos du Président Obiang Nguéma, Voir : EWANGUE Jean Lucien, « Comment la Guinée équatoriale défend ses frontières et son pétrole », pp. 195-208, in EWANGUE Jean-Lucien, (Dir.), *Enjeux géopolitiques en Afrique centrale,* L'Harmattan, Paris, 2009, 426 pages, p. 204 ; Patrice LIBONG BADJAN, op cit, pp. 102-103.

[875] Cette pratique a donné lieu à un différend entre Monsieur Anicet Euloge Didier SAMBA et le secrétaire général de la CICOS et la Commission de la CEMAC, Arrêt de la CJ-CEMAC du n° 015/2011 du 12/05/2011, Annicet Eloge Didier samba c/CICOS & commission CEMAC.

[876] Le risque d'affaissement de l'organisation internationale a été stigmatisé par l'Ancien Secrétaire général de la Commission Centrale pour la Navigation du Rhin (CCNR), Monsieur Jean-Marie WOEHRLING, op cit, Ayant constaté ce risque par une ambiguïté des statuts du personnel de la CCNR, l'ancien Secrétaire général a écrit : *« Pour qu'une administration soit efficace, il faut que les ressources humaines et financières disponibles soient utilisées au mieux au sein d'une organisation structurée dans laquelle les responsabilités sont clairement établies.*

de l'organisation internationale. Les pouvoirs que détiennent les Etats vis-à-vis des fonctionnaires de la CICOS affectent le bon fonctionnement de l'administration de la Commission. Comme on peut le constater, le principe d'indépendance qui régit le statut des fonctionnaires internationaux n'est pas respecté.

En plus, la fixation des postes par Etat n'est pas commode avec l'entrée de nouveaux Etats membres. Il sera question de réviser constamment les textes de la CICOS pour créer des postes de direction au profit des nouveaux adhérents. Si les choses sont maintenues comme telles, la CICOS serait également victime d'une instabilité des textes et du personnel à cause des révisions intempestives. Après l'adhésion du Gabon et de l'Angola, le Comité des Ministres avait envisagé des réformes structurelles de la CICOS pour tenir compte de ces nouveaux venus.[877]

"La nationalisation des postes" est une pratique courante dans les organisations internationales africaines. En Afrique centrale, et plus particulièrement à la CEMAC, cette pratique existe et est mal appréciée par les Etats nouvellement membres. Elle a engendré des mécontentements dont les plus cruciaux ont été ceux du Président équato-guinéen. Ce dernier avait en effet ouvertement déploré la répartition des postes au sein des institutions de la CEMAC qui, pour lui, ne favorisait pas une bonne représentation de son pays au sein de la Communauté[878]. La CICOS devrait éviter les

---

Par rapport à ses objectifs l'idée d'une « représentation » des États membres au sein du secrétariat ne paraît plus appropriée. Cette notion de « représentation » a toujours été ambigüe : les membres du secrétariat doivent servir l'organisation internationale dans son ensemble avec une parfaite neutralité et ne doivent pas avoir de liens particuliers avec les États dont ils sont originaires. Ils ne sont pas formellement des représentants de ces États. Ils reçoivent leurs instructions du chef de l'organisation et non de telle ou telle délégation. Le fait de reconnaître aux États la faculté de désigner des membres du secrétariat peut aussi avoir des effets négatifs sur l'adéquation de ces personnes aux besoins du secrétariat. Le risque existe que les personnes soient choisies au regard de considérations propres aux pays d'origine et non en fonction du profil nécessaire pour le bon fonctionnement du secrétariat. En outre, ce personnel peut dépendre pour sa désignation, son renouvellement et son activité professionnelle ultérieure du pays d'origine, de sorte qu'il risque de rester lié aux intérêts de ce pays. Enfin, n'ayant pas été recruté par le secrétaire général et ne dépendant de lui que de manière limitée en ce qui concerne son évolution professionnelle, ce type d'agent risque de ne pas se soumettre à l'organisation hiérarchique du secrétariat » (p. 351).

877 Cette recommandation était adressée au secrétaire général de la CICOS lors de la 12 session extraordinaire du Comité des ministres de la CICOS tenue les 25 et 26 juin 2015 à Kinshasa (RDC). Voir le Communiqué final sur www.cicos.int/...12eme-session-extraordinaire-du-comité-des-ministres-de-la-cicos-/

878 EWANGUE Jean Lucien, op cit, p. 204. Le Chef de l'Etat équato-guinéen déclarait : *« Je ne comprends pas pourquoi un pays peut avoir le privilège de détenir*

conséquences des malentendus qu'engendre la fixation des postes, pour une meilleure gouvernance de l'organisation.

Enfin, la fixation des postes renforce la dépendance de la CICOS vis-à-vis de ses Etats membres. Dans la première partie de cette étude, on avait vu que la CICOS ne recrutait pas elle-même ses agents, notamment les directeurs. Ce sont les Etats qui choisissent leurs propres nationaux et transmettent les dossiers au secrétariat général aux fins de nomination. La compétence de recrutement est partagée entre les Etats membres et le secrétaire général. La dépendance de la Commission au plan des moyens humains a entraîné une perturbation du rythme budgétaire de la CICOS. *« Le rapport d'activités de 2005 fait état de l'entrée en fonction tardive du contrôleur de gestion en janvier de cette même année, un retard qui « procède du fait que les autorités de la République Démocratique du Congo ont décidé tardivement [pour le choix et la nomination du contrôleur financier]». En conséquence, la comptabilité n'a pas pu être mise en place auparavant et ce n'est qu'à partir de cette date que les opérations effectuées en 2004 ont été régularisées. Cette régularisation ne s'est achevée qu'en 2006 avec la production des comptes de clôture, année qui a également permis de régulariser les pièces comptables de 2005.»*[879]Les mécontentements de la RDC expliquent là aussi une domination de l'Etat sur l'organisation internationale et un tiraillement déguisé entre les Etats membres au nom de leurs intérêts.

Ce tiraillement favorisé par la détention du monopole des moyens humain et financier, édulcore l'indépendance de la Commission et fait d'elle un gâteau à partager entre ses membres. L'Affaire Anicet Eloge Didier SAMBA est une parfaite illustration de l'influence des Etats sur le personnel de la CICOS.

2 : Un choix problématique: l'affaire Anicet Eloge Didier SAMBA

L'affaire Didier SAMBA est un différend qui a opposé la CICOS, représentée par Me Magloire BHADJE, avocat au barreau du Tchad, à Monsieur Anicet Eloge Didier SAMBA, fonctionnaire à la CICOS. Le différend fut tranché par la Cour de justice de la CEMAC en date du 12 mai 2011.

---

de manière permanente le poste de gouverneur de la BEAC, Je n'ai rien contre le Gabon, c'est un pays frère,... mais je croix que, maintenant, il faut avant tout privilégier les compétences, d'où qu'elles viennent. Enfin, Je ne comprends pas comment le principal pays créditeur de la région, ne dispose d'aucun poste au niveau de la direction de la Banque centrale. Le gouverneur est gabonais, le vice-gouverneur est congolais et le secrétaire général est tchadien. Nous devons être associés aux grandes décisions. »

[879] PIDIRSKI Cécile, *op cit*, p. 113

Selon les faits, Monsieur Anicet Eloge Didier SAMBA est un juriste de nationalité centrafricaine, fonctionnaire à la CICOS depuis le 28 décembre 2004, à la faveur d'une répartition des postes entre les Etats membres de la CICOS pendant laquelle son pays s'était attribué la Direction juridique et de la règlementation. Il a été nommé à la tête de cette dernière par Décision n° 014 du 11 juillet 2005 du Secrétaire général de la CICOS.

A la suite d'une nouvelle répartition des postes le 05 mars 2008 au terme des réformes institutionnelles de la CICOS, Monsieur Anicet Eloge Didier SAMBA a été évincé de son poste au motif que son Etat d'origine avait renoncé à la Direction juridique et de la règlementation au profit de la Direction de l'exploitation, des infrastructures et des voies navigables.

S'estimant lésé par la fin brusque de son détachement prononcé le 18 avril 2008, monsieur SAMBA a dénoncé les irrégularités de cette décision le 07 mai 2008. Dénonciation qui sera suivie de la fin de ses fonctions décidée par décision n°082 du 18 juin 2008 du Secrétaire général de la CICOS, pour compter du 30 juin 2008. Il lui a été transmis le décompte de ses droits arrêté à la somme de 30.873.121 F CFA. Après un recours hiérarchique, sans gain de cause auprès du Comité des ministres, Monsieur SAMBA a saisi la Cour de justice de la CEMAC le 22 janvier 2009 et appelé la CEMAC en garantie de la décision à intervenir.

Le requérant demandait à la Cour de justice de déclarer les décisions précitées irrégulières, son licenciement abusif et de condamner la CICOS à lui payer les sommes de 59.912.852 F CFA de droits légaux restant dus, et maintient sa demande de dommages et intérêts (150.000.000 F CFA). Au soutien de cette demande, le requérant invoque cinq (5) moyens qui sont : l'irrégularité des délibérations du Comité des ministres du 5 mars 2008 ; les manœuvres malveillantes du Secrétaire général en vue d'obtenir son éviction ; les manipulations du Secrétaire général de la CICOS à l'origine de la perte de la direction juridique et de la règlementation au profit de la RCA ; le non-respect par la CICOS du caractère détachable du poste de Directeur juridique et de la règlementation et enfin le défaut de paiement de certains droits dus consécutivement à la rupture abusive et brutale du contrat.

En réplique à cette argumentation du requérant, la CICOS estimait que ses demandes étaient sans objet et mal fondées. Que le requérant n'a pas spécialement subi un préjudice, qu'il n'a pas qualité pour demander l'annulation de la décision du Comité des ministres portant nouvelle répartition des postes entre les Etats de la CICOS et que la demande de paiement des droits et indemnités n'est pas fondée, car ses droits et avantages liquidés par virement du 25 juin 2008 ont été calculés conformément à l'article 95 du statut du personnel. Par ailleurs, la CICOS soutenait que le requérant avait déjà dépassé le délai de recours juridictionnel et demandait à la Cour de déclarer irrecevable la requête du demandeur.

Après analyse des arguments des parties au différend, la Cour de justice de la CEMAC avait conclu que la requête de Monsieur Anicet Eloge Didier SAMBA était irrecevable à cause de l'épuisement du délai de recours.

L'affaire Didier SAMBA est une parfaite illustration de l'instabilité des fonctions publiques internationales suite à l'intrusion des Etats membres dans le fonctionnement administratif de l'organisation. Elle s'inscrit ainsi dans la lignée de la jurisprudence des cours de justice des organisations d'intégrations africaines qui est dominée par le contentieux de la fonction publique. Etant entendu que le requérant était forclos pour mener une action devant la Cour de justice de la CEMAC, cet arrêt ne donne pas l'opportunité de porter un jugement sur l'office du juge de la CEMAC sur la fonction publique de la CICOS.

Ce différend est le résultat d'une intrusion de mauvais aloi des Etats membres dans l'administration internationale qui est le Secrétariat général de la CICOS. Les Etats membres de la CICOS devraient tirer des leçons de l'expérience de la CEMAC au sujet de la fixation des postes par pays pour éviter la manipulation des agents internationaux par leurs pays d'origine. Certains fonctionnaires de la CICOS ne restent pas longtemps dans leurs postes. Ils sont parfois rappelés par leurs Etats d'origine ou orientés au niveau de la CEMAC. Ceci est un signal fort des conséquences du problème crucial de la coexistence de multiples organisations sous-régionales dans la zone Afrique centrale.

Chapitre II : La coexistence difficile entre la CICOS et les OSR

Aucune OIA n'échappe aujourd'hui à cette difficile coexistence avec ses paires. L'intégration est malade à cause de la mosaïque d'OI ayant des missions diverses et symétriques. Le bassin du Congo constitue « *un territoire avec des hommes, des activités, des intérêts contrastés, des institutions à vocations diverses qui se juxtaposent et parfois se chevauchent* »[880]. La diversité des OSR est aujourd'hui une énorme contrainte pour le processus d'intégration des Etats de la sous-région à travers la gestion des eaux internationales. Du constat d'un auteur, *«... la coopération régionale liée à l'eau, [...] le cadre de coopération créé par ces accords coexiste, chevauche, tolère, ou se trouve dépassé par d'autres dynamiques de coopération régionale. En d'autres termes, à un bassin hydrographique donné correspondent non pas une mais des coopérations régionales, aux échelles et logiques différentes, voire concurrentes »*[881]. Il faut admettre que « *La coexistence de plusieurs régimes juridiques dans une région donnée peut compliquer la gouvernance de l'eau* »[882]. La CICOS est dans une situation difficile à cause de l'existence de diverses organisations sous-régionales et peut-être de l'arrivée ultérieure d'autres organisations dans le même espace[883]. Ses devancières sont entretenues par les mêmes Etats membres et ont des objectifs similaires. Si plusieurs raisons peuvent expliquer cette situation, il faut avouer que les relations entre celles-ci peuvent entraîner des effets complexes et pervers sur le fonctionnement des organisations de la région. Nous allons tout d'abord rechercher les raisons de la coexistence entre la CICOS et les OSR (Section I) avant d'étudier les effets engendrés (Section II).

Section I : Les raisons de la coexistence entre la CICOS et les OSR

On ne peut parler de coexistence que là où il y a une pluralité d'éléments qui existent en même temps dans un même milieu. L'Afrique centrale se

---

880 MONEDIAIRE Gérard, avant-propos in DROBENKO Bernard (Dir.), *Vers une stratégie de gestion durable des fleuves,* Les Cahiers du CRIDEAU, (Actes du Colloque international de Limoges 2002), n° 8, éd. Pulim, Limoges, 2003, 168 pages ; p. 6.

881 RICHARD Vanessa, « Des coopérations, un bassin : la désarticulation des dynamiques régionales dans le bassin du Mékong », pp. 223-234, *in L'eau en droit international,* Actes du Colloque d'Orléans du 3 au 5 juin 2010, A. Pedone, Paris, 2011, 405 pages, p. 223.

882 GAUTIER Catherine et FELLOUS Jean-Louis, *Eau, pétrole, climat : un monde en panne sèche,* éd. Odile Jacob, Paris, 2008, 320 pages, p. 176.

883 Nous faisons allusion ici au projet de création du Fonds bleu pour le bassin du fleuve Congo.

caractérise par une multiplicité d'OSR. Il faut retenir deux raisons essentielles de la difficile coexistence d'OSR : leur multiplicité (paragraphe I) et les appartenances simultanées des Etats (paragraphe II).

Paragraphe I: La diversité des OSR

Cette situation s'explique par diverses causes dont la plus apparente est le besoin qu'éprouvent les Etats à trouver ensemble des solutions aux problèmes communs. Mais, la superposition des OSR, accompagnée de la *« pluri-appartenance des Etats à deux ou trois communautés économiques régionales »*[884], pose les problèmes de la définition de l'Afrique centrale, de la coexistence paisible entre les OSR et celui de la capacité des Etats membres à bien prendre soin d'elles[885]. Les Etats de la région en voulant régler les problèmes de pauvreté, de l'exiguïté des marchés… en ont plutôt créé d'autres, des charges énormes qui pèsent sur eux-mêmes. On a parfois l'impression qu'ils sous-estiment les conséquences que peuvent entraîner l'existence de diverses OSR et les appartenances simultanées. Un constat de la diversité (A) et des causes de l'existence des OSR (B) permet de comprendre cette situation.

A : Le constat de la diversité des OSR

Suivant les analyses du Professeur Luc SINDJOUN, on peut dire, avec lui, que l'Afrique est « multiple»[886], c'est-à-dire « [une] *Afrique institutionnalisée de manière différentielle par les Etats à travers des cadres de regroupement sur la base de la solidarité géographique ou encore de la solidarité par intérêt*[887]*.»* Cette manière de caractériser le

---

884 RURIHOSE Oswald Ndeshyo (Dir.), *Manuel de droit communautaire africain*, éd. Etats et Société, Kinshasa, 2011, p. 203

885 MUMENGI Didier, *Les Etats-Unis du Bassin du Congo. Une écorégion pour un co-développement,* L'Harmattan, Paris, 2012, 217 pages. Dans cet ouvrage, l'auteur pense qu'il est nécessaire que les Etats du Bassin du Congo créent un Etat fédéral au lieu de perdre leur énergie à la multiplication des OSR inefficaces.

886 SINDJOUN Luc, op. cit, p. 12. C'est en raison des « dynamiques d'intégration régionale » que cet auteur voit « diverses Afriques » parmi lesquelles il y a l'Afrique de l'UMA, l'Afrique de la CEDEAO, l'Afrique de l'UEMOA, l'Afrique de la CEMAC, l'Afrique de la SADEC et l'Afrique du COMESA. Il s'agit là, selon lui, de « l'Afrique des régions [qui] est fondée sur la discrimination à partir du critère du voisinage. C'est à la fois une solidarité par ressemblance et une solidarité par intérêt : car en même temps que les Etats appartenant à la même région se regroupent, ils sont tous et chacun en quête de satisfaction par les moyens de l'intégration de l'intérêt national et/ou communautaire.», p. 13

887 Idem, p. 12.

continent africain peut aussi s'appliquer dans l'analyse des cadres régionaux. L'Afrique centrale est constituée de plusieurs organisations internationales auxquelles les Etats appartiennent simultanément. La pléthore d'OSR a poussé la doctrine à comparer la région à un « *bol de spaghettis*[888].» On y trouve la CEEAC, la CEMAC, la CEPGL, l'OHADA (avec les anciennes colonies françaises), la CICOS, la SCVN, la COMIFAC sans compter les institutions spécialisées des CER. Dès lors, il est possible de parler d'une "Afrique centrale multiple ou plurielle", en raison de la diversité des organisations internationales existantes. Nombreuses sont des réflexions qui ont fait état de cette réalité, tout en exposant les problèmes engendrés[889]. Le Professeur Yves Alexandre CHOUALA pense que *«... l'Afrique centrale s'apparente à un complexe régional. Elle est en tout cas un enchevêtrement d'organisations régionales qui lui donnent une configuration institutionnelle et géographique dynamique et éclatée.»*[890] Un peu plus loin, l'auteur insiste en ajoutant que *« L'Afrique centrale présente des formes régionales variées qui s'intègrent les unes dans les autres et renvoient à autant de dynamiques de régionalisation.»*[891] Ainsi, l'auteur précité voit plusieurs formes de regroupements étatiques dans cet espace : « sous-régional », « transrégional » et « infra ou para-régional[892].»

Les OSR en Afrique centrale ont des caractéristiques diverses. Leur classification n'est pas aisée. On trouve d'abord les CER, qui sont les plus connues et étudiées ainsi que les organisations techniques et celles de mise en valeur des ressources naturelles transfrontalières. Afin de rendre l'entreprise plus facile, distinguons le plus simplement possible des

---

888 CHOUALA Yves Alexandre, « Les multilatéralismes en Afrique centrale : l'intégration régionale à l'épreuve de la pluralité des communautés économiques régionales », pp. 153-174, in La concurrence des organisations régionales en Afrique, op cit, p. 161.

889 Cette question a fait l'objet d'un colloque sous le thème : « La concurrence des organisations régionales en Afrique » du 28 au 29 septembre 2009. Il fut organisé entre l'Université Montesquieu-Bordeaux IV et l'Université Cheikh Anta Diop de Dakar. Les Actes issus de ce colloque ont été publiés sous la direction de Mathieu FAU-NOUGARET, *La concurrence des organisations régionales en Afrique*, L'Harmattan, Paris, 2012, 450 pages. De même WANE Mamadou Abdoul aborde cette question dans son article « Gestion des ressources en eau partagées en Afrique subsaharienne. Problématique et approche stratégique », pp. 185-197, in *L'eau/ water,* Présence Africaine, N°-162, Paris, 2000.

890 CHOUALA Yves Alexandre, « Les multilatéralismes en Afrique centrale : l'intégration régionale à l'épreuve de la pluralité des Communautés économiques régionales », pp. 153-174, FAU-NOUGARET Matthieu (Dir.), *La concurrence des organisations régionales en Afrique,* L'Harmattan, Paris, 2012, 450 pages, p. 154

891 Idem, p. 156

892 Idem

organisations élargies des organisations à taille réduite[893], en fonction du nombre des Etats-parties.

Les OSR élargies sont celles qui regroupent soit l'ensemble des Etats de l'Afrique centrale, soit celles qui sont composées non pas de tous les Etats mais de la majorité de ceux-ci. Il s'agit, selon le Professeur Yves Alexandre CHOUALA, de *« [la] première forme régionale du multilatéralisme en Afrique centrale [qui] découle de la mise en œuvre des mécanismes d'intégration continentale contenus dans le Plan d'action de Lagos de 1980 et reprise par le traité d'Abuja de 1991 instituant la Communauté économique africaine.*[894] *»*

En termes d'OSR élargie, il faut noter en premier lieu la CEEAC qui fait partie des huit CER reconnues par l'UA[895]. Elle regroupe la totalité des Etats de l'Afrique centrale *« couvrant un territoire d'environ 5 391 953 km^2 – soit 1/5ème de la surface globale du continent – et peuplé de près de 100 millions d'habitants. »*[896] La CEEAC se caractérise par une suprématie d'organes diplomatiques consacrée par l'article 8 de son traité[897]. Cette caractéristique est la marque de la *« protection d'un système des souverainetés et de l'indépendance nationale des Etats membres*[898]*. »* Cette suprématie des organes diplomatiques est par ailleurs omniprésente dans d'autres OSR et constituent de ce fait leur trait commun. Aujourd'hui, la CEEAC dispose d'une structure chargée de la gestion des eaux douces et qui a permis d'élaborer le Projet de Convention pour la prévention et la résolution pacifique des conflits liés à la gestion des ressources en eau partagées en Afrique centrale.

En dehors de la CEEAC, on peut ajouter en deuxième lieu l'OHADA. Cette dernière regroupe parmi ses Etats membres les six Etats membres de la CEMAC, dont quatre (4) sont membres de la CICOS, et les huit autres Etats membres de l'UEMOA, bref les anciennes colonies françaises qui constituaient l'AEF et l'AOF.

En plus de ces OSR élargies, il faut ajouter les organisations à taille réduite. Cette terminologie n'est pas employée dans une intention minimaliste. On veut rendre compte d'une réalité de différence de nombre

---

[893]Dans le sens analogue, Yves Alexandre CHOUALA parle de « micro sous-ensembles », op cit, p. 158. On peut donc dire que la CEEAC est une sorte de macro sous-ensemble et la CEMAC et la CEPGL de micro sous-ensembles, comme cet auteur le dit lui-même, p. 159

[894] Idem, p. 157

[895] FOLEFACK Ernest, op cit, p. 178

[896] Idem

[897] Article 8 alinéa 2 du Traité de la CEEAC : « La Conférence des chefs d'Etat est l'organe suprême de la Communauté »

[898] Idem

d'Etats membres entre les OSR. Sont alors visées ici les OSR qui ne regroupent pas tous les Etats de l'Afrique centrale comme la CEMAC, la CEPGL, la SCEVN, la COMIFAC, la CICOS elle-même, etc. Ces organisations coexistent toutes dans le petit espace de l'Afrique centrale qui compte normalement onze Etats[899]. Elles brouillent, pour certains auteurs, la géographie sinon les limites de l'Afrique centrale. Cette sous-région est ce que la doctrine appelle « *une zone à géométrie variable* »[900]. Nous présentons brièvement les caractéristiques de certaines OSR sans étudier en profondeur leurs traités fondateurs.

La CEMAC est une organisation d'intégration économique créée en 1994 sur les cendres de son ancêtre UDEAC (1964)[901]. La CEMAC regroupe six Etats membres qui sont : le Congo-Brazzaville, le Gabon, le Cameroun, le Tchad, la RCA et la Guinée équatoriale. Son siège est établi à Bangui (en RCA). Elle comprend en son sein deux unions : l'Union monétaire des Etats de l'Afrique centrale (UMEAC) et l'Union économique des Etats de l'Afrique centrale (UEEAC)[902]. Ses organes sont la Conférence des chefs d'Etat, le Conseil des ministres, le Parlement de la CEMAC, la Cour de justice de la CEMAC, la Commission de la CEMAC, la BEAC et bien d'autres organes subsidiaires. Par ailleurs, son système institutionnel et normatif se caractérise par un fort taux de mimétisme européen. Du point de vu des normes, en dépit des efforts d'aménagement, on trouve les actes de même appellation et de même portée juridique : les règlements, les directives, les décisions, les recommandations, les avis[903].

Outre la CEMAC, il faut citer la CEPGL. Cette dernière est née le 20 septembre 1976 à Gisenyi (au Rwanda). Plus limitée que la CEMAC, elle compte seulement trois Etats membres qui sont : la RDC, le Rwanda et le Burundi. Selon son acte constitutif, elle est constituée d'une Conférence des chefs d'Etat, d'un Conseil de ministres et Commissaires d'Etat, d'une Commission d'arbitrage et d'un secrétaire exécutif permanent et des secrétaires adjoints. Après une courte période de fonctionnement, la CEPGL

---

899 A titre de rappel, les Etats membres de la CEEAC sont : la RC, RDC, RCA, la République du Cameroun, la République du Gabon, la République populaire de l'Angola, la République du Rwanda, la République de l'Ouganda, la République de la Guinée Equatoriale, la République du Tchad, la République du Burundi.

900 CJ-CEMAC, Arrêt, N°015/2011 du 12/05/2011, A. E. Didier SAMBA/CICOS et Commission de la CEMAC. (En ligne sur https://www.legavox.fr/blog/dr-kamwe-mouaffo/arret-%C2%B0-2011-2011-didier-17928.htm).

901 La Convention de l'UDEAC a été signée le 8 décembre 1964 à Brazzaville. Le traité instituant la CEMAC du 16 mars 1994 s'inscrit dans l'approche d'intégration proposée en UDEAC telle que voulue par le Traité d'Abuja de 1991. Voir préambule du Traité instituant la CEMAC.

902 Article premier du Traité instituant la CEMAC.

903 Article 41 du Traité révisé de la CEMAC, adopté à Yaoundé le 25 juin 2008

avait connu une longue période de léthargie dès le début des années 1990[904]. L'entrée en sommeil de cette organisation était principalement causée par le retard et le refus des Etats membres de contribuer au budget de la Communauté d'une part, aux guerres civiles et au génocide dans ses Etats membres, respectivement au Burundi, au Rwanda, sans oublier la guerre civile congolaise ayant entraîné le renversement du Président Mobutu du Zaïre, aujourd'hui RDC[905] d'autre part. A partir du début des années 2000, une nouvelle perspective visant à relancer la CEPGL s'était dessinée. Nombreuses rencontres ont été effectuées entre les pays membres avec le soutien de la Communauté internationale dans le but de redynamiser la CEPGL et son élargissement à bien d'autres Etats de la sous-région[906].

La SCEVN, quant à elle, regroupe deux Etats : le Congo-Brazzaville et la RCA. Il est chargé de l'entretien des voies navigables principalement le fleuve Congo et l'Oubangui.

Une organisation commune aux Etats de la sous-région qui s'intéresse à la gestion des forêts, la Commission internationale des Forêts de l'Afrique centrale (COMIFAC), mérite aussi d'être évoquée ici. La COMIFAC est une organisation intergouvernementale née de la volonté des Chefs d'Etats d'Afrique centrale, soutenue par la communauté internationale dans le but d'assurer la gestion et la protection les ressources forestières de la sous-région. Sa création formelle résulte de l'article 5 du traité conclu à Brazzaville le 5 février 2005[907]. Ce traité fait suite à la Déclaration des Chefs d'Etats adoptée à Yaoundé en 1999 dans laquelle les Etats s'engagent à préserver la biodiversité et l'écosystème de la sous-région[908]. C'est ladite Déclaration qui a établi la Conférence des Ministres chargés de la Gestion et

---

904 Cette situation est le résultat des préoccupations des Etats aux problèmes nationaux et à l'instabilité sous-régionale amorcées dès les années 1980. Voir à ce sujet : KABAMBA KAZADI Bob, op cit.

905 François-Xavier de Donnea (ministre d'état (Belgique), « La relance de la CEPGL, facteur clé de la paix et de la prospérité régionale autour des grands lacs », 6 pages, Séminaire régional sur les armes légères et de petit calibre et sur la CEPGL tenue à Kinshasa, 2-4 novembre 2005, (consulté le 20 septembre 2016 à 15 heure 21 sur http://www.dedonnea.irisnet.be/pdf/kin1.pdf), p. 3.

906 François-Xavier de Donnea (ministre d'état (Belgique), « La relance de la CEPGL, facteur clé de la paix et de la prospérité régionale autour des grands lacs », 6 pages, Séminaire régional sur les armes légères et de petit calibre et sur la CEPGL tenu à Kinshasa, 2-4 novembre 2005, (consulté le 20 septembre 2016 à 15 heure 21 sur http://www.dedonnea.irisnet.be/pdf/kin1.pdf) citer les rencontres en question.

907 EMMANUEL Delphine-Edith, « La Commission des forêts d'Afrique centrale », In: Revue Juridique de l'Environnement, n°2, 2007. pp. 203-213; consultation 10.3406/rjenv.2007.4633 http://www.persee.fr/doc/rjenv_0397-0299_2007_num_32_2_4633, p. 204.

908 Idem

de la Conservation des écosystèmes forestiers en Afrique centrale. Lors de l'adoption du traité de Brazzaville du 5 février 2005, cet organisme a été transformé en Commission des forêts d'Afrique centrale (COMIFAC). Son siège est établi à Yaoundé au Cameroun.

La prolifération des OSR n'est pas le fait du hasard, plusieurs facteurs expliquent ce phénomène.

B : Les causes de la diversité des OSR

La diversité des organisations internationales africaines en général et celles de l'Afrique centrale en particulier a poussé la doctrine à s'interroger sur « *les raisons* »[909] de leur existence multiple. Bon nombre d'auteurs partagent l'avis selon lequel, *« la prolifération actuelle des regroupements régionaux à travers le continent fait suite à celle des premiers jours de l'indépendance.*[910]*»* Le Professeur Stéphane DOUMBE-BILLE affirme que *« Dès la proclamation des indépendances, (...), s'est parallèlement affirmée la nécessité d'une coopération régionale entre les nouveaux Etats, parfois très proches, sinon étroitement liés par la géographie, l'histoire et la culture. »*[911] François BORELLA de son côté pense que cette diversité a commencé à partir du moment où *« le régionalisme continental perdait son dynamisme. Des groupes restreints prennent en charge des aspects régionaux ou locaux de la coopération nécessaire entre Etats voisins.*[912]*»* Le phénomène a débuté il y a longtemps, certaines explications sont liées à l'histoire (1) alors que d'autres sont liées au contexte actuel (2).

1 : Les causes historiques de la diversité des OSR

Sur le continent africain en général et dans l'espace Afrique centrale en particulier, *« cette dynamique d'institutionnalisation s'explique par des raisons historiques. La décolonisation est sans doute l'une des plus importantes*[913]. » Elle a changé la configuration de la société internationale par l'augmentation du nombre des Etats qui ressentent tous le besoin de s'organiser et de coopérer pour trouver des solutions efficaces aux

---

909 SALL Alioune, synthèse des travaux in Mathieu FAU-NOUGARET (dir), *La concurrence des organisations* régionales *en Afrique, op cit,* p. 438.

910 SYLLA Kalilou, op cit, p. 80

911 DOUMBE-BILLE Stéphane, « La multiplication des organisations régionales en Afrique : concurrence ou diversification ? », pp. 15-28, in Mathieu FAU-NOUGARET (dir.), *La concurrence des organisations* régionales *en Afrique, op cit,* p. 15

912 BORELLA François, op cit, p. 758

913 DOUMBE-BILLE Stéphane, op cit, p. 21

problèmes communs. Le regroupement des Etats africains constitue également une stratégie de lutte contre le néocolonialisme et de toutes les menaces contre leur indépendance provenant de l'extérieur.

D'autres raisons historiques, notamment la diversité des colonisateurs, expliquent également ce phénomène de « *l'Afrique multiple [qui est] l'Afrique divisée par la colonisation et héritée par les Etats postcoloniaux*[914]. » Selon Pierre François GONIDEC « *la différence des colonisateurs et leur pratique internationale suivie par les Etats africains ne facilitent pas l'unité africaine*[915]. » Les anciennes puissances coloniales ont joué aussi un rôle d'incitation à la création des OSR regroupant leurs anciennes colonies afin de préserver leur influence.

Les OSR comme la CEMAC sont un regroupement des Etats partageant un passé commun c'est-à-dire une même histoire coloniale, entant qu'anciennes colonies de la France. Sur les six Etats membres de la CEMAC, par exemple, cinq (5) d'entre eux ont été colonisés par la France : le Congo-Brazzaville, le Cameroun, le Gabon, le Tchad et la RCA. De même, la CEPGL est l'expression de la volonté d'être entre soit, entre les Etats issus d'un même colonisateur qui est la Belgique. A ces affinités d'ordre historique, s'ajoutent d'autres raisons d'ordre politique et sociologique qui expliquent le foisonnement des OSR en Afrique centrale.

2 : Les causes actuelles de la diversité des OSR

Il s'agit des causes politiques et des causes sociologiques et économiques.

Le foisonnement des OSR en Afrique centrale est le résultat des visées politiques des dirigeants des Etats africains. Tant d'auteurs se sont intéressés à cette question en affirmant que les causes politiques sont au cœur de la prolifération des OR et OSR. Selon le Professeur Yves Alexandre CHOUALA, le multilatéralisme est « *... le vecteur de la poursuite des logiques et intérêts égoïstes et cachés des Etats* »[916] ; un « *régionalisme essentiellement politico-institutionnel et volontariste dessiné et décidé par*

---

[914] SINDJOUN Luc, op cit, p. 13

[915] GONIDEC P.F. « Note sur le droit des conventions internationales en Afrique », in Annuaire français de droit international, volume 11, 1965. pp. 866-885. doi : 10.3406/afdi.1965.1852
http://www.persee.fr/web/revues/home/prescript/article/afdi_00663085_1965_num_11_1_1852, p. 876

[916] CHOUALA Yves Alexandre, op cit, p. 154

les dirigeants politiques[917]*.»* Le Professeur Alioune SALL, quant à lui, affirme que *« La prolifération des organisations internationales en Afrique s'explique d'abord par des soucis de « leadership », des querelles, plus latentes qu'avouées, de « positionnement ». Etre « à la tête » ou parmi les initiateurs d'une organisation, même « redondante », c'est s'assurer une certaine visibilité sur la scène internationale*[918]*.»* Une incursion dans l'histoire de la création de ces organisations permet de soutenir l'idée des motivations politiques. Les OSR comme la CEEAC et la CEPGL sont le fruit d'un souci de leadership de leurs initiateurs. La CEEAC est née sous l'impulsion du leadership de l'ancien Chef de l'Etat gabonais, Omar Bongo. Certains auteurs pensent que cette organisation est la relance du projet non réussi de la création de l'UEAC en 1968 proposé par le Maréchal Mobutu[919], ancien président du Zaïre (l'actuelle RDC). De même, la CEPGL est née de la volonté du président Mobutu d'affirmer son leadership dans la sous-région en promouvant un regroupement qui impliquerait à la fois l'ancienne AEF, le Zaïre et le Ruanda-Urundi[920].

D'autres raisons expliquent également la diversité des OSR. Il s'agit notamment d'une prise de conscience politique qui laisse croire que le développement des Etats de la région est conditionné par leur union, leur regroupement au sein d'institutions supranationales. Le sous-développement est un problème commun qui nécessite des actions communes en vue de trouver les solutions efficaces. Comme a su le dire le Professeur Joël AÏVO : *« [pour] les gouvernants africains, malgré leur diversité politique, économique et monétaire, les Etats africains sont confrontés aux mêmes problèmes. Quand bien même ils se déclinent sous divers aspects, le caractère transversal de ces problèmes appelle une mutualisation des ressources et justifie ainsi l'approche communautaire dont les organisations régionales sont les principaux instruments.»*[921] Au regard de cette affirmation, on ne doit pas perdre de vue que l'intégration est aujourd'hui une valeur partagée entre les dirigeants et les peuples africains. *«...les chefs d'Etat africains sont des despotes bienveillants disposés à aller à l'intégration tout en y incluant leur peuple*[922]*.»* Cette affirmation mérite d'être prise en considération avec des réserves parce que la structure des OIA montre le contraire. Les citoyens sont souvent marginalisés. La réalité est aussi que nombreux sont ceux qui restent hostiles à l'idée de l'intégration

---

917 Idem, p. 156
918 SALL Alioune, synthèse des travaux, p. 438
919 NDAYWEL è NZIEM Isidore, op cit , p. 428
920 Idem
921 AIVO Frédéric Joël, « La Communauté des Etats Sahélo-Sahariens (CEN-SAD). Acteur complémentaire ou concurrentiel de l'Union Africaine ? », pp. 71-102, in FAU-NOUGARET Mathieu (Dir.), op cit, p. 71
922 SYLLA Kalilou, op cit, p. 80

des Etats au sens fort du terme avec la création des structures supranationales dépassant le model coopératif au niveau continental.

Plusieurs hommes politiques ont fortement lutté pour l'unification de l'Afrique en général[923] et celle de l'Afrique centrale en particulier. Barthelemy BOGANDA a fortement lutté pour la création d'un Etat fédéral en Afrique centrale, mais en vain[924]. En dépit de l'échec de ce projet, les différents traités fondateurs des OSR dans cet espace contiennent l'idée du besoin de l'intégration comme fondement de leur existence. Dans le préambule du Traité de la CEMAC, on peut lire que les Etats sont « *résolus à donner une impulsion nouvelle et décisive au processus d'intégration en Afrique centrale par une harmonisation accrue des politiques et des législations de leurs Etats.* » Cette formule est répétée dans le préambule du Traité révisé de la CEMAC de 2008. Bien d'autres traités fondateurs des OSR rappellent l'ambition de l'intégration des Etats[925].

Les raisons politiques étant évoquées, passons maintenant à l'étude d'autres facteurs à l'origine du phénomène de la diversité des OSR en Afrique centrale.

Les facteurs sociologiques et économiques, quant à eux sont également à l'origine de la prolifération des OSR. Un auteur affirme que *«... plus les éléments sociologiques sont diversifiés, plus ils constituent des forces antagonistes rendant difficiles et parfois précaires les regroupements.*[926]» Ce problème est difficile à surmonter. Il touche aujourd'hui d'autres secteurs d'intégration les plus récents comme la gestion internationale des cours d'eau transfrontaliers.

Outre la diversité des colonisateurs, il faudrait ajouter la différence de langues et des cultures léguées d'ailleurs par les colons[927]. Ici, « *le critère linguistique est un déterminant des identités culturelles multiples et des*

---

[923] Sur le plan continental, on n'oubliera jamais les efforts de KWAME NKROUMAH pour l'unification continentale. Il fut bien évidemment soutenu par certains hommes politiques africains de l'époque.

[924] DE DREUX-BREZE Joachim, L'accession à l'indépendance de l'Afrique équatoriale française : Union ou éclatement, L'Harmattan, Paris, 2010, 211 pages, p. 73-76

[925] C'est sur le fondement de l'approche d'intégration du Traité d'Abuja que les Traités instituant les OSR rappellent cet objectif pour justifier leur raison d'être.

[926] THIAM Doudou, *Le fédéralisme africain. Ses principes et ses règles,* Présence africaine, Paris, 1972, 173 pages, p. 20

[927] KAZADI MPIANA Joseph: « La problématique de l'existence du droit communautaire africain. L'option entre mimétisme et spécificité », Revue libre de Droit, 2014, p.38-78, (article disponible sur http://www.revue-libre-de-droit.fr, consulté le 8 septembre 2015 à 16 heure), p. 47

relations internationales africaines.[928]» Il est créateur « *des identités collectives internationales et inspiratrices de certaines alliances entre Etats francophones...* »[929] En Afrique centrale, la CEMAC regroupe les Etats francophones, la CEPGL regroupe des Etats parlant le français, mais aussi le Swahili. Ce dernier « constitue un critère encore plus spécifique »[930] pour l'espace des pays des Grands lacs.

La langue est dans les OSR un élément de rapprochement, de compréhension mutuelle et de partage du sentiment de fraternité entre les peuples des différents Etats de la sous-région. C'est pour dire *a contrario* que la multiplicité de langues produit un effet inhibiteur sur le processus d'intégration. Elle nourrit une distance, le sentiment de discrimination et d'exclusion entre les Etats et les peuples ne parlant pas les mêmes langues. Ce problème se pose au sein de la CICOS avec l'Angola qui aimerait que le portugais soit institué comme langue de travail de cette organisation, ce que les autres n'acceptent pas.

Toutefois, ce propos doit être relativisé, car les traités des OSR restent ouverts à l'adhésion « d'autres Etats »[931], de « tout autre Etat africain »[932] ou de « tout Etat de la région d'Afrique centrale ». Le critère tout Etat, qui est géographique, nie ainsi le critère linguistique.

La diversité des OSR est aussi le fait du partage des intérêts économiques. Ici, le besoin de gestion collective des ressources naturelles transfrontalières est une base sur laquelle ont été édifiées les OSR. La CICOS est créée pour la gestion communautaire des eaux du bassin du fleuve Congo, la COMIFAC est créée pour la conservation et la gestion durable des forêts d'Afrique centrale[933], la CEMAC entend créer un marché

---

928 SINDJOUN Luc, op cit, p. 13. Suivant cet auteur, « l'Afrique lusophone est organisée dans le cadre de l'organisation dénommée PALOP (Pays africains de langue portugaise) ; l'UEMOA (…) est surtout un cadre d'interaction entre Etats francophones de l'Afrique de l'Ouest qui marginalise les Etats anglophones de la région (Nigeria, Ghana, Sierra Leone et Liberia). Dans les années 1960-1970, la francophonie africaine s'organisa à l'échelle continentale à travers l'OCAM (Organisation commune africaine et malgache).

929 SINDJOUNE Luc, op cit, p. 14.

930 KABAMBA KAZADI Bob, op cit, p. 118

931 Cette large ouverture est celle qu'on retrouve à l'article 25 du Traité instituant la COMIFAC du 05 février 2005.

932 Il en était ainsi de l'article 6 du Traité instituant la CEMAC du 16 mars 1994. Mais, à la suite des révisions de 1996 et de 2008, la formule « tout autre Etat africain » est abandonné. L'article 26 du Traité instituant la COMIFAC ouvre l'adhésion à d'autres Etats africains.

933 Voir Traité relatif à la conservation et la gestion durable des écosystèmes forestiers d'Afrique centrale et instituant la Commission des forêts d'Afrique centrale (COMIFAC) adopté à Brazzaville le 5 février 2005.

commun et l'utilisation en commun des ressources naturelles des Etats membres pour le bien-être des peuples[934].

Il faut aussi ajouter que la diversité des OSR s'explique par l'évolution ambiguë de la méthode d'intégration choisie par les Etats dès la proclamation des indépendances. En effet, cette méthode d'intégration régionale a été établie par la Résolution CM/Rés. 464 (XXVI) de 1976 qui limitait à cinq (5) les régions africaines devant constituer chacune une organisation régionale d'intégration. Les cinq OSR seraient une phase transitoire vers la création d'une zone économique unique. Or, en 1991, était adopté le Traité d'Abuja qui crée une CEA. Cette dernière devra absorber les OSR existantes. Il introduit toutefois une ambiguïté dans la mesure où son article 6 (2a) préconise le renforcement des institutions d'intégration existantes et la création d'autres là où elles n'existent pas. Monsieur Ernest FOLEFACK pense que *« cette disposition est ambiguë dans la mesure où elle évoque la création d'autres institutions alors même que toutes les régions reconnues par l'OUA sont déjà dotées d'institutions d'intégration.»*[935] L'article 6 (2a) du Traité d'Abuja a marqué le point de départ de la pléthore des organisations régionales et sous-régionales. D'ailleurs, les traités fondateurs des OSR se réfèrent au Traité d'Abuja pour justifier leur raison d'être[936]. Celui de la CICOS fait autant. Cette opinion de l'ambiguïté de la méthode d'intégration est partagée également par le Professeur Stéphane DOUMBE-BILLE qui, analysant « la multiplication des organisations régionales en Afrique », pense que *« La configuration de cette construction régionale n'est pas exempte d'ambiguïtés*[937]*.» Car, « [à] l'origine, (...) la coopération régionale (...) se construit sous le prisme du panafricanisme, considéré comme le stade ultime d'un développement institutionnel dont le régionalisme est perçu comme une simple phase transitoire vers le fédéralisme africain*[938].» Aujourd'hui, *« il s'agit évidemment d'une vue trompeuse »* de *« la construction unique*

---

934 Voir préambule du Traité révisé de la CEMAC de 2008.

935 FOLEFACK Ernest, « Traité d'Abuja et foisonnement des institutions d'intégration régionale en Afrique : problèmes de coordination, de compatibilité des projets et de la gestion des appartenances multiples. Les cas de l'Afrique centrale, de l'Afrique orientale et australe », pp. 175-195, FAU-NOUGARET Matthieu (Dir.), *La concurrence des organisations régionales en Afrique,* L'Harmattan, Paris, 2012, 450 pages, p. 177.

936 Tels sont les cas par exemple de l'Accord instituant un régime fluvial uniforme et créant la CICOS qui rappelle dans son préambule les objectifs de l'OUA tels que fixés par le Plan d'action de Lagos et le Traité d'Abuja ; le préambule du Traité fondateur de la CEMAC du 16 mars 1994.

937 DOUMBE-BILLE Stéphane, op cit, p. 15

938 Idem

recherchée.»[939] L'auteur affirme, par la suite, que *« Le régionalisme africain apparaît bien au contraire comme l'expression d'un éclatement juridique des formes institutionnelles de solidarité, les unes se superposant aux autres dans des conditions qui défient parfois la cohérence et l'analyse*[940]*.»* Bien évidemment, le problème de l'absence de cohérence est remarquable, dans la mesure où les OSR se superposent les unes sur les autres, ce qui entraîne des dédoublements fonctionnels et des gaspillages d'énergies dans cette mosaïque institutionnelle qu'elles forment.

Cela étant, à partir du constat de la diversité des OSR, on peut retenir que ces dernières sont le symbole de la diversité des intérêts collectifs des Etats de la sous-région. La raison politique n'est qu'un élément déclencheur de la création d'une OSR. Elle s'appuie sur les intérêts partagés entre les Etats pour justifier la nécessité d'une OSR. C'est à cause de l'interdépendance des intérêts entre les Etats qu'ils n'hésitent pas à adhérer simultanément aux OSR.

Paragraphe II: Les appartenances simultanées aux OSR

Ces appartenances sont liées au problème de la diversité des OSR. Un auteur pense que *« le Chevauchement a comme pendant les adhésions et appartenances institutionnelles multiples qui constituent l'autre logique principale d'expression des multilatéralismes en Afrique centrale »*[941]. Après que nous aurons fait le constat des appartenances simultanées aux OSR (A), il sera ensuite intéressant d'exposer leurs conséquences sur la contribution de la CICOS à l'intégration des Etats (B).

A : Etat des lieux des appartenances simultanées

En vertu de leur souveraineté, les Etats sont libres de faire partie de toutes sortes d'organisations internationales qui leur octroient cette possibilité. *« L'accession des pays africains* [en général et ceux du centre en particulier] *à l'indépendance leur a conféré toutes les compétences internationales au nombre desquelles le pouvoir de traiter.»*[942] Cette prérogative n'altère pas la souveraineté de l'Etat, mais en constitue une manifestation. *« Le fait même*

---

[939] Idem, p. 16

[940] DOUMBE-BILLE Stéphane, op cit, p. 16

[941] CHOUALA Yves Alexandre, op cit, p. 163

[942] GONIDEC P.F. « Note sur le droit des conventions internationales en Afrique », in Annuaire français de droit international, volume 11, 1965. pp. 866-885. doi : 10.3406/afdi.1965.1852 http://www.persee.fr/web/revues/home/prescript/article/afdi_00663085_1965_num_11_1_1852, p. 1

de conclure des accords internationaux, y compris ceux relatifs à l'institution des organisations internationales, fait partie de l'exercice des attributs de la souveraineté.»[943] De même, le fait pour une organisation internationale d'admettre l'adhésion de nouveaux membres, constitue la manifestation de sa personnalité juridique internationale.

En Afrique centrale, les traités fondateurs des OSR sont ouverts à l'adhésion de tous les Etats de la sous-région. De là naît un sous-problème *« l'adhésion trop faciles aux institutions régionales.»*[944] Il est important de montrer les appartenances de chaque Etat membre de la CICOS à d'autres OSR avant de voir les raisons de ces appartenances multiples.

La RDC est non seulement membre de la CICOS, mais aussi de la SADEC[945], de la CEPGL, de la CEEAC, de la COMIFAC, de la COMESA, l'OHADA. Etat situé en Afrique centrale, la RDC partage ses frontières avec bon nombre d'Etats d'autres sous-régions en raison de la grandeur de son territoire. C'est ce rapprochement géographique qui fait aussi que la RDC est membre d'OSR autres que celles de l'Afrique centrale.

Quant au Congo-Brazzaville et au Gabon, ils sont membres de la CICOS, de la CEMAC, de la CEEAC, de la COMIFAC et de l'OHADA.

Le Cameroun de son côté, en plus de son appartenance à ces cinq (5) OSR et régionales, est aussi membre de la Commission du bassin du lac Tchad (CBLT) et membre de l'ABN.

La République du Congo et la RDC sont membres observateurs de la CBLT[946].

La RCA et l'Angola ne sont pas en reste dans ce mouvement. Ils sont tous deux membres de la CEEAC, de la CICOS et de la COMIFAC. Mais, l'Angola est aussi membre de la SADEC et de la Commission du Bassin de l'Okavango[947]. La RCA est aussi membre de l'OHADA.

---

[943] KAZADI MPIANA Joseph, op cit, p. 57

[944] FOLEFACK Ernest, op cit, p. 184

[945] MUMENGI Didier, *Les Etats-Unis du Bassin du Congo : une écorégion pour un co-développement,* L'Harmattan, Paris, 2012, 217 pages, p. 52-56. Dans cet ouvrage, l'auteur dresse un tableau intéressant de la multiplicité des OSR et les appartenances multiples des Etats à ces organisations. L'auteur fait le constat de ce problème en s'appuyant sur sept (7) Organisations régionales et non continentales : CIRGL, CEPGL, CEMAC, CEEAC, CEN-SAD, SADC, COMESA.

[946]www.cblt.org, publication.

[947] La Commission permanente du Bassin du fleuve OKAVANGO (OKACOM) fut créée en 1994 par un Accord signé entre ses trois Etats riverains que sont : l'Angola, la Namibie et le Botswana.

Ces appartenances ne se limitent pas seulement aux OSR. Ces pays se retrouvent tous dans les organisations hybrides (CEN-SAD[948], OHADA), continentales (UA) et universelles (ONU) et bien d'autres encore.

La simultanéité de ces appartenances illustre ce qui a été dit plus haut : le partage d'une même zone géographique et des frontières, les intérêts économiques communs ainsi que des mobiles politiques, etc. Ce phénomène est encouragé par les conditions faciles d'adhésion posées par les traités fondateurs des OIA[949] ainsi que leur ouverture à tous les Etats africains en général ou ceux de l'Afrique centrale en particulier.

En effet, la condition essentielle d'adhésion est l'appartenance à la sous-région Afrique centrale ou au continent africain. La priorité est accordée au critère géographique. Il est l'expression de la conception du régionalisme sur une base plus strictement géographique qui a pris son ampleur depuis 1963 et, il triompha à la Conférence d'Addis-Abeba qui mit sur pieds l'OUA[950]. La formule "tout Etat" est répétée de manière systématique dans les actes constitutifs des OSR de l'Afrique centrale. L'article 6 du Traité portant création de la CEMAC du 16 mars 1994 dit : « *Tout autre Etat africain, partageant les mêmes idéaux que ceux auxquels les Etats fondateurs se déclarent solennellement attachés, pourra solliciter son adhésion à la Communauté économique et monétaire de l'Afrique centrale.* » De même, le Traité du 5 février 2005 instituant la COMIFAC prévoit à son article 4 que « *Peut également devenir membre de ce présent traité, tout autre Etat de l'Afrique centrale, qui y adhère conformément aux modalités prévues à l'article 25.* » Le critère territorial ou géographique figure également à la

---

948 Pour plus d'éclaircissements sur le cas de la CEN-SAD, voir l'article du Professeur AIVO Frédéric Joël, « La Communauté des Etats Sahélo-Sahariens (CEN-SAD) : acteur complémentaire ou concurrentiel de l'Union Africaine ? », in FAU-NOUGARET Mathieu, *La concurrence des organisations régionales en Afrique*, op cit, pp. 71-102.

949 MVELLE Guy, *L'Union africaine...op cit.* L'auteur de cet ouvrage remarque lui aussi dans le cas de l'UA cette situation des adhésions faciles à l'organisation régionales. Pendant l'époque de l'OUA tout comme de l'UA, aujourd'hui, « les adhésions ne sont donc jamais assorties de conditionnalités (...).», p. 274. Il conclut que les adhésions faciles posent à n'en point douter un problème de coordination au niveau de la prise de décision, et une cohérence au niveau de l'élaboration des politiques communautaires ». Elles sont de « véritables freins à l'intégration.» p. 274. A ce problème des adhésions sans conditionnalité, il ajoute celui d'une « absence de période d'adaptation.», p. 275. C'est-à-dire que, selon lui, l'Etat qui adhère à l'OI devrait conformer son droit interne à celui de l'OI. Cette obligation est de nature à préserver le droit existant de l'OI. Le moins qu'on puisse dire est que ces problèmes sont communs aux OIA.

950 BORELLA François, « Le régionalisme africain et l'Organisation de l'Unité Africaine », op cit, p. 839.

Convention de la CEPGL de 1976 qui prévoit notamment à l'article 36 que *« la présente convention est ouverte à l'adhésion des autres Etats de la région des Grands Lac. »*

A la simplicité des conditions d'adhésion aux OSR s'ajoute celle des procédures d'adhésion. Ici, l'accent est mis sur les considérations politiques au détriment des considérations économiques, idéologiques et financières[951]. Seul l'organe suprême de l'OSR, en l'occurrence la conférence des chefs d'Etat ou des Ministres (pour le cas de la CICOS), apprécie et valide les demandes d'adhésion. De manière générale, les demandes d'adhésion sont transmises au Secrétariat général ou exécutif de l'organisation qui les transmet ensuite à la Conférence des Chefs d'Etats et de gouvernements pour validation[952].

L'admission facile des adhérents est aussi due au besoin de l'augmentation des moyens de fonctionnement des OSR. L'OSR, en vue d'accroître ses capacités et son poids sur la scène internationale, est obligée de tendre la main aux pays voisins, de leur laisser la porte ouverte, en espérant que plus le nombre des membres augmente, plus elle acquiert de l'importance et des financements nécessaires.

Toutefois, la facilité des adhésions cache une autre réalité : les querelles de leadership. Si certaines OSR sont nées de la volonté des Chefs d'Etat voulant affirmer leur leadership dans la sous-région, il faut avouer que d'autres sont créées pour riposter au leadership hégémonique de l'Etat initiateur d'une OSR. En ce moment, les OSR se retrouvent dans une concurrence acharnée. La facilité d'adhésion à une OSR constitue une stratégie qui vise à attirer les membres d'autres OSR concurrentes, voire à absorber ces dernières ou les éclipser.

Par ailleurs, les dirigeants des Etats adhérents trouvent également une occasion de réaliser certains désirs politiques : se faire de bonnes relations avec les Etats voisins, être proche du Chef de l'Etat leader afin de bénéficier de son expérience et de son soutien, etc. Les différents sommets des OSR et régionales sont là des occasions à ne pas manquer pour consolider des relations avec les dirigeants des Etats voisins.

Le désir d'appartenances multiples se justifie également par la recherche des avantages de l'intégration. Les appartenances multiples *« permet de multiplier les opportunités et les fronts d'intégration ; maximiser les acquis (...) des différentes communautés régionales ; partager les charges d'intégration ainsi que les risques et les vulnérabilités d'un positionnement solitaire. S'engager dans autant d'espaces d'intégration économique, est*

---

[951] FOLEFACK Ernest, op cit, p. 184
[952] FOLEFACK Ernest, op cit, p. 184

nécessaire à l'harmonisation du taux de croissance économique des Etats»[953]. Un Etat qui appartient à plusieurs OSR permet à ses ressortissants de bénéficier des fonctions internationales soit par concours, soit par désignation directe par l'Etat lui-même. A cet effet, le multilatéralisme devient un moyen de lutter contre le chômage au plan national. En outre, l'Etat peut se voir octroyer un autre avantage : la fixation du siège de l'organisation sur son territoire. Obtenir le siège de l'organisation est un gros avantage pour l'Etat. Le siège de l'organisation renforce le prestige international de l'Etat, attire sur son sol les personnalités nanties et permet de booster le tourisme et les activités économiques.

Toutefois, il est difficile d'encourager une telle manière de rechercher le développement d'un pays. Un Etat ne peut bénéficier de l'intégration que lorsqu'il produit et exporte plus. Aussi longtemps qu'un Etat demeure économiquement non productif, l'intégration ne sera qu'au profit des autres (producteurs), en dépit des adhésions à plusieurs groupements. Multiplier les adhésions aux OSR serait une manière d'éparpiller les maigres moyens de l'Etat, d'aggraver la pauvreté et de retarder le développement. Les avantages sont plus minimes que les inconvénients. Malgré les conséquences de ce phénomène, tout se passe comme si les dirigeants des Etats de la sous-région les minimisaient[954].

B : Les conséquences des appartenances simultanées

Elles sont de plusieurs ordres : politiques, financières, économiques et juridiques.

Au plan politique, l'appartenance simultanée aux OI en général occasionne une instabilité des autorités politiques de l'Etat pour participer aux activités des OSR. En retour, les autorités politiques seront aussi saturées par des responsabilités nationales et internationales préjudiciables à l'efficacité des institutions qu'elles dirigent, « *...dans la mesure où [elles] doivent non seulement faire face à des obligations financières multiples, mais doivent aussi gérer une multiplicité de réunions, de décisions, d'instruments, de dossiers, de procédures et d'échéances.»*[955] De ce fait, ces

---

[953] CHOUALA Yves Alexandre, « Le multilatéralisme en Afrique centrale... », op cit, p. 164

[954] Avant que les Etats s'engagent à créer une OI ou à adhérer à une OI, ils devraient mesurer leurs capacités de faire face aux obligations qui les attendent. Si non, ils gaspilleraient le peu de moyens qu'ils ont.

[955] ISSAKA K. SOUARE, « Regard critique sur l'intégration africaine. Comment relever les défis », 10 pages, (article publié par l'Institut d'Etudes de Sécurité (Québec), Juin 2007, disponible sur http://www.issafrica.org, consulté le 20 mai 2016 à 10 heures), p. 5

institutions (nationales et internationales) courent le risque de lourdeur ou de lenteur dans l'accomplissement de leurs tâches. Cela est la conséquence des dédoublements fonctionnels. Les OSR dernières ont toutes les organes réunissant les Chefs d'Etat (Conférences) ou les Ministres (conseil ou comité des ministres) qui tiennent des sessions ordinaires et extraordinaires une ou deux fois l'année. Déjà, à la CICOS, tous les Ministres chargés de la gestion de la navigation intérieure et ceux chargés de la gestion des eaux douces composent le Comité des Ministres[956].

Une autre conséquence importante d'ordre financier a été signalée par certains penseurs qui critiquent les adhésions croisées à cause des déperditions d'énergies et des alourdissements de charges.[957] Le fait pour un Etat d'appartenir à une OI entraine sur lui des charges financières pour assurer le fonctionnement de l'OI. Or, les Etats africains éprouvent des difficultés à assumer leurs engagements. De manière générale, *« [une] (...) étude de la CEA souligne ainsi que « un peu plus de 25% des pays qui sont membres de plus d'une communauté déclarent qu'en raison des adhésions multiples, ils éprouvent des difficultés à s'acquitter de leurs obligations financières »*[958]. La CICOS est déjà victime du problème de la maigreur des moyens de fonctionnement résultant notamment des difficultés financières des Etats membres. D'ailleurs, après l'adoption de l'Accord du 06 novembre 1999 l'instituant, sa mise en fonctionnement a été retardée ; la CICOS a été mise en sommeil[959] faute des financements. Créée en 1999, la CICOS a été rendue opérationnelle effectivement en 2004. Même après cette période, certains Etats n'avaient pu honorer leurs engagements financiers. Le Comité des Ministres de la CICOS n'a pas cessé de rappeler aux Etats membres le respect de leurs engagements financiers[960] afin de sauver l'institution. Consciente du danger que représentent les appartenances multiples aux OI, la doctrine n'a pas cessé de soulever ce problème et, par ce biais, d'attirer l'attention des Etats africains en général et ceux du centre en particulier.

Sur le plan économique, les adhésions et appartenances simultanées entraînent des effets inhibiteurs sur le processus d'intégration. Comme a su le dire le Professeur Yves Alexandre CHOUALA (citant une étude de la CEA, 2008 : pp. 59-60), *« les adhésions croisées ne semblent pas une*

---

[956]Article 17 de l'Additif du 22 février 2007: « En complément des dispositions de l'article 19 de l'Accord, les Ministres en charge de la gestion des ressources en eau des Etats contractants sont membres de droit du Comité des Ministres ».
[957] Idem
[958] CHOUALA Yves Alexandre, op cit, 164
[959] DOUMBE-BILLE Stéphane, « La multiplication des organisations régionales en Afrique... », op cit, p. 25
[960] Communiqué final du Comité des Ministres de la CICOS, 13eme session ordinaire tenue à Yaoundé (Cameroun), 1er juillet 2016. p. 4

grande réussite »[961]. Dans la mesure où sur le plan économique : « *l'Afrique centrale se caractérise par des adhésions croisées et la déperdition des efforts (...) Le dédoublement des programmes en Afrique centrale est surtout visible dans l'intégration des échanges et des marchés, la facilitation des échanges, la libre circulation des personnes, la paix et la sécurité et les ressources en eau (...).»*[962] Les Etats de la sous-région ont du mal à assurer la facilitation des échanges et de la liberté de circulation des personnes. Les échanges intra régionaux sont frappés d'une faiblesse effroyable et la liberté de circulation des personnes a connu un rejet de la part de certains Etat[963].

A ces problèmes, il faut ajouter ceux d'ordre juridique. En effet, les engagements multiples dans les OSR entraînent un foisonnement de textes. Dans ces conditions, les Etats auront du mal à assurer leur mise en œuvre effective.

Malgré ces dangers tant dénoncés, certains auteurs nient les inconvénients des appartenances simultanées des Etats aux OSR. Les défenseurs de cette opinion voient dans les appartenances multiples des Etats aux OSR une expression de leur engagement à la réalisation de l'intégration[964]. On peut dire en d'autres termes que les appartenances multiples seraient une expression du refus de l'individualité, du repli des Etats envers soit. Elle est peut-être une sorte d'ouverture à l'intégration, une acceptation et un encouragement à l'accélération de la réalisation de l'unité africaine. Autrement dit, *« ... aucun Etat ne veut être « politiquement incorrect » face à ce qui évoque en public l'unité africaine.»*[965] Cela peut être vrai si l'on tient compte de la référence à répétition au plan d'action de Lagos et au Traité d'Abuja dans les traités des OSR. Qu'à cela ne tienne, cet avantage reste minime. S'il est vrai que tous les Etats se doivent de soutenir la vision de l'unité africaine, il est aussi vrai qu'aucun d'entre eux ne voudrait jamais être indexé comme un adversaire de l'unité africaine en restant en marge des organisations régionales africaines, dans la mesure où elles sont les piliers de l'intégration continentale.

Au regard de ce qui précède, il est clair que la coexistence entre la CICOS et les OSR risque d'engendrer des effets préjudiciables à la gestion intégrée du bassin[966].

---

961 CHOUALA Yves Alexandre, op cit, p. 164

962 Idem

963 C'est le cas du refus du Gabon et de la Guinée-Equatoriale d'appliquer la politique de la liberté de circulation dans l'espace CEMAC.

964 CHOUALA Yves Alexandre, op cit, p. 164

965 FOLEFACK Ernest, op cit, p. 185

966 C'est pour cette raison que nous nous emploierons, dans cette section, à évoquer des solutions à ces problèmes.

Section II : Les effets de la coexistence des OSR

La coexistence entre les OSR pose de sérieux problèmes qui contribuent davantage à l'affaissement de leur efficacité. On a parfois l'impression que pour les Etats africains, le développement harmonieux est synonyme de la multiplication des OSR. Toutefois, selon certains auteurs, la coexistence entre les OSR a pour avantage la complémentarité[967]. Cet avantage est maigre dans la mesure où le caractère conflictuel de la coexistence entre les OSR est plus important[968]. Dès lors, entre la CICOS et d'autres organisations de la sous-région existe deux (2) types de rapports opposés : l'apparente complémentarité (paragraphe I) et la concurrence (paragraphe II).

Paragraphe I : Une coexistence d'apparence complémentaire

La complémentarité est le caractère des choses complémentaires, c'est-à-dire des choses qui s'ajoutent à d'autres de même nature pour former un tout. La chose qui s'ajoute à une autre est appelée complément. Ce dernier sert à combler un vide laissé par un élément donné. Dans le cas qui nous concerne, la complémentarité est tout d'abord théorique (A). Ensuite, elle pratique, si l'on tient compte du cas spécifique des rapports entre la CEMAC et la CICOS (B).

A : Une complémentarité théorique

La création des OSR répond au besoin de la poursuite de l'intégration des Etats. Cette dernière est le premier fondement théorique de la complémentarité entre les OSR de l'Afrique centrale (1). En plus, l'effort de spécialisation de certaines OSR, le cas de la CICOS, fait naître un second aspect de la complémentarité (2).

1 : L'intégration comme objectif commun des OSR

Entre la CICOS et les OSR, il existe une complémentarité, c'est-à-dire que ces organisations et la CICOS se complètent, forment un ensemble et concourent à une œuvre commune qui est l'intégration des Etats. La preuve

---

[967] TALL (S.N.), « La CEDEAO et l'UEMOA : concurrence ou complémentarité ? », in Nouvelles annales africaines, n° 1-2007, pp. 41-48

[968] Selon SINDJOUN Luc, op cit, p. 22, « Les relations internationales africaines sont constituées d'un champ, c'est-à-dire d'un espace de relations internationales concurrentielles et complémentaires entre acteurs identiques ou différents aux ressources variées ». Cette affirmation, montre que cette réalité est répandue sur tout le continent africain. Ce dernier se présente comme une zone d'interaction entre plusieurs acteurs.

en est que les actes constitutifs des OSR et ceux de la CICOS prônent toutes la poursuite du processus d'intégration tel que voulu par l'OUA/UA. Dans le préambule de l'Accord du 06 novembre 1999 les Etats signataires se réfèrent aux *« objectifs de l'OUA visant à intensifier la coopération entre les Etats africains notamment les recommandations du Plan d'action et de 1'Acte final de Lagos en vue de la création d'institutions communes et du renforcement de celles déjà existantes.»* Dans cette perspective, l'objectif-phare dudit Accord est d'instituer un régime fluvial uniforme des voies navigables du bassin (article 3). La CICOS est l'instrument de communautarisation du droit de la navigation fluviale dans le bassin COS. Elle a apporté un cadre normatif que les CE n'ont pas pu accoucher.

De même, en matière de protection de l'environnement, on a vu avec le Professeur Maurice KAMTO que les CER sont défaillantes dans ce secteur, tandis que les organismes de bassin compensent cette défaillance. L'Accord et son Additif sur la GIRE prévoient des dispositions relatives à la protection de l'environnement et des instruments de prévention des dommages environnementaux sont élaborés. Certains auteurs qui s'intéressent à la question de la multiplicité des organisations internationales africaines affirment ses effets positifs dans le processus d'intégration. Le professeur Yves Alexandre CHOUALA, précité, a parlé des *« acquis et avantages intégrationnels des multilatéralismes ».* Pour lui, ces acquis et avantages se situent aux *« plans idéologico-symbolique, politico-institutionnel et économique*[969]*.»* De même, le Professeur Stéphane DOUMBE BILLE voit dans la diversité des OSR « *une expression d'un véritable dynamisme institutionnel »*[970] qui est « *conforme au mouvement contemporain du droit international »*[971]. Il ajoute par ailleurs que ce *« foisonnement* [est] *non concurrentiel*[972]*.»* A partir de ce constat général, en ce qui concerne la

---

969 CHOUALA Yves Alexandre, op cit, L'auteur explique que sur le plan symbolique, « les communautés sous-régionales ont fait de l'intégration régionale une norme politique, idéologique et symbolique fondamentale ayant conduit à sa légitimation politique et sociale ». Elle est aussi « devenue en Afrique centrale une réalité symbolique qui structure et influence les comportements des Etats ». Il ajoute par ailleurs qu'au plan juridique et institutionnels « les organisations régionales sont engagées dans un processus d'unification formelle du cadre institutionnel de la coopération régionale.» Et, un dernier effet positif est de nature économique. Selon le même auteur : « sur le plan économique, les communautés régionales ont depuis adopté et mis en œuvre une série de mesures visant à accélérer l'intégration du commerce et des marchés notamment la suppression des barrières tarifaires qui obèrent les flux d'échanges, la levée pure et simple des barrières non tarifaires et l'adoption de politiques commerciales communes.», pp. 165-167

970 DOUMBE-BILLET Stéphane, op cit, p. 19

971 Idem, p. 20

972 Idem, p. 21

CICOS et d'autres OSR, des effets positifs se manifestent en termes de complémentarité.

Du côté des autres OSR de l'Afrique centrale, l'intégration africaine est aussi évoquée dans les actes constitutifs comme motif de leur création. Dans le Préambule de la Convention de la CEPGL du 20 septembre 1976 les Etats signataires déclarent leur « *fidélité à la Charte de l'Organisation de l'Unité Africaine et que la création des ensembles économiques régionaux est une approche objective et un fondement réaliste de l'unité africaine* ». De même, dans le préambule du Traité créant la CEMAC du 16 mars 1994 les Etats se déclarent *« résolus à donner une impulsion nouvelle et décisive au processus d'intégration en Afrique centrale par une harmonisation accrue des politiques et des législations de leurs Etats.»* Ces mêmes Etats ont pris *« acte de l'approche d'intégration proposée en UDEAC telle qu'inspirée par les Chefs d'Etat de l'OUA lors de la Conférence d'Abuja en juillet 1991.»* Au regard de la référence à l'intégration africaine dans les actes constitutifs des OSR de l'Afrique centrale, on peut dire que celles-ci et la CICOS constituent toutes les instruments mis en place par les Etats en vue de parvenir à l'unité africaine, chacune d'elles à bien son rôle à jouer dans la quête de cette unité. Puisqu'aucune de ces organisations n'a des compétences générales, l'existence de plusieurs organisations sous-régionales permet de combler certains vides.

Le foisonnement des OSR peut être vu comme un moyen d'approfondissement et de diversification des politiques communautaires. L'articulation entre les OSR africaines constitue ce qu'on peut appeler le système africain d'intégration des Etats. La spécialisation de chaque organisation concourt à la complémentarité.

2 : La spécialisation des OSR

La complémentarité entre la CICOS et les OSR de l'Afrique centrale peut être soutenue en raison de la spécialisation de la CICOS dans la gestion du bassin fluvial alors que les autres organisations ne sont pas créées pour gérer l'eau.

D'après l'Accord l'instituant et son Additif du 22 février 2007, la CICOS est spécialisée dans la gestion des eaux fluviales du bassin COS. Elle est créée pour la réglementation et la promotion de la navigation fluviale dans les voies d'eau situées sur le territoire de ses Etats membres. L'existence de la CICOS est donc fondée sur la promotion de la navigation intérieure et de la GIRE. Du point de vue institutionnel, on a vu que les organes de la CICOS sont dévoués à la gestion du bassin fluvial, ils sont composés des spécialistes de la navigation fluviale et des ministres en charge de la navigation fluviale des Etats membres et des ministres chargés de la gestion de l'eau.

Cette spécialisation ressort également des missions de la CICOS. En effet, l'article 17 lui attribue des missions diverses qu'elle doit accomplir *dès sa mise en place et les missions à court, moyen et long termes.* Dès sa mise en place la CICOS devrait assister les Etats pour la tenue et la mise à jour, dans le plus bref délai des registres de recensement des unités opérant sur les voies navigables du bassin Congo - Oubangui - Sangha (COS) ; contrôler la mise en application des dispositions du Code de la navigation intérieure CEMAC/RDC sur l'immatriculation, le jaugeage, la signalisation et la délivrance des certificats de navigabilité ainsi que des permis de navigation; définir et faire appliquer des mesures appropriées à prendre pour réduire sinon, éliminer les incidents qui se produisent sur cette route de convergence et de dispatching des trafics internationaux empruntant les voies navigables du COS ; examiner la révision du Protocole tripartite Congo-RCA-RDC relatif à l'entretien par le Service Commun d'Entretien des Voies Navigables (SCEVN) et la Régie des Voies Fluviales (RVF.) du tronçon de base du réseau Inter-Etats ; exécuter l'étude demandée par la deuxième réunion des experts en transport CEMAC/RDC tenue à Kinshasa relative à l'harmonisation des normes et spécifications techniques en matière de construction et réparation navales[973].

Signalons en passant que, sur le plan juridique, la Commission a accompli certaines de ses missions, en dépit des insuffisances théoriques et des difficultés pratiques. Nous avons parlé de la révision de l'Accord tripartite RDC-RCA-Congo ainsi que de l'adoption des règlements communs en matière de construction et de réparation navales. La CICOS établie les normes dans des secteurs où d'autres OSR n'ont pas réalisé.

Du point de vue des missions à court, moyen et long termes, on constate également que la nature d'institution spécialisée ne fait aucun doute. Elles visent essentiellement la promotion de la navigation intérieure par l'interconnexion des voies navigables du bassin COS. Ces missions se répartissent de la manière suivante : les missions à court terme se situent au plan national et au plan du réseau inter-états, les missions à moyen terme se situent au plan de l'ensemble du réseau inter-état du bassin COS et les missions à long terme sont celles qui doivent être accomplies au niveau des réseaux de desserte et d'intégration sous-régionale (article 17 b). En effet, à court terme : au plan national, la CICOS doit œuvrer, à assister chacun des Etats concernés à garantir de la façon la plus efficace l'usage de ses voies de désenclavement. Au plan du réseau inter-Etats sa mission première consistera à accorder toute son attention au tronçon de base du réseau inter-

[973] Article 17 (a) de l'Accord du 06 novembre 1999.

Etats du bassin Congo-Oubangui Sangha. Par rapport à l'existence de deux chenaux de navigation (un suivant la rive congolaise et l'autre suivant la rive de la RDC) sur les km 0 à 45 de ce tronçon. La CICOS doit formuler le plus rapidement possible des dispositions concertées et adéquates pour gérer équitablement ce système fluvial face aux déficits soutenus des débits d'étiage. Il s'agit là d'une mission d'entretien des deux tronçons de navigation avec la collaboration de la SCEVN et de la Régie des Eaux de la RDC.

Dans le cadre des missions à moyen terme, la CICOS s'intéresse à l'ensemble du réseau Inter-Etats du Bassin. Ces missions ont une connotation sécuritaire du point de vue environnemental et de la qualité des bateaux de navigation fluviale. La Commission intervient sur les données hydrologiques et hydrographiques lesquelles sont primordiales à la gestion du réseau (entretien et préservation) ; la recherche du financement nécessaire à la mise en œuvre du programme commun y relatif, la coordination et l'harmonisation des procédés de collecte, de traitement, d'analyse, d'exploitation et de diffusion de ces données ; le contrôle en étroite collaboration avec les institutions nationales qu'elle assistera dans l'exécution effective des travaux de maintenance du réseau, conformément aux normes techniques définies par la classification du réseau telle que fixée par le Code de la navigation intérieure CEMAC/RDC ; la conception et la réalisation des programmes concertés, de préservation de l'environnement du réseau , notamment par des programmes de lutte contre la jacinthe d'eau et de contrôle de la qualité des eaux ; la conception et la négociation d'une politique d'usage adéquat et équilibré des deux axes classiques de désenclavement du réseau du bassin et étudier les possibilités de diversification, de désenclavement du réseau Inter-Etats pour en assurer une meilleure viabilité.

A long terme au niveau des réseaux de desserte et d'intégration sous-régionale, la Commission est appelée à engager des négociations nécessaires à l'élargissement du réseau Inter-Etats afin d'y inclure les deux tronçons de la RDC devant le compléter à savoir : le tronçon allant de Kisangani au confluent du fleuve Congo avec l'Oubangui, le tronçon de la rivière Kassaï partant d'llebo jusqu'au confluent du fleuve Congo, le réseau lacustre de la RDC. Cette mission permet à la CICOS de matérialiser son rôle dans l'intégration des Etats en élargissement progressivement le réseau de navigation fluviale du bassin. La CICOS est venue compléter le vide laissé par d'autres OSR dans le domaine du transport fluvial.

En dépit de l'enthousiasme des signataires de l'Accord, il est regrettable que les missions de la CICOS ne soient pas fixées selon les délais précis. L'alinéa (b) de l'article 17 de l'Accord emploie des termes vagues comme « à court terme », « à moyen terme » et « à long terme ». Ces termes, aussi vagues qu'ils sont, peuvent être interprétés de diverses manières, car on ne sait pas exactement combien de temps constitue un court terme; est-ce que c'est six mois, une année ou cinq ans ? Que signifie à long terme ? S'agit-il d'une période de cinq (5), dix ou soixante années? Il serait préférable de prévoir les délais fixes et précis. Les termes aussi vagues peuvent compliquer l'évaluation des missions de la CICOS. Les délais fixes produisent également un effet psychologique, une pression morale sur le Secrétariat général et les Etats. C'est un stimulant au travail du Secrétariat général et donc un élément propice à l'impulsion de la gestion des eaux.

Enfin, du point de vue de l'Additif, le caractère d'une institution spécialisée transparaît aussi. La CICOS a pour mission de coordonner les activités et travaux relatifs à l'utilisation des ressources en eaux du bassin, instrument d'approfondissement de la politique d'environnement. L'objectif poursuivi est donc l'harmonisation des politiques de gestion des ressources en eau des différents Etats membres. Nous verrons au titre II de cette seconde partie les politiques nationales de gestion des eaux douces des Etats membres de la CICOS.

Au regard de ces missions, l'Accord a fait de la CICOS un véritable instrument spécialisé dans la réglementation et la promotion de la navigation fluviale, ainsi qu'un instrument de coordination des politiques des Etats en matière de gestion de l'eau. Elle est ainsi un complément des OSR d'intégration qui, jusque-là, n'ont pas pu assurer la gestion intégrée du bassin COS.

Il faut aussi ajouter, dans cette complémentarité, les transferts de compétences et l'interaction juridique qui s'opèrent entre la CICOS et la CEMAC. On a vu la dévolution à la CICOS de la mission de mise ne œuvre du Code de la navigation intérieure CEMAC-RDC et la finalisation de l'élaboration des normes techniques de la navigation.

Toujours sur cette ligne de la complémentarité, la CICOS est appelée à apporter des solutions aux problèmes de sécheresse qui mettent en danger la survie de certains bassins lacustres et fluviaux. Il en est ainsi de la situation actuelle du bassin du Lac Tchad qui est géré par la CBLT. Ce Lac Tchad menace de disparaître au regard de la diminution continuelle de ses eaux.

Pour régler ce problème, la CBLT compte beaucoup sur sa collaboration avec la CICOS en vue de renflouer le bassin du Lac Tchad à travers le transport des eaux du bassin COS. C'est ainsi que le Projet de transfert des eaux de l'Oubangui vers le Lac Tchad a été mis en place. Le Comité des ministres de la CICOS lors de sa session du 14 janvier 2010 avait adopté la Décision n° 06/CICOS-CM.07 portant adoption des Termes de référence aux impacts du projet de transfert des eaux de l'Oubangui vers le lac Tchad[974].

---

[974] JO de la CICOS, N° 3, op cit, p. 27.

En plus, les autres organisations sous-régionales concourent également à la réussite de l'œuvre de la CICOS. En effet, cette dernière bénéficie de deux apports essentiels : l'expérience de ses prédécesseurs et l'appui budgétaire. Concernant l'expérience, la CICOS peut bénéficier de la pratique des organisations de gestion de bassins fluviaux et lacustres créées avant elle. Elle a justement établi une collaboration avec lesdites organisations. Cette collaboration renforcerait l'efficacité institutionnelle et opérationnelle de la Commission. Les organisations comme l'OMVS, l'ABN et la CBLT ont déjà acquis une expérience pratique importante dans la gestion des eaux transfrontalières. L'ABN a une expérience plus ancienne, car sa création remonte aux premières heures de l'accession de ses Etats membres à la souveraineté internationale en 1963. La Convention du 21 novembre 1980 a été révisée le 29 octobre 1987. La mission de l'ABN est de promouvoir la coopération entre les Etats et de contribuer à l'amélioration des conditions de vie des populations par une gestion durable des ressources en eau du bassin[975]. Une autre organisation plus ancienne spécialisée dans la gestion des eaux transfrontalières est la CBLT. En raison de son ancienneté (1964) par rapport à la CICOS, la CBLT pourrait offrir un échange d'expérience à la CICOS en matière de gestion des eaux transfrontalières.

La collaboration entre ces organismes pourrait être fructueuse pour leur renforcement mutuel. Certaines des organisations de gestion des eaux transfrontalières sont d'ailleurs en étroite collaboration avec la CICOS. Elles participent, bien évidemment, aux réunions du Comité des Ministres de la CICOS[976]. Mais, d'autres organisations de gestion de bassins fluviaux, dont les Etats de la CICOS ne sont pas membres, peuvent aussi servir comme partenaires d'échange d'expérience[977].

En plus de ce qui vient d'être évoqué, on peut également soutenir l'argument de la complémentarité entre la CICOS et les OSR en raison de

---

[975] Convention révisée portant création de l'Autorité du Bassin du Niger, fait à Ndjamena le 29 octobre 1987.

[976] Voir le communiqué final de la treizième réunion du Comité des ministres de la CICOS du vendredi 1er juillet 2016.

[977] Il s'agit notamment de l'OMVS. Cette organisation qui réunit quatre (4) Etats (le Sénégal, le Mali, la Mauritanie et la Guinée), a fait un succès remarquable en Afrique. MEUBLAT Guy, op cit, dit d'ailleurs que « Du point de vue de l'action, le mérite essentiel de l'OMVS est d'avoir réussi à construire les deux barrages de Manantali et de Diama, prévus dans le schéma directeur de 1974 et le programme de 1976. (…). Commencés en 1981 et 1982, les barrages de Diama (financés par la France) et de Manantali furent achevés en 1986 et 1988. Ils sont opérationnels depuis le début des années 1990. » Pour emprunter les mots de cet auteur, on peut dire que « cette réalisation explique que l'OMVS soit restée active, contrairement à la plupart des organisations de bassin du même type que nous avons citées précédemment (dédiées au fleuve Niger ou au lac Tchad, par exemple).», p. 443.

l'interdépendance entre l'eau douce et d'autres ressources naturelles. Par exemple, l'eau est indispensable pour la survie des forêts; la disparition de l'eau entraîne la disparition des arbres. En retour, *« l'intensification de la déforestation et la persistance des pratiques agricoles destructrices des sols s'accompagnent généralement d'une augmentation significative du transport solide, ce qui contribue à l'ensablement des cours d'eau.*[978]» Voilà que la collaboration entre les organismes de gestion de l'eau et ceux en charge de la gestion d'autres ressources est nécessaire. La coexistence entre la CICOS et la COMIFAC, l'une chargée de la gestion de l'eau, tandis que l'autre est chargée de la gestion des forêts du bassin du Congo, offre une complémentarité en raison de l'interdépendance entre l'eau et les forêts.

Enfin la spécialisation des organisations internationales[979], leur présence dans une même zone géographique est un gage de renforcement de l'efficacité des politiques internationales. La spécialisation permet à une institution de gérer ou de remplir efficacement ses missions, tandis que celle qui embrasse plusieurs domaines de compétence aura du mal à accomplir efficacement ses tâches. Dans cette logique de la complémentarité, le cas de la CEMAC avec la CICOS est tout à fait singulier. C'est ainsi qu'il est important de l'étudier.

B : Un exemple pratique : cas de la CEMAC et la CICOS

Le cas des rapports CEMAC-CICOs est une parfaite illustration de la complémentarité entre les organisations sous-régionales. Des rapports complémentaires sont manifestes sur le plan budgétaire (1) ; toutefois, ils rendent le contrôle du budget de la CICOS plus complexe (2).

1 : Une CICOS bénéficiaire de l'appui budgétaire de la CEMAC

La complémentarité entre la CICOS et les OSR ne se limite pas au niveau des différents aspects théoriques évoqués ci-dessus ; elle s'étend également au plan budgétaire et financier. En effet, lors de sa mise en fonctionnement en 2004, il s'est posé le problème du financement du budget de la CICOS. La question était de savoir si ce budget devrait être financé par les contributions directes des Etats membres ou par un financement autonome. Les contributions directes posaient problèmes, dans la mesure où il était mal

978 CICOS, *Schéma directeur d'aménagement et de gestion des eaux (SDAGE), état des lieux 2015*, www.cicos.int, consulté le 17 novembre 2016 à 15 heures.

979 Les organisations de la sous-région sont créées pour gérer un domaine de compétence donné comme la CICOS et la COMIFAC. Mais, certaines d'entre elles, comme les CER, se caractérisent par une imprécision de domaine de compétence, qui laisse un risque de concurrence entre elles.

vu que les Etats membres de la CEMAC financent directement le budget de la CICOS étant entendu que la CEMAC dispose d'un système de financement autonome : la TCI. Or, la CICOS s'occupe de la politique de transport fluvial de la CEMAC, comme une institution spécialisée de cette dernière. La logique avait voulu que les Etats membres de la CEMAC contribuent au financement du budget de la CICOS par le biais de la TCI[980]. Ce financement s'élève à la hauteur de 3% sur la taxe communautaire d'intégration prélevée par les Etats[981].

Signalons en passant que la TCI a été instituée pour surmonter les difficultés financières auxquelles la CEMAC était confrontée. Elle est un mécanisme de la CEMAC qui lui permet de disposer d'un mode de financement autonome. La TCI «... *est un prélèvement assis et liquidé au cordon douanier, au taux de 1% sur la valeur en douane des produits importés originaires des pays tiers à la Communauté.*[982]» Elle était instituée par Acte additionnel n° 3/00-CEMAC-046-CM-05 du 14 décembre 2000 instituant un mécanisme autonome de financement de la Communauté. Cet Acte additionnel a été consolidé par l'Acte additionnel du 28 janvier 2004, adopté à Brazzaville[983].

A ce titre, les Etats membres de la CICOS et membres de la CEMAC (RC, RCA, Cameroun, Gabon) contribuent au financement du budget de la CICOS par le biais de la TCI, tandis que les autres Etats non membres de la CEMAC (RDC et Angola) contribuent directement au financement du budget de la CICOS par le biais de leurs trésors publics. Du point de vue de la question de la complémentarité, il faut noter que grâce à l'existence de la CEMAC, la CICOS a pu bénéficier d'une politique autonome de financement, en dépit du fait qu'il n'est pas total et efficace. Néanmoins, la TCI est un moyen qui permet à la CICOS d'échapper à certaines difficultés dans le cadre des contributions directes. On a parlé du cas de la RDC qui, de 2008 à 2011, refusait de payer ses contributions au budget de la CICOS. Cependant, il est triste que la politique de la TCI ne concerne qu'une partie des Etats membres de la CICOS. Elle serait plus efficace si tous les Etats étaient concernés. Cela constitue un handicap, car les moyens financiers sont une ressource de première nécessité pour le fonctionnement de la CICOS et

---

980 Entretien avec Madame Dary KEBANO, Chef du service juridique et de la règlementation à la CICOS

981 KEGNOLOT Jean Christian, « La Communauté économique et monétaire des Etats de l'Afrique centrale (CEMAC) et les initiatives d'intégration sous-régionale en matière de transport », Mémoire pour l'obtention du diplôme de l'Ecole Nationale d'Administration et de Magistrature (ENAM), année académique 2008-2009, Dir. ETEKA YEMET Valère, p. 100

982 LIBONG BADJAN Patrice, op cit, p. 34

983 Idem

l'accomplissement de ses missions. Ce fait est une conséquence directe de l'existence de multiples OSR, du compartimentage de la région et des appartenances de mauvais aloi aux organisations internationales.

A la CEMAC, la mise en œuvre de la TCI connaît des disfonctionnements à cause du non-respect de ce mécanisme de financement[984] par les Etats membres. A cet effet, la CICOS fait face à beaucoup de contraintes. Dès sa création, la TCI a été un échec pour la CEMAC. En 2002, seuls 19% de la TCI ont été reversés. En 2003, il n'y avait que 41%, en 2004, 37 % seulement[985]. Il faut signaler que la faiblesse de la TCI tient à l'insuffisance des activités économiques dans la sous-région et surtout de la faiblesse des investissements et de l'importance des produits commerciaux provenant des Etats tiers. Au regard des difficultés de la CEMAC à garantir la collecte de la TCI, le financement de la CICOS pose problème.

Aujourd'hui, compte tenu des problèmes du financement autonome du budget de la CICOS, cette dernière entend le réexaminer *« en vue de le rendre plus simple et plus stable, en particulier avec la perspective de l'intégration à la CICOS de nouveaux États membres.»*[986] Il n'est pas facile que la CICOS parvienne à rompre sa dépendance financière vis-à-vis de ses Etats membres et de l'extérieur si elle ne possède pas d'activités propres. Avec le soutien de ses Etats membres, la Commission pourrait créer des entreprises communes en matière de transport fluvial, d'hydroélectricité, etc. Notre propos sur la complémentarité financière s'arrête là. Espérons que le contrôle efficace des finances de la CICOS permette de garantir l'efficacité de son budget.

2 : Un contrôle budgétaire complexe

Le mécanisme de contrôle des comptes de la CICOS est assez complexe. Il illustre en partie les effets pervers de la multiplicité des OSR, des monnaies et du manque de confiance entre les Etats de la sous-région.

Généralement, les comptes des OSR africaines, notamment des CER, sont contrôlés par une Cour des comptes instituée par les textes de l'organisation afin de s'assurer de la fiabilité de gestion des finances de celle-ci. A la CICOS, la réalité est tout à fait autre. Les comptes de la CICOS sont contrôlés par la Cour des comptes de la CEMAC et par la Cour des

[984] KEGNOLOT Jean Christian, op cit, p. 100.
[985] LIBONG BADJAN Patrice, *op cit*, p. 34.
[986] CICOS, SDAGE, état des lieux 2015, op cit, p. 78.

comptes de la RDC[987] qui n'est pas membre de la CEMAC. Donc, il existe deux types de contrôle : le contrôle supranational et le contrôle national.

Ce mécanisme est ainsi institué parce que quatre Etats membres de la CICOS, en dehors de la RDC et de l'Angola, sont membres de la CEMAC. En plus, la CICOS est une institution spécialisée de la CEMAC. C'est ainsi que la Cour des comptes de la CEMAC possède la compétence de contrôler les comptes de la CICOS. Mais, étant donné que la RDC ne fait pas partie de la CEMAC, les Etats de la CICOS se sont accordés qu'elle contrôle les comptes de celle-ci.

Avant de soulever des inquiétudes au sujet de ce mécanisme, il faut tout d'abord reconnaître qu'il permettrait un contrôle efficace des comptes de la CICOS, dans la mesure où les deux Cours de comptes ne pourront pas se tromper dans le contrôle qui se fait séparément. L'efficacité du contrôle permettrait aussi de nourrir la confiance des Etats membres vis-à-vis de la CICOS et celle des partenaires internationaux[988].

Cependant, au-delà de cette hypothèse, ce contrôle traduit une influence accrue des Etats membres dans la Commission. Et, comme nous l'avons dit, il traduit l'insuffisante coordination entre les Etats membres de la CEMAC et les autres Etats non membres de celle-ci.

Le mécanisme de contrôle des finances de la CICOS laisse également courir le risque des différends en cas de conclusions contradictoires entre les deux Cours des comptes (de la CEMAC et de la RDC); ce qui pourrait laisser les partenaires de la CICOS et les bailleurs de fonds méfiants à l'égard de la Commission.

Cette situation pourrait encore devenir plus compliquée avec les adhésions de nouveaux Etats membres. En effet, si la République d'Angola exige elle aussi le contrôle du budget de la CICOS par sa juridiction nationale, on aboutira à une situation d'éclatement du contrôle d'un seul budget entre plusieurs institutions nationales et communautaires. La CICOS deviendrait alors un organisme tiraillée entre les juridictions des Etats membres et des organisations communautaires, la CEMAC notamment. Il est plus judicieux qu'un mécanisme unique de contrôle des finances de la CICOS soit institué afin de faciliter le fonctionnement aisé de l'institution du bassin. La CICOS ferait mieux de disposer de sa propre juridiction compétente en la matière.

Enfin, Les aspects de la complémentarité entre la CICOS et d'autres OSR étant évoqués, il reste à exposer une part de concurrence entre elles. Si nous avons tenu à montrer les aspects positifs de la coexistence entre les OSR à

---

987 Communiqué final de la 13ème session ordinaire du C.M. op cit, p. 5
988 Idem

travers la complémentarité qui se décline sous certains aspects, il faut reconnaître qu'elle est de moindre intensité. L'argument de la spécialité est faible dans la coexistence entre les OSR. Les compétences des organisations internationales évoluent vers la généralité par un effet d'engrenage qui entraîne le gonflement des domaines de compétence de l'organisation. C'est la raison pour laquelle, le risque de concurrence est plus fort que celui de la complémentarité entre la CICOS et les OSR. D'où une coexistence davantage concurrente.

Paragraphe II: Une coexistence davantage concurrente

Il faut entendre par concurrence, une *« rivalité, compétition entre les personnes qui poursuivent le même but »*. La concurrence n'est possible qu'entre plusieurs personnes physiques ou morales. Selon WANE Mamadou Abdoul : «... *la multiplicité des organisations chargées de la gestion des bassins fluviaux et lacustres, rend cette gestion à la fois plus complexe et moins efficace, conduisant à des conflits tantôt latents, tantôt manifestes de leadership qui retardent, voire empêchent, la rationalisation de ces organisations...* »[989] Dans notre cas d'étude, la concurrence se manifeste de plusieurs manière (A) et elle entraîne des effets inhibiteurs sur le processus d'intégration, c'est ainsi qu'il est nécessaire de trouver des remèdes à ce problème (B).

A : Les manifestations de la concurrence

La concurrence entre la CICOS et les OSR se manifeste sur le plan juridique (1) et sur le plan matériel (2).

1 : Les aspects juridiques de la concurrence

Ici, la concurrence est manifeste au niveau des organes et des normes.

Sur le plan organique, les OSR de l'Afrique centrale sont constituées des organes similaires. Cette similitude est remarquable au niveau des organes diplomatiques et des organes intégrés.

---

989 WANE Mamadou Abdoul, op cit, p. 188. L'auteur explique qu'en effet « *le nombre élevé de ces organisations est un obstacle sérieux à toute harmonisation, à défaut de la mise en réseau. (...) [Car], il amoindrit l'efficacité de chaque organisation prise séparément et augmente les difficultés de recherche de financement pour la mise en œuvre des programmes des OIG, puisqu'elle dépend, pour l'essentiel, des bailleurs de fonds qui ne peuvent satisfaire tout le monde et en même temps.*

En ce qui concerne les organes diplomatiques, la CICOS et les OSR sont toutes constituées d'organes qui réunissent les représentants des Etats de niveau ministériel. Seules les appellations diffèrent, mais les membres restent les mêmes. Cela peut entraîner des difficultés de représentation des Etats au niveau international, c'est-à-dire qu'il se posera par exemple le problème du ministère spécialement habilité à représenter l'Etat dans les OIR. Tel est le cas du Ministère du Plan, de la Statistique et de l'Intégration Régionale (MPSIR) qui réclame la tutelle du Congo à la CICOS, alors que les textes primaires de celle-ci habilitent le Ministère des Transports et le Ministère chargé de l'énergie et de l'hydraulique. Au niveau des autres organisations de la sous-région, il existe également des organes diplomatiques du type ministériel dont l'ensemble des ministres qui siègent à la CICOS sont représentés. A la CEMAC, il existe un Conseil des ministres qui assure la direction de l'UEAC. Il est composé des ministres de Finances, des ministres de l'Intégration et des ministres des affaires économiques[990]. A la CEPGL, le Traité du 20 septembre 1976 institue une Conférence des chefs d'Etat et un Conseil des ministres et commissaires d'Etat. Nous nous intéressons ici à l'organe ministériel uniquement. Cet organe est composé « *des membres de Gouvernements et du Conseil exécutif des Etats membres ou de plénipotentiaires désignés par les Etats membres* »[991]. Dans cette même lignée, le Traité de la CEEAC crée un Conseil des ministres de la Communauté qui *« se compose des ministres chargés des questions de développement économique et de tout autre ministre désigné à cette fin par les Etats membres »*[992]. Cette similitude structurelle est susceptible d'entraîner un dédoublement de compétences et de fonctions. Les questions portant sur la gestion de l'eau sont traitées non seulement à la CICOS, mais aussi au sein d'autres OSR, comme à la CEEAC aujourd'hui. Les autorités ministérielles qui siègent à la CICOS sont également présentes dans les autres OSR.

Le problème se pose également en ce qui concerne les organes intégrés ou permanents. Les traités instituant les OSR ont institué des organes permanents. En dépit des changements des appellations, ces organes sont de même nature. On trouve une Commission à la CEMAC[993], un Secrétariat

---

[990] Article 17 du Traité révisé de la CEMAC et l'article 65 du Traité de l'UEAC tous deux adoptés le 25 juin 2008. La notion des ministres des Affaires économiques peut évoquer dans une certaine mesure tous les ministères en charge des questions liées directement aux activités et développement économiques des Etats. Il pourrait s'agir du ministère de l'Economie comme au Congo-Brazzaville et des autres ministères comme ceux de l'Agriculture, de l'Elevage, de la Pêche, des Hydrocarbures, de l'Economie forestière.

[991] Article 11 de la Convention instituant la CEPGL du 20 septembre 1976.

[992] Article 12 du Traité instituant la CEEAC.

[993] Article 25 du Traité révisé de la CEMAC du 25 juin 2008.

exécutif à la CEPGL, un Secrétariat général à la CEEAC et un Secrétariat général à la CICOS, etc. Ces organes forment de véritables administrations consommatrices des maigres ressources humaines et financières des Etats membres. Il se forme un éparpillement des fonctionnaires au niveau international et une crise des spécialistes dans les domaines en cause dans les administrations nationales et communautaires.

Il est important de noter que les organes diplomatiques et les organes intégrés fonctionnent en interaction pour la mise en œuvre des politiques environnementales ou de gestion des ressources naturelles. Le Traité de la CEEAC dispose à son article 57 ce qui suit : *« Pour la mise en œuvre des actions de coopération prévues aux articles 54 à 56 ci-dessus, le Secrétaire général formule des propositions au Conseil tendant à élaborer une politique commune pour la mise en valeur des ressources minières et hydrauliques »*. Ici, on voit un rôle essentiel joué par le Secrétaire général et le Conseil des ministres. Le premier ayant le pouvoir de proposition, le second a le pouvoir de formuler des recommandations à l'attention de la Conférence des Chefs d'Etat sur toute action tendant à la réalisation des objectifs de la Communauté dans le cadre de la politique générale. La CEEAC *« a adopté sa politique régionale de l'eau dont les quatre (4) objectifs principaux sont de satisfaire les besoins en eau potable et en assainissement, valoriser les ressources en eau, gérer durablement les écosystèmes et améliorer le cadre de gouvernance de l'eau. En application de cette politique régionale, un plan d'actions régional de gestion intégrée des ressources en eau a été élaboré, dont une des actions prioritaires est d'appuyer la création d'un organisme de bassin pour les fleuves Oguoué, Nianga, Komo et Ntem.[994]»* En plus, la CEEAC a élaboré le « Projet de Convention pour la prévention et la résolution pacifique des conflits liés à la gestion des ressources en eau partagées de l'Afrique Centrale. Les projets de la CEEAC sont bonnes mais, il faut plutôt craindre le dédoublement de Commissions aux compétences identiques dont les Etats ne seront peut-être pas en mesure d'assumer les charges.

Au niveau de la CEMAC, la mise en œuvre de politique environnementale est aussi confiée aux organes du même genre en matière d'environnement. Le pouvoir législatif est réparti entre le Conseil des Ministres et la Commission de la CEMAC. Le Conseil des Ministres détient le pouvoir d'adoption des normes alors que la Commission détient celle de proposition. A ce titre, l'article 40 de la Convention de l'UEAC dispose que *« Le Conseil des Ministres arrête, à la majorité simple et sur proposition du Président de la Commission, les Règlements et les Recommandations*

---

[994] Facilité africaine de l'eau, « Etude portant création d'un organisme de bassin transfrontalier (Ogoué, Ntem, Nyanga et Komo), diagnostic multisectoriel », avril 2019, 205 pages, p. 2

mentionnés à l'article 39 ci-dessus. Il délègue à la Commission, dans les mêmes conditions de majorité, tout pouvoir d'exécution nécessaire à la coordination des politiques des Etats membres en matière de protection de l'environnement et des ressources naturelles.» La protection de l'environnement et des ressources naturelles sont des matières qui relèvent aussi de la compétence de la CICOS, ce qui constitue une similitude d'objectifs.

L'article 39 de la Convention de l'UEAC énonce le rôle spécifique du Conseil des Ministres:

« Dans le cadre du programme de travail mentionné à l'article 7 de la présente Convention, le Conseil des Ministres :

a) définit par voie de règlements les systèmes d'information mutuels auxquels participent les Etats membres en vue de la coordination de leur politique en matière de protection de l'environnement et des ressources naturelles ;

b) définit par voie de recommandation les orientations que les Etats membres sont invités à mettre en œuvre en vue de la protection, de la restauration et de l'amélioration de la qualité de l'environnement et des ressources naturelles.»

En plus de ces deux organes, il faut ajouter la Conférence des Chefs d'Etat qui assure une fonction de contrôle de la politique environnementale. L'article 41 de la Convention de l'UEAC prévoit ce qui suit:

« Dans l'exercice du pouvoir défini à l'article 6 alinéa 2 de la présente Convention, la Conférence des Chefs d'Etat, dans le respect des missions imparties dans ce domaine aux institutions spécialisées de l'Union Economique, veille à la prise en compte des objectifs suivants :

a) la lutte contre la sécheresse, la désertification et le déboisement ;

c) l'exploitation rationnelle des forêts tropicales, des ressources en eau, des ressourcescôtières, marines et halieutiques, de la faune, de la flore, des sols ainsi que la protection des biodiversités ; »

A la lumière de ces dispositions, le risque des interventions simultanées ou croisées des OSR et la CICOS en matière d'environnement et de gestion de l'eau dans l'avenir est grand. D'ailleurs leurs organes intégrés comprennent des directions et services ayant des compétences similaires, ce qui peut poser les mêmes problèmes de dédoublement fonctionnel et de déperdition d'énergie. A la Commission de la CEMAC, certes, il n'existe pas un Département dédié exclusivement à l'environnement en général et à la gestion communautaire des eaux douces en particulier, mais les missions des différentes structures touchent le domaine des eaux douces. La Commission de la CEMAC comprend un Département des infrastructures et du développement durable. On trouve, parmi les Directions dudit Département, la Direction de l'Agriculture, du développement rural et de l'environnement. Et, parmi les services de cette Direction, il y a le Service Agro-pastorale et Ressources halieutiques.

La similitude des missions et des organes entrainent la maigreur des moyens et l'éparpillement des compétences. Les agents de ces organes sont tous issus des mêmes Etats membres et sont payés par les budgets alimentés par les contributions annuelles des mêmes Etats. Dans ce cas, les maigres moyens financiers sont répartis entre les multitudes d'organes similaires. L'éparpillement des institutions *« peut constituer un gaspillage des ressources pourtant très rares.»*[995]Cela pourrait également entamer l'efficacité des administrations nationales car, les organisations internationales recrutent dans les Etats membres, expatrient les rares cadres compétents que les Etats ont besoin au niveau national.

Du de point de vue de la concurrence normative, elle s'explique par le fait que la CICOS et les OSR sont toutes créées par les textes de même nature et de même valeur juridique : les traités. Malgré les différences des appellations (Accord, Conventions, Protocole, Additif etc.), la définition de ses textes est la même[996]. C'est une notion qui a « un sens large » dans la mesure où « *elle fait appel aux traités de coopération, de confédération, d'intégration etc.*»[997] Le traité exprime l'engagement des Etats. « *Ce traité de base est la référence, l'acte constitutif de l'Organisation et lui octroie une personnalité juridique interne (et internationale*).»[998]

On l'a dit, la CICOS est créée par un traité international qui est l'Accord du 06 novembre 1999 par la RC, la RCA, la RDC et le Cameroun. De même, d'autres OSR sont créées par leurs traités respectifs auxquels les créateurs de la CICOS font partie. Le fait qu'elles soient créées par les Etats qui ont adopté des textes de même valeur, la CICOS et les OSR sont placées au même pied d'égalité. Or, l'égalité entre les OSR entraîne la difficile rationalisation et coordination.

En dehors de cet aspect, il est également important de montrer les contradictions entre les différents textes juridiques des OSR. C'est ici le problème de conflit des normes qui est posé. On parle de conflit des normes lorsque deux textes portant sur une même matière se contredisent, soit la nouvelle norme dit le contraire de l'ancienne norme, soit deux textes adoptés

---

995 FOLEFACK Ernest, op cit, p. 184

996 Article 2, alinéa 1 (a) de la Convention de Vienne du 23 mai 1969 sur le droit des Traités.

997 NTOUTOUME Jean Marie (premier président de la CJ de la CEMAC), « La force obligatoire des conventions internationales de droit économique et communautaire », pp. 67-70, in *Sensibilisation au droit communautaire et à l'intégration dans la zone CEMAC, Actes du Séminaire sous-régional,* Libreville-Gabon, 02-06 novembre 2004, éditions GIRAF, Mars 2005, 213 pages, p. 67

998 TALL Saïdou Nourou, *op cit*, p. 43

au même moment s'opposent. Certaines dispositions de l'Accord du 06 novembre 1999 et ceux du traité de la CEMAC et de la convention de l'UEAC sont difficilement conciliables. Exemple : alors que le droit de la CEMAC n'attribue le bénéfice de la liberté de circulation et de commerce qu'aux ressortissants des Etats membres, celui de la CICOS élargit la liberté de navigation, qui implique la liberté de circulation et de commerce, aux bateaux de toutes les nations.

En plus, ce problème est rendu difficile par l'appartenance non complète des Etats des OSR à la CICOS. Ainsi, en cas de conflit entre un Etat appartenant simultanément à la CICOS et à la CEMAC et un autre Etat non membre de la CICOS, l'Etat membre de la CEMAC qui n'est pas membre de la CICOS invoquerait le droit de la CEMAC alors que l'Etat membre de la CICOS invoquerait quant à lui le droit de cette dernière, ce qui entraînerait les difficultés de règlement des litiges.

D'autres éléments pouvant engendrer des conflits de normes concernent les principes qui gouvernent la force juridique des normes : le principe de primauté, le principe d'applicabilité directe. Cette approche est dégagée par le Professeur Saïdou Nourou TALL lorsqu'il analyse la concurrence apparente au niveau fonctionnel entre le droit de la CEDEAO et le droit de l'UEMOA. Les différentes OSR, notamment les CE, affirment lesdits principes. Il en est ainsi du traité révisé de la CEMAC dont l'article 44 dispose que *« Sous réserve des dispositions de l'article 43 du présent traité, les actes adoptés par les institutions, organes et institutions spécialisées de la Communauté pour la réalisation des objectifs du présent traité sont appliqués dans chaque Etat membre nonobstant toute législation nationale contraire antérieure ou postérieure. »*

Certes, le droit de la CICOS n'affirme pas clairement ces principes, mais de l'analyse des textes et de la tendance générale de la doctrine, on pourrait admettre l'applicabilité directe et la primauté du droit de la CICOS. Cependant, dans le silence des textes le droit de la CICOS pourrait être mis à l'écart au profit des textes émanant des institutions supranationales d'intégration. Nous reviendrons sur les pistes de solutions proposées à ce sujet.

Les aspects juridiques étant évoqués, il est maintenant question d'évoquer les aspects matériels.

2 : Les aspects matériels de la concurrence

Ils portent sur la similitude des programmes et des projets (a) et ont pour résultat la maigreur des moyens (b).

a : La similitude des programmes et des projets

Les aspects matériels de la concurrence portent sur le partage d'un même espace géographique, la composition des OSR par les mêmes Etats et la similitude des domaines d'intervention et des programmes. Inutile de revenir sur les deux premiers éléments, il sera question ici d'insister plus sur le troisième élément.

Ces aspects matériels concernent davantage les domaines dans lesquels les OSR et la CICOS doivent intervenir au titre de leurs missions et programmes. Il s'agit notamment des projets de développement de l'agriculture, de l'énergie, des transports, de la pêche, de la protection de l'environnement. En effet, les OSR ont pour objectifs le développement harmonieux des Etats membres par l'harmonisation des politiques d'exploitation et d'utilisation des ressources naturelles et le développement des infrastructures de base. A cet effet, on assiste dans le bassin du Congo à une multiplication *« des initiatives, des programmes et des projets qui se chevauchent et se télescopent, dans l'absence totale de synergie. [Alors que] le bon sens recommande d'œuvrer à la cohésion de ces différents programmes, projets et initiatives »*[999]. La CICOS, quant à elle, a élaboré un Plan d'Action Stratégique d'Aménagement et de Gestion Intégrée des Ressources en Eaux (PASGIRE). Ce plan a pour objet la définition de la politique de la CICOS de construction des ouvrages communautaires en matière d'énergie hydraulique, le développement de la pêche, de l'agriculture et de la protection de l'environnement, etc. Chaque secteurs fait l'objet d'un livrable spécial qui indique le plan de développement. Exemple, sur le plan agricole, la CICOS fixe l'objectif global de l'accroissement de la production agricole et de la production vivrière. Ainsi, la Commission entend spécifiquement réhabiliter des infrastructures économiques et des équipements sociaux d'appui aux services d'éducation et de santé ; dynamiser des échanges commerciaux notamment transfrontaliers et la réduction des tracasseries ; préserver des ressources au moyen notamment du changement des habitudes culturales ; le renforcement de l'encadrement agricole et des structures associatives et professionnelles ; prendre en compte des questions de genre, notamment pour les questions foncières ; responsabiliser et impliquer des populations locales dans les projets forestiers et miniers, le développement de l'hydroélectricité et le développement de l'écotourisme.

Eu égard à ces projets, les domaines d'intervention de la CICOS dépassent largement la matière eau pour s'étendre vers les secteurs de compétences d'autres organisations de la sous-région. Il n'est pas donc

---

[999] MUMENGI Didier, *Les Etats-Unis du Bassin du Congo. Une écorégion pour un co-développement,* L'Harmattan, Paris, 2012, 217 pages, p. 19

exagéré de craindre le chevauchement des compétences et la similitude des programmes. Le domaine hydroélectrique n'est pas en reste dans les programmes de la CICOS. Ici, la CICOS met davantage l'accent sur l'aménagement de l'usine hydroélectrique de Palambo.

Sans trop tirer en longueur, le PASGIRE est un INSTRUMENTambitieux de développement harmonieux des Etats membres de la Commission. Cependant, d'autres OSR, auxquelles appartiennent les Etats membres de la CICOS, développent également des politiques et programmes similaires d'utilisation et de gestion de l'eau. On peut citer notamment : le *Programme Economique Régional (PER) de la CEMAC* dont la vision qui le sous-tend est de *« faire de la CEMAC en 2025 un espace économique intégré émergent, où règnent la sécurité, la solidarité et la bonne gouvernance, au service du développement humain » le document de politique de l'eau de la CEEAC,* validé par les experts des États membres en 2009 et qui a été élaboré avec l'appui du Programme des Nations Unies pour l'Environnement (UNEP) dans le cadre de la composante « Afrique centrale » du programme mondial d'« Appui à la réalisation de l'objectif GIRE 2005 » ; *le protocole pour la Gestion des eaux partagées dans l'espace SADC*, signé le 28 août 1995. L'objectif de ce protocole est de renforcer une coopération étroite pour la gestion, la protection et l'utilisation pertinentes, durables et coordonnées des cours d'eau partagés et de faire progresser l'agenda de la SADC[1000] pour l'intégration régionale et la lutte contre la pauvreté.

Comme on peut le constater, la similitude des objectifs entraîne une similitude des projets de développement source de gaspillage de moyens. Ce qui est sûr, c'est que les Etats n'ont pas eux-mêmes les moyens conséquents pour le financement des projets communautaires. La multiplication des programmes et des projets à travers les diverses OSR donne l'impression que les objectifs poursuivis ont de multiples chances de réussite, alors que la plupart d'entre eux ne sont pas réalisés, au regard de la concurrence financière et de la maigreur des moyens.

b : La concurrence financière et l'insuffisance des moyens

Les Etats membres de la CICOS font face au problème de l'insuffisance des moyens de financement des institutions régionales. Au gré de la multiplication de celles-ci et des appartenances simultanées, le problème des moyens se pose avec acuité. Le constat est alarmiste, la crise financière de la CICOS devient de plus en plus grave. Le Secrétaire général de la CICOS ainsi que le Président du Comité des Ministres ne cessent d'attirer l'attention

[1000] Nous citons cette organisation au motif que la RDC est son Etat membre.

des Etats sur la situation financière inquiétante de l'institution de l'eau. Lors de la 13eme session ordinaire du Comité des Ministres le 1er juillet 2016, la secrétaire générale « *a lancé un appel virulent à l'endroit des Etats pour l'apurement de leurs arriérés de contribution au budget de la CICOS faute de quoi l'avenir de l'institution sera compromis.*[1001]» De son côté, le Président du CM a mis l'accent sur la crise financière sans précédent que traverse la CICOS et qui tend à compromettre sa propre existence. Pour lui, cette crise est essentiellement liée au faible taux de revenu de recouvrement intégral des contributions des Etats membres[1002].

Aux arriérés de contributions qu'accusent certains Etats membres s'ajoutent les difficultés de recouvrement intégral de la TCI[1003]. Vu les blocages financiers de l'intégration de l'Afrique centrale, il est indispensable de remédier à ce problème en adoptant les mesures radicales. L'application de quelques remèdes proposés ici pourrait aider à mettre fin à cette triste réalité.

B : Les remèdes possibles proposés

Le problème de la diversité des OSR a poussé les auteurs ainsi que les dirigeants des OIA à proposer les voies de sortie possibles. Des colloques et des conférences organisés au fil des années ont été consacrés à ce sujet[1004]. (1). Mais, la classification des solutions ne serait pas claire si l'on se limite à ces deux types de solutions. C'est ainsi qu'il est important d'ajouter les solutions curatives (2).

[1001] Communiqué final de la 13eme session du C.M., op cit, p. 3.

[1002] Idem

[1003] Idem, p. 4. Il ressort de ce même Communiqué que pour pallier à cette situation, le Président du CM a également « invité les Etats à faire un effort supplémentaire afin d'éviter de laisser perdurer cette situation qui pourrait réduire à néant les espoirs placés par les Chefs d'Etat en la CICOS, pour garantir à la sous-région Afrique centrale une intégration efficiente à travers ses ressources en eau. » p. 4

[1004] Il s'agit à ce sujet du colloque de Bordeaux tenu du 28 au 29 septembre 2009 sous le thème : « La concurrence des organisations régionales en Afrique ». Co-organisé par l'Université Montesquieu-Bordeaux IV (CERDRADI-GRECCP) et l'Université Cheikh Anta Diop de Dakar avec le soutien de l'Institut pour le Développement de l'Enseignement Supérieur Francophone (IDESUP). On peut également citer le Séminaire sous-régional tenu à Libreville-Gabon, du 02 au 06 novembre 2004 qui avait pour thème : « Sensibilisation au droit communautaire et à l'intégration dans la zone CEMAC.», Séminaire organisé dans le cadre de la CEMAC avec l'appui de l'Agence intergouvernementale de la francophonie.

1 : La prévention et la correction

On abordera d'abord les solutions préventives (a) avant les solutions correctives (b).

a : La prévention

On parle de solutions préventives lorsqu'une action vise à éviter un problème qui n'est pas encore apparu. Parmi les solutions préventives proposées figurent : la spécialisation des OSR, la coordination des activités des OSR et d'autres auteurs proposent même la création d'un Etat fédéral en Afrique centrale[1005].

En ce qui concerne la spécialisation, elle est une solution de bon sens. Elle tient compte des difficultés à mettre en œuvre d'autres solutions au regard du refus des Etats de supprimer certaines OSR. Elle est respectueuse de la volonté souveraine des Etats ayant conduit à la naissance des OSR. La spécialisation vise à limiter les domaines d'intervention des OSR et à éviter les conflits entre elles. Elle consiste à limiter les activités des OSR dans les domaines précis suivant une approche de division internationale du travail. Selon cette approche, aucune organisation ne doit embrasser une multitude de domaines de compétences afin d'éviter les dangers de conflit de compétences et des problèmes soulignés précédemment. Ainsi, pour certains auteurs, en Afrique centrale, la CEMAC devrait être la seule communauté économique alors que la CEEAC devrait quant à elle se spécialiser dans le domaine de défense et de sécurité sous-régionales. On peut aussi arguer que dans cette logique, la CICOS devrait être la seule organisation de gestion des eaux transfrontalières du bassin.

Mais, cette solution n'est pas une panacée en soi. L'efficacité de la spécialisation dépend aussi de la question de l'appartenance simultanée des Etats aux OSR. Au moment où la CEMAC ne réunit pas tous les Etats de la sous-région, pour qu'elle soit la seule communauté économique, il va falloir que tous les autres Etats y adhèrent. Or, les différences idéologiques et historiques se dressent en véritables obstacles à ces possibilités d'adhésion.

Dans cette problématique, la CICOS paraît répondre le mieux à la solution de la spécialisation. Cependant, le problème n'est pas aussi simple comme on peut le croire. En raison de la multiplicité des usages de l'eau dans d'autres secteurs économiques, la CICOS perd de plus en plus sa nature d'une organisation spécialisée pour se transformer en une organisation dotée de compétences vastes. Ayant inclus la GIRE dans son mandat, la CICOS

[1005] C'est le cas de l'ouvrage de monsieur MUMENGI Didier consacré sur *Les Etats-Unis du Bassin du Congo*, op cit.

s'intéresse à l'environnement, à l'agriculture, à l'énergie hydroélectrique, au transport fluvial etc. A cet effet, la spécialisation est tout à fait difficile au motif que les organisations internationales grandissent avec le temps. Elle ne résout pas en totalité le problème de la dispersion d'énergies parce qu'elle maintient l'existence de plusieurs OSR intactes.

A la spécialisation, s'ajoute une autre solution qui est "la coordination des activités des OSR"[1006]. Elle consiste a favorisé la collaboration entre les dirigeants des OSR afin d'éviter les empiétements des unes sur les compétences des autres et les doubles emplois. Ici, les OSR sont appelées à échanger les informations sur leurs programmes tout en encourageant une participation des unes aux activités des autres. Parce que, *« le manque de concertation dû au problème de positionnement, nuit à la mise en synergie des efforts et à l'échange d'expérience et d'information...»*[1007] Ayant pris conscience de la nécessité de cette collaboration, le traité de la CICOS lui attribue la compétence de coopérer avec les OI. L'Accord instituant la CICOS octroie d'ailleurs le statut d'observateur à la CEMAC[1008], l'Additif quant à lui a élargi ce statut à d'autres organisations internationales de la région[1009]. L'Additif du 22 février 2007 a comblé le vide laissé par l'Accord du 06 novembre 1999. Espérant que cette collaboration produise des résultats satisfaisants en termes d'efficacité d'actions des OSR en général et de la CICOS en particulier.

La collaboration est une méthode intéressante, mais comme la spécialisation, elle laisse intact le problème de la dispersion des moyens déjà maigres des Etats membres, étant entendu qu'elle ne résout pas le problème de la diversité des OSR.

La création d'un Etat fédéral de l'Afrique centrale a été envisagée et proposée. C'est une solution qui a été préconisée bien avant l'accession des Etats de l'Afrique centrale à la souveraineté internationale par l'homme politique de l'Oubangui-Chari[1010], Barthélémy BOGANDA. Mais, cette proposition n'a eu aucun succès. Aujourd'hui, un auteur, comme Didier MUMENGI, voyant les problèmes de sous-développement de l'Afrique centrale pense que « *la multiplication des OSR est une perte de temps et*

1006 SAWADOGO Filiga Michel, op cit, p. 307

1007 WANE Mamadou Abdoul, op cit, p. 188

1008 Article 25 alinéa 4 de l'Accord du 06 novembre 1999 prévoit : « Le secrétaire général de la Commission et le représentant du Secrétaire exécutif de la CEMAC prennent part aux réunions du Comité de direction, sans voix délibérative.»

1009 Article 18 alinéa (3) de l'Additif du 22 février 2007 « Le statut d'observateur auprès du Comité des directions est accordé aux entités des Etats membres et aux Organisations internationales et/ou régionales en charge de l'intégration régionale et de la gestion des ressources en eau ».

1010 L'actuelle RCA.

d'énergie »[1011]. Pour lui, il est impérieux qu'il soit créé « *Les Etats-Unis du Bassin du Congo.*[1012]» L'auteur part d'un constat selon lequel les peuples du bassin ont des ressources naturelles communes en grande quantité. Ces dernières devraient constituer le socle de la construction d'un Etat fédéral pour un développement harmonieux des Etats de la sous-région. Il prônent *«...la mutualisation des souverainetés étatiques, dont la régulation serait essentiellement une question d'ultime géostratégie de développement, et subsidiairement un régime régional de normes communes, de règles partagées, de procédures institutionnelles concertées, privilégiant le mélange d'intérêts et d'alliage d'ambitions, autant sur l'échiquier économique que sur les plans politique, culturel et diplomatique.*[1013]*»* Cette proposition ambitieuse se présente comme une solution ultime, la fin du processus d'intégration des Etats de l'Afrique centrale. Aujourd'hui, le constat est que le sentiment nationaliste entrave les propositions d'abandons de souverainetés au profit d'un pouvoir supranational, plus encore d'une autorité fédérale. Pour l'instant, il est plus prudent d'éviter la précipitation. Espérons, toutefois, que l'évolution des mentalités au niveau de la sous-région aboutisse à la fédération des Etats.

L'exposé des solutions préventives étant fait, il convient de se poser la question de savoir si leur application doit se faire de manière alternative ou cumulative. Ou encore, devrait-on préférer une solution au détriment des autres ? Quelle est la bonne manière de les appliquer ?

Le choix d'une seule solution ne suffit pas. Il est possible de les appliquer chronologiquement pour qu'elles soient plus efficaces. Par exemple, il est possible de procéder tout d'abord à la suppression de certaines organisations afin d'économiser les moyens employés. Après cette suppression, on appliquerait le remède de la spécialisation des OSR. Etant donné que la CEMAC a l'inconvénient de ne pas réunir tous les Etats de la sous-région, elle pourrait disparaître au profit de la CEEAC. Dans ce cas, la CICOS resterait l'unique institution spécialisée chargée de la gestion des ressources en eau, puisqu'elle a vocation à gérer tout le bassin fluvial progressivement. A la suite de la spécialisation, il sera question d'appliquer la coordination des activités des différentes organisations restantes, afin d'éviter les empiétements, puisque les problèmes se posent déjà, outre ces solutions de nature préventive, il faut envisager des remèdes correctifs.

[1011]MUMENGI Didier, op cit, p. 19

[1012] Idem. Le projet des Etats unis du bassin du Congo est fondé sur les intérêts communs entre les Etats du bassin. A en croire monsieur MUMENGUI Didier, il est inutile de multiplier les OSR. Il est plutôt avantageux de créer un Etat fédéral entre les riverains du bassin.

[1013] MUMENGI Didier, op cit, p. 19

b : La correction

Par remèdes ou solutions correctives il s'agit des mesures qui consistent à éliminer les causes d'apparition d'un problème donné.

Il faut rappeler que le problème de la concurrence entre la CICOS et les OSR a pour cause l'existence de multiples OSR en Afrique centrale et l'appartenance simultanée des Etats à celles-ci.

Ayant conscience des causes de la concurrence entre les OSR, les solutions de nature correctives sont « *la suppression des organisations faisant doublon* »[1014] et l'évitement des appartenances simultanées aux OSR. En effet, « *sans la rationalisation, il sera difficile de faire en sorte que la gestion rationnelle des ressources en eau, soit un instrument de développement efficace* »[1015]. Au regard de cette affirmation, ces problèmes ont besoin des remèdes afin que le processus d'intégration soit plus cohérent. La dissolution est une technique drastique de la résolution des problèmes posés par la diversité des OSR de l'Afrique centrale. Le Professeur SAWADOGO affirme que *« la suppression des organisations faisant doublon est une solution radicale et plus efficace quant à l'atteinte de l'objectif poursuivi »*[1016]. Suivant cette approche, il est préconisé que certaines CER de l'Afrique centrale disparaissent pour laisser la place à la CEEAC uniquement. Cette dernière devrait rester comme la seule CER au motif qu'elle réunit tous les Etats de la sous-région et elle est reconnue par l'UA comme la seule CE de cette zone.

Sur le plan continental, l'UA a pris conscience des problèmes de la multitude des OSR et des organismes de gestion des eaux transfrontières. C'est ainsi que pour y remédier, l'UA préconise un « *Projet de Fédération des organisations et autorités des bassins des fleuves et lacs transfrontaliers pour promouvoir la coopération dans la mise en valeur et l'exploitation équitable des ressources en eau en Afrique.*» Ce Projet s'inscrit dans la droite ligne des textes suivants : « *le Traité portant création de la Communauté Economique Africaine ; le Plan d'action de Lagos pour le développement économique de l'Afrique ; l'Acte final de Lagos ; le Programme prioritaire pour la relance économique*, etc »[1017]. Cette méthode

---

1014 SAWADOGO Filiga Michel, op cit, p. 307

1015 Idem, p. 193

1016 Idem

1017 UA, « Projet de fédération des organisations et autorités des bassins des fleuves et lacs transfrontaliers pour promouvoir la coopération dans la mise en valeur et l'exploitation équitable des ressources en eau en Afrique.», 8 pages, (document disponible sur http://www.inbonews.org/IMG/pdf/Concept_Note_on_Federation_FRENCH.pdf, consulté le 17 février 2017 à 15 heure). Dans le sillage de ces textes adoptés à l'époque de l'OUA, le Projet de fédération des organisations de gestion des ressources en eau permet de

est pertinente, certes, mais elle fait courir le risque de provoquer d'autres problèmes en voulant résoudre celui qui est déjà connu. Comme on dit "qui trop embrasse mal étreint", une seule OSR ne sera pas en mesure d'intervenir dans tous les domaines d'intégration des Etats. Pour cela, si une telle approche est acceptable, elle devrait aussi admettre l'existence des institutions spécialisées, comme la CICOS et la COMIFAC.

La méthode de la dissolution et absorption des OSR a l'avantage de résoudre deux problèmes à la fois : le premier est la résolution des conflits de normes et de compétences, le deuxième est celui de l'économie des moyens des Etats. Si cette solution venait à être mise en œuvre, l'Afrique centrale gagnerait à évoluer le plus vite possible dans le processus d'intégration. La rationalisation des OSR entraînerait la sous-région vers une solution finale qui est la création d'un Etat fédéral dont certains auteurs réclament non pour l'avenir mais pour maintenant[1018]. Pour éviter les appartenances multiples, il est du devoir des Etats de prendre conscience des effets inhibiteurs qu'elles engendrent sur la vie des organisations de la sous-région et des Etats. Il ne suffit pas de créer ou de participer aux conférences des OSR, il faut également que les Etats et les peuples en tirent des bénéfices concrets.

Au-delà des actions préventives et correctives, les problèmes peuvent réellement se poser dans la pratique. Elles impliquent des décisions difficiles de la part des Etats[1019]. A ces solutions s'ajoutent un autre type : les solutions curatives qu'il faut aborder dans les lignes suivantes.

2 : Des remèdes curatifs

Employé surtout en médecine, l'adjectif « curatif » signifie ce qui a pour propriété de guérir. D'où on parle de "traitement curatif". Dans le cas d'espèce, les solutions curatives consistent à résoudre les « conflits de normes » ou des « antinomies »[1020] juridiques. Ici, la solution réside dans les

---

réaliser les objectifs du Nouveau partenariat pour le développement de l'Afrique (NEPAD) conçu par l'UA, son Programme global pour le développement de l'agriculture en Afrique (PGDAA) ainsi que le Plan d'action de l'initiative sur l'environnement. Il marque aussi l'engagement des chefs d'Etat de s'occuper des défis à relever dans le secteur des ressources en eau tel que exprimé dans La Déclaration de Syrte sur les « Défis de la mise en œuvre du développement intégré et durable de l'agriculture et des ressources en eau en Afrique.», p. 3

[1018] MUMENGI Didier, op cit,

[1019] SAWADOGO Filiga Michel, op cit, p. 308

[1020] BOBBIO Norberto, Essais de théorie du droit, L.G.D.J, Paris, 1998, (traduit par Michel GUERET et Christophe AGOSTINI), 289 pages, p. 89

techniques d'interprétation des normes[1021]. L'article 30 de la Convention de Vienne sur le droit des traités prévoit des modalités de résolution de tels conflits, notamment celui opposant les traités successifs sur une même matière[1022]. Ces conflits sont faciles à résoudre lorsque les conventions internationales contiennent « *des clauses de compatibilité telles que celles qui prévoient la primauté de la clause la plus favorable.* »[1023] Le deuxième alinéa de l'article 30 de la Convention de Vienne régit les cas de clauses de compatibilité. Selon cet alinéa : « *Lorsqu'un traité précise qu'il est subordonné à un traité antérieur ou postérieur ou qu'il ne doit pas être considéré comme incompatible avec cet autre traité, les dispositions de celui-ci l'emportent.* » Cependant, en l'absence de telles clauses, le recours aux autres règles de l'article 30 pourrait faciliter la résolution des conflits[1024].

Outre les dispositions de l'article 30, la doctrine, en particulier Norberto BOBBIO, a théorisé sur « *des critères pour résoudre les antinomies* »[1025] entre les règles de droit. Il s'agit notamment de « la règle de l'efficacité maximale »[1026], la règle de spécialité et la règle de la *lex posterior*[1027]. Norberto BOBBIO dans son *Essais de théorie du droit*[1028] consacre ses analyses au tour de trois critères pour résoudre les antinomies : *le*

1021 SAWADOGO Filiga Michel, op cit, p. 309

1022 BOUMAKANI Benjamin, « La coexistence de la cour commune de justice de l'OHADA et de la cour de justice de la CEMAC. BIDIN et perspectives.», pp. 131-143, in *Sensibilisation au droit communautaire et à l'intégration dans la zone CEMAC*, Actes du Séminaire sous-régional, Libreville-Gabon, 02-06 novembre 2004, éd. GIRAF, Paris, 2005, 2014 pages, p. 139.

1023 Idem, p. 140

1024 Il s'agit des règles des alinéas 3 et 4 de l'article 30 : « 3. Lorsque toutes les parties au traité antérieur sont également parties au traité postérieur, sans que le traité antérieur ait pris fin ou que son application ait été suspendue en vertu de l'article 59, le traité antérieur ne s'applique que dans la mesure où ses dispositions sont compatibles avec celles du traité postérieur. 4. Lorsque les parties au traité antérieur ne sont pas toutes parties au traité postérieur :*a*) Dans les relations entre les Etats-parties aux deux traités, la règle applicable est celle qui est énoncée au paragraphe 3; Dans les relations entre un Etat-partie aux deux traités et un Etat-partie à l'un de ces traités seulement, le traité auquel les deux Etats sont parties régit leurs droits et obligations réciproques. 5. Le paragraphe 4 s'applique sans préjudice de l'article 41, de toute question d'extinction ou de suspension de l'application d'un traité aux termes de l'article 60, ou de toute question de responsabilité qui peut naître pour un Etat de la conclusion ou de l'application d'un traité dont les dispositions sont incompatibles avec les obligations qui lui incombent à l'égard d'un autre Etat en vertu d'un autre traité. »

1025 BOBBIO Norberto, op cit, p. 89

1026 BOUMAKANI Benjamin, op cit, p. 140

1027 Idem

1028 Il s'agit de la version française traduite par Michel Guéret et Christophe Agostini.

chronologique, le *hiérarchique* et celui de *spécialité*[1029]. Le critère chronologique « *se rattache au temps où la règle commence à exister* », tandis que le hiérarchique « *se rattache au rang de l'autorité qui a établi la règle* »[1030] et la spécialité quant à elle « se rapporte à la matière réglée.»[1031] Alors que les deux premiers « *ont en commun le fait de laisser complètement de côté toute considération de la matière réglée* »[1032], la spécialité exige « *un recours à l'interprétation juridique*.»[1033] D'après l'auteur précité, en fonction de ces critères, entre deux normes contradictoires, l'une ancienne et l'autre nouvelle, d'après le critère chronologique, la norme ancienne doit être appliquée. Mais, ce critère échoue lorsque la norme nouvelle régit plus spécialement la matière concernée plus que ne le ferait la norme ancienne ou la norme adoptée par une autorité hiérarchiquement supérieure. Il pense que le critère de spécialité est « *l'application de la règle de justice selon laquelle les personnes qui appartiennent à la même catégorie doivent être traitées de la même façon.*»[1034] A ce titre, en cas de conflit entre le droit de la CICOS et des autres OSR (les CER) sur une question des eaux du bassin COS, le droit de la CICOS l'emporte au motif qu'il règle plus spécialement les questions relatives au régime juridique dudit bassin.

Face à cette théorie, d'autres auteurs ne sont pas totalement d'accord sur l'efficacité de l'ensemble des méthodes exposées. A l'instar du Professeur Ibrahima Khalil DIALLO : « ... *toutes ces solutions basées sur la méthode conflictuelle à mettre en œuvre par une juridiction nationale paraissent totalement inefficaces et inopératoires.*»[1035] Pour lui, seule la méthode préventive, basée sur « *un système de consultation permanente entre les différentes instances ayant en charge l'élaboration des normes*... »[1036] est plus efficace que les autres. A notre humble avis, ces solutions méritent une prise en compte sérieuse par les instances chargées de l'application du droit. Et, les initiatives prises par les OSR elles-mêmes doivent être approfondies, car elles constituent des voies de sortie possible. Toutes ces méthodes peuvent servir à éviter les conflits de compétences et les conflits de normes d'un moment à l'autre.

Notre propos sur les solutions liées à la coexistence des OSR s'arrête là. Que peut-on retenir de ce chapitre ? Il faut retenir que la multiplicité des

---

[1029] BOBBIO Norberto, op cit, pp. 89-103
[1030] Idem, p. 92
[1031] Idem, p. 94
[1032] BOBBIO Norberto, op cit, p. 93
[1033] Idem
[1034] BOBBIO Norberto, op cit, p. 97
[1035] DIALLO Ibrahima Khalil, « Les mécanismes d'élaboration des normes de droit communautaire : l'équation de la méthode.», pp. 87-115, in Nouvelles annales africaines, Revue de la FSJP, N°1-2007, p. 108
[1036] Idem

OSR est un obstacle à la gestion durable et coordonnée des ressources en eau transfrontalières et donc à la contribution de la CICOS à l'œuvre d'intégration. Leur diversité doublée aux appartenances simultanées des Etats entraînent l'augmentation des charges et la maigreur des moyens.

Enfin, ce titre premier de la seconde partie a permis de débusquer les limites institutionnelles et normatives de la politique commune de gestion intégrée des ressources en eau de la CICOS. La non-résolution des problèmes d'intégration juridique au niveau supranational, notamment ceux relatifs à la gestion du bassin, entraîne les difficultés de mise en œuvre et d'harmonisation efficace des politiques de l'eau au niveau national.

TITRE II: L'APPROPRIATION INSUFFISANTE DU DROIT DE LA CICOS AU PLAN NATIONAL

Le titre premier de la seconde partie de cette thèse a eu pour objectif de montrer les limites et les difficultés de la CICOS, sur les plans normatif, institutionnel et opérationnel. Dans ce second titre, il est question de démontrer les limites liées à l'incapacité des Etats à s'approprier du droit de la CICOS au niveau national, en adoptant une approche de GIRE. Or, comme a su le dire le Professeur Ibrahima LY :*« L'émergence d'un véritable droit communautaire de l'environnement va dépendre non seulement de la production normative et des organes, mais aussi de la capacité des droits nationaux à absorber cette production normative conformément aux orientations contenues dans les textes fondateurs.*[1037]*»* D'après cette pensée, les normes produites au niveau transnational par l'organisation internationale doivent être introduites dans les ordres juridiques nationaux soit, par le mécanisme d'applicabilité directe ou par celui de la ratification. Par contre, l'étude des cadres juridiques nationaux révèle que le droit de la CICOS n'est pas uniforme. Or, dans le cas de l'eau, cette intégration juridique est commandée par la nature même de la ressource qui coule d'une frontière à l'autre[1038], en ignorant les frontières imposées par les hommes, en formant ainsi un bien commun. Le premier constat porte sur l'insuffisante règlementation globale de la gestion de l'eau (Chapitre I). Le second est relatif à l'inefficacité des politiques nationales de gestion de l'eau au regard des objectifs non atteints et de nombreux défis à relever (Chapitre II).

1037 LY Ibrahima, « Droit communautaire et protection de l'environnement », op cit, p. 158.

1038 SANGBANA Komlan, *La protection des eaux douces transfrontalières contre la pollution : dimensions normatives et institutionnelles*, éd. Schulthess, Genève, LGDJ, Paris, 2017, 333 pages, p. 1.

Chapitre I : L'insuffisante règlementation uniforme de l'eau

La faible uniformisation du droit de l'eau constitue un retard et une lenteur du processus d'intégration des Etats, alors que, sous l'impulsion de la CICOS, elle devrait faciliter une approche globale des problèmes d'eau. La matière "eau" est règlementée par plusieurs textes et sa gestion nécessite l'intervention d'une diversité d'acteurs. C'est la raison pour laquelle Jean-Louis GAZZANIGA et Jean-Paul OURLIAC affirment que *« La diversité des règles, leur multiplicité et parfois leur incohérence empêchent une approche globale.*[1039]*»* Comme ces auteurs, Bernard DROMBEKO pense également que : *« l'éclatement des compétences environnementales ne favorise pas une approche globale. Il en résulte que le droit de l'eau relève de compétences éparses »* comme l'équipement, la santé ou l'agriculture[1040], etc. Ce problème se pose aujourd'hui non seulement à l'intérieur des cadres juridiques d'un même Etat, mais aussi entre les Etats si l'on effectue une étude comparative des législations en vigueur[1041]. L'intégration des normes de gestion de l'eau est rendue difficile par le cloisonnement des textes juridiques (Section I) et l'éclatement des compétences entre les diverses institutions ayant des compétences liées à l'eau (Section II).

Section I : Le cloisonnement des textes juridiques liés à l'eau

L'eau, puisqu'elle est nécessaire à la vie de tous les éléments de la nature, elle devient omniprésente dans les textes qui régissent d'autres secteurs. Ce qui a pour conséquence un éparpillement des normes sur l'eau, la difficulté de coordination des activités des acteurs impliqués et l'affaissement des politiques nationales de gestion de l'eau. Les normes relatives à l'eau sont l'ensemble des normes telles que hiérarchisées par Kelsen et intégrées dans le droit constitutionnel des Etats membres de la CICOS : la constitution, les traités, les lois, les ordonnances et les règlements (décrets et arrêtés). On peut alors distinguer les textes supra-législatifs des textes infra-législatifs. La question qui se pose sur le décalage des cadres juridiques et institutionnels entre les Etats membres de la CICOS et l'absence des textes d'application.

1039 GAZZANIGA Jean-Louis et OURLIAC Jean-Paul, *Le droit de l'eau*, édition Litec, Paris, 1979, 247pages, p. 10

1040 DROMBEKO Bernard, *Droit de l'eau,* op cit, pp. 57- 58

1041 Au regard de la jeunesse de la CICOS, on ne devait pas trop l'en vouloir à ce sujet. Mais, ces questions constituent une priorité dans le cadre de ses missions, cette critique a pour but de montrer les limites des cadres juridiques nationaux et d'inciter la Commission à agir.

Certains Etats sont en avance alors que d'autres sont encore en retard par rapport à l'état actuel du droit des cours d'eau internationaux et du régime du bassin du fleuve Congo. D'où le vieillissement des textes et l'inadaptation à la situation actuelle. Néanmoins, il existe un cadre juridique de l'eau constitué des textes épars, c'est-à-dire qui ne régissent pas spécifiquement la matière de l'eau qui sont de portée générale. Il s'agit des textes supra-législatifs (Paragraphe I). A côté de ceux-ci, il faut ajouter les textes législatifs et infra-législatifs (Paragraphe II).

Paragraphe I : L'eau dans les textes supra-législatifs

Les textes supra-législatifs constituent une règlementation timide parce qu'ils ne sont pas spécialement consacrés à l'eau. Ils se caractérisent par un contenu vague dont la mise en œuvre n'est possible qu'à travers des textes d'application. Néanmoins, certains d'entre eux constituent le socle sur lequel se fondent les normes inférieures spécialement consacrées à l'eau. Il s'agit des textes constitutionnels (A) et des conventions internationales (B).

A : L'eau dans les constitutions des Etats membres de la CICOS

La constitution n'est pas un texte qui régit l'environnement spécifiquement. Néanmoins, il est possible de trouver les fondements des politiques nationales de l'eau des Etats membres de la CICOS dans les dispositions constitutionnelles. En vertu de ces dernières, l'Etat exerce la souveraineté permanente sur l'ensemble du territoire nationale, notamment, sur le sol, le sous-sol, les eaux, les forêts, sur les espaces aérien, fluvial, lacustre et maritime[1042]. C'est une consécration constitutionnelle de la souveraineté territoriale de l'Etat sur l'eau.

L'exercice de cette souveraineté implique l'utilisation, la règlementation et la gestion des ressources naturelles pour assurer le développement économique harmonieux et durable de la nation[1043]. Il implique aussi la négociation et la signature des accords internationaux ainsi que l'adhésion aux organismes internationaux ou sous-régionaux ayant pour but la gestion des ressources naturelles transfrontalières ; c'est le cas des cours d'eau internationaux comme le bassin du fleuve Congo. L'adhésion des Etats riverains du bassin à la CICOS trouve donc sa justification dans la norme fondamentale qu'est la constitution.

D'autres dispositions générales prévoient que « *l'Etat est également tenu de garantir le droit de tous les citoyens à un environnement sain.*[1044]» Il

[1042] Article 9 de la Constitution de la RDC du 18 février 2006

[1043] Préambule de la Constitution de la RCA du 30 mars 2016

[1044] Ce droit est octroyé aux citoyens par toutes les constitutions des Etats membres de la CICOS : article 41 de la Constitution de la RC du 21 décembre 2015 ; article

veille à la défense et à la promotion de l'environnement. Cette compétence s'exerce par voie législative, car le régime des ressources naturelles est du domaine de la loi[1045]. C'est en vertu de ce devoir que les Etats élaborent des politiques nationales de gestion de l'eau et assainissement.

Il faut éclaircir, dans ce registre de généralité, la notion du droit des citoyens à un environnement sain[1046]. Il consiste à ce que ceux-ci vivent dans les conditions humainement acceptables. Il s'agit notamment de l'accès à l'eau de qualité acceptable et en quantité suffisante. D'une part, l'eau de qualité doit être conforme aux normes de santé publique. Elle doit aussi permettre à un citoyen de satisfaire ses besoins domestiques. La constitutionnalisation du droit de l'homme à un environnement sain doit être renforcée par le droit à l'eau potable et à l'assainissement qui a été reconnu par l'Assemblée générale de l'ONU comme « *un droit de l'homme, essentiel à la pleine jouissance de la vie et de l'exercice de tous les droits de l'eau.*»[1047]

La protection de l'environnement confère non seulement un droit à un environnement sain mais aussi un devoir des citoyens des Etats à le protéger. C'est-à-dire qu'ils sont tenus à ne pas permettre des atteintes à l'environnement ni par leurs propres activités ni par les activités des tierces personnes. A ce sujet, la constitution de la RC dispose que « *Tout citoyen a droit à un environnement sain, satisfaisant et durable et a le devoir de le défendre.*[1048]» Le devoir de défendre l'environnement est aussi consacré par la constitution de la RDC de 2006 à son article 53. Le droit et le devoir de protéger l'environnement doivent permettre aux citoyens d'accéder aux procédures judiciaires afin de dénoncer les atteintes à l'environnement, le

---

53 de la Constitution de la RDC du 18 février 2006 ; article 11 de la Constitution de la RCA du 30 mars 2016 ; Préambule de la Constitution de la République du Cameroun du 18 janvier 1996.

1045 Article 26 (5) de la Constitution de la République du Cameroun du 18 janvier 1996

1046 Ce droit a été proclamé par le principe 1 de la Déclaration de Stockholm de 1972 en ses termes : « L'homme a un droit fondamental à la liberté, à l'égalité et à des conditions de vie satisfaisantes, dans un environnement dont la qualité lui permette de vivre dans la dignité et le bien-être. Il a le devoir solennel de protéger et d'améliorer l'environnement pour les générations présentes et futures… » Il fut repris par le principe 1 de la Déclaration de Rio de 1992 sur l'environnement et le développement : « Les êtres humains sont au centre des préoccupations relatives au développement durable. Ils ont droit à une vie saine et productive en harmonie avec la nature ».

1047 Résolution de l'Assemblée générale de l'ONU, A/RES/64/292, du 28 juillet 2010. (Disponible sur http://www.ielrc.org/content/e1008fr.pdf).

1048 Article 41 de la Constitution de la RC de 2016 ; article 53 de la Constitution de la RDC du 18 février 2006.

droit à l'information sur l'environnement et le droit d'être consulté et de participer à la prise de décisions relatives à l'environnement. Nous avons abordé ces questions en étudiant le principe de participation des citoyens.

En plus, dans le but de protéger les ressources en eau, le sol et d'autres ressources naturelles, les constitutions des Etats membres, notamment celles de la RC et de la RDC, condamnent explicitement les actes d'élimination illégale des produits polluants dans le sol et les eaux faisant parties du territoire national.[1049]

Enfin, il faut encore le dire, ces dispositions constitutionnelles générales et généreuses ne suffisent pas à définir la politique nationale de l'eau des Etats membres de la CICOS, mais elles en constituent néanmoins un fondement juridique solide de gestion, au regard de la valeur constitutionnelle de la protection de l'environnement qui y est consacrée. Les dispositions constitutionnelles sont également insuffisantes pour conclure que le droit de la CICOS a été intégré dans l'ordre juridique national, surtout le droit de l'homme à l'eau potable et à l'assainissement.

Hormis les dispositions constitutionnelles, il faut y ajouter des textes internationaux liés à l'eau douce.

B : L'eau dans les textes juridiques internationaux

Les acteurs internationaux se sont lancés, à partir des années 1970, à la construction des règles universelles de protection de l'environnement. Les Etats membres de la CICOS ont ratifié ou admis implicitement les principes découlant des instruments juridiques internationaux relatifs à l'eau particulièrement et sur bien d'autres éléments de la nature dépendant de l'eau.

La première Conférence des Nations-Unies sur l'environnement a eu lieu à Stockholm du 5 au 16 juin 1972. Elle marquait une prise de conscience des menaces sur l'environnement et la nécessité d'adopter une règlementation internationale[1050]. La Conférence fut couronnée par une Déclaration de principes, un Plan d'action et une institution : le Programme des Nations-Unies pour l'environnement (PNUE). La Déclaration de Stockholm de juin

---

[1049] Voir l'article 43 de la Constitution de la RC de 2015 et l'article 55 de la Constitution de la RDC de 2006 qui ont un contenu identique: « Le transit, l'importation, le stockage, l'enfouissement, le déversement dans les eaux continentales et les espaces maritimes sous juridiction nationale, l'épandage dans l'espace aérien des déchets toxiques, polluants, radioactifs ou de tout autre produit dangereux, en provenance ou non de l'étranger, constituent un crime puni par la loi ».

[1050] LAVIEILLE Jean-Marc, op cit, p. 48

1972 n'est pas un texte contraignant, mais elle a « *une portée morale, politique et opérationnelle importante* »[1051], à en croire Jean-Marc LAVIEILLE. Son mérite est d'avoir posé 26 principes incitatifs[1052]. Son tout premier principe est relatif aux droits de l'Homme à l'environnement : « *L'homme a un droit fondamental à la liberté, à l'égalité et à des conditions de vie satisfaisantes, dans un environnement dont la qualité lui permette de vivre dans la dignité et le bien-être* ». Comme on l'a vu, ce principe a été repris par les constitutions des Etats. L'eau de bonne qualité et en quantité suffisante est un élément indispensable du droit à l'environnement ; sauf que le caractère vague de cette disposition ne permet pas de saisir les implications du droit de l'homme à l'eau potable. Mais, la Déclaration demande aux Etats de créer les institutions nationales (principe 17), de coopérer (principe 22) et de ne pas causer des dommages à l'environnement (principe 21).

Outre la Déclaration de Stockholm, il faut ajouter la Déclaration sur l'eau et le Plan d'action de Mar del Plata (Argentine) sur l'eau (1977) qui définissent l'eau comme « un bien commun.» Ils insistent sur la nécessité de la coopération pour la gestion de l'eau[1053].

La Charte mondiale de la nature du 28 octobre 1982 fait aussi référence à la matière « eau ». Elle demande à chaque Etat-partie d'intégrer les principes qui y sont énoncés dans leurs législations et de les appliquer dans leur pratique tant au niveau national qu'international[1054]. Elle énonce par exemple que les ressources en eau seront réutilisées ou recyclées[1055], les Etats devraient s'abstenir de causer les dommages transfrontaliers[1056], les citoyens ont le droit d'accès aux informations relatives à l'environnement[1057] afin de leur permettre de participer aux processus décisionnelle[1058].

L'eau est régit par des textes propres pour plus de clarté et d'efficacité de sa règlementation. La Conférence de Dublin est une réponse à une telle préoccupation de la même manière que celle de Mar del Plata de 1977. La Déclaration de Dublin de janvier 1992 avait donc permis d'adapter les principes généraux de l'environnement au secteur de l'eau. Mais, elle apporte une approche nouvelle en énonçant la nécessité de la gestion intégrée des ressources en eau (GIRE). Mar del Plata et Dublin constituent

---

[1051] Idem, p. 49
[1052] Idem, p. 49
[1053] LAVIEILLE Jean-Marc, op cit, p. 228
[1054] Principe 14
[1055] Principe 10 (c)
[1056] Principe 21 (d)
[1057] Principe 23
[1058] Principe 16

des avancées majeures dans la règlementation internationale de l'eau[1059] en posant les jalons de la GIRE.

La Déclaration de Rio du 14 juin 1992 met l'accent sur le lien entre l'environnement et le développement. Il s'agit d'appliquer le principe de développement durable énoncé dans le Rapport Bruntland en 1987. Les principes qu'elle énonce permettent aux Etats d'utiliser les ressources naturelles de manière optimale afin de garantir leur capacité de régénération et les droits des générations futures[1060]. Pour parvenir à atteindre divers objectifs d'environnement, un programme mondial fut adopté à la même occasion. Il s'agit de l'Agenda 21 ou l'Action 21. Le Chapitre 18 de l'Agenda 21 porte sur « *La protection des ressources en eau douce et leur qualité. Application d'approches intégrées de la mise en valeur, de la gestion et de l'utilisation des ressources en eau.* » La gestion intégrée devient alors un concept de référence pour une gestion efficace de l'eau. La Conférence de Rio a été un moment décisif de l'évolution du droit international de l'environnement. En dehors de la Déclaration et de l'Agenda 21, trois autres instruments relatifs aux aspects très liés à l'eau ont été adoptés : la Convention sur la diversité biologique, la Déclaration sur les forêts et la Convention-cadre des Nations Unies sur les changements climatiques.

En ce qui concerne la Convention sur la diversité biologique, elle joue un rôle important dans le domaine de l'eau. Son objectif est de conserver la diversité biologique, l'utilisation durable de ses éléments et le partage juste et équitable des avantages résultant de leur exploitation. La diversité biologique comprend les organismes vivants de toute origine terrestre, marine, aquatique, etc. Cette Convention offre la possibilité d'élaborer des cadres juridiques nationaux et régionaux, particulièrement entre pays riverains des fleuves, pour la protection des ressources halieutiques. Or, l'absence des règlementations transfrontalières, entre pays riverains du fleuve Congo et ses affluents en la matière est un handicap sérieux à la mise en œuvre des dispositions de la Convention. Si bien qu'on assiste aux

---

[1059] Ces Conférences « constituent deux (2) étapes majeures de la gestion de l'eau », selon le docteur NOUDJIA Kaïgama Kiari, *La Charte de l'eau du Bassin du Niger et l'harmonisation des politiques, législations et institutions des Etats membres de l'Autorité du Bassin du Niger (ABN)*, Thèse de doctorat unique en droit public, soutenue publiquement le 15 avril 2017, Ecole doctorale sciences juridiques, politiques, économiques et de gestion (EDSJPEG), Faculté des sciences juridiques et politiques, sous la direction du Professeur Ibrahima Ly, agrégé des Facultés de Droit, 470 pages, p. 10 ; voir aussi GOUGUET Jean-Jacques et GILLIARD Hervé, « Vers une gestion durable des ressources en eau », pp.17-44, in, *Révision de la Charte Européenne de l'Eau du Conseil de l'Europe (1968)*, Les Cahiers du CRIDEAU, éd. Pulim, Limoges, 2002, 281 pages, p. 28

[1060] Principe 3 de la Déclaration de Rio

pratiques de pêches dangereuses, aux contrôles inefficaces des pêcheurs et la disparition irréversible des espèces halieutiques dans le bassin Congo-Oubangui-Sangha.

La Déclaration de Rio sur les forêts énonce que les Etats ont le droit souverain et inaliénable d'utiliser, de gérer et d'exploiter leurs forêts[1061], mais les politiques forestières doivent reconnaître et protéger comme il convient l'identité, la culture et les droits des populations autochtones[1062]. En dépit du fait que les forêts ont un rôle indispensable dans le cycle de l'eau et la régulation du climat, il faut reconnaître que l'effectivité des règles internationales sur cette ressource est un enjeu majeur dans les pays sous-développés dont les économies et la vie des populations pauvres dépendent directement de l'exploitation des ressources forestières. La gestion rationnelle des forêts permettrait de garantir la durabilité d'autres éléments de la nature. Donc, les politiques de l'eau et des forêts doivent être coordonnées pour fonder une approche globale de gestion des ressources naturelles.

Ce texte a eu un impact sur les Etats du bassin du fleuve Congo, malgré son caractère non contraignant, car le 17 mars 1999 une Déclaration sur la conservation et la gestion durable des forêts tropicales a été adoptée à Yaoundé par les Etats d'Afrique centrale. En février 2005, la Commission internationale des forêts de l'Afrique centrale (COMIFAC) a été créée par le Traité relatif à la conservation et à la gestion durable des écosystèmes d'Afrique centrale[1063]. Cependant, en raison de l'interdépendance entre l'eau et les forêts, il est quand même étonnant que ce traité ne cite pas la collaboration entre les institutions chargées de sa mise en œuvre avec celles de gestion de l'eau comme la CICOS. Certes, le Titre IV de ce traité prévoit des relations avec d'autres organisations et des protocoles d'accord, mais l'article 18 précise qu'il s'agit notamment de l'Organisation pour la conservation de la faune sauvage en Afrique (OCFSA), de l'Agence internationale pour le Développement de l'Information (ADI), de la Conférence sur les écosystèmes des forêts denses et humides d'Afrique centrale (CEFDHAC), de l'Organisation Africaine du Bois (OAB) et du Réseau des Aires protégées d'Afrique Centrale (RAPAC). En dépit de cette limitation de l'article 18, il est possible qu'une collaboration soit instituée entre la CICOS et la COMIFAC dans la mesure où l'article 19 du Traité du 05 février 2005 prévoit que « *Des protocoles et des accords peuvent être conclus en vertu du présent traité avec d'autres organisations internationales.* » Sur la base de cette ouverture, il est nécessaire de briser le

---

[1061] Principes 1 et 2

[1062] Principe 5a, 2d, 6d

[1063] Article 5 du Traité relatif à la Conservation et la gestion durable des écosystèmes d'Afrique centrale du 05 février 2005.

cloisonnement entre les institutions sous-régionales pour une meilleure gestion internationale des ressources naturelles.

En parallèle de ces avancées, le droit des cours d'eau internationaux a été codifié au plan international. En effet, face à la multiplication des utilisations des eaux douces transfrontalières, les NU se saisirent de la question afin de trouver un cadre juridique pouvant prévenir les conflits liés à l'eau. Le Secrétaire général fut chargé par l'AG à travers la résolution (2669-XXV) en 1970 pour procéder à l'étude de cette question afin d'élaborer une convention internationale codifiant le droit des cours d'eau internationaux. Le 21 mai 1997 la Convention des Nations Unies sur le droit relatif aux utilisations des cours d'eau internationaux à des fins autres que la navigation était adoptée.

La Convention du 21 mai 1997 a pour but de fournir un cadre normatif qui guide le développement des régimes harmonisés régionaux ou subrégionaux.[1064] Les principes découlant des différents textes déclaratoires ont été consolidés dans la Convention de New York du 21 mai 1997 portant droit relatif aux utilisations des cours d'eau internationaux à des fins autres que la navigation. Cette Convention est un texte universel de référence en droit international de l'eau. La Convention comprend un Préambule, 37 articles plus une annexe sur l'arbitrage. Elle pose les principes de la gestion équitable et raisonnable (art. 5), l'interdiction de causer des dommages significatifs à d'autres Etats et l'obligation de coopérer (art. 8).

Toutefois, on peut déplorer l'absence de hiérarchie entre les principes de la Convention, ce qui fait d'elle un texte respectueux du *« paradigme traditionnel des relations interétatiques »* et sans une portée globale des problèmes d'eau[1065]. Ce texte n'accorde donc pas la priorité à la protection de la ressource, mais vise tout d'abord à satisfaire les intérêts des Etats en s'efforçant à faire un équilibre entre les utilisateurs impliqués. En plus, la Convention est dépourvue d'un mécanisme de suivi pouvant permettre de contrôler sa mise en œuvre par les Etats-parties. Les Etats membres de la CICOS adhèrent aux principes de la Convention puisqu'ils en font référence

---

[1064] BOISSON DE CHAZOURNES Laurence, TIGNINO Mara et SANGBANA Komlan, « L'entrée en vigueur de la Convention des Nations Unies sur le droit relatif aux utilisations des cours d'eau internationaux à des fins autres que la navigation », in Geneva Water Hub, 2015, pp. 1-9, p. 3, (disponible en ligne sur http://archive.ouverte.unige.ch/unige:80735, consulté le 3 juillet 2018 à 14 heure). Les articles 8 et 24 de la Convention de 1997 invitent les Etats du cours d'eau à coopérer et à ériger les mécanismes mixtes de gestion.

[1065] PAQUEROT Sylvie, « Les développements normatifs du droit international de l'eau : contradictions non résolues et ambivalence normative », pp. 71-91, in Actes du Colloques d'Orléans, *L'eau en droit international*, Pedone, Paris, 2011, 405 pages, p. 78

dans le Préambule de l'Accord du 06 novembre 1999 et reprennent ses principes dans l'Additif du 22 février 2007 sur la GIRE.

En raison des interdépendances entre l'eau et les autres éléments de la nature, l'adhésion des Etats membres de la CICOS aux textes internationaux autres que ceux relatifs à l'eau permettrait d'assurer une gestion intégrée des ressources en eau plus efficace. Sauf que l'application de ces textes n'est pas effective eu égard à l'insuffisance des ressources humaines, financières et des moyens techniques. Parmi ces textes, il faut citer la Convention des Nations Unies sur la lutte contre la désertification dans les pays gravement touchés par la sécheresse et/ou la désertification en particulier en Afrique.[1066] Cette Convention a été signée à Paris le 17 juin 1994 et entrée en vigueur le 26 décembre 1996. Les pays membres de la CICOS ont intérêt à assurer la mise en œuvre des principes de la Convention d'autant plus qu'ils permettent de protéger le sol des risques de sécheresse et de désertification. Cette dernière est un problème planétaire au même titre que le climat[1067]. Ils ont en effet la responsabilité « *d'identifier les facteurs contribuant à la désertification et les mesures concrètes pour lutter contre* » ces phénomènes en définissant les Programmes d'action nationaux[1068].

Bref, la multiplicité des textes liés à l'eau au niveau international entraîne des effets similaires dans les ordres juridiques des Etats. Et, le déphasage de certains d'entre eux illustrent la difficulté de construire un régime uniforme des eaux du bassin.

Paragraphe II : Les textes législatifs et l'éparpillement des normes nationales sur l'eau

La multiplicité des textes législatifs liés à l'eau caractérise la difficulté de la règlementation globale de la qualité, de la quantité de l'eau et des usages de l'eau en liaison avec d'autres ressources. Il faut distinguer ici les textes de portée générale liés à l'eau des textes spécifiques à l'eau. Les premiers traitent soit de l'environnement en général, soit des thématiques liées à l'eau. Les seconds sont les codes de l'eau qui régissent spécialement la matière eau : ses usages, sa qualité, etc. Cette diversité d'instruments juridiques fait courir le risque de conflits de normes et de compétence des acteurs. Voyons les textes de portée générale liés à l'eau (A) avant de nous intéresser aux textes spécifiquement consacrés à l'eau (B).

[1066] Sur le plan institutionnel, la Convention comprend une Conférence des parties (art. 22), un Secrétariat permanent (art. 23), un Comité de la science et de la technologie (art. 24).

[1067] Article 7 de la Convention sur la lutte contre la désertification du 17 juin 1994.

[1068] Article 10 de la Convention sur la lutte contre la désertification du 17 juin 1994.

A : Des textes législatifs de portée générale

En ce qui concerne les textes législatifs, la matière « eau » est régie par des lois sur l'environnement ainsi que d'autres textes sur l'agriculture, la santé, les mines etc.

Les textes sur l'environnement sont une sorte de "fourre-tout", c'est-à-dire qu'ils traitent de tous les éléments de la nature. On y retrouve des dispositions générales, les normes sur l'environnement humain, la protection de la faune sauvage, la protection de la flore, la protection des eaux continentales, la protection de l'air, la protection du sol, la protection de la diversité biologique, etc. Il est dans ces conditions difficile de traiter en profondeur le cas de l'eau.

Il faut également constater que les textes anciens deviennent inadaptés et pauvres par rapport au contexte actuel. Cela est dû à l'évolution rapide du droit international de l'environnement et de la volonté insuffisante des autorités nationales à actualiser le droit national par l'introduction des principes émanant des engagements internationaux. Il suffit de comparer les intitulés des lois sur l'environnement pour comprendre ce décalage. Par exemple, en RC, la Loi n° 003/91 du 23 avril 1991 est intitulée « la protection de l'environnement » alors qu'au Cameroun la Loi n° 96/12 du 5 août 1996 est intitulée « la gestion de l'environnement ». Le décalage entre les deux textes se situe non seulement dans les dates mais aussi au niveau de la différence entre le concept de « protection de l'environnement », qui est une approche classique et limitée de la politique publique, et le concept de « gestion de l'environnement » qui est plus moderne et plus large, en ce sens qu'il couvre l'exploitation, mais aussi la protection et la préservation.

En plus des différences formelles, quelques dispositions des lois sur l'environnement sont consacrées à la protection des eaux continentales. Elles édictent des principes généraux qui peuvent, éventuellement, renforcer des lois particulières pour régir les différents secteurs de l'environnement[1069] dont l'eau. Ces textes interdisent les déversements des substances polluantes susceptibles de dégrader la qualité des eaux et des ressources qui en dépendent[1070]. Par contre, une exception à cette règle exige une déclaration

---

[1069] Préambule de la Loi n° 11/009 du 9 juillet 2011 portant principes fondamentaux relatifs à la protection de l'environnement.

[1070] Article 28 de la Loi n° 003.91 portant protection de l'environnement (RC) : « Les déversements, écoulement, rejets, dépôts directs ou indirects de toute substance solide, gazeuse ou liquide susceptible de dégrader la qualité des eaux relevant de la juridiction congolaise sont interdits ». L'article 29 de la Loi n° 96/12 du 5 août 1996 relative à la gestion de l'environnement (Cameroun) précise que cette interdiction concerne aussi le déversement des substances polluantes ou tout

ou autorisation préalable de l'administration compétente. Il faut aussi noter les dispositions sur l'information du public, l'obligation du capitaine d'un navire d'informer les autorités en cas d'avarie ou d'accidents dans les eaux d'un bateau transportant des produits dangereux ou des hydrocarbures, la participation du public à la prise de décision, les principes de prévention et de précaution, la coopération internationale.

Il est vrai que les textes sur l'environnement des Etats membres de la CICOS constituent les fondements des textes particuliers sur les différents secteurs de l'environnement, mais ils ne sont pas tous au même niveau du point de vu de l'intégration des principes modernes universels de gestion de l'environnement et de l'eau en particulier.

En plus des règles générales portant sur l'eau, il faut ajouter les organismes spécialisés dans la gestion de l'environnement, les mécanismes de financement et les sanctions encourues par les auteurs des dommages.

Pour ce qui est des organismes nationaux chargés de l'environnement, il y a les ministères chargés de l'Environnement et des organismes institués par lesdites lois. Nous aurons l'occasion de revenir sur ces institutions. Citons uniquement les organismes spécialisés institués par des lois sur l'environnement. En RDC, il est institué un Conseil National de l'environnement et du Développement Durable (CNEDD) ; en RCA, la Commission Nationale pour l'Environnement et le Développement Durable (CNEDD) ; au Cameroun, la Loi n° 96/12 du 5 avril 1996 portant Loi-cadre relative à la gestion de l'environnement institue un Comité interministériel d'environnement et une Commission Nationale Consultative de l'Environnement et du Développement Durable (CNCEDD)[1071]. En République du Congo, la Loi relative à la protection de l'environnement ne crée pas un organisme particulier en dehors du Fonds pour la Protection de

---

fait susceptible de provoquer la dégradation non seulement des eaux superficielles, mais aussi des eaux souterraines : « Sont interdits, sous réserve des dispositions de l'article 30 ci-dessus, les déversements, écoulements, rejets, dépôts directs ou indirects de toute nature et, plus généralement, tout fait susceptible de provoquer la dégradation des eaux superficielles ou souterraines en modifiant leurs caractéristiques physiques, chimiques, biologiques ou bactériologiques » ; les dispositions analogues sont reprises aux article 19 et 20 de la Loi n° 07/018 portant Code de l'environnement de la RCA et à l'article 49 de la Loi N°11/009 du 09 juillet 2011 de la RDC. Dans la Loi sur l'environnement de la RDC « prévoit qu'un décret délibéré en Conseil des ministres détermine la nomenclature de ces rejets, les critères physiques, chimiques et biologiques des effluents ainsi que les conditions et modalités de gestion et de contrôle de ceux-ci.» Une telle disposition permet de déterminer ou de connaître les substances polluantes et de renforcer la protection qualitative des ressources en eau.

[1071] Article 10 alinéa (2).

l'Environnement[1072]. Toutefois, ces similitudes sont quand-même à encourager. Elles traduisent la prise de conscience des problèmes environnementaux par les Etats africains qui, hier, étaient réticents vis-à-vis du droit de l'environnement qui représentait pour eux un obstacle au développement économique.

Les lois sur l'environnement ont également institué des mécanismes particuliers de financement de la protection de l'environnement par la création d'un fonds spécial. En RC, il a été créé par la loi sur l'environnement précité un Fonds pour la Protection de l'Environnement (art. 86 à 89) ; en RDC un Fonds d'Intervention pour l'Environnement est institué par la Loi sur l'environnement de 2011 (art. 25 et 26) ; au Cameroun, il est institué un Fonds National de l'Environnement et du Développement durable (FNEDD)[1073]. L'institutionnalisation textuelle doit être suivie d'un renforcement des moyens pour que ces organes ne demeurent pas inopérants.

Aussi, pour garantir le respect du droit, les lois sur l'environnement prévoient des sanctions contre toute atteinte à celui-ci. Mais, il y a un décalage d'un Etat à l'autre ; certains prévoient des peines plus lourdes d'autres prévoient des peines plus ou moins souples ou légères. En matière de protection de l'eau spécifiquement, les déversements, écoulements, rejets, dépôts directs ou indirects de toute substance solide, gazeuse et liquide susceptibles de dégrader la qualité des eaux sont punis, en RC, d'une amende de dix mille (10.000) FCFA à 10.000.000. FCFA[1074], il n'est pas prévu une peine d'emprisonnement ; au Cameroun, la loi sur l'environnement prévoit une amende de 1.000.000fcfa à 5.000.000fcfa et une peine d'emprisonnement de six (6) mois à un (1) an ou l'une de ces peines seulement ; en cas de récidive, le montant maximal est doublé[1075].

La RCA et la RDC font exception en ce que les sanctions sont diverses. Dans le premier pays, il est prévu une peine d'amende de 100.000fcfa à 5.000.000 FCFA pour non-déclaration d'utilité publique des travaux, installations et équipements de prélèvement et d'approvisionnement en eau destinés à la consommation humaine[1076]. Dans d'autres Etats membres, cette infraction et cette peine n'existent pas. La même peine est applicable en cas

[1072] Article 86 à 89 de la Loi n° 003/91 du 23 avril 1991 sur la protection de l'environnement.

[1073] Article 11 de la Loi sur la gestion de l'environnement de 1996.

[1074] Article 73 de la Loi n° 003/91 du 23 avril 1991 sur la protection de l'environnement (RC).

[1075] Article 82 de la Loi n°96/12 du 5 août 1996 portant loi-cadre relative à la protection de l'environnement (Cameroun).

[1076] Loi n° 07/018 du 28 décembre 2007 portant Code de l'environnement de la RCA, article 117

de déversement de substances polluantes dans l'eau[1077]. On observe déjà à travers les dispositions pénales des décalages entre les législations des Etats de la CICOS. Cela permet de soutenir que l'uniformisation normative n'existe pas encore et le cadre juridique de l'eau est éclaté.

Par ailleurs, il faut aussi reconnaître que ces peines ne sont pas à la hauteur du danger que représente la pollution des eaux douces au regard des pertes humaines et économiques énormes qu'elle pourrait causer.

La particularité de la Loi de la RCA est remarquable dans la mesure où elle prévoit également des peines spéciales à la pollution des fleuves. En effet, l'auteur d'un déversement, d'une immersion, d'une incinération, d'une introduction directe ou indirecte des matières dangereuses pour la qualité de l'eau, les ressources en eau, des substances qui en dépendent et pour les activités économiques du fleuve est puni d'une amende de trois (3) ans à huit 8 ans d'emprisonnement et d'une amende de 1.000.000 FCFA à 50.000.000 FCFA[1078]. Aussi, cette peine est applicable à *«... tout capitaine ou responsable de bateau aéronef spécialisé ou engin transportant des hydrocarbures, des substances nocives ou dangereuses et se trouvant dans les eaux sous juridiction centrafricaine, mais n'ayant pas signalé aux autorités centrafricaines tout événement de nature à constituer une menace pour la vie aquatique ou la santé publique »* (art. 120).

En RDC, l'auteur de la pollution des eaux est puni de six (6) mois à trois (3) ans d'emprisonnement et d'une amende de cinq millions (5.000.000) à cinquante millions (50.000.000)[1079] de francs congolais ou d'une de ces peines seulement. Par ailleurs, l'article 82 de la Loi portant principes fondamentaux de protection de l'environnement prévoit en outre qu'est puni d'une servitude pénale de cinq (5) ans à dix (10) ans et d'une amende de cent millions (100.000.000) à deux cent cinquante millions (250.000.000) de Francs congolais quiconque procède à l'immersion, l'incinération ou l'élimination, par quelque procédé que ce soit, des déchets dangereux ou radioactifs dans les eaux continentales ou maritimes se trouvant sous juridiction congolaise.

En dehors des lois sur l'environnement, il faut aussi ajouter d'autres lois comme celles portant sur l'hygiène, les mines et le transport fluvial etc. En ce qui concerne l'hygiène, certains Etats membres de la CICOS se sont dotés des Codes d'hygiène. Il en est ainsi de la RCA qui dispose de la Loi n° 03.04 portant Code d'hygiène du 20 janvier 2003. Les articles 62 à 72 de cette Loi traitent de l'hygiène de l'eau. Le principe fondamental est l'interdiction

---

[1077] Idem, article 118.
[1078] Idem, article 120.
[1079] Cinquante millions (50.000.000) de Francs congolais égale 14400000 f CFA.

d'offrir de l'eau non potable à la consommation humaine[1080] et à la production alimentaire[1081]. Surtout, les articles 120 à 135 régissent spécialement la pollution des cours d'eau. Ces dispositions contribuent à assurer une utilisation non dommageable des eaux transfrontalières du bassin. Le Code de l'hygiène interdit de déverser dans les cours d'eau les substances chimiques ou tout déchet susceptible de porter atteinte à la vie humaine, animale ou végétale[1082]. Plus encore, il est prévu une peine d'amende de cinq mille (5000) à cinquante mille (50000) FCFA d'une part contre tout contrevenant aux dispositions des articles 63 à 66, 71 à 72, et d'autre part une peine d'amende de quatre mille (4000) à quarante mille (40.000) contre tout contrevenant des articles 120 à 135 (pollution des cours d'eau).

Il faut signaler ici un éparpillement des peines entre divers textes et une contradiction avec les peines prévues par la loi sur l'environnement qui sont plus lourdes. De même, ces peines ne sont non plus à la hauteur des dommages susceptibles d'être causés à l'environnement ou à la santé humaine.

La RDC a elle aussi emboité le pas en se dotant d'un Code d'hygiène adopté en avril 2015. Comme en RCA, le Code d'hygiène de la RDC traite de l'hygiène de l'eau dans ses articles 52 à 75 et institue des peines contre tout contrevenant à ces dispositions. A la différence du Code d'hygiène de la RCA, celui de la RDC ne traite pas abondamment de la protection des cours d'eau. Seul l'article 75 dispose que « *Les eaux superficielles des différents cours d'eau (lacs, rivières, fleuves) servant à l'usage domestique sont également soumises à une protection contre toute pollution, notamment industrielle. Elles font également l'objet de prélèvement et d'analyse périodique afin de prévenir tout risque de contamination ou d'intoxication pour les populations.*» Il est prévu une peine d'amende 150.000 FC et n'excédant pas 3.000.000 FC et d'un emprisonnement de trois (3) mois à deux (2) ans ou d'une de ces peines seulement quiconque contrevient aux dispositions des articles 52 à 74.

L'analyse de ces différents textes permet de constater qu'ils prévoient tous des dispositions pénales. Il est possible de craindre une contraction sinon un conflit de normes en raison de l'éparpillement des peines çà et là dans un même ordre juridique national ou entre les ordres juridiques des Etats membres de la CICOS. Ces textes sur l'hygiène doivent inspirer les

---

[1080] Voir par exemple l'article 63 qui oblige à toute personne qui offre de l'eau au public en vue de l'alimentation humaine de s'assurer qu'elle est propre à la consommation humaine.

[1081] Il faut se référer ici à l'article 27 de la Loi précitée qui prohibe l'utilisation de l'eau polluée pour la production des aliments.

[1082] Articles 122 et 123.

Etats membres de la CICOS qui n'en disposent pas encore. Une harmonisation des dispositions pénales doit être faite ; ceci permettra donc de renforcer l'uniformisation des politiques de l'eau des Etats du bassin. De même, la CICOS pourrait s'appuyer sur ces textes nationaux pour élaborer un texte uniforme à tous les Etats en matière d'hygiène de l'eau.

Les dispositions des Codes d'hygiène, les organismes d'environnement et les mécanismes de financement (institués par les différentes lois sur l'environnement) ne constituent pas de véritables instruments efficaces de gestion l'eau. La dispersion normative exprime la difficulté de gérer l'eau de manière globale. Cet éparpillement réduit l'efficacité d'une véritable politique cohérente des eaux continentales c'est-à-dire que les Etats ne sont pas encore parvenus à la GIRE. Néanmoins, ces textes peuvent servir à renforcer les politiques nationales de gestion de l'eau telles que régies par les lois portant spécifiquement sur l'eau.

B : Des textes spécifiques à l'eau : les évolutions asymétriques

Comme on peut le constater, les Etats membres de la CICOS, notamment, la RC, la RDC, la RCA et la République du Cameroun, disposent des textes législatifs sur l'eau. Cependant, du point de vue formel et substantiel, ou bien dans leur forme et dans leur contenu normatif, ces textes ne sont pas au même niveau; ils se caractérisent par des asymétries formelles (1) et substantielles (2).

1 : Les asymétries formelles entre des lois sur l'eau

Les Etats membres de la CICOS ont fait des efforts en légiférant spécialement sur l'eau. Certains textes vieillissants existent bien avant la création de la CICOS alors que d'autres sont plus récents. Il faut d'abord saluer cette volonté des législateurs des Etats de la CICOS en établissant un régime juridique des eaux douces situées sur leurs territoires respectifs. Cela témoigne l'importance accordée à cette ressource vitale, ainsi qu'à l'environnement tout entier.

A l'heure actuelle, le pays qui dispose encore du texte le plus ancien est la République du Cameroun. C'est la Loi n° 98/005 du 14 avril 1998 qui porte sur le régime de l'eau. Elle abroge l'ancienne Loi n°84/013 du 05 décembre 1984 portant régime de l'eau[1083]. La Loi de 1998 comprend 31 articles et cinq (5) titres. Les différents titres se présentent comme suit : Titre I : Dispositions générales ; Titre II : Protection des eaux ; Titre III : De

[1083] Article 30 de la Loi n° 98/005 du 18 avril 1998 portant régime de l'eau

l'exploitation des eaux ; Titre IV : De la responsabilité et des sanctions ; Titre V : Des dispositions diverses et finales.

Ce texte législatif court, fixe dans le respect des principes de la gestion de l'environnement et de la protection de la santé publique, le cadre juridique général du régime de l'eau (article 1er). Cette Loi fut promulguée par le Président de la République et publiée au Journal Officiel de la République du Cameroun le 14 avril 1998.

En dehors de la République du Cameroun où la Loi sur le régime de l'eau a précédé la mise en fonctionnement de la CICOS, dans les trois (3) autres Etats fondateurs les textes sur l'eau sont venus après. Il en est ainsi de la République du Congo où le régime de l'eau est régi par la Loi n° 13-2003 datant du 10 avril 2003 portant Code de l'eau. Elle comprend cinq (5) titres ordonnés de la manière suivante : Titre I : Dispositions générales ; Titre II : Du domaine public hydraulique ; Titre III : De la police de l'eau ; Titre IV : Du service public de l'eau ; Titre V : Dispositions diverses et finales.

La Loi portant Code de l'eau de la RC est composée de 102 articles. Elle a pour objet de mettre en œuvre la politique nationale de l'eau (article 2). La longueur du texte et le nombre d'articles traduisent la profondeur du traitement de la matière de l'eau dans ce texte à la différence de celui de la République du Cameroun.

Après la mise en fonctionnement de la CICOS, la RCA a adopté une loi portant Code de l'eau le 12 avril 2006. Il a été institué en cette date par la loi n° 06.001. Cette Loi poursuit plusieurs objectifs parmi lesquels il y a : la planification de manière cohérente de l'utilisation des ressources en eau tant au niveau des bassins versants qu'au niveau national ; la mobilisation et la gestion des ressources en eau afin de garantir les conditions d'un développement durable par une utilisation rationnelle; la protection contre toute forme de pollution des eaux et la préservation des écosystèmes aquatiques ; la mise en place d'un cadre institutionnel qui définit le rôle des intervenants et les mécanismes financiers.

Les 111 articles répartis en six (6) titres définissent la politique de gestion de l'eau de la RCA. Le titre I porte sur les dispositions générales ; le titre II définit le régime juridique des eaux, des aménagements et des ouvrages hydrauliques ; les titres III, IV, V et VI portent respectivement sur la gestion des ressources en eau, aménagement et ouvrages hydrauliques ; de la protection des ressources en eau ; la police des ressources en eau et enfin, les dispositions transitoires et finales.

Se situant dans la même logique que les autres Etats membres (fondateurs) de la CICOS, la RDC a adopté récemment la Loi n° 15/026 du 31 décembre 2015 relative à l'eau. Elle a pour objet la gestion durable et équitable des ressources en eau constituées des eaux de surface et des eaux souterraines, tant continentales que maritimes[1084]. La richesse de ce texte se mesure par rapport à sa longueur. A la différence des textes des autres Etats précités, la Loi relative à l'eau de la RDC comprend 124 articles répartis en dix (10) titres. Du titre premier au titre X, sont respectivement définis : les dispositions générales ; la souveraineté, des obligations de l'Etat et du domaine public de l'eau ; la gestion des ressources en eau ; les usages de l'eau ; du service public de l'eau ; la protection des écosystèmes aquatiques ; la gestion des catastrophes ; les mécanismes de règlement des conflits ; les dispositions pénales et enfin, les dispositions transitoires, abrogatoires et finales.

L'approche formelle de la législation sur l'eau des quatre (4) Etats fondateurs de la CICOS permet de retenir que les textes récents sont plus étoffés et riches par rapport aux textes anciens. Cela montre que ces derniers sont vieillissants et inadaptés au contexte actuel de la GIRE par bassin. Il s'agit là aussi d'une prise en compte plus sérieuse des normes internationales au niveau national par la RDC où la Loi relative à l'eau est plus moderne et en avance par rapport aux autres ; d'où la nécessité pour les autres Etats de procéder à la révision de leurs législations respectives en vue de s'adapter aux principes actuels et à l'objectif d'intégration des politiques de gestion durable des eaux par bassin versant tel que fixé par le droit primaire de la CICOS.

Toutefois, il faut constater que ces textes sur l'eau ont tous une maladresse commune qui est « l'insuffisance mémorielle »[1085] aux textes supranationaux, notamment ceux de la CICOS. Or, appartenant aujourd'hui à une même famille communautaire qui est la CICOS, les textes sur les eaux douces des Etats membres devraient, au moins, dans leurs préambules, faire référence aux textes de la CICOS, notamment à l'Accord du 06 novembre 1999 et à son Additif du 22 février 2007. Il faut aussi dire que ces législations nationales traduisent l'absence d'une règlementation communautaire dans les différents secteurs des usages de l'eau à des fins autres que la navigation. Aux textes législatifs nationaux devraient se substituer des actes juridiques communautaires. Le décalage entre des législations de l'eau s'apprécie également à travers leur contenu normatif.

2 : Les asymétries substantielles

L'étude du contenu des différentes lois portant sur la gestion de l'eau dans les Etats membres de la CICOS doit se faire à l'aide de la méthode

---

[1084] Article 1er de la Loi n° 15-026 du 31 décembre 2015 (RDC).

[1085] SALL Alioune, *Les relations extérieures de la CEDEAO*, L'Harmattan, Paris, 2017, 248 pages, p. 123.

comparative entre ces textes et ceux de la CICOS, plus spécifiquement l'Additif du 22 février 2007 relatif à la GIRE. Cette méthode permet de vérifier si les principes et les modalités de gestion de l'eau définis par ce texte ont été intégrés antérieurement ou postérieurement dans les législations nationales. Il ne s'agit pas seulement de prendre en compte des lois établies après l'Additif mais aussi ceux qui existent bien avant lui, dans la mesure où ces principes ont été déjà prévus par les conventions internationales sur les cours d'eau internationaux et même sur l'environnement en général. Le décalage entre ces textes porte sur le statut des eaux douces (a), mais aussi sur le régime des dispositions pénales (b).

a : Le statut juridique des eaux douces

En qui ce concerne les asymétries sur le statut des eaux douces, il faut d'abord aborder les principes avant les modalités de gestion de l'eau.

Pour ce qui est des principes, il faut rappeler que la Convention de New York du 21 mai 1997 pose des principes généraux qui sont : l'utilisation et la participation équitable et raisonnable (art. 5), les facteurs pertinents pour une utilisation équitable (art. 6), l'obligation de ne pas causer de dommages significatifs (art. 7), l'obligation de coopérer (art. 8), échange régulier d'informations (art. 9), la priorité accordée aux besoins humains essentiels (art. 10).

L'Additif de la CICOS sur la GIRE a repris ces principes tout en les détaillants. Selon l'article 4 de l'Additif, on peut citer : l'obligation de garantir la gestion équitable et durable des ressources en eau ; l'utilisation équitable et rationnelle des eaux du fleuve et de ses affluents, ainsi que des ressources naturelles qui en dépendent ; le traitement équitable des usagers ; l'obligation d'impliquer toutes les parties dans la gestion des ressources en eau et la prise des décisions ; la nécessité de prévenir les conflits entre Etats et l'obligation de négocier en cas de conflit ; l'obligation de préserver l'environnement ainsi que d'assurer la pérennité des équilibres écologiques et des processus hydrologiques naturels ; l'obligation pour tout Etat contractant d'informer les autres Etats avant d'entreprendre toute action ou tout projet qui pourrait avoir un impact significatif sur la disponibilité de l'eau et/ou la possibilité de mettre en œuvre des projets futurs ; le principe pollueur-payeur et le principe utilisateur-payeur limités aux utilisations de l'eau à des fins économiques.

Dans le but de comprendre l'harmonisation des législations sur la gestion des eaux du bassin Congo-Oubangui-Sangha, il reste maintenant à vérifier si ces principes ont été intégrés dans les législations nationales.

Le principe de protection a été institué dans les textes sur l'eau de tous les Etats fondateurs de la CICOS. Au Cameroun, la Loi n° 98/005 a mis l'accent sur le principe de protection des eaux (titre II, articles 4 à 9); au Congo, la Loi n° 13-2003 portant Code de l'eau (les articles 14 à 31) ; en RCA, Loi n° 06.001 portant Code de l'eau (les articles 70 à 81), en RDC, Loi n°15-026 relative à l'eau (articles 40-50).

Les dispositions de ces textes visent à éviter toute pollution des eaux et des ressources aquatiques. Le principe de protection des eaux ainsi institué par des lois sur l'eau correspondrait à celui de l'obligation de ne pas causer de dommage significatif institué par l'article 7 de la Convention de New York de 1997 et à celui de l'article 14 de l'Additif de la CICOS de 2007. Mais, le défaut est que ces textes ne mettent l'accent sur l'interdiction des dommages transfrontaliers.

Un autre principe qui a été pris en compte par tous les Etats est le principe de la priorité accordée à l'usage de l'eau pour les besoins humains essentiels ou à usage domestique. C'est un effort de respect du principe du droit de l'homme à un environnement sain et de celui du droit à l'eau potable et à l'assainissement. Toutefois, les différents paramètres du droit à l'eau ne sont pas présents dans ces textes nationaux. Au Cameroun, ce principe n'est pas explicitement institué par la Loi sur le régime de l'eau. Néanmoins, l'esprit du texte est favorable à l'existence de ce principe. Par exemple l'alinéa 1er de l'article 2 de la Loi sur le régime de l'eau dispose que l'eau est un patrimoine national dont l'Etat assure la protection, la gestion et en facilite l'accès à tous. Faciliter l'accès de tous à l'eau supposerait le droit des citoyens à l'eau potable pour les besoins domestiques. La révision de ce texte en vue d'intégrer les principes modernes serait plus judicieuse.

Dans d'autres Etats fondateurs de la CICOS, le principe de priorité accordée aux besoins humains essentiels est explicitement intégré. En République du Congo, le principe de priorité accordée à l'usage de l'eau pour les besoins domestiques est prévu à l'article 9 de la Loi portant Code de l'eau : *« Le domaine public hydraulique est affecté de manière prioritaire en vue de satisfaire les besoins suivants :*

- *alimentation en eau potable ;*
- *abreuvement du cheptel et autres besoins de l'agriculture ;*
- *besoins de l'industrie. »*

En RCA, l'article 44 de la Loi portant Code de l'eau dispose que *« l'alimentation en eau potable de la population demeure la priorité dans la répartition des ressources en eau ».*

En RDC, ce principe est consacré par l'article 58 de la Loi n°15-026 relative à l'eau[1086].

En dépit de l'enthousiasme manifesté par les Etats de la CICOS, il faut cependant constater que d'autres principes modernes qui régissent la gestion des eaux transfrontalières sont absents dans la Loi sur l'eau au Cameroun et au Congo. Il en est ainsi de l'obligation de coopérer ; du principe d'information et de participation du public à la prise de décision ; de l'obligation d'échange régulier d'informations. Seules la RCA et la RDC ont intégré ces principes dans leurs lois sur l'eau. Le principe de coopération est institué en RCA par l'article 3 et spécifiquement par l'article 57 de la Loi n°06.001 portant Code de l'eau[1087] ; en RDC ce principe est régi par l'article 57 de la Loi relative à l'eau précitée[1088]. Cette même Loi fixe aussi le

---

[1086] L'article 58 de la Loi sur l'eau en RDC dispose que « Sans préjudice des exigences essentielles à l'environnement, l'utilisation de l'eau obéit à un ordre de priorité établie de la manière suivante :

- l'usage de l'eau à des fins domestiques pour la consommation, l'hygiène et besoins des ménages ;
- l'usage de l'eau par les municipalités et les communautés à des fins liées à la santé publique, l'hygiène et l'assainissement ;
- l'usage de l'eau pour la production d'énergie ;
- l'usage de l'eau pour l'activité industrielle ;
- l'usage de l'eau à des fins de navigation et de transport ;
- l'usage de l'eau à des fins sportives, récréatives et touristiques.»

[1087] L'article 57 du Code de l'eau de la RCA dispose ceci : « L'Etat prend les mesures nécessaires pour favoriser la coopération dans le cadre de la gestion et de la mise en valeur des ressources en eau transfrontalières ; il négocie, ratifie les accords et les conventions portant sur :

- La gestion commune des programmes et projets à caractère régional ;
- La mise en place de projets régionaux, sous-régionaux et de structures bilatérales ou multilatérales de gestion des eaux ;
- La gestion intégrée des ressources en eau partagées et transfrontalières.... »

[1088] Article 57 de la Loi sur l'eau de la RDC : « L'Etat conclut avec les Etats riverains des cours d'eau et des lacs transfrontaliers les accords bilatéraux ou multilatéraux ou autres arrangements afin de définir les relations mutuelles en matière d'utilisation, de mise en valeur et de protection des ressources en eau et des écosystèmes aquatiques de manière équitable.

Cette coopération vise en particulier :

a)- L'échange d'informations et de données ;

b)- La gestion intégrée et durable des eaux transfrontalières ;

c)- la mise en œuvre de programmes et projets conjoints et de structures bi ou multilatérales de gestion des eaux partagées ;

d)- Le renforcement de capacités ;

e)- La coordination des actions visant à servir les objectifs et les intérêts communs dans les fora régionaux et internationaux relatifs à la gestion et à la protection des ressources en eau.

principe de participation du public à l'article 13 (f) qui impose au gouvernement, au gouvernement provincial, aux collèges exécutifs urbain, communal, de secteur et de chefferie de « veiller à la participation de tous les usagers concernés, notamment collectivités locales, les usagers, la société civile et le secteur privé.» La participation du public est également affirmée en RCA à l'article 3 de la Loi portant Code de l'eau[1089].

A partir de cette consécration, il faut dire que de même qu'il vise à renforcer la protection de l'eau, le principe de participation est une « remise en cause de la conception classique de l'administration » qui était « fondée sur un système clos »[1090] au public. C'est l'extension des domaines dans lesquels l'administration se doit d'assurer la transparence en facilitant l'accès, cette fois-ci, à l'information relative à la gestion des eaux douces.

A ces principes, il faut aussi ajouter d'autres comme le principe d'autorisation et le principe de déclaration préalable qui ont été prévus par l'Additif de la CICOS sur la GIRE du 22 février 2007. On peut y lire que « *les aménagements hydrauliques, ouvrages ou travaux entraînant les prélèvement d'eaux superficielles, restituées ou non, une modification des régimes hydrauliques, des déversements, écoulements, rejets ou dépôts directs ou indirects, chroniques ou épisodiques, mêmes non polluants doivent faire l'objet d'autorisation ou de déclaration préalable.*» Ces règles existent dans les législations nationales. On retrouve l'autorisation préalable[1091] et la déclaration préalable[1092] dans les différentes lois sur l'eau ou sur l'environnement.

Un problème se pose pourtant. Certaines lois ne définissent pas ces principes alors que d'autres apportent des éclaircissements utiles. L'autorisation est, selon la Loi sur l'eau de la RDC, *« l'acte juridique par*

Ces accords portent également sur la conduite à tenir en cas de situations d'urgence ou pour la prévention, la maîtrise de toute pollution qui risque d'avoir un impact transfrontalier. »

1089 « La participation : la prise des décisions doit impliquer les décideurs et un maximum d'acteurs ». Cette énonciation ne suffit pas pour garantir la participation du public à la prise des décisions relatives à l'eau. Il faudrait y ajouter : le droit à l'information, le droit de recours administratif, le droit d'accès aux procédures judiciaires.

1090 JEGOUZO Yves, « Principe et idéologie de la participation », pp. 577-587, in Amirante DOMINIQUE et autres (dir.), *Pour un droit commun de l'environnement, Mélanges en l'honneur de Michel PRIEUR*, Dalloz, Paris, 2007, 1740 pages, p. 579.

1091 Article 10 de Loi n° 98/005 (Cameroun) ; article 21 de la Loi n° 13-2003 du 10 avril 2003 portant Code de l'eau (RC) ; articles 12, 16, 24, 27 et 38 de la Loi n° 06.001portant Code de l'eau de la RCA ; articles 3, 21, 23, 24 de la Loi n° 15/026 du 31 décembre 2015 relative à l'eau (RDC).

1092 Articles 24 et 25 de la Loi n° 06.001portant Code de l'eau de la RCA ; articles 21 et 22 de la Loi n° 06.001portant Code de l'eau de la RCA.

lequel l'administration permet à une personne physique ou morale d'exploiter ou d'utiliser les eaux ou des ouvrages d'assainissement du domaine public sous certaines conditions.»[1093] La déclaration est quant à elle une *« formalité administrative accomplie auprès de l'autorité compétente en vue d'exploiter ou d'utiliser les eaux du domaine public sous certaines conditions* »[1094]. Le principe d'autorisation préalable et de déclaration préalable fonctionnent de façon parallèle. Toute personne qui voudrait utiliser ou exploiter l'eau devrait avoir la permission de l'administration compétente[1095]. La déclaration est faite par les usagers alors que l'autorisation est accordée par l'administration. L'usager du domaine public est tenu de mener une étude d'impact environnemental. L'administration analyse le projet et peut ou non accorder l'autorisation de l'usage de l'eau. Ces règles (déclaration préalable et autorisation préalable) s'appliquent également sur les déversements des substances nocives[1096].

Il faut quand même rappeler que les principes de déclaration préalable et d'autorisation préalable permettent aux autorités nationales compétentes de veiller à la bonne utilisation des eaux douces et donc de recueillir les informations relatives aux projets d'exploitation des eaux. Ces informations seront par la suite transmises au niveau de la CICOS pour un contrôle supranational de tout projet pouvant avoir un impact transfrontalier.

Notre propos sur la comparaison des régimes de l'eau des Etats membres de la CICOS ne s'arrête pas là. L'utilisation de l'eau ou sa gestion se fait selon certaines modalités que nous abordons dans les lignes suivantes.

Les modalités d'exploitation de l'eau, quant à elles, sont : la concession[1097] ; la régie[1098] et l'affermage[1099].

[1093] Article 3 de la Loi n° 15/026 relative à l'eau.

[1094] Idem

[1095] En République du Congo, ce principe fait l'objet d'un Arrêté n°18018/MEH-CAB fixant les procédures et les conditions d'autorisation d'exercice de l'activité de production autonome de l'eau.

[1096] Il en est ainsi de l'évacuation et l'épuration des eaux usées. En effet, en RC par exemple, cette question fait l'objet de l'Arrêté n°2017-258 du 17 juillet 2017 fixant les conditions de réalisation et d'exploitation des ouvrages collectifs d'évacuation et d'épuration des eaux usées. L'article 16 de cet Arrêté prévoit que « L'autorisation de raccordement est délivrée par le Ministre chargé de l'Eau », en l'occurrence le MEH.

[1097] Articles 6, 51, 52, 59, 71, 74 et 75 de la Loi n°13-2003 du 10 avril 2003 portant Code de l'eau (RC) ; article 49 de la Loi n°06.001portant Code de l'eau de la RCA ; articles 25 à 39 de la Loi n°15/026 du 31 décembre 2015 relative à l'eau (RDC).

[1098] Article 50, 51 et 52 de la Loi n°13-2003 du 10 avril 2003 portant Code de l'eau (RC).

La concession est un « *contrat conclu entre l'Etat et une personne physique ou morale, publique ou privée, permettant à celle-ci d'exploiter le service public de l'eau sur une période déterminée.*[1100] » C'est un procédé par lequel l'administration compétente délègue la gestion du service public de l'eau à une personne morale ou physique, de droit public ou privé. Avant l'exécution du contrat, la Loi de la RDC sur l'eau qui est plus explicite à ce sujet, exige qu'une étude d'impact soit réalisée et que la consultation du public soit effectuée afin de permettre à l'administration de disposer de tous les éléments nécessaires à sa décision[1101]. La concession peut porter sur tout ou partie d'un cours d'eau, d'un lac naturel ou artificiel et d'aquifères souterrains. Le titulaire du contrat de concession est tenu de ne pas porter atteinte aux droits des riverains par la modification de la qualité de l'eau et à cet effet à la vie des ressources qui en dépendent. Il doit restituer l'eau après usage sans rendre son utilisation impossible. L'objectif visé ici est le respect des intérêts des autres Etats riverains et la protection de l'environnement. La Loi de la RDC relative à l'eau a fait une avancée significative à ce sujet[1102].

Cependant, la concession peut connaître une déchéance. En RCA, le Code de l'eau prévoit que la déchéance du délégataire peut être prononcée dans les conditions suivantes : utilisation des eaux autres que celles autorisées ; non-respect des obligations relatives à la protection de la qualité des eaux et à la préservation de l'environnement ; non payement ou non-reversement des redevances[1103]. La Loi relative à l'eau en RDC est plus explicite en ce qui concerne la nullité du contrat de concession. Celle-ci peut intervenir avec indemnisation[1104] ou à tout moment sans indemnisation[1105].

1099 L'affermage n'est défini nulle part dans les textes sur l'eau. On sait quand même que c'est un contrat par lequel le contractant s'engage à gérer un service public à ses risques et périls, contre une rémunération versée par les usagers. Concédé, appelé fermier, réserve à la personne publique une redevance destinée à contribuer à l'amortissement des investissements qu'elle a réalisés. La rémunération versée par le fermier en contre partie du droit d'utilisation de l'ouvrage est appelée « la surtaxe ». Le financement des ouvrages est à la charge de la personne publique mais le fermier peut parfois participer à leur modernisation ou à leur extension (CE, arrêt du 29 avril 1987, Commune d'Elancourt).

1100 Article 3 de la Loi n°15/026 relative à l'eau.

1101 Idem, article 29.

1102 Article 28 de la Loi n°15/026 relative à l'eau de la RDC : « Le droit d'utilisation des eaux et l'aménagement d'ouvrages hydrauliques est limité par l'obligation de ne pas porter atteinte aux droits des riverains, de restituer l'eau de façon qu'elle soit réutilisable et de respecter l'intégrité de l'environnement et des écosystèmes aquatiques.» Voir aussi l'article 31 de la même Loi.

1103 Article 51 de la Loi n° 06.001 du 12 avril 2006 portant Code de l'eau de la RCA.

1104 Cette déchéance peut intervenir dans l'intérêt de la salubrité publique ; pour prévenir ou cesser les inondations ou en cas de menace contre la sécurité publique ; en cas de menace majeure contre le milieu aquatique.

Au Cameroun, la concession est régie par les articles 10 à 12 de la loi sur le régime de l'eau. Ces dispositions ne disent pas grand-chose mais renvoie la question à un décret d'application. En RC par contre, les dispositions du Code de l'eau sur la concession ont davantage pour objectif la production et la distribution de l'eau potable ; elles ne mettent pas explicitement l'accent sur d'autres usages comme la production d'énergie électrique. Néanmoins, l'article 13 impose à ce que les personnes bénéficiant du droit de captage des eaux du domaine public hydraulique utilisent l'eau de manière rationnelle et économique, veillent à maintenir la qualité de l'eau, respectent les droits d'autres personnes bénéficiant d'un droit de captage portant sur les mêmes eaux et s'abstiennent d'endommager l'environnement naturel. Le décret n°2017-257 du 17 juillet 2017 fixe les modalités d'utilisation de l'eau du domaine public hydraulique à des fins énergétiques.

Quant à la régie, elle est un *« mode de gestion d'un service public assuré directement par la personne publique dont dépond ce service avec son personnel et ses moyens matériels et financiers »*[1106]. En dehors de cette définition fournie par la Loi relative à l'eau en RDC, il n'est pas prévu autre chose sur cette modalité de gestion ou d'exploitation de l'eau des lois sur l'eau des autres Etats membres de la CICOS.

Les différentes règles sur le régime de l'eau et les modalités de leur exploitation et gestion sont protégées par les dispositions pénales contre toute atteinte. Ces peines permettent d'assurer l'efficacité du droit en vigueur à travers la dissuasion de tout comportement ou toute activité de nature à ne pas contribuer à la protection de l'eau et de l'environnement.

b : Les dispositions pénales

Il faut féliciter les Etats membres de la CICOS pour leur contribution à l'approfondissement du droit international de l'eau par l'adoption des législations nationales destinées à lui donner une efficacité à travers un dispositif pénal. Contrairement à la situation antérieure, celle qui court depuis la fin des années 1990 et le début des années 2000 témoigne un changement indéniable de leur histoire avec le droit de l'eau ou de l'environnement en général. Cependant, les textes ne sont pas très uniformes dans la fixation des peines. Avant d'étudier les peines encourues par les auteurs des infractions, il est d'abord important d'étudier leur poursuite. La méthode comparative permettra d'apprécier le niveau d'harmonisation du droit positif ou des points de divergence entre les textes en vigueur.

[1105] En cas de perte de l'une des conditions d'éligibilité ; non commencement d'exécution du contrat dans un délai de deux ans ; abandon de l'installation ou non-entretien de l'ouvrage ; inobservance des termes du contrat.

[1106] Article 3 de la Loi n°15/026 relative à l'eau (RDC).

En effet, la constatation et la poursuite des infractions de l'eau fait intervenir plusieurs acteurs, selon les textes législatifs portant sur l'eau. Cette compétence est exercée conjointement par le ministère de l'Eau et d'autres ministères comme ceux de la Santé, de l'Environnement et les officiers de police du ministère public. On tombe ici sur le problème de l'éclatement des compétences entre les acteurs.

Au Cameroun, *« le contrôle de la qualité des eaux de consommation est assuré, à tout moment, par le personnel des Administrations chargées respectivement de l'eau et de la santé publique, assermentés et commissionnés à cet effet*[1107]*.»*

De même, en République du Congo, ce sont les agents du ministère chargé de l'Eau qui constatent les infractions de l'eau. Ils disposent d'un droit d'accès à l'ensemble des sites de captage d'eau ou de rejet de matières susceptibles de polluer l'eau. Les infractions sont constatées par lesdits agents avec l'Organe de régulation chargé de veiller à la bonne exécution du service public de l'eau. Elles sont poursuivies par le ministère public devant le tribunal compétent du lieu de l'infraction[1108]. Dans cette même logique, la constatation et la poursuite des infractions sont de la compétence du Ministère en charge de l'eau, sans préjudice des compétences générales des officiers de police et du ministère public[1109].

Par contre, en RCA, outre les officiers et agents de la police judiciaire, les fonctionnaires et agents assermentés et dûment commis à cet effet par le Ministère en charge de l'eau, la constatation et la poursuite des infractions sont élargies aux agents du Ministère de l'environnement. Ces agents ont le droit de requérir la force publique pour l'exercice de leur fonction. Ils ont le droit d'accès aux installations et aux lieux où se trouvent les activités à l'origine des infractions. Ils dressent un procès-verbal qui est transmis au ministère public. Ce dernier ou les agents du Ministère en charge de l'eau peuvent poursuivre les auteurs des infractions devant les juridictions compétentes. Ces fonctionnaires ont également le droit d'ordonner l'arrêt des travaux et de confisquer les produits à l'origine de l'infraction[1110].

Suivant l'analyse comparative des dispositions des lois sur l'eau, il faut constater une similitude procédurale dans l'organisation de la constatation et de la poursuite des infractions sur l'eau entre les Etats membres de la CICOS. Seule la RCA s'est démarquée en élargissant cette compétence aux

---

[1107] Art. 12 de la Loi de 1998 portant régime de l'eau au Cameroun ; voir aussi l'article 14 de la même Loi.

[1108] Art. 88 de la Loi n° 13-2003 portant Code de l'eau de la République du Congo.

[1109] Art. 109 de la Loi N°15/26 de 2015 relative à l'eau (RDC).

[1110] La constatation et la poursuite des infractions sont régies en RCA par les articles 88,89, 90 et 91 de la Loi portant Code de l'eau de la RCA.

agents du ministère de l'environnement. L'intervention de plusieurs acteurs dans la constatation des infractions et la poursuite des auteurs de celles-ci permet, certes, d'établir une procédure mieux encadrée, mais elle court en même temps le risque de lourdeur en raison de la difficulté liée à la mobilisation de tous les acteurs concernés. Néanmoins, il est encourageant que les Etats membres de la CICOS créent des institutions similaires et des règles pénales sur l'eau, symbole d'une évolution de la conscience de la gestion rationnelle de l'environnement.

Quant aux sanctions, les différentes lois sur l'eau prévoient des dispositions pénales contre les auteurs d'infractions commises dans l'utilisation ou la gestion de l'eau; elles varient d'un Etat à un autre en fonction de leur durée. Ce décalage concerne tant les sanctions pénales que les sanctions administratives.

En ce qui concerne les sanctions pénales, les textes sur l'eau se caractérisent par un fort décalage entre les peines encourues: certaines prévoient des peines souples alors que d'autres sont plus ou moins sévères. La Loi camerounaise portant régime de l'eau de 1998 prévoit une peine de prison de deux (2) à cinq (5) ans et une amende de cinq millions à dix millions ou l'une de ces peines seulement pour l'infraction de captage d'eau sans autorisation préalable, toute distribution d'eau qui ne correspond pas aux normes en vigueur, toute opposition aux contrôles des agents compétents ou pour toute violation des périmètres de protection. Ces peines peuvent être doublées en cas de récidive[1111]. Concernant la Loi sur l'eau de la RC de 2003, les peines contre ces infractions sont plus souples : la peine de prison est de deux (2) à six (6) mois, alors que la peine d'amende varie de cinq mille (5000) FCFA à cinq millions (5.000.000) FCFA. La sévérité pénale est aussi constatée au Cameroun en ce qui concerne l'infraction de pollution de l'eau qui est punie de cinq (5) à quinze (15) ans d'emprisonnement et d'une amende de dix millions (10.000.000) de FCFA à vingt millions (20.000.000) de francs FCA ; alors qu'en République du Congo (RC), cette infraction est punie d'une amende de cinq mille à cinq millions de francs CFA et d'un mois à trois mois d'emprisonnement. En RCA, les sanctions pénales sont prévues à partir de l'article 95 à 101[1112] et en RDC des articles 110 à 120[1113].

[1111] Article 15 de la Loi n° 98/005 du 14 avril 1998 portant régime de l'eau (Cameroun).

[1112] L'article 95 dispose que « Sera puni d'un emprisonnement de un (1) an à cinq (5) ans et d'une amende de 1.000.000 de Fcfa. à 20.000.000 de Fcfa tout industriel qui n'aura pas observé les règlementations sur les effluents.».

[1113] Un accent particulier est mis sur le transfert d'eau vers d'autres Etats. L'article 119 de la Loi de la RDC sur l'eau « punit d'une peine de servitude pénale de dix ans à vingt ans et d'une amende de deux cent cinquante millions de francs congolais ou d'une de ces peines seulement, quiconque favorise ou occasionne, sous quelque motif que ce soit, tout transfert d'eau douce en dehors du territoire national vers le

Les peines d'emprisonnement et d'amende portent sur les cas de pollution des eaux, de prélèvement d'eau sans autorisation ou déclaration préalable ou de violation des périmètres de protection. Par exemple l'article 110 de la loi sur l'eau de la RDC punit d'une servitude pénale d'un an à cinq ans et d'une amende d'un million de francs congolais à cinq millions de francs congolais ou de l'une de ces peines seulement, toute personne qui introduit une ou des substances dont l'action ou la réaction entraînent ou sont susceptibles d'entraîner, même provisoirement, des effets nuisibles sur la santé ou des atteintes aux écosystèmes aquatiques. L'article 111 de la même Loi de la , quant à lui, punit les auteurs de prélèvement d'eau ou de construction d'ouvrages hydrauliques sans déclaration préalable d'une amende d'un million de francs congolais à cinquante (5) millions de francs congolais.

Concernant les sanctions administratives, elles sont présentes dans les textes sur l'eau de certains Etats et ne le sont pas dans celles des autres Etats de la CICOS. La Loi sur le régime de l'eau de la République du Cameroun ne prévoit pas des sanctions administratives. Elles sont par contre prévues dans les textes relatifs à l'eau de la RC[1114], de la RCA[1115] et de la RDC. Les dispositions de l'article 92 du Code de l'eau de la RCA sont vagues et laconiques; elles attribuent à l'administration en charge de l'eau la compétence « d'ordonner les mesures nécessaires pour faire cesser le dommage » dès la connaissance de l'infraction. La Loi de la RDC est quant à elle plus explicite ; son article 121 prévoit comme sanctions administratives : la suspension du droit d'opérer, la résiliation du contrat, le retrait du titre, l'interdiction d'exercer dans le secteur[1116].

---

territoire d'un autre Etat.» La protection de l'eau dépasse ici une dimension qualitative pour aller vers une dimension quantitative.

1114 Voir l'article 75 de la Loi portant Code de l'eau de la RC de 2003 qui prévoit les injonctions de conformité au contrat, les pénalités contractuelles, la résiliation du contrat, l'attribution de la gestion du service public de l'eau à une personne autre que le délégataire.

1115 La Loi portant Code de l'eau de la RCA prévoit les sanctions administratives aux articles 92 et 93. Art. 92 : « En cas d'urgence, l'administration, dès qu'elle a connaissance d'une infraction, peut ordonner les mesures nécessaires pour faire cesser le dommage. En dehors de cette hypothèse, elle doit, à peine d'excès de pouvoir, attendre la décision des autorités judiciaires. » Art. 93 : « Lorsqu'une infraction est constatée, le Ministre en charge de l'eau peut proposer une transaction dont le montant ne peut être inférieur au minimum de l'amende prévue pour l'infraction. En cas de non-conciliation, la procédure est poursuivie devant les tribunaux compétents. »

1116 Loi n°15/026 relative à l'eau (RDC).

La modernité des textes sur l'eau de certains Etats membres de la CICOS s'exprime par l'institution ou non de la protection des zones humides[1117]. A ce niveau, seule la RDC a intégré cet élément dans la Loi n°15/026 relative à l'eau. Selon cette Loi, il faut entendre par zone humide une « *étendue d'eau stagnante ou courante, côtière ou située à l'intérieur de terres, en montagne, plateau ou plaine, naturelle ou artificielle, constituée d'eau douce, marine, saumâtre, acide ou alcaline.* » L'article 101 interdit toute activité susceptible de porter atteinte à l'équilibre des écosystèmes aquatiques ou d'affecter leur diversité biologique dans les zones humides et/ou les aires protégées.

Au regard des asymétries entre des législations sur l'eau des Etats de la CICOS, il est impérieux que les révisions soient effectuées dans les Etats qui demeurent en retard comme la République du Cameroun, la RCA et la République du Congo afin d'assurer une parfaite uniformisation des normes de l'eau. Vu le danger des pollutions des eaux, il faut encore le dire, les peines encourues par leurs auteurs ne sont pas à la hauteur de la gravité des situations dans lesquelles les vies humaines peuvent être décimées par la consommation des eaux polluées. Les Etats de la CICOS font constamment face à l'épidémie d'Ebola qui empêche l'utilisation des eaux douces des fleuves et rivières.

Pour terminer cette section, retenons que les différents cadres juridiques des Etats riverains du bassin ne se réfèrent pas aux textes de la CICOS notamment, l'Accord du 6 novembre 1999 sur la navigation intérieure, de l'Additif du 22 février 2007 relatif à la GIRE et le Code de la navigation fluviale CEMAC-RDC. Quelques textes de la RC en matière de navigation fluviale font référence au Code de navigation intérieure CEMAC-RDC[1118]. Il faut dire, en empruntant les mots du Professeur Alioune SALL, que « *le défaut de référencement mutuel ou l'insuffisante affiliation des textes* »[1119] (nationaux) aux textes supranationaux, d'où ils tirent leur source, *« est susceptible de produire l'impression d'une production normative dépourvue de boussole et d'unité de pensée, les textes devenant une sorte de monades closes les unes par rapport aux autres sans liens entre eux.* »[1120] La rupture de liens entre les textes nationaux et les textes supranationaux laisse penser à une sorte d'insuffisance de volonté politique d'intégration ou de

---

[1117] Cette disposition reprend la définition de la notion de zones humides par l'article premier, alinéa (1) de la Convention de Ramsar (Iran) du 2 février 1971 sur la protection des zones humides d'importance internationale particulièrement comme habitats des oiseaux d'eau.

[1118] Il s'agit par exemple du Décret n°2010-337 du 14 juin 2010 fixant les conditions d'agrément et d'exercice des professions de la navigation fluviale et des professions connexes en RC, JO, 52e année, N°24 du 17 juin 2010.

[1119] SALL Alioune, Les relations extérieures de la CEDEAO, L'Harmattan, Paris, 2017, 248 pages, p. 113.

[1120] Idem

communautarisation des normes régissant les portions d'eau du bassin situées dans les territoires des Etats riverains. Cela montre que la participation de la Commission à l'œuvre d'intégration est encore faible. Il est donc urgent que les textes nationaux prennent en compte ou se réfèrent explicitement aux textes de la CICOS pour ne pas trahir les objectifs fixés et s'assurer qu'ils appartiennent tous à une même famille de normes. Non seulement la CICOS, mais aussi l'ensemble des institutions intervenant directement ou indirectement dans la réglementation de l'eau et de la navigation fluviale se doivent de tenir compte de cet impératif.

La question des asymétries normatives étant étudiée, il faut passer maintenant à la démonstration de l'éclatement des compétences au niveau des institutions en charge de la gestion des ressources naturelles ou non.

Section II : Un éclatement institutionnel

Dans les Etats de la CICOS, il existe diverses institutions qui interviennent dans la gestion ou l'utilisation des eaux douces. Il faut distinguer selon qu'il s'agit des institutions de rang ministériel (paragraphe I) des différents organismes subsidiaires impliqués dans la gestion et la protection des eaux douces (paragraphe II).

Paragraphe I : Le partage des compétences entre différents départements ministériels

L'eau est une ressource unique à son genre. Sa gestion et la mise en œuvre du droit y relatif sont complexes. Elle fait intervenir divers départements ministériels dont qui a la responsabilité principale de sa gestion est le ministère de l'eau et de l'énergie (A). Mais, le problème de la coordination et des chevauchements de compétences se pose dès lors que d'autres départements ministériels interviennent subsidiairement (B).

A : Une compétence principale du Ministère de l'Eau et de l'Energie

Il n'existe pas dans les Etats membres de la CICOS un ministère chargé uniquement de la gestion de l'eau. Les ministères qui gèrent l'eau associent également d'autres domaines comme l'énergie[1121], le pétrole, les mines ou le gaz. Les attributions élargies de ces ministères sensés gérer l'eau peuvent

---

1121 L'association « eau-énergie » se comprend dans la mesure où ces Etats utilisent plus de l'énergie hydraulique. Donc, l'eau et l'énergie sont dans ces conditions difficiles à séparer.

créer un effet d'encombrement et réduire l'efficacité et la visibilité de la politique de l'eau.

En République du Congo, le ministère chargé de la gestion de l'eau est appelé Ministère de l'Energie et de l'Hydraulique. Les attributions du Ministre de l'Energie et de l'Hydraulique sont définies par le Décret n°2010-123 du 19 février 2010 relatif aux attributions du Ministère de l'Energie et de l'Hydraulique. Son article 1er dispose que « *Le Ministre de l'Energie et de l'Hydraulique exécute la politique de la Nation telle que définie par le Président de la République dans les domaines de l'énergie et de l'hydraulique.* » Les missions qui lui sont confiées ne sont pas les moindres si l'on considère les besoins en eau potable des populations et l'état des eaux douces dans ce pays. En effet, le Ministre de l'Energie et de l'Hydraulique est chargé, notamment, d'élaborer et de proposer les stratégies et politiques nationales en matières d'énergie, de l'eau potable et de l'assainissement ; promouvoir, assister et développer les secteurs relevant de sa compétence ; définir les principaux canaux d'intervention des ministères qui traitent des problèmes de l'énergie, de l'eau potable et de l'assainissement ; contribuer à l'élaboration des plans et des programmes nationaux de développement économique ; définir les objectifs à atteindre dans les domaines de l'énergie, de l'eau potable de l'assainissement ; rechercher les financements nécessaires aux études et aux investissements dans les domaines de sa compétence ; mobiliser toutes les richesses nationales susceptibles de constituer la base d'un développement régional ; promouvoir la transformation industrielle des ressources dans le domaine de l'énergie, de l'eau potable et de l'assainissement ; élaborer la réglementation relative aux domaines de sa compétence et veiller à son application ; participer à l'élaboration des accords de coopération ; suivre et appliquer les accords de coopération conclus dans le domaine de sa compétence.

Cette disposition montre que les missions du Ministre de l'Energie et de l'Hydraulique ne se limitent pas seulement au niveau national, elles s'étendent au plan international parce que les eaux douces sont aussi internationales. En vertu de ses compétences extérieures, le Ministre de l'Energie et de l'Hydraulique siège au Comité des ministres de la CICOS.

Pour accomplir ses missions, le Ministère de l'Energie et de l'Hydraulique de la RC est doté d'un dispositif institutionnel touffu. Son organisation est régie par le Décret n° 2010-241 du 16 mars 2010 portant organisation du Ministère de l'Energie et de l'Hydraulique. Il est composé d'un cabinet[1122] et de quatre (4) directions rattachées au cabinet[1123] et de trois

---

[1122] Selon l'article 2 du Décret n°2010-241 du 16 mars 2010 portant organisation du Ministère de l'Energie et de l'Hydraulique, le cabinet est « placé sous l'autorité d'un directeur, il est l'organe de conception, de coordination, d'animation et de contrôle, qui assiste le ministre dans son action. Il est chargé de régler, au nom du ministre et

(3) directions générales. Parmi ces dernières, il y a la direction générale de l'énergie, la direction générale de l'hydraulique et la direction générale de l'assainissement (article 10). Comme on peut le constater, la direction générale de l'hydraulique est l'organe pivot dans la politique nationale de gestion des eaux douces transfrontalières ou non. Sachant que certaines eaux douces sont internationales, le Décret portant organisation du ministère de l'Energie et de l'Hydraulique a institué une direction de la coopération et de la formation. L'une des tâches de cette direction est d'assurer, de concert avec d'autres ministères intéressés, la mise en œuvre et le suivi des accords de coopération bilatérale et multilatérale[1124].

En plus des directions, il faut aussi noter en matière de l'hydraulique des organismes et entreprises sous tutelles. Selon l'article 11 du Décret précité, il s'agit de la société nationale de distribution d'eau (SNDE), l'Agence Nationale de l'Hydraulique Rurale (ANHYR), l'Organe de Régulation du Secteur de l'Eau (ORSE) et du Fonds du Développement du Secteur de l'Eau (FDSE). Il est par ailleurs prévu que le ministre de l'énergie et de l'hydraulique peut créer d'autres services et bureaux en tant que de besoin[1125]. Donc, ce cadre organique peut être étoffé. C'est là une possibilité qui est donnée au Ministère pour éviter une situation d'encombrement institutionnel susceptible d'entraîner Sa lourdeur.

Au regard de ses attributions et de son organisation, le Ministre de l'Energie et de l'Hydraulique est le responsable de la politique de l'eau en république du Congo. Par rapport aux autres ministères qui interviennent aussi dans le domaine de l'eau, il est le centre de commandement de la politique de l'eau, il définit *les principaux canaux d'intervention des ministères qui traitent des problèmes de l'énergie, de l'eau potable et de l'assainissement*[1126].

Dans un autre pays membre de la CICOS, notamment en République du Cameroun, un ministère identique existe également sous la dénomination de

---

par délégation, les questions politiques ; administratives et techniques relevant du ministère. »

1123 Les directions rattachées au cabinet sont : la direction des études et de la planification ; la direction du contrôle et de l'orientation ; la direction de la coopération et de la formation et la direction de la communication et des systèmes d'information. Article 3 du Décret n°2010-241 du 16 mars 2010 portant organisation du Ministère de l'Energie et de l'Hydraulique.

1124 Article 6 du Décret n°2010-241 du 16 mars 2010 portant organisation du Ministère de l'Energie et de l'Hydraulique de la RC.

1125 Article 12 du Décret n° 2010-241 du 16 mars 2010 portant organisation du ministère de l'Energie et de l'Hydraulique.

1126 Décret n°2010-241 du 16 mars 2010 portant organisation du Ministère de l'Energie et de l'Hydraulique

« Ministère de l'Energie et de l'Eau ». Le Décret n°2005/087 du 29 mars 2005 porte sur l'organisation du Ministère de l'Energie et de l'Eau. Il a pour mission d'élaborer, de mettre en œuvre et d'évaluer la politique du Gouvernement en matière de production, de transport et de distribution de l'énergie et de l'eau. Il est chargé de l'élaboration des plans et stratégies gouvernementales en matière d'alimentation en énergie et en eau ; de la prospection, de la recherche et de l'exploitation des eaux dans les villes et les campagnes ; de la promotion des énergies nouvelles, en liaison avec le ministère chargé de la Recherche scientifique (article 1er du décret précité). En plus, le Ministère de l'Energie et de l'Eau du Cameroun assure la tutelle des établissements et sociétés de production, de transport, de stockage et de distribution de l'électricité, du gaz, du pétrole et de l'eau, de la Société camerounaise de dépôts pétroliers[1127]. Les attributions du ministre camerounais sont semblables à celles du ministre congolais, mais une nuance est introduite au Cameroun en ce sens que le ministre de l'Energie et de l'Eau intervient dans le domaine du gaz et du pétrole.

Le Ministre de l'Energie et de l'Eau du Cameroun dispose d'un secrétariat particulier, de deux (2) Conseillers techniques, d'une Inspection générale et des services déconcentrés. Le Décret n°2005-087 du 29 mars 2005 a voulu décentraliser la gestion de l'eau sur l'étendue territoriale de la République du Cameroun. C'est ainsi qu'il prévoit les structures de l'administration centrale et de l'administration rurale.

Dans l'administration centrale, la Direction de l'hydraulique et de l'hydrologie est l'organe responsable de la politique de l'eau au niveau national, sous l'autorité du ministre de l'Energie et de l'Eau. Son organisation est régie par le chapitre V (des articles 39 à 59) du Décret précité. La Direction de l'hydraulique et de l'hydrologie est chargée de la conception, de la formulation et de la mise en œuvre des stratégies, d'alimentation en eau potable des agglomérations urbaines ; de la conception et de la mise en œuvre des programmes d'assainissement en matière d'hydraulique urbaine, en liaison avec les administrations concernées ; de l'élaboration, de l'application et du suivi des programmes d'alimentation en eau potable des agglomérations urbaines ; de la participation à l'élaboration du cadre juridique régissant les secteurs de l'eau et de l'assainissement, en liaison avec la cellule juridique ; de la conception, de la formulation et de la mise en œuvre des stratégies d'alimentation en eau potable des zones rurales ; de la gestion et de la protection des ressources en eau ; de la conception et de la mise en œuvre des programmes d'assainissement rural ; de l'élaboration, de l'application et du suivi des programmes d'alimentation en eau potable des localités rurales ; l'élaboration du cadre juridique

[1127] Article 1er alinéa 3 du Décret n°2005-087 du 29 mars 2005 portant organisation du Ministère de l'Energie et de l'Eau (Cameroun).

régissant les secteurs de l'eau et de l'assainissement en zone rurale, en liaison avec les administrations concernées ; enfin de la surveillance administrative des eaux de source[1128].

Vu l'importance des attributions du Directeur de l'hydraulique et de l'hydrologie, pour une bonne gestion de l'eau, le Décret met en place deux (2) sous-directions au niveau central et au niveau rural : la sous-direction de l'hydraulique urbaine et de l'assainissement et la sous-direction de l'hydraulique rurale et de l'hydrologie. La sous-direction de l'hydraulique urbaine et de l'assainissement est chargée de la conception, de la formulation et de la mise en œuvre des stratégies d'alimentation en eau potable des agglomérations urbaines ; la conception et de la mise en œuvre des programmes d'assainissement en matière d'hydraulique urbaine, en liaison avec les administrations concernées ; l'élaboration de l'application et du suivi des programmes d'alimentation en eau potable des agglomérations urbaines ; la participation à l'élaboration du cadre juridique régissant les secteurs de l'eau et de l'assainissement, en liaison avec la cellule juridique. La sous-direction de l'hydraulique rurale et l'hydrologie s'occupe, quant à elle, de la conception, de la formulation et de la mise en œuvre des stratégies d'alimentation en eau potable des zones rurales ; de la gestion et de la protection des ressources en eau ; de la conception et de la mise en œuvre des programmes d'assainissement rural ; de l'élaboration, l'application et du suivi des programmes d'alimentation en eau potable des localités rurales ; de l'élaboration du cadre juridique régissant les secteurs de l'eau et de l'assainissement en zone rurale, en liaison avec les administrations concernées ; la surveillance administrative des eaux de source.

En RDC, il existe aujourd'hui un Ministère de l'énergie et des ressources hydrauliques[1129]. Avant qu'on arrive à la création de ce Ministère, « l'histoire d'une institution chargée de la gestion de l'eau a été très mouvementée »[1130]. « *Tout avait commencé un certain 22 juillet 1975 lorsque fut signée l'ordonnance-loi N°75-231 du 22 juillet 1975 fixant les attributions du département (ministère) de l'environnement, conservation de la nature et Tourisme, nouvellement créé.* »[1131] Cette Ordonnance-loi attribuait à ce ministère la tache de gérer les écosystèmes des eaux et forêts, alors qu'au Ministère de l'agriculture existait une « Direction des eaux et forêts.» Le ministère de l'environnement et le ministère de l'agriculture se

[1128] Article 39 du Décret n°2005-087 du 29 mars 2005 portant organisation du ministère de l'Energie et de l'Eau (Cameroun).
[1129] Ordonnance N° 17/ 025 du 10 juillet 2017 fixant les attributions des Ministères
[1130] KASONGO-NUMBI Kashemukunda, *Les eaux et forêts de la République de la RD Congo. Changement climatique de la planète : les enjeux,* L'Harmattan, Paris, 2008, 187 pages, p. 172
[1131] Idem

sont retrouvés dans une situation de concurrence de compétences. Une Ordonnance du 22 février 1977 attachera la Direction des Eaux et forêts au ministère de l'Environnement[1132]. Ce transfert n'assura pas l'avenir de la Direction des eaux et forêts, car elle disparaitra de l'organigramme du ministère de l'environnement pendant longtemps[1133].

Aujourd'hui, la création d'un Ministère à part en tiers de l'Energie et des Ressources hydrauliques constitue une avancée significative pour la RDC qui s'inscrit ainsi sur la même ligne que les autres Etats membres de la CICOS. L'Ordonnance N° 17/ 025 du 10 juillet 2017 fixant les attributions des Ministères lui attribue, entre autres, les missions suivantes : développement du potentiel de production, de transport et de distribution de l'eau et l'électricité ; octroi des droits, par convention, en matière de construction des barrages hydroélectriques et des lignes de transport ; suivi et contrôle technique des activités de protection, transport et distribution d'eau et de l'électricité ; politique de distribution d'eau et d'électricité ; contrôle technique des entreprises de production, de transport et de commercialisation d'eau et d'électricité ; gestion des ressources énergétiques ; gestion du secteur d'eau potable et hydraulique ainsi que du secteur de l'électricité.

Enfin, la gestion de l'eau est confiée, en RCA, au Ministère de l'énergie, des mines et de l'hydraulique. Son organisation, son fonctionnement et ses attributions sont définies par le Décret présidentiel N°4-364 du 8 décembre 2004. L'article 1er dudit Décret dispose que le Ministère de l'énergie, des mines et de l'hydraulique est chargé de la mise en œuvre de la politique du gouvernement en matière d'énergie, des mines et de l'hydraulique. En matière de l'hydraulique, ce ministère a, entre autres attributions, de promouvoir, orienter et planifier le développement des infrastructures hydrauliques nationales ; promouvoir la gestion intégrée des ressources en eau ; assurer le contrôle et la gestion du patrimoine hydraulique de l'Etat; élaborer la législation et la règlementation relative à la gestion, à l'exploitation des ressources en eau et des infrastructures hydrauliques et veiller à leur application ; veiller à l'application de la politique nationale de l'eau et de l'assainissement ; mettre en œuvre les programmes d'actions spécifiques dans le domaine de l'hydraulique ; délivrer les autorisations d'exploitation hydraulique ; organiser la répression des fraudes relatives à l'exploitation, la distribution et la commercialisation de l'eau.

1132Idem

1133 Idem, p. 173

Pour accomplir sa mission, le ministre de l'énergie, des mines et de l'hydraulique de la RCA dispose d'un cabinet et de trois directions générales, parmi lesquelles figurent la Direction générale de l'hydraulique.

Il faut l'avouer, l'existence de ces ministères similaires dans les Etats membres de la CICOS est un gage d'harmonisation des cadres juridiques de gestion des eaux du bassin au plan national. Le cas du Ministère de l'énergie et de l'eau du Cameroun fait exception dans la mesure où il est doté d'un organe dénommé : Division des études, de la prospective et de la coopération. Cet organe est chargé de l'élaboration et de la mise en œuvre des politiques, plans d'actions et des stratégies de coopération internationale[1134]. Il exprime la prise en compte de la dimension internationale des eaux des cours d'eau du bassin situées sur le territoire nationale et de la nécessité de coopérer avec les autres Etats du bassin.

Le problème qui reste est celui de la coordination des activités des acteurs impliqués car les ministères de l'eau ne sont pas les seuls acteurs de la politique nationale de l'eau. Il existe d'autres départements ministériels ainsi que d'autres structures de rang inférieures qui interviennent dans la gestion des eaux douces. C'est autant dire qu'en dépit des similitudes institutionnelles, le problème de l'éclatement des compétences et donc de la difficile approche globale de gestion de l'eau reste réel.

B : Une compétence subsidiaire des autres départements ministériels

En dehors du ministère de l'eau et de l'énergie, d'autres ministères ont des compétences liées à l'eau. Au regard de la place importante de la navigation fluviale dans le bassin du fleuve Congo et des compétences de la CICOS dans ce domaine, l'étude à part entière du ministère des transports (1) doit être faite avant celle des autres ministères (2).

1 : Le cas spécial du ministère des transports

Les Etats membres de la CICOS disposent chacun d'un ministère chargé de la gestion des transports. Mais, des particularités demeurent entre eux en matière de transport par voie d'eau. Comme les ministères chargés de la gestion de l'eau et de l'énergie, étudiés précédemment, les ministères chargés des transports des Etats membres de la CICOS occupent une place de choix dans la politique sous-régionale de gestion des voies navigables du bassin du fleuve Congo-Oubangui-Sangha. En effet, cette place est justifiée par l'importance des voies navigables du bassin. Le fleuve Congo et ses

---

[1134] Article 20 du Décret N°2005-087 du 29 mars 2005 portant organisation du Ministère de l'énergie et de l'eau.

affluents constituent le principal réseau navigable d'Afrique[1135] centrale. En outre, sur le plan juridique, c'est la gestion de la navigation fluviale qui a été l'objet principal de l'Accord du 06 novembre 1999 et la première mission de la CICOS. Nous avons montré dans la première partie de cette thèse que le Comité des Ministres de la CICOS se composait au départ uniquement des ministres chargés du transport et donc de la navigation intérieure.

Considérant cette place qui est réservée aux ministères chargés de la gestion du transport des Etats de la CICOS, nous avons jugé bon de les étudier ici afin de saisir leurs conditions juridiques et apprécier l'harmonisation institutionnelle entre les Etats membres. Si le degré d'harmonisation est fort, cela signifierait une avancée de l'intégration ; si, au contraire, il est faible, c'est-à-dire, des dissemblances sont très marquées, cela constituerait une fois de plus une insuffisance du processus d'intégration des Etats du bassin. Par ailleurs, le décalage est favorisé par l'importance accordée différemment par les Etats au transport fluvial. Nous allons, cependant, nous intéresser uniquement aux aspects institutionnels relatifs à la navigation fluviale.

Une caractéristique commune entre des Etats membres de la CICOS est le fait que le ministère des transports est chargé de l'élaboration et de l'exécution de la politique nationale des transports. Dans la plupart des Etats membres de la CICOS, il n'existe pas un département ministériel à part entière chargé de la gestion du transport fluvial. Les ministères des transports gèrent tous les secteurs le transport maritime, le transport routier, le transport fluvial et l'aviation civile[1136]. Le transport fluvial est quant à lui géré par une direction instituée dans les ministères de transports. Exemple, au Cameroun, il est institué une direction des affaires maritimes et des voies navigables[1137]. Cette direction a entre autres pour missions : la conception et l'application de la règlementation sur le transport maritime et les voies navigables ; le suivi de l'application des accords internationaux en matière de transport ; la participation aux conférences internationales relevant de son champ d'activités ; des questions relatives à la sécurité maritime, fluviale et

[1135] KASONIA Kakule, « Les enjeux de l'eau en Afrique centrale. Le cas de la R.D. Congo », pp. 153-156, in THILL Georges et EZIN Jean-Pierre (Dirs.), *L'eau, patrimoine mondial commun, Co-expertise scientifique, participative et gouvernance*, Collection Prélude, Bruxelles, 2002, p. 155

[1136] Les appellations des ministères des transports sont expressives à ce sujet. C'est le cas en RC où il existe le ministère des transports, de l'aviation civile et de la marine marchande (voir Décret N°2009-389 du 13 octobre 2009 relatif aux attributions du ministre des transports, de l'aviation civile et de la marine marchande ; Décret N°2010-336 du 14 juin 2010 portant organisation du ministère des transports, de l'aviation civile et de la marine marchande.

[1137] Article 8 du Décret N°98 du 24 juillet 1998 portant organisation du ministère des transports de la République du Cameroun.

à la protection de l'environnement maritime, fluvial et lacustre ; l'administration des navires… Elle comprend en son sein une sous-direction de la navigation, de la sécurité et de la protection de l'environnement[1138].

A la différence d'autres Etats de la CICOS, la RC a institué un ministère délégué chargé des voies navigables et de l'économie fluviale, auprès du ministère des transports, de l'aviation civile et de la marine marchande. C'ést là un moyen de valoriser le transport fluvial et d'assurer une gestion efficace des voies navigables. L'ensemble des attributions du ministre délégué chargé des voies navigables et de l'économie fluviale montre bien l'importance accordée à ce secteur[1139] dans ce pays. Cette valorisation est aussi remarquable sur le plan structurel. En effet, dans le but de renforcer les compétences du ministère délégué chargé des voies navigables et de l'économie fluviale, il a été institué une Direction Générale de la Navigation Fluviale (DIGENAF). La DIGENAF est l'organe technique qui assiste le ministre dans l'exercice de ses attributions en matière de navigation fluviale[1140]. A ce titre, la DIGINAF a entre autres pour mission de : concevoir et proposer la politique du gouvernement en matière de navigation fluviale et veiller à son application ; élaborer et actualiser la réglementation relative à la conservation et la protection du domaine public fluvial ; concevoir et proposer la réglementation en matière de travail et de formation professionnelle ; élaborer, proposer et faire appliquer la

[1138] Article 23 du Décret N°98 du 24 juillet 1998 portant organisation du ministère des transports de la République du Cameroun. Même la sous-direction de la navigation, de la sécurité et de la protection de l'environnement embrasse la gestion de la navigation fluviale et de la navigation maritime.

[1139] Selon l'article premier du Décret N°2012-1161 du 9 novembre 2012 relatif aux attributions du ministre délégué (…) chargé des voies navigables et de l'économie fluviale, ce ministre a pour attributions « : 1- au titre des voies navigables : élaborer et mettre en œuvre la politique du Gouvernement en matière de réseaux des voies navigables et des ports intérieures ; réglementer la navigation intérieure et l'organisation des professions y relatives ; participer à l'élaboration de la règlementation relative au domaine public fluvial ; élaborer la règlementation du transport par voie navigable, des personnes et des biens et veiller à son application ; promouvoir la voie d'eau et contribuer au développement du transport de marchandises par voie d'eau et du tourisme fluvial ; assurer l'entretien des voies navigables ; veiller à l'application des conventions internationales en matière des voies navigables. 2- Au titre de l'économie fluviale : suivre l'exploitation et la gestion du trafic, des niveaux d'eau et du domaine public fluvial ; proposer toutes mesures législatives et règlementaires susceptibles de favoriser le développement de l'économie fluviale ; assurer la navigabilité du réseau fluvial ; veiller à l'exploitation rationnelle du réseau fluvial ; contribuer à la valorisation des bassins fluviaux.»

[1140] Article premier du Décret N°2012-386 du 19 avril 2012 portant attributions et organisation de la direction générale de la navigation fluviale de la RC.

réglementation relative au domaine public fluvial navigable, à la police et à la sécurité de la navigation et à l'exploitation commerciale[1141].

Placée sous l'autorité d'un directeur général, la DIGENAF, comprend la direction des transports par voies navigables ; la direction des infrastructures et des équipements navales et portuaires ; la direction de la stratégie et des politiques intermodales ; la direction de l'inspection fluviale ; la direction administrative et financière et enfin la direction départementale.

Cependant, la valorisation institutionnelle de la navigation ou du transport fluvial est mise à mal par la maigreur des moyens humain, matériel et financier non seulement en RC mais aussi dans les autres Etats membres de la CICOS. Dans le chapitre suivent, nous aurons l'occasion de revenir sur ces handicaps. Si la RC faisait exception en valorisant institutionnellement le transport fluvial, en lui consacrant un département ministériel, il faut cependant avouer que l'absence d'un ministère à part entière chargé spécialement de la navigation fluviale dans les Etats membres de la CICOS n'est pas de nature à promouvoir une politique efficace de ce secteur, pourtant stratégique pour le développement économique des Etats riverains du bassin du fleuve Congo. L'harmonisation institutionnelle est encore ici insuffisante. Le cas particulier du Congo-Brazzaville constitue un exemple à suivre en vue de renforcer, de promouvoir davantage le transport par voies navigables du bassin du fleuve Congo dont les voies d'eau occupent une place importante dans les échanges commerciaux.

Les limites institutionnelles ont pour conséquences des maigres résultats dans la rénovation des textes sur le transport fluvial. Certains Etats membres comme le Cameroun n'ont pas encore suffisamment réglementé la navigation fluviale conformément aux dispositions du Code de la navigation intérieure CEMAC-RDC. Dans ce pays, on trouve, en matière de sécurité de la navigation, un vieux Arrêté N°211MTMPT réglementant l'immatriculation et la circulation des pirogues à moteur datant encore du 29 mars 1963[1142]. D'autres Etats comme la RCA et la RC ont fait des efforts importants sous l'impulsion de la CICOS. En RCA plusieurs textes sont récents comme l'Arrêté N^{O}017/05/METAC/DIRCAB du 23/08/2005 fixant les conditions d'exploitation des baleinières et menues embarcations sur les voies d'eau navigables de la République Centrafricaine ; l'Arrêté N°027/09/MTAC/DIRCAB du 07/08/2009 portant immatriculation et identification des bâtiments de navigation intérieure de la République centrafricaine ; l'Arrêté N^{0}074/12/MCDT/DIRCAB/DGTS du 11/12/2012 portant interdiction de la navigation de nuit des bateaux non équipés pour la

---

[1141] Idem, alinéa 2

[1142] Cahier des statistiques 2012, Accidents et incidents de navigation fluviale et lacustre dans le bassin du Congo, op cit. p. 14

navigation nocturne, des baleinières et des menues embarcations sur la voie d'eau de la RCA.

En RC, on peut citer les textes suivants : l'Arrêté n° 3364 du 15/07/2002 portant réglementation du contrôle technique des bâtiments de navigation intérieure ; l'Arrêté n° 5626 du 04/09/2002 portant immatriculation et identification des bâtiments de navigation intérieure ; l'Arrêté n° 3366 du 13/07/2002 fixant les conditions et les modalités de délivrance des certificats de capacité pour la navigation intérieure en RC. Mais, le 14 juin 2010 le Décret n° 2010-337 du 14 juin 2010 fixant les conditions d'agrément et d'exercice des professions de navigation fluviale et des professions connexes[1143] était adopté. L'article 4 de ce Décret dispose que « *L'accès aux professions visées à l'article 2 du présent Décret est soumis à l'obtention d'un agrément délivré par le ministre chargé de la navigation fluviale* ». Cette condition s'applique non seulement aux ressortissants congolais, mais aussi aux demandeurs étrangers (article 6). Cette compétence tire sa source de l'article 5 de l'Accord instituant un régime fluvial uniforme et créant la CICOS du 06 novembre 1999. Il dispose que la Commission détermine les conditions d'exercice des professions de transport fluvial, tandis que les administrations chargées de la navigation fluviale sont compétentes pour délivrer les agréments d'exercice des professions de navigation fluviale. C'est notamment le Code de navigation fluviale CEMAC-RDC, auquel se réfère le Décret N°2010-337, qui détermine ces conditions[1144].

L'inquiétude est plus grande en ce qui concerne la RDC pour l'application des dispositions du Code CEMAC-RDC. En matière de sécurité de navigation, la RDC a adopté des circulaires et tardivement à partir de 2012. Il s'agit par exemple de la Circulaire n°001/CAB/MIN/TVC/2012 du 30/08/2012 portant interdiction de naviguer pour certaines unités flottantes et fermeture de certaines infrastructures portuaires et constructions navales ; la Circulaire n° 002/CAB/MIN/TVC/2012 du 10/09/2012 portant mesure urgente et impératives sur le transport fluvial et lacustre ; la Circulaire n° 001/CAB/MIN/TVC/2013 du 07/03/2013 portant fermeture à l'exploitation de certains chantiers navales en RDC ; la Circulaire n° 002/CAB/MIN/TVC/2013 du 07/03/2013 portant fermeture à l'exploitation de certains ports et Beach en RDC et la Circulaire n° 004/CAB/MIN/TVC/2013 du 07/03/2013 portant interdiction de naviguer de certains membres du personnel naviguant en RDC[1145].

1143 JO de la RC, 52e année, N°24, 17 juin 2010.

1144 La CICOS est chargée d'appliquer les dispositions du Code de la navigation fluviale CEMAC-RDC.

1145 Cahier des statistiques 2012, Accidents et incidents de navigation fluviale et lacustre dans le bassin du Congo, op cit, pp. 22-23.

Les différents textes adoptés par certains Etats fondateurs de la CICOS montrent une disparité dans la règlementation de la navigation fluviale et un manque de volonté politique au regard de la lenteur prise pour la mise en œuvre des dispositions du Code CEMAC-RDC. La CICOS se doit ainsi de veiller à l'application de son droit par les Etats membres en effectuant des évaluations annuelles des législations de chacun d'entre eux et en formulant des recommandations à leur endroit. En principe, pour plus d'efficacité, une règlementation uniforme devrait s'appliquer à tous les Etats membres dans le domaine de la navigation afin de respecter l'objectif de l'uniformisation du régime des voies navigables du bassin. L'érection des législations nationales va à l'encontre de l'intégration juridique voulue dans l'Accord du 06 novembre 1999.

Il est important de signaler que la mise en œuvre du droit de la CICOS est aussi rendue difficile par l'indigence des moyens des Etats membres. Certes ces derniers disposent d'institutions chargées de la gestion de la navigation fluviale selon les appellations divergentes[1146]. Lesdites institutions se caractérisent toutes par la petitesse du matériel de travail et de l'insuffisance du personnel qualifié[1147].

La complexité institutionnelle de la gestion de l'eau est renforcée par les interventions d'autres ministères qu'il faut aborder dans les lignes suivantes.

2 : Les ministères autres que ceux chargés du transport

Il s'agit des ministères de l'agriculture, de l'environnement, de la santé, du plan, de la pêche et de l'élevage, etc. Tous les détails ne seront pas

---

[1146] Au Cameroun, l'autorité compétente dans la prise des décisions pour l'amélioration de la sécurité de la navigation intérieure et qui définit la politique nationale des transports est le Ministère des Transports du Cameroun qui comprend en son sein la Direction des Affaires Maritimes et des Voies navigables (DAMVN), organe technique dudit Ministère En RCA, il existe le Ministère des Transports et de l'Aviation civile qui entre autres pour mission de: délivrer les documents nautiques, assurer la police de la navigation sur la rivière Oubangui, procéder à l'inspection des embarcations et des voies de navigation, animer des campagnes de sensibilisation sur le respect de la législation en vigueur à l'encontre des utilisateurs de la voie d'eau, percevoir des droits et taxes des redevances fluviales et portuaires etc. En RC, l'autorité compétente en matière de gestion de la navigation fluviale est le Ministère de chargé des Voies navigables et de l'économie fluviale qui a pour cheville ouvrière la (DIGENAF). En RDC, la gestion de la navigation fluviale relève de la compétence du Ministère des transports et des Voies de Communication sous l'autorité duquel est placée la Régie des Voies Fluviales.

[1147] Cahier des statistiques 2012. Accidents et incidents de navigation fluviale et lacustre dans le bassin du Congo, (publication du Secrétariat général de la CICOS, 2014, en ligne sur www.cicos.int), p. 7 et suiv.

apportés sur chacun des ministères ayant des compétences étendues à l'eau ; quelques exemples seulement seront évoqués pour expliciter notre propos.

En ce qui concerne l'agriculture, par exemple, on sait que l'eau et l'agriculture sont très liées, car on ne peut pas pratiquer l'agriculture ou concevoir une politique agricole sans l'eau. L'agriculture est un secteur consommateur d'eaux douces de surface ou souterraines au moyen de l'irrigation ou de captage par les puits. En raison de la forte dépendance de l'agriculture par rapport à l'eau, les ministères chargés de la politique agricole des Etats membres de la CICOS possèdent des structures chargées de la gestion de l'hydraulique agricole. Au Cameroun, par exemple, au sein du Ministère de l'Agriculture et du Développement rural il existe une Direction du génie rural et de l'amélioration du cadre de vie en milieu rural. Elle est chargée, entre autres de la formulation des politiques et des stratégies de développement de l'hydraulique agricole ; de la conception et du suivi de la mise en œuvre des programmes et projets d'aménagement hydro-agricoles ; de la définition des normes de qualité des eaux à usage agricole et du suivi de l'application de ces normes, en liaison avec les administrations concernées ; de la définition et du suivi de l'application en matière d'usage des eaux et machines agricoles[1148].

Plus remarquable encore, en RDC, le Ministère du Développement Rural est chargé de la gestion des voies de desserte agricole et cours d'eau ainsi que des sources d'eau, adduction granitaire et forage des puits. Le Ministère de la Santé est chargé de l'hygiène de la santé publique ; de l'élaboration des normes à la salubrité du milieu humain, en collaboration avec le Ministère de l'Environnement ; de l'analyse et du contrôle des aliments, des médicaments et produits phytosanitaires[1149]. Le ministère de la pêche et de l'élevage est également concerné parce que la pêche est faite dans les eaux des fleuves et rivières du bassin en vue d'exploiter les ressources halieutiques. Ce ministère est chargé de la planification des objectifs nationaux de production en matière de pêche, de l'aquaculture, de la pisciculture et de l'élevage.

La gestion des eaux et des ressources en eau du bassin du fleuve Congo se présente comme une affaire de tous les départements ministériels selon leurs attributions diverses. L'eau est au centre de tous les domaines du développement de l'Etat.

Le constat fait sur le Cameroun et la RDC peut être élargi aux autres Etats membres fondateurs de la CICOS, la République du Congo et la RCA notamment. En ce qui concerne la République du Congo, selon le Décret n°

1148 Article 66 du Décret n°2005/118 du 15 avril 2005 portant organisation du Ministère de l'Agriculture et du Développement rural (Cameroun).
1149 Ordonnance n°17-025 du 10 juillet 2017 fixant les attributions des ministères (RDC).

2010-822 du 31 décembre 2010 portant approbation de la stratégie de développement des secteurs de l'électricité, de l'eau et assainissement, les ministères impliqués indirectement dans la politique de l'eau sont : le Ministère en charge du Plan et de l'Aménagement du Territoire ; le Ministère en charge de la Pêche et de la Pisciculture ; le Ministère en charge de l'Agriculture et de l'Elevage ; le Ministère en charge de la Recherche scientifique ; le Ministère en charge de l'Economie Forestière ; le Ministère en charge de l'Environnement ; le Ministère en charge des Transports ; le Ministère en charge de la Santé. Il faut dire que des ministères similaires existent également en RCA, donc les compétences en matière de gestion de l'eau sont aussi distribuées ou éparpillées entre eux selon leurs domaines.

Paraphrasant DROBENKO Bernard, eu égard à cet éparpillement des compétences, une question est de savoir si le ministère de l'Eau et de l'Energie possède des capacités nécessaires pour faire prévaloir les objectifs de sa politique de l'eau auprès des autres ministères[1150]. On peut dès lors craindre que la gestion des eaux perde sa visibilité et sa coordination au regard de la diversité des acteurs, non seulement des ministères, mais aussi des organismes sous-tutelles et les collectivités locales intervenant dans la mise en œuvre de la gestion des eaux douces.

Paragraphe II : L'intervention des acteurs autres que les ministères

On dehors des départements ministériels, il y a aussi d'autres acteurs qui interviennent dans la gestion de l'eau. Il s'agit des organismes spécialisés placés sous tutelle de certains ministères et des collectivités locales. Le problème qui se pose est celui de la coordination des activités des acteurs institués. Donc, avant de parler des difficultés de coordination (B), une étude des organismes sous-tutelle et des autorités locales doit être faite en premier lieu (A).

A : Les organismes étatiques sous tutelle et les autorités locales

Pour mieux administrer l'eau de plus près, la décentralisation des compétences de gestion de l'eau a été instituée par des textes régissant l'organisation des administrations chargées de la gestion des eaux douces et les textes sur les collectivités locales. Il est dans ce cas important de nous attarder un peu, dans un premier temps, sur les organismes sous-tutelle (1) avant d'étudier le rôle des collectivités locales (2) dans un second moment.

[1150] DROBENKO Bernard, *Droit de l'eau*, op cit, p. 55

1 : Les organismes sous-tutelle

Les différents textes législatifs portant sur l'eau et ceux régissant l'organisation des "ministères de l'eau" prévoient la création d'organes placés sous-tutelle desdits ministères en vue de la mise en œuvre des politiques nationales de l'eau. Ces organismes se caractérisent par une forte similitude, ce qui est un signe d'harmonisation des systèmes institutionnels de gestion de l'eau entre les Etats.

En République du Cameroun, la Loi n° 98/005 du 14 avril 1998 portant régime de l'eau institut un Comité national de l'eau[1151], placé sous tutelle du ministère de l'Energie et de l'Eau. Conformément à la loi sur l'eau les règles sur les attributions, l'organisation et le fonctionnement du Comité national de l'eau ont été établies par le Décret n° 2001/161/PM du 8 mai 2001 fixant les attributions, l'organisation et le fonctionnement du Comité national de l'Eau. Il est chargé d'étudier et de proposer au gouvernement toutes les mesures ou actions tendant à assurer la conservation, la protection et l'utilisation durable de l'eau ; d'émettre des avis sur les questions ou problèmes relatifs à l'eau dont il est saisi par le gouvernement ; de faire au gouvernement toute proposition ou recommandation concourant à la gestion rationnelle de l'eau, en ce qui concerne l'élaboration et la mise en œuvre des plans ou projets de développement durable en matière d'eau et d'assainissement[1152].

En ce qui concerne son organisation, le Comité national de l'eau est présidé par le Ministre chargé de l'eau. Il est composé d'un représentant du ministère de la santé publique ; du ministre des finances ; du ministre de l'environnement ; du ministre de l'aménagement du territoire ; du ministre de l'urbanisme et de l'habitat ; du ministre de l'administration territoriale ; du ministre de la ville ; du ministre de l'agriculture ; du ministre de l'élevage, des pêches et de l'industrie animales ; du ministre de la météorologie ; du ministre chargé du développement industriel et commercial ; du président de la Chambre d'agriculture, d'élevage, des forêts ou son représentant ; un représentant des associations des maires ; un représentant des concessionnaires du service public de l'eau et un représentant des concessionnaires du service public de l'énergie[1153].

Cet organe est institué pour assurer la coordination des activités des différents acteurs impliqués. Sa composition montre par ailleurs l'éparpillement des compétences entre diverses autorités. La réunion de

---

[1151] Article 26 de la Loi n°98/005 du 14 avril 2001 portant régime de l'eau.

[1152] Décret n° 2001/161/PM du 8 mai 2001 fixant les attributions, l'organisation et le fonctionnement du Comité national de l'eau

[1153] Article 3 du Décret n° 2001/161/PM du 08 mai 2001 fixant les attributions, l'organisation et le fonctionnement du Comité national de l'eau (Cameroun).

toutes ces institutions illustre aussi une valeur accordée à l'eau en tant que source de vie et un élément capital du développement des Etats.

Il faut noter, en ce qui concerne son fonctionnement, que le secrétariat du Comité national de l'eau est assuré par la Direction de l'eau du Ministère de l'Energie et de l'Eau. Le Comité se réunit en session ordinaire deux (2) fois l'an et en session extraordinaire, en tant que de besoin. Cependant, le manque de réunions de ce comité, depuis sa création, compromet l'utilité des efforts de réflexion en matière de gestion de l'eau[1154] et la collaboration efficiente entre les acteurs concernés. Il est important que les autorités du Ministère de l'Eau prennent leurs responsabilités pour impulser le fonctionnement du Comité national de l'eau.

Ce décret a voulu faire preuve d'exhaustivité d'acteurs impliqués dans la gestion de l'eau pour plus de collaboration ou de coordination, mais il pêche en ayant méconnu les OSC ou les ONG qui s'intéressent aux problèmes de l'eau, les acteurs privés en général en vertu du principe de la participation du public. Ces entités peuvent aussi jouer un grand rôle dans la conception de la politique nationale de l'eau. Ce défaut peut être comblé sur le fondement de l'alinéa 2 de l'article 3 du Décret n° 2001/161/PM qui permet au président du Comité national de l'eau « *d'inviter toute personne physique à prendre part aux travaux du Comité sans voix délibérative, en raison de sa compétence inscrite à l'ordre du jour.* »[1155] Si cette lacune est comblée, le texte serait alors conforme au droit de la CICOS sur la GIRE qui insiste sur la participation du public.

En République du Congo, il a été également institué un Comité National de l'eau et de l'Assainissement (CNEA) par le Décret n° 86-894 du 6 août 1986. Ce Comité n'a jamais été opérationnel[1156]. Aujourd'hui, il est institué un Conseil consultatif de l'eau et un organe de régulation par la Loi n° 13-2003 du 10 avril 2003 portant Code de l'eau. Le Conseil consultatif de l'eau est chargé de veiller à la gestion globale, intégrée et concertée des ressources en eau. Il regroupe les principales catégories d'acteurs du secteur de

[1154] Plan d'Action National Intégrée des Ressources en Eau (PANGIRE), état des lieux du secteur. Cadre législatif, réglementaire, institutionnel et ressources humaines, République du Cameroun, ministère de l'Energie et de l'Eau, publication de Global Water, décembre 2009, 78 pages, p. 29, (disponible en ligne sur www.gwp.org; consulté le 4 janvier 2018 à 13 heure).

[1155] Article 3 (alinéa 2) du Décret n° 2001/161/PM du 08 mai 2001.

[1156] Stratégie de développement des secteurs de l'énergie, de l'eau et de l'assainissement, approuvée par Décret n° 2010-822 du 31 décembre 2010, in JO de la RC, N°04-2011, p. 104.

l'eau[1157]. L'Organe de régulation quant à lui est institué par l'article 55 de la Loi portant Code de l'eau. Il est chargé de la bonne application de la politique nationale de l'eau et du « contrôle de la bonne exécution de tout contrat de délégation conclu par l'Etat »[1158].

Les institutions sous-tutelle en RDC semblent plus renforcées et plus modernes. Il est institué par la Loi n° 16/026 du 31 décembre 2015 relative à l'eau : un Organe consultatif (article 14) ; un établissement chargé entre autres de l'élaboration des schémas d'aménagement et de gestion des eaux par bassins et sous-bassins (art. 15) ; les Comités de bassin (art. 16) et un Organe de régulation (art. 75).

Comme dans les cas de la République du Cameroun et de la RDC, l'Organisme consultatif institué par la Loi n° 16/026 du 31 décembre 2015 relative à l'eau a, entre autres, pour missions de « *contribuer à la définition des objectifs généraux et des orientations de la politique nationale et provinciale et de planification de la gestion de l'eau.*»[1159] Les Comités de bassin sont quant à eux institués par l'article 16 de la Loi précitée qui dispose que « *Le gouvernement et le gouvernement provincial organisent au niveau de bassins et de sous-bassins, pour leur gestion, leur mise en valeur et le suivi des ressources en eau, des comités de bassins et de sous-bassins qui sont des organes techniques consultatifs.*» L'institution des comités de bassins et de sous-bassins montre que la Loi relative à l'eau de la RDC est en avance par rapport à celles de la République du Cameroun et de la République du Congo. Ces derniers devraient s'inspirer de la Loi de la RDC relative à l'eau pour moderniser leur contenu qui est devenu vieillissant.

Par ailleurs, le cadre institutionnel de la politique de l'eau de la RCA semble aussi moderne comme celui de la RDC, mais il n'est pas exempt de difficulté de coordination au regard de son caractère touffu et de la maigreur des moyens. En effet, la Loi n° 06.001 du 12 avril 2006 portant Code de l'eau institue plusieurs organismes spécialisés que sont : le Conseil national de l'eau et de l'assainissement (CNEA, art. 33) ; l'Agence national de l'eau et de l'assainissement (ANEA, art. 34) ; l'Agence de bassins du secteur de l'eau et de l'assainissement (ABSEA, art. 35) ; l'Agence de régulation du secteur de l'eau et de l'assainissement (ARSEA, art.36) ; le Fonds national pour l'eau et l'assainissement (FNEA, art. 37). Cette diversité d'institutions qui risquerait d'entraîner une dispersion de moyens financiers et humains, ainsi que les empiétements de compétences des unes sur celles des autres nécessite un effort de dialogue interinstitutionnel.

1157 Loi n°13-2003 du 10 avril 2003 portant Code de l'eau, article 5. L'organisation et le fonctionnement du Conseil consultatif de l'eau sont fixés par voie réglementaire.

1158 Idem, article 56.

1159 Article 14 de la Loi N°16/026 du 31 décembre 2015 relative à l'eau

Par souci d'efficacité de la politique de gestion des eaux douces situées dans les limites de leur juridiction, comme on peut le constater, les Etats membres de la CICOS ont également institué un mécanisme spécial pour le financement des activités de l'eau : en RCA, le Fonds national pour l'eau et l'assainissement (FNEA, article 37 de la Loi n°06.001) ; en RC, le Fonds du développement du secteur de l'eau (FDSE, art. 78 de la Loi n° 13-2003) ; au Cameroun, Compte d'affectation spécial (art. 25 de la Loi n° 98/005). En RDC, la Loi sur l'eau de 2015 n'a pas institué un fonds de financement des activités de l'eau.

A titre de rappel, à ces organismes spécialisés, il faut aussi ajouter l'ensemble d'organismes de gestion de l'environnement et des fonds de l'environnement tels qu'institués par des lois sur l'environnement, étudiés précédemment. Cet ensemble rend complexe la gestion de l'eau lorsqu'on sait que les collectivités locales ne sont pas en reste la gestion locale des eaux douces.

2 : Des collectivités locales

Les différentes lois sur la décentralisation des Etats membres de la CICOS ont transféré aux collectivités locales la compétence de la gestion des eaux douces. Des lois sur l'eau ont créé des organes chargés de la production et de la distribution d'eau potable. C'est le cas de l'Agence nationale de l'hydraulique rurale en RC.

Le transfert de compétence est l'acte par lequel l'Etat confie aux collectivités locales des pouvoirs qui lui sont dévolus dans le but de rapprocher l'administration des administrés et de mieux satisfaire les besoins locaux[1160]. A ne s'en tenir qu'à cette définition, le transfert de la compétence de gestion de l'eau est au cœur de la décentralisation d'autant plus que cette ressource naturelle est indispensable pour la vie des personnes et de la nature. Il est donc normal que la gestion de l'eau se fasse au plus près des populations.

Toutefois, la compétence des collectivités locales reste limitée, elle ne s'étend pas aux cours d'eau ayant un statut national et international. En RC, cette compétence a été transférée aux départements et aux communes[1161] en vertu de la Loi n°10-2003 du 06 février 2003 portant transfert de compétences aux collectivités locales. Son article 23 dispose que les départements ont, entre autres, compétence pour sauvegarder et gérer les

[1160] Article 2 de la Loi n°10-2003 du 06 février 2003 portant transfert de compétences aux collectivités locales en RC.

[1161] Article 16 de la Loi n° 10-2003 du 06 février 2003 portant transfert de compétences aux collectivités locales en RC.

eaux continentales : sources d'eau, ruisseaux, marigots, rivières et étangs à l'exclusion des cours d'eau à statut national et international ; promouvoir les activités d'ensemencement des eaux et de pêches non nocives ; protéger les bassins versants, les sources et les plans d'eau. L'article 35 dispose quant à lui que « *les communes assurent la création et l'entretien des forêts et des cours d'eau situés dans leur ressort territorial ainsi que la protection des bassins versants, des sources et des plans d'eau.*»

Conformément à l'article 23 qui détaille les compétences des départements, il est clair que celles-ci ne s'étendent pas aux « cours d'eau ayant un statut national et international.» Cette limite n'apparaît pourtant pas à l'article 35 qui définit les compétences des communes. Dans le silence de l'article 35, doit-on dire que la compétence des communes est étendue aux « cours d'eau ayant un statut national et international » ? Assurément non. Il faut tout simplement prendre cela comme une omission de la part du législateur. Cette compétence est du ressort de l'Etat ou des autorités centrales, car par « cours d'eau ayant un statut national et international » il faut entendre les grands cours d'eau du pays comme le fleuve Congo qui est régi par les textes de la CICOS aujourd'hui. Pour éviter les difficultés d'interprétation, le législateur aurait pu préciser à qui revient la compétence de gestion des cours d'eau ayant un statut national et international dans cette loi n°10-2003. Par ailleurs, cette répartition stricte n'est pas importante, car les eaux des cours d'eau n'ayant pas un statut national et international peuvent être reliées aux grands cours d'eau nationaux et internationaux. Le législateur aurait pu instituer une procédure de collaboration entre les autorités locales et centrales.

En RDC, la répartition des compétences entre le pouvoir central et les provinces est régie par la constitution de 2006. Le pouvoir central conserve une compétence exclusive en matière de navigation intérieure sur les voies naturelles qui relient deux ou plusieurs provinces ou le territoire de la RDC à un territoire étranger ou qu'une loi nationale a déclaré d'intérêt national bien qu'elles soient entièrement situées sur le territoire d'une province[1162]. Autrement dit, les voies d'eau navigables ayant un statut national et international sont de la compétence du pouvoir central, comme le fleuve Congo. Les provinces quant à elles détiennent des compétences exclusives en matière de production d'eau pour leurs besoins[1163]. La loi de la RDC va encore plus loin lorsqu'elle prévoit la compétence concurrente de « veiller à la participation de tous les acteurs concernés, notamment les communautés locales, les usagers, la société civile et le secteur privé.» Ceci montre la conformité de cette loi à l'état actuel du droit de l'eau qui insiste sur la participation du public à la prise de décisions relatives à l'environnement.

[1162] Idem, article 202, alinéa 21
[1163] Idem, article 204, alinéa 26

C'est aussi un canal de communication entre les autorités centrales et les autorités locales pour une gestion plus efficace des cours d'eau.

Comme dans d'autres Etats fondateurs de la CICOS, les « régions » de la République du Cameroun sont compétentes pour « la gestion des eaux d'intérêt régional.[1164]» Compétence transférée, mais qui ne s'étend pas aux eaux ayant un statut national et international. Une particularité attire l'attention sur le système camerounais : les régions peuvent adhérer aux organisations internationales de région c'est-à-dire celles qui sont constituées par les conventions signées entre les régions du Cameroun et des pays étrangers[1165]. Ceci peut impliquer la coopération interrégionale pour la gestion des eaux d'intérêt régional.

Eu égard à ce foisonnement institutionnel, la coordination des activités de tous les acteurs est prévue par les différentes législations des Etats.

B : La collaboration et la coordination

La collaboration et la coordination des acteurs de l'eau intéressent non seulement le niveau national (1) mais s'étend également au niveau sous-régional et international (2).

1 : Au plan national

La politique de gestion des eaux douces fait intervenir plusieurs acteurs. Le manque de collaboration et de coordination peut entraîner « la fragmentation » et le *« chevauchement d'activités relevant d'institutions diverses avec pour conséquence la dispersion des efforts, pour des résultats peu lisibles.*[1166]*»* En République du Cameroun comme en RCA ce problème se pose avec acuité.

Au Cameroun, il a été souligné que « *les approches et procédures des acteurs impliqués ne sont pas toujours concertées* »[1167] ; *« chaque partie prenante obéit à une logique qui ne tient pas compte des intérêts des autres intervenants.*[1168]*»* Ce manque de coordination et de concertation entraîne

---

[1164] Article 19 de la Loi N°2004/019 du 22 juillet 2004 fixant les règles applicables aux régions.

[1165] Article 83, alinéa 2 de la Loi N°2004/019 du 22 juillet 2004 fixant les règles applicables aux régions.

[1166] Décret n°2010-822 du 31 décembre 2010 portant approbation de la stratégie de développement des secteurs de l'énergie électrique, de l'eau et l'assainissement (en RC).

[1167] Stratégie nationale de gestion durable des eaux et des sols dans l'espace agro-sylvo-pastoral au Cameroun, 2007, 77 pages, p. 2.

[1168] Idem, p. 28

« des chevauchements dans les activités, une déperdition des moyens matériels et financiers »[1169].

En RCA, parmi les obstacles à surmonter pour renforcer la politique nationale de l'eau et l'assainissement figure *« la faiblesse dans le mécanisme de coordination et de concertation entre différents niveaux d'organismes nationaux ayant une incidence sur la performance du secteur.*[1170]*»* C'est ainsi qu'il est important de mettre l'accent sur la coordination des activités des acteurs de la politique de l'eau ; dans la mesure où les actions des différents acteurs concernés doivent tendre vers un objectif commun qui est la gestion optimale des eaux douces pour une meilleure satisfaction des besoins des générations présentes et futures.

La collaboration doit être garantie par le ministère de l'eau. Celui-ci est l'acteur principal dans la mobilisation des autres acteurs et la coordination des activités menées sur l'eau. En République du Congo, ce rôle est explicitement dévolu au Ministère de l'Energie et de l'Hydraulique par le Décret n° 2010-123 du 19 février 2010. Comme on peut lire à l'article premier dudit Décret, le Ministre de l'Energie et de l'Hydraulique est chargé de *« définir les principaux canaux d'intervention des ministères qui traitent des problèmes de l'énergie, de l'eau potable et de l'assainissement »*. C'est le Décret n° 2010-822 du 31 décembre 2010 portant approbation de la stratégie de développement du secteur de l'énergie électrique, de l'eau et l'assainissement qui avait complété la liste en incluant d'autres acteurs.

En dehors des lois régissant la gestion de l'eau, des lois sur l'environnement recommandent elles aussi la collaboration entre les autorités ministérielles. En RDC, la Loi n° 11/009 du 9 juillet 2011 portant principes fondamentaux en matière d'environnement dispose que *« le ministère en charge de l'environnement définit, en collaboration avec d'autres ministères et organismes publics et privés, la politique du gouvernement en matière d'environnement et de développement durable. Il assure la coordination des politiques sectorielles en matière d'environnement.*[1171]*»*

La collaboration entre les acteurs de l'eau consiste à échanger les informations sur l'eau, son état, l'état des ressources halieutiques, les instruments et techniques de pêches, les programmes projetés et les problèmes posés et tout autre usage. Le ministère en charge de l'eau est habilité à coordonner les programmes d'autres départements ministériels et des agences sous-tutelles. C'est pour assurer cette coordination que le

---

[1169] Idem

[1170] Politique et stratégies nationales en matière d'eau et d'assainissement de la RCA, mars 2005, 24 pages, p. 7.

[1171] Article 18 de la Loi n°11/009, op cit.

Ministre de l'Energie et de l'Hydraulique de la République du Congo préside le Conseil consultatif de l'eau.

Les réunions entre les acteurs de la politique nationale de l'eau sont là aussi des pistes de collaboration tendant à rendre plus efficaces les efforts consentis. Les textes sur l'eau et sur l'organisation des institutions spécialisées à caractère interministériel instituent aussi les sessions ordinaires et extraordinaires en tant que de besoin pour permettre à l'ensemble des parties de discuter des problèmes d'eau. Au Cameroun, le Comité national de l'eau se réunit en session ordinaire deux (2) fois par an et en session extraordinaire en tant que de besoin sur convocation de son président[1172] (Ministre de l'Energie et de l'Eau). A ce niveau, il faut signaler le danger de lourdeur institutionnelle au regard de la difficulté de mobilisation des acteurs impliqués. D'ailleurs, ces organismes ne sont pas tous opérationnels, ce qui affaiblit la coordination escomptée et l'efficacité de la gestion des problèmes des eaux douces.

Outre ces acteurs publics, la collaboration entre les acteurs de l'eau devrait aussi être élargie aux ONG spécialisées dans les questions d'environnement et de l'eau. Le plan international, les conventions sur l'eau et l'environnement insistent sur la participation des acteurs privés et du public à la prise de décisions relatives à la gestion internationale des eaux douces.

2 : Au plan sous-régional et international

La collaboration tendant à la coordination des activités d'acteurs impliqués dans la gestion de l'eau dépasse le cadre national pour inclure la coopération avec d'autres Etats du bassin et les institutions internationales, en l'occurrence la CICOS et d'autres organisations internationales.

En ce qui concerne la collaboration entre les Etats du bassin en matière de gestion des eaux transfrontalières, toutes les législations nationales n'ont pas pris en compte la dimension internationale de l'eau et le principe de coopération de façon plus explicite. Il importe de dénoncer une fois de plus un problème d'asymétrie entre les législations des Etats. Seulement la République du Cameroun et la RDC ont prévu cette collaboration dans leurs législations sur l'eau avec un service chargé de gérer ce domaine. En République du Congo, le Ministre de l'Energie et de l'Hydraulique représente l'Etat au niveau international pour les questions liées aux eaux transfrontalières.

[1172] Article 4 du Décret N°2001/161/PM du 08 mai 2001 fixant les attributions, l'organisation et le fonctionnement du Conseil national de l'eau.

Au Cameroun, le décret n° 2005-087 du 29 mars 2005 portant organisation du Ministère de l'Energie et de l'Eau institue au sein de celui-ci une division des Etudes, de la prospective et de la coopération. Le chef de division a, entre autres, missions : la formulation, l'élaboration et la mise en œuvre des politiques, des plans d'action et des stratégies de coopération internationale ; de la préparation des accords et conventions ainsi que du suivi de leur exécution et enfin surtout de la collecte, de l'analyse et de la diffusion des données relatives à la coopération internationale[1173]. Une telle structure chargée des missions internationales devrait exister dans les ministères d'autres Etats afin de faciliter la coopération au quotidien et la mise en œuvre des décisions prises au niveau supranational.

La Loi n° 15-026 du 31 décembre 2015 relative à l'eau (RDC) est l'exemple le plus éloquent. Son article 57 porte spécialement sur "les eaux transfrontalières". Elle pose le principe selon lequel l'Etat conclut les accords internationaux avec les Etats riverains afin de définir les relations en matière d'utilisation, de mise en valeur et de protections des ressources en eau et des écosystèmes aquatiques de manière équitable. Cette coopération vise entre autres objectifs les échanges d'informations et de données[1174]. Tous les Etats membres de la CICOS devraient inclure cette disposition dans les textes nationaux pour plus d'intégration du régime juridique du bassin dont ils sont des riverains.

Les législations nationales devraient aussi prendre en compte la collaboration aux fins de la coordination des politiques nationales par le biais de la CICOS. Il est quand même étonnant de constater que les textes législatifs ou réglementaires (les plus récents) des Etats membres de la CICOS ne se réfèrent ni à l'Accord du 06 novembre 1999 instituant un régime fluvial uniforme et créant la CICOS ni à l'Additif du 22 février 2007 portant sur la GIRE ou encore au Code de navigation intérieure CEMAC-RDC. Avec l'Additif de 2007, le Secrétariat général de la CICOS est devenu la courroie de transmission des données et informations entre les Etats membres ; donc, un moyen de collaboration ou de coopération leur permettant d'harmoniser les politiques nationales des eaux douces transfrontalières afin de prévenir des dommages transfrontaliers. Selon l'Additif, les autorités compétentes des Etats-parties sont tenues de transmettre au Secrétariat général les informations relatives aux autorisations délivrées et aux déclarations reçues[1175].

Dans l'intérêt de l'intégration des politiques nationales de gestion des eaux du bassin du fleuve Congo, il est indispensable que les Etats tiennent

---

1173 Article 20 du Décret n°2005-087 du 29 mars 2005 portant organisation du Ministère de l'Energie et de l'Eau de la République du Cameroun

1174 Article 57 de la Loi n° 15-026 du 31 décembre 2015 relative à l'eau (en RDC).

1175 Alinéa 5 de l'article 11 de l'Additif du 22 février 20017 sur la GIRE.

compte du droit de la CICOS comme fondement juridique international des législations nationales. L'absence de référencement aux textes de la CICOS serait de nature à minimiser l'objectif d'intégration et les efforts consentis en matière de gestion internationale du bassin. Le référencement aux textes supranationaux permettrait de rendre plus visible le résultat de la mise en œuvre du droit des cours d'eau internationaux et du droit de l'environnement en général, puis de la CICOS en particulier dans les ordres juridiques nationaux.

Sans plus vouloir tirer en longueur, au terme de ce chapitre, il faut tout simplement retenir que les Etats membres de la CICOS n'évoluent pas tous sur un même rythme dans la mise en œuvre des politiques de gestion intégrée des ressources en eau. Les textes et institutions de certains d'entre eux sont plus modernes alors que ceux d'autres Etats sont vieillissants et peu conformes à l'état actuel du droit régissant le bassin du fleuve Congo et ses principaux affluents en matière de navigation intérieure et de GIRE. La multiplicité des institutions et la petitesse des moyens ne garantissent pas l'efficacité des politiques de l'eau. D'ailleurs, les institutions spécialisées instituées par des lois sur l'eau restent souvent des projets sans vie, c'est-à-dire qu'elles n'ont pas été rendues opérationnelles ou ne possèdent pas les moyens suffisants pour leur fonctionnement. Ce sont là des raisons pour lesquelles les politiques de gestion des eaux douces du bassin du fleuve Congo et ses affluents l'Oubangui et la Sangha demeurent inefficaces. Les résultats sur le terrain ne sont pas satisfaisants en raison des problèmes sérieux qui se posent toujours et qui ont besoins de solutions efficaces.

Chapitre II : Les objectifs non atteints : un droit ineffectif

L'Accord du 06 novembre 1999 a pour objet d'aménager et d'exploiter le fleuve et le cours d'eau du bassin dans le respect des principes de liberté de navigation, d'égalité de traitement des usagers, du droit de participation équitable et raisonnable aux avantages tirés de l'utilisation durable des eaux. Dans ce chapitre, il est question de montrer les limites des objectifs fixés par l'Accord ou encore de l'ineffectivité des principes qui guident la gestion du bassin. D'une part, il faut noter l'ineffectivité du droit dans le domaine de la navigation intérieure (Section I) et, d'autre celle relative aux usages de l'eau à des fins autres que la navigation intérieure et le transport fluvial (Section II).

Section I: Dans le domaine de la navigation intérieure

Les pays membres de la CICOS *« sont tous confrontés aux mêmes difficultés à travers les différents services de navigation.»*[1176] C'est au regard des problèmes qui se posent dans ce domaine qu'une politique commune devrait être mise en place. La CICOS est appelée à combler les défauts de la gestion nationale des voies navigables. En dépit des efforts juridiques accomplis, il faut reconnaître que « ... *la communautarisation juridique ne suffit pas à faire de la navigation intérieure (...), en l'état actuel des choses, un mode de transport terrestre alternatif à la route et au rail. Pour ce faire, il faudra également une effective communautarisation matérielle de la navigation intérieure,* [en assurant] *une application effective du droit fluvial communautarisé... »*[1177] Cette application effective du droit de la CICOS permettrait d'atteindre les objectifs visés à savoir « *l'intégration physique régionale et le développement socio-économique de la région d'Afrique centrale.»*[1178] Plusieurs défis se présentent; il s'agit tout d'abord de l'effacement des obstacles à la navigation fluviale pour faciliter le transport fluvial (Paragraphe I) et d'améliorer ensuite les infrastructures de transport (Paragraphe II), étant donné que leur vétusté ne favorise pas les activités économiques du fleuve.

1176 NGAMISATA Godefroy, op cit, p. 2
1177 NGO MBOGBA-MIKANO Paulette, op cit, p. 195
1178 Idem

Paragraphe I : L'effacement des obstacles à la navigation intérieure

Parler des obstacles à la navigation consiste à évoquer l'ensemble des problèmes qui empêchent la circulation aisée des bateaux et le développement du trafic fluvial[1179], sans oublier les évènements malheureux qui surgissent dans les voies de la navigation du bassin Congo-Oubangui-Sangha. Les efforts visant à effacer ces obstacles sont encore *« pour une période relativement longue, (...) à un stade imaginaire et ce, à cause de l'ampleur de ces voies d'eau navigables »*[1180] et des nombreux obstacles dont « les plus préjudiciables »[1181] sont *« l'instabilité politique, l'absence de volonté réelle des gouvernants, le mauvais état des infrastructures, les surtaxes et les contrôles incessants. »*[1182] Ces affirmations montrent qu'en Afrique centrale la navigation fluviale fait figure de parent pauvre de tous les autres modes de transport. Cela est dû à l'insuffisance de l'entretien des voies navigables (A) et au climat d'insécurité pendant le transport (B).

A : Renforcer l'entretien des voies navigables

L'effacement des obstacles à la navigation intérieure, est un moyen d'assurer une libre navigation sur les voies du bassin COS et de favoriser les échanges économiques par lesdites voies. Il s'agit donc d'exécuter effectivement les dispositions de l'Accord du 06 novembre 1999 en matière d'entretien des voies navigables et celles du Protocole d'accord tripartite RCA-RDC-RC.

[1179] Il faut signaler, par ailleurs, avec BOINET Edouard, op cit, que «...la faiblesse des activités économiques est en elle-même un frein au développement de la navigation.», p. 55. En Afrique centrale, le fleuve Congo est particulièrement utilisé, dans l'axe Brazzaville-Bangui, pour le cheminement du bois, le transport des hydrocarbures provenant de la RCA et quelques petits bateaux qui embarquent en même temps les personnes, les animaux et bien d'autres choses dans le grand danger du risque des maladies et des accidents.

[1180] NGO MBOGBA-MIKANO, op cit, p. 164.

[1181] Idem

[1182] Idem. Le problème des surtaxes est décrié en RDC et au Congo-Brazzaville. Il a pour conséquence d'inhiber la libre circulation des marchandises sur le complexe Congo-Oubangui-Sangha et d'entraîner l'augmentation du prix des marchandises transportées. La RCA est victime de la mauvaise gouvernance des voies navigables sur le territoire de la RDC et de la RC. Comme le dit cet auteur, les bateaux centrafricains font l'objet de nombreuses tracasseries du fait des forces armées congolaises et des services des voies navigables allant de l'arraisonnement aux voies de fait en passant par la multiplicité des taxes et postes de contrôle. p. 165.

Le fleuve Congo et ses affluents offrent un réseau admirable de navigation intérieure. Toutefois, cette dernière est entravée par divers obstacles physiques qui illustrent un entretien insuffisant.

Rappelons que la lutte contre les obstacles à la circulation des bateaux est régie par l'article 7 de l'Accord du 06 novembre 1999. Il impose aux Etats contractants « *l'obligation d'entretien et d'amélioration des voies navigables* ». C'est ainsi que l'alinéa premier dudit article énonce que « *les Etats contractants s'engagent à entretenir et améliorer les voies navigables situées dans les limites du Bassin Congo-Oubangui-Sangha suivant les conditions fixées par la Commission internationale* ». Dans l'organisation de cette lutte, l'Accord fait une répartition des tâches entre les Etats contractants et la CICOS. D'une part, il impose un certain nombre d'obligations aux Etats et, d'autre part, il attribue le rôle de coordonnateur des travaux d'aménagement des voies navigables à la CICOS.

L'entretien rigoureux du fleuve et de ses affluents est une nécessité pour que la navigation soit rentable[1183]. Il permet de dynamiser le trafic fluvial, dans la mesure où le fleuve Congo et ses affluents constituent un important mode de transport de bois par flottage et de bien d'autres marchandises en tonnages élevé. Le flottage du bois est une opération qui consiste à *« transporter le bois coupé du point de vente vers le point d'industrialisation ou d'exportation »*[1184]. C'est un mode de transport peu onéreux et très vital[1185] pour les régions comme l'Afrique centrale. Le fleuve Congo permet d'acheminer les agrumes en provenance de la RCA, de la RC et la RDC vers les ports de l'Océan atlantique. Son affluent la Sangha permet à certains forestiers du Sud du Cameroun d'acheminer leur bois vers les ports congolais[1186].

Ce trafic est entravé par la présence des épaves des bateaux dans les eaux, les troncs d'arbres, les bancs de sables et le manque de balisage des voies navigables[1187]. A en croire le Professeur Maurice KAMTO, ces voies de communication présentent un « *intérêt inégalé »*[1188]. Elles « *sont [entrecoupées] de rapides, de chutes, de cataractes impossibles à*

1183 KASONIA Kakule, « Les enjeux de l'eau en Afrique centrale. Le cas de la R.D. Congo », op cit, p. 155.

1184 KINDIER Adéel, *Le droit relatif aux utilisations des cours d'eau internationaux à des fins autres que la navigation. Etude à propos des cours internationa*ux *dans le monde arabe*, p. 125, Thèse de doctorat présentée et soutenue publiquement le 03 novembre 2008, Université Strasbourg III-Robert Schuman, 485 pages, Dir. Professeur Syméon KARAGIANNIS.

1185 Idem, p. 125

1186 Idem, Rapport du SG.

1187 Voir les cahiers de la CICOS

1188 KAMTO Maurice, *op cit*, p. 880

régulariser ou à doubler si ce n'est au prix d'investissements considérables et d'une rentabilité douteuse. Ainsi dans son cours supérieur le Congo est étranglé par des rapides infranchissables constitués par les chutes de Stanley et en amont de l'embouchure du fleuve par les rapides de Livingstone. Les chutes de Yelala, de Ngaliema, les rapides de l'Éléphant et Gozotangui jonchent ensuite l'écoulement du fleuve vers l'Océan atlantique.»[1189] La présence de ces obstacles empêche une communication directe de l'intérieur du continent vers l'océan atlantique. Il décourage par ailleurs le transport des marchandises et des voyageurs par la voie fluviale[1190].

Les obstacles ainsi énumérés rendent la tâche difficile aux pays enclavés de la CICOS pour l'acheminement des produits commerciaux vers l'Océan atlantique. Le bassin du fleuve Congo serait un soulagement pour les pays enclavés comme la RCA et le Tchad. Malheureusement, *«... les contraintes de navigation liées à l'étiage aigu en saison sèche (sur la voie fluviale), les troubles militaires et l'inconséquence des politiques de coopération bilatérales, constituent des facteurs restrictifs à la mer pour la RCA »*[1191]. L'inobservation des règles fiscales et douanières se manifestant par *« la prolifération des taxes qui résulte de l'excès d'harcèlement fiscal »*[1192] empêche la circulation aisée des marchandises dont les pays enclavés, comme la RCA, ont sérieusement besoin.

A cause des bancs de sables sur le fleuve Congo pendant la grande saison sèche, période de basses eaux, le trafic dévient de plus en plus lent et faible, car les bateaux y sont le plus souvent bloqués sur les bancs de sables et passent des jours dans l'attente d'un secours[1193]. Il faut ajouter à cela la jacinthe d'eau qui empêche elle aussi la circulation aisée des bateaux[1194].

L'insuffisance d'entretien des voies navigables empêche la navigation de nuit et ralentit la circulation des marchandises, des biens, des capitaux et des personnes.

Les efforts fournis par les Etats sont maigres pour l'entretien du fleuve Congo et ses affluents. En effet, l'entretien des voies navigables n'est pas régulier. Le Congo-Brazzaville par exemple avait engagé en 2009 et 2010

1189 Idem

1190 CICOS, Cahier des statistiques, op cit, infra,

1191 MOZOULOUA Dieudonné, « L'accès à la mer, un défi à variables multiples pour la Centrafrique », pp. 151-165, in EWANGUE Jean-Lucien, (Dir.), *Enjeux géopolitique en Afrique centrale*, L'Harmattan, Paris, 2009, 426 pages, p. 152.

1192 Idem, p. 155.

1193 CICOS, Cahier des statistiques 2012, accidents et incidents de navigation fluviale et lacustre dans le bassin du Congo, p. 5

1194 Idem

l'entretien de 2250 km de balisage et 443000m^3 de dragage[1195]. L'entretien des voies navigables demeure insuffisant à cause du manque de coordination des institutions chargées des travaux d'entretien et de la maigreur des moyens techniques, humains et financiers. Il est impérieux qu'une coordination adéquate des travaux soit assurée pour un meilleur entretien des voies de la navigation du bassin.

Par manque d'entretien, les accidents et incidents se multiplient dans les voies navigables du bassin. Au Cameroun, en 2009, il a été enregistré seize (16) cas de décès, tandis qu'en 2012, sur les rivières Ngoko et Sangha (au Cameroun) il a été enregistré au mois d'avril deux (2) cas d'accidents et un (1) au mois d'octobre.

Ces accidents sont aussi engendrés par la mauvaise conduite de l'équipage qui, au cours du transport, est souvent en état d'ébriété à cause de la consommation de l'alcool ou de la drogue[1196], et par le mauvais état des bateaux et l'absence de signalisation dans certains endroits.

Pendant cette même année, cinq (5) accidents se sont produits en RCA et ont occasionné huit (8) cas de décès. En RC, il a été enregistré neuf (9) accidents et six (6) cas de décès. La RDC a enregistré 38 accidents et 631 décès pour l'année 2012[1197].

Au regard de ces statistiques alarmantes, la situation de la navigation dans l'espace CICOS demeure critique. La lutte contre les barrières physiques et non-physiques s'impose pour une meilleure sécurité du transport fluvial et une liberté de navigation effective.

L'apport des partenaires internationaux et des Etats membres de la CICOS devrait consister à résoudre les problèmes les plus urgents, notamment ceux du transport fluvial en procédant au financement des travaux d'entretien, de balisage et de surveillance de la condition physique du bassin. La crise financière et économique sévère, dans laquelle sont tombés les Etats membres, ne rassure pas davantage l'efficacité du financement aisé des travaux d'entretien des voies navigables du bassin du fleuve Congo.

Il est aussi important que la CICOS œuvre à ce que les bateaux empruntant les voies navigables du bassin respectent les normes et spécifications techniques pour plus de sécurité dans le transport. Cette situation devient plus sérieuse pendant les périodes de guerre civile dans un

[1195]Ministère des Transports, de l'Aviation civile et de la Marine marchande, Programmen de Développement (PND) 2012-1016.
[1196] CICOS, cahiers des statistiques 2012 relatifs aux accidents et incidents de navigation fluviale et lacustre dans le bassin du Congo, 54 pages, p. 25.
[1197] Idem, p. 631

Etat de la sous-région. C'est dire que l'entretien seul ne suffit pas, il faut aussi lutter contre l'insécurité pendant la circulation des bateaux.

B : Lutter contre les différentes formes d'insécurité dans l'espace CICOS

Les bateaux transportant les marchandises et les voyageurs sur les voies fluviales subissent des actes de braquage de la part des bandits armés à la recherche d'argent ou de marchandises. Depuis l'époque coloniale, les voies navigables du bassin du fleuve Congo sont des lieux d'insécurité, constituant ainsi un découragement des activités commerciales. Stanley[1198] affirmait en 1877 « *qu'il y avait là une nécessité impérieuse, et que, pour se développer, le commerce naissant aurait besoin d'une protection contre le brigandage* »[1199].

Cette insécurité résulte, aujourd'hui, de l'insuffisance du contrôle des voies navigables du bassin. Ce contrôle insuffisant est le fait de l'absence d'une action commune des différentes autorités des Etats riverains. Les marines des deux principaux Etats (la RC et la RDC) travaillent de manière séparée et se livrent parfois aux affrontements[1200].

Disons-le encore, ce climat d'insécurité est le plus alimenté lorsqu'une guerre civile éclate dans un Etat riverain. Les guerres favorisent la circulation et la détention illégales d'armes à feu et de petits calibres. Le contrôle de la circulation des armes légères s'imposent aussi pour éviter le brigandage au cours du transport afin de garantir la sécurité dans le trafic fluvial non seulement entre les Etats, mais aussi entre les localités situées sur le territoire d'un même Etat. On a pu rapporter que pendant la guerre civile de 1997 au Congo-Brazzaville, le port de Brazzaville a subi une chute importante du tonnage des marchandises[1201].

A cause de ce climat d'insécurité et du manque d'entretien suffisant, le transport fluvial, qui serait un levier important du développement des Etats, est mis à mal par la concurrence acharnée d'autres modes de transport tels que l'avion, le chemin de fer et la route qui offrent le transport plus rapide

---

[1198] STANLEY HENRI MORTON est l'homme qui a découvert le fleuve pour la première fois en 1877. Tout d'abord journaliste, il devint un grand explorateur grâce à ses multiples expéditions au cœur de l'Afrique centrale. C'est grâce à lui que le monde entier a connu les richesses de cette partie du continent noir. Voir www.culturaeuropa.be, consulté le 20 juillet 2016.

[1199] MOYNIER Gustave, *op cit,* p. 289

[1200] Entretien avec Monsieur YOA Rachel, ancien directeur des politiques de navigation intérieures à la DIGNAF (RC) au mois d'août 2015.

[1201] ETSION Norbert, La manutention au Port Autonome de Brazzaville, op cit, infra. pp. 26-30.

avec moins de rupture de charge[1202]. Il serait plus intéressant que les Etats membres de la CICOS se dotent d'entreprises communes de transport fluvial placées sous le contrôle de la Commission. Une telle entreprise pourrait aider la CICOS à financer son budget et à alléger la charge financière des Etats.

Il faut reconnaître que les entraves non physiques sont aussi le résultat de la méconnaissance de la CICOS et du régime actuel du bassin par les citoyens. Cette situation peut se comprendre en raison de la jeunesse du nouveau régime international, de l'insuffisante promotion et du manque de pédagogie du droit fluvial.

L'excuse trouvée ne peut pas tenir davantage parce que ce problème ne concerne pas la CICOS seule. D'autres organisations sous-régionales, en dépit de leur ancienneté, sont méconnues des citoyens des Etats membres jusqu'à présent[1203]. Un regard sur les écrits consacrés à la CEMAC par exemple permet de constater qu'elle reste aussi méconnue. Donc, c'est un problème commun aux institutions internationales de la sous-région. Patrice LIBONG BADJAN affirme à propos du droit de la CEMAC que « *le problème de la méconnaissance par certains agents publics et cadres des administrations pourtant en charge des domaines d'intervention de la Communauté, du cadre juridique de celle-ci. [...] il y a ceux qui ont une connaissance approximative et d'autres une connaissance suffisante* »[1204]. Cet auteur n'est pas le seul à faire ce constat de la méconnaissance des normes d'origine communautaire. Serge LOUNGOU dans une étude consacrée à l'analyse de la problématique de la libre circulation des personnes dans l'espace CEMAC pense également que l'ignorance des dispositions communautaires par les fonctionnaires nationaux, notamment « *les préposés aux frontières* » des Etats, est l'une des causes des entraves à la libre circulation des personnes[1205]. La circulation des personnes ici concerne tous les modes de transport aérien, routier et fluvial.

Les raisons de la méconnaissance des institutions de la région et du droit existant sont nombreuses, mais on peut retenir deux : l'insuffisante vulgarisation des textes et le manque d'enseignement de l'évolution des

---

1202 KAMTO Maurice, *op cit,* p. 881.

1203 Samuel-Jacques PRISO-ESSAWE, op cit, p. 77, étudiant la question de l'intégration économique de l'Afrique centrale, affirme que la CEMAC et la CEEAC sont inspirées du droit communautaire européen, « alors que les textes internationaux (au sens) large ont encore de la peine à être utilisés par les administrations, juges et justiciables.»

1204 LIBONG BADJAN Patrice, op cit, p. 99.

1205 LOUNGOU Serge, « La libre circulation des personnes au sein de l'espace de la CEMAC : mythes ou réalités ? », in Belgeo [En ligne], 3 | 2010, mis en ligne le 04 décembre 2012, consulté le 28 août 2016. URL : http:// belgeo.revues.org/7096, p. 9.

institutions de la région dans les universités des Etats membres. Il est nécessaire que la CICOS ensemble avec les Etats utilisent tous les moyens nécessaires pour faire connaître l'institution auprès des citoyens. Les médias, l'enseignement, la tenue des activités de la CICOS dans les Etats membres autres que l'Etat de siège[1206], l'encouragement des ONG à prendre part aux activités de la CICOS sont là les pistes de promotion de l'institution sous-régionale. La connaissance de la CICOS favorise le respect de son droit. Il faut aussi ajouter à cette liste la facilitation de l'accès aux textes de la CICOS par l'outil internet. Le site de la CICOS reste encore peu développé. Certains textes et documents ne sont pas disponibles en ligne.

Hormis les obstacles physiques et non physiques à la circulation des bateaux, la fluidité du transport fluvial dépend aussi de la bonne condition de son infrastructure qui, à l'heure actuelle, se trouve dans un état de délabrement grave.

Paragraphe II : L'amélioration des infrastructures de transport fluvial

Comme on le sait déjà, la promotion de la navigation intérieure est la première mission de la CICOS que lui attribue l'Accord du 06 novembre 1999. Son effectivité est subordonnée, non seulement à l'observation des normes relatives à la liberté de navigation, mais aussi à la bonne condition des infrastructures de transport fluvial. L'amélioration et le développement des infrastructures de transport fluvial qui sont vétustes tant en ce qui concerne les ports que les bateaux (A) sont des finalités du droit communautaire naissant. A cette situation s'ajoute l'ineffectivité des normes relatives à l'hygiène en matière de navigation. La précarité des conditions d'hygiène (B) exposant ainsi les ressources en eau et les passagers aux dangers de pollution et de maladies sont une expression d'un droit non respecté.

A : La vétusté de l'infrastructure de transport fluvial

Le constat qui revient dans les études faites sur l'état des infrastructures de transport est « la vétusté »[1207]. Ainsi, le développement de la navigation

---

[1206] Pour ce sujet, la CICOS s'inscrit déjà dans cette dynamique par la tenue des sessions du Comité des ministres dans les autres Etats membres. Brazzaville et Yaoundé ont déjà accueilli à plus d'une fois les réunions du Comité des ministres de la CICOS. A titre d'exemple, la 13ème session ordinaire du Comité des ministres a été tenue à Yaoundé (Cameroun) le 1er juillet 2016.

[1207] CICOS, Cahier des statistiques 2012, op cit, infra, p. 11 ; ETSION Norbert, « La manutention au port autonome de Brazzaville », Mémoire pour l'obtention du

intérieure ne doit pas seulement se limiter à l'entretien des voies navigables. Elle doit s'étendre à l'amélioration des infrastructures de transport fluvial de la sous-région.

Il faut dire que *« dans la situation actuelle, le secteur de transport est globalement marqué par un réseau souffrant de la vétusté de ses infrastructures, une faible densité, de faibles équipements de manutention et d'entretien, d'insuffisants moyens de financement en infrastructures, un suivi du secteur (...) et des capacités de gestion et de management peu efficaces »*[1208]. Il faut comprendre par là que la vétusté des infrastructures est une expression du non-respect des normes édictées. Non-respect parce que certains bateaux empruntant les voies navigables du bassin COS sont presque systématiquement surchargés, non éclairés la nuit et ne répondent pas aux normes techniques et de sécurité[1209]. La construction des bateaux ne se fait pas selon les règles de l'art et le contrôle technique des autorités publiques est moins rigoureux. La navigation fluviale est ainsi abandonnée aux amateurs ne connaissant rien de la règlementation de la construction des bâtiments flottants motorisés.

Ces situations sont engendrées par l'absence des écoles de formation et des guerres civiles qui secouent souvent les Etats de la CICOS. Un auteur affirme, dans ce sens, que « ... *les pays de la sous-région (...) sont aujourd'hui pour la plupart d'entre eux des pays sinistrés du fait des guerres qui y ont sévi. (...) [Toutes] les infrastructures de transport ou presque ont elles étés détruites »*[1210] créant ainsi une désarticulation entre les Etats et une

---

Brevet de l'ENAM, présenté et soutenu publiquement l'ENAM (Université Marien-Ngouabi), sous la direction de monsieur Georges BISSINGOU (enseignant à l'Université Marien Ngouabi de Brazzaville), septembre 2003, p. 40 ; voir aussi Godefroid NGAMISATA, op cit, p. 2. Ce dernier auteur résume cette situation lorsqu'il affirme que « Les infrastructures et les équipements portuaires sont vétustes. Dans certains ports, on note une insuffisance de magasins et équipements de manutention. Toutefois, on trouve des grues de grande capacité (en moyenne 30 tonnes à 12 m) installés dans les ports stratégiques du réseau tels que Bangui, Brazzaville, Kinshasa et Ilebo. Quant aux services des voies navigables, elles sont entre autres confrontées à l'inadéquation entre les moyens mis à la disposition de l'entretien et à l'ampleur des travaux à exécuter ; vétusté et insuffisance des unités de servitude (dragues, baliseurs, vedettes hydrographiques, etc.), insuffisance de dragage ou de balisage ; ensablement des ports au niveau du Pool Malebo ; diminution des plans d'eau sur l'Oubangui (actuellement 8 mois de navigation sur 12) ; présence du seuil rocher de Zinga à 60 km en aval du port de Bangui ».

[1208] CICOS, SDAGE, état des lieux, op cit, p. 40.

[1209] NGO MBOGBA-MIKANO Paulette, *Le droit de la navigation intérieure en Afrique centrale,* op cit, pp. 126-127.

[1210] NGO MBOGBA-MIKANO Paulette, *op cit,* p. 200.

rupture du transport fluvial entre certaines localités des Etats de la sous-région.

Le transport fluvial souffre du vieillissement des équipements qui, pour certains, datent de l'époque coloniale. Le grand défi consiste à engager une bonne « réhabilitation »[1211] des ports fluviaux qui nécessitent, toutefois de gros investissements après tant d'années de négligence et de mauvaise gestion[1212].

Le délaissement du transport fluvial et la vétusté de l'infrastructure sont en outre engendrés par la concurrence acharnée entre lui et d'autres modes de transports. Le développement de ces derniers (comme le train, l'avion et le transport routier) ont entraîné une chute du rôle important du transport fluvial dans la sous-région. On sait que les voies d'eau partout dans le monde ont été les seuls moyens de transport et de communication plus efficaces entre les régions du monde à une époque où la technologie n'avait pas encore engendré d'autres moyens de transport. Avec le développement d'autres modes de transport, favorisé par l'évolution de la technologie, le transport fluvial a subi un délaissement.

Il s'agit là aussi d'un manque de volonté politique dans la promotion du transport fluvial. Les Etats de la région ont voulu faire comme d'autres Etats du monde sans pourtant tenir compte du caractère spécial de la géographie de la sous-région qui est dotée d'autoroutes naturelles (les voies fluviales) pouvant faciliter les échanges économiques entre les Etats riverains.

Il est regrettable que dans chaque Etat membre de la CICOS la situation des infrastructures de transport fluvial soit très précaire. La résolution de ce problème dépend, davantage de la volonté politique des Etats contractants qui ont la compétence décisionnelle, garantie d'une navigation intérieure de qualité et compétitive[1213]. Les efforts engagés dans les Etats membres sont encore dans l'état de projet ou d'études pour la réhabilitation ou l'entretien des infrastructures existantes ou pour la construction d'autres[1214].

Au Congo-Brazzaville, « *l'état de vétusté des unités fluviales, des installations et équipements portuaires* »[1215], le manque « *des conditions*

[1211] Idem

[1212] Idem, p. 165

[1213] Idem, p. 201

[1214] Idem, pp. 40-42

[1215] DOMBI Didace, « Le transport fluvial au Congo », Mémoire de fin de cycle pour l'obtention du diplôme supérieur de l'ENAM de la République du Congo, présenté et soutenu publiquement sous la direction de M. Christian Roger OKEMBA, année académique 2013-2014, p. 2

d'hygiène et les risques de transports fluviaux dans le bassin du Congo »[1216] sont autant de causes qui entraînent la chute du trafic fluvial et la diminution de la rentabilité des ports autonomes de Brazzaville et ports secondaires du pays.

Selon une étude menée par la CICOS dans le cadre de l'élaboration du SDAGE, les Etats membres essayent tout au moins de mettre en place des politiques de développement des infrastructures de transport fluvial. Le Secrétariat général de la CICOS a effectué un « état des lieux » des visions de chaque Etat en matière d'amélioration des infrastructures de transport et a présenté la situation de quatre pays membres dans ce domaine (République du Congo, la RDC, la RCA et le Cameroun.)

Au Congo-Brazzaville, eu égard à « *l'étendue des dégradations des infrastructures et équipements sur l'ensemble du territoire national* », en marge des efforts entrepris dans le cadre de la municipalisation accélérée[1217], les autorités congolaises, ont conçu un Plan National de Transport (PNT) pour faire face à ce problème. Ce Plan s'inscrit dans l'objectif de la relance de l'économie nationale. Il comprend plusieurs sous-secteurs : ferroviaire, routière, fluvial, maritime et aérien. En matière de navigation fluviale, en dépit des efforts consentis pour l'entretien des voies (2250 km de balisage et 443000m^3 de dragage en 2009 et 2010), des problèmes sont galopants. Le transport des voyageurs continue de baisser (-5,6% et -9,1% respectivement entre 2009 et 2010) à cause du faible investissement dans l'aménagement des quais et des entrepôts, mais aussi par le manque d'organisation du trafic au port de Brazzaville où la durée des formalités est de 45 minutes au lieu de 10 mn en standards internationaux[1218].

Pour résoudre ce problème, le PNT préconise : la réhabilitation des infrastructures portuaires[1219], l'amélioration du fonctionnement du transport fluvial, de l'état du matériel et de l'équipement portuaires, des conditions de l'exercice de la navigation fluviale[1220]. D'autres priorités sont accordées à la mise à niveau des voies fluviales structurantes, notamment l'entretien, le

---

1216 ILONDOKO Isidore, « Les conditions d'hygiène et les risques des transports fluviaux dans le bassin du Congo », Mémoire pour l'obtention du diplôme de l'ENAM de la République du Congo, présenté et soutenu publiquement sous la direction de M.. Médard BACKIDI, année 2002.

1217 Ministère des Transports, de l'Aviation civile et de la Marine marchande (MTACMM) (RC), rapport sur le Programme national de développement : PND 2012-2016. Programme d'actions prioritaires et Cadre de dépenses à moyen terme : PAP-CDMT 2012-2016, préparé par la cellule CDMT du MTACMM, Brazzaville, mai 2012.

1218 Idem, p. 246.

1219 Idem

1220 MTACMM, rapport sur le PND, op cit, p. 247.

dragage et le balisage de l'Oubangui, la Likouala et la Sangha. À moyen terme, le PNT prévoit la mise à niveau de l'axe Lékéty-Mossaka, qui assure la liaison entre le Gabon, le Congo, la RDC et la RCA[1221].

De même, en RCA, les projets d'amélioration des conditions du transport fluvial sont conçus mais l'exécution se fait attendre. La RCA s'est fixé comme objectifs : la réhabilitation des infrastructures ; la réadaptation de la réglementation en matière de transport ; la promotion de la mobilisation et de la participation des communautés à l'entretien des routes, des pistes et voies d'eau ; le développement et la promotion des moyens intermédiaires de transport ; le renforcement des capacités des acteurs et partenaires du secteur du transport ; le développement du système d'information du secteur[1222]. Ces objectifs sont à encourager, mais au regard de la situation chaotique dans laquelle se trouve ce pays (guerre civile, crise pétrolière actuelle) et de l'importance des moyens financiers à mobiliser (5,6 milliards de FCFA) pour la réhabilitation et l'entretien des infrastructures existantes, il est difficile que ces objectifs soient atteints dans les meilleurs conditions et délais.

Un autre pays membre de la CICOS qui s'était fixé les objectifs du même genre est la RDC. Au regard des problèmes posés par la vétusté des infrastructures de transport, les autorités publiques, avec l'appui de la Banque Mondiale, avaient élaboré un cadre de politique de transport et une stratégie de mise en œuvre qui avaient débouché sur les actions à court et à moyen termes, notamment en 2015. Les objectifs fixés étaient entre autres : la restauration d'un système de balisage, la remise en état des équipements des chantiers navals, l'acquisition de baliseurs, l'augmentation de la capacité de stockage des ports fluviaux, la réhabilitation et la modernisation des infrastructures et le montage en PPP pour l'exploitation et l'entretien des voies navigables[1223]. La réalisation de ces projets exige aussi des moyens financiers colossaux (365 millions USD).

En ce qui concerne le Cameroun, il est regrettable de constater, à travers l'état des lieux effectué par le Secrétariat général de la CICOS, que dans « *le sous-secteur fluvial, (...) aucune action ni aucun projet d'envergure n'ont été prévus dans la partie camerounaise du bassin du Congo par les différentes stratégies ayant pour objet le développement du transport du Cameroun* »[1224]. Alors qu'il est un pays riverain du bassin du fleuve Congo,

---

1221 Idem

1222 CICOS, SDAGE, état des lieux, op cit, p. 42

1223 Idem, p. 40

1224 Idem, p. 42

les politiques d'amélioration de la navigation fluviale sont paradoxalement inexistantes[1225].

Comme on peut le constater, les infrastructures sont vétustes dans les Etats de la CICOS et les actions engagées sont en projet. Les efforts d'aménagement déjà consentis sont maigres et n'apportent pas un changement important.

Il est aussi dommage que chaque Etat cherche de façon individuelle à améliorer sa situation, alors qu'une action commune pourrait être plus efficace. Espérons qu'avec l'appui de la CICOS, la situation connaîtrait un changement grâce à une politique communautaire de développement du transport fluvial.

A cause de la vétusté des infrastructures et des superstructures, de l'insécurité de la navigation intérieure et des problèmes politiques dans les Etats riverains, *« le trafic fluvial subit des conséquences désastreuses »*[1226]. Le rendement ne cesse de décroître, malgré les remontées timides en dents de scie en RDC, en RCA et en RC et au Gabon[1227].

Ces situations constituent pour la CICOS de sérieux défis. La Commission devrait œuvrer à encourager les Etats membres à établir un diagnostic sur le problème et offrir les pistes de solutions plus fiables. Mais, le rôle de la CICOS sera plus efficace lorsque les Etats membres lui attribueront le pouvoir d'agir en leur lieu et place pour une sorte d'action commune.

Il serait inconcevable que les Etats recherchent le soutien financier auprès des mêmes partenaires au développement de façon dispersée. Il est plus intéressant que la CICOS, après avoir élaboré le SDAGE et pris connaissance des besoins de chaque Etat membre, devienne la porte-parole

---

1225 NGO MBOGBA-MIKANO, op cit, p. 160

1226 Idem, pp. 178-183

1227 Idem. A titre indicatif, en RDC, le volume des marchandises transportées en 2005 était de 56.035 tonnes au port de Kinshasa, il était de 63.695 tonnes en 2006 pour remonter à 81.656 tonnes en 2007. En 2008 était à 43.534 tonnes pour descendre à 20.716 tonnes en 2009 et puis remonter 48.800 tonnes en 2010. En RCA, le trafic fluvial était de 6. 846 tonnes en 2000, il remonte à 35.065 tonnes en 2001, 40.039 en 2002 et redescend à 36.952 tonnes en 2003. En RC, le Port Autonome de Brazzaville a enregistré un tonnage de marchandises de 223.477 en 2005, 211.208 en 2006, 296.395 en 2007, 356.346 en 2008 et 333.531 en 2009. En 2010 le volume de marchandises transportées a chuté à 317,122 tonnes (Voir PND 2012-2016). Pour ce qui est du Gabon, le transport fluvial est le parent pauvre de tous les autres modes de transport. Le transport de marchandises n'a jamais dépassé 15000 tonnes dans ce pays. NGO MBOGBA-MIKANO P., op cit, p. 184. Cette situation pourrait être engendrée par le nombre très limité de la population de ce pays, en outre des raisons sus-évoquées.

de ceux-ci auprès des partenaires financiers. C'est en agissant de la sorte que les Etats matérialiseront leurs engagements d'intégration sous-régionale. La réussite de l'amélioration des moyens de transport permettrait également de résoudre le sérieux problème des mauvaises conditions d'hygiène.

B : La précarité des conditions d'hygiène dans le transport fluvial

Si tout au long des pages précédentes nous avons insisté sur la vétusté des infrastructures de transport dans l'espace CICOS, il faut noter qu'en plus de ce problème, celui des conditions d'hygiène dans les ports et bateaux se pose aussi avec acuité. Il est évident que si les infrastructures sont vétustes, on ne peut pas s'attendre à ce que les conditions d'hygiène soient bonnes, c'est-à-dire que la vétusté des infrastructures entraîne des mauvaises conditions d'hygiène.

Pour cela, il est important d'aborder en premier lieu les conditions d'hygiène dans les ports avant d'étudier celles des bateaux.

En ce qui concerne les ports, il faut tout d'abord reconnaître qu'ils sont des instruments parmi d'autres au service de l'intégration, ils sont avantageux pour les villes et les villages où l'accès n'est possible que par les voies d'eau[1228]. C'est généralement à partir des ports fluviaux que « *les marchandises empruntent les réseaux routiers nationaux et internationaux notamment en RCA, RDC et RC, en ce sens que le réseau des voies navigables propre à chacun de ces Etats permet la desserte des régions qui disposent exclusivement de la voie d'eau comme moyen de communication.*[1229] »

La triste réalité des ports du réseau du transport fluvial est caractérisée par le manque de bonnes conditions d'hygiène. Faute d'avoir les informations sur les cas de tous les ports des Etats membres de la CICOS, il sera question de procéder par induction en prenant en compte les cas du Port Autonome de Brazzaville et du Beach de Brazzaville. Cette méthode inductive permettra de se faire une idée sur la situation des ports d'autres Etats membres de la CICOS.

En effet, vu tous les problèmes que connaissent les Etats de l'Afrique centrale en général et le Congo-Brazzaville en particulier, les conditions d'hygiène dans les ports sont très chaotiques.

Le Port Autonome de Brazzaville a d'abord une capacité limitée, ce qui a pour conséquence, son encombrement par l'afflux des bateaux, des personnes, des biens et des marchandises. Les structures pouvant garantir

[1228] NGO MBOGBA-MIKANO Paulette, op cit, p. 168
[1229] Idem

l'hygiène manquent cruellement : manque de robinet pour la fourniture d'eau potable, d'installations sanitaires[1230], de service de gestion des poubelles, etc.

Cette situation entraîne davantage le délabrement du port, la pollution des eaux par le rejet des déchets dans le fleuve, les risques de maladie et le découragement des usagers du fleuve et des voyageurs.

Pour ce qui est des bateaux, la situation demeure aussi chaotique. D'abord, les bateaux qui naviguent dans les voies du Bassin COS sont pour la plupart d'entre eux construits sans une observation rigoureuse des normes de construction navale[1231]. Lesdits bateaux ne sont pas tous conçus pour le transport des passagers. Ces derniers se concentrent dans les pontés non couverts et exposés aux intempéries, ils s'entassent en surnombre avec les marchandises et le bétail se trouvant à bord.

Par manque de conditions sanitaires adéquates, les voies navigables sont devenues des poubelles où toutes les ordures sont déversées. Cette situation montre à suffisance l'état d'ineffectivité du droit de la CICOS en matière de protection de l'environnement du fleuve. C'est principalement le Code CEMAC-RDC qui prévoit à son titre VI des dispositions à prendre par le capitaine lors du transport[1232].

Vu la situation des ports et bateaux empruntant les voies du bassin, il est temps que la CICOS se saisissent du problème afin de mettre en place des stratégies pouvant aider les Etats membres à s'engager pleinement dans l'amélioration des conditions sanitaires dans les ports fluviaux. Cela est indispensable dans la mesure où la concurrence entre les modes de transport risque de désavantager le trafic fluvial, qui resterait par conséquent le parent pauvre de tous les modes de transport. Les Etats membres investissent plus dans l'amélioration et la construction des aéroports, des chemins de fer et des routes. La CICOS devrait inciter ceux-ci à valoriser le rôle des ports et à faire un équilibre entre les modes de transport par des investissements justes.

Enfin, sachant que l'Afrique centrale est une zone à risque, s'agissant des maladies telles que le paludisme ou la fièvre jaune, les épidémies[1233] comme le choléra, le renforcement des services d'hygiène basés aux ports permettrait d'éviter la propagation des maladies. Ces dernières se propagent non seulement à travers le mouvement des personnes, mais aussi lorsque la

---

[1230] ILONDOKO Isidore, op cit, p. 60

[1231] CICOS, Cahier des statistiques 2012, accidents et incidents de navigation fluviale et lacustre dans le bassin du Congo, p. 11

[1232] Le Titre VI du Code porte sur les règles de route et de stationnement. Celles-ci font l'objet de l'annexe 7 du même Code CEMAC-RDC.

[1233] NGO MBGBA-MIKANO Paulette, op cit, p. 151

règlementation de la gestion de l'eau à des fins autres que la navigation est inopérante.

Section II : Dans les utilisations autres que le transport fluvial

Les eaux transfrontalières du bassin fluvial ne sont pas seulement utiles pour la navigation. Les ressources en eau offrent des opportunités de développement économique des Etats[1234]. Lorsqu'elles sont bien gérées, elles *« peuvent offrir une hydroélectricité à bon marché, une irrigation abondante et des transports de surface économiquement rentables. »*[1235] Mais, la mise en valeur collective des ressources en eau n'a pas encore atteint sa maturité. La multiplicité des fonctions de l'eau et des besoins liés à l'eau dans les Etats membres nécessitent un engagement international de tous les acteurs impliqués pour relever un grand nombre de défis tant en ce qui concerne l'amélioration des conditions des populations (Paragraphe I) qu'en ce qui concerne d'autres secteurs de développement harmonieux des Etats (Paragraphe II).

Paragraphe I : Les difficultés d'accès à l'eau potable

En Europe, l'eau et l'assainissement font l'objet d'une règlementation internationale dans le but d'harmoniser les politiques nationales en la matière. En effet, le Protocole sur l'eau et la santé[1236] additionnel à la Convention d'Helsinki du 17 mars 1992 sur la protection et l'utilisation des cours d'eau transfrontaliers et des lacs internationaux, définit l'eau potable comme « *toute eau qui est utilisée ou qui est destinée à être utilisée par l'homme pour la consommation, pour la cuisson et la préparation des aliments, pour l'hygiène corporelle ou à des fins similaires* »[1237]. La GIRE a pour priorité l'utilisation de l'eau pour la satisfaction des besoins domestiques des populations. Les Etats fondateurs de la CICOS ont même intégré ce principe dans leur politique nationale de gestion de l'eau. Mais, sur le terrain, l'accès facile des populations à l'eau potable pour la satisfaction des besoins domestiques demeure problématique[1238], d'où le besoin persistant des solutions urgentes. Le droit à l'eau potable est

---

[1234] Banque Mondiale, *Infrastructures africaines. Une transformation impérative*, édition, Pearson, Paris, 2010, 344 pages, p. 151.
[1235] Idem
[1236] Adopté à Londres le 18 juin 1999
[1237] Article 2, alinéa 1
[1238] KASONIA Kakul, op cit, p. 154

timidement consacré (A), les politiques nationales de développement des conditions d'accès à l'eau potable n'ont pas atteint les objectifs fixés (B).

A : La consécration du droit à l'eau potable

L'accès des populations à l'eau potable constitue l'un des grands défis de la CICOS[1239]. La consommation d'une eau non potable cause des maladies aux êtres humains et aux animaux aggravant le taux de mortalité et le ralentissement développement de l'élevage[1240]. L'Additif du 22 février 2007 accorde la priorité à la jouissance des ressources en eau aux populations des Etats riverains. Les besoins en eau des populations sont au cœur de la GIRE. Il en est ainsi par exemple de son article 4 qui stipule ce qui suit :

« *Chaque Etat contractant, ainsi que les personnes se trouvant sur son territoire, sont autorisés à utiliser les eaux du fleuve et de ses affluents, en se conformant aux principes et modalités définis par le présent Additif.* »

L'article 4 dit encore que les principes de la GIRE *« visent à assurer aux populations des Etats contractants la pleine jouissance de la ressource dans la perspective d'un développement durable, dans le respect de l'environnement et en veillant à la sécurité des personnes et des ouvrages, ainsi que du droit fondamental de l'Homme à une eau saine en quantité suffisante ».*

Un peu plus loin encore, dans l'Additif toujours, l'article 9 à son alinéa 3 dispose :

« En cas de situation de pénurie, la priorité sera accordée à l'approvisionnement en eau potable pour les besoins domestiques, l'élevage, et à la préservation des écosystèmes aquatiques ».

Cette disposition, comme d'autres instruments internationaux en matière de gestion des eaux douces[1241], entend soulager la souffrance des populations en ce qui concerne leur besoin en eau de qualité et en quantité suffisante, étant donné que l'accès à l'eau potable dans la sous-région demeure encore sous-développé. L'eau ne manque pas en Afrique centrale, elle est très abondante et largement suffisante pour les peuples de la sous-région, en dépit des problèmes de sécheresse au nord du Cameroun et du Tchad. Le

---

[1239] CICOS, SDAGE, état des lieux 2015, p. 62.

[1240] KASONIA Kakul, op cit, p. 154.

[1241] Il en est ainsi du Protocole (additionnel) à la Convention d'Helsinki (17 mars 1992), adopté à Londres le 17 juin 1996 dont l'article 6 consacre « l'accès de tous à l'eau potable et à l'assainissement ». Il s'agit là, selon LAVIEILLE Jean-Marc, *Droit international de l'environnement*, 2e édition, ellipses, 2004, 192 pages, « d'un pas du DIE vers la consécration de ce droit au niveau mondial », p. 118.

problème qui se pose est plutôt celui de l'absence d'infrastructures facilitant l'accès à l'eau de qualité pour les populations.

Sur le plan juridique, il est possible de dire que les dispositions de l'Additif du 26 février 2007 sont des énonciations générales ne constituant pas un véritable encadrement du droit à l'eau et à l'assainissement, comparativement au Protocole sur l'eau et la santé additionnel à la Convention d'Helsinki du 17 mars 1992 sur la protection et l'utilisation des cours d'eau transfrontaliers et des lacs internationaux. Ce protocole pourrait servir à inspirer les Etats de la CICOS pour renforcer les normes relatives aux utilisations de l'eau et la protection de la santé humaine contre les maladies de l'eau. Son article 4, alinéa 1 montre un engagement international des Etats à ce sujet que « *Les parties prennent toutes les mesures appropriées pour prévenir, combattre et faire reculer les maladies liées à l'eau dans le cadre des systèmes intégrés de gestion de l'eau visant à assurer une utilisation durable des ressources en eau, une qualité de l'eau dans le milieu ambiant qui ne mette pas en danger la santé de l'homme et la protection des écosystèmes aquatiques.* » Par ailleurs, selon ce Protocole, les Etats sont tenus de veiller à la qualité de l'eau en effectuant des prélèvements d'échantillons d'eau et d'effluents afin de recueillir des données qui devront être mises à la disposition du public[1242].

Dans les Etats membres de la CICOS, à cause des insuffisances règlementaires et des moyens techniques adéquats, les conditions d'accès à l'eau potable sont encore très précaires et les sources de pollution se multiplient dans le bassin COS. En effet, les eaux du bassin du Congo sont exposées à des pollutions diverses dont certaines sont engendrées par l'explosion démographique et d'autres aux activités humaines comme le déversement des résidus de l'industrie minière, pétrolière et autres[1243].

Le rapport de la CICOS sur l'état des lieux des eaux du bassin COS montre que *« d'autres sources de nuisances sont observées au niveau du bassin, notamment du fait du mauvais choix d'emplacement des latrines (dans les quartiers spontanés) et des cimetières qui peuvent polluer localement l'aquifère*[1244]*. Par ailleurs, la capitale de la RDC, où vivent plus*

1242 Article 7, alinéa 3

1243 CICOS, SDAGE, état des lieux 2015, p. 76

1244 Le problème de la pollution des nappes d'eau souterraine par l'implantation des cimetières a été déjà posé en RDC. En effet, alors qu'il venait de soutenir sa thèse de doctorat en sciences, groupe Géologie, spécialité, hydrologie en 1985, Monsieur Kasongo-Numbi KASHEMUKUNDA, (auteur de l'ouvrage, *Eaux et forêt de la RD Congo*, L'Harmattan, Paris, 2008, 200 pages), au cours d'une émission télévisée et radiodiffusée en 1986 à l'Office Zaïrois de Radio et de Télévision (OZRT) de Lubumbashi, il attirait « l'attention des autorités et de la population sur le fait que le nouveau cimetière de Kasapa venait d'être implanté sur la nappe d'eau de la ville de

de 10 millions de personnes, ne possède aucune station d'épuration, pas plus que les autres villes riveraines, qui déversent leurs eaux usées directement dans le fleuve »[1245]. Ce phénomène montre à quel point le problème de l'assainissement reste encore très crucial dans les différentes villes riveraines des voies d'eau des pays de la CICOS. Le faible niveau d'assainissement engendre la dégradation de la qualité de l'eau fluviale et souterraine que la majorité des citoyens utilise pour les besoins domestiques.

Les difficultés d'accès à l'eau potable exposent les populations aux différents dangers liés à l'eau. Le grand défi à relever est celui de *« la protection de la santé publique contre les risques liés à l'eau »*[1246], en facilitant l'accès à l'eau potable. Ces risques sont principalement constitués des maladies comme *« des dysenteries, du paludisme, de la bilharziose, de la typhoïde, du choléra, toutes infections pour lesquelles l'eau est un vecteur de propagation »*[1247].

L'élaboration des normes communautaires de l'élimination des sources de pollution est nécessaire pour combattre les dangers de l'eau.

L'accès à l'eau de qualité est un défi sérieux pour la CICOS en tant qu'institution interétatique spécialisée dans le domaine de la GIRE. C'est la raison pour laquelle elle ne devrait pas rester indifférente à cette question très cruciale. Pour lutter contre l'insécurité de l'eau dans la sous-région, le Secrétariat général de la CICOS pense que *« l'assainissement contribue naturellement à cette protection en plaçant les populations dans de meilleures conditions sanitaires… »*[1248] L'assainissement est l'ensemble des techniques d'évacuation et de traitement des eaux et des boues résiduaires. Il est une solution indispensable pour sécuriser les populations contre les risques de pollution des eaux douces et des ressources qui en dépendent. Pour atteindre cet objectif, des programmes communs *« des investissements équilibrés dans les infrastructures et les institutions liées aux ressources en eau sont nécessaires* [car ils permettent d'augmenter] *les usages productifs de l'eau et [d'] atténuer l'effet des inondations et des sécheresses récurrentes et (…) atteindre une sécurité de l'eau élémentaire en tant que plate-forme de croissance économique de l'Afrique »*[1249]. Ces actions ne peuvent pas être réalisées sans une coopération renforcée et sans *« des*

Lubumbashi et que cette nappe risquait d'être polluée par les matières organiques des corps en décomposition.» Mais, son propos n'eut pas d'écho positif, car le régime en place doutait de sa sincérité et le soupçonnait d'être un anti-régime, pp. 100-101.

1245 CICOS, SDAGE, état des lieux, 2015, p. 76

1246 CICOS, SDAGE, état des lieux 2015, op cit, p. 76

1247 Idem

1248 CICOS, SDAGE, état des lieux 2015, op cit, p. 76

1249 Idem

investissements conjoints dans les infrastructures de l'eau »[1250] entre les Etats membres.

L'existence de la CICOS offre déjà un cadre d'information et d'échange des données pouvant permettre d'endiguer divers dangers dans les zones de captage d'eau. La règlementation sur la préservation des cours d'eau doit s'étendre aux citoyens de la sous-région et aux acteurs privés impliqués dans l'exploitation et la commercialisation de l'eau potable. Dans cette perspective, la CICOS entend *« promouvoir auprès des États membres la réalisation de projets d'eau potable et appuyer les institutions nationales en promouvant le secteur privé. [...] Son rôle ne sera pas de concevoir ou de piloter des programmes physiques de réalisation, mais de mener des plaidoyers pour le développement du secteur »*[1251]. La CICOS encourage les Etats membres à entreprendre des actions liées à l'assainissement pour lutter contre la mauvaise qualité de l'hygiène des populations et de garantir la sécurité de l'eau par l'investissement privé. Cependant, la facilitation de l'accès à l'eau de qualité est subordonnée à l'amélioration de l'efficacité des services d'eau africains[1252] et à la production de l'expertise, la diffusion et le partage d'expériences[1253]. Dans la mesure où les villes riveraines s'accroissent, les risques de pollution des cours d'eau et des maladies augmentent.

La pollution traversent les frontières des Etats, les actions concertées sont indispensables pour endiguer les dangers en amant des cours d'eau. Dans ce cas, un système d'alerte pourrait permettre de sauver les vies des populations riveraines en cas d'épidémie liée à l'eau dans un Etat riverain.

Certaines initiatives de la CICOS constituent déjà une piste de renforcement de l'information des citoyens et de l'apprentissage des dangers de l'eau pour la sécurité des populations. Tel est le cas du programme d'éducation « *eau et assainissement* », prévu par la CICOS, dans sa zone d'intervention[1254]. Pour rester optimiste, *« ce programme contribuera certainement à améliorer les comportements des populations en matière d'hygiène »*[1255]. Le « Programme Eau et assainissement » est conçu pour coordonner les politiques de l'eau et d'assainissement de ses Etats membres. En effet, *« les actions en faveur de la protection de la santé publique dans le bassin contre les risques liés à l'eau sont disparates et très insuffisantes, et*

1250 Banque mondiale, *Infrastructures africaines*, op cit, p. 276

1251 CICOS, SDAGE, état des lieux 2015, op cit, p. 62

1252 JAGLIN Sylvy, *Les services d'eau en Afrique subsaharienne*, éd. CNRS, Paris, 2005, 244 pages, p. 9

1253 Idem, p. 175

1254 Banque Mondiale, *Infrastructures africaines*..., op cit, p. 77

1255 Idem

la prise en compte de cette thématique dans le Programme de mesures du SDAGE apparaît indispensable à tous »[1256].

L'amélioration des conditions d'accès à l'eau potable au profit des populations mérite un fort renforcement des actions communes pour atteindre des résultats satisfaisants. Il est souhaitable que la CICOS élargisse la catégorie d'acteurs qui peuvent aider à mener à bien son programme « Eau et assainissement.» Ici, l'association des ministères de la santé et de l'hygiène, des associations des femmes ainsi que des ONG dans ce programme est très capitale.

Ces entités peuvent apporter une contribution scientifique et mener des actions au plus près des populations des Etats membres. De même, les autorités des Etats membres devraient s'impliquer suffisamment et accorder le soutien nécessaire à la réalisation des programmes d'amélioration des vies des populations par rapport à l'eau, notamment en matière de disponibilité d'eau potable. Le défi est énorme dans la mesure où il exige la mobilisation des moyens conséquents, tant financiers que techniques et humains pour renforcer les stratégies nationales d'eau potable.

B : L'inefficacité des politiques nationales de l'eau

Dans les lignes précédentes, nous avons montré le problème de l'accès à l'eau potable. Il est regrettable de constater que *« Les services de distribution de l'eau sont quasi paralysés dans les grandes villes »*[1257] et inexistants dans les zones reculées. C'est ainsi que les politiques nationales de gestion des eaux sont davantage orientées vers l'eau potable et l'assainissement.

Face à la difficulté d'accès à l'eau potable en quantité suffisante et de qualité acceptable, les Etats membres de la CICOS ont élaboré des stratégies nationales dans l'espoir de résoudre ce problème crucial[1258]. Nous allons présenter de manière succincte les objectifs poursuivis par les gouvernements des Etats membres pour améliorer les conditions d'accès à l'eau potable au profit de tous les citoyens. Ces objectifs sont fixés dans les documents des politiques nationales de gestion de l'eau.

En RC, il a été approuvé, par Décret n° 2010-822 du 31 décembre 2010, la stratégie de développement des secteurs de l'énergie électrique, de l'eau et de l'assainissement. Dans le secteur de l'eau, la stratégie nationale vise à mettre à la disposition de chaque citoyen congolais et d'autres usagers l'eau potable de qualité acceptable et en quantité suffisante en milieu urbain et

---

1256 Idem

1257 KASONIA Kakul, op cit, p. 154

1258 Ces programmes nationaux s'inscrivent dans le cadre des Objectifs du millénaire pour le développement.

rural, de façon pérenne, à moindre coût dans un environnement assaini, en tenant compte de la situation des couches les plus démunies. Selon ce document, il est question d'assurer l'accès à l'eau potable pour un taux de 75% en 2011 et 90% en 2015 en milieu urbain de 50% en milieu rural[1259]. La RC entend offrir de l'eau potable à l'ensemble de la population au plus tard en l'an 2025.

L'an 2011 et l'an 2015 étant déjà passés, il reste à savoir si ces objectifs sont atteints. L'inquiétude à ce sujet est grande dans la mesure où la stratégie de développement des secteurs de l'énergie électrique, de l'eau et de l'assainissement rencontre beaucoup de faiblesses. On peut noter à ce sujet : l'absence de politiques nationales clairement formulées et partagées par l'ensemble des acteurs nationaux et internationaux ; la faiblesse dans la maîtrise de la gestion des ressources en eau ; l'inexistence d'un système d'information ainsi que d'une base de données sur le secteur ; l'insuffisance des moyens de fonctionnement de l'administration en charge de la gestion du secteur ; l'insuffisance quantitative et qualitative des ressources humaines[1260].

A ces faiblesses s'ajoutent la maigreur des moyens financiers, l'incapacité d'intervention des acteurs privés et de la société civile, l'absence de coordination des activités des intervenants et l'amoindrissement des compétences nationales dans le secteur de l'eau.

Prenant conscience de ces faiblesses, la RC s'est engagée à restructurer et à renforcer l'administration chargée de la gestion de l'eau et les services de distribution d'eau potable, en l'occurrence la SNDE.

Aujourd'hui, ces obstacles à la politique de l'eau se renforcent encore eu égard aux crises politique, économique et financière qui affaiblissent les efforts du gouvernement et occasionnent la fuite des investissements.

En ce qui concerne la gestion de l'eau par bassin hydrographique, il n'existe pas encore un plan national de gestion des ressources en eau par bassin. Le gouvernement compte élaborer et mettre en œuvre la politique national de l'eau dans le cadre de bassins hydrographiques, le plan d'action de GIRE, un programme de modélisation et de suivi quantitatif et qualitatif des ressources en eau souterraines du pays, la coopération à travers les Etats et les institutions sous-régionales, la carte de potentialités et établir la

---

[1259] Décret n° 2010-822 du 31 décembre 2010 portant approbation de la Stratégie de développement des secteurs de l'énergie électrique, de l'eau et de l'assainissement (voir documents annexés), in JO de la RC, N°04-2011, p. 102

[1260] Stratégie de développement des secteurs de l'énergie électrique, de l'eau et de l'assainissement (voir documents annexés), approuvée par Décret n°2010-822 du 31 décembre 2010, in JO de la RC, N°04-2011, p. 105.

balance hydraulique, un système de centralisation, de traitement et de diffusion des informations sur l'eau[1261].

Le problème de l'alimentation en eau potable est aussi crucial en République du Cameroun. La politique nationale de gestion de l'eau est là aussi axée sur le besoin prioritaire qui est l'accès à l'eau potable. Le gouvernement, depuis la Lettre de politique sectorielle eau et assainissement de 2007, avait fixé plusieurs objectifs pour venir à bout de ce problème. On peut citer entre autres objectifs : la poursuite de l'élaboration du PANGIRE[1262] et la réalisation de 350 000 branchements à l'horizon 2015. Il s'est également engagé à poursuivre le processus de réformes institutionnelles qui visent à mieux clarifier le rôle de l'Etat, de la CAM WATER et du fermier en vue d'assurer une gestion optimale du secteur d'alimentation en eau potable ; à renforcer les capacités des acteurs publics et privés ; à renforcer le financement du secteur de l'eau et à sécuriser le cadre juridique de l'eau[1263].

Ces objectifs s'inscrivent dans la droite ligne de la réalisation des engagements internationaux de la République du Cameroun notamment les recommandations du Sommet mondial sur le développement durable à Johannesburg en 2002.

Comme dans les autres pays, l'accès à l'eau potable est aussi une priorité dans la politique nationale de gestion des ressources naturelles de la RCA. Mais, elle reste ineffective. C'est ainsi que le Ministère de l'Energie, des Mines et l'Hydrauliques a engagé le processus de l'élaboration de la Politique et stratégies nationales en matière d'eau et d'assainissement (PSNEA) dont le projet de document y relatif a été adopté en 2005. Ce dernier dit que la politique nationale de l'eau a pour objectif global de « *contribuer au développement durable en apportant des solutions appropriées aux problèmes liés à l'eau afin que celle-ci ne soit pas un facteur limitant au développement économique et social* »[1264].

Cette priorité accordée à l'eau potable se traduit aussi par son inscription comme objectif spécifique n°1 parmi les quatre objectifs spécifiques. Ainsi,

---

1261 Idem

1262 Dans le cadre de l'élaboration de la PANGIRE, le Cameroun a établi en 2007 la Stratégie nationale de gestion durable des eaux et des sols dans l'espace agro-sylvo-pastoral au Cameroun. En 2009, il a été effectué un état des lieux du secteur eaux et environnement ; un état des lieux du secteur : connaissance et usages des ressources en eau.

1263 Lettre de politique sectorielle de l'hydraulique urbaine (République du Cameroun), 13 avril 2007, 15 pages, pp. 4-6.

1264 RCA, Ministère de l'Energie, des Mines et de l'Hydraulique, *Politique et stratégies nationales en matière d'eau et d'assainissement* (PSNEA), mars 2005, 24 pages, p. 12.

pour atteindre cet objectif, il a été prévu de : desservir d'ici l'an 2015 75% de la population urbaine à raison de 75L/J/hbt pour Bangui, 55 L/J/hbt pour les centres urbains au niveau des branchements particuliers et 25L/J/hbt pour les bornes fontaines ; garantir la qualité de l'eau fournie, le contrôle et le suivi des installations d'adduction d'eau potable ; améliorer de manière notable le service d'eau potable ; assurer une meilleure adéquation des services, assurer un équilibre financier permettant le développement du sous-secteur eau.

Le mérite de la RCA est d'avoir adopté la loi n°06.001 portant Code de l'eau de la RCA du 12 avril 2006 que nous avons déjà étudié. Cependant, en raison des faiblesses économiques du pays et des troubles sécuritaires engendrés par des guerres civiles répétitives, la politique de l'eau en RCA souffre de nombreuses faiblesses et l'eau potable demeure encore une denrée rare.

Il faut dire que la RDC s'est également engagée sur le chemin du développement du secteur de l'eau potable pour alléger la souffrance des populations. Ce pays, tout comme les autres Etats membres de la CICOS, possède des potentialités énormes pour offrir de l'eau potable aux citoyens. Il est le pays le plus arrosé en eau douce parmi tous les Etats de l'Afrique d'ailleurs[1265]. Son « plan d'eau intérieure occupe 3.5% de l'étendue du territoire et son potentiel représente plus de 50% d'eau douce du continent »[1266].

Cette abondante ressource naturelle n'est pas protégée au regard de l'insuffisance des politiques nationales et de l'application des cadres réglementaires. Il faut constater dans ce pays que «... *la notion de biens communs, généralement comprise comme bien sans maître, constitue une entrave sérieuse à une gestion concertée et durable des ressources naturelles. Ainsi, l'accès aux ressources n'étant généralement pas réglementé ou encore, compte tenu du laxisme dans le suivi de la mise en œuvre de diverses réglementations sectorielles existantes et de leur manque de coordination et d'harmonisation par rapport aux traités et conventions internationaux, les pressions sur ces ressources vont grandissantes au risque de compromettre, à plus ou moins long terme, les conditions d'existence même des générations à venir »*[1267]. La dégradation de la qualité de l'eau, de

---

1265 KASONIA Kakul, op cit, p. 153.

1266 PNUD, Rapport de consultation, « Identification et évaluation des besoins en renforcement des capacités pour la gestion de l'environnement en RDC, (Synthèse des Rapports thématiques intérimaires : Biodiversité, désertification, déforestation et changement climatique)», Kinshasa, juillet 2007, 92 pages, p. 11.

1267 PNUD, Rapport de consultation, « Identification et évaluation des besoins en renforcement des capacités pour la gestion de l'environnement en RDC, (Synthèse

l'infrastructure de l'eau potable et l'épuisement des ressources halieutiques est la conséquence de la pauvreté de la population, des effets pervers des conflits armés, de la méconnaissance de la règlementation par les populations et du laxisme des autorités dans l'application du droit.

En dépit des difficultés qu'elle rencontre, la RDC s'efforce tant bien que mal à faire face à cette situation difficile d'accès à l'eau potable. Dans le Document de Stratégie Nationale de Réduction de la Pauvreté 2 (DSCRP, 2011-2015), le gouvernement a fait de l'amélioration de l'accès à l'eau potable l'une des priorités du développement.

Pour finir, il faut constater que tous les Etats fondateurs de la CICOS avaient élaboré des politiques nationales de gestion de l'eau et d'assainissement. Presque, pour tous les Etats membres, l'année 2015 était l'année d'aboutissement d'une grande partie des objectifs fixés. Dommage, dans la pratique, l'accès à l'eau potable ne s'est pas réalisé effectivement suite aux obstacles divers, les services de distribution d'eau sont paralysés.

Espérons que les Etats et la CICOS continueront à œuvrer pour le renforcement des politiques de gestion de l'eau potable. La disponibilité de l'eau douce ne garantit pas la facilité d'accès à l'eau potable et la sécurité contre les risques de l'eau. Elle nécessite le développement des infrastructures de maîtrise de l'eau ou celles qui servent à utiliser l'eau à des fins autres que la navigation. Autrement dit, il s'agit alors d'utiliser les ressources en eau du bassin à des fins d'ordre économique. Par ailleurs, l'harmonisation et l'effectivité des règles d'usages de l'eau sont des problèmes cruciaux de la CICOS à l'évolution de l'intégration.

Paragraphe II : L'approche sectorielle des autres usages

Comme on l'a dit tout au long de ce travail, la CICOS a été au départ créée pour la promotion de la navigation fluviale. Mais, sachant que l'eau douce peut être utilisée à d'autres fins, le rôle de la CICOS avait évolué vers d'autres utilisations de l'eau. En raison de l'importance de ses domaines, il est important d'exposer les différents usages sectoriels concernés (A) avant d'aborder la question de la sous-utilisation de l'eau à des fins autres que la navigation (B).

des rapports thématiques intérimaires : Biodiversité, désertification, déforestation et changement climatique)», Kinshasa, juillet 2007, 92 pages, p. 12.

A : Les différents usages sectoriels concernés

Outre les difficultés d'accès des populations à l'eau potable, les Etats de l'Afrique centrale sont confrontés aux problèmes de l'exploitation des ressources en eau pour leur développement économique. Ils n'ignorent pourtant pas les potentialités de ces ressources et le rôle central qu'elles jouent pour le bien-être des populations et les activités économiques. Ils n'ignorent pas non plus les menaces qui pèsent sur les ressources en eau et la nécessité de les protéger. C'est dire qu'une prise de conscience vis-à-vis de l'eau du bassin est réelle dans les Etats membres de la CICOS. La preuve en est que chaque Etat met en œuvre des politiques de gestion et d'utilisation de l'eau à des fins autres que la navigation. L'examen comparatif des législations nationales permettra de rendre compte des écarts entre les textes nationaux portant sur d'autres usages de l'eau et leur ineffectivité. Il s'agit de l'usage de l'eau pour la production de l'énergie électrique, pour les activités industrielles, de l'usage de l'eau à des fins sportives et de l'usage de l'eau pour la pêche et la pisciculture.

En ce qui concerne la production de l'énergie hydroélectrique, les différentes lois des Etats sur l'eau prévoient des dispositions générales sur ce type d'usage. En RDC, l'article 66 de la Loi n° 15/026 du 31 décembre 2015 renvoie cette règlementation aux lois et règlements relatifs à l'implantation des installations hydroélectriques. Il ajoute que l'administration en charge de la gestion des ressources en eau donne son avis sur l'implantation desdites installations. En RC, l'article 36 de la Loi n° 13-2003 du 10 avril 2003 portant Code de l'eau dispose que « *les ministères chargés de l'Electricité et de l'Eau, de concert avec le ministère chargé de l'Aménagement du territoire élaborent et font respecter la réglementation sur l'utilisation de l'eau à des fins énergétiques* ». Le pluriel employé ici pour « les ministères de l'électricité et de l'eau » n'a pas de sens dans la mesure où il n'existe qu'un seul ministère chargé de l'Energie et de l'Hydraulique dans ce pays.

Les dispositions analogues n'apparaissent pas explicitement dans les législations sur l'eau des autres Etats fondateurs de la CICOS. Mais, elles n'excluent pas l'usage de l'eau pour la production de l'énergie hydroélectrique. En RCA, la Loi portant Code de l'eau s'applique au régime juridique des eaux, des aménagements et ouvrages hydrauliques et au régime juridique de gestion des eaux, des aménagements et ouvrages hydrauliques[1268]. Les ouvrages hydrauliques ici incluent également les installations hydroélectriques, car il s'agit de *« l'ensemble des dispositifs modernes ou traditionnels qui servent au captage, à la distribution, à l'utilisation, au drainage, à la protection ou la conservation de l'eau »*[1269].

[1268] Article 4 de la Loi n°06.001 du 12 avril 2006 portant Code de l'eau de la RCA.
[1269] Idem, article 1er.

Par contre au Cameroun, la Loi sur l'eau ne prévoit pas de dispositions sur l'exploitation de l'eau pour la production de l'énergie hydroélectrique. Ce type de silence législatif constitue un élément important d'une règlementation insuffisante et surtout d'harmonisation avec les législations des autres Etats.

Les installations des ouvrages hydroélectriques sont soumises aux principes d'autorisation ou déclaration préalable[1270]. C'est parce qu'elles sont susceptibles d'entraver la navigation, de nuire au libre écoulement des eaux, de réduire la quantité d'eau, d'accroitre le risque d'inondation et porter atteinte à la qualité et à la diversité du milieu aquatique que les installations hydroélectriques sont soumises à autorisation ou à déclaration préalable[1271].

Il faut aussi dire que l'utilisation de l'eau pour la production de l'énergie électrique peut avoir des conséquences importantes sur les relations entre les Etats du bassin. Les barrages entraînent soit des inondations soit des diminutions des quantités d'eau et des impacts importants sur les activités humaines et l'environnement. C'est ainsi que les principes de coopération internationale, d'échange régulier d'informations, de participation et de règlement pacifique des différends doivent être strictement respectés. Cependant, le triste constat est que les principes de coopération dans ce domaine ne sont pas encore observés par les Etats. On assiste encore à un cloisonnement des politiques de développement national entre les Etats membres de la CICOS.

Un autre usage de l'eau pris en compte par des lois sur l'eau est l'irrigation. La Loi de la RDC N°15/026 du 31 décembre 2015 relative à l'eau dispose à l'article 64 que « *Les titulaires d'un droit d'exploitation des eaux du domaine public sur les terres agricoles, y compris l'élevage, procèdent à une mise en valeur rationnelle et optimale des ressources en eau faisant l'objet de ce droit* ». Il s'agit d'une autorisation d'usage, mais aussi d'une mise en garde contre les gaspillages de l'eau pour l'irrigation.

Pour plus de précision sur le régime de l'irrigation, l'article 65 de la loi de la RDC attribue à l'administration en charge de l'agriculture, après avis de l'administration en charge de la gestion des ressources en eau, la responsabilité de fixer les normes techniques et les conditions de la réalisation, de l'exploitation et de l'entretien des aménagements, des

---

1270 En RCA, la Loi portant Code de l'eau dispose à son article 24 que « *l'emplacement, la réalisation et l'exploitation des aménagements et ouvrages hydrauliques sont soumis, selon les cas, à autorisation ou déclaration préalable selon les dispositions des articles 12 et 13 de la présente loi* ». En RDC, c'est l'article 23 de la Loi n°15/026 du 31 décembre 2015 relative à l'eau qui régit le principe de l'autorisation préalable des aménagements hydrauliques.

1271 L'article 27 de la Loi portant Code de l'eau de la RCA.

ouvrages et installations d'irrigation ainsi que des ouvrages qui en sont liés. Il faut à ce sujet se référer à l'article 38 de la Loi sur l'agriculture qui prévoit que « *Les concessionnaires utilisent les eaux nécessaires à leurs exploitations dans les limites déterminées par la loi* »[1272]. L'article 39 accorde aux exploitants agricoles la gestion des infrastructures hydrauliques d'irrigation ou de drainage à titre individuel ou en groupe, mais ils doivent être assistés par les services techniques de l'administration ayant l'irrigation et le drainage dans ses attributions.

En RC, la règlementation relative à l'utilisation de l'eau à des fins agricoles et pour l'abreuvement du cheptel relève de la compétence du ministère en charge de l'agriculture et de l'élevage de concert avec le Ministère de l'Eau et de l'Aménagement du territoire[1273]. Ce point constitue également un élément d'éclatement des compétences de gestion de l'eau entre divers départements ministériels.

Si les textes sur l'eau de la RDC et de la RC sont explicites sur l'irrigation, ceux de la RCA et du Cameroun n'ont pas prévu de dispositions explicites sur ce type d'usage. En RCA, il est possible de déduire de l'article 22 l'application de la Loi portant Code de l'eau à l'utilisation de l'eau pour l'irrigation. Cet article soumet toute mobilisation ou exploitation des eaux de surface et souterraines au principe d'autorisation et de déclaration préalable. Au Cameroun, la Loi sur le régime de l'eau est muette sur l'irrigation.

Bien que les textes sur l'agriculture réglementent la question de l'irrigation, il faut tout d'abord constater que le décalage entre des lois sur l'eau des pays membres de la CICOS traduit une insuffisance dans l'harmonisation des politiques de l'eau. Certains Etats sont en retard par rapport aux autres. Il est temps de procéder à des profondes réformes législatives en vue d'emmener les textes au même niveau.

Ces mêmes remarques concernent également la question de la pêche. Elle est régie par des textes nationaux et non par un texte communautaire. En RC, la Loi sur l'eau prévoit une action concertée entre le Ministère de la Pêche, le ministère de l'Eau et le ministère de l'aménagement du territoire pour réglementer ce secteur[1274]. En 2010, deux arrêtés ont été adoptés : l'Arrêté n° 9186 du 22 novembre 2010 rendant obligatoire l'immatriculation des embarcations de pêche continentale[1275] et l'Arrêté n° 9187 du 22 novembre

---

[1272] Loi n°11/022 du 24 décembre 2011 portant principes fondamentaux relatifs à l'agriculture de la RDC.

[1273] Article 34 de la Loi N°13-2003 du 10 avril 2003 portant Code de l'eau de la RC.

[1274] Article 35 de la Loi portant Code de l'eau de la RC.

[1275] Pour obtenir un certificat d'immatriculation, le propriétaire de l'embarcation doit adresser une demande à l'administration en charge de la pêche et de l'aquaculture. Le dossier doit comprendre les éléments suivants : une demande manuscrite du

2010 fixant les modalités de réalisation des visites techniques des établissements de pêche et d'aquaculture, pris conformément à la Loi n° 3-2010 du 14 juin 2010 portant organisation de la pêche et de l'aquaculture continentales. Cette réglementation permet à l'Etat de contrôler l'activité de la pêche et, donc, l'exploitation des ressources halieutiques. Les conditions de ce contrôle technique sont régies par l'Arrêté n° 9187 suscité[1276].

En RDC, la Loi relative à l'eau renvoie la règlementation de la pêche et de la pisciculture aux textes spécifiques élaborés par les ministères de la Pêche et de la Pisciculture, de l'Environnement et de l'Eau[1277].

La réglementation sur la pêche doit s'étendre à la réglementation communautaire des pratiques de pêche et au contrôle efficace des instruments de pêche. Sans cela, tous les Etats vont subir l'épuisement des ressources halieutiques, même lorsqu'un seul Etat est défaillant, car de la même manière que l'eau ignore les frontières, les ressources halieutiques migratrices font de même. Un Etat peut être victime du mauvais contrôle de la pêche sur le territoire d'un autre Etat voisin. Pour cela, une réglementation uniforme et des mesures de contrôle efficace doivent être instituées et respectées dans tous les Etats riverains. Il est nécessaire que les normes relatives à l'eau soient uniformes ; par exemple les instruments de pêche, ses techniques et ses périodes.

La mise en place de ces textes est certes encourageante, mais leur effectivité demeure douteuse. Les mauvaises pratiques de pêche et la montée en force de la démographie constituent des menaces sérieuses contre les ressources halieutiques et la qualité de l'eau.

Notre propos sur la règlementation des usages de l'eau à des fins autres que la navigation peut s'arrêter là. Il faut maintenant passer à l'étude la rénovation du droit de la navigation intérieure.

---

propriétaire de l'embarcation ; un certificat de visite technique délivré par l'administration de la pêche et une attestation justifiant de la propriété de l'embarcation ou, le cas échéant, un contrat de bail. En cas de changement de propriétaire, de département ou d'embarcation, le certificat d'immatriculation doit être renouvelé (art. 4).

[1276] L'article 2 de l'Arrêté n° 9187 du 22 novembre 2010 fixant les modalités de réalisation des visites techniques des établissements de pêche et d'aquaculture dispose que *« toute visite technique a pour but, (...) de : - contrôler les équipements, engins, mécanisme de pêche, établissements de la pêche et d'aquaculture, conditions d'implantation des installations et infrastructures, notamment celles liées à la reproduction, à l'alevinage, au grossissement, au stockage, à la transformation et à la conservation du poisson et autres produits aquatiques ; - contrôler et suivre l'exécution des dispositions légales et réglementaires des conventions, contrat ainsi que des cahiers de charge spécifiques ».*

[1277] Article 67 de la Loi relative à l'eau de la RDC, précitée

Malgré la lenteur et les hésitations des Etats à s'intégrer véritablement, il faut noter que la tendance vers des actions communes est en court dans l'espace CICOS par la mise en place des structures ayant des compétences internationales en matière de gestion des eaux douces transfrontalières et donc de la prise en compte des principes de coopération internationale.

Cependant, les normes relatives aux différents secteurs des usages de l'eau sont encore ineffectives si l'on tient compte des problèmes qui se posent sur le terrain.

B : Une sous-utilisation de l'eau à des fins autres que la navigation

L'existence de la CICOS devrait favoriser l'érection des politiques communes de gestion et d'exploitation des ressources en eau à des fins autres que la navigation. La sous-utilisation des ressources en eau[1278] du bassin place la CICOS au cœur des défis importants qui sont des domaines stratégiques du développement de ses Etats membres, finalité de l'intégration.

Dans le cadre de son SDAGE, la CICOS accorde la priorité sur plusieurs secteurs autres que la navigation afin de profiter des avantages que les ressources du bassin offrent pour un développement harmonieux des Etats membres tels qu'en hydroélectricité, l'agriculture et bien d'autres secteurs encore.

Cependant, ces ressources demeurent sous-exploitées par manque de moyens et d'actions conjointes entre les Etats. Tout d'abord, en matière d'hydroélectricité, le constat frappant est que l'Afrique en générale et l'Afrique centrale en particulier sont très en retard[1279]. « *Les problèmes chroniques d'énergie que connaît l'Afrique se sont transformés en une crise (...) nuisant fortement à la croissance et à la productivité économiques* »[1280]. Tout ce défaut est engendré par une capacité insuffisante de production, de son réseau limité, de sa consommation faible et de ses services peu fiables[1281].Un constat général effectué sur le continent montre que bien que riches en ressources hydroélectriques et thermiques, « *les pays africains n'ont développé qu'une petite fraction de ce potentiel. Quelques-unes de des ressources énergétiques les plus rentables de la région sont éloignées des grands centres plus rentables, dans des pays trop pauvres pour mobiliser les milliards de dollars EU nécessaires à leur développement. Par exemple, 60% du potentiel hydroélectrique de la région se trouve en République*

1278 Banque mondiale, infrastructures africaines, op cit, p. 146
1279 Idem, p. 177
1280 Idem
1281 Idem.

démocratique du Congo et en Ethiopie.»[1282] Or, ces pays n'ont qu'une capacité de génération de moins de 200 mégawatts[1283].

La faible exploitation du potentiel hydroélectrique est un frein au développement des Etats de la région. Sans doute, avec un « *potentiel hydroélectrique considérable de l'ordre de 100.000 MW* »[1284], « *l'énergie hydroélectrique constitue un secteur de choix pour renforcer le contenu durable des choix de développement de la zone et, sous certaines conditions, contribuer à la réduction de la pauvreté.*»[1285]

Face à la situation aussi grave du continent tout entier et de la zone d'intervention de la CICOS en particulier, cette dernière se propose des actions suivantes pour relever le défi du développement de l'hydroélectricité : l'accélération des réformes du secteur de l'électricité dans la région ; la promotion des projets à buts multiples, c'est-à-dire qui dès leur conception envisagent les différents usages possibles de l'eau ; la recherche de l'appui des organisations internationales et des partenaires au développement ; le renforcement des capacités organisationnelles des organismes en charge des infrastructures ; la mitigation de l'impact environnemental et social des grandes infrastructures ; le renforcement significatif des conditions de maintenance des infrastructures existantes[1286] ; la formulation et la mise en œuvre d'une politique de distribution énergétique associée à une tarification capable de répondre aux besoins des consommateurs tout en restant économiquement viable[1287].

La vision de la CICOS mérite des encouragements. La volonté de mettre en commun les ressources énergétiques et de provoquer des économies d'échelle dans le développement du secteur énergétique conduit à la formulation d'un pôle énergique[1288] important pour l'intégration des marchés et le développement du commerce énergétique. Avec le potentiel hydroélectrique aussi important, l'espace CICOS pourrait exporter l'hydroélectricité à d'autres sous-régions du continent. Or, dans la sous-région seule la RDC est le pays exportateur de l'énergie hydroélectrique[1289].

En outre, le développement de l'hydroélectricité peut impacter le développement du secteur industriel extractif et métallurgique[1290] gros consommateur de l'énergie électrique. Beaucoup d'industries se sont

---

1282 Idem, p. 146.
1283 Idem
1284 CICOS, SDAGE, état des lieux 2015, op cit, p. 64.
1285 Idem
1286 Tel est le cas du barrage Inga en RDC.
1287 CICOS, SDAGE, état des lieux 2015, op cit, pp. 64-65.
1288 Banque Mondiale, op cit, p. 146.
1289 Idem, p. 147
1290 KAMTO Maurice, « Droit des eaux continentales africaines », op cit, p. 878.

installées dans les pays membres de la CICOS, pendant les années 1980, grâce à l'implantation des barrages hydroélectriques[1291].

Le commerce hydroélectrique pourrait aussi mettre l'Afrique centrale sur la voie d'un « *développement plus propre en termes d'émission de carbone.*»[1292] Toutefois, il faut reconnaître que cette tâche n'est pas aujourd'hui facile dans la mesure où l'hydroélectricité nécessite de plus forts investissements immédiats[1293]. Espérons que les Etats membres prendront à bras le corps les projets communautaires de la CICOS et que leur implication permettrait de vaincre les obstacles. L'implication de tous les Etats de la CICOS pour le développement des ouvrages communs accéléra les actions en vue de combler le manque de l'électricité dans la sous-région.

Cet objectif n'est pas impossible à atteindre si les circonstances sont favorables et la volonté des Etats le permet.

Notons en passant que les ouvrages communs d'hydroélectricité pourraient poser des problèmes relatifs à leur statut et au partage des avantages hydroélectriques[1294]. Les barrages induisent les relations de pouvoir entre pays d'amont et pays d'aval, ou entre centre et périphérie au sein d'un même Etat et mettent au défi les capacités institutionnelles à gérer le changement de façon équitable et pacifique[1295].

Pour surmonter cette difficulté, lesdits ouvrages devraient avoir un statut communautaire. La garantie du partage des avantages résultant des infrastructures hydroélectriques ne se fait pas toujours sur la base d'une distribution égale de l'énergie électrique. Certains Etats peuvent gagner en énergie électrique, d'autres pourront se satisfaire de l'accès permanent à l'eau pour l'irrigation[1296] ou la navigation. D'ailleurs, les exemples similaires ne manquent pas en Afrique où les organismes de gestion de bassins fluviaux ont pu réaliser des projets communautaires en hydroélectricité. Sans aller loin, l'OMVS est l'un des organismes ayant réussi la construction des infrastructures hydroélectriques intégrateurs qui sont un symbole de concrétisation de sa contribution à l'intégration des Etats d'Afrique de l'Ouest. Il s'agit de « *la réalisation des barrages de Diama en 1986 et de*

1291 Idem. Par exemple, c'est grâce au barrage hydroélectrique d'Edéa qu'a pu s'implanter dans cette ville du Sud Cameroun Alucam, l'usine d'aluminium la plus importante d'Afrique noire. p. 878.

1292 Idem

1293 Idem

1294 KAMTO Maurice, « Droit des eaux continentales africaines », op cit, p. 879.

1295 Idem

1296 Idem, p. 153.

Manantali 1987.»[1297] Cette expérience peut inspirer la CICOS et ses Etats membres aux plans juridique et technique.

L'action des partenaires internationaux de la CICOS devrait, par ailleurs, consister à prendre les mesures environnementales adéquates afin de minimiser « *les nombreuses externalités négatives sur le plan social, économique et environnemental.* La construction d'un barrage peut entraîner la diminution de la quantité de l'eau nécessaire pour la navigation ou l'irrigation dans la partie aval du cours d'eau, les inondations en amont et les risques sanitaires contre les populations riveraines[1298]. Dans son étude sur *« Les conséquences sociales de la construction des barrages... »*[1299], Evelyne Lyions affirme que les bénéfices tirés des barrages « *sont souvent moindres qu'escomptés, alors que les conséquences pour les populations directement affectées et pour l'environnement peuvent être dramatiques.»*[1300] De même, Bernard DURAND a pu recenser quatre problèmes causés par les barrages: la mort des personnes suite à la rupture de grands barrages, le déplacement des personnes, les catastrophes écologiques, l'ennoyage des grandes surfaces de terre couvertes de végétations[1301]. Face à ces risques, des

---

[1297] DIOUF Seydou, « Contribution à l'analyse historique de l'intégration africaine », pp. 29-38, in Nouvelles Annales Africaines, Revue de la Faculté des Sciences Juridiques et Politiques, n^O 1-2007, Dakar, 2006, 255 pages, p. 31.

[1298] Ces types d'impacts négatifs se sont déjà produits dans le Bassin du fleuve Sénégal à la suite de la construction du barrage de Diama. En effet, comme l'explique BOINET Edouard, op cit, « La retenue au réservoir de Diama a conduit à de profonds bouleversements éco systémiques en limitant drastiquement l'apport en eau douce en aval. Le delta en général et les aquifères fluvio-deltaïques en particulier souffrent désormais d'un processus de salinisation de grande envergure, avec des variations de concentration allant de 1 à 150 grammes de sel par litre d'eau. Ce même ouvrage a aussi eu des conséquences préjudiciables sur l'équilibre écologique en amont. On note en effet une intensification spectaculaire du phénomène d'eutrophisation et la prolifération de diverses plantes aquatiques. Des espèces de plantes endémiques, telles que la Salvinia molesta ou le typha, recouvrent d'ores et déjà 100000 hectares d'eau de surface... », p. 57. La CICOS doit tirer des leçons des expériences malheureuses dans les autres bassins fluviaux afin de prendre des mesures préventives dans ses projets de mise en valeur des ressources en eau du Bassin.

[1299] LYONS Evelyne, « Conséquences sociales de la construction des barrages : quelles responsabilités et quels outils ? », pp. 17-18, in *Ethique globale de l'eau*, Actes du 3e colloque interdisciplinaire organisé par le w4w le 19 mars 2013 au Musée d'histoire des sciences de Genève (http://www-ville-ge.chmhs/anima_2013_eau.php), p. 17.

[1300] Idem

[1301] DURAND Bernard, *Energie et environnement : les risques et les enjeux d'une crise annoncée*, éd. EDP Sciences, Paris, 2007, 324 pages, p. 191

mesures de précaution, de manière concertée, seraient toujours utiles pour minimiser les différents dommages collatéraux des barrages[1302].

En matière d'irrigation et de l'agriculture, la CICOS entend œuvrer efficacement afin de renforcer la production agricole dans la sous-région, d'autant plus que *« la lutte contre la pauvreté passe nécessairement par la relance du secteur agricole.»*[1303] *« L'eau à usage agricole est un ingrédient critique de ces programmes.»*[1304] Elle reste par contre peu utilisée dans ce secteur[1305], malgré son abondance dans l'espace CICOS. Ici, le secteur de l'agriculture se caractérise par la dégradation des infrastructures d'appui à la commercialisation ; la faible productivité du secteur agricole ; la faiblesse des services agricoles de base ; l'accès limité aux services financiers; l'environnement macro-économique défavorable[1306].

La Commission et les Etats membres devraient collectivement maximiser les efforts en vue d'améliorer les performances du domaine agricole. D'après les prévisions de la Banque Mondiale, « *si l'Afrique n'accélère pas sa lente croissance dans le domaine de l'irrigation, elle connaîtra une réduction progressive de l'offre alimentaire à cause du changement climatique…* »[1307]

Pour faire face à ces défis, la CICOS, avec les États membres, ont intérêt à s'engager à définir « *une vision du développement agricole harmonisée à l'échelle du bassin en fonction des potentialités des zones agro-climatiques, des objectifs opérationnels et des actions prioritaires.* Ces approches de solutions consistent aussi à renforcer l'efficacité de la gouvernance des secteurs liés à l'agriculture et à l'infrastructure. Dans ce sens, la CICOS peut aussi s'inspirer des recommandations de la Banque Mondiale sur la matière. D'après cette institution, il est nécessaire d'effectuer des réformes institutionnelles visant à améliorer la coordination entre les organismes gouvernementaux chargés du développement des infrastructures (un ministère en charge de l'eau) et ceux responsables de l'agriculture irriguée (un ministère de l'Agriculture) ; sans oublier le renforcement des capacités incitatives afin d'amener les agences publiques à adopter un nouveau paradigme pour l'aménagement des eaux à usage agricole. A cela s'ajoute la

---

[1302] VIEL Dominique, *Ecologie de l'apocalypse : l'homme peut-il être sauvé ?*, éd. ellipses, Paris, 2006, 319 pages, p. 29. Dans ce livre, l'auteur montre les dommages collatéraux causés par le barrage d'Assouan en Egypte dans les années 1950, le déplacement des personnes et inondations des zones cultivables.
[1303] CICOS, SDAGE, état des lieux 2015, p. 67 ; Voir aussi Banque Mondiale, *Infrastructures africaines…*op cit, p. 283.
[1304] Banque Mondiale, infrastructure africaine…op cit, p. 283.
[1305] Idem
[1306] Idem
[1307] Banque Mondiale, *Infrastructure africaine…*op cit, p. 283

participation indispensable du secteur privé par le biais de partenariat public-privé[1308].

Au regard des enjeux institutionnels impliquant une concurrence entre les OSR, il est également souhaitable qu'une forte coordination soit établie entre elles et la CICOS dans le but d'éviter les doubles emplois et les gaspillages d'énergies.

Eu égard à cette vision, il faut espérer que des programmes intégrateurs s'exécutent de manière satisfaisante pour que la CICOS s'affirme désormais entant qu'une véritable participante à la construction de l'intégration des Etats à travers la gestion communautaire des ressources en eau qui est un levier indispensable au développement.

Sans plus tirer en longueur, que peut-on retenir de ce dernier titre de la seconde partie de cette réflexion ? Dans ce titre, il était question d'étudier l'influence du droit de la CICOS sur le droit des Etats membres en matière d'eau douce. L'observation générale est qu'en dépit des parallélismes institutionnels et législatifs, des asymétries subsistent, le droit du bassin n'est pas uniforme et l'application des règles n'est pas encore effective. Les Etats peinent à rénover des textes sur l'eau afin d'intégrer les principes de la gestion intégrée et la coordination des acteurs. On observe l'éclatement des compétences institutionnelles dans la gestion des eaux douces et l'éparpillement et la diversité des peines dans les divers textes existants. Cela engendre les chevauchements de compétences et l'incohérence des politiques publiques. Par conséquent, les résultats concrets ne sont pas atteints dans les différents usages de l'eau que ce soit en matière d'énergie, d'eau potable, de navigation ou d'assainissement urbain. Ces différentes lacunes sont les conséquences d'une difficile gestion globale de l'eau ou d'une véritable politique commune de gestion intégrée des ressources en eau et l'écart entre les objectifs et les maigres moyens des Etats.

Retenons que les limites de la CICOS dans la construction de l'intégration des Etats de l'Afrique centrale, notamment dans le domaine de l'eau douce, sont nombreuses. En effet, s'il est vrai que l'intégration des Etats a connu une avancée à travers la gestion internationale du bassin du fleuve Congo depuis la création de la CICOS, il faut aussi reconnaître que du point de vue institutionnel et normatif, le droit de la CICOS manque encore d'une véritable force juridique compte tenu de la faiblesse des sanctions, l'absence de l'applicabilité directe du droit dans l'ordre juridique national, de la prépondérance des Etats membres dans le système institutionnel, des modes classiques de décisions et de l'insuffisance des moyens. La CICOS est également affaiblie par la multiplicité des OSR qui contribue à la dispersion d'énergies déjà maigres et au manque de coordination juridique et

[1308] Banque Mondiale, *Infrastructure africaine*…op cit, p.291.

opérationnelle. En raison de ces faiblesses, la Commission est obligée de faire recours aux partenaires financiers et techniques extérieurs pour renforcer ces capacités. Cette solution maintient l'organisation dans une situation de dépendance vis-à-vis de l'extérieur, ce qui ne rassure pas une gestion durable de la ressource.

CONCLUSION GENERALE

Au terme de cette réflexion, il y a lieu de se poser la question de savoir si la CICOS réussit ou non sa contribution à l'intégration des Etats dans le domaine de la gestion du Bassin Congo-Oubangui-Sangha.

La contribution de la CICOS à l'œuvre d'intégration demeure encore limitée. Du point de vue juridique, certes on note des apports indéniables dans le domaine de la règlementation de la navigation intérieure (accord du 06 novembre 1999) et de la (GIRE) (Additif du 22 février 2007). Mais la CICOS souffre de beaucoup de limites qui freinent son efficacité. Par ailleurs l'exiguïté du champ d'application du droit de la CICOS qui reflète « *un voisinage encore restreint* »[1309] en termes du nombre d'Etats participants, constitue une limite à signaler. Il s'agit ici du périmètre du bassin Congo-Oubangui-Sangha, périmètre qui n'est pas pertinent en raison de la nature mouvante de l'eau. Il est nécessaire que tous les Etats du bassin participent à l'œuvre afin que le périmètre de gestion soit élargi à la totalité du bassin au motif que « *les accords qui ne comprennent pas tous les Etats du bassin peuvent compromettre la mise en œuvre des principes par ailleurs adéquats* »[1310]. Le bassin du fleuve Congo couvre un périmètre de 9 Etats qui sont : l'Angola, la République du Congo, la République du Cameroun, la RDC, la RCA, la République du Rwanda, la République de Zambie, la République de Tanzanie, la République du Burundi. La CICOS compte à l'heure actuelle six (6) membres.

Aussi la gestion internationale du bassin du fleuve Congo-Oubangui-Sangha soulève de nouveaux enjeux au regard des perspectives qui se dessinent. Ces dernières sont caractérisées par l'édification d'organismes susceptibles de concurrencer la CICOS, eu égard aux similitudes des compétences en matière de gestion des ressources en eau du bassin du fleuve Congo et/ou de financement des activités y relatives. Le principal problème qui pourrait se poser concerne les rapports entre la CICOS et le futur Fonds bleu pour le bassin du fleuve Congo dont le Protocole d'Accord a été signé à Oyo (RC) le 09 mars 2017[1311].

1309 PAQUEROT Sylvie, op cit, p. 153

1310 PAQUEROT Sylvie, op cit, p. 153

1311 Les Etats signataires sont : l'Angola, le Burundi, le Cameroun, la RCA, la RC, la RDC, le Gabon, la Guinée Equatoriale, le Rwanda, le Tchad, la République-Unie de Tanzanie et la Zambie. Voir les Dépêches de Brazzaville, n° 2859, journal du vendredi 10 mars 2017, p. 3.

La création du Fonds bleu pour le bassin du fleuve Congo est une proposition du Président en exercice de la RC lors de la COP 22 à Marrakech (Maroc) tenue du 7 au 18 novembre 2016. Dans son discours, le chef de l'Etat congolais fonde son initiative sur la COP21 de Paris et la COP22 de Marrakech dont la première est « *la COP de l'engagement* »[1312] et la seconde *« celle de l'action, autrement dit celle de la mise en œuvre de l'accord de Paris »*[1313]. Pour ce faire, « [la mise] *en place de mécanismes et de modalités efficaces d'action au financement, notamment pour des actions d'atténuation et d'adaptation, de renforcement des capacités, de développement et de transfert des technologies* »[1314] est indispensable. Le Fonds bleu pour le bassin du fleuve Congo constitue l'émergence d'une politique communautaire de financement de l'environnement en Afrique centrale. Projet intéressant, sans doute, mais il soulève la question de la coexistence aisée entre le Fonds bleu pour le bassin du fleuve Congo et les organismes existants que sont la CICOS, la COMIFAC, etc. On peut se poser la question de savoir si le Fonds bleu pour le bassin du fleuve Congo ne serait-il pas une organisation de plus créant ainsi une situation de double emploi et de dispersion d'énergies ou de moyens. Est-il vraiment nécessaire de créer le Fonds bleu pour le bassin du fleuve Congo alors que des organisations chargées de la gestion des ressources en eau et des ressources forestières existent déjà ? Cela ne constitue-t-il pas une augmentation des charges des Etats du bassin et par conséquent une incapacité de ceux-ci à prendre en charge leurs politiques internationales ?

Il n'est pas exagéré de craindre des rapports concurrents entre le Fonds bleu du bassin du fleuve Congo et la CICOS. Trop d'organisations sous-régionales entraînent le gaspillage d'énergies et tuent le processus d'intégration et de développement. L'alinéa (c) de l'article 27 de l'accord attribue au Secrétaire général de la CICOS la compétence de « *promouvoir, favoriser et soutenir la coopération et la coordination des activités et projets d'intérêts communs de développement durable, d'utilisation, de conservation des voies navigables de ce Bassin* ». L'alinéa (d) de l'article précité ajoute quant à lui la compétence *« d'établir des programmes d'assistance financière et technique et si nécessaire, inviter les donateurs à coordonner leur soutien au sein d'un groupe consultatif de donateurs.* » Le Secrétaire général peut aussi « *établir des relations avec toute organisation privée ou publique, de caractère national ou international en vue de l'accomplissement de sa mission* »[1315]. Il faut le dire, le futur Fonds bleu

---

[1312]Voir discours du Président Denis SASSOU N'GUESSO lors COP 22 à Marrakech, en ligne sur lesechos-congobrazza.com

[1313] Idem

[1314] Idem

[1315] Article 27 alinéa (g) de l'Accord du 06 novembre 1999.

pour le bassin du fleuve Congo alimenterait encore le problème déjà connu de la multiplicité des OSR qui a pour conséquence le gaspillage de moyens.

Enfin, eu égard à ces différents enjeux, toute la question est de savoir si la durabilité des institutions de gestion du bassin du fleuve Congo est garantie. En appliquant la théorie de la gouvernance communautaire[1316] de l'économiste et politologue Elinor Ostrom, on peut dire que la durabilité des institutions du bassin n'est pas garantie dans certaines mesures. Elinor Ostrom pense que la durabilité des institutions dépend d'une part des conditions de la ressource et d'autre part des conditions des usagers. En ce qui concerne les conditions de la ressource celle-ci ne doit pas être extrêmement dégradée, le stock des ressources doit être connu, sa situation future doit être prédite ainsi que son périmètre. Si les eaux du bassin regorgent des potentialités énormes, les problèmes se situent dans la condition des usagers (Etats riverains). Ostrom affirme que ces derniers doivent dépendre de la ressource ; ils doivent avoir une vision partagée de la ressource ; une confiance réciproque ; une autonomie dans la définition des droits d'usages et des mécanismes de sanction adaptés. Enfin, ils doivent bénéficier d'un appui des régimes plus larges. Vu ces critères, il faut craindre ici les problèmes de manque de confiance réciproque et de vision partagée qui empêcheraient la durabilité des institutions. On sait qu'il existe un manque de confiance et une vision partagée entre les Etats de la CICOS. Ceux-ci sont séparés en deux blocs : le bloc de la CEMAC et les Etats non membres de la CEMAC. La RDC a du mal à s'accorder avec les autres Etats étant donné qu'une bonne partie du bassin est davantage située sur son territoire. En plus, la capacité d'auto-organisation fait défaut au regard de la dépendance de la CICOS vis-à-vis des partenaires extérieurs. Espérons que le respect des charges par les Etats contribue tant à renforcer l'approfondissement de l'intégration des politiques de gestion de l'eau qu'à atteindre l'objectif majeur qui est le développement harmonieux des populations de la sous-région Afrique centrale.

1316 OSTROM Elinor, *Gouvernance des biens communs : pour une nouvelle approche des ressources naturelles,* éd. De Boeck, Bruxelles, 2010, 301 pages. (Un résumé de cet ouvrage est en ligne sur http// :www.appli6.hec.fr/amo/Public/files/Docs/285_fr.pdf, consulté le 14 septembre 2018 à 11 heure).

Liste des documents annexés

I : Carte du Bassin du fleuve Congo ;

II : Carte des principales voies navigables du bassin du Congo

III : Accord du 06 novembre 1999 instituant un régime fluvial uniforme et créant la Commission internationale du bassin Congo-Oubangui-Sangha (CICOS) ;

IV : Additif du 22 février 2007 relatif à la gestion intégrée des ressources en eau (GIRE) du Bassin Congo-Oubangui-Sangha (Kinshasa, RDC).

I : Carte du Bassin du fleuve Congo

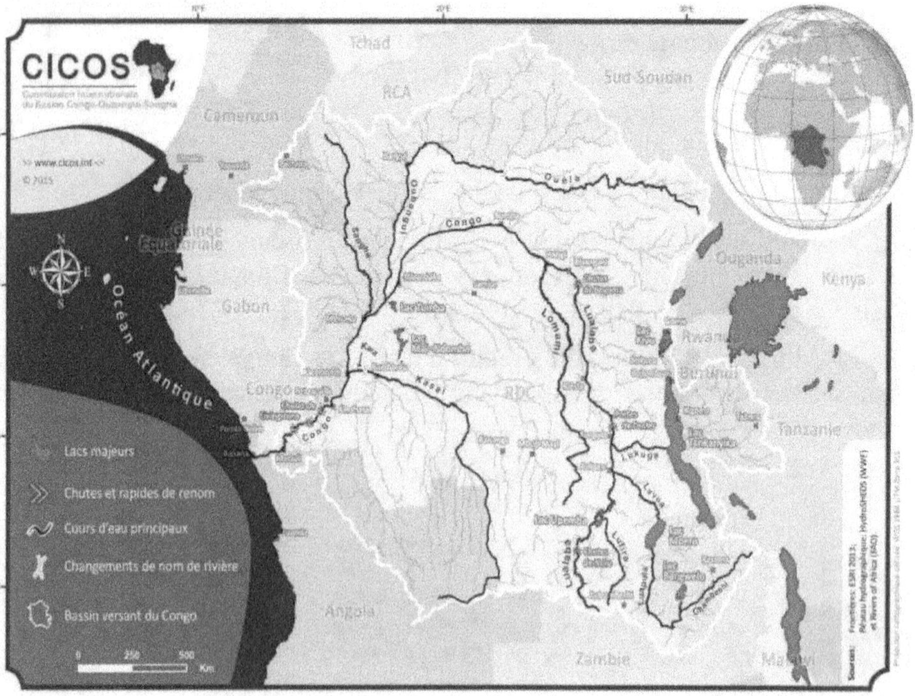

Les principales eaux de surface du Bassin du Congo

Carte disponible en ligne sur : https://www.arteliagroup.com/fr/offre/nos-domaines-d

II : Carte des principales voies navigables du bassin du Congo

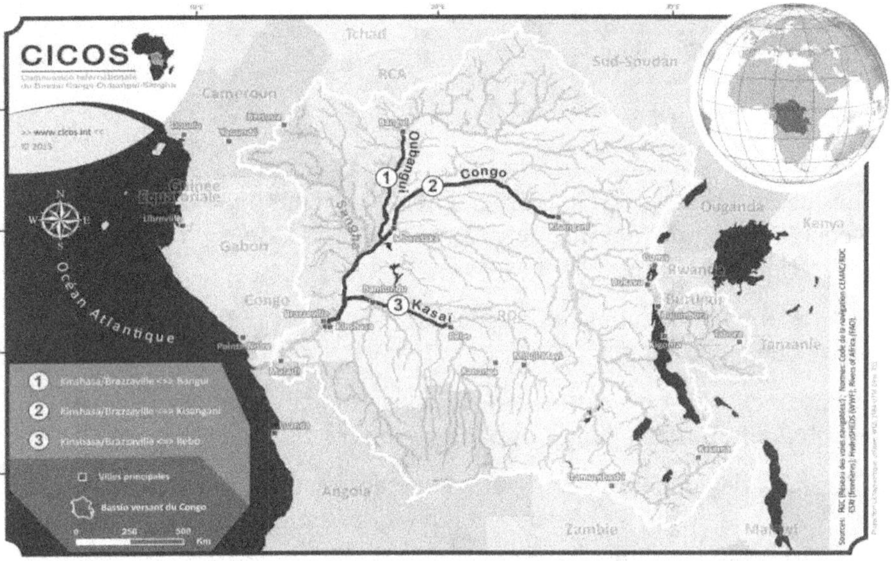

Les trois grands axes navigables dans le Bassin du Congo

Carte disponible en ligne sur :
https://www.arteliagroup.com/fr/offre/nos-domaines-d

III : Accord instituant un régime fluvial uniforme et créant la CICOS

Siège :Immeuble Kilou, 3^{e}étage, Kinshasa-Gombe Rép.Dém. du Congo

E-mail:cicos_inst@yahoo.fr

Les chefs d'Etat et de Gouvernement de la République du Cameroun, de la République centrafricaine, de la République du Congo, de la République démocratique du Congo,

Considérant l'interconnexion naturelle des voies navigables du Bassin Congo- Oubangui-Sangha;

Convaincus de la nécessité de développer au maximum le potentiel des voies d'eau du Bassin Congo-Oubangui-Sangha ;

Désireux de coopérer à cet effet en vue de l'établissement et de la mise en œuvre d'un régime fluvial uniforme du Bassin Congo-Oubangui-Sangha;

Conscients des avantages qu'une telle coopération peut apporter, notamment le développement du trafic, la sécurité de la navigation, l'aménagement et l'assouplissement des conditions d'accès aux infrastructures;

Constatant l'évolution du droit fluvial international dont les principes généraux ont été affirmés dans les instruments juridiques internationaux ci-après :

- Les Actes du Congrès de Vienne ;
- La Convention de Barcelone du 10 mars 1921;
- L'Acte de Berlin du 16 février 1885 tel que modifié par la Convention de St Germain en Laye du 10 septembre 1919 ;
- La Convention des Nations Unies du 13 mars 1997 sur le Droit relatif aux utilisations des cours d'eaux internationaux à des fins autres que la navigation;

Devant la nécessité de substituer aux anciennes règles régissant la navigation, des nouvelles règles plus positives et adaptées ;

Considérant les objectifs de l'OUA visant à intensifier la coopération entre les Etats africains notamment les recommandations du Plan d'action et de l'Acte final de Lagos en vue de la création d'institutions communes et du renforcement de celles déjà existantes ;

Décident d'instituer à cette fin, un régime fluvial uniforme du Bassin Congo-Oubangui-Sangha portant notamment création d'une Commission internationale pour exercer les missions qui lui sont dévolues en vertu du présent Accord.

CHAPITE PREMIER: Définitions et Objet

ARTICLE PREMIER : Définitions

Dans le cadre du présent ACCORD, on entend par:

"Etat contractant", tout Etat partie au présent Accord;

"Etat riverain" : Etat dont tout ou partie du territoire est baignée par une voie d'eau du Bassin Congo-Oubangui-Sangha;

"Autorité compétente" : le ministre de l'Etat du pavillon en charge de la navigation intérieure et les fonctionnaires d'autorité auxquels il a délégué tout ou partie de ses prérogatives,

"Bassin" : l'ensemble des voies d'eau situées sur le territoire des Etats contractants,

"Fleuve" : l'ensemble des cours d'eau;

ARTICLE 2 : Objet

L'accord a pour objet:

a) d'instituer un régime fluvial uniforme de navigation sur la base des principes de liberté et d'égalité de traitement;

b) d'aménager et d'exploiter le fleuve et les cours d'eau du Bassin dans le respect des principes de liberté de navigation, d'égalité de traitement des usagers, du droit de participation équitable et raisonnable aux avantages tirés de l'utilisation durable des eaux;

c) d'instituer à cette fin une Commission internationale du Bassin Congo-Oubangui-Sangha.

CHAPITRE II : Champ d'application

ARTICLE 3:

Le présent Accord s'applique aux voies de navigation du Bassin Congo-Oubangui- Sangha situées sur le territoire des Etats contractants.

Toutefois, pendant une période s'achevant à une date qui sera déterminée par la Commission internationale du Bassin Congo-Oubangui-Sangha, les dispositions du présent Accord ne seront applicables qu'aux voies navigables des Etats contractants énumérées à l'annexe.

A l'issue de cette date, le présent Accord s'appliquera à l'ensemble des voies d'eau intérieures déclarées ouvertes à la navigation internationale par la Commission au fur et à mesure des besoins d'intégration.

CHAPITRE III : Principes fondamentaux

ARTICLE 4: Liberté de navigation

La navigation sur les voies navigables visées à l'article 3 est entièrement libre et ouverte aux bateaux de toutes les nations pour le transport de marchandises et de personnes, directement ou avec transbordement, à condition de se conformer aux dispositions contenues dans le présent Accord, notamment les règlements communs édictés en vue d'assurer la sécurité de la navigation sur le Bassin Congo-Oubangui-Sangha.

Nonobstant les dispositions du paragraphe précédent, les conditions de transport entre deux points situés sur le territoire d'un même Etat contractant par des bâtiments d'un autre Etat contractant sont déterminées par des accords à conclure entre les Etats concernés.

ARTICLE 5: Droits de transport

Les bateaux appartenant à la navigation définis à l'article 3 sont autorisés à effectuer des transports de marchandises et de personnes dans l'ensemble du réseau navigable du Bassin.

Sera considéré comme appartenant aux voies navigables définies à l'article 3, tout bateau ayant le droit de battre pavillon d'un des Etats contractants et pouvant justifier ce droit au moyen d'un document délivré par l'autorité compétente de cet Etat.

Ce document n'est délivré par l'autorité compétente de l'Etat concerné que pour un bateau pour lequel existe avec cet Etat un lien réel. Les conditions de ce lien seront déterminées par la Commission.

Les bâtiments des pays tiers ne sont autorisés à effectuer de tels transports que dans les conditions déterminées par la Commission.

Le traitement national, sous tous rapports, sera accordé aux bâtiments appartenant à la navigation sur le Bassin Congo-Oubangui-Sangha et à leurs cargaisons.

ARTICLE 6 : Droits et taxes de navigation

La navigation sur les voies du Bassin ne peut, du fait de son exercice, être soumise à restriction, impôt ou taxe fiscale, quelle qu'en soit la dénomination ou l'assiette.

Nonobstant les dispositions du paragraphe 1er ci-dessus, la navigation donne lieu au paiement des frais rémunératoires pour prestations fournies aux usagers, notamment des droits, taxes et redevances destinés à couvrir d'une manière équitable et raisonnable les dépenses de construction, de maintien et d'amélioration de la voie navigable et de ses accès, ainsi que de la construction d'ouvrages faits dans l'intérêt de la navigation.

Les frais relatifs aux travaux de dragage, de balisage, de construction, d'entretien et le fonctionnement des routes, chemin de fer, canaux latéraux et ouvrages de jonction sont assimilés à de telles dépenses.

Les droits, taxes et redevances visés au précédent paragraphe seront fixés et rendu publics de manière à ne pas entraver l'exploitation.

L'affectation des droits, taxes et redevances évoqués ci-dessus est commandée par le principe de spécialité de sorte que leurs produits ne puissent être détournés de leur destination pour alimenter les ressources publiques, en particulier.

ARTICLE 7: Obligation d'entretien et d'amélioration des voies navigables

Les Etats contractants s'engagent à entretenir et améliorer les voies navigables situées dans les limites du Bassin Congo-Oubangui-Sangha suivant les conditions fixées par la Commission internationale.

A cet égard, elle peut notamment se référer aux conventions, accords et protocoles conclus entre deux ou plusieurs Etats contractants pour autant qu'ils sont encore en vigueur et ne sont pas abrogés par le présent Accord.

La Commission internationale définit et fixe les conditions générales d'entretien, d'exploitation et de contrôle des travaux des voies navigables.

ARTICLE 8: Travaux et ouvrages

Les Etats contractants veilleront à ce que la navigation ne soit pas entravée par des ouvrages d'art hydrauliques, des établissements flottants, des bacs, des câbles immergés ou aériens.

Les Etats contractants adresseront à la Commission pour communication aux autres Etats contractants, la description de tous ouvrages et travaux susceptibles d'entraver la navigation qu'ils se proposent d'exécuter ou de faire exécuter sur les voies.

Cette communication s'étendra aux questions qui pourraient se poser à l'occasion de l'exécution desdits travaux et du fonctionnement des ouvrages réalisés dans le respect du présent Accord.

ARTICLE 9 : Facilitation

Les Etats s'engagent à éliminer les barrières physiques et non physiques susceptibles d'entraver la fluidité du trafic fluvial.

CHAPITRE IV :

Dispositions particulières au régime des eaux

ARTICLE 10 : Régulation du débit des eaux

Les Etals contractants coopèrent, selon que de besoin, pour répondre à la nécessité ou pour exploiter les possibilités de réguler le débit des eaux des voies navigables communes définies à l'article 3.

A moins qu'il n'en soit convenu autrement, les Etats contractants participent sur une base équitable à la construction et à l'entretien ou au financement des ouvrages de régulation qu'ils ont convenu d'entreprendre.

Aux fins du présent article, le terme "régulation" s'entend de l'utilisation d'ouvrages hydrauliques ou de toute autre mesure employée de façon continue pour modifier, faire varier ou contrôler d'une manière ou d'une autre, le débit des eaux des voies navigables définies à l'article 3.

CHAPITRE V : Dispositions spéciales

ARTICLE 11: Cas d'urgence

Tout Etat contractant informe sans retard et par les moyens les plus rapides disponibles, les autres Etats qui risquent d'être touchés ainsi que la Commission et toutes Organisations internationales concernées de toute situation d'urgence survenant sur les voies navigables définies à l'article 3.

Tout Etat contractant sur le territoire duquel survient une situation d'urgence prend immédiatement, en coopération avec la Commission et les Etats qui risquent d'être touchés ainsi que, le cas échéant, les Organisations internationales concernées, toutes les mesures pratiques possibles que dictent les circonstances pour prévenir, atténuer et éliminer les conséquences dommageables de la situation d'urgence.

En cas de nécessité, la Commission élabore, conjointement avec les Etats concernés, des plans d'urgence pour faire face aux situations d'urgence.

ARTICLE 12 : Mise en œuvre des mesures

Si la mise en œuvre des mesures projetées est d'une extrême urgence pour la protection de la santé ou de la sécurité publique ou d'autres intérêts vitaux, l'Etat qui projette ces mesures peut procéder immédiatement à leur mise en œuvre. L'Etat concerné communiquera à la Commission, dans les meilleurs délais, les éléments justifiant le caractère d'urgence des mesures prises.

ARTICLE 13 : le fleuve et ses dépendances en période de conflits armés

Les voies navigables définies â l'article 3 et les installations, aménagements et autres ouvrages connexes bénéficient de la protection accordée par les règles et principes du droit international applicables aux conflits armés internationaux et non internationaux et ne sont pas utilisés en violation de ces règles et principes.

ARTICLE 14 : Non-discrimination (recours)

Un Etat contractant ne fait pas de discrimination fondée sur la nationalité, le lieu de résidence ou le lieu où le préjudice a été subi dans l'octroi aux victimes, conformément â son droit interne, de l'accès aux procédures juridictionnelles et autres ou bien d'un droit à indemnisation ou autre forme de réparation au titre d'un dommage causé par de telles activités menées sur son territoire.

ARTICLE 15 : Bénéfice de la solidarité

Pour l'application du présent chapitre, les Etats contractants tiennent compte du fait que les avantages consentis dans le présent Accord par chacun des Etats contractants font partie intégrante de l'établissement progressif d'un système de gestion intégrée.

Celui-ci devra tendre vers l'utilisation optimale des eaux des voies navigables définies à l'article 3 et sont de ce fait inséparablement liés à la communauté d'intérêts existants, aux institutions et structures communes créées ainsi qu'â l'octroi des mêmes avantages par tous les autres Etats contractants.

CHAPITREVI : La Commission internationale

Article 16 :

En vue de la réalisation des objectifs énumérés à l'article 2 du présent Accord, les Etats contractants créent une institution inter-Etats dénommée

Commission internationale du Bassin Congo-Oubangui-Sangha en sigle CICOS.

ARTICLE 17:ROLE DE LA COMMISSION

La Commission internationale aura pour missions :

a) Dès sa mise en place

- d'assister les Etats pour la tenue et la mise à jour dans le plus bref délai des registres de recensement des unités opérant sur les voies navigables du Bassin Congo-Oubangui-Sangha (COS);
- de contrôler la mise en application des dispositions du code de la navigation intérieure CEMAC/RDC sur l'immatriculation. Le jaugeage, la signalisation et la délivrance des certificats de navigabilité ainsi que des permis de navigation:
- de définir et faire appliquer des mesures appropriées à prendre pour réduire sinon, éliminer les incidents qui se produisent sur cette route de convergence et de dispatching des trafics internationaux empruntant les voies navigables du COS:
- d'examiner la révision du Protocole tripartite Congo-RCA-RDC relatif à l'entretien par le Service commun d'entretien des voies navigables (SCEVN) et la Régie des voies fluviales (RVF) du tronçon de base du réseau Inter-Etats ;
- d'exécuter l'étude demandée par la deuxième réunion des experts en transport CEMAC/RDC tenue à Kinshasa relative à l'harmonisation des normes et spécifications techniques en matière de construction et réparation navales.

b) à court, moyen
et long termes :
Au plan national

La mission de la Commission sera d'assister chacun des Etats concernés à garantir de la façon la plus efficace l'usage de ses voies de désenclavement.

Au plan du réseau Inter-Etats

Sa mission première consistera â accorder toute son attention au tronçon de base du réseau inter-Etats du Bassin Congo-Oubangui-Sangha.

Par rapport à l'existence de deux chenaux de navigation (un suivant la rive congolaise et l'autre suivant la rive RDC) sur les km 0 à 45 de ce tronçon, la Commission internationale du Bassin Congo-Oubangui-Sangha doit formuler le plus rapidement possible des dispositions concertées et adéquates pour gérer équitablement ce système fluvial face aux déficits soutenus des débits d'étiage enregistrés ces dernières années.

Au plan de l'ensemble du réseau
Inter-Etats du Bassin COS

La Commission internationale interviendra sur:

- les données hydrologiques et hydrographiques lesquelles sont primordiales â la gestion du réseau (entretien et préservation) au développement du réseau;
- la recherche du financement nécessaire à la mise en œuvre du programme commun relatif, la coordination et l'harmonisation des procédés de collecte, de traitement, d'analyse, d'exploitation et de diffusion de ces données;
- le contrôle en étroite collaboration avec les institutions nationales qu'elle assistera dans l'exécution effective des travaux de maintenance du réseau conformément aux normes techniques définies par la classification du réseau telle que fixée par le Code de la navigation intérieure CEMAC/RDC;
- la conception et la réalisation des programmes concertés, de préservation de l'environnement du réseau, notamment par des programmes de lutte contre la jacinthe d'eau et de contrôle de la qualité des eaux ;
- la conception et la négociation d'une politique d'usage adéquat et équilibré des deux axes classiques de désenclavement du réseau du Bassin et étudier les possibilités de diversification, de désenclavement du réseau Inter-Etats pour en assurer une meilleure viabilité.

A long terme au niveau des réseaux de desserte et d'intégration sous-régionale, engager des négociations nécessaires à l'élargissement du réseau inter-Etats afin d'y inclure les deux tronçons de la RDC devant le compléter à savoir :

- Le tronçon allant de Kisangani au confluent du fleuve Congo avec l'Oubangui;
- LetronçondelarivièreKassaïpartantd'llebojusqu'auconfluentdufleuve Congo ;
- Le réseau lacustre de la R.D.C

ARTICLE18 : Les Organes de la Commission

Les Organes de la Commission internationale sont:

- le Comité des ministres;

- Le Comité de direction;

- Le Secrétariat général.

Section 1 : Le Comité des ministres

ARTICLE 19 :

Le Comité des ministres est composé des ministres chargés de la navigation intérieure.

Le Comité des ministres a pour missions de :

a) définir la politique d'aménagement et d'exploitation des cours d'eau du Bassin, b) fixer les grandes orientations de la Commission;

c) approuver le programme du Comité de direction ;

d) adopter le budget et approuver les comptes de la Commission;

e) approuver le règlement financier de la Commission;

f) adopter le règlement intérieur de la Commission;

g) nommer le Secrétaire général,

h) arbitrer les différends entre Etats contractants;

i) examiner et approuver les propositions de révision du présent Accord;

j) interpréter les dispositions du présent Accord.

ARDCLE 20

Le Comité des ministres tient une session ordinaire par an. Des sessions extraordinaires peuvent être convoquées par le Président à la demande d'un Etat.

Institue â titre permanent ou temporaire des Organes de travail nécessaires à sa mission.

ARTICLE21:

La Présidence du Comité est assurée par un ministre pour une période de deux (2) ans à tour de rôle suivant l'ordre alphabétique français des Etats contractants.

Le Président dirige les débats des sessions, il veille à l'exécution des décisions du Comité, et d'une manière générale au bon fonctionnement de la Commission.

ARTICLE 22 :

Les décisions du Comité des ministres sont prises par consensus.

En cas de désaccord persistant, les décisions sont prises à la majorité simple.

ARTICLE 23 :

Le Comité des ministres peut réunir en commission Ad hoc toutes les compétences qu'il juge nécessaires.

ARTICLE24:

Le Comité des ministres peut déléguer certains de ses pouvoirs à son Président ou au Secrétaire général de la Commission.

Section2 : Le Comité de direction

ARTICLE25:

Les délibérations du Comité des Ministres sont préparées par le Comité de Direction. Le Comité de Direction est composé de deux Représentants par Etat dont un responsable de l'administration des transports fluviaux et un représentant des exploitants fluviaux.

Le Comité de Direction ne peut délibérer valablement que si trois (3) Etats au moins sont représentés.

Le Secrétaire Général de la Commission et le Représentant du Secrétaire exécutif de la CEMAC prennent par taux réunions du Comité de direction, sans voix délibérative.

Le Comité de direction examine et donne des avis sur les propositions inscrites à L'ordre du jour du Comité des ministres. Il examine le rapport d'activité du Secrétaire général.

Le Comité de direction examine toutes les plaintes et le règlement des procédures auxquelles donne lieu le présent Accord. Un règlement de procédure de plainte définira les conditions de recevabilité des plaintes.

Le Comité de direction est présidé par le représentant de l'Etat contractant qui assure la présidence du Comité des ministres.

Section3 : L'Organe exécutif: le Secrétariat Général

ARTICLE 26:

Le Secrétariat général est dirigé par un Secrétaire général nommé par le Comité des ministres.

ARTICLE27: Attributions du Secrétaire Général

Le Secrétaire général a pour attributions de :

a) veiller à la bonne application du présent Accord;

b) élaborer les règlements communs destinés à assurer la sécurité de la navigation et d'assurer la protection de l'environnement;

c) promouvoir, favoriser et soutenir la coopération et la coordination des activités et projets d'intérêts communs du développement durable, d'utilisation, de conservation des voies navigables de ce Bassin;

d) établir des programmes d'assistance financière et technique et si nécessaire inviter les donateurs à coordonner leur soutien au sein d'un groupe consultatif de donateurs ;

e) coordonner les travaux d'aménagement et d'entretien ;

f) assurer la mise en œuvre de l'ouverture à la navigation internationale des voies d'eau intérieures au fur et à mesure des besoins d'intégration ;

g) établir des relations avec toute Organisation privée ou publique, de caractère national ou international en vue de l'accomplissement de sa mission;

h) préparer et soumettre le projet de budget au Comité de direction et au Comité des ministres ;

i) exécuter le budget de la Commission ;

j) établir un rapport annuel sur le fonctionnement de la Commission qu'il soumet, assorti de l'avis du Comité de direction au Comité des ministres;

k) assurer la diffusion de toutes informations et données relatives à la gestion et l'exploitation du Bassin;

l) proposer à l'adoption du Comité des ministres l'organigramme des services du Secrétariat général;

m) nommer les Directeurs après avis du Comité de direction;

n) recruter et nommer aux autres emplois dans la limite des postes budgétaires ouverts.

Chapitre VII: Finances et Ressources de la commission

ARTICLE 28 :-

Les ressources de la Commission proviennent des contributions des Etats contractants, des recettes des activités propres, des emprunts, dons et legs.

Le Comité des ministres adopte une formule pour déterminer les quotités des contributions des Etats contractants.

Le Comité des ministres peut adopter des budgets supplémentaires en vue de pourvoir aux dépenses extraordinaires de la Commission.

Tout Etat contractant qui ne remplit pas ses obligations financières vis à vis de la Commission dans un délai d'un an à partir de la date à laquelle elles sont exigibles perd son droit de vote.

Chapitre VIII : Dispositions diverses et finales

ARTICLE 29: Siège de la Commission

Le siège de la Commission est établi Kinshasa en République démocratique du Congo et peut être transféré dans tout autre Etat contractant sur décision du Comité des ministres.

Le pays du siège mettra à la disposition de la Commission des locaux, Siège de la Commission et logement du Secrétaire Général, nécessaires au fonctionnement de celle-ci.

Commission de tous droits de douanes sur les objets importés et destinés à son fonctionnement.

Les Organes de la Commission peuvent se réunir en tout autre lieu que le siège.

ARTICLE 30 : Langue

La langue de travail de la Commission est le français.

ARTICLE 31 : Statut, privilèges et immunités

La Commission est une personne morale jouissant de la personnalité juridique internationale et des privilèges et immunités qui lui sont reconnus sur le territoire de chacun des Etats membres. La Commission et ses fonctionnaires jouissent sur le territoire de chacun des Etats membres, parties contractantes, des privilèges, immunités et franchises établies dans la Convention sur les privilèges et immunités des Nations Unies.

Le Secrétaire général conclut un accord de siège avec le Gouvernement de l'Etat contractant sur le territoire duquel est établi le siège de la Commission.

ARTICLE 32 : Amendement

Toute proposition d'amendement au présent Accord est adressée par écrit au Secrétaire général, qui la transmet aux Etats contractants dans les trente (30) jours de sa réception.

Les observations sur les propositions d'amendement sont adressées au Secrétaire général dans les trente (30) jours qui suivent.

A l'expiration de ce délai, le Secrétaire général soumet au Comité des ministres, les propositions d'amendement ainsi que les commentaires y relatifs.

Tout amendement au présent Accord est adopté par le Comité des ministres avant son entrée en vigueur.

ARTICLE 33 : Adhésion

Tout Etat membre de 1a région de l'Afrique centrale telle que définie par la Résolution 461 du Conseil des ministres de l'OUA peut adhérer au présent Accord.

Cette adhésion prend effet le 1er jour du mois suivant l'accomplissement des formalités constitutionnelles de l'Etat concerné.

Il peut être conclu entre1a Commission et un ou plusieurs Etats non parties prenantes des accords de coopération ou des accords concernant des domaines particuliers dont les dispositions sont arrêtées par le Comité des ministres.

ARTICLE 34 : L'annexe au présent Accord fait partie intégrante de ce dernier.

ARTICLE 35 : Entrée en vigueur

Le présent Accord entre en vigueur après ratification par au moins trois Etats contractants.

A Brazzaville, le 06 novembre 1999

IV : Additif à l'Accord instituant un régime fluvial uniforme et créant la CICOS, signé à Kinshasa (RDC), le 22 février 2007.

PREAMBULE

Les chefs d'Etat :

- de la République du Cameroun
- de la République centrafricaine
- de la République du Congo
- de la République démocratique du Congo

Vu la Charte de l'Organisation des Nations Unies du 26 juin 1945 ;

Vu le Traité instituant l'Union africaine du 11 juillet 2000 ;

Vu le Traité instituant la Communauté économique et monétaire de l'Afrique centrale signé le 16 mars 1994 et son additif en date du 5 juillet 1996 ;

Vu le Traité créant la Communauté économique des Etats de l'Afrique centrale signé à Brazzaville en 1983 ;

Vu l'Accord instituant un Régime fluvial uniforme et créant la Commission internationale du Bassin Congo-Oubangui-Sangha du 6 novembre 1999 ;

Vu les recommandations de l'Agenda 21 des Nations Unies, adopté en 1992, en son chapitre 18 notamment à l'application d'approches intégrées de mise en valeur, de gestion et d'utilisation des ressources en eau ;

- Soucieux de renforcer la coopération entre les Etats riverains du fleuve Congo et ses affluents et les peuples de la sous-région dans l'esprit de bon voisinage présidant à leurs relations ;

- Conscients de la nécessité du respect des principes généraux du droit de l'eau résultant du droit international qui ont inspiré le statut juridique des cours d'eau internationaux, et notamment la Convention des Nations Unies sur le droit relatif aux utilisations des cours d'eaux internationaux à des fins autres que la navigation du 21 mai 1997 ;

- Soucieux de la réalisation des Objectifs du millénaire pour le développement, notamment ceux relatifs à l'accès à l'eau potable et à l'assainissement ;

- Désireux de contribuer à la réalisation des objectifs du Nouveau partenariat pour le développement de l'Afrique ;

- Déterminés à mettre fin conjointement aux pratiques de gestion de l'eau susceptibles de causer un préjudice aux Etats ;

- Conscients de la baisse constante du niveau des eaux engendrée par les effets combinés des variations climatiques et des prélèvements, et préoccupés par l'érosion hydrique dans le bassin et par la sédimentation qui en résulte dans les cours d'eau ;

- Conscients également de l'importance des fonctions que remplissent les ressources en eau douce aux plans économique, social et environnemental et convaincus que le fleuve Congo et ses affluents constituent une base de ressource essentielle au développement durable des pays riverains, qui doit être gérée en la considérant comme un ensemble et en tenant compte du cycle de l'eau, des besoins sectoriels et multisectoriels, et de la vulnérabilité des zones humides et des écosystèmes aquatiques qui en dépendent ;

- Considérant l'accroissement des besoins en eau ainsi que la multiplicité et la diversité des usages, fonctions et rôles de l'eau

- Rappelant les principes et recommandations relatifs à l'environnement adoptés par la Conférence des Nations Unies pour l'environnement et le développement tenue à Rio de Janeiro en 1992 et réaffirmés par le Sommet mondial sur le développement durable de Johannesburg en 2002 ;

- Désireux de promouvoir la gestion intégrée des ressources en eau garante d'une politique d'utilisation optimale et durable de la ressource ;

- Désireux de donner un cadre à la fois durable et évolutif à la communauté des intérêts entre les Etats riverains du fleuve Congo et ses affluents et de garantir à chaque Etat et à chaque usager du fleuve et de ses affluents un avantage raisonnable et équitable de l'utilisation des eaux, conformément aux principes régissant le droit des eaux partagées ;

- Satisfaits de l'œuvre institutionnelle accomplie à ce jour par la Commission internationale du bassin Congo-Oubangui -Sangha ;

- S'appuyant sur les conclusions de la Conférence des chefs d'Etat et de Gouvernement de la Communauté économique des Etats de l'Afrique centrale réunis à Brazzaville le 7 juin 2005 ;

SONT CONVENUS DE CE QUI SUIT :

TITRE 1 DEFINITIONS :

Article Premier : Aux fins du présent Additif, on entend par :

1° « Accord » : L'Accord Instituant un Régime fluvial uniforme et créant la Commission internationale du Bassin Congo-Oubangui-Sangha ;

2° « Affluent » : tout affluent du fleuve Congo ainsi que ses cours d'eau et plans d'eau tributaires ;

3 « Bassin hydrographique du fleuve » : le fleuve Congo, ses affluents, ses défluents et les dépressions associées ;

4° « Besoins en eau » : les quantités de la ressource dont doivent disposer les utilisateurs, pour leur subsistance ou pour l'exercice de leurs activités domestiques ou économiques ;

5° « Commission » : la Commission internationale du Bassin Congo-Oubangui-Sangha » ;

6° « Comité des Ministres» : le Comité des ministres de la Commission internationale du Bassin Congo-Oubangui-Sangha ;

7° « Comité de direction » : le Comité de direction de la Commission internationale du Bassin Congo-Oubangui-Sangha ;

8° « Eaux partagées » : les eaux du fleuve et de ses affluents partagées par au moins deux Etats riverains ;

9° « Eaux souterraines » : les eaux contenues dans les formations géologiques perméables du fait de leur porosité et/ou de leur fissuration, et dont le renouvellement total et/ou partiel est lié au régime hydrologique du fleuve et de ses affluents ;

10° « Fleuve » : le fleuve Congo ;

11° « Navigabilité » : les conditions hydrologiques de la navigation, en particulier l'existence ou non d'un tirant d'eau suffisant pour la navigation ;

12° « Pollution » : l'introduction directe ou indirecte par l'homme de substances dans le fleuve et ses affluents, lorsqu'elle a, ou peut avoir, des effets nuisibles, tels que des dommages aux ressources naturelles, des atteintes à la diversité biologique, des risques pour la santé humaine, des entraves aux activités dans le fleuve, et plus généralement une diminution de la quantité d'eau disponible ou une dégradation de sa qualité pouvant compromettre son utilisation ;

13° « Ressources en eau » : la totalité des eaux de surface et souterraines disponibles dans le territoire de compétence de la Commission ;

14° « Secrétariat général» : le Secrétariat général de la Commission internationale du Bassin Congo-Oubangui-Sangha ;

15° « Territoire de compétence de la Commission » : l'ensemble des parties du bassin hydrographique du fleuve situées sur les territoires des Etats contractants ;

16° « Usages domestiques » : les prélèvements ou les rejets ayant pour objet la satisfaction des besoins des personnes physiques et limités aux quantités nécessaires à l'alimentation, à l'assainissement et aux productions animales ou végétales destinées à l'usage familial ;

17° « Utilisation durable et équitable » : l'utilisation et l'accès par chacun à une eau de qualité convenable et en quantités adéquates sans affaiblissement des écosystèmes vitaux et sans compromettre son utilisation par les générations futures.

TITRE II : OBJET ET CHAMP D'APPLICATION :

Article 2 : Le présent Additif a pour objet de promouvoir la gestion intégrée des ressources en eau sur le territoire de compétence de la Commission :

- en fixant les principes et les modalités d'utilisation des eaux du fleuve et de ses affluents entre les différents secteurs d'utilisation ;

- en définissant les modalités d'examen et d'approbation de nouveaux projets susceptibles d'affecter la quantité et la qualité de l'eau ;

- en déterminant les règles relatives à la préservation et à la protection de l'environnement, particulièrement en ce qui concerne la faune et la flore des écosystèmes aquatiques, des zones humides et des écosystèmes terrestres qui en dépendent ;

- en définissant le cadre et les modalités de participation des utilisateurs de l'eau dans la prise des décisions de gestion des ressources en eau du bassin du fleuve et de ses affluents ;

- en renforçant la coopération dans tous les domaines du développement durable par l'utilisation, la gestion et la conservation de l'eau et des ressources du fleuve et de ses affluents, par l'optimisation des différents usages de l'eau et des avantages réciproques qu'en tirent les Etats contractants afin de réduire au minimum les effets négatifs qui pourraient résulter de la concurrence désordonnée entre les Etats.

Article 3 : Le présent Additif s'applique sur le territoire de compétence de la Commission tel que défini à l'article 1er, n° 15.

TITRE III : PRINCIPES ET MODALITES D'UTILISATION DES EAUX

Article 4 : Chaque Etat contractant, ainsi que les personnes se trouvant sur son territoire, sont autorisés à utiliser les eaux du fleuve et de ses affluents, en se conformant aux principes et modalités définis par le présent Additif.

Les modalités d'utilisation des eaux sont fondées sur les principes suivants qui visent à assurer aux populations des Etats contractants la pleine jouissance de la ressource dans la perspective d'un développement durable, dans le respect de l'environnement et en veillant à la sécurité des personnes et des ouvrages, ainsi que du droit fondamental de l'Homme à une eau saine en quantité suffisante :

- l'obligation de garantir la gestion équilibrée et durable des ressources en eau ;

- l'utilisation équitable et rationnelle des eaux du fleuve et de ses affluents, ainsi que des ressources naturelles qui en dépendent ;

- le traitement équitable des usagers ;

- l'obligation d'impliquer toutes les parties concernées dans la gestion des ressources en eau et la prise des décisions.

- la nécessité de prévenir les conflits entre Etats et l'obligation de négocier en cas de conflit ;

- l'obligation de préserver l'environnement ainsi que d'assurer la pérennité des équilibres écologiques et des processus hydrologiques naturels ;

- l'obligation pour chaque Etat contractant d'informer les autres Etats avant d'entreprendre toute action ou tout projet qui pourrait avoir un impact significatif sur la disponibilité de l'eau et/ou la possibilité de mettre en œuvre des projets futurs ;

- le principe pollueur-payeur ;

- le principe utilisateur-payeur limité aux utilisations de l'eau à des fins économiques.

Article 5 : L'utilisation des ressources en eau par les Etats contractants doit tenir compte de leur disponibilité et se fonder sur les éléments suivants :

1. La coopération sous-régionale qui s'attache entre autres :

- à la sécurité et à l'amélioration des revenus des populations ;

- à la préservation et à l'utilisation durable des zones humides et des ressources naturelles qui en dépendent ;

- à la lutte contre l'exode rural ;

- à la réduction de la pauvreté et à la sécurité alimentaire ;

- au développement quantitatif et qualitatif de la production énergétique ;

- au maintien et à l'amélioration de la navigabilité ;

- au développement intégré grâce aux infrastructures réalisées en commun.

2. La gestion intégrée des ressources en eau qui consiste à prendre en considération ensemble et à concilier entre elles les différentes utilisations et fonctions physiologiques, socioculturelles, économiques, environnementales de l'eau, ainsi que ses éventuels effets négatifs sur les personnes, les biens ou l'environnement, afin d'assurer une utilisation équilibrée, une répartition équitable et une exploitation durable de la ressource disponible.

Article 6 : Les modalités d'utilisation des eaux doivent tenir compte en priorité :

- du traitement équitable des usagers, qu'il s'agisse des Etats ou des personnes physiques ou morales sous leur juridiction ;

- de la satisfaction des besoins vitaux des personnes et des autres êtres vivants ;

- de la sécurité des personnes.

Elles doivent également tenir compte des éléments suivants :

- la connaissance de la ressource et l'accès à l'information sur son état ;

- les caractéristiques des ouvrages nécessaires à la mobilisation des ressources en eau : prélèvement, captage, dérivation, endiguement, retenue ;

- le partage de l'information sur les régimes du fleuve et de ses affluents ;

- la sécurité des ouvrages ;

- la préservation des zones humides en réservant à celles-ci une eau de qualité et en quantité suffisante nécessaire à leur bon fonctionnement hydrologique ;

- la protection des zones de recharge et de captage des eaux souterraines ;

- les impératifs de la production agricole, de l'élevage, de la pêche et de l'aquaculture ;

- les impératifs de la production hydroélectrique ;

- les impératifs de la production industrielle ;

- la liberté de navigation ;

- la liberté de jouissance des plans d'eau et des cours d'eau à des fins récréatives ou sportives ;

- les autres activités exercées dans le strict respect de la réglementation en vigueur dans les pays contractants.

Et plus généralement, tout autre élément justifiant ou limitant l'utilisation de l'eau en tout point du territoire de compétence de la Commission.

Article 7 : Les modalités d'utilisation des eaux s'apprécient en fonction de la situation de la disponibilité de la ressource :

- la situation normale correspondant à la satisfaction de tous les besoins ;

- la situation d'urgence correspondant aux inondations ou autres catastrophes naturelles ou accidentelles ;

- la situation de pénurie, correspondant à une période d'indisponibilité de la ressource, totale ou partielle, générale ou localisée, pour des raisons naturelles ou accidentelles non-imputables aux conditions de gestion des ressources en eau.

Dans les deux derniers cas, la Commission est saisie sans délai par l'Etat qui subit cette situation. Toutefois, si un Etat est amené à prendre des mesures d'urgence de manière unilatérale, il en tiendra immédiatement informés les autres Etats et la Commission.

Article 8 : L'usage de l'eau vise à satisfaire de manière équitable, équilibrée et durable :

- les besoins en eau potable ;

- les besoins de l'assainissement ;

- les besoins en eau pour le bon fonctionnement hydrologique des zones humides et pour la préservation des écosystèmes ;

- les besoins en eau pour l'agriculture, la sylviculture, l'élevage, la pêche et la pisciculture ;

- les besoins en eau pour l'industrie ;

- les besoins en eau pour la production d'énergie ;

- les besoins en eau pour la navigation ;

- les besoins en eau pour les activités sportives, les activités récréatives, le tourisme et l'aménité des paysages ;

- et plus généralement les besoins en eau pour toutes autres activités légalement exercées.

Article 9 : Les Etats contractants, sur proposition de la Commission, déterminent les priorités entre les demandes en eau des différents utilisateurs, en fonction de leurs besoins et en fonction de la disponibilité de la ressource, en tenant compte du bon fonctionnement hydrologique des zones humides et de la préservation des écosystèmes.

Aucun usager ne bénéficie d'emblée d'une priorité par rapport aux autres, conformément aux principes de la gestion intégrée des ressources en eau et à ceux du droit international.

Toutefois, en cas de situation de pénurie, la priorité sera accordée à l'approvisionnement en eau potable pour les besoins domestiques, l'élevage, et à la préservation des écosystèmes aquatiques.

Article 10 : Sont soumis à autorisation préalable ou à déclaration les aménagements hydrauliques et, d'une manière générale, les installations, ouvrages, travaux et activités réalisés par toute personne physique ou morale, publique ou privée, et entraînant, selon le cas :

- des prélèvements d'eau superficielle ou souterraine, restitués ou non ;

- une modification des régimes hydrauliques ;

- des déversements, écoulements, rejets ou dépôts directs ou indirects, chroniques ou épisodiques, mêmes non polluants.

Les installations, ouvrages, travaux et activités visés au premier alinéa du présent article sont soumis à autorisation ou à déclaration suivant leur nature, leur localisation, leur importance ou la gravité de leurs effets sur la ressource en eau et les écosystèmes aquatiques.

En dérogation au régime général d'autorisation ou de déclaration, les usages domestiques de l'eau sont libres. Sont considérés comme usages domestiques ceux correspondant à des prélèvements quotidiens inférieurs à un seuil fixé par décision du Comité des ministres sur proposition du Secrétariat général de la Commission.

Les autorités exerçant les pouvoirs de police et d'administration de l'eau au sein de chaque Etat contractant ont obligation de transmettre les autorisations et les déclarations à la Commission.

Une nomenclature des installations, ouvrages, travaux ou aménagements soumis selon le cas à autorisation ou à déclaration est élaborée par le Secrétariat général de la Commission en tenant compte des scénarii de leur construction et de leur exploitation. Elle est approuvée par décision du Comité des ministres.

Article 11 : L'instruction des dossiers de demande d'autorisation, leur délivrance, ainsi que l'enregistrement des déclarations, sont de la compétence des Etats contractants.

Toutefois, les projets susceptibles d'avoir des impacts significatifs sur les eaux partagées, visés à l'article 19, et définis dans la nomenclature prévue à l'article 10 ci-dessus, doivent faire l'objet d'un avis de la Commission et/ou d'une consultation des autres Etats contractants avant leur autorisation.

L'instruction des demandes d'autorisation doit tenir compte des grandes orientations d'aménagement et de gestion des eaux figurant dans les documents guides approuvés par le Comité de ministres sur proposition du Secrétariat général.

L'autorisation est accordée sous réserve des droits des tiers et des droits antérieurement exercés. Elle peut être retirée dans les mêmes formes pour les motifs d'intérêt public ou en cas de non-exécution et de non-respect des règles en matière de protection de l'environnement.

Les Etats contractants transmettent au Secrétariat général les informations relatives aux autorisations délivrées et aux déclarations reçues.

Article 12 : Les demandes d'autorisation relatives à la construction des futurs barrages et autres ouvrages hydrauliques doivent comporter des scénarii de gestion sous forme de manuels de gestion établis à cet effet par le pétitionnaire. Ces manuels fixent les consignes à respecter pour chaque usage et, le cas échéant, l'ordre de certaines priorités techniques.

Article 13 : Les Etats contractants et la Commission veillent à ce que les informations relatives à l'état des eaux du fleuve et de ses affluents soient rendues accessibles au public.

A cette fin, la Commission prépare et édite périodiquement un rapport sur l'état des ressources en eau dans son territoire de compétence.

TITRE IV PROTECTION ET PRESERVATION DE L'ENVIRONNEMENT

Article 14 : Les Etats contractants protègent les écosystèmes riverains du fleuve et de ses affluents, et gèrent la ressource dans le respect des équilibres naturels, notamment ceux des zones humides, en utilisant conjointement leurs législations et réglementations nationales et, en cas de besoin, les instruments réglementaires à la disposition de la Commission.

Les Etats contractants s'engagent à réglementer toute action de nature à modifier de manière sensible les caractéristiques du régime du fleuve, de ses affluents et autres zones humides associées, l'état sanitaire des eaux, les caractéristiques et la diversité biologiques de sa faune et de sa flore et, de manière générale, son environnement.

A cet effet, ils prennent les dispositions de nature à prévenir, réduire ou maîtriser les événements ou conditions résultant des causes naturelles ou d'activités humaines qui risquent de causer un dommage aux autres États contractants, à l' environnement du fleuve, à la santé ou à la sécurité de l'Homme.

A ce titre, les Etats contractants se concertent afin de prévenir l'introduction d'espèces étrangères ou nouvelles, de plantes ou d'animaux, susceptibles de modifier les écosystèmes, et afin de combattre les effets négatifs de telles introductions lorsqu'elles se sont déjà produites.

Par conséquent, les Etats contractants :

- établissent conjointement la liste des substances dont la présence dans les eaux du fleuve et de ses affluents doit être surveillée, limitée ou interdite ;

- définissent conjointement des objectifs et critères communs concernant la qualité de l'eau en fonction des utilisations qui en sont faites ;

- œuvrent de concert afin de mettre au point des techniques et d'instaurer des pratiques efficaces d'économie d'eau et de lutte contre les pollutions ponctuelles ou diffuses ;

- travaillent à l'harmonisation des législations nationales relatives à l'eau et à l'environnement dans le territoire de compétence de la Commission.

Article 15 : En complément des dispositions de l'article 14 ci-dessus, le Comité des ministres, sur proposition du Secrétariat général, et après avis du Comité de direction, adopte un schéma directeur d'aménagement et de gestion des eaux.

Ce document fixe en particulier les conditions dans lesquelles la Commission :

- collecte, centralise et diffuse les données du suivi des ressources en eau réalisé par les Etats contractants, tant sur le plan quantitatif que qualitatif ;

- effectue un recensement cartographique des zones de recharge des eaux souterraines, afin de les inventorier, de délimiter les zones d'alimentation et de captage, et de connaître leurs interactions avec les eaux de surface ;

- recommande aux Etats contractants des mesures de limitation ou de suspension provisoire de certains usages de l'eau, pour faire face à des situations de pénurie, de risque ou de catastrophe naturelle ;

- édicte, dans le respect de l'équilibre général des droits et obligations résultant du présent Additif et des diverses autorisations accordées, des prescriptions spéciales applicables aux installations, activités et pratiques des usagers, ainsi que les conditions dans lesquelles peuvent être contrôlées, suspendues, limitées ou interdites certaines utilisations de l'eau ;

- met en place les procédures nécessaires à l'identification et à l'évaluation des sources de pollution, des milieux de diffusion et à la surveillance des rejets.

En complément aux règles édictées ci-dessus, les Etats contractants pourront adopter conjointement d'autres dispositions déterminant en particulier les conditions dans lesquelles les règles de police des eaux en vigueur sur leurs territoires respectifs sont applicables aux eaux partagées.

Article 16 : Les Etats appliquent le principe pollueur-payeur et le principe utilisateur-payeur aux personnes physiques et morales, publiques ou privées.

Ils s'engagent à mettre en place un cadre fiscal incitatif et dissuasif visant d'une part à encourager les opérateurs économiques qui utilisent la ressource en la préservant et, d'autre part, à faire contribuer financièrement les opérateurs économiques qui participent à sa dégradation.

A cet effet, des taxes et redevances sont instituées par les Etats à l'encontre des pollueurs et des utilisateurs de l'eau à des fins économiques. Le produit de ces taxes et redevances est affecté en priorité au financement de la gestion et de la protection des ressources en eau.

Nonobstant l'application du principe pollueur-payeur, la violation par un Etat de ses obligations internationales en matière de pollution engage sa responsabilité conformément aux règles du droit international.

TITRE V : DISPOSITIONS INSTITTUTIONNELLES

Article 17 : En complément des dispositions de l'article 19 de l'Accord, les ministres en charge de la gestion des ressources en eau des Etats contractants sont membres de droit du Comité des ministres.

Article 18 : Nonobstant les dispositions des articles 21 et 25 de l'Accord, celles relatives à la présidence du Comité des ministres et à la composition du Comité des directions s'entendent comme suit :

1°) la Présidence du Comité des ministres est assurée à tour de rôle par un ministre pour une période de un (1) an suivant l'ordre alphabétique français des Etats contractants ;

2°) la représentation au Comité des directions des Etats est élargie d'un représentant des administrations chargées de la gestion des ressources en eau par pays ;

3°) le statut d'observateur auprès du Comité des directions est accordé aux entités des Etats membres et aux Organisations internationales et/ou régionales en charge de l'intégration régionale et de la gestion des ressources en eau.

TITRE VI : MODALITES D'EXAMEN ET D'APPROBATION DES GRANDS PROJETS

Article 19 : Conformément aux dispositions de l'article 8 de l'Accord, relatif aux travaux et ouvrages, aucun projet susceptible de modifier de manière significative les caractéristiques des eaux partagées : régime, navigabilité, exploitabilité, qualité, état sanitaire, diversité biologique ne peut être exécuté sans avoir été au préalable approuvé par les Etats contractants.

Une obligation d'information et de consultation réciproque lie les parties, concernant les impacts éventuels de ces projets.

A cette fin, les projets soumis à autorisation selon la nomenclature visée à l'article 10 sont classés en trois catégories :

1°) les projets susceptibles d'avoir des impacts significatifs sur deux ou plusieurs Etats contractants ;

2°) les projets n'ayant pas d'impacts significatifs hors du territoire du pays contractant qui les autorise ;

3°) les projets dérogatoires.

Il est fait obligation, avant leur exécution, de notifier les projets de première catégorie aux Etats contractants, par l'intermédiaire du Secrétariat général. La notification doit se faire en temps utile et être accompagnée de toutes les données techniques nécessaires à l'évaluation du projet, notamment les rapports d'études d'impact sur l'environnement. Un délai de trois mois est accordé aux Etats contractants pour donner leur avis motivé en réponse à la notification.

L'absence de réponse vaut approbation.

Les projets dérogatoires sont définis par une décision du Comité des ministres qui fixe les conditions qu'ils doivent remplir pour justifier leur caractère d'urgence. Ils font l'objet d'une déclaration formelle de l'Etat demandeur auprès de la Commission.

TITRE VII : DISPOSITIONS FINALES

Article 20 : Les dispositions du présent Additif s'appliquent à titre supplétif à l'Accord et à tout ce que les législations nationales ne prévoient pas.

Article 21 : En application des dispositions des articles 33 et 35 de l'Accord, le présent Additif entrera en vigueur après sa signature et sa ratification dans les mêmes conditions que l'Accord.

Article 22 : Le présent Additif peut être amendé dans les mêmes conditions que l'Accord, telles que définies en son article 32.

Article 23 : Tout différend qui pourrait surgir entre deux ou plusieurs Etats contractants relevant de l'interprétation ou de l'application du présent Additif sera réglé à l'amiable.

En cas de désaccord persistant, il sera fait appel à la juridiction internationale compétente.

Fait à Kinshasa, le 22 février 2007

Le Président de la République du Cameroun

Le Président de la République centrafricaine

Le Président de la République du Congo

Le Président de la République démocratique du Congo

(Source:http://www.cicos.info/siteweb/fileadmin/documents/Accords/Additi f_a_l_Accord_Instituant_un_Regime_Fluvial_Uniforme_et_creant_la_CICOS.pdf

BIBLIOGRAPHIE

I- LES OUVRAGES GENERAUX

1. BELANGER Michel, *Droit international public*. Corrigés d'examens, 5e édition, LGDJ, Paris, 2000, 210 pages ;
2. COLLIARD C.A. et MANIN A., *Droit international et histoire diplomatique,* Tome Ier, Montchretien, 1971, 429 pages ;
3. COMBACAU (J.), et SUR (S.), *Droit international public*, 2e éd. Montchretien, Paris, 1995, 827 pages ;
4. DUPUY (P.M.) et KERBRAT (Y.), *Droit international public*, 11e Dalloz, Paris, 2012, 929 pages ;
5. GROTIUS Hugo, *Le droit de la guerre et de la paix,* 2e édition Puf, Paris, 2012, 868 pages ;
6. PELLET Alain, DAILLIER Patrick et FORTEAU Mathias, *Droit international public,* 8e éd. LGDJ, Paris, 2009 ;
7. TOURME-JOUANNET Emmanuelle, *Le droit international*, 1ere éd. PUF, Paris, 2013, QSJ, No3966, 126 pages ;
8. ZARKA Jean-Claude, *Droit international public*, 3e éd. Ellipses, Paris, 2015, 192 pages ;

II- LES OUVRAGES SPECIAUX

1. ABRAHAM Ronny, *Droit international, droit communautaire et droit interne,* Hachette, Paris, 1989, 223 pages ;
2. ADANDE Alexis B.A. (Dir), *Intégration régionale, démocratie et panafricanisme.* Paradigmes anciens, nouveaux défis, éd. CODESRIA, Dakar, 2007, 160 pages ;
3. AMIRANTE Dominique et autres, *Pour un droit commun de l'environnement*, Mélanges en l'honneur de Michel PRIEUR, Dalloz, Paris, 2007, 1740 pages ;
4. ASSOULINE Jeanine et ASSOULINE Samuel, *Géopolitique de l'eau*, éd. Surarma, 2012, 224 pages ;
5. BALLENEGER Jacques, *La pollution en droit international,* éd. Droz, Genève, Paris, 1975, 268 pages ;
6. BASTID Suzanne (Dir.), *Les agents internationaux*, Actes du Colloque, d'Aix-en-Provence, du 24-26 mai1985, éd. A. Pedone, Paris, 1985 ; 435 pages ;
7. BECK Corinne, LUGINBUHL Yves et MUXART Tatiana (Dirs.), *Temps et espaces des crises de l'environnement*, éd. Quae, Paris, 2006, 410 pages ;

8. BELAÏDI Nadia, *La lutte contre les atteintes globales à l'environnement : vers un ordre public écologique ?*, éd. Bruylant, Bruxelles, 2008, 498 pages ;
9. BOBBIO Norberto, *Essais de théorie du droit,* L.G.D.J, Paris, 1998, (traduit par Michel GUERET et Christophe AGOSTINI), 289 pages ;
10. BOETSCH Gilles et CORTOT Hervé (Dirs.), *L'homme et l'eau en milieu montagnard*, éd. Des Hautes Alpes, Paris, 2006, 239 pages ;
11. BOINET Edouard, *Hydro politique du fleuve Sénégal, limites et perspectives d'un modèle de coopération*, L'Harmattan, Paris, 2012, 108 pages ;
12. BONNEFOI Christine-Marie, *Droit européen de l'environnement*, éd. Belfond, Paris, 1993, 270 pages ;
13. BRUNEL Sylvie, *Le développement durable*, 5e édition, Puf, Paris, 2015, 127 pages ;
14. CHARBONNEAU Simon, *Droit communautaire de l'environnement,* L'harmattan, Paris, 2002, 353 pages ;
15. CHARDEAUX Marie-Alice, *Les choses communes*, LGDJ, Paris, 2006, 487 pages ;
16. CHEMILLIER-GENDREAU Monique, *Humanité et souverainetés : essai sur la fonction du droit international*, édition La découverte, Paris, 1995, 382 pages ;
17. CONAC Françoise (dir.), *Barrages internationaux et coopération,* Karthala, Paris, 1996, 377 pages ;
18. De DREUX-BREZE Joachim, *L'Accession à l'indépendance de l'Afrique équatoriale française : union ou éclatement*, L'Harmattan, Paris, 2010, 212 pages ;
19. DE RAULIN Arnaud et SAAD Georges (dir.), *Droits fondamentaux et droit de l'environnement*, L'Harmattan, Paris, 2010, 288 pages ;
20. DROBENKO Bernard (Dir.), *Vers une stratégie de gestion durable des fleuves*, Les Cahiers du CRIDEAU, No8, éd. Pulim, Limoges, 2003, 168 pages ;
21. DROBENKO Bernard, *Droit de l'eau*, Gualino éditeur, Paris, 2007, 330 pages ;
22. DUBOIS Colette, MICHEL Marc et SOUMILLE Pierre, *Les frontières plurielles : frontières conflictuelles en Afrique subsaharienne*, l'Harmattan, Paris, 2000, 460 pages ;
23. EDWIN ZACAI et Jean Noël MISSA, *Le principe de précaution : signification et conséquences,* édition de l'Université de Bruxelles, 2000, 234 pages ;
24. EWANGUE Jean-Lucien, (Dir.), *Enjeux géopolitique en Afrique centrale*, L'Harmattan, Paris, 2009, 426 pages ;
25. GHERARI Habib et BELAOUNE-GHERARI Sylvie, *Les organisations régionales africaines, recueil des textes et documents*,

Ministère de la coopération et du développement, Documentation Française, Paris, 1995, 472 pages ;

26. GNIMPIEBA TONNANG Edouard, *L'ordre juridique communautaire de la CEMAC*, L'Harmattan, Paris, 2016, 241 pages ;
27. GRANIER Laurent (Coord.), *Les aspects contemporains du droit de l'environnement en Afrique de l'ouest et centrale*, UICN, Droit et politique de l'environnement, No69, Grand (Suisse), 2008, 224 pages ;
28. GUEYE Moumar, *L'eau, un trésor à protéger*, éd. MAGUILEN, Dakar, 2010, 100 pages ;
29. HART Herbert L.A., *Le concept de droit*, publications des facultés universitaires de Saint-Louis, Bruxelles, 1994, 314 pages ;
30. HIRSCHHORN Monique et TAMBA Moustapha (Dir.), *La sociologie francophone en Afrique. Etat des lieux et enjeux*, éd. KARTHALA, Paris, 2010, 373 pages ;
31. IGUE (John O.), *Le territoire et l'Etat en Afrique : les dimensions spatiales du développement,* éd. Karthala, Paris, 1995, 277 pages ;
32. ISAAC Guy et BLANQUET Marc, *Droit Général de l'Union européenne,* 10e éd. Sirey, Paris, 2012, 768 pages
33. JACQUE Jean-Pierre, *Droit institutionnel de l'Union Européenne*, 3e éd. Dall. Paris, 2004, 579 pages ;
34. JAGLIN Sylvy, *Services de l'eau en Afrique subsaharienne. La fragmentation urbaine en question*, éd. CNRS, Paris, 2005, 244 pages ;
35. KOURILSKY Philippe, *Du bon usage du principe de précaution,* éd. Odile Jacob, Paris, 2002, 275 pages ;
36. LABRECQUE Georges, *Les différends territoriaux en Afrique. Règlement juridictionnel*, L'Harmattan, Paris, 2012, 482 pages ;
37. LAROCHE Josépha, *Politique internationale*, 2e LGDJ, Paris, 2000, 616 pages ;
38. LASSERE Fréderic et DESCROIX Luc, *Eaux et territoires : tensions, coopérations et géopolitique de l'eau* ; L'Harmattan, Paris, 2003, 284 pages ;
39. LAVERGNE Real (Dir.), *intégration et coopération régionales en Afrique de l'ouest,* éditions Karthala, Paris, 1996, 406 pages, (disponible en ligne sur le site : https://idl-bnc.idrc.ca/dspace/bitstream/10625/15221/1/IDL-15221.pdf, consulté le 22 février 2017 à 15 heure) ;
40. LAVIEILLE Jean-Marc, *Droit international de l'environnement*, 3e édition ellipses, Paris, 2010, 368 pages ;
41. LEVEQUE Christian et SCIAMA Yves, *Développement durable : avenirs incertains*, éd. DUNOD, Paris, 2005, 232 pages ;

42. LIBONG BADJAN Patrice, *Les réformes institutionnelles de la CEMAC : Jeu des acteurs, intérêts des Etats*, L'Harmattan, Paris, 2013, 162 pages ;
43. M'BOW Amadou Mathar (Dir.), *Le consensus et la paix,* UNESCO, Paris, 1980, 238 pages ;
44. MAIGA Mahamadou, *Le fleuve Sénégal et l'intégration de l'Afrique de l'Ouest en 2011*, CODESRIA, Dakar, 1995, 245 pages ;
45. MAQUET E., KAKE I.B et SURET-CANALE J., *Histoire de l'Afrique centrale : des origines au milieu du 20e Siècle*, éd. Présence Africaine, Paris, 1971, 256 pages ;
46. MARSILY Ghislain (Dir.), *Les eaux continentales*, EDP Sciences (Académie des sciences), Paris, 2006, 328 pages ;
47. MERCADAL Barthélémy, *Droit des transports terrestres et aériens*, éd. Dalloz, Paris, 1996, 436 pages ;
48. MORAND-DEVILLER Jacqueline, *Droit de l'environnement*, éd. ESTEM, Paris, 1996, 194 pages ;
49. MUMENGI Didier, *Les Etats-Unis du Bassin du Congo. Une écorégion pour un co-développement*, L'Harmattan, Paris, 2012, 2017 pages ;
50. MVELLE (G.), *L'Union africaine : fondements, organes programmes et actions,* L'Harmattan, Paris, 2007, 467 pages ;
51. NAIM-GESBERT Eric, *Droit général de l'environnement*, 2e Lexis Nexis, Paris, 2014, 269 pages ;
52. NDIAYE Aminata et NDIAYE Paul, *Changement climatique, dégradation environnementale et quête d'utilisation des ressources naturelles : miracle ou mirage ?,* Fondation pour le renforcement des capacités en Afrique, Harare, 2013, 40 pages ;
53. NGO MBOGBA-MIKANO Paulette, *Le droit de la navigation intérieure en Afrique centrale : vers la communautarisation,* L'Harmattan, Paris, 2012, 272 pages ;
54. NGODI Etanislas, *L'Afrique centrale face à la convoitise des puissances. De la conférence de Berlin à la crise de la région des Grands Lacs*, L'Harmattan, Paris, 2010, 256 pages ;
55. NIASSE Madiodio, IZA Alejandro et autres, *La gouvernance de l'eau en Afrique de l'Ouest,* UICN, Droit et politique de l'environnement, no50, Gland (Suisse), 2004, 248 pages ;
56. NTUDA EBODE Joseph Vincent, (Dir.), *La gestion coopérative des ressources transfrontalières en Afrique centrale :Quelques leçons pour l'intégration régionale,* éditions Clé, Yaoundé, 2011, 181 pages ;
57. OSTROM Elinor, *Gouvernance des biens communs : pour une nouvelle approche des ressources naturelles*, éd. De Boeck, Bruxelles, 2010, 301 pages ;

58. PANCRACIO Jean-Paul, *Droit de la mer*, Dalloz, Paris, 2010, 520 pages ;
59. PAQUEROT Sylvie, *Eau douce. La nécessaire refondation du droit international,* Presses Universitaires du Québec, Québec, 2005, 246 pages ;
60. PRIEUR Michel, *Droit de l'environnement*, 7e éd. Dalloz, Paris, 2016, 1228 pages ;
61. RAEPENBUSH Sean Van, *Droit institutionnel de l'Union européenne,* 4e édition Larcier, Bruxelles, 2005, 757 pages ;
62. ROCHE Catherine, *Droit de l'environnement*, Gualino éditeur, Paris, 2001, 212 pages ;
63. ROMANO Santi, *L'ordre juridique,* Dalloz, 2002, (traduction française par Lucien François et Pierre Gothot), 174 pages, p. 4 in préface ;
64. ROMI Raphael, *Droit international et droit européen de l'environnement,* Montchrestien, Paris, 2005, 368 pages ;
65. SADOFF Claudia et MULLER Mike, *Gestion de l'Eau, Sécurité en eau et Adaptation au Changement climatique :premiers Effets et Mesures essentielles,* Global Water Partnership Comité Technique (TEC), Mai 2010, Website: www.gwpforum.org, 103 pages ;
66. SALL (Alioune), *Les mutations de l'intégration des Etats en Afrique de l'Ouest*, L'Harmattan, Paris, 2006, 189 pages ;
67. SALL Alioune, *Les relations extérieures de la CEDEAO*, L'Harmattan, Paris, 2017, 248 pages ;
68. SANGBANA Komlan, *La protection des eaux douces transfrontières contre la pollution : dimensions normatives et institutionnelles,* éd. Romandes, Genève, 2017, 333 pages ;
69. SATCHIVI A. Francis Amakoué, *Le déclin de l'Etat en droit international public*, L'Harmattan, Paris, 2001, 316 pages,
70. SCHULDERS Guy, *S'unir. Le défi des Etats d'Afrique centrale*, L'Harmattan, Paris, 1990, 270 pages;
71. SINDJOUN Luc, *Sociologie des relations internationales africaines,* édition Karthala, Paris, 2002, 242 pages ;
72. TALL Saïdou Nourou, *Droit des organisations internationales africaines : théorie générale, droit communautaire comparé*, droit de l'homme, pais et sécurité, L'Harmattan, Paris, 2015, p. 92, 547 pages ;
73. THYERY Hubert et autres, *L'eau en droit international*, Actes 44e colloque de la Société française pour le droit international, Orléans 03-05 juin 2010, Pedone, Paris, 2011, 405 pages ;
74. TORRE-SCHAUB Marta, *L'essentiel des grands arrêts du droit de l'environnement,* éd. Gualino, Paris, 2018, 206 pages ;
75. TSHIYEMBE (Mwayila), *Droit international des espaces et des télécommunications*, L'Harmattan, Paris, 2014, 191 pages ;

76. VAN LANG Agathe, *Droit de l'environnement*, 4e édition, puf, Paris, 2016, 566 pages ;
77. YAKEMTCHOUK Romain, *La bonne foi dans la conduite internationale des Etats*, éd. Techniques et économiques, Paris, 2002, 264 pages ;

III- LA JURISPRUDENCE

1- CPJI, affaire de la juridiction de la Commission européenne de l'Oder, 08 décembre 1927, en ligne sur http://www.icj-cij.org/pcij;
2- CPJI, Arrêt du 10 septembre 1929, Affaire de la juridiction territoriale de l'Oder, Série A. NO 23, en ligne sur http://www.icj-cij.org/pcij;
3- CPJI, XXXIIIe session, affaire N°75, Oscar Chinn, Série C, Arrêt du 12 décembre 1934 (série A/B, fascicule N°63), (en ligne sur http://www.icj-cij.org/pcij/serie_C/C_75/C75_01_Oscar_Chinn_Citation_officielle.pdf consulté le 03 mars 2016 ;
4- CIJ, affaire du différend frontalier Burkina-Faso contre Mali, arrêt du 22 décembre 1986, Rec. 1986, p. 554, http://www.icj-cij.org/pcij ;
5- CIJ, affaire relative à la sentence arbitrale du 31 juillet 1989, Guinée-Bissau contre Sénégal, Rec. 1991, http://www.icj-cij.org/pcij ;
6- CIJ, Affaire relative au projet Gabcikovo-Nagymaros(Hongrie/Slovaquie), Arrêt du 25 septembre 1997, en ligne sur http://www.icj-cij.org/pcij;
7- CIJ, affaire de la frontière terrestre et maritime, Cameroun contre Nigeria, arrêt du 11 juin 1998, Rec. 1998, p. 275, http://www.icj-cij.org/pcij ;
8- CIJ, affaire du différend frontalier Bénin-Niger, arrêt du 12 juillet 2005, Rec. 2005, p. 90, http://www.icj-cij.org/pcij ;
9- CIJ, affaire du différend relatif à des droits de navigationet des droits connexes(Costa Rica c. Nicaragua), Arrêt du 13 juillet 2009, en ligne sur http://www.icj-cij.org/pcij;
10- CIJ, affaire du différend frontalier Burkina-Faso contre Niger, arrêt du 16 avril 2013, Rec. 2013, p. 44, http://www.icj-cij.org/pcij;
11- CIJ, affaire relative à des usines de pâte à papier sur le fleuve Uruguay (Argentine c. Uruguay), arrêt du 20 avril 2010, en ligne sur http://www.icj-cij.org/pcij;
12- CJ-CEMAC, arrêt n° 015/2011 du 12/05/2011, Anicet Eloge Didier samba c/CICOS & commission CEMAC ;

IV- LES THESES DE DOCTORAT

1- GNIMPIEBA TONNANG Edouard, Droit matériel et intégration sous régionale en Afrique centrale :contribution à l'étude du droit communautaire de la communauté économique et monétaire de l'Afrique centrale (CEMAC), Thèse de doctorat présentée et soutenue publiquement en mars 2004 à l'université de Nice-Sophia Antipolis, Institut du droit de la paix et du développement, sous la direction du Professeur Louis BALMOND, 557 pages, p. 11, (disponibles sur http://tel.archives-ouvertes.fr/tel-00441405, consulté le 24 janvier 2017 ;
2- KABAMBA KAZADI Bob, Interrégionale des pays des Grands lacs africains. Elaboration d'un modèle d'intégration régionale en Afrique et son application à la région des Grands Lacs (Burundi, République démocratique du Congo, Kenya, Ouganda, Rwanda et Tanzanie), Thèse de doctorat présentée et soutenue publiquement à l'Université de Liège, Faculté de Droit (département de Sciences politiques), 2000, (disponible sur https://orbi.ulg.ac.be/bitstream/2268/85035/1/Thèse%201,2,3.doc, consulté le 11 septembre 2016 à 13 heure) ;
3- KINDIER Adeel, Le droit relatif aux utilisations des cours d'eau internationaux à des fins autres que la navigation. Etude à propos des cours internationaux dans le monde arabe, p. 125, Thèse de doctorat présentée et soutenue publiquement le 03 novembre 2008, Université Strasbourg III-Robert Schuman, 485 pages, Dir. Professeur Syméon KARAGIANNIS ;
4- NOUDJIA Kaïgama Kiari, La Charte de l'eau du Bassin du Niger et l'harmonisation des politiques, législations et institutions des Etats membres de l'Autorité du Bassin du Niger (ABN), Thèse de doctorat unique en droit public, soutenue publiquement le 15 avril 2017, Ecole doctorale sciences juridiques, politiques, économiques et de gestion (EDSJPEG), Faculté des sciences juridiques et politiques, sous la direction de Monsieur le Professeur Ibrahima Ly, agrégé des Facultés de Droit, 470 pages.
5- SALIFOU (Sylla), L'Organisation pour la mise en valeur du fleuve Sénégal (OMVS), Thèse de doctorat d'Etat en droit présentée et soutenue publiquement à l'Université de Paris I Panthéon-Sorbonne, 477 pages, (disponible en ligne le 29 février 2016 sur http://www.sist.sn/gsdl/collect/; disponible également à la BU, UCAD, DTH, 59) ;

V- LES ARTICLES

1. AGUIDIR CAVALO Gonzalo, « Le problème des atteintes environnementales par les activités des entreprises multinationales : le cas de l'eau au Chili », pp. 333-347, in THYERY Hubert et autres, L'eau en droit international, Actes 44e colloque de la

Société française pour le droit international, Orléans 03-05 juin 2010, Pedone, Paris, 2011, 405 pages ;

2. AIVO Frédéric Joël, « La Communauté des Etats Sahélo-Sahariens (CEN-SAD). Acteur complémentaire concurrentiel de l'Union Africaine », pp. 71-102, in FAU-NOUGARET Matthieu (Dir.), La concurrence des organisations régionales en Afrique, L'Harmattan, Paris, 2012, 450 pages ;
3. ASCENSIO Hervé, « Les eaux du Jourdain comme parabole », 273-276, in THYERY Hubert et autres, L'eau en droit international, Actes 44e colloque de la Société française pour le droit international, Orléans 03-05 juin 2010, Pedone, Paris, 2011, 405 pages ;
4. ATANGANA AMOUGOU Jean-Louis, « Multiplication des juridictions internationales et sécurité juridique en Afrique », pp. 135-152, FAU-NOUGARET Matthieu (Dir.), La concurrence des organisations régionales en Afrique, L'Harmattan, Paris, 2012, 450 pages ;
5. AWOUMOU Côme Damien Georges « Etat des lieux des relations politiques et diplomatiques entre les Etats membres de la CEEAC » septembre 2008 (disponible sur fpae-cameroun.org/wp-content/uploads/2015/11/Rapport-cdga-CEEAC.pdf, consulté le 29 aout 2016 à 21 heure, 85 pages) ;
6. AWOUMOU Côme Damien Georges, « Le couple Cameroun-Gabon : moteur de l'Afrique centrale ? », pp. 55-68, in EWANGUE Jean-Lucien, (Dir.), Enjeux géopolitique en Afrique centrale, L'Harmattan, Paris, 2009, 426 pages ;
7. AWOUMOU Côme Damien Georges, « Redimensionnement de la dynamique d'intégration de l'Afrique centrale : une ? », pp. 180-209, in MUKAWA Didier Pidika et TCHOUASSI Gérard (Dir.), Afrique centrale : crises économiques et mécanismes de survie, CODESRIA, Dakar, 2005, 344 pages ;
8. BANGOURA Dominique, « Frontières et espaces frontaliers en Afrique centrale », pp. 225-229, in EWANGUE Jean-Lucien, Enjeux géopolitiques en Afrique centrale, L'Harmattan, Paris, 2009, 426 pages, pp. 225-227 ;
9. BARBERIS Julio, « Les liens juridiques entre l'Etat et son territoire : perspectives théoriques et évolution du droit international », pp. 133-164, in AFDI, XLV, éd. CENRS, Paris, 1999 ;
10. BEDJAOUI Mohammed, « Le règlement pacifique des différends africains », décembre 1972, p. 5, (in www.persée.com), voir également AFDI, 1976, pp. 84-99 ;
11. BENACHENHOU Abdellatif, « Environnement et développement », in Revue Tiers Monde, éd. Armand Colin, Vol

Revue Tiers Monde, éd. Armand Colin, Vol. 33, No 130, Environnement et développement (Avril-Juin 1992), pp. 247-272, (http://www.jstor.org/stable/23591677, consulté le 22-06-2015 à 13 :21) ;

12. BOISSON DE CHAZOURNES Laurence, « Environnement et développement durable : les premiers pas qui appellent des réformes », pp. 33-40, in DE RAULIN Arnaud et SAAD Georges (dir.), Droits fondamentaux et droit de l'environnement, L'Harmattan, Paris, 2010, 288 pages ;
13. BOISSON DE CHAZOURNES Laurence, « La protection de l'environnement global et les visages de l'action normative internationale », pp. 57, in AMIRANTE Dominique et autres (Dir.), Pour un droit commun de l'environnement, Mélanges en l'honneur de Michel PRIEUR, Dalloz, Paris, 2007, 1740 pages ;
14. BOISSON DE CHAZOURNES Laurence, « Le Droit international de l'eau : tendances récentes », in Annuaire brésilien de droit international, 2008, Vol. 2, pp. 137-150, (disponible en ligne sur http://archive-ouverte.unige.ch/unige:42014);
15. BOISSON DE CHAZOURNES Laurence, TIGNINO Mara et SANGBANA Komlan, « L'entrée en vigueur de la Convention des Nations Unies sur le droit relatif aux utilisations des cours d'eau internationaux à des fins autres que la navigation », in Geneva Water Hub, 2015, pp. 1-9, p. 3, (disponible en ligne sur http://archive.ouverte.unige.ch/unige:80735, consulté le 3 juillet 2018 à 14 heure).
16. BOLLINGER Jean-Claude, « Le cycle de l'eau dans la société », pp. 79-86, in Révision de la Charte européenne de l'Eau du Conseil de l'Europe (1968), Les Cahiers du CRIDEAU, No6, éd. Pulim, 281 pages ;
17. BORELLA François, « Le régionalisme africain en crise (1965-1966) », in: Annuaire Français de Droit International, volume 12, 1966. pp. 756-783. doi : 10.3406/afdi.1966.1904, http://www.persee.fr/web/revues/home/prescript/article/afdi_0066 3085_1966_num_12_1_1904 ;
18. BORELLA François, « Le régionalisme africain et l'Organisation de l'Unité Africaine », in AFDI, volume 9, 1963. pp. 838-865. doi : 10.3406/afdi.1963.1061 http://www.persee.fr/web/revues/home/prescript/article/afdi_0066 3085_1963_num_9_1_1061;
19. BORELLA François. « Les regroupements d'Etats dans l'Afrique indépendante.», pp. 787-807, In : AFDI, volume 7, 1961, doi : 10.3406/afdi.1961.1121 http://www.persee.fr/doc/afdi_0066-3085_1961_num_7_1_1121, Document généré le 11/03/2016;

20. BOTHE Michael, « La protection internationale de l'environnement. Allocation efficace de ressources, justice distributive et intérêt commun », pp. 435-460, in AMIRANTE Dominique et autres (Dir.), Pour un droit commun de l'environnement, Mélanges en l'honneur de Michel PRIEUR, Dalloz, Paris, 2007, 1740 pages ;
21. BOUMAKANI Benjamin, « La coexistence de la cour commune de justice de l'O.H.A.DA. et de la cour de justice de la CEMAC. Bilan et perspectives.», pp. 131-143, in Sensibilisation au droit communautaire et à l'intégration dans la zone CEMAC, Actes du Séminaire sous-régional, Libreville-Gabon, 02-06 novembre 2004, éd. GIRAF, Paris, 2005, 2014 pages ;
22. BOUNOUG FOUDA Boniface, « Dynamique d'intégration régionale en Afrique centrale et dynamique spatiale du capital productif », pp. 85-98, EWANGUE Jean-Lucien, (Dir.), Enjeux géopolitique en Afrique centrale, L'Harmattan, Paris, 2009, 426 pages;
23. BOURENANE Naceur, « Des fondements théoriques et stratégiques de la construction communautaire », pp. 63-80 in LAVERGNE Real (dir.), intégration et coopération régionales en Afrique de l'ouest, éditions Karthala, Paris, 1996, 406 pages, p. 65 (disponible en ligne sur le site : https://idl bnc.idrc.ca/dspace/bitstream/10625/15221/1/IDL-15221.pdf, consulté le 22 février 2017 à 15 heure) ;
24. BOUTRAIS Jean, « Les populations du bassin tchadien des sociétés non-hydrauliques », pp. 475-484, in JUNGRAITHMAYR Hermann, BARRETEAU Daniel et SEIBERT Uwe (dir.), L'Homme et l'eau dans le bassin du lac Tchad, éd. de l'ORSTOM, Paris, 1997, 487 pages ;
25. BRAILOWSKY Alexandre, « Les contrats internationaux des services de l'eau : présentation du contrat de concession conclu pour la ville de Buenos aires », pp. 129-147, in THYERY Hubert et autres, L'eau en droit international, Actes 44e colloque de la Société française pour le droit international, Orléans 03-05 juin 2010, Pedone, Paris, 2011, 405 pages ;
26. BURCHI Stefano, « Existe-t-il un potentiel conflictuel des eaux transfrontières au regard de la pratique des Etats ? », pp. 277-291, in THYERY Hubert et autres, L'eau en droit international, Actes 44e colloque de la Société française pour le droit international, Orléans 03-05 juin 2010, Pedone, Paris, 2011, 405 pages ;
27. CAFLISCH Lucius., « Les règles générales du droit des cours d'eau internationaux », RCADI, Vol. 219, 1989, N° VII, pp. 13-225 ;
28. CAFLISCH Lucius, « Le droit à l'eau-un droit de l'homme internationalement protégé », pp. 385-394, in THYERY Hubert et

autres, L'eau en droit international, Actes 44e colloque de la Société française pour le droit international, Orléans 03-05 juin 2010, Pedone, Paris, 2011, 405 pages ;
29. CASSAN Hervé, « Le consensus dans la pratique des Nations Unies », In: Annuaire français de droit international, volume 20, 1974. pp. 456-485.doi : 10.3406/afdi.1974.2283,http://www.persee.fr/doc/afdi_0066 3085_1974_num_20_1_2283;
30. CASSELLA Sarah, « Rééquilibrer les effets inéquitables d'une délimitation territoriale : l'Arrêt de la Cour internationale de justice du 13 juillet 2009 dans l'Affaire du différend relatif à des droits de navigation et des droits connexes (Costa Rica c. Nicaragua) », in AFDI, LV, CNRS, Paris, 2009, pp. 253-277 ;
31. CAZALA Julien, « L'influence des agences de crédit à l'exportation sur la coopération régionale en matière de gestion des cours d'eau internationaux », pp. 199-210 , in THYERY Hubert et autres, L'eau en droit international, Actes 44e colloque de la Société française pour le droit international, Orléans 03-05 juin 2010, Pedone, Paris, 2011, 405 pages ;
32. CHARPENTIER (Jean), « Quelques réflexions sur la personnalité juridique des organisations internationales : réalité ou fiction », pp-3-17, in FLAUSS (J. F.) et WACHSMANN (P.), (dir.), Le droit des organisations internationales, Recueil d'études à la mémoire de Jacques SCHWOB, Bruylant, Bruxelles, 1997, 362 pages ;
33. CHAZOURNES (Laurence Boisson De), « Environnement et développement durable. Les premiers pas qui appellent des réformes », pp. 33-40, in Arnaud DE RAULIN et Georges SAAD (dir.), Droits fondamentaux et droit de l'environnement, L'Harmattan, Paris, 2010, 288 pages
34. CHOUALA Yves Alexandre, « Les multilatéralismes en Afrique Centrale : l'intégration régionale à l'épreuve de la pluralité des Communautés Economiques Régionales », pp. 153-174, FAU-NOUGARET Matthieu (Dir.), La concurrence des organisations régionales en Afrique, L'Harmattan, Paris, 2012, 450 pages ;
35. COLLIARD Claude-Albert, « La coopération juridique et les barrages internationaux », pp. 15-27, in CONAC Françoise (dir.), Les barrages internationaux et coopération, Karthala, Paris, 1996, 377 pages ;
36. CORET Alain, « La politique de recrutement dans les communautés européennes », pp. 203-257, in Les agents internationaux, Actes du Colloque, d'Aix-en-Provence, du 24-26 mai 1985, 435 pages, éd. A. Pedone, Paris, 1985 ;
37. COULEE Frédéric, « Du droit international de l'eau à la reconnaissance internationale d'un droit à l'eau : les enjeux », pp. 9-

40, in THYERY Hubert, L'eau en droit international, Actes 44e colloque de la Société française pour le droit international, Orléans 03-05 juin 2010, Pedone, Paris, 2011, 405 pages ;

38. COURADE Georges, « L'eau en Afrique centrale : au cœur du développement et des conflits », in EWANGUE Jean-Lucien, Enjeux géopolitiques en Afrique centrale, L'Harmattan, Paris, 2009, 426 pages, pp. 225-227 ;
39. CRUSE Guillaume, « La prise en compte de l'environnement comme facteur de développement », in Revue Tiers Monde, éd. Armand Colin, Vol.35, NO137, Après le Sommet de la Terre : Débat sur le développement durable (Janvier-Mars 1994), pp. 151-167, (http://www.jstor.org/stable/23591850, consulté le 22-06-2015 à 15 : 46 ;
40. DAKER (R.), « Quelques aspects politiques et juridiques du « consensus » dans le monde arabe et dans l'Islam », pp. 163-174, in Le consensus et la paix, ouvragé publié sous la direction du Professeur Amadou Mathar M'BOW, UNESCO, Paris, 1980, 238 pages ;
41. DARMUZEY Philippe, « Les organisations régionales, piliers de l'intégration politique et économique de l'Afrique : la perspective du Partenariat Stratégique UA-Afrique », pp. 103-115, FAU-NOUGARET Matthieu (Dir.), La concurrence des organisations régionales en Afrique, L'Harmattan, Paris, 2012, 450 pages ;
42. DAUDET Yves, « Les membres des commissions d'experts », pp. 93-107, in Les agents internationaux, Actes du Colloque, d'Aix-en-Provence, du 24-26 mai 1985, 435 pages, éd. A. Pedone, Paris, 1985 ;
43. DE LACHARRIERE Guy, « Consensus et Nations Unies », In: Annuaire français de droit international, volume 14, 1968. pp. 9-14, http://www.persee.fr/doc/afdi_0066-30851968, Document généré le 09/09/2015 ;
44. DEZALLAI Amanda, « La coopération transfrontalière en matière de gestion de l'eau en Europe : d'une redistribution des rôles vers une redistribution des pouvoirs ? », pp. 211-222, in THYERY Hubert et autres, L'eau en droit international, Actes 44e colloque de la Société française pour le droit international, Orléans 03-05 juin 2010, Pedone, Paris, 2011, 405 pages ;
45. DIA Fatimata, « L'effectivité du droit de l'environnement : quelles perspectives dans la dynamique de l'apprès-2015 », pp. 23-27, in Revue Africaine de Droit de l'environnement (RADE), Le droit de l'environnement en Afrique, Actes du premier Colloque international, Abidjan, 29-30 octobre 2013, Polykrome, Dakar, No1, 2014, 161 pages ;

46. DIAGNE Babacar, « Le modèle de l'Organisation pour la Mise en Valeur du fleuve Sénégal (OMVS », pp. 169-181, in NIASSE Madiodio, IZA Alejandro et autres, La gouvernance de l'eau en Afrique de l'Ouest, UICN, Droit et politique de l'environnement, no50, Gland (Suisse), 2004, 248 pages ;
47. DIALLO Ibrahima Khalil, « Les mécanismes d'élaboration des normes de droit communautaire : l'équation de la méthode.», pp. 87-115, in Nouvelles annales africaines, Revue de la FSJP, No1-2007 ;
48. DIOUF Amadou Matar, « Analyse institutionnelle de la gestion des ressources en eau dans le Delta du fleuve Sénégal », pp. 101-112, in NIASSE Madiodio, IZA Alejandro et autres, La gouvernance de l'eau en Afrique de l'Ouest, UICN, Droit et politique de l'environnement, no50, Gland (Suisse), 2004, 248 pages ;
49. DIOUF Seydou, « Contribution à l'analyse historique de l'intégration africaine », pp. 29-38, in Nouvelles Annales Africaines, Revue de la Faculté des Sciences Juridiques et Politiques, NO 1-2007, Dakar, 2006, 255 pages ;
50. DONGOMBE Florent, « La redynamisation des organisations régionales en Afrique », pp. 29-50, in FAU-NOUGARET Matthieu (Dir.), La concurrence des organisations régionales en Afrique, L'Harmattan, Paris, 2012, 450 pages ;
51. DOUMBE-BILLE Stéphane, « La multiplication des organisations régionales en Afrique : concurrence ou diversification ? », pp. 15-28, in FAU-NOUGARET Matthieu (Dir.), La concurrence des organisations régionales en Afrique, L'Harmattan, Paris, 2012, 450 pages ;
52. DROBENKO Bernard, « Environnement : le défi solidaire », pp. 102-121, in AMIRANTE Dominique et autres (dir.), Pour un droit commun de l'environnement, Mélanges en l'honneur de Michel PRIEUR, Dalloz, Paris, 2007, 1740 pages ;
53. DROBENKO Bernard, « Les enjeux juridiques du droit des fleuves : entre stratégies et moyens », pp.13-44, in DROBENKO Bernard (Dir.), Vers une stratégie de gestion durable des fleuves, Les Cahiers du CRIDEAU, (Actes du Colloque international de Limoges 2002), No8, éd. Pulim, Limoges, 2003, 168 pages ;
54. DROBENKO Bernard, « Les nouveaux grands principes du droit moderne de l'eau », pp. 45-78, in Révision de la Charte européenne de l'Eau du Conseil de l'Europe(1968), Les Cahiers du CRIDEAU, No6, éd. Pulim, 281 pages ;
55. DUBOIS (Louis), « La condition juridique des agents internationaux », in Les agents internationaux, Actes du Colloque, d'Aix-en-Provence, éd. A. Pedone, Paris, 1985, 435 pages, pp. 3-36 ;

56. DURAND de CORBIAC Claudiane Chevalier, « Les aspects juridiques de la conservation de des sols : quelles leçons pour la gestion des ressources en eau ? », pp. 3-14, in NIASSE Madiodio, IZA Alejandro et autres, La gouvernance de l'eau en Afrique de l'Ouest, UICN, Droit et politique de l'environnement, no50, Gland (Suisse), 2004, 248 pages ;
57. DUROY Stéphane, « Les contrats internes de services de l'eau », pp. 112-128, in THYERY Hubert et autres, L'eau en droit international, Actes 44e colloque de la Société française pour le droit international, Orléans 03-05 juin 2010, Pedone, Paris, 2011, 405 pages ;
58. DZAKA-KIKOUTA Théophile et TCHOUASSI Gérard, « Intégration régionales en Afrique centrale : Une analyse des théories et des perspectives », pp. 207-228, FAU-NOUGARET Matthieu (Dir.), La concurrence des organisations régionales en Afrique, L'Harmattan, Paris, 2012, 450 pages ;
59. EKOMO Sylvie Eyeffa, « L'ajustement structurel dans les pays d'Afrique centrale : bilan et perspectives », pp.25-38, in MUKAWA Didier Pidika et TCHOUASSI Gérard (Dir.), Afrique centrale : crises économiques et mécanismes de survie, CODESRIA, Dakar, 2005, 344 pages ;
60. EMMANUEL Delphine-Edith « La Commission des forêts d'Afrique centrale » In: Revue Juridique de l'Environnement, n°2, 2007. pp. 203-213; doi : 10.3406/rjenv.2007.4633http://www.persee.fr/doc/rjenv_0397-0299_2007_num_32_2_4633, Document généré le 05/06/2016 ;
61. EWANGUE Jean Lucien, « L'Afrique centrale : un espace très convoité et au centre de plusieurs enjeux », pp. 21-34, in EWANGUE Jean-Lucien (Dir.), Enjeux géopolitique en Afrique centrale, L'Harmattan, Paris, 2009, 426 pages ;
62. FABRI Ruiz Hélène, « Règles coutumières générales et droit international fluvial », AFDI, 1990, pp. 818-842 ;
63. FALL Moustafa A., « Le modèle de l'Organisation pour la Mise en Valeur du fleuve Gambie (OMVG) », pp. 183-192, in NIASSE Madiodio, IZA Alejandro et autres, La gouvernance de l'eau en Afrique de l'Ouest, UICN, Droit et politique de l'environnement, no50, Gland (Suisse), 2004, 248 pages ;
64. FIECHTER-WIDEMANN Evelyne, « Ethique Globale de l'Eau : perspective interdisciplinaire. La Responsabilité de protéger, comme condition de possibilité d'une Ethique Globale de l'eau », pp. 9-10, in Ethique globale de l'eau, Actes du 3e colloque interdisciplinaire organisé par le w4w le 19 mars 2013 au Musée d'Histoire des sciences de Genève (http://www-ville-ge.chmhs/anima_2013_eau.php);

65. FISCHER Georges, « La souveraineté sur les ressources naturelles », In: Annuaire français de droit international, volume 8, 1962. pp. 516-528; doi : 10.3406/afdi.1962.985http://www.persee.fr/doc/afdi_0066-3085_1962_num_8_1_985;
66. FLORY Maurice, « Le couple État-territoire en droit international contemporain », Cultures & Conflits [En ligne], 21-22 | printemps-été 1996, mis en ligne le 15 mars 2006, consulté le 21 août 2016. URL : http://conflits.revues.org/255;
67. FOLEFACK Ernest, « Traité d'Abuja et foisonnement des institutions d'intégrations régionales en Afrique : problèmes de coordination, de compatibilité des projets et de la gestion des appartenances multiples. Les cas de l'Afrique centrale, de l'Afrique Orientale et Australe », pp. 175-195, FAU-NOUGARET Matthieu (Dir.), La concurrence des organisations régionales en Afrique, L'Harmattan, Paris, 2012, 450 pages ;
68. FOURMARIER P. « Le bassin du Congo, notes de géographie physique », In: Annales de Géographie, T. 41, N°229, 1932. pp. 49-69. doi : 10.3406/geo.1932.11067 http://www.persee.fr/doc/geo_0003-4010_1932_num_41_229_11067, Document consulté le 14/10/2015 à 15 heure ;
69. François-Xavier de Donnea (ministre d'état (Belgique), « La relance de la CEPGL, facteur clé de la paix et de la prospérité régionale autour des grands lacs », 6 pages, Séminaire régional sur les armes légères et de petit calibre et sur la CEPGL, tenue à Kinshasa, 2-4 novembre 2005, (consulté le 20 septembre 2016 à 15 heure 21 sur http://www.dedonnea.irisnet.be/pdf/kin1.pdf);
70. GADKOWSKI Andrzej, « À propos de la liberté de navigation sur les fleuves internationaux. L'Affaire de l'Oder devant la Cour permanente de Justice Les aspects contemporains du droit de l'environnement en Afrique de l'ouest et centrale internationale.» Revue de droit de l'Université Adam Mickiewicz, 2013, vol. 2, p. 247-265 (disponible en ligne sur http://archive-ouverte.unige.ch/unige:30535, consulté le 20 avril 2017) ;
71. GARANE Amidou, « L'avènement d'un cadre juridique de gestion du Bassin de la Volta : Convention de Bassin et Code de conduite », pp. 103-130, in GRANIER Laurent (Coord.), , UICN, Droit et politique de l'environnement, No69, Grand (Suisse), 2008, 224 pages ;
72. GEORGES Fischer, « La décolonisation et le rôle des Traités et des Constitutions », in Annuaire français de droit international, volume 8, 1962. pp. 805-836. doi :

10.3406/afdi.1962.1005http://www.persee.fr/web/revues/home/prescript/article/afdi_0066 3085_1962_num_8_1_1005 ;

73. GIRARDINBenoît, « Gestion juste des aquifères transfrontaliers », pp. 25-31, in Ethique globale de l'eau, Actes du 3e colloque interdisciplinaire organisé par le w4w le 19 mars 2013 au Musée d'Histoire des sciences de Genève (http://www villege.chmhs/anima_2013_eau.php)
74. GOGONOU DOUSSOU John, « Forces et enjeux de l'intégration sous-régionale : CEMAC/CEEAC », 35 pages, (www.peacereseach.org);
75. GONIDEC P.F. « Note sur le droit des conventions internationales en Afrique », in Annuaire français de droit international, volume 11, 1965. pp. 866-885. doi : 10.3406/afdi.1965.1852http://www.persee.fr/web/revues/home/prescript/article/afdi_00663085_1965_num_11_1_1852 ;
76. GOUCHET Jean-Jacques, « Développement durable et décroissance. Deux paradigmes incommensurables », pp. 123-143, AMIRANTE Dominique et autres (dir.), Pour un droit commun de l'environnement, Mélanges en l'honneur de Michel PRIEUR, Dalloz, Paris, 2007, 1740 pages ;
77. GOUGUET Jean-Jacques et GILLIARD Hervé, « Vers une gestion durable des ressources en eau », pp. 17-44, in Révision de la Charte européenne de l'Eau du Conseil de l'Europe (1968), Les Cahiers du CRIDEAU, No6, éd. Pulim, 281 pages ;
78. GREY David et SADOFF Claudia W., « Vers une atteinte de la Sécurité en Eau en Afrique:Investissement pour une Plateforme Minimum », Première Semaine Africaine de l'Eau 26-28 mars, 2008 ;
79. HAUPAIS Nicolas, « Les acteurs du droit international de l'eau », pp. 41-70, in THYERY Hubert et autres, L'eau en droit international, Actes 44e colloque de la Société française pour le droit international, Orléans 03-05 juin 2010, Pedone, Paris, 2011, 405 pages ;
80. HELIN Jean-Claude, « Les directives « Plans-Programmes » et la participation du public. Les procédures du droit interne sont-elles conformes aux exigences du droit communautaire ? », pp. 509-528, in AMIRANTE Dominique et autres (dir.), Pour un droit commun de l'environnement, Mélanges en l'honneur de Michel PRIEUR, Dalloz, Paris, 2007, 1740 pages ;
81. HERVE-FOURNERAU Nathalie, « Droit à l'environnement et ordre juridique communautaire. Une alliance d'ombres et de lumières », pp. 529-566, in AMIRANTE Dominique et autres (dir.), Pour un droit commun de l'environnement, Mélanges en l'honneur de Michel PRIEUR, Dalloz, Paris, 2007, 1740 pages ;

82. HUGON Philippe, « La crise mondiale et l'Afrique : transmission, impacts et enjeux », pp. 151-167, in Afrique contemporaine, Afrique et développement, No2009-4, 232, éd. de Boeck, Belgique, 2010 ;
83. ISSAKA K. SOUARE, « Regard critique sur l'intégration Africaine. Comment relever les défis », 10 pages, (article publié par l'Institut d'Etudes de Sécurité (Québec), Juin 2007, disponible sur http://www.issafrica.org, consulté le 20 mai 2016 à 10 heure) ;
84. ISSA-SAYEGHJoseph, « Quelques aspects techniques de l'intégration juridique : l'exemple des actes uniformes de l'OHADA », pp. 5-34, in Revue de droit Uniforme, 1er janvier 1999, p. 6 (en ligne sur http://www.unidroit.org/french/publications/review/articles/1999-1-issa-sayegh-f.pdf, consulté le 02 mars 2016) ;
85. JACQUE Jean-Paul, « La protection du droit à l'environnement au niveau européen ou régional », pp. 65-76, in KROMAREK Pascale (Dir.), Environnement et droits de l'homme, UNESCO, Paris, 1987, 178 pages ;
86. JADOT Benoît, « Les procédures garantissant le droit à l'environnement », pp. 51-64, in KROMAREK Pascale (Dir.), Environnement et droits de l'homme, UNESCO, Paris, 1987, 178 pages ;
87. JEGOUZO Yves, « Principe et idéologie de la participation », pp. 577-587, in AMIRANTE Dominique et autres (dir.), Pour un droit commun de l'environnement, Mélanges en l'honneur de Michel PRIEUR, Dalloz, Paris, 2007, 1740 pages ;
88. JOUNI Hassan, « La protection de l'environnement à la lumière du droit international humanitaire », pp. 97-112, in DE RAULIN Arnaud et SAAD Georges (dir.), Droits fondamentaux et droit de l'environnement, L'Harmattan, Paris, 2010, 288 pages ;
89. JOUVE Edmond, « Le financement des organisations internationales et ses implications politiques », in Edmond JOUVE (dir.), Le financement des organisations internationales, éd. LGDJ, Paris, 1995, (Revue française de finances publiques), No52, 253 pages, pp. 37-47 ;
90. KAMDEM Innocent Fetze, « Harmonisation, unification et uniformisation. Plaidoyer pour un discours affiné sur les moyens d'intégration juridique », pp. 605-649, in Revue de droit uniforme, 2008, p. 619, (https://ssl.editionsthemis.com/uploaded/revue/article/17965_kamdem.pdf, consulté le 02 mars 2016) ;
91. KAMTO (Maurice), « Le droit international des ressources en eau continentales africaines », in AFDI, Volume 36, 1990, pp. 843-911,

p. 902, (disponible sur http://www.persee.fr, consulté le 14 février 2015) ;
92. KAMTO Maurice, « L'impératif de l'inculturation (''endogénéisation'') du droit de l'environnement en Afrique », pp. 153-154, in Revue Africaine de Droit de l'environnement (RADE), Le droit de l'environnement en Afrique, Actes du premier Colloque international, Abidjan, 29-30 octobre 2013, Polykrome, Dakar, No1, 2014, 161 pages ;
93. KAMTO Maurice, « La mise en œuvre du droit de l'environnement: forces et faiblesses des cadres institutionnels », pp. 29-31, in Revue Africaine de Droit de l'environnement (RADE), Le droit de l'environnement en Afrique, Actes du premier Colloque international, Abidjan, 29-30 octobre 2013, Polykrome, Dakar, No1, 2014, 161 pages ;
94. KAZADI MPIANA Joseph: « La problématique de l'existence du droit communautaire africain. L'option entre mimétisme et spécificité », Revue libre de Droit, 2014, p.38-78, (article disponible sur http://www.revue-libre-de-droit.fr, consulté le 8 septembre 2015 à 16 heure) ;
95. KISS Alexandre, « Définition et nature juridique d'un droit de l'homme à l'environnement », pp. 13-28, in KROMAREK Pascale (Dir.), Environnement et droits de l'homme, UNESCO, Paris, 1987, 178 pages ;
96. KOHEN G. Marcelo, « Les principes généraux du droit international de l'eau à la lumière de la jurisprudence récente de la Cour internationale de Justice », pp. 91- 108, in THYERY Hubert et autres, L'eau en droit international, Actes 44e colloque de la Société française pour le droit international, Orléans 03-05 juin 2010, Pedone, Paris, 2011, 405 pages ;
97. KOKOROKO Dodzi, « La coexistence entre organisations sous-régionales : limites et perspectives », pp. 197-206, FAU-NOUGARET Matthieu (Dir.), La concurrence des organisations régionales en Afrique, L'Harmattan, Paris, 2012, 450 pages ;
98. KONATE Aenza, « L'Afrique et la Convention des Nations Unies sur la lutte contre la désertification », pp. 718-753, in Revue Africaine de Droit international Comparé (RADIC), Volume 12, tome. 4, Décembre 2000, pp. 659-820 ;
99. KONATE Aenza, « Pour une démocratie environnementale en Afrique : de nouveaux droits de citoyenneté indispensables à l'effectivité du droit de l'environnement », pp. 37-38, in Revue Africaine de Droit de l'environnement (RADE), Le droit de l'environnement en Afrique, Actes du premier Colloque international, Abidjan, 29-30 octobre 2013, Polykrome, Dakar, No1, 2014, 161 pages ;

100. KROMAREK Pascale, « Quel droit à l'environnement dans ses rapports avec les autres droits de l'homme », pp. 113-151, in KROMAREK Pascale (Dir.), Environnement et droits de l'homme, UNESCO, Paris, 1987, 178 pages ;
101. LABOUZ Marie-Françoise, « Voisinage et bon voisinage en droit international public », pp. 12-28, in Catherine SCHNEIDER (Dir.), Voisinage et bon voisinage à la croisée des droits interne, international et communautaire, CEJM/CESICE, 2009, 58 pages) ;
102. LATOUCHE Serge, « Développement durable : un concept alibi. Main invisible et mainmise sur la nature », in Revue Tiers Monde, éd. Armand Colin, Vol Revue Tiers Monde, éd. Armand Colin, Vol. 35, No 137, Après le Sommet de la Terre : Débats sur le développement durable (Janvier-Mars 1994), pp. 77-94, (http://www.jstor.org/stable/23591844, consulté le 22-06-2015 à 17 :12) ;
103. LATTY Franck, « La Cour Internationale de Justice face aux tiraillements du droit international : les arrêts dans les affaires des activités armées sur le territoire du Congo (RDC c. Ouganda, 19 décembre 2005 ; RDC c. Rwanda, 3 février 2006), in AFDI, LI, CNRS, Paris, 2005, pp. 205- 236 ;
104. LATTY Franck, « Les infractions fluviales », pp. 375-382, in ASCENCIO Hervé, DECAUX Emmanuel et PELLET Allain (Dir.), Droit international pénal, 2e édition PEDONE, Paris, 2012, 1279 pages ;
105. LATY Franck, « Des vertus et de l'intérêt. Les clauses de règlement des différends dans les conventions fluviales », in AURESCU Bogdan et PELLET Alain (Dir.), Actualité du droit des fleuves internationaux, Actes des journées d'étude des 24 et 25 octobre 2008, éd. Pedone, Paris, 2010, pp. 239-264 ;
106. LAVERGNE Real, « Champ d'action pour l'intégration et la coopération régionales en Afrique de l'Ouest », pp. 11-38, in LAVERGNE Real (dir.), intégration et coopération régionales en Afrique de l'ouest, éditions Karthala, Paris, 1996, 406 pages, (disponible en ligne sur le site : https://idl-bnc.idrc.ca/dspace/bitstream/10625/15221/1/IDL-15221.pdf, consulté le 22 février 2017) ;
107. LEB Christina, « Peut-on résoudre les conflits transfrontaliers par des règles de préférence dans les utilisations de l'eau ? », pp. 293-301, in THYERY Hubert et autres, L'eau en droit international, Actes 44e colloque de la Société française pour le droit international, Orléans 03-05 juin 2010, Pedone, Paris, 2011, 405 pages ;
108. LEROY Yann, « La notion d'effectivité du droit », in Droit et société, 2011/3 (NO 79), pp. 715-732, (disponible

http://www.cairn.info/revue-droit-et-societe-2011-3-page-715.htm, consulté le 30 juillet 2016 à 12heure) ;

109. LEWIN (André), « Les hautes fonctions internationales », in Les agents internationaux, Actes du Colloque, d'Aix-en-Provence, éd. A. Pedone, Paris, 1985, 435 pages, pp. 37-80 ;

110. LEWIN (André), « Les principes commun aux organisations internationales : compétences, financement», p. 4, in Juris-classeur, fascicule 112-2, 2002 ;

111. LOUNGOU Serge, « La libre circulation des personnes au sein de l'espace de la CEMAC : mythes ou réalités ? », in Belgeo [En ligne], 3 | 2010, mis en ligne le 04 décembre 2012, consulté le 28 août 2016. URL : http:// belgeo.revues.org/7096 ;

112. LUBENOFF George, « La question du Danube », in : Politique étrangère No 05, 1938, 3e année, pp. 468-488, (en ligne sur www.persee.fr);

113. LUCIANI Olivier, « Le Congo, barrière ou interface ? Effets et usages d'un fleuve frontière (1880-1960) », pp. 347-358, in DUBOIS Colette, MICHEL Marc et SOUMILLE Pierre, Les frontières plurielles : frontières conflictuelles en Afrique subsaharienne, l'Harmattan, Paris, 2000, 460 pages ;

114. LY Ibrahima, « Les traités environnementaux comme sources conventionnelles du droit international », in Revue africaine de Sciences politiques et sociales (RASPOS), n°12, 2017, pp. 425-478 ;

115. LY Ibrahima, « Droit communautaire et protection de l'environnement », pp. 149-159, in Nouvelles Annales Africaines, N°1, CREDIDI, Dakar, 20017, 255 pages ;

116. LY Ibrahima, « La gestion intégrée des aires protégées et de leurs périphéries au Sénégal. Eléments de réflexion sur le cadre juridique et institutionnel », pp.1096-1109, in AMIRANTE Dominique et autres (dir.), Pour un droit commun de l'environnement, Mélanges en l'honneur de Michel PRIEUR, Dalloz, Paris, 2007, 1740 pages ;

117. LY Ibrahima, « Les aspects juridiques liés à la gestion des cours d'eau transfrontaliers : prévention et résolution des conflits », pp. 63-70 in NIASSE Madiodio, IZA Alejandro et autres (dir.), La gouvernance de l'eau en Afrique de l'Ouest, UICN, Droit et politique de l'environnement, no50, Gland (Suisse), 2004, 248 pages ;

118. M'BOW (A.M.), « Le consensus dans les organisations internationales », in Consensus et Paix, op cit, pp. 11-30.

119. MALJEAN-DUBOIS Sandrine, « Droit communautaire et droit du Conseil de l'Europe. Actions et interactions normatives pour la protection de l'environnement », pp. 780-800, in AMIRANTE Dominique et autres (dir.), Pour un droit commun de

l'environnement, Mélanges en l'honneur de Michel PRIEUR, Dalloz, Paris, 2007, 1740 pages ;

120. MAMADI KOUROUMA, « Contribution à l'étude des accords de siège des organisations internationales implantées en Côte d'Ivoire », In: Annuaire français de droit international, volume 36, 1990. pp. 614-631. doi : 10.3406/afdi.1990.2983, http://www.persee.fr/doc/afdi_0066-3085_1990_num_36_1_2983;

121. MARIO AMADEO, « Le consensus dans les relations internationales », in Le consensus et la Paix, op cit, pp.127-138 ;

122. MAUPIN Agathe, « Une approche régionale des politiques de l'eau en Afrique australe », Lettre d'information de l'IFAS Recherche (Lesedi), 2013, 15, pp.10-16. <hal-00786062 > (disponible en ligne sur https://hal.archives- ouvertes.fr/hal-00786062, consulté le 5 septembre 2017 ;

123. MAYER Pierre, « Les arbitrages CIRDI en matière d'eau », pp. 161-183, in THYERY Hubert et autres, L'eau en droit international, Actes 44e colloque de la Société française pour le droit international, Orléans 03-05 juin 2010, Pedone, Paris, 2011, 405 pages ;

124. McCAFFREY Stéphen, « Convention sur le droit d'utilisation des cours d'eau internationaux à des fins autres que la navigation », 4 pages, (disponible sur legal.un.org, consulté le 14 mai 2016) ;

125. MEKOUAR Mahamed Ali, « La Convention africaine sur la conservation de la nature : hâter son entrée en vigueur en vue d'assurer sa mise en œuvre », pp. 155-159, in Revue Africaine de Droit de l'environnement (RADE), Le droit de l'environnement en Afrique, Actes du premier Colloque international, Abidjan, 29-30 octobre 2013, Polykrome, Dakar, No1, 2014, 161 pages ;

126. MEKOUAR Mohamed Ali, « Le droit à l'environnement dans ses rapports avec les autres droits de l'homme », pp. 91-106, in KROMAREK Pascale (Dir.), Environnement et droits de l'homme, UNESCO, Paris, 1987, 178 pages ;

127. MERCURE Pierre François, « Principes de droit international applicables au phénomène des pluies acides », in Revue de droit de l'Université Sherbrooke (Québec, Canada), pp. 373-418, p. 384, (https://www.usherbrooke.ca/droit, consulté le 31 mai 2016 à 19h) ;

128. MEUBLAT Guy, « La gestion des fleuves internationaux en Afrique », in Les nouvelles politiques de l'eau. Enjeux urbains, ruraux, régionaux (Dir. Guy MEUBLAT), Revue Tiers Monde, 2001, Tome 42, NO166, pp. 427-453, (http://persee.fr, consulté le 10 mars 2015) ;

129. MINET Georges, « Concurrence et cohérence dans l'organisation internationale : une problématique pertinente pour l'intégration régionale ? », pp. 261-280, FAU-NOUGARET Matthieu (Dir.), La

concurrence des organisations régionales en Afrique, L'Harmattan, Paris, 2012, 450 pages ;
130. MONDANGE Adrien, « La gestion des ressources en eau douce en droit international », Mémoire de Séminaire Droit international public, M. Moncef Kadhir (Dir.), Septembre 2009, Université de Lyon, Lumière Lyon II, Institut d'Etudes politiques de Lyon, 119 pages, (disponible sur doc.sciencespo-lyon.fr, consulté le 1er mai 2016 à 13 heure) ;
131. MOYNIER Gustave, « Mémoire lu à l'Institut de Droit International à Munich, 4 septembre 1883», in La question du Congo devant l'Institut de Droit International, 1883, pp. 272-293, (http// :retro.seals.ch, consulté le 15 mars 2016) ;
132. MOZOULOUA Dieudonné, « L'accès à la mer, un défi à variables multiples pour la Centrafrique », pp. 151-180, in EWANGUE Jean-Lucien, (Dir.), Enjeux géopolitique en Afrique centrale, L'Harmattan, Paris, 2009, 426 pages ;
133. MUBIALA MUTOY, « Coopérer pour la paix en Afrique centrale », www.unidir.org/files/publication..., consulté le 29 aout 2016 à 11 heures ;
134. NDAYWEL è NZIEM Isidore, « Le Congo dans le processus d'intégration de l'Afrique centrale », pp. 425-440, in DUBOIS Colette, MICHEL Marc, SOUMILLE Pierre, Frontières plurielles : frontières conflictuelles en Afrique centrale, L'Harmattan, Paris, 2000, 460 pages ;
135. NDIKUMAGENGE Cléto, « Humanitarisme, migrations de guerre et dégradation environnementale dans les pays des Grands Lacs (Burundi, Rwanda, République Démocratique du Congo », pp. 277-287, in EWANGUE Jean-Lucien, (Dir.), Enjeux géopolitique en Afrique centrale, L'Harmattan, Paris, 2009, 426 pages ;
136. NELKIN Dorothy, « Participation du public à la mise en œuvre d'un droit à l'environnement », pp. 39-50, in KROMAREK Pascale (Dir.), Environnement et droits de l'homme, UNESCO, Paris, 1987, 178 pages ;
137. NGA NDONGO Valentin, « La sociologie en Afrique centrale : état des lieux, problèmes et perspectives », pp. 35-61, p. 35, in, HIRSCHHORN Monique et TAMBA Moustapha (Dir.), La sociologie francophone en Afrique. Etat des lieuxet enjeux, éd. KARTHALA, Paris, 2010, 373 pages ;
138. NGAIDE Moustapha, « La contribution de l'Afrique à la gestion des ressources en eau transfrontalières : l'exemple de la Charte de l'eau du Bassin du Niger », p. 232, in Annales Africaines, nouvelles série, numéro spécial, 2014, p. 208-248) ;
139. NGO MBOGBA-MIKANO Paulette, « Le droit africain de la navigation intérieure : un droit en devenir ou l'impossible

harmonisation ? », (disponible sur http://www.ccrzkr.org/files/documents/workshops/200years180615/12_Ngo_mbogba_fr.pdf, consulté le 06 mars 2016 à 11h30min.) ;

140. NGODI Etanislas, « L'Afrique centrale face aux enjeux de sécuritaires du XXIe siècle » ; *(publié le 1er mai 2015 sur* https://www.codesria.org/IMG/pdf/5.pdf?3969/...; *consulté le 29 aout 2016 à 11 heure) ;*

141. NGODI Etanislas, « La gestion concertée des eaux transfrontalières du fleuve Congo », in NTUDA EBODE Joseph Vincent, pp. 47-60 in La gestion coopérative des ressources transfrontalières en Afrique centrale :Quelques leçons pour l'intégration régionale, éditions Clé, Yaoundé, 2011, 181 pages ;

142. NGOMA KHABI Camille, « Le régime juridique de navigation dans le Bassin du fleuve Congo : entre centralisation, application et rejet d'un cadre conventionnel mal négocié en République démocratique du Congo », article publié en 2014 en ligne sur www.nomos.elibrary.ed/index.php?v=agb; consulté le 23 avril 2016 à 14 H 16 min.) ;

143. NIASSE Madiodio, « La construction des barrages sur les cours d'eau partagés : recommandations de la Commission mondiale des barrages (CMB) », pp. 71-76, in NIASSE Madiodio, IZA Alejandro et autres (dir), La gouvernance de l'eau en Afrique de l'Ouest, UICN, Droit et politique de l'environnement, no50, Gland (Suisse), 2004, 248 pages ;

144. NIASSE Madiodio, « La prise en compte de l'environnement et du social dans les politiques de l'eau en Afrique de l'Ouest : fondements juridiques et leçons de l'expérience », pp. 45-60, in NIASSE Madiodio, IZA Alejandro et autres (dir.), La gouvernance de l'eau en Afrique de l'Ouest, UICN, Droit et politique de l'environnement, no50, Gland (Suisse), 2004, 248 pages ;

145. NOVAK (St.), « L'opacité du consensus. La prise de décision au Conseil de l'Union Européenne », Publié dans laviedesidees.fr, le 25 juin 2009 ;

146. NTOUTOUME Jean Marie (premier président de la CJ de la CEMAC), « La force obligatoire des conventions internationales de droit économique et communautaire », pp. 67-70, in Sensibilisation au droit communautaire et à l'intégration dans la zone CEMAC, Actes du Séminaire sous-régional, Libreville-Gabon, 02-06 novembre 2004, éditions GIRAF, Mars 2005, 213 pages ;

147. NTUDA EBODE Joseph Vincent, « La redistribution de la puissance en Afrique médiane CEMAC : la nouvelle configuration des alliances sous-régionales », pp. 45-54, in EWANGUE Jean-Lucien, (Dir.), Enjeux géopolitique en Afrique centrale, L'Harmattan, Paris, 2009, 426 pages ;

148. ORSONI Gilbert, « Les problèmes posés par le financement des organisations internationales par les Etats », in Edmond JOUVE (dir.), Le financement des organisations internationales, éd. LGDJ, Paris, 1995, (Revue française de finances publiques), No52, 253 pages, pp. 23-36 ;
149. OUMBA Parfait, « Le rôle des organisations sous-régionales dans l'intégration et le développement du droit international de l'environnement en Afrique centrale », Revue africaine de droit de l'environnement, 2013, pp.42-54, (disponible en ligne sur <http://www.ifdd.francophonie.org/ressources/ressourcespub-desc.php?id=597 >. <hal 01319681 >, consulté le 25 juillet 2017 à 19 heures.) ;
150. OYONO Jean-Bosco, « Les enjeux de défense et de sécurité en Afrique centrale : géopolitique descriptive et prospective stratégique », pp. 99-106, in EWANGUE Jean-Lucien, (Dir.), Enjeux géopolitique en Afrique centrale, L'Harmattan, Paris, 2009, 426 pages ;
151. PAQUEROT Sylvie, « Les développements normatifs du droit international de l'eau : contractions non résolues et ambivalence normative », pp. 71-90, in THYERY Hubert et autres, L'eau en droit international, Actes 44e colloque de la Société française pour le droit international, Orléans 03-05 juin 2010, Pedone, Paris, 2011, 405 pages ;
152. PAQUES Michel, « De l'autorisation administrative », pp. 637-658, in AMIRANTE Dominique et autres (dir.), Pour un droit commun de l'environnement, Mélanges en l'honneur de Michel PRIEUR, Dalloz, Paris, 2007, 1740 pages ;
153. PEYREFITTE Léopold, « Transport terrestres internationaux. Transports par voies navigables », in Juris-classeur, Droit international, No 10, Fascicule 565-B-30, 1996 ;
154. PLANCHAR Robert, « Le droit international conventionnel particulier dans les eaux intermédiaires Escaut-Meuse-Rhin », pp. 83-87, in Mélanges Fernand DEHOUSSE, Les progrès du droit des gens, Volume 1, Ouvrage publié sous les auspices de l'Institut d'Etudes Juridiques Européennes «Fernand Dehousse », Faculté de Droit, d'Economie et de Sciences sociales de l'Université de Liège, éd., Labor, Paris, 1979, (en ligne sur http://www.peacepalacelibrary.nl/schelde/163222606.pdf, consulté le 02 mars 2016) ;
155. POURTIER Roland, « La RDC à la croisée de toutes les Afriques centrales », pp.69-76, in EWANGUE Jean-Lucien, (Dir.), Enjeux géopolitique en Afrique centrale, L'Harmattan, Paris, 2009, 426 pages ;

156. POYDENOT Anna, « Le droit international de l'eau, état des lieux », in Notes d'Analyse du Centre international de hautes études agronomiques Méditerranéennes (CIHEAM), No 29, février 2008, p. 5, (www.ciheam.org);

157. PRIEUR Michel, « L'eau : les actions du Conseil de l'Europe », pp. 11-16, in Révision de la Charte européenne de l'Eau du Conseil de l'Europe (1968), Les Cahiers du CRIDEAU, No6, éd. Pulim, 281 pages ;

158. PRISO-ESSAWE Samuel-Jacques, « L'intégration économique en Afrique centrale est-elle otage des querelles de leadership ? », pp. 77-84, in EWANGUE Jean-Lucien, (Dir.), Enjeux géopolitique en Afrique centrale, L'Harmattan, Paris, 2009, 426 pages ;

159. QUOC DINH Nguyen, « L'internationalisation du Mékong », in AFDI, Volume 8, 1962. pp. 91- 115. doi : 10.3406/afdi.1962.959, (disponible en ligne sur http://www.persee.fr/doc/afdi_0066 3085_1962_num_8_1_959, document généré le 15/10/2015)

160. RAFFINOT Marc, « Crise mondiale et financement international du développement africain », pp. 1- 19, in Afrique contemporaine, Afrique et Développement, éd. de Boeck, NO2009-4, 232, Belgique 2010 ;

161. RICHARD Vanessa, « Des coopérations, un bassin : la désarticulation des dynamiques régionales dans le bassin du Mékong », pp. 223-234, in THYERY Hubert et autres, L'eau en droit international, Actes 44e colloque de la Société française pour le droit international, Orléans 03-05 juin 2010, Pedone, Paris, 2011, 405 pages ;

162. ROPIVIA Marc Louis, « Les contradictions du processus d'intégration en Afrique occidentale et centrale : une étude comparée », pp. 37-44, in EWANGUE Jean-Lucien, (Dir.), Enjeux géopolitique en Afrique centrale, L'Harmattan, Paris, 2009, 426 pages ;

163. SADOFF Claudia et GREY David, « Au-delà du fleuve : les avantages de la coopération portant sur les fleuves internationaux », Document de Référence, Banque mondiale, (en ligne sur www.iwlearn.net/abt_iwlearn/events/workshops/...worldbank-au-dela--du-fleuve-.pdf, consulté le 29 mai 2017 à 14 heure) ;

164. SANGBANA Komlan, « La gestion intégrée des ressources en eaux partagées et les organismes de bassin en Afrique : les cas de l'Autorité du Bassin du Niger et de l'Autorité du Bassin de la Volta », pp. 235-242, in THYERY Hubert et autres, L'eau en droit international, Actes 44e colloque de la Société française pour le droit international, Orléans 03-05 juin 2010, Pedone, Paris, 2011, 405 pages ;

165. SAWADOGO Filiga Michel, « Les conflits entre normes communautaires : aspects positifs et prospectifs », pp. 283-314, FAU-NOUGARET Matthieu (Dir.), La concurrence des organisations régionales en Afrique, L'Harmattan, Paris, 2012, 450 pages ;
166. SCHERMERS Henry G., « Les organisations internationales », pp. 69-105, in Droit international, bilan et perspectives, Tome I, M. Bedjaoui (Dir.), Pedone, Paris, 1991 ;
167. SIME Rose Nicole, « L'intégration et l'harmonisation des normes de droit international de l'environnement dans le droit africain », pp. 157-176 in GRANIER Laurent (Coord.), Les aspects contemporains du droit de l'environnement en Afrique de l'ouest et centrale, UICN, Droit et politique de l'environnement, No69, Grand (Suisse), 2008, 224 pages ;
168. SIRONNEAU Jacques, « La protection de l'environnement aquatique en droit communautaire et droit international : l'expérience française », pp. 321-331, in THYERY Hubert et autres, L'eau en droit international, Actes 44e colloque de la Société française pour le droit international, Orléans 03-05 juin 2010, Pedone, Paris, 2011, 405 pages ;
169. SMETS Henri, « L'eau n'est pas une marchandise ordinaire », pp. 1469-1480, in AMIRANTE Dominique et autres (dir.), Pour un droit commun de l'environnement, Mélanges en l'honneur de Michel PRIEUR, Dalloz, Paris, 2007, 1740 pages ;
170. SMETS Henri, « La reconnaissance internationale de priorités dans les usages de l'eau », pp. 349-365, in THYERY Hubert et autres, L'eau en droit international, Actes 44e colloque de la Société française pour le droit international, Orléans 03-05 juin 2010, Pedone, Paris, 2011, 405 pages ;
171. SOHNLE Jochen, « Le droit international des ressources en eau douce: solidarité contre souveraineté », Collection Monde européen et international, 2002. In: Revue Juridique de l'Environnement, DROBENKO Bernard (Dir.), n°4, 2002. pp. 701-702; (disponible sur http://www.persee.fr/doc/rjenv_0397 0299_2002_num_27_4_4088_t1_0701_0000_1 Document généré le 05/06/2016, consulté le 22 juillet 2017 à 21heure) ;
172. SOHNLE Jochen, « Les spécificités de la protection internationale de l'environnement en matière de ressources en eau. Que faire pour qu'un poisson soit heureux comme un poisson dans l'eau (douce) ? », pp. 305-320, in THYERY Hubert et autres, L'eau en droit international, Actes 44e colloque de la Société française pour le droit international, Orléans 03-05 juin 2010, Pedone, Paris, 2011, 405 pages ;

173. STAUB Materne, « L'aménagement des cours d'eau non domaniaux par les institutions de droit local alsacien-mosellan », pp. 1493-1517, in AMIRANTE Dominique et autres (dir.), Pour un droit commun de l'environnement, Mélanges en l'honneur de Michel PRIEUR, Dalloz, Paris, 2007, 1740 pages ;
174. STEPHAN Raya Marina, « Quelle coopération régionale sur les eaux souterraines transfrontalières ? Quelques réflexions concernant un processus en développement », pp. 189-197, in THYERY Hubert et autres, L'eau en droit international, Actes 44e colloque de la Société française pour le droit international, Orléans 03-05 juin 2010, Pedone, Paris, 2011, 405 pages ;
175. STIRLING Andrew, « Sciences et risques : aspects théoriques et pratiques d'une approche de précaution », pp. 73-103, in EDWIN ZACAI et Jean Noël MISSA, Le principe de précaution : signification et conséquences, édition de l'Université de Bruxelles, Belgique, 2000 ;
176. SYLLA Kalilou « Pourquoi le processus d'intégration économique en Afrique piétine-il- ? nouvelles explications de l'échec de la politique d'intégration », pp. 79-88, in ADANDE Alexis B.A. (Dir), Intégration régionale, démocratie et panafricanisme. Paradigmes anciens, nouveaux défis, éd. CODESRIA, Dakar, 2007, 160 pages ;
177. TAM Lambert, « Le modèle de la Commission du Bassin du Lac Tchad (CBLT) », pp. 209-222, in NIASSE Madiodio, IZA Alejandro et autres, La gouvernance de l'eau en Afrique de l'Ouest, UICN, Droit et politique de l'environnement, no50, Gland (Suisse), 2004, 248 pages ;
178. TARVENIER Paul, « Les différends frontaliers terrestres dans la jurisprudence de la CIJ », pp. 137-148, in ADFI, 2001, Vol. 47, No 1, p. 140, (disponible sur www.persee.fr/doc/afdi_0066-3085_2001_num_47_1_3656, consulté le 13 septembre 2016 à 24 heure)
179. TCHOUE Gustave, « Le modèle de l'Autorité du Bassin du Niger (ABN) », pp. 193-208, in NIASSE Madiodio, IZA Alejandro et autres, La gouvernance de l'eau en Afrique de l'Ouest, UICN, Droit et politique de l'environnement, no50, Gland (Suisse), 2004, 248 pages ;
180. THOUVENIN Jean-Marc, « Droit international général des utilisations des fleuves internationaux », 23 pages, (disponible en ligne sur www.academia.edu.; www.peacepalacelibrary.nl/plinklet/index.php?ppn);
181. TIGNINO Mara et SANGBANA Komlan, « Le statut d'ouvrages communs et le partage des bénéfices dans les bassins du fleuve Sénégal et Niger », in Geneva Water Hub, 2016, pp. 1-7,

(disponible sur http://archive-ouverte.unige.ch/unige:80736, consulté le 3 juillet 2018 à 14 heure) ;
182. TIGNINO Mara, « L'eau et son rôle dans la paix et la sécurité internationales », in Revue internationale de la Croix-Rouge, 2010, vol.92, n°879, (disponible en ligne sur https://archive-ouverte.unige.ch/unige:17452; consulté le 17 octobre 2018 à 22 heure) ;
183. TIGNINO Mara, « L'eau et la guerre: une perspective juridique », pp. 15-16, in Ethique globale de l'eau, Actes du 3e colloque interdisciplinaire organisé par le w4w le 19 mars 2013 au Musée d'Histoire des sciences de Genève (http://www-ville-ge.chmhs/anima_2013_eau.php);
184. TOLENTINO Amado S. « Environnement et information », pp. 29-38, in KROMAREK Pascale (Dir.), Environnement et droits de l'homme, UNESCO, Paris, 1987, 178 pages ;
185. UMBRICHT Victor, « La coopération entre les Etats africains », in AFDI, Vol. 33, 1987, pp. 823-838, (www.persee.fr, consulté le 13 février 2016 à 9 heure) ;
186. VALENTIN Christian, « Dimension naturelles des problèmes de l'eau dans le bassin du Lac Tchad », pp. 13-29, in JUNGRAITHMAYR Hermann, BARRETEAU Daniel et SEIBERT Uwe (dir.), L'Homme et l'eau dans le bassin du lac Tchad, éd. de l'ORSTOM, Paris, 1997, 487 pages ;
187. VALENSUELA Daniel, « La participation des acteurs, éléments clé de la gestion intégrée des ressources en eau », pp. 215-218, THOMAS Olivier et PETIT Français (Dirs.), Management de l'eau et santé, Presses de l'EHESP, Paris, 2009, 254 pages ;
188. VIGNES Daniel-Henri, « L'égalité de traitement des usagers dans les transports internationaux », in AFDI, volume 4, 1958. pp. 144-156; http://www.persee.fr/doc/afdi_0066-3085_1958_num_4_1_1371, consulté le 11/03/2016 à 10 heure 34) ;
189. VIRALLY (M.), « Les actes unilatéraux des organisations internationales », in Droit international : bilan et perspectives, Tome I, Pedone, Paris, 1991, 630 pages, Mohammed BEDJAOUI (Rédacteur général).
190. VIRALLY (Michel), « La notion de fonction dans la théorie de l'organisation internationale », (article en ligne www.sfdi.org.content/uploads, consulté le 28 janvier 2016 à 21 heures);
191. VIRALLY Michel, « Définition et classification : approche juridique », pp. 61-75, Approches sociologiques de l'étude des organisations internationales, RISS, Revue trimestrielle Vol. XXIX, N°1, NUNESCO, Paris, 1977 ;

192. WANE Mamadou Abdoul « Gestion des ressources en eau partagées en Afrique subsaharienne. Problématique et approche stratégique », pp. 185-197, in L'eau/ water, Présence Africaine, No-162, Paris, 2000 ;
193. WECKEL Philippe, « L'eau et le droit humanitaire », pp. 369-383, in THYERY Hubert et autres, L'eau en droit international, Actes 44e colloque de la Société française pour le droit international, Orléans 03-05 juin 2010, Pedone, Paris, 2011, 405 pages ;
194. WOEHRLING Jean-Marie, « L'administration de la commission centrale pour la navigation du Rhin », Revue française d'administration publique, 2008/2 (n° 126), p. 345-358. DOI 10.3917/rfap.126.0345 ;
195. WORCESTER Robert M. et CORRADO Michèle, « Attitudes face à l'environnement : une analyse Nord-Sud », pp. 355-372, in Revue Tiers Monde, Vol.33, No130, Environnement et développement, Avril-juin 1992, (en ligne sur http://www.jstor.org/, consulté le 22-06-2015 à 16 heure) ;
196. YAKEMTSHOUK Romain, « Le régime international des voies d'eau africaines », in RBDI, 1969, pp. 481-515, (en ligne sur rbdi.brylant.be, consulté le 22 avril 2016.)
197. YVARS Bernard, « L'efficience des organisations d'intégration régionale en Afrique : une approche économique », pp. 51-71, FAU-NOUGARET Matthieu (Dir.), La concurrence des organisations régionales en Afrique, L'Harmattan, Paris, 2012, 450 pages ;
198. ZOLLER (Elisabeth), « Gouvernance internationale et organisations intergouvernementales », pp. 141-154, in FLAUSS (J. F.) et WACHSMANN (P.), (dir.), Le droit des organisations internationales, Recueil d'études à la mémoire de Jacques SCHWOB, Bruylant, Bruxelles, 1997, 362 pages ;

VI- OUVRAGES DE METHODOLOGIES

1- BEAUD Michel, L'art de la thèse, La Découverte, Paris, 2015, 202 pages ;
2- BIYOGO Grégoire, Traité de méthodologie et d'épistémologie de la recherche, L'Harmattan, Gabon, 2005, 143 pages ;
3- ECKENSCHWILLER (Michèle), L'écrit universitaire, Les éditions d'organisation, Paris, 1994, 96 pages ;
4- FRECON Guy, FORMULER UNE PROBLEMATIQUE. Dissertation, mémoire, thèse, rapport de stage, 2e éd. DUNOD, Paris, 2012, 154 pages ;

5- GAINDE Moustapha, Cours de méthodologie, FSJP de l'UCAD, Master II Politique de santé et de l'environnement, Dakar, 2016, 70 pages ;
6- ROMI Raphael, Méthodologie de la recherche en droit, 2e édition, Litec, Paris, 2011, 142 pages ;

VII : LES TEXTES INTERNATIONAUX

A- Textes universels

1- Agenda 21, Conférence de Rio sur l'environnement et le développement, 04 au 14 juin 1992 ;
2- Convention de Vienne de 1986 sur le droit des traités conclus entre Etats et organisations internationales ou entre organisations internationales ;
3- Convention de Vienne sur le droit des traités de 1969 ;
4- Convention des Nations Unies du 21 mai 1997 portant droit relatif aux utilisations des cours d'eau internationaux à des fins autres que la navigation ;
5- Convention relative aux zones humides d'importance internationale particulièrement comme habitats des oiseaux d'eau, Ramsar, Iran, 2.2.1971 ;
6- Convention sur la protection et l'utilisation des cours d'eau transfrontaliers et des lacs internationaux, Helsinki, 17 mars 1992 ;
7- Convention-cadre des Nations Unies sur les changements climatiques, fait à New York le 19 mai 1992;
8- CEEAC, « Projet de Convention pour la prévention et la résolution pacifique des conflits liés à la gestion des ressources en eau partagées de l'Afrique Centrale » ;
9- Déclaration de Dublin sur l'eau du 1 janvier 19992 ;
10- Déclaration de Rio sur l'environnement et le développement, adoptée à rio de Janeiro en juin 1992 ;
11- Déclaration de Stockholm sur l'environnement, 05 au 16 juin 1972 ;
12- L'Acte de Berlin de 1885, (http://mjp.univ-perp.fr/traites/1885berlin.htm);
13- La Convention-cadre des Nations Unies sur les changements climatiques, fait à Kyoto le 11 décembre 1997 ;
14- Protocole additionnel I aux Conventions de Genève du 12 août 1949 relatif à la protection des victimes des conflits armés internationaux, 8 juin 1977 ;
15- Protocole additionnel II aux Conventions de Genève de du 12 août 1949 relatif à la Protection des conflits armés non internationaux, 8 juin 1977 ;

B- Textes juridiques régionaux

1- Accord instituant un régime fluvial uniforme et créant la CICOS du 06 nombre 1999;
2- Additif à l'Accord créant la CICOS relatif à la gestion intégrée des ressources en eau du Bassin, 22 février 2007 ;
3- CEEAC, « Projet de Convention pour la prévention et la résolution pacifique des conflits liés à la gestion des ressources en eau partagées de l'Afrique Centrale » ;
4- Charte africaine des droits et du bien-être de l'enfant, Addis-Abeba (Ethiopie), juillet 1990 ;
5- Code de navigation intérieure CEMAC-RDC du 17 décembre 1999 ;
6- Convention révisée portant création de l'autorité du Bassin du Niger. Faite à N'Djamena, le 29 octobre 1987 disponible sur http://www.fao.org/docrep/w7414b/w7414b0e.htm, consulté le 26 février 2016) ;
7- Décision 012/CICOS-CM.08, in Journal Officiel de la CICOS N°3, année 2010-2013, (www.cicos.info);
8- DECISION N° 50/00/UEAC-033-CM-05 du Conseil des Ministres de la CEMAC portant adoption du Programme d'actions 2001 du Secrétariat Exécutif, (disponible sur http://www.ehu.eus/ceinik/tratados; consulté le 26 février 2016 ;
9- Règlement commun portant sur la construction, l'équipement et la maintenance des bateaux de navigation sur l'espace CICOS ;
10- Règlement commun relatif au contrat de transport des marchandises dans les voies d'eau intérieure dans l'espace CICOS du 7 mars 2011 ;

11- Traité instituant la CEMAC du 16 mars 1994 ;

C- Les documents d'études

1- CICOS, Schéma Directeur d'Aménagement des Ressources en Eau (SDAGE), Etat des lieux, 2015, (disponible sur www.cicos.int);
1- CICOS, « La vision partagée 2035 », disponible en ligne sur www.cicos.int, document élaboré par la CICOS avec l'appui des partenaires internationaux en 2016 ;
2- Bulletin d'information trimestriel de la CICOS, 2e trimestre 2015, N°12, (www.cicos.int);
3- GWP, « Plans de gestion intégrée des ressources en eau. Manuel de formation et guide opérationnel », 107 pages, (Vous pouvez télécharger ce manuel de formation auhttp://www.cap-net.org/TMUploadedFiles/FileFor67/LA GIRE _Plan.doc et

auwww.gwpforum.org), consulté le 2 février 2017 à 4 heure), p. 24 ;

IX : LES TEXTES JURIDIQUES NATIONAUX

- Constitutions

1- Constitution de la RC du 21 décembre 2015 ;
2- Constitution de la RC du 21 décembre 2015 ;
3- Constitution de la RCA du 30 mars 2016 ;
4- Constitution de la République du Cameroun du 18 janvier 1996 ;
5- Constitution de la République de l'Angola du 21 janvier 2010, (en ligne sur www.comissaoconstitucional.ao);

- Textes législatifs

1- Loi No11/009 du 9 juillet 2011 portant principes fondamentaux relatifs à la protection de l'environnement ;
2- Loi No96/12 du 5 août 1996 portant Loi-Cadre relative à la protection de l'environnement (Cameroun) ;
3- Loi No07/018 du 28 décembre 2007 portant Code de l'environnement de la RCA ;
4- Loi No96/12 du 5 août 1996 portant Loi-Cadre relative à la protection de l'environnement (Cameroun) ;
5- Loi No003/91 du 23 avril 1991 sur la protection de l'environnement ;
6- Loi No13-2003 du 10 avril 2003 portant Code de l'eau (RC) ;
7- Loi No06.001portant Code de l'eau de la RCA ;
8- Loi No15/026 du 31 décembre 2015 relative à l'eau (RDC) ;
9- Loi No98/005 du 18 avril 1998 portant régime de l'eau de la République du Cameroun ;
10- Loi NO11/022 du 24 décembre 2011 portant principes fondamentaux relatifs à l'agriculture de la RDC ;
11- Loi N°3-2003 du 17 janvier 2003 fixant l'organisation et administrative territoriale en RC ;
12- Loi N°7-2003 du 06 février 2003 portant organisation et fonctionnement des collectivités locales en RC ;
13- Loi N°10-2003 du 06 février 2003 portant transfert de compétence aux collectivités locales (RC);
14- Loi N°08/12 portant principes fondamentaux relatifs à la libre administration des provinces du 31 juillet 2008 (RDC) ;
15- Ordonnance-Loi N°66-96 portant Code de la navigation fluvial et lacustre du 14 mars 1966 de la RDC ;
16- Loi N°2004/019 du 22 juillet 2004 fixant les règles applicables aux régions (République du Cameroun).

- Les textes règlementaires

1- Décret No2010-822 du 31 décembre 2010 portant approbation de la Stratégie de développement des secteurs de l'énergie électrique, de l'eau et de l'assainissement, (voir documents annexés), in JO de la RC, No04-2011 ;
2- Décret N°2003-117 du 7 juillet 2003 relatif aux attributions du ministre des mines, de l'énergie et de l'hydraulique ;
3- Décret n°2008-66 du 03 avril 2008 portant approbation des statuts de l'organe de régulation du secteur de l'eau ;
4- Décret n°2008-85 du 16 avril 2008 fixant les modalités et les conditions d'exercice de l'activité de production autonome de l'eau ;
5- Décret n°2008-559 du 28 novembre 2008 portant approbation des Statuts du Fonds du développement du secteur de l'eau (FDSE) ;
6- Note de service n°002/MEH/CAB du 08 janvier 2009 portant mise en place de l'organe intérimaire de l'ORSE ;
7- Arrêté n°3135 du 12 mai 2009 définissant le périmètre d'exploitation des systèmes d'adduction d'eau potable ;
8- Note de service n°0011/MEH-CAB du 24 août 2009 portant nomination du personnel de l'ORSE ;
9- Note de service n°048/MEH/CAB du 30 novembre 2009 fixant à titre provisoire les modalités d'agrément des entreprises pour la réalisation des branchements d'eau ;
10- Note de Service n°047/MEH/CAB du 30 novembre 2009 fixant à titre provisoire les modalités d'agrément des entreprises pour la fourniture du matériel hydraulique ;
11- Décret n°2010-241 du 16 mars 2010 portant organisation du ministère de l'énergie et de l'hydraulique ;
12- Décret n°2010-807 du 31 décembre 2010 portant approbation des statuts de l'Agence Nationale de l'Hydraulique Rurale (ANHR) ;
13- Décret n°2013-714 du 18 novembre 2013 portant nomination du Directeur général de l'organe de régulation du secteur de l'eau ;
14- Décret n°2017-255 du 17 juillet 2017 fixant les conditions et modalités de suppression ou de limitation des droits de captage des eaux du domaine public hydraulique ;
15- Décret n°2017-258 du 17 juillet 2017 fixant les conditions de réalisation et d'exploitation des ouvrages collectifs d'évacuation et d'épuration des eaux usées ;
16- Décret n°2017-256 du 17 juillet 2017 définissant les périmètres de protection des ressources en eau et des installations concourant à l'alimentation en eau potable ;
17- Décret n°2017-257 du 17 juillet 2017 fixant les modalités d'exploitation de l'eau à des fins énergétiques ;

18- Décret n°2017-253 du 17 juillet 2017 fixant les modalités de délégation de gestion du service public de l'eau ;
19- Décret n°2017-254 du 17 juillet 2017 fixant les principes de tarification dans le secteur de l'eau ;
20- Les statuts de La Congolaise des Eaux (LCDE) N°055 du 14 août 2018 ;
21- Arrêté n°5169/MEH/CAB du 25 mars 2019 portant application de redevances due par les producteurs autonomes de l'eau ;
22- Décret N°2007-205 du 29 mars 2007 fixant les modalités de transfert de compétences et d'exerce des compétences transférées aux collectivités locales ;
23- Décret No2005/118 du 15 avril 2005 portant organisation du Ministère de l'agriculture et du développement rural (Cameroun) ;
24- Ordonnance No17-025 du 10 juillet 2017 fixant les attributions des ministères (RDC) ;
25- Décret No2010-241 du 16 mars 2010 portant organisation du ministère de l'énergie et de l'hydraulique de la RC ;
26- Décret No2001/161/PM du 08 mai 2001 fixant les attributions, l'organisation et le fonctionnement du Comité National de l'Eau de la République du Cameroun;
27- Décret No2005-087 du 29 mars 2005 portant organisation du ministère de l'énergie et de l'eau de la République du Cameroun ;
28- Décret N°98 du 24 juillet 1998 portant organisation du ministère des transports de la République du Cameroun;
29- Décret N°2012-386 du 19 avril 2012 portant attributions et organisation de la direction générale de la navigation fluviale de la RC ;
30- Décret N°2009-389 du 13 octobre 2009 relatif aux attributions du ministre des transports, de l'aviation civile et de la marine marchande de la RC;
31- Décret N°2010-336 du 14 juin 2010 portant organisation du ministère des transports, de l'aviation civile et de la marine marchande de la RC;
32- Décret N°2012-1161 du 9 novembre 2012 relatif aux attributions déléguées au ministre délégué auprès du ministre d'Etat, ministre des transports, de l'aviation civile et de la marine marchande, chargé des voies navigables et de l'économie fluviale de la RC ;
33- Décret N°2010-337 du 14 juin 2010 fixant les conditions d'agrément et d'exercice des professions de la navigation fluviale et des professions connexes en RC;
34- Arrêté N°9186 du 22 novembre 2010 rendant obligatoire l'immatriculation des embarcations de pêche continentale en RC ;
35- Arrêté N°9187 du 22 novembre 2010 fixant les modalités de réalisation des visites techniques des établissements de pêche et d'aquaculture ;

Table des matières

Structures éditoriales du groupe L'Harmattan

L'Harmattan Italie
Via degli Artisti, 15
10124 Torino
harmattan.italia@gmail.com

L'Harmattan Hongrie
Kossuth l. u. 14-16.
1053 Budapest
harmattan@harmattan.hu

L'Harmattan Sénégal
10 VDN en face Mermoz
BP 45034 Dakar-Fann
senharmattan@gmail.com

L'Harmattan Cameroun
TSINGA/FECAFOOT
BP 11486 Yaoundé
inkoukam@gmail.com

L'Harmattan Burkina Faso
Achille Somé – tengnule@hotmail.fr

L'Harmattan Guinée
Almamya, rue KA 028 OKB Agency
BP 3470 Conakry
harmattanguinee@yahoo.fr

L'Harmattan RDC
185, avenue Nyangwe
Commune de Lingwala – Kinshasa
matangilamusadila@yahoo.fr

L'Harmattan Congo
67, boulevard Denis-Sassou-N'Guesso
BP 2874 Brazzaville
harmattan.congo@yahoo.fr

L'Harmattan Mali
ACI 2000 - Immeuble Mgr Jean Marie Cisse
Bureau 10
BP 145 Bamako-Mali
mali@harmattan.fr

L'Harmattan Togo
Djidjole – Lomé
Maison Amela
face EPP BATOME
ddamela@aol.com

L'Harmattan Côte d'Ivoire
Résidence Karl – Cité des Arts
Abidjan-Cocody
03 BP 1588 Abidjan
espace_harmattan.ci@hotmail.fr

Nos librairies en France

Librairie internationale
16, rue des Écoles
75005 Paris
librairie.internationale@harmattan.fr
01 40 46 79 11
www.librairieharmattan.com

Librairie des savoirs
21, rue des Écoles
75005 Paris
librairie.sh@harmattan.fr
01 46 34 13 71
www.librairieharmattansh.com

Librairie Le Lucernaire
53, rue Notre-Dame-des-Champs
75006 Paris
librairie@lucernaire.fr
01 42 22 67 13

www.ingramcontent.com/pod-product-compliance
Lightning Source LLC
LaVergne TN
LVHW050430061026
849532LV00013B/98
9782343246970